Hitler e Stálin

LAURENCE REES

Hitler e Stálin

OS TIRANOS E A SEGUNDA GUERRA MUNDIAL

Tradução
Claudio Carina

CRÍTICA

Copyright © Laurence Rees, 2020
Copyright © Editora Planeta do Brasil, 2022
Copyright da tradução © Claudio Carina
Título original: *Hitler and Stalin: The Tyrants and the Second World War*
Todos os direitos reservados.

PREPARAÇÃO: Tiago Ferro
REVISÃO: Carmen T. S. Costa e Alexandre Paris
DIAGRAMAÇÃO: Anna Yue e Francisco Lavorini
CAPA: Daniel Justi
IMAGENS DE CAPA: David Cole/ Alamy/ Fotoarena e
World History Archive/ Alamy/ Fotoarena

DADOS INTERNACIONAIS DE CATALOGAÇÃO NA PUBLICAÇÃO (CIP)
ANGÉLICA ILACQUA CRB-8/7057

Rees, Laurence
  Hitler e Stálin: os tiranos e a Segunda Guerra Mundial / Laurence Rees; tradução de Claudio Carina. – São Paulo: Planeta do Brasil, 2021.
  592 p.: il.

ISBN 978-65-5535-610-6
Título original: Hitler and Stalin: The Tyrants and the Second World War

1. Hitler, Adolf, 1889-1945 2. Stálin, Joseph, 1878-1953 3. Guerra Mundial, 1939-1945 4. Chefes de Estado I. Título II. Carina, Claudio

21-5396   CDD 940.53

Índices para catálogo sistemático:
1. Hitler, Adolf, 1889-1945
2. Stálin, Joseph, 1878-1953

Ao escolher este livro, você está apoiando o manejo responsável das florestas do mundo

Acreditamos nos livros

Este livro foi composto em Adobe Garamond Pro e Bliss Pro e impresso pela Gráfica Santa Marta para a Editora Planeta do Brasil em fevereiro de 2022.

2022
Todos os direitos desta edição reservados à
EDITORA PLANETA DO BRASIL LTDA.
Rua Bela Cintra 986, 4º andar – Consolação
São Paulo – SP CEP 01415-002
www.planetadelivros.com.br
faleconosco@editoraplaneta.com.br

Para Benedict

SUMÁRIO

Lista de mapas 9
Lista de imagens 11
Prefácio 15
Introdução 19

1. O pacto 41
2. A eliminação da Polônia 64
3. Destinos opostos 91
4. Sonhos e pesadelos 120
5. A guerra de aniquilação de Hitler 138
6. A invasão 156
7. Dias de desespero 183
8. Uma guerra mundial 204
9. Fome 231
10. Os ambiciosos planos de Stálin 253

11. Através das estepes 276
12. A batalha no Volga 299
13. A luta continua 323
14. Ficção e realidade 354
15. Matança em massa 378
16. O colapso do centro 400
17. Dias de morte 429
18. Vitória e derrota 462

Posfácio 479
Agradecimentos 487
Notas 489
Índice remissivo 551

LISTA DE MAPAS

Invasão da Polônia, 1939 66
Guerra de Inverno, 1939-1940 101
Operação Amarela, 1940 116
Invasão da União Soviética, 1941 159
Operação Azul, 1942 283
Operação Bagration e o ataque a Berlim, 1944-1945 ... 403
Movimento das fronteiras da Polônia, 1945 447
Cortina de Ferro, 1949 473

LISTA DE IMAGENS

Joseph Stálin em 1919.
Adolf Hitler como soldado alemão na Primeira Guerra Mundial.
Stálin com Vladimir Lênin em 1922.
Stálin relaxando com seus camaradas nos anos 1920.
Hitler como líder do Partido Nazista.
Hitler e sua namorada, Eva Braun.
Cadáveres na rua durante a fome na Ucrânia no início dos anos 1930.
Prisioneiros soviéticos construindo o canal mar Branco-mar Báltico no início dos anos 1930.
Interior de um hospital para prisioneiros trabalhando no canal mar Branco--mar Báltico.
Prisioneiros no campo de concentração de Dachau em 1933.
Guardas em Dachau em 1933.
Joachim von Ribbentrop assinando o pacto nazi-soviético em 1939.
Três comandantes militares: Grigori Shtern, Khorloogiin Choibalsan e Georgy Zhukov, em 1939.
Stálin e o marechal Kliment Voroshilov.
Hitler observando tropas alemãs invadindo a Polônia em 1939.
Soldados alemães e soviéticos colaborando na divisão da Polônia.

Soldados finlandeses na Guerra de Inverno contra a União Soviética em 1939-1940.
Prisioneiros franceses capturados pelos alemães, em 1940.
Hitler em Paris em junho de 1940.
Heinz Guderian.
Soldados alemães em 1941 com um retrato de Stálin capturado.
Soldado alemão durante a Operação Barbarossa.
Hitler visita suas tropas no *front* oriental no verão de 1941.
Hitler com Wilhelm Keitel, Franz Halder e Walther von Brauchitsch.
Soldados do Exército Vermelho feitos prisioneiros pelos alemães.
Soldados alemães avançam sobre Moscou em dezembro de 1941.
Soldados do Exército Vermelho desfilam na Praça Vermelha no aniversário da Revolução de 1917.
Stálin discursando na Praça Vermelha de Moscou, em 7 de novembro de 1941.
Garoto mendigando comida durante a ocupação alemã da Ucrânia.
Uma das mais infames imagens do Holocausto, conhecida como a matança do "último judeu em Vinnytsia".
Alemães descobrem evidência de um crime de guerra soviético em Katyn.
O primeiro encontro dos chamados Três Grandes em Teerã: Churchill, Stálin e Roosevelt.
Presidente Franklin Roosevelt de bom humor.
Soldados alemães durante a Batalha de Kharkov, em maio de 1942.
Partisans soviéticos operando atrás da linha de frente alemã.
Mulheres servindo como franco-atiradoras no Exército Vermelho.
Hitler pensativo ao lado de seus comandantes militares.
Soldados do Exército Vermelho durante a Batalha de Stalingrado.
Vasily Chuikov.
Friedrich Paulus.
Stálin, fotografado no final de 1943.
Hitler, fotografado no final de 1942 ou começo de 1943.
Combatentes da resistência do Exército da Pátria polonês durante o levante de Varsóvia, em 1944.
Stálin e Churchill na Conferência de Yalta, em fevereiro de 1945.
Unidades vitoriosas do Exército Vermelho durante a Operação Bagration, em 1944.

Hitler falando com oficiais da Luftwaffe pouco antes do fim da guerra.
Soldados alemães examinam vítimas de ataque do Exército Vermelho em Nemmersdorf, em 1944.
Uma das últimas fotografias de Adolf Hitler.
Bunker de Hitler em Berlim depois da captura da cidade pelo Exército Vermelho.
Winston Churchill, Harry Truman e Joseph Stálin na Conferência de Potsdam, em 1945.
O campo de concentração nazista de Bergen-Belsen.
Interior de barracão em um campo de prisioneiros soviéticos em 1945.
Stálin após sua morte, em março de 1953.

As fotografias são de: 1, Topfoto; 2, 7, 13, 19, 29, 30, coleções particulares; 3-6, 12, 24, 28, 41, Alamy; 8, 9, 14, 17, 26, 27, 31, 32, 38, 44, 48-50, 52, 53, Getty; 10, 11, 15, 20, 23, Bundersarchiv; 16, 22, 33-6, 39, 40, 43, 45, 47, 51, AKG; 18, Adoc-photos; 21, 25, BPK Bildagentur; 37, 42, 46, Ullstein Bild. Foram realizados todos os esforços para rastrear os direitos autorais. A editora agradece qualquer informação que esclareça a propriedade de qualquer material sem crédito e tentará incluir correções nas reimpressões.

PREFÁCIO

A origem desta obra é fácil de explicar. Passei os últimos trinta anos fazendo documentários e escrevendo livros sobre o Terceiro Reich, o stalinismo e a Segunda Guerra Mundial. Como consequência, conheci centenas de pessoas que viveram sob os governos de Hitler e Stálin – não apenas aquelas que sofreram, mas também os que apoiaram entusiasticamente os ditadores. Foram meus encontros com essas testemunhas, e as coisas intrigantes ditas por elas, que me fizeram desejar escrever este livro.

Catorze anos atrás, por exemplo, eu estava em Moscou, no apartamento do mais famoso cartunista soviético da Segunda Guerra Mundial, Boris Yefimov.[1] Ele revelou que seu trabalho foi monitorado de forma tão estrita, que Stálin precisava aprovar pessoalmente qualquer cartum que desenhasse sobre algum tópico sensível. Quando pressionado sobre como era ser um artista que não podia praticar a autoexpressão, mas sim criar propaganda sancionada pelo Estado, Yefimov respondeu que os artistas precisaram entender a responsabilidade que tinham de "não prejudicar seu próprio povo" e o "país".[2]

Era, claro, uma perspectiva totalmente diferente da que temos hoje no Ocidente sobre o papel do artista. E enquanto ele falava, me lembrei de opiniões semelhantes que ouvira anos antes, quando conheci diretores de cinema que trabalharam para o infame propagandista nazista Joseph Goebbels.[3] Também discorreram sobre a necessidade de seu trabalho artístico servir ao Estado. Portanto, pelo menos nesse aspecto, os dois regimes pareciam semelhantes.

Em comparação, as experiências das pessoas que conheci e que se encontravam com Hitler e Stálin com regularidade dificilmente poderiam ser mais conflitantes. Certamente não era a mesma coisa entrar em uma reunião com Stálin e em uma com Hitler. Como personalidades individuais, os dois tiranos estavam distantes um do outro.

Com o passar dos anos, comecei a pensar cada vez mais sobre a comparação entre os dois líderes e seus regimes. Quais eram as principais diferenças? Até onde os regimes eram semelhantes? E, talvez o mais importante, em que proporção Stálin e Hitler moldaram o tempo em que viveram e até que ponto o tempo os moldou?

Depois de refletir bastante, decidi focar este trabalho no período de 1939 a 1945. Isso porque esses foram os anos durante os quais Hitler e Stálin tiveram um relacionamento direto, primeiro como colegas em uma espécie de aliança, e depois não somente como meros adversários, mas como os dois senhores da guerra mais poderosos que o mundo já conhecera. Mesmo que nunca tenham se encontrado, um estava muito ciente do outro e até mesmo se admiravam em sua crueldade.[4] Hitler e Stálin estiveram ligados por quase seis anos, e acredito que é essa relação que torna tal comparação particularmente notável.

A ênfase nos anos de guerra é a maneira pela qual este livro difere da tentativa anterior mais conhecida de comparar os dois ditadores – *Hitler and Stálin: Parallel Lives* [Hitler e Stálin: vidas paralelas], de Alan Bullock.[5] Também me beneficiei da riqueza de pesquisas acadêmicas sobre o assunto desde que Bullock escreveu seu livro, há quase trinta anos. Mas talvez a maior diferença entre este trabalho e *Parallel Lives* seja a maneira como consegui extrair milhões de palavras de depoimentos de testemunhas oculares. Tanto que a maior parte do material das entrevistas aqui citado nunca havia sido publicado.

Um dos grandes privilégios de minha vida profissional foi que, junto com minhas várias equipes de produção, pude viajar pela ex-União Soviética e encontrar pessoas que nunca haviam tido a oportunidade de falar publicamente sobre essa história. Ao longo de muitos anos e para uma variedade de projetos, viajamos da Sibéria à Ucrânia, da Calmúquia ao mar de Barents e da Lituânia ao rio Volga. Encontramos membros aposentados da polícia secreta, aldeões que sofreram tanto nas mãos de soldados alemães como do Exército Vermelho, veteranos de batalhas gigantescas como as de Stalingrado e de Moscou, e até mesmo o ex-telegrafista de Stálin, que revelou como o ditador soviético quase fugiu da capital nos dias sombrios de outubro de 1941. Se o Muro de Berlim não tivesse caído, e a União Soviética não desabasse, essas testemunhas de eventos épicos nunca poderiam ter falado sobre suas experiências sem medo de retaliação. Suas histórias teriam se perdido para sempre.

Esse material de fontes primárias é especialmente valioso no contexto de uma comparação entre os dois ditadores, pois Hitler e Stálin tomaram decisões, no aconchego e no conforto, que resultaram no tormento de milhões, e é vital que essas pessoas comuns que sofreram em suas mãos tenham voz.

É importante tratar o depoimento de testemunhas oculares com um cuidado especial, e já escrevi antes sobre como verificamos a autenticidade do material que obtivemos e sobre a forma nuançada em que deve ser usado.[6] Porém, apesar dessas ressalvas, e depois de anos de experiência em lidar com depoimentos pessoais, concluí que é um erro pensar que pessoas que falam após o evento são de alguma forma inerentemente menos "confiáveis" que os documentos da época. Esse ponto chamou minha atenção pela primeira vez de forma decisiva há trinta anos, quando estava fazendo um filme com o testemunho de membros de uma unidade eslovena chamada Domobranci, que foram entregues aos homens do marechal Tito pelas forças britânicas no verão de 1945.[7] Essas testemunhas oculares falaram da maneira brutal como os soldados de Tito os trataram e de como os britânicos tinham presenciado o seu sofrimento. Mas um relatório dos arquivos, escrito por um oficial britânico da época, apresentava uma perspectiva radicalmente diferente. Falava de como os homens de Tito trataram bem seus prisioneiros, dizendo: "Eles foram tratados de maneira gentil e eficiente e receberam um pequeno lanche [...]".[8]

Isso poderia ser interpretado como uma demonstração da primazia dos documentos sobre os testemunhos. Mas quando entrevistei o oficial britânico que redigiu o relatório, ele confirmou os depoimentos dos membros da Domobranci e disse que havia mentido por ordem de seu superior. Expressou surpresa por qualquer um ter acreditado nas palavras que havia escrito em seu relatório, já que tinha sido intencionalmente irônico. Como alguém poderia pensar, disse, que as forças de Tito teriam servido "um pequeno lanche" aos seus inimigos naquela situação?[9]

Não menciono esse fato para insinuar que o testemunho ocular seja de alguma forma melhor que o material contemporâneo, mas para ressaltar que os historiadores devem tratar todas as fontes com ceticismo.[10] Tampouco, especialmente no contexto desta história, eu poderia contestar a enorme importância das evidências arquivadas. Muitas vezes, a descoberta de um documento que ficou oculto por anos reformula nossa compreensão do período. Pensem, por exemplo, no pedaço de papel que Stálin assinou no começo da guerra autorizando a morte de milhares de oficiais poloneses e que só veio à tona após a queda do comunismo na União Soviética.[11]

Apesar de minha decisão de focar este trabalho no período da Segunda Guerra Mundial, também discuto eventos-chave que ocorreram anos antes, sempre que sua compreensão for útil para a narrativa. Por exemplo, analiso o impacto dos expurgos no Exército Vermelho nos anos 1930, no contexto da guerra prolongada da União Soviética com a Finlândia. No entanto, também considerei útil, na introdução que se segue, tanto mencionar algum outro contexto biográfico necessário quanto esboçar alguns dos principais temas do livro.

Embora esta seja uma obra de história, acredito que seja de particular relevância para os dias de hoje. Ainda há muitos tiranos no mundo. E alguns deles possuem os meios para nos destruir.

INTRODUÇÃO

Tanto Hitler como Stálin vieram de fora do palco principal dos acontecimentos. Stálin chegou ao mundo em dezembro de 1878 na Geórgia, a 2.100 quilômetros do centro do poder imperial russo, em São Petersburgo. Hitler, metafórica, se não fisicamente, teve sua origem ainda mais distante do centro da vida política alemã. Nasceu em abril de 1889, não na Alemanha Imperial, mas na vizinha Áustria, na cidade fronteiriça de Braunau am Inn. Ambos vieram de famílias comuns. O pai de Hitler era inspetor da alfândega. O pai de Stálin – sapateiro – era bem mais pobre. Ambos bebiam e batiam nos filhos.

Tudo isso é verdade, mas potencialmente enganoso. Pois devemos nos lembrar que muita gente na época foi criada da mesma forma e não aterrorizou milhões de pessoas. Também precisamos nos resguardar da tentação de pensar que mesmo indivíduos tão dominantes como Hitler e Stálin estavam, de alguma forma, destinados a ter um grande poder. Não estavam.

Hitler e Stálin foram catapultados à proeminência na esteira de um evento que abalou a história e sobre o qual não tiveram controle – a Primeira Guerra Mundial. Em julho de 1914, pouco antes do início da guerra, ninguém teria previsto que Hitler, então com 25 anos, se tornaria um dos líderes mais infames da história. Nem sequer estava tentando uma carreira política: lutava para ganhar a vida como pintor em Munique, para onde se mudou vindo de Viena. Era visto como um tipo excêntrico, com tendência a arengar sobre arte ou literatura e culpar o mundo pelos seus fracassos. "Não havia quase nada, nem mesmo coisas triviais, que não o irritassem", lembrou um colega de apartamento de Hitler, de seu tempo na capital austríaca do pré-guerra.[1] "De modo geral, naqueles dias em Viena eu tive a impressão de que Adolf ficou desequilibrado. Ele tinha acessos de raiva com qualquer coisa."[2] Se você tivesse conhecido esse Hitler pré-Primeira Guerra Mundial, muito provavelmente teria concordado com o julgamento posterior de um de seus camaradas nas trincheiras – havia "algo peculiar" nele.[3]

Em 1914, Stálin, bem diferente de Hitler, já era um revolucionário. Quinze anos antes, havia abandonado o seminário onde estudava para ser padre e embarcado como um marxista comprometido na missão de derrubar o Estado. Quando as armas da Primeira Guerra Mundial começaram a disparar, Stálin estava exilado na Sibéria, com um histórico de crimes no seu passado – particularmente seu papel na organização de um violento assalto em Tíflis (hoje Tbilisi), na Geórgia, em 1907. Apesar de sua fé ardente na revolução e da rejeição de seu nome de nascimento, Iosif Jughashvili, e da adoção do dramático pseudônimo "Stálin", que significa "Homem de Aço" em russo,[4] parecia haver poucas perspectivas de seu grupo revolucionário algum dia chegar ao poder.

A Primeira Guerra Mundial mudou o destino de ambos. Na esteira dos tumultos causados pela falta de alimentos no país e de uma campanha desastrosa na linha de frente, o czar russo Nicolau II foi forçado a abdicar, em março de 1917. Mas isso não significava que os bolcheviques, o grupo de revolucionários marxistas ao qual Stálin pertencia, iria inevitavelmente chegar ao poder. Foi necessária uma decisão calamitosa do governo provisório depois da queda do czar, combinada com a desintegração geral das instituições políticas e econômicas, para precipitar aquele evento decisivo. No verão de 1917, o Governo Provisório ordenou que o exército russo passasse à ofensiva. Foi o momento que os bolcheviques, sob a liderança de Vladimir Lênin, estavam prontos para explorar. Pouco depois de uma batalha com as tropas austro-húngaras na Ucrânia Ocidental, o exército começou a se amotinar quando revolucionários bolcheviques incorporados em diversas unidades voltaram os soldados contra seus líderes. Poucos meses depois, após a Revolução de Outubro, Lênin e seus bolcheviques estavam no poder.

Se já é difícil ver como tudo isso poderia ter acontecido sem os eventos da Primeira Guerra Mundial, é impossível imaginar como Hitler poderia ter se tornado o líder de um partido político, muito menos chanceler da Alemanha, sem as circunstâncias da derrota da Alemanha, em novembro de 1918. Foram seu desgosto e sua raiva pela perda da guerra, aliados ao seu desejo de encontrar bodes expiatórios para essa perda, que o impeliram para a política. Hitler entrou para um pequeno grupo extremista chamado Partido dos Trabalhadores Alemães em Munique, em setembro de 1919. Dois anos depois era o seu líder, com o partido rebatizado de Partido Nacional-Socialista dos Trabalhadores Alemães, seus integrantes vindo posteriormente a ser conhecidos como nazistas.

Nos anos 1920, Hitler e Stálin já eram muito diferentes um do outro na maneira como viam seu papel na política. Diferentemente de Stálin, Hitler era o arquetípico "líder carismático" – um conceito originalmente definido pelo sociólogo alemão Max Weber. Os líderes carismáticos confiam principalmente no poder de sua personalidade para justificar seu cargo. Não se encaixam bem em estruturas burocráticas e projetam uma aura quase "missionária".[5]

"Tudo vinha do coração, e ele tocou um acorde em todos nós", lembrou Hans Frank, que ouviu Hitler falar em 1920 e depois se tornou um proeminente nazista.

> Ele expressou o que estava na consciência de todos os presentes, e vinculou as experiências gerais à compreensão clara e aos desejos comuns dos que sofriam e desejavam um projeto. [...] Mas não só isso. Ele mostrou um caminho, o único caminho que restou a todos os povos arruinados na história, de um novo começo difícil para sair das profundezas, que exigia coragem, fé, vontade de agir, trabalho árduo e devoção a um objetivo comum grandioso e brilhante. [...] Fiquei convencido de que, se um homem podia fazer isso, só Hitler seria capaz de comandar o destino da Alemanha.[6]

A afirmação de Frank de que Hitler "expressou o que estava na consciência de todos os presentes" apresenta uma visão importante de seu apelo. Líderes carismáticos como Hitler só têm eficácia se o público for receptivo às suas convicções. Se você discordasse fundamentalmente de Hitler nos anos 1920, quase certamente seria imune ao seu "carisma". Sua oratória, por exemplo, não convenceu um homem como Herbert Richter, um veterano alemão da Primeira Guerra. Richter, que não estava predisposto a apoiar Hitler, achou que ele falava com uma voz "áspera" e tendia a "gritar [...] ideias políticas simples, simples demais".[7]

Em comparação, Stálin era a antítese do modelo de líder carismático de Weber. Não só era um orador pouco inspirador como também, em vez de evitar as exigências da burocracia, ele as adotou. Ao longo de toda sua vida política, ele sempre entendeu muito bem o poder das reuniões de comitês. Nesse aspecto, teve a sorte de sua personalidade corresponder exatamente às novas estruturas requeridas pelo Estado soviético. Stálin presidiu uma gigantesca expansão no número de pessoas que trabalhavam como administradores no sistema soviético – de menos de 4 milhões em 1929 para quase 14 milhões em 1939.[8]

Stálin foi nomeado secretário-geral do Partido Comunista no 11º Congresso do Partido, em abril de 1922, e, como consequência, obteve controle sobre vastas áreas da burocracia comunista, inclusive decisões sobre pessoal. Esse império administrativo tornou-se sua base de poder. Foi ajudado pelo desejo de Lênin, e de outros bolcheviques importantes, de centralizar o poder – um objetivo simbolizado pela criação de comitês como o Politburo e o Orgburo. É significativo que Stálin era a única pessoa a ser membro do Orgburo e do Politburo, bem como do Secretariat do partido.[9]

Stálin tanto trabalhou longe dos holofotes durante esses anos que os historiadores ainda discutem sobre o momento exato em que se tornou a figura proeminente no país. Quando Lênin morreu, em 1924, ele era apenas uma das várias figuras importantes que dirigiam a recém-criada União Soviética. Só no início dos anos 1930 ele conseguiu abrir caminho para a liderança. Mesmo assim, nunca se tornou chefe de Estado – esse papel foi desempenhado por outro revolucionário bolchevique, Mikhail Kalinin. Mas este tinha pouco poder dentro do sistema. Tão pouco, na verdade, que, em 1938, Stálin demonstrou sua supremacia ao fazer com que a esposa de Kalinin, Ekaterina, fosse detida e torturada na prisão de Lefortovo.

Se o momento exato em que Stálin chegou ao poder permanece difuso, o mesmo não pode ser dito de Hitler. Em 30 de janeiro de 1933 ele se tornou chanceler da Alemanha, e em 2 de agosto de 1934, com a morte do presidente Paul von Hindenburg, foi nomeado chefe de Estado e Führer do povo alemão. A partir desse momento, o mundo todo ficou sabendo que Hitler era a figura central que planejaria o destino da Alemanha. E assim como foi providencial para Stálin que seu caráter se adequasse ao que o novo sistema soviético exigia,

Hitler se beneficiou do fato de sua personalidade ter atraído milhões de alemães durante o caos econômico do início dos anos 1930. Características que o teriam excluído do poder em tempos mais estáveis eram então percebidas por muitos como pontos fortes e não fraquezas: sua falta de experiência política era vista como revigorante, dado o fracasso dos políticos convencionais em resolver a crise; sua incapacidade de ouvir os pontos de vista alheios e chegar a um acordo foi vista como algo positivo, já que muitos agora queriam um "homem forte" para assumir o controle; seu ódio pela democracia foi bem recebido, pois a impressão era de que o sistema democrático fora fundamental para criar a desordem em que a Alemanha então chafurdava.

Essa dicotomia entre Hitler, o orador carismático, e Stálin, o homem de muitos comitês, é crucial e um fio condutor que perpassa toda a história. Foi uma distinção que determinou, por exemplo, suas diferentes atitudes em relação ao papel dos partidos políticos que supervisionavam. Embora, com o tempo, Stálin tenha permitido que a polícia secreta do NKVD e certos comissariados econômicos se comparassem em poder com o partido, era inconcebível que um dia pudesse tentar destruir totalmente o Partido Comunista – ele sempre permaneceu, pelo menos em teoria, seu servidor dedicado. Hitler, em comparação, sempre suspeitava de qualquer tentativa institucional de restringi-lo. Fez tudo o que pôde para desmontar qualquer estrutura centralizada com potencial de usurpar seu poder. Para esse fim, deixou o gabinete alemão atrofiar – na verdade, o gabinete nunca mais se reuniu depois de 1938. Pode até mesmo ter pensado que o Partido Nazista que ajudou a criar era potencialmente descartável. Segundo Hans Frank, Hitler disse, durante um jantar em 1938, que seria "o primeiro a lançar uma tocha acesa" e "destruir radicalmente" o Partido Nazista se acreditasse não ser mais necessário.[10]

A filiação ao Partido Nazista era muito menos exclusivista que a filiação ao Partido Comunista da União Soviética. Em 1939, cerca de 5 milhões de pessoas tinham uma carteirinha do Partido Nazista, em comparação a menos de 2 milhões de bolcheviques de carteirinha – apesar de a população soviética superar a alemã em mais de dois para um. Stálin via o partido como uma instituição de elite. E, apesar de continuar valorizando o Partido Nazista, Hitler nunca foi muito comprometido.

A presença dos poderosos Gauleiters – líderes distritais nazistas – era um sintoma da maneira como Hitler queria governar a Alemanha. Os cerca de quarenta Gauleiters deviam sua autoridade inteiramente ao Führer.[11] Ele podia se encontrar com eles, um por um, e garantir que permanecessem fiéis à sua visão. Sua autonomia sob Hitler era tal que eles podiam até mesmo ignorar as instruções do sinistro Heinrich Himmler, da SS. Às vezes chegavam a ponto de fazer piadas sobre ele. Albert Forster, Gauleiter da Danzig-Prússia Ocidental e particular *bête noire* do líder da SS, certa vez comentou: "Se eu me parecesse com Himmler, não falaria sobre raça".[12] No sistema soviético, era inconcebível que qualquer subordinado de Stálin pudesse ridicularizar abertamente o equivalente a Himmler – Lavrenti Béria, chefe do NKVD.

As muitas diferenças de abordagem do processo de governo entre os dois se refletiam também na experiência de se encontrar com Hitler e Stálin em particular. As lembranças de Fritz Darges, um membro da SS que se tornou um dos ajudantes de Hitler durante a guerra, são típicas de nazistas comprometidos. "Fiquei muito impressionado com o brilho dos olhos dele", disse Darges.

> Tive a sensação de que a mente do Führer brilhava dentro de mim. Já no nosso primeiro encontro, tive a sensação de que podia confiar nele. [...] Mesmo então, durante nosso primeiro encontro, senti que ele exalava confiança e segurança e nunca me senti assustado, nem nunca fiquei inibido em sua presença. Eu falaria com ele como se fosse alguém em quem confiava e conhecia bem.[13]

Karl Wilhelm Krause, que foi valete de Hitler nos cinco anos que antecederam a guerra, concordava que o Führer era uma "pessoa afável" e que "só queria o melhor para o povo alemão". Depois da guerra, como muitos ex-apoiadores do regime, Krause se apegou à convicção errônea de que terceiros ao redor de Hitler foram responsáveis pelos crimes horrendos dos nazistas, e não o próprio líder. Aos olhos de Krause, Hitler era "inocente". Além disso, disse Krause, ele "não era um tirano, não, não era. Às vezes ficava irritado, mas quem não fica?".[14]

Estadistas estrangeiros também podiam sucumbir ao suposto fascínio da presença de Hitler. O primeiro-ministro canadense, Mackenzie King, conheceu Hitler em 1937 e considerou que seus olhos tinham "uma característica líquida que indica uma percepção aguçada e grande simpatia". King acreditava que Hitler era "alguém que realmente ama seus semelhantes e seu país, e faria qualquer sacrifício para o bem geral".[15]

Mais uma vez, contudo, foi o caso de um indivíduo que conheceu Hitler já com alguma simpatia por suas opiniões. Logo após seu encontro com Hitler, Mackenzie King almoçou com o ministro das Relações Exteriores alemão, Neurath, e ouviu, sem protestar, sua análise dos motivos necessários para conter o suposto poder dos judeus. No ano seguinte, depois da conquista da Áustria pelos alemães, King lutou contra a admissão de judeus no Canadá.[16]

Para estadistas que não eram tão predispostos a se apaixonar por Hitler, as primeiras impressões sobre o ditador alemão poderiam ser muito diferentes. Quando o político britânico lorde Halifax encontrou Hitler pela primeira vez, em sua casa nas montanhas da Baviera, consta que teria confundido o todo-poderoso Führer com um lacaio e estava prestes a lhe entregar seu casaco, quando foi alertado de seu engano.[17] O primeiro-ministro britânico, Neville Chamberlain, também achou Hitler inexpressivo quando os dois se conheceram em 1938, e mais tarde o descreveu como "o 'cachorrinho de aparência mais comum' que já tinha visto".[18]

Muita gente – Halifax e Chamberlain incluídos – pensava não só que Hitler era um indivíduo qualquer, mas sim, um agitador rude e barulhento que se recusava a ouvir a razão. Essa não era uma característica nova – ele era assim desde a juventude. August Kubizek, que o conheceu antes da Primeira Guerra, disse que, quando Hitler falava sobre um livro que acabara de ler, não queria ouvir a opinião de ninguém.[19] Na verdade, um dos perigos de se encontrar com ele – como Benito Mussolini percebeu – era a dificuldade de se fazer ouvir. "Hitler fala, fala, fala, fala", registrou em seu diário o ministro das Relações Exteriores da Itália, o conde Ciano, após uma reunião em abril de 1942.

> Mussolini sofre – ele, que tinha o hábito de falar sozinho, nessas ocasiões praticamente precisa ficar em silêncio. No segundo dia, depois do almoço, quando tudo havia sido dito, Hitler falou ininterruptamente por uma hora e quarenta minutos. Não omitiu absolutamente nenhum assunto: guerra e paz, religião e filosofia, arte e história.[20]

Assim – dependendo do ponto de vista –, Hitler era um chato de galocha ou um visionário inspirador.

Seria difícil sair de um encontro com Joseph Stálin sentindo qualquer um desses extremos. Nesse aspecto, ele era o contrário de Hitler. Em geral, queria que os outros falassem. Era um ouvinte agressivo, e um observador ainda mais agressivo. "Stálin era muito atento por natureza", disse Stepan Mikoyan, que cresceu no Kremlin nos anos 1930, "e olhava para os olhos dos outros enquanto falava – e se você não o olhasse diretamente nos olhos, ele poderia muito bem suspeitar de que o estivesse enganando. E nesse caso seria capaz de tomar atitudes muito desagradáveis".[21]

Vladimir Yerofeyev, um intérprete de Stálin, lembrou-se de como o ditador soviético agia furtivamente: "Stálin entra, estou sentado de costas para a porta, não consigo ouvi-lo entrar. Mas ainda assim consigo sentir uma nova presença na sala". Também conviveu com a economia de Stálin com as palavras: "Se tocasse em um determinado assunto, ele não fazia uma declaração, dizia o que tinha a dizer e depois ouvia o que os outros tinham a dizer a respeito. [...] Não era totalmente seguro trabalhar com ele, pois, se não gostasse de alguma coisa, não haveria perdão".[22]

Além disso, diferentemente de Hitler, era quase impossível saber o que Stálin estava pensando. Grigol Uratadze, que esteve preso com Stálin na Geórgia antes da Primeira Guerra Mundial, lembrou que

> ele se manteve completamente imperturbável. Estivemos juntos na prisão Kutaisi por mais de meio ano e nunca o vi ficar agitado, perder o controle, ficar com raiva, gritar, xingar ou... em suma, demonstrar qualquer outra expressão a não ser calma absoluta. E sua voz correspondia exatamente ao "caráter glacial" que aqueles que o conheciam bem lhe atribuíam.[23]

Um dos pontos-chave do caráter de Stálin, segundo Stepan Mikoyan, era o de ser

> muito desconfiado [...] era capaz de enganar e trair os outros e acreditava que os outros se comportavam da mesma forma. [...] Percebia se você estivesse mentindo para ele. A coisa mais terrível era mentir para ele [...] [ou] se você dissesse a verdade e alguém mais contasse algo diferente, Stálin pensaria que você havia mentido. E isso, para ele, era o maior crime de todos.[24]

É difícil superestimar a importância dessa visão. Stálin parecia tratar tudo e todos com suspeita. A questão dominante em seus pensamentos sempre foi:

quem poderia estar prestes a me trair? De forma memorável, certa vez Stálin comentou com um oficial do exército enquanto passavam por um corredor no Kremlin cheio de guardas: "Está vendo em quantos eles são? Cada vez que passo por este corredor eu penso: qual deles? Se este aqui vai atirar em mim pelas costas, ou o que está depois da curva, que vai atirar em mim pela frente".[25]

A sobrinha de Stálin, Kira Alliluyeva, concordava que Stálin era inerentemente desconfiado, mas achava que "ele nascera com essa característica".[26] Pode ser – nunca se sabe com certeza a causa desse tipo de comportamento –, mas o fato de ter passado anos vivendo como um revolucionário foragido, sem nunca saber ao certo em quem confiar, certamente deve ter contribuído para a natureza desconfiada de Stálin.

Hitler não tinha esse nível de cautela pessoal. Tendia a confiar nas pessoas de seu círculo imediato até que comprovadamente fizessem algo para traí-lo. Se não tivesse sido tão confiante, o atentado contra sua vida pelo conde Von Stauffenberg, em julho de 1944, possivelmente jamais teria acontecido. É de fato significativo que, apesar de ter havido uma série de atentados contra a vida de Hitler, não há registro de nenhum atentado contra Stálin. Nitidamente, ter uma natureza intensamente desconfiada rende alguns benefícios.

Devemos também reconhecer a forma como a tecnologia do período influenciou a imagem pública de Hitler e de Stálin. Isto porque foram dois dos primeiros indivíduos na história a criar personas que existiam independentemente deles próprios, em filmes de propaganda. Os líderes anteriores usavam uma variedade de outras mídias para projetar suas imagens – moedas, estátuas ou pinturas –, mas eram coisas diferentes. Nos filmes, Hitler e Stálin podiam ser vistos e "conhecidos" por milhões de pessoas que nunca os encontraram pessoalmente. Mas eles estavam na tela, com todos os seus gestos editados para obter o máximo de efeito.

Inevitavelmente, isso às vezes poderia levar a uma dissociação entre a imagem da propaganda e a realidade. Assim como lorde Halifax podia pensar que Hitler em carne e osso parecia mais um criado que o semideus mostrado nos cinejornais de Goebbels, Stálin na vida real às vezes podia deixar de corresponder às expectativas. Quando o oficial do exército britânico Hugh Lunghi conheceu Stálin durante a guerra, ele ficou chocado, pois

> na minha frente estava um senhor de idade, ainda mais baixo que eu, que não sou muito alto [...] e parecia um tio velho e bondoso, e

quando abriu a boca eu tive outro choque, porque ele falava com um sotaque georgiano, um sotaque georgiano bem forte, em um russo perfeito, um russo excelente, mas com aquele sotaque, e mantinha a voz muito baixa, por isso era bem difícil ouvir o que estava dizendo sem fazer algum esforço.[27]

Para o diplomata norte-americano George Kennan, Stálin pareceu uma "figura baixa e pequena", mas

também com uma força composta e controlada e certa beleza rude em suas feições. Os dentes eram descoloridos, o bigode ralo, áspero e manchado. Tudo isso, mais o rosto enrugado e os olhos amarelados, dava a Stálin a aparência de um velho tigre com cicatrizes de batalha. Sua atitude – ao menos conosco – foi simples, tranquila, despretensiosa.[28]

Outros membros da aliança ocidental concluíram que Stálin, ao contrário de Hitler, não era apenas pé no chão em seus modos, mas também, em última análise, incognoscível. "Eu o achei mais bem informado que Roosevelt, mais realista que Churchill, em alguns aspectos, o mais eficaz dos líderes da guerra", lembrou o estadista norte-americano Averell Harriman. "Ao mesmo tempo, ele era, claro, um tirano assassino. Devo confessar que para mim Stálin continua sendo o personagem mais inescrutável e contraditório que já conheci [...]."[29]

Stálin e Hitler vestiam-se com simplicidade – Hitler nos anos 1930 costumava usar uma jaqueta marrom estilo militar, e Stálin uma túnica cinza de operário.[30] Não por acaso. Ambos ainda se lembravam da ostentação dos monarcas que haviam governado recentemente seus respectivos Estados. O czar Nicolau II e o Kaiser Guilherme II desfilavam toda uma seleção de roupas cintilantes, embora pouco tivessem feito para merecer essas vestes extravagantes, além de terem nascido dos pais certos. Ao se vestirem com simplicidade, Hitler e Stálin demonstravam não somente sua proximidade com as pessoas comuns, como também seu distanciamento dos monarcas que os haviam precedido.

Tanto Hitler como Stálin desprezavam a instituição da monarquia. Em uma conversa em março de 1942, Hitler observou que "havia pelo menos oito reis em dez que, se fossem cidadãos comuns, não seriam capazes de administrar uma mercearia".[31] Quanto ao líder soviético, Stálin procurou construir um

Estado cujos valores fossem diametralmente opostos aos de uma monarquia hereditária – afinal, foram os bolcheviques que assassinaram o czar Nicolau II e sua família em 1918. É irônico, portanto, que Hitler e Stálin tenham governado até o último momento de suas vidas – exatamente como os monarcas querem fazer. O controle que Hitler e Stálin exerciam sobre seus respectivos países só foi abandonado quando seus corações pararam de bater. Dadas suas características e as estruturas políticas ao seu redor, é quase impossível imaginar que um deles tivesse se afastado voluntariamente do poder. Nesse aspecto, ambos tinham mais em comum com os monarcas do que teriam admitido.

Existe outra semelhança entre os dois tiranos. Nenhum dos dois estava casado no início da Segunda Guerra Mundial. Stálin havia se casado duas vezes. A primeira esposa morreu de doença em 1907, e a segunda se suicidou dentro do Kremlin em 1932. Seu relacionamento com os três filhos legítimos era tenso – um filho tentou suicídio, outro se tornou alcoólatra e Stálin mandou o namorado de sua filha para um *gulag* [Administração Central dos Campos]. Não tinha nenhum relacionamento importante com nenhum de seus vários filhos ilegítimos. Quanto a Hitler, nunca se casou, não teve filhos – ilegítimos ou não – e via sua namorada, Eva Braun, apenas esporadicamente. Só se casaria com ela nos últimos momentos de sua vida, em abril de 1945.

Também é interessante que não foi apenas a segunda esposa de Stálin se matou – e parece que a maneira como ele a tratava contribuiu para levá-la a esse gesto extremo –, mas muitas das mulheres que tiveram relações próximas com Hitler também cometeram ou tentaram cometer suicídio. Por exemplo, Eva Braun tentou se matar duas vezes nos anos 1930; Maria Reiter, uma vendedora de Berchtesgaden que ficou fascinada por Hitler, tentou se enforcar em 1928; e a sobrinha de Hitler, Geli Raubal, disparou contra si própria no apartamento de Hitler com o revólver dele, em 1931.

Muito já se especulou sobre uma possível sordidez na vida sexual de Hitler e Stálin – principalmente na de Hitler –, mas o ponto central quase sempre passa despercebido. Em 1939, no início da Segunda Guerra Mundial, os dois homens estavam essencialmente sozinhos. Nenhum deles parecia ter uma confidente mais íntima.

No entanto, todas essas semelhanças não são nada se comparadas a uma característica vital comum a Hitler e Stálin – de longe a ligação mais importante entre eles. Ambos acreditavam que haviam descoberto o segredo da vida.

Não eram ditadores comuns, que se assemelhavam a chefes da máfia. Não, os dois realmente acreditavam em algo além de si próprios. Não eram nem mesmo semelhantes aos monarcas europeus do passado, movidos pela religião, que tinham fé em um Deus cristão. Pelo contrário, ambos os ditadores abominavam o cristianismo. Hitler dizia que "o cristianismo é uma invenção de cérebros doentios"[32] – apesar de ter ocultado do público alemão sua verdadeira opinião sobre o assunto, por razões pragmáticas.[33]

Ambos eram figuras essencialmente pós-iluministas. Não só acreditavam que Deus estava morto, mas que fora substituído por uma ideologia nova e coerente. Mais ainda, milhões dos que seguiram os dois ditadores também aderiram a essa nova realidade.

Mas Hitler e Stálin acreditavam em coisas diferentes. O segredo de que Hitler fazia proselitismo certamente não era o mesmo pelo qual Stálin vivia. Da mesma forma, nem Hitler nem Stálin criaram as ideologias que acreditavam revelar a verdade sobre a natureza da vida; os dois as adaptaram do trabalho de outros.

Para Hitler, o ponto de partida foi a "raça". O cerne de seu sistema ideológico era a afirmação de que a maneira de analisar o valor das pessoas era examinando sua herança racial. Essa foi uma ideia que ganhou destaque em 1855, quando o diplomata Arthur de Gobineau publicou seu *Essai sur l'inégalité des races humaines* [*Ensaio sobre a desigualdade das raças humanas*], em que afirmava que a "lição de história" era que "todas as civilizações derivam da raça branca, que nenhuma pode existir sem sua ajuda, e que a sociedade só é grande e vistosa na medida em que preserva o sangue do grupo nobre que a criou [...]".[34]

Para Hitler, a preservação da "pureza" da raça era crucial, por isso a necessidade de marginalizar o "racialmente inferior". Mais uma vez, não se tratava de um conceito novo. Em um livro publicado em 1895, o dr. Alfred Ploetz chegou a sugerir que caberia aos médicos decidir quais bebês deveriam viver, dependendo de seu valor racial.[35] Após 25 anos, em 1920, o professor Alfred Hoche defendia a morte dos "doentes incuráveis" e dos "mentalmente mortos", afirmando que essas mortes seriam "desejáveis para o bem-estar geral" do Estado.[36]

A ideia de que "raça" era a chave para a compreensão da natureza da existência também foi apregoada por diversos outros grupos políticos alemães. Por exemplo, em novembro de 1918, Rudolf von Sebottendorff – líder da

Sociedade Thule [Grupo de Estudo para a Antiguidade Alemã], com sede em Munique – afirmou que a agitação política na Alemanha fora "criada por raças inferiores para corromper os povos germânicos". Nessa mesma época, o *Münchener Beobachter*, jornal editado por Sebottendorff, publicou um artigo pedindo aos alemães para "manterem seu sangue limpo. [...] Pureza de raça significa saúde pública. Quando todos os elementos do povo estão imersos na pureza do sangue, a questão social está resolvida".[37] Para grupos *völkisch*, como a Sociedade Thule, havia uma dimensão antissemita em tudo isso. Em seu discurso de novembro de 1918, Sebottendorff declarou que o principal perigo racial que a Alemanha enfrentava era o "judeu", o "nosso inimigo mortal".[38]

Sebottendorff não foi o inventor do boato de que os judeus eram racialmente perigosos. No final dos anos 1890, o filósofo Houston Stewart Chamberlain escreveu em seu *Foundations of the Nineteenth Century* [Fundações do século XIX] que a raça "ariana" – que se aplicava à maioria dos alemães – estava travando uma batalha contra os judeus. Na opinião de Chamberlain, isso acontecia porque tanto os "arianos" como os judeus se esforçavam para não se reproduzir fora de seus grupos raciais e, consequentemente, ambos estavam envolvidos numa luta pela supremacia.[39]

Sem reconhecer sua dívida para com a vasta maioria dos que haviam expressado tais ideias antes dele, Hitler expôs sua visão de mundo em *Mein Kampf* [Minha luta], um livro que escreveu na prisão após o fracasso de sua tentativa de golpe em Munique, em 1923. Para ele, a vida era uma batalha sem-fim. "Aqueles que querem viver", escreveu, "deixe-os lutar, e os que não querem lutar, neste mundo de luta sem-fim, não merecem viver".[40] Nessa luta permanente, o judeu era o maior inimigo. O judeu, afirmou, "continua sendo o parasita típico, um oportunista que, como um bacilo nocivo, continua se disseminando assim que um meio favorável o admite".[41] Segundo Hitler, os judeus eram também responsáveis pela "doutrina do marxismo" – uma ideologia que, segundo ele, era uma ameaça demonstrável à Alemanha, em vista dos levantes socialistas, posteriormente esmagados, em Berlim e Munique logo após a Primeira Guerra Mundial.[42]

Nenhuma dessas ideias raciais, afirmou Hitler, era mera teoria. Eram fatos – uma realidade confirmada por verdadeiras evidências do mundo ao redor. Na visão de Hitler, este planeta já se moveu pelo éter por milhões de anos sem seres humanos e pode voltar a fazer isso algum dia se os homens esquecerem que devem sua existência superior não às ideias de alguns ideólogos malucos, mas ao conhecimento e à aplicação rigorosa das leis severas e rígidas da Natureza.[43]

Para Hitler, discordar das "leis severas e rígidas da Natureza" era tão fútil quanto argumentar que a Terra era plana. E várias conclusões igualmente dogmáticas decorriam dessa realidade. Uma das mais importantes era que o necessário a se considerar na avaliação de um determinado país não eram apenas medidas econômicas convencionais, como o Produto Interno Bruto (PIB), mas a medida da composição racial da população. Esse raciocínio distorcido levou Hitler a concluir que os Estados Unidos eram um rival potencialmente mais perigoso para a Alemanha que a União Soviética. Em seu *Segundo livro*, escrito no final dos anos 1920 e publicado postumamente, ele afirmou que os Estados Unidos eram habitados por "pessoas da mais alta qualidade racial" e que "somente uma política racial deliberadamente étnica poderia salvar as nações europeias de perder o poder da iniciativa para os Estados Unidos".[44] Por outro lado, na União Soviética – ou na Rússia, como ele insistia em chamá-la –

> a população não é acompanhada por um valor tão intrínseco que esse tamanho [enorme] pudesse se tornar um perigo para a liberdade mundial. Pelo menos não no sentido de uma dominação econômica ou de poder político do resto do mundo, mas no máximo no sentido de uma inundação com bactérias causadoras de doenças, que atualmente são encontradas na Rússia.[45]

Hitler previa uma catástrofe para a Alemanha se a composição racial do país se alterasse, fosse pela reprodução com diferentes raças ou pela emigração – particularmente para os Estados Unidos – dos espécimes humanos racialmente mais valorosos: "Essa remoção gradual do elemento nórdico de dentro de nosso povo leva a um rebaixamento de nossa qualidade racial geral e, portanto, a um enfraquecimento de nossas forças produtivas técnicas, culturais e também políticas".[46]

Se você aceitasse a premissa racista de Hitler, sua visão seria coerente. O propósito da vida era fortalecer a comunidade racial por todos os meios possíveis – controlando quem procriava e, se necessário, adquirindo mais terras para que os melhores elementos raciais pudessem prosperar. O poder está sempre certo. Afirmar o contrário era ir contra as "leis severas e rígidas da Natureza".

Há uma declaração final no *Segundo livro* de Hitler que apresenta outra característica notável de sua visão de mundo. "Desde o nascimento do humano até a sua morte, tudo é duvidoso", escreveu. "A única coisa que parece certa é a própria morte. Mas é exatamente por isso que o compromisso final não é o mais difícil, pois um dia será exigido de uma forma ou de outra."[47]

Hitler está argumentando algo fundamental. Em vez de nos concentrarmos em tentar adiar nossa morte o máximo possível, precisamos entender que é apenas uma questão de detalhes se a morte nos ceifará no próximo segundo ou em cinquenta anos. A morte vem de qualquer maneira.

Segue-se que a vida deve implicar sempre em assumir riscos. Isto porque a morte chega tanto para os entediantes e cautelosos, quanto para os ousados e corajosos. Como veterano da Primeira Guerra Mundial e testemunha de inúmeras mortes violentas e repentinas, Hitler sabia tudo sobre a arbitrariedade da existência.

Foi esse coquetel de convicções apaixonadas que o levou a subscrever as opiniões de pessoas como o dr. Ploetz, que defendia a morte de crianças "racialmente indesejadas". Por mais incrível que pareça, em discurso de 1929, Hitler afirmou que o assassinato de 70% a 80% de todas as crianças alemãs recém-nascidas poderia ser benéfico. "Se a Alemanha ganhasse 1 milhão de crianças anualmente", explicou, "e eliminasse de 700 a 800 mil das mais fracas, no final o resultado provavelmente seria até um aumento da força. O mais perigoso é interrompermos o processo de seleção natural". Mencionou a prova do "Estado racial mais forte da história, Esparta", sobre o qual afirmou ter "aplicado essas leis raciais sistematicamente". Alertou que, se "os criminosos têm a possibilidade de reprodução" e "os degenerados estão sendo laboriosamente mimados de uma forma artificial", a consequência era que "lentamente criamos os fracos e matamos os fortes".[48]

Pouco depois de se tornar chanceler, Hitler aprovou uma lei que autorizava a esterilização de alemães que sofriam não só de doenças como esquizofrenia, mas também de condições como "alcoolismo grave". Os nazistas procuraram justificar a medida apontando as leis do reino animal. O curta-metragem de propaganda *Das Erbe* [A herança], lançado em 1935 com o objetivo de promover o valor da esterilização forçada, começa com uma cena em que uma estudante bem-intencionada, porém ingênua, sugere que os insetos sendo estudados no laboratório teriam "vida tranquila" se fossem deixados na floresta. Ela é delicadamente repreendida pelo professor, que explica que "não existe vida tranquila em parte alguma da natureza" e que todos os animais "vivem em uma luta permanente na qual os fracos são destruídos".[49]

O violento antissemitismo de Hitler se encaixava perfeitamente nessa visão de mundo. Ele adotou não o antissemitismo religioso do passado, mas um ódio "moderno" baseado na raça. Acreditava que os judeus eram inerentemente perigosos por causa do seu "sangue". Seu afã de persegui-los era tal que, em 1939, os judeus alemães foram submetidos a uma série de medidas cruéis e restritivas. A maior agressão pré-guerra contra judeus alemães ocorreu durante a "Kristallnacht" ["Noite dos cristais"], na noite de 9 de novembro de 1938, quando propriedades de judeus foram destruídas, sinagogas incendiadas, mais de noventa judeus foram mortos e cerca de 30 mil levados para campos de concentração.

Quanto aos membros "arianos" da "comunidade étnica", eles foram informados de que eram melhores do que qualquer um e que seu bem mais precioso era a própria pureza racial. "Temos uma obrigação sagrada de manter nosso sangue puro e passá-lo para nossos filhos e netos", escreveu o homem da SS, Joseph Altrogge, em nota pertencente ao seu arquivo pessoal. Era essa "obrigação sagrada" que propiciava a chance de uma vida eterna – e não as promessas tradicionais da Igreja:

> Cada um de nós é apenas um elo na corrente da transmissão hereditária que flui de nós para nossos netos mais distantes. Se não cortarmos esse fluxo hereditário, viveremos em nossos filhos e netos e seremos verdadeiramente imortais. Não queremos ser o elo mais fraco da corrente ou interrompê-la, permanecendo celibatários ou sem filhos.

A "luta" para atingir essa meta, escreveu, estava só começando, e "nossos filhos e netos vão continuá-la, até que um dia o objetivo, a Trindade do Reich, o Volk [o povo] e a Fé, seja realizada".[50]

Assim, como não existia vida eterna a não ser por meio da própria descendência, não havia necessidade de se preocupar com qualquer "dia do juízo final" depois da morte. Essa era uma convicção que um homem da SS, como Joseph Altrogge, tinha em comum com os bolcheviques ateus na União Soviética.

Assim como Hitler, Stálin também foi convencido pelo trabalho de outros. O mais influente foi Karl Marx. Foram principalmente os ensinamentos de Marx que o levaram do seminário ao mundo da revolução. Marx, em uma série de obras como o *Manifesto comunista* (escrito com Friedrich Engels e publicado em 1848) e *O capital* (publicado em 1867, com mais dois volumes publicados depois da morte de Marx, em 1883), expôs, à luz da Revolução Industrial, os problemas enfrentados pelos homens e mulheres trabalhadores. Afirmou que os trabalhadores – que chamava de "proletários" – eram alienados da vida produtiva. Em vez de o trabalho ser, como deveria, uma maneira de as pessoas se sentirem realizadas, a vida nas sombrias fábricas do século XIX destruía o espírito humano. Os trabalhadores eram alienados de várias maneiras: alienados dos produtos que criavam – pois os operários nas linhas de produção nunca tiveram a satisfação de criar algo por si mesmos, por serem apenas engrenagens de uma máquina gigantesca; eram alienados de sua própria humanidade – por serem considerados como tendo valor somente como resultado dos produtos que criavam para os donos das fábricas; e eram alienados uns dos outros – até porque nas fábricas modernas o trabalho era raramente colaborativo.[51]

Marx também enfatizou a injustiça inerente à relação entre os trabalhadores e os proprietários das fábricas. Como poderia ser correto que os trabalhadores desistissem de grande parte de suas vidas para criar produtos cujos lucros fossem para os ricos – simplesmente por serem donos dos edifícios onde os trabalhadores eram escravizados? Os proprietários podiam ficar à toa, divertir-se e viver do suor e do tormento dos trabalhadores alienados. Como tal situação poderia ser tolerada?

Foi uma análise convincente da vida dos trabalhadores do século XIX. E apesar de as opiniões de Marx parecerem se aplicar mais às fábricas exploradoras de Manchester do que às terras agrícolas do Império Russo, Stálin foi convencido por elas. O sentimento de injustiça desse mundo – em que camponeses ricos, os *kulaks*, viviam do trabalho de seus vizinhos mais pobres – o acompanhou até o dia de sua morte.

O problema é que, embora Marx fosse brilhante na análise do problema, a solução que propôs não era necessariamente tão convincente. Uma das dificuldades era sua afirmação de que a história estava destinada a passar por certas fases. Por exemplo, haveria uma fase imperial, uma fase feudal, uma fase capitalista, uma fase socialista e uma fase comunista.[52]

Na época em que escreveu sua análise, Marx estava se referindo principalmente à fase capitalista, na qual considerava estar vivendo. Mas ele acreditava que o mundo iria avançar, até finalmente chegar ao comunismo. Nesse fim de jogo da história, os meios de produção seriam de propriedade comum, sem ninguém ser explorado, uma sociedade totalmente justa e sem necessidade de governo, já que o Estado inevitavelmente "definharia".

Houve discussões calorosas entre os seguidores de Marx sobre exatamente o que o grande homem queria dizer com certas previsões e teorias e qual era a melhor maneira de implementá-las. Seguidores do marxismo denunciavam uns aos outros por corromper os ensinamentos marxistas, da mesma forma que os cristãos medievais se bateram por questões de "heresias". Essa disputa foi o fator principal que levou à formação dos bolcheviques. Em 1902, Vladimir Lênin, um seguidor revolucionário de Marx, publicou um livro intitulado *O que fazer?*. Nele, corrigia a previsão de Marx do que precisava acontecer para escapar da fase capitalista da história. Em vez de os trabalhadores se rebelarem por conta própria, Lênin disse que, quando a opressão do capitalismo se tornasse muito forte, seria necessário um grupo de revolucionários dedicados para conduzir o mundo ao socialismo. Esse e outros problemas levantados por Lênin provocaram um conflito interno no grupo marxista, o Partido Operário Social-Democrata Russo. Em 1903, houve uma cisão. Os seguidores de Lênin eram a maioria e ficaram conhecidos como bolcheviques (*bolshinstvo* significa "maioria" em russo), enquanto os discordantes foram chamados de mencheviques (da palavra russa que significa "minoria").

Stálin, que conheceu Lênin dois anos depois da cisão, em 1905, era decididamente um bolchevique. Como Lênin, acreditava em revolucionários profissionais liderando a mudança sísmica necessária para remodelar a sociedade. Ademais, Stálin também deixou claro que a classe trabalhadora só poderia suplantar os patrões ricos pela força. "Os comunistas não enaltecem de forma alguma os métodos violentos", declarou em uma entrevista a H. G. Wells em 1934.

Mas eles, os comunistas, não querem ser pegos de surpresa; não podem contar com o velho mundo saindo do palco voluntariamente; eles veem o antigo sistema se defendendo violentamente, e é por isso que os comunistas dizem à classe trabalhadora: responda à violência com violência; faça tudo o que puder para evitar que a velha ordem moribunda os esmague, não se deixem ser algemados pelas mãos, mãos com as quais vocês derrubarão o antigo sistema.[53]

Lênin, por sua vez, reconheceu em Stálin um homem de ação – confirmado por seu papel no assalto ao banco em Tíflis, em 1907. Mas foi só em 1913, quando escreveu *O marxismo e a questão nacional*, que Stálin passou a ser visto como um pensador marxista digno de nota.

O nacionalismo era uma questão política capciosa, pois a Rússia Imperial abrangia um grande número de "nações" potenciais, inclusive a Geórgia, país de origem de Stálin, e os bolcheviques precisavam de uma política inequívoca sobre o assunto. A premissa de Stálin era simples. Afirmava que deveria ser "prontamente compreensível que a nação, como qualquer fenômeno histórico, tem sua própria história, seu início e seu fim".[54] "Nações" individuais dentro do novo Estado bolchevique poderiam ter um elemento de autogoverno, mas seria apenas uma solução temporária, uma vez que a teoria marxista ditava que, no fim, todas as nações desapareceriam. Lênin aprovou o trabalho de Stálin e o nomeou chefe do Comissariado do Povo para as Nacionalidades, depois da revolução.

Portanto, havia um abismo flagrante entre as visões de mundo de Hitler e Stálin. Um era um racista convicto, o outro um homem que pensava que os indivíduos eram moldados principalmente pelo ambiente. Um acreditava nas leis da "Natureza", o outro era um fiel seguidor de Karl Marx. Além disso, cada um odiava profundamente o sistema de valores do outro. Hitler temia e desprezava o bolchevismo, e Stálin detestava o nazismo.

Nesse contexto, o fato de Hitler liderar o Partido Nacional-Socialista dos Trabalhadores Alemães tem causado confusão entre aqueles que não entendem muito de história. Perguntam: mas não era Stálin alguém que também acreditava no socialismo como uma rota para o comunismo? Nesse caso, Hitler e Stálin não eram quase iguais? A resposta é não, não eram. Stálin estava empenhado em destruir o que considerava o mal absoluto do capitalismo. Foi muito claro a respeito ao dizer: "Sem se livrar dos capitalistas, sem abolir o princípio da propriedade privada nos meios de produção, é impossível criar [uma] economia planejada".[55] Hitler nunca defendeu tais pontos de vista. Na verdade, ele chegou ao poder com a ajuda de influentes empresários. Mas em termos de propaganda, era útil para os nazistas se dizerem socialistas, pois achavam que isso os tornava mais atraentes para os trabalhadores alemães.

A palavra "socialismo" também simbolizava o desejo dos nazistas de eliminar todas as divisões de classe na sociedade alemã. Hitler queria criar o que chamou de *Volksgemeinschaft* – uma "comunidade do povo" –, onde todo "verdadeiro" alemão se unisse para o bem do país e as grandes empresas fossem obrigadas a cooperar para esse objetivo tanto quanto qualquer outro grupo. Como Hitler declarou em discurso de abril de 1922:

> Dissemos a nós mesmos: não existem classes, elas não podem existir. Classe significa casta e casta significa raça. [...] Conosco na Alemanha, onde todos que são alemães têm o mesmo sangue, os mesmos olhos e falam a mesma língua, aqui não pode haver classe, aqui só pode haver um único povo e nada além disso.[56]

Mas mesmo na Alemanha "sem classes" imaginada por Hitler, onde todos eram da mesma "raça", ainda havia muito espaço para os capitalistas ganharem dinheiro com o trabalho dos operários. Apesar de liderar o Partido Nacional-Socialista dos Trabalhadores Alemães, Hitler nunca chegou perto de impor o tipo de economia controlada que Stálin favorecia, e certamente não era um socialista.

Havia também um abismo entre os dois ditadores em termos de objetivos finais, com o ideal comunista de uma sociedade sem Estado sendo um forte contraste com a ideia de Hitler de um império gigante baseado em um violento racismo. Essa diferença esclarece como as duas ideologias são percebidas hoje. O tipo de ódio racial no cerne do pensamento de Hitler é corretamente condenado – na verdade, é até ilegal expressar tais convicções em muitos países –, ao passo que ainda há um bom número de pessoas que tem orgulho em se proclamar marxista. Mas há um problema com essa análise no contexto da liderança de Stálin, pois o harmonioso objetivo dos bolcheviques – de um Estado em que o governo tivesse "definhado" – não era um modelo realista nem realizável sob Stálin. E ele próprio chegou perto de confessar isso.

Em seu discurso no 18º Congresso do Partido Comunista, em março de 1939, Stálin admitiu que Marx e seu colaborador, Friedrich Engels, nem sempre estiveram certos, e que "algumas das proposições gerais da doutrina marxista do Estado eram incompletas e inadequadamente elaboradas". Especificamente, quando dissera que quando "não houver mais nada a ser reprimido" o Estado "vai minguar", Engels deixou de mencionar o "fator internacional". O problema, disse Stálin, era que, como outros países não estavam a caminho do comunismo, a União Soviética precisava "dispor de um exército bem treinado, de órgãos punitivos bem organizados e de um atuante serviço de inteligência" para se defender.[57] Em outras palavras, era melhor se acostumar com os "órgãos punitivos bem organizados" em vigor, pois não havia perspectiva de serem abolidos a menos que o mundo todo se tornasse comunista – e quem acreditava seriamente que isso aconteceria?

Finalmente, é preciso reconhecer uma semelhança abrangente entre Hitler e Stálin – ambos apresentavam a visão de uma utopia futura. Eram utopias diferentes, claro, mas ainda assim utopias. O caminho para chegar até lá seria difícil – e demoraria mais do que se poderia imaginar, como Stálin admitiu em 1939 –, mas havia uma meta maravilhosa no porvir. Ambos ofereciam um sentido na vida, em um mundo que poderia parecer não ter sentido sem a fé religiosa.

Para Nikonor Perevalov, nascido em 1917, ano da Revolução Russa, a razão de sua existência não poderia ter sido mais clara:

> Eu sabia que o Partido Comunista tinha sido criado no nosso país para construir inicialmente uma sociedade socialista e depois, no futuro, construir o comunismo, e que essa sociedade só poderia ser construída por pessoas conscienciosas. Foi por isso que entrei no partido, para ser uma pessoa conscienciosa, para induzir nas massas essa consciência da necessidade da vitória do socialismo e do comunismo. [...] Nós queríamos melhorar a vida dos povos da Rússia.[58]

Em seguida, Perevalov tentou "melhorar a vida dos povos da Rússia" entrando para o NKVD e organizando deportações em massa para a Sibéria.

Johannes Hassebroek, comandante do campo de concentração de Gross-Rosen, ganhou um propósito semelhante na vida ao ingressar na SS:

Fiquei muito grato à SS pela orientação intelectual que me deu. Todos nós ficamos gratos. Muitos de nós estávamos bastante perplexos antes de entrar para a organização. Não entendíamos o que acontecia ao nosso redor, tudo era muito confuso. A SS nos presenteou com uma série de ideias simples que podíamos entender e acreditar.[59]

Uma das "ideias simples" oferecidas pelas ideologias pregadas por Hitler e Stálin era a oposição ferrenha aos valores da democracia liberal. Ambos rejeitavam completamente os princípios que hoje constituem a "liberdade". Ambos proibiram a liberdade de expressão, ambos atacaram os direitos humanos em todos os níveis. O mais crucial: ambos tentaram destruir a capacidade das pessoas de serem indivíduos. Ninguém tinha o direito de ser aquilo que havia escolhido. Quem não se conformasse com o novo sistema de valores seria perseguido. Em última análise, essa foi a razão pela qual as utopias que Hitler e Stálin buscavam nunca poderiam ser livres da tirania – porque mesmo se a Terra Prometida fosse alcançada, qualquer um que fosse contrário e afirmasse não gostar daquele novo paraíso seria punido.

Como espero que este livro demonstre, a opressão nunca poderia ser extirpada de nenhum dos sistemas. A opressão era o sistema.

1

O PACTO

Em agosto de 1939, Hitler e Stálin – os mais ferrenhos inimigos ideológicos – fizeram algo verdadeiramente extraordinário: assinaram um pacto de amizade. E, para muitos de seus correligionários, era um arranjo que parecia ir contra toda a lógica.

"Nós não conseguíamos entender", disse Karl-Hermann Müller, na época um jovem marinheiro alemão. "Por um lado, o comunismo era combatido, ou pelo menos deveria ter sido, mas por outro lado foi feito um pacto com os comunistas. [...] Não fazia sentido."[1]

É fácil entender a confusão de Karl-Hermann – e a perplexidade de milhões de outros. Fazia anos que Hitler vinha investindo contra a União Soviética. Já em 1924 ele escrevera em *Mein Kampf* que "os governantes da Rússia atual são criminosos comuns manchados de sangue" e "a escória da humanidade", que "tomaram um grande Estado em um momento trágico, massacraram e exterminaram milhares de seus líderes intelectuais com uma selvagem sede de sangue" e, uma vez no poder, implantaram "o regime mais cruel e tirânico de todos os tempos".[2]

Como alguém que via o mundo quase exclusivamente em termos raciais, Hitler acreditava que a raça era a chave para entender a ação dos bolcheviques: "Esses governantes pertencem a uma raça que combina, em uma mistura rara, crueldade bestial e um dom inconcebível para mentir, e que hoje mais do que nunca tem consciência da missão de impor sua opressão sangrenta ao mundo todo".[3]

Como se não bastasse, Hitler apresentou depois, em *Mein Kampf*, a razão final – para ele, devastadora – pela qual a União Soviética era tão perigosa. "Não se esqueça", escreveu, que "o judeu internacional domina completamente a Rússia" e "considera a Alemanha não como um aliado, mas como um Estado destinado" a sofrer o mesmo destino da Rússia Imperial nas mãos dos comunistas. Além disso, o controle da União Soviética, afirmou, era apenas o primeiro passo dos judeus: "No bolchevismo russo, devemos ver a tentativa empreendida pelos judeus no século XX de chegar à dominação mundial".[4] Assim, qualquer acordo político com a União Soviética era impensável para Hitler. Ele afirmou explicitamente em *Mein Kampf* que "não se fazem pactos com ninguém cujo único interesse seja a destruição do seu parceiro".[5]

As teorias iradas de Hitler sobre a União Soviética foram aceitas por seus apoiadores, não apenas por muitos deles serem antissemitas ostensivos ou latentes, mas também como consequência da derrota da Alemanha na Primeira Guerra Mundial. Para lidar com a humilhação da derrota, muita gente – principalmente dos partidos nacionalistas de direita – procurou bodes expiatórios. Culparam "os judeus" por conspirarem nos bastidores para provocar a derrota alemã, e os "democratas" judeus por negociarem os odiados tratados de paz após a guerra – mais notoriamente o Tratado de Versalhes. E, quando houve tentativas de revoluções em Munique e Berlim, em 1919, afirmaram que os judeus, como a força supostamente por trás do bolchevismo, estavam tentando conquistar a Alemanha.

Eles buscavam defender suas afirmações destacando fatos seletivamente. Não foram alguns judeus que lideraram a revolução em Munique, que estabeleceu uma república "soviética" de curta duração na Baviera em 1919? Não houve a participação de políticos judeus, como Otto Landsberg, nas discussões sobre o Tratado de Versalhes? Os líderes bolcheviques não eram judeus, como Leon Trótsky? Na verdade, o próprio Marx não era judeu de nascença?

No entanto, como todas as declarações preconceituosas, os argumentos por trás dessas afirmações desabam à luz da razão. Sim, houve um pequeno número de judeus envolvidos na revolução de Munique, mas a maioria dos judeus alemães obedecia às leis e abominava insurreições violentas. Sim, Otto Landsberg havia participado do Tratado de Versalhes, mas foi tão contrário ao acordo que renunciou em seguida. Sim, Leon Trótsky nascera em uma família judia, mas isso não se aplicava a muitos outros bolcheviques importantes – como Stálin e Molotov, para citar apenas dois. Finalmente, apesar de ter ascendência judaica, Marx nunca foi um judeu praticante. Na verdade, seu pai se converteu ao cristianismo.

Nenhum desses detalhes importava para Hitler. Ao longo de sua carreira política, ele nunca permitiu que os fatos o tolhessem, e seu ódio cego pela União Soviética o ajudava a dar sentido ao mundo. Na verdade, é difícil pensar em qualquer convicção sobre política externa que Hitler sustentasse com mais paixão em 1924 do que sua aversão ao "bolchevismo russo". Seu implacável preconceito contra os soviéticos reuniu as principais vertentes de seu pensamento: o racismo, o antissemitismo e o medo de a "pureza do sangue" alemão ser corrompida por um povo que procurava destruir seus inimigos com "mentiras e calúnias, veneno e corrupção".[6]

Hitler também admitia abertamente seu desejo de que a Alemanha roubasse territórios da União Soviética. Escreveu em *Mein Kampf* que havia decidido "interromper o interminável movimento alemão para o sul e para o oeste e voltar nosso olhar para as terras do Leste".[7] Afirmou explicitamente que seu "olhar" visava ao território da "Rússia e seus Estados-vassalos fronteiriços". Hitler dificilmente poderia ter sido mais claro. Seu desejo era criar um novo Império Alemão no oeste da União Soviética; e não disse isso em encontros secretos, conspirando com seus confidentes mais próximos, mas em um livro publicado para o mundo.

No mito popular, esse desejo de confiscar terras da União Soviética costuma ser citado como um dos primeiros exemplos da megalomania de Hitler. O quanto um ser humano precisa ser desvairado, prossegue o argumento, para querer conquistar a Rússia? Como disse o marechal de campo Montgomery, a "Regra Número Um" da guerra é "não marchar sobre Moscou".[8] Mas não era assim que a questão era entendida na época.

Hitler estava ciente, ao escrever *Mein Kampf* em 1924, que apenas seis anos antes os bolcheviques, por insistência alemã, haviam cedido vastas extensões de terra e um terço da população da Rússia pré-revolucionária. Sob o Tratado de Brest-Litovsk, firmado no início de 1918, os bolcheviques abriram mão dos Estados Bálticos, da Ucrânia e muito mais. Assim, em 1918 os alemães perceberam que invadir a "Rússia" poderia de fato ser um empreendimento muito lucrativo.

Lênin concordou com esse tratado humilhante porque queria sair da Primeira Guerra Mundial. Precisava se concentrar em consolidar a revolução em casa, e esse foi o preço a ser pago. Em março de 1918, escreveu que, embora Brest-Litovsk pudesse ser considerado uma "paz obscena", a realidade era que, se os bolcheviques não abandonassem a guerra, "nosso governo seria posto de lado".[9] Mais tarde, Lênin comparou o tratado de paz a um acordo com criminosos. "Imagine que seu carro foi parado por bandidos armados", escreveu. "Você dá a eles seu dinheiro, seus documentos de identidade, seu revólver e o próprio carro. Em troca, fica dispensado de sua agradável companhia. [...] Nosso compromisso com os bandidos do imperialismo alemão foi exatamente um acordo desse tipo."[10]

Os alemães não ficaram impressionados com o calibre dos representantes bolcheviques que chegaram para discutir o acordo. "Nunca esquecerei o primeiro jantar que tivemos com os russos", escreveu o major-general Max Hoffmann, membro da delegação alemã. "À minha frente estava o operário, claramente tendo problemas com os vários implementos que encontrou à mesa. Tentou servir a comida em seu prato primeiro com uma coisa e depois com outra." Hoffmann também notou que um dos representantes bolcheviques, quando questionado se queria "clarete ou branco", respondeu que "preferia" o que fosse "mais forte".[11]

O Tratado de Brest-Litovsk não perdurou muito tempo – foi desmantelado após a derrota da Alemanha, em novembro de 1918 –, mas, quando Hitler escreveu *Mein Kampf*, a memória do acordo original ainda era recente.[12] Portanto, não era irracional, na época, supor que um acordo que os bolcheviques aceitaram no início de 1918 não pudesse um dia ser imposto novamente. Era possível pensar que os bolcheviques já haviam mostrado sua fraqueza ou até sua covardia.

Pode-se acusar Adolf Hitler de muitas coisas, mas de falta de coerência na sua visão ideológica, não. Em 1936, por exemplo, em um dos poucos memorandos mais abrangentes que escreveu sobre política, expressou mais uma vez sua obsessão com o perigo do "bolchevismo". "Desde o advento da Revolução Francesa", escreveu, em termos quase apocalípticos, que

> o mundo tem se movido com velocidade cada vez maior em direção a um novo conflito, e sua solução mais extrema é chamada de

bolchevismo, cuja essência e objetivo, no entanto, são a eliminação dos estratos da humanidade que até agora exerceram a liderança, para substituí-los pelo judaísmo mundial. Nenhum Estado será capaz de se retirar ou sequer se manter afastado desse conflito histórico. Desde que o marxismo, com sua vitória na Rússia, estabeleceu um dos maiores impérios do mundo como uma base avançada para suas operações futuras, essa questão tornou-se uma ameaça.[13]

Se alguém não tivesse entendido exatamente o que Hitler quis dizer com essas palavras, Hermann Göring deixou seu significado claro em uma reunião de gabinete em setembro de 1936, quando declarou que o memorando do Führer partia da "premissa básica de que o confronto com a Rússia é inevitável".[14] E apesar de não ter dito mais, em discursos ao público em geral, sobre sua intenção de arrebatar terras no Leste, Hitler continuou reiterando o imenso perigo representado pela existência da União Soviética. Em um discurso em Nuremberg, em setembro de 1937, ele falou sobre a luta contra o bolchevismo em termos épicos. Nunca se furtando de uma hipérbole, definiu-a como um "evento colossal na história do mundo", e a ameaça bolchevique como "o maior perigo com que a cultura e a civilização da raça humana eram ameaçadas desde o colapso dos Estados na Antiguidade".

Hitler enfatizou que o conflito com os bolcheviques se dava em todas as frentes. Tudo estava sob ameaça – a vida espiritual alemã, a economia "e todas as outras instituições que determinam a natureza, o caráter e a vida" do Estado. Hitler também lembrou novamente o público de que os judeus estavam por trás do bolchevismo. Pintou um quadro assustador da ameaça que isso representava. Afirmou que os judeus – "uma raça inferior, por completo" – seguiam uma política de extermínio das "classes intelectuais" dos povos que governam. Eles precisavam fazer isso, explicou, pois caso contrário seriam derrotados pela "inteligência superior". Resumindo, Hitler afirmou que existia na União Soviética "uma guilda internacional de criminosos bolcheviques judaica e incivilizada" cujo objetivo era "dominar a Alemanha a partir de Moscou".[15]

Deve-se notar que Hitler não se referia à necessidade de invadir a União Soviética simplesmente para conquistar mais terras para a Alemanha. Mas sim que a Alemanha estava ameaçada pelo desejo dos bolcheviques de instaurar a "revolução mundial". Posicionava-se como um profeta alertando para uma ameaça existencial. Foi uma posição tática inteligente, dado seu objetivo final – pois seguia a estratégia ainda não declarada de que, para impedir os planos expansionistas dos bolcheviques, era necessário atacá-los antes que avançassem sobre a Alemanha. Dessa forma, os alemães conquistariam todas as terras de que precisavam no Leste, não porque fossem imperialistas, mas como uma consequência "não intencional" de um ato de autodefesa.

A atitude de Stálin com Hitler durante os anos 1930 não foi tão direta. Em julho de 1932, menos de um ano antes de Hitler se tornar chanceler, Stálin ordenou que o Partido Comunista Alemão não se concentrasse tanto na ameaça dos nazistas, mas sim no perigo representado por outros socialistas dentro da Alemanha. Um grupo de comunistas alemães procurou Stálin para tentar convencê-lo a mudar de ideia, mas ele descartou suas preocupações, dizendo a um deles, Franz Neumann: "Neumann, você não acha que se os nacionalistas chegarem ao poder na Alemanha eles vão estar tão preocupados com o Ocidente que vão nos deixar construir o socialismo em paz?".[16]

Stálin parece ter acreditado que os muito divulgados ataques dos nazistas aos "criminosos de novembro", que haviam assinado o odiado Tratado de Versalhes no final da Primeira Guerra, indicavam que Hitler se concentraria em tentar mudar os termos restritivos do acordo com as potências ocidentais. Até certo ponto, ele tinha razão. Embora o inimigo ideológico de Hitler sempre tenha sido a União Soviética, a relação da Alemanha com a França, Grã-Bretanha e Estados Unidos tinha mais relevância no curto prazo. Foram os principais países responsáveis pelas reparações exorbitantes, as perdas territoriais e os limites ao tamanho das forças armadas impostos à Alemanha pós-Versalhes.

Isso não quer dizer que Stálin ignorava os planos de Hitler para a União Soviética. Ele era um leitor atento de *Mein Kampf* e marcava passagens-chave em seu exemplar com um lápis de cor.[17] Mas sabia que a realidade geográfica também impedia que Hitler representasse uma ameaça física imediata, pois alguns países – principalmente a Polônia – formavam uma barreira entre a Alemanha e a União Soviética. Portanto, apesar de todo o desejo de Hitler de conquistar terras na "Rússia e em seus Estados-vassalos", como ele poderia alcançar esse objetivo em termos práticos?

Tampouco a União Soviética tinha planos imediatos, como afirmava Hitler, de dominar a Alemanha e "instituir a revolução mundial". Embora seja simplista dizer que Stálin tenha retirado o apoio bolchevique à revolução em outros países, também é verdade que ele demonstrou pouco interesse por esse objetivo nos anos 1930. De fato, Stálin não dissolveu o Comintern – a organização de grupos comunistas internacionais instituída em 1919 –, mas, como vimos em suas orientações aos comunistas alemães em 1932, seu foco principal era esmagar outros grupos de esquerda que ele acreditava serem uma ameaça ao experimento soviético socialista.

Foram raras as ocasiões em que Stálin aprovou o envolvimento soviético em conflitos estrangeiros. E mesmo quando o fez, suas ações não foram diretas. Embora, por exemplo, tenha mandado dinheiro e armas para ajudar na guerra contra o general Franco, na Espanha, ele sempre se preocupou mais com a tendência exata dos grupos que ajudava. Em particular, queria respostas a uma pergunta vital: eles apoiavam o homem que Stálin odiava quase mais do que qualquer outro – Leon Trótsky?

Stálin conseguiu desbancar Trótsky, um companheiro revolucionário, nos anos 1920. A personalidade carismática de Trótsky e seus dons intelectuais não conseguiram se opor à astúcia paciente de Stálin. Este o expulsou da União Soviética em 1929, e desde então Trótsky vinha causando problemas para ele. Em seu exílio, Trótsky – um talentoso escritor, diferentemente de Stálin – criticava não somente as políticas de Stálin, mas o homem Stálin. Acima de tudo, dizia que ele tinha traído a revolução ao se recusar a adotar o apelo à revolução mundial. Em vez disso, afirmou, Stálin preferiu construir uma estrutura burocrática sufocante na União Soviética para manter sua base de poder. Consequentemente, Trótsky pedia a deposição de Stálin. Em 1933, escreveu que a "vanguarda proletária" precisava eliminar a "burocracia" stalinista pela "força", para obrigar Stálin a entregar o poder.[18] Quatro anos depois, em 1937, Trótsky foi ainda mais longe e disse, em uma entrevista, que a única maneira de derrubar Stálin, que ele acusava de se colocar "acima de todas as críticas", era com um assassinato.[19] Naquele mesmo ano, seu livro polêmico e devastador, *The Stalin School of Falsification* [A escola de falsificação de Stálin], foi publicado em inglês. "Você pode fazer malabarismos com citações, esconder os relatórios estenografados dos seus discursos, proibir a circulação das cartas e artigos de Lênin, fabricar jardas de citações desonestamente selecionadas", afirmou Trótsky na conclusão do livro, atacando o que acreditava ser a tentativa de Stálin de reescrever a história da revolução.

Você pode suprimir, ocultar e queimar documentos históricos. Você pode estender sua censura até mesmo para registros fotográficos e cinematográficos dos eventos revolucionários. Stálin está fazendo todas essas coisas. Mas os resultados não justificam nem justificarão suas expectativas. Só uma mente limitada como a de Stálin poderia imaginar que essas lamentáveis maquinações farão com que os homens esqueçam os eventos gigantescos da história moderna.[20]

Porém, infelizmente para Trótsky, no final foi o homem que ele pensava ter uma "mente limitada" que triunfou sobre ele. Quando Stálin ordenou o assassinato de Trótsky, um comunista espanhol, chamado Ramón Mercader, o atacou com uma picareta de gelo no México, em 20 de agosto de 1940. Trótsky morreu no dia seguinte devido aos ferimentos.

A surpreendente verdade era que, durante os anos 1930, Stálin não temia tanto que a revolução bolchevique não se alastrasse para outros países, mas que o tipo errado de revolução – liderada pelos "trotskistas" – tivesse sucesso. Essa preocupação explica muito do comportamento de Stálin, pois sua ansiedade em relação a Trótsky alimentava sua natureza extremamente suspeita. Quem, ele perguntava, eram os "trotskistas" trabalhando em segredo dentro da União Soviética? Como veremos, a busca pela resposta a essa pergunta levaria, instigada por Stálin, a muitos milhares de mortes sangrentas.

Foi com esse pano de fundo que Stálin fez um importante discurso sobre política externa na primavera de 1939. Em 10 de março, no 18º Congresso do Partido, ele disse que era "incrível, mas verdadeiro" que "Estados não agressivos" como os Estados Unidos, a Grã-Bretanha e a França fizessem "concessão após concessão" aos "Estados agressores" (se referindo à Alemanha, à Itália e ao Japão). Talvez, acrescentou, os "Estados não agressivos" estivessem em busca de uma política de apaziguamento por temerem que, se houvesse outra guerra, haveria uma revolução em seus próprios países. Afinal, todos sabiam que a Revolução Bolchevique tinha acontecido na Rússia durante a "primeira guerra mundial imperialista". Ou, alternativamente, disse Stálin, é por terem abandonado a ideia de "segurança coletiva" em favor da "neutralidade" – uma política que só ajudava "os agressores em seu trabalho nefasto".[21]

Stálin foi mais longe, chegando a insinuar que os "Estados não agressivos" tinham uma agenda secreta contra a União Soviética. Ressaltou que só esboçaram uma resposta tímida em face da agressão alemã contra a Áustria e a Tchecoslováquia, e ainda publicaram "mentiras" na imprensa sobre "a fraqueza do exército russo" e "a desmoralização da força aérea russa". Estavam, portanto, "incitando os alemães a marcharem mais para o Leste, sugerindo uma vitória fácil e passando um recado: 'Basta começar a guerra contra os bolcheviques e tudo ficará bem'".[22] Foi nesse discurso que Stálin fez sua famosa declaração de que os soviéticos "não permitirão que nosso país seja arrastado para conflitos por belicistas acostumados a ter outros para tirar as castanhas do fogo por eles".[23]

O discurso de Stálin incomodou Winston Churchill, que ainda não havia voltado ao governo, a ponto de levá-lo a perguntar ao embaixador soviético em Londres, Ivan Maisky, se aquilo significava que Stálin não estava pronto para "cooperar com as democracias". Maisky respondeu que era mais um apelo para que as democracias estivessem "preparadas para lutar contra os agressores e não apenas tagarelando a respeito".[24]

Tudo isso aconteceu quando Hitler deu um passo decisivo, que revelou sua verdadeira natureza e intenções. Em março de 1939, ele orquestrou o desmantelamento da Tchecoslováquia, criando um novo país subserviente – a Eslováquia – no Leste e enviando tropas alemãs para o restante do território ocidental, a fim de estabelecer os protetorados da Boêmia e da Morávia.

Foi um acontecimento de grande relevância, em parte pelo que acontecera no ano anterior. Em março de 1938, os alemães invadiram a Áustria e, em seguida, ameaçaram a Tchecoslováquia. Para evitar uma guerra europeia, Hitler foi forçado a arquivar seus planos de ocupar o país e, depois da conferência de Munique de setembro daquele ano, concordou em tomar somente a área fronteiriça dos Sudetos, que era em grande parte ocupada por uma etnia germânica. Esse último ponto foi crucial para suas propostas, pois ele havia afirmado publicamente, durante os anos 1930, que seu único objetivo era a união de todos os povos de língua alemã sob seu governo. Havia certa simpatia internacional por essa posição, ou pelo menos falta de entusiasmo para ir à guerra por essa razão. Como disse sir Frank Roberts, do Ministério das Relações Exteriores da Grã-Bretanha: "A opinião pública [na Grã-Bretanha] não entenderia uma aliança com a França em uma guerra contra a Alemanha, na Europa, para evitar que alemães se anexassem a outros alemães".[25]

Essa atitude despreocupada estava prestes a mudar, assim que Hitler desmembrou o resto da Tchecoslováquia. E a forma como executou essa tarefa, em março de 1939, nos diz muito sobre a maneira brutal como se sentia capaz de conduzir sua política externa, mas também sobre a extensão de seu desprezo pelos países mais fracos. Era um desprezo, como veremos, que Stálin também sentia.

A Eslováquia, território no leste da Tchecoslováquia, ganhou status especial dos tchecos depois do acordo de Munique, e um padre católico, Jozef Tiso, foi nomeado primeiro-ministro da Região Autônoma Eslovaca. Mas no início de março de 1939, o presidente tcheco, Emil Hácha, retirou Tiso do cargo. Ele estava preocupado com uma possível declaração de independência por parte dos eslovacos liderados por Tiso, algo que os nazistas tentavam arquitetar. Mas Tiso não sabia o que fazer, até conhecer Hitler e ouvir suas ameaças. O Führer disse que avançaria sobre as terras tchecas, independentemente do que os eslovacos decidissem. A única questão para os eslovacos agora era se preferiam a independência ou que os nazistas concordassem com os projetos húngaros em seu território. Como Hermann Göring expressou brutalmente no encontro com uma delegação eslovaca no mês anterior: "Vocês querem se tornar independentes? [Ou devo] deixar os húngaros ficarem com vocês?".[26]

Em 14 de março, um dia após o encontro com Hitler, Tiso voltou à Bratislava para uma reunião de crise do Parlamento eslovaco. Um dos políticos presentes, Martin Sokol, resumiu a atmosfera tensa: "Ninguém realmente queria assumir a responsabilidade perante a história [de declarar a independência], pois ninguém poderia saber [...] o que aconteceria com a Eslováquia à tarde".[27] Assim mesmo, os eslovacos concluíram que, no balanço geral, a independência era o caminho menos perigoso a seguir e imediatamente criaram o Estado eslovaco.

Na noite dessa mesma terça-feira, 14 de março, o presidente Hácha da Tchecoslováquia chegou a Berlim para conversas com Hitler. O encontro acabou sendo mais um ritual de humilhação do que uma discussão entre estadistas. Para começar, Hitler manteve Hácha, com 66 anos, esperando – isso depois de o adoentado presidente tcheco ter passado por uma longa viagem desde Praga. O assunto urgente que atrasou seu encontro com Hácha consistia em assistir a um filme chamado *Ein hoffnungsloser Fall* [Um caso sem esperança], uma comédia romântica alemã. Hitler só recebeu Hácha por volta de uma da manhã, e logo começou a reclamar furiosamente. A única maneira de proteger o Reich, falou, era a Alemanha ocupar as terras tchecas imediatamente. Se Hácha não fizesse uma ligação urgente a Praga para ordenar às forças tchecas que não oferecessem resistência aos invasores alemães, o resultado seria um derramamento de sangue. Göring, que também participou da reunião, acrescentou que seus aviões estavam prontos para bombardear Praga naquela mesma manhã. Nesse momento, Hácha teve um colapso.

Manfred von Schröder, um jovem diplomata alemão, foi testemunha do que aconteceu a seguir:

> Nós precisávamos de um médico, e essa foi a minha tarefa [...] o famoso professor Morell [o médico de Hitler] estava por perto, então fiz um telefonema e ele veio e aplicou uma injeção. Depois disseram que a injeção era para ele fazer tudo o que Hitler queria, mas acho que foi uma injeção normal que ele aplicou no braço. [...] Hácha [depois de ter se recuperado] voltou para assinar a rendição da Tchecoslováquia.[28]

Quando Hácha foi embora, alquebrado pelos acontecimentos da noite, Hitler disse a seus secretários: "Este é o dia mais feliz da minha vida. O que foi tentado em vão durante séculos eu tive a sorte de realizar. Consegui a união da República Tcheca com o Reich. Hácha assinou o acordo. Eu serei o maior alemão da história".[29]

Hitler viveu o "dia mais feliz da [sua] vida" graças a uma intimidação implacável. Ele acreditava que na "eterna luta" da vida, um pequeno país, aparentemente sem amigos, deveria fazer tudo o que um vizinho maior e mais poderoso quisesse. Era uma dura realidade política e geográfica que Stálin entendia exatamente da mesma forma.

No entanto, a ocupação das terras tchecas e a criação de um Estado-vassalo nazista na Eslováquia criou um problema para Hitler. A promessa que fizera apenas um ano antes de que os Sudetos seriam sua "última reivindicação territorial" caiu por terra. E como a Tchecoslováquia comprovadamente era constituída por uma população que não se considerava germânica, sua afirmação de que só desejava unir os povos de língua alemã se mostrou uma mentira.

Sir Alexander Cadogan, ministro das Relações Exteriores da Inglaterra, escreveu em seu diário, em março de 1939, que "chegamos a uma encruzilhada". Enquanto Hitler só tentasse ocupar territórios ocupados por povos de língua alemã, os britânicos "poderiam fingir que ele estava em seu direito", mas se ele "começasse a engolir outras nacionalidades, seria o momento de dizer 'Basta!'".[30]

As ações de Hitler foram particularmente prejudiciais para o primeiro-ministro britânico, Neville Chamberlain. Ele não apenas havia assinado o acordo de Munique, que agora fora obviamente rompido, como também cometera um erro crasso de avaliação da situação em sua declaração à imprensa, poucos dias antes de os tanques nazistas invadirem Praga: "A situação externa está menos aflitiva e seus possíveis desenvolvimentos desagradáveis me preocupam menos do que algum tempo atrás".[31]

Depois da rápida conquista das terras tchecas pelos nazistas, Chamberlain achou que não havia nada que pudesse ser feito para restaurar a independência da Tchecoslováquia. A opção que restava era impedir uma maior expansão da Alemanha, particularmente na Polônia. Hitler havia dito por anos que queria recuperar o território alemão perdido para a Polônia nos termos de Versalhes. Assim, ansioso por enviar um sinal ao mundo, em 31 de março Chamberlain declarou na Câmara dos Comuns:

> No caso de qualquer ação que claramente ameaçasse a independência da Polônia, e se o governo polonês considerasse vital resistir com suas forças nacionais, o governo de Sua Majestade se sentiria obrigado a prestar ao governo polonês todo o apoio ao seu alcance.[32]

O parlamentar trabalhista Arthur Greenwood perguntou se Chamberlain tentaria incluir a União Soviética, entre outros países, "nesse acordo" – isto é, para garantir a segurança da Polônia. Chamberlain respondeu que lorde Halifax, o ministro das Relações Exteriores, "teve um encontro com o embaixador soviético esta manhã" e "não tenho dúvidas de que os princípios sobre os quais estamos agindo são totalmente compreendidos e reconhecidos por aquele governo".[33] Porém, tratava-se de uma resposta enganosa.

Ivan Maisky, o embaixador soviético, registrou em seu diário detalhes do encontro com lorde Halifax naquela manhã. Escreveu que Halifax entregou uma cópia da declaração de Chamberlain e perguntou se o governo britânico poderia dizer, dentro de algumas horas, que os soviéticos a aprovavam. Maisky respondeu que estava se inteirando do fato pela primeira vez, e que obviamente seu governo ainda não havia lido a declaração, e como seria possível dizer que a União Soviética a aprovava "sob tais circunstâncias"? Halifax ficou "constrangido" e respondeu: "Talvez você tenha razão".[34]

A abordagem superficial de Halifax aos soviéticos revela o quanto os britânicos desconfiavam de Stálin e de seu regime. Ao seu gabinete, Chamberlain fora sincero quanto aos seus sentimentos, dizendo em 5 de abril que "desconfiava seriamente da Rússia e não acreditava que poderia obter um apoio ativo e constante desse país".[35] Ademais, considerava uma "atitude patética" pensar na "Rússia como a chave para a nossa salvação".[36]

É fácil imaginar por que alguns membros da classe governante britânica, inclusive Chamberlain e Halifax, se sentiam dessa forma. Eles sabiam que os bolcheviques haviam assassinado a família imperial russa ao chegarem ao poder. Era de se esperar que a classe alta britânica e a família real fossem tratadas de maneira igualmente sangrenta se houvesse uma revolução comunista no Reino Unido. Além disso, os bolcheviques não diziam que desejavam que sua "revolução mundial" se espalhasse?

Por outro lado, era um momento desesperador e a ameaça imediata não vinha da União Soviética, mas da Alemanha. Assim, britânicos e franceses sugeriram que Stálin oferecesse garantias à Polônia semelhantes às que eles haviam prometido. Os soviéticos responderam em 17 de abril e propuseram uma ampla aliança militar entre Grã-Bretanha, França e União Soviética. Não somente sugeriram que cada um dos três países apoiasse os outros caso um deles fosse atacado, mas que os três países deveriam se comprometer em ajudar os Estados da Europa Oriental que faziam fronteira com a União Soviética, caso também fossem invadidos.

Foi uma ideia que imediatamente deixou os britânicos desconfiados. "Temos que contrabalançar a vantagem de um compromisso no papel com a Rússia [...] com a desvantagem de nos associarmos abertamente à Rússia", escreveu Cadogan em um documento de avaliação na época. "A vantagem é, para dizer o mínimo, problemática." A razão pela qual a aliança proposta era "problemática" mostrava-se evidente para os britânicos. Pois, como escreveu Cadogan, de que maneira os soviéticos poderiam "cumprir essa obrigação sem enviar tropas ou aeronaves contra o território polonês? Isso é exatamente o que assusta os poloneses".[37] Lorde Halifax expressou os temores dos poloneses de forma ainda mais direta. "Um coelho inteligente", declarou, "dificilmente aceitaria proteção de um animal dez vezes maior, ao qual atribuísse os hábitos de uma jiboia".[38]

A preocupação quanto a uma possível incursão soviética em território polonês não seria resolvida durante os meses de discussões subsequentes.

Na verdade, é difícil ver como poderia ter sido. Como os poloneses poderiam acreditar que os soldados do Exército Vermelho deixariam seu país depois de ter entrado na Polônia para lutar contra os alemães, especialmente depois de os poloneses terem travado uma guerra acirrada com o regime bolchevique por questões territoriais vinte anos antes? As coisas ficaram ainda mais complicadas com a oferta britânica de garantias adicionais a dois novos países – a Romênia e a Grécia. Ambos também teriam de ser consultados quanto ao potencial auxílio dos soviéticos aos seus países.

Tampouco os britânicos pareciam considerar as forças armadas soviéticas bem preparadas. Em abril de 1939, os chefes de Estado-Maior afirmaram que, embora o Exército Vermelho fosse indubitavelmente grande, havia muitos pontos fracos em sua estrutura e liderança. Chamberlain concordava, dizendo que, em sua opinião, "as forças de combate russas tinham no momento pouco valor militar para fins ofensivos".[39]

No entanto, essa não era toda a história. Apesar dos problemas que identificavam no Exército Vermelho, os chefes do Estado-Maior Britânico achavam que o tamanho das tropas soviéticas seria uma vantagem. Isso significava que "mesmo que a guerra se tornasse tão difícil para os Aliados a ponto de resultar na invasão da Polônia e da Rumênia [sic], os russos ainda poderiam conter boa parte das forças alemãs no *front* oriental". Profeticamente, os chefes do Estado-Maior também identificaram o enorme risco que os britânicos correriam se não se aliassem à União Soviética: "Talvez devêssemos chamar a atenção para os graves perigos militares inerentes à possibilidade de qualquer acordo entre a Alemanha e a Rússia".[40]

Enquanto isso, a natureza desconfiada de Stálin continuava a fazê-lo ver potenciais conspirações por toda parte. E se os britânicos e os franceses estivessem conspirando para fazer os soviéticos lutarem sozinhos contra os alemães? Em termos práticos, não seria essa a consequência de alguma aliança que os soviéticos fizessem com a Grã-Bretanha e a França, já que os soviéticos eram os únicos que poderiam prestar ajuda imediata aos poloneses no campo de batalha? Apesar de todas as belas palavras sobre as garantias em relação à Polônia, britânicos e franceses não puderam fazer nada enquanto a Wehrmacht marchava sobre Varsóvia. Pior ainda, e se britânicos e franceses estivessem tramando algum acordo secreto com os alemães, que deixaria Hitler livre para atacar a Polônia e, em seguida, a União Soviética, já que os dois países tinham uma fronteira em comum? Chamberlain já não havia se mostrado muito disposto a agradar a Hitler em Munique? Por que ele não faria a mesma coisa outra vez?

Tudo isso tornava difícil, se não impossível, saber quais eram exatamente as intenções de Stálin ao propor uma aliança militar com britânicos e franceses. Stálin deve ter percebido que a questão polonesa seria praticamente impossível de ser resolvida. Provavelmente, só queria manter todas as opções em aberto. Não queria "tirar as castanhas do fogo" para britânicos e franceses, mas ao mesmo tempo estava preocupado com o isolamento.

Quanto aos britânicos, eles não sabiam bem o que fazer. Uma facção seguia extremamente desconfiada de Stálin. Sir Alexander Cadogan, do Ministério das Relações Exteriores, chegou a definir a proposta de Stálin de uma aliança militar como "ardilosa".[41] Chamberlain também continuava desconfiado dos soviéticos. Se a decisão tivesse sido dele, teria havido um mínimo de envolvimento com Stálin. Não só considerava a "Rússia" como "um amigo muito pouco confiável", como a retirada dos russos da Primeira Guerra ainda continuava viva em sua memória. Chamberlain temia que se houvesse uma formação de blocos de alianças, como acontecera em 1914, esse movimento poderia precipitar um conflito, em vez de evitá-lo.[42]

Mas outros no gabinete discordaram, e gradualmente suas opiniões passaram a predominar. Para eles, os perigos de uma União Soviética neutra ou – pior – de uma União Soviética aliada a Hitler, superavam as dificuldades de se estabelecer um acordo. Consequentemente, no final de maio, britânicos decidiram se envolver com o ditador soviético. Vale a pena notar o significado dessa decisão, não tanto pelos britânicos terem mudado de ideia, depois da rejeição inicial à proposta de Stálin de uma aliança militar, mas por mostrar uma diferença fundamental entre democracias e ditaduras. Hitler e Stálin tomavam eles próprios as principais decisões de política externa. Apesar de não agirem em total isolamento – pois sempre tiveram de considerar as várias facções ao seu redor e, até certo ponto, as correntes da opinião pública –, em última análise foram eles que escolheram o caminho a seguir. Como veremos, em 1939 foi Hitler, e apenas Hitler, quem decidiu que a Alemanha deveria invadir a Polônia em setembro. E foi Stálin, e apenas Stálin, que decidiu firmar um pacto com a Alemanha nazista. Ainda assim, em maio de 1939 e contra seus próprios instintos, Chamberlain concordou em discutir um possível acordo com Stálin. Em comparação com os dois ditadores, ele respondia diretamente a seus pares, e por isso a Grã-Bretanha seguiu uma política com a qual seu primeiro-ministro não concordava.

As discussões entre britânicos e soviéticos prosseguiram pelas semanas seguintes, culminando em uma decisão, no final de julho, de enviar uma missão militar a Moscou. Maisky, o embaixador soviético, considerou inicialmente a decisão como um desenvolvimento "extraordinariamente importante", mas ficou "seriamente alarmado" quando os integrantes da missão britânica compareceram para um almoço na embaixada soviética antes de partir para a Rússia. O chefe da delegação, com o pedantíssimo nome de sir Reginald Aylmer Ranfurly Plunkett-Ernle-Erle-Drax, disse a Maisky que tinha decidido não voar a Moscou porque o avião seria "desconfortável" e eles estavam levando muita "bagagem". Maisky soube então da "incrível" notícia de que a missão iria viajar para a União Soviética em um vagaroso navio a vapor. "Será que o governo britânico está mesmo querendo um acordo?", perguntou a si mesmo.[43]

Enquanto os britânicos preparavam sua missão a Moscou em câmera lenta, surgiram os primeiros indícios de que os alemães poderiam considerar um acordo com os soviéticos. Em 26 de julho, uma semana antes do ineficaz almirante Drax e sua equipe almoçarem na embaixada soviética, autoridades alemãs e soviéticas se reuniram em Berlim, sob o pretexto de falarem sobre questões comerciais. Depois disso, em 2 de agosto, Joachim von Ribbentrop, ministro das Relações Exteriores da Alemanha, discutiu uma "remodelação" das "relações russo-germânicas" com o diplomata soviético Georgii Astakhov. Ribbentrop chegou a dizer que, "do Báltico ao mar Negro, não haveria problema que não pudesse ser resolvido para nossa satisfação mútua".[44]

Em comparação com a abordagem britânica, os alemães agiram rapidamente para tentar chegar a um acordo com os soviéticos. O entusiasmo de Ribbentrop pelo negócio foi crucial. Segundo o agente britânico capitão Malcolm Christie, havia anos Ribbentrop ansiava por uma aliança entre a Alemanha, a Itália, o Japão e a União Soviética.[45] Entretanto, Ribbentrop era uma criatura subserviente a Hitler, e nunca teria avançado nas discussões com os soviéticos sem o aval de seu Führer.

Houve uma pista para a atitude de Hitler em seu discurso de 28 de abril de 1939, não em termos do que ele disse, mas em termos do que não disse. Apesar da natureza abrangente do discurso e de sua importância internacional,

Hitler mal mencionou seu bem divulgado ódio aos "bolcheviques".[46] Preferiu enfatizar seu desejo de uma "estreita amizade e cooperação anglo-alemã". Também declarou sua convicção na "importância da existência do Império Britânico", não obstante o fato de os britânicos "muitas vezes" terem usado "a violência mais brutal" para criá-lo – mas acrescentou: "Apesar de estar ciente de que nenhum outro império surgiu de qualquer outra forma".[47] Porém, em consequência das recentes ações britânicas, ele foi "forçado" a chegar à conclusão de que "a Grã-Bretanha sempre se posicionará contra a Alemanha", algo que ele "lamentava profundamente".[48]

Esse foi também o discurso em que Hitler deu sua famigerada resposta ao pedido do presidente Roosevelt de que a Alemanha desse uma declaração de que não tinha intenção de atacar uma série de países citados. Hitler respondeu da forma mais cortante e sarcástica possível, ridicularizando a tentativa de mediação de Roosevelt e destacando a hipocrisia do presidente, pois "os Estados Unidos já se envolveram em seis casos de intervenção militar desde 1918".[49]

O discurso marcou um divisor de águas no relacionamento entre a Alemanha e os Estados Unidos. Desde a iniciativa de Roosevelt, na primavera de 1938, de convocar uma conferência sobre a situação dos judeus na Áustria e na Alemanha, realizada afinal em Évian-les-Bains alguns meses depois, Hitler passou a ver os Estados Unidos como uma ameaça crescente. Fez pouca diferença que a conferência de Évian tivesse se mostrado ineficaz e que pouco tivesse ajudado os judeus – pois isso só aumentou a sensação de Hitler de que o resto do mundo era hipócrita quando se tratava da "questão judaica". O que importava para ele era que Roosevelt demonstrara sua simpatia pelos judeus. Desde seus primeiros discursos, no início dos anos 1920, Hitler afirmava que os judeus eram tão ambíguos que procuravam controlar o bolchevismo e o capitalismo. Então ali, aos seus olhos, estava a confirmação de sua teoria, já que o líder do maior Estado capitalista supostamente se curvava à vontade dos judeus.

No entanto, a realidade ideológica fundamental permaneceu. Hitler estava caminhando em direção ao que, para ele, era a guerra errada. Durante anos ele desejou uma aliança com a Grã-Bretanha, e os comentários lisonjeiros sobre o Império Britânico em seu discurso de abril de 1939 mostraram o quanto ainda admirava os britânicos. Mas eles então o rejeitavam. Assim, Hitler foi forçado a fazer um pacto com um país que sempre quis invadir e lutar contra um país que sempre desejou como amigo. Não foi uma vitória de sua política externa.

De qualquer forma demonstrou uma verdade fundamental sobre a perspicácia política de Hitler. Ele conseguiu formar uma visão de longo prazo – nesse caso, o desejo de criar um império na União Soviética – e estar apto a reagir prontamente a crises de curto prazo – a necessidade de proteger seu flanco oriental para não travar uma guerra em duas frentes. O que ele não conseguiria fazer era vincular suas respostas de curto prazo com sua visão de longo prazo. Faltava esse meio-termo de coerência, e o resultado deixaria muitos de seus correligionários perplexos.

Quanto a Stálin, em agosto de 1939 ele parecia estar em uma posição excepcionalmente forte, sendo cortejado tanto por britânicos como por alemães. Mas essa força era em grande parte uma ilusão. Havia, por exemplo, dúvidas sobre a seriedade das missões britânica e francesa em Moscou.[50] Os membros da delegação finalmente chegaram à capital soviética em 11 de agosto, mas não demonstraram nenhuma urgência na busca de um acordo. Nada ocorreu dessa forma, por acaso. O almirante Drax foi instruído "a ir devagar e com cautela". Na verdade, confirmou Drax, Chamberlain nem mesmo queria essa abordagem a Stálin.[51]

As ambições políticas de Hitler, ao contrário das de Chamberlain, exigiam que se chegasse rapidamente a um acordo. Ele queria marchar sobre a Polônia antes das chuvas de outono, e um acordo com Stálin garantiria sua fronteira oriental depois de a Polônia ser destruída. Em 11 de agosto, no mesmo dia em que Drax chegou a Moscou, o conde Ciano, ministro das Relações Exteriores da Itália, teve um encontro com Ribbentrop. "A decisão de lutar é implacável", registrou Ciano. "Ele rejeita qualquer solução que possa evitar a luta e satisfazer à Alemanha."[52] No dia seguinte, Hitler disse a Ciano que "a grande guerra deve ser travada enquanto ele e o Duce [o termo italiano para Mussolini como líder] ainda forem jovens".[53]

No entanto, Hitler continuou frustrado por ter de considerar um acordo com Stálin para prosseguir com o ataque alemão à Polônia. Na véspera de seu encontro com Ciano, em 11 de agosto, Hitler falou com Carl Burckhardt, o comissário da Liga das Nações em Danzig, e disse: "Tudo que eu faço é dirigido contra a Rússia; se o Ocidente é muito burro e muito cego para entender isso, serei obrigado a chegar a um entendimento com os russos, esmagar o Ocidente e depois voltar todas as minhas forças concentradas contra a União Soviética. Eu preciso da Ucrânia, para que ninguém possa nos matar de fome de novo, como na última guerra".[54] Em termos ideológicos, Hitler continuava coerente.

Em 22 de agosto, Hitler teve um encontro com seus comandantes militares em Berchtesgaden, nos Alpes da Baviera, para entusiasmá-los sobre a guerra que se avizinhava. E o contraste entre essa reunião e as discussões que aconteceriam no dia seguinte no Kremlin, envolvendo Ribbentrop e Stálin, é revelador. Hitler e Stálin, em suas respectivas reuniões, demonstraram aspectos-chave de suas personalidades. Em seu discurso aos generais, Hitler se mostrou extremamente presunçoso e obcecado por si mesmo. Anunciou logo no início que "essencialmente tudo depende de mim, da minha existência, por causa dos meus talentos políticos", mas reconheceu que poderia ser "eliminado a qualquer momento por algum criminoso ou lunático". Mais adiante em sua preleção, lembrou ao público que "ninguém sabe por quanto tempo vou viver. Portanto, é melhor um conflito agora". É um momento notável – um vislumbre de seu ego inflado. Pois Hitler estava dizendo que uma das razões para milhões serem arrastados para a guerra era sua aflição quanto à própria longevidade.

Outro fator, prosseguiu, era a capacidade de outros países de enfrentar a Alemanha. As "circunstâncias favoráveis" existentes no momento "não prevaleceriam mais em dois ou três anos". Enfatizou que "é fácil para nós tomarmos decisões. Não temos nada a perder; temos tudo a ganhar". Mas também fez um alerta: "Estamos diante de alternativas difíceis entre atacar ou sermos aniquilados, mais cedo ou mais tarde". Essa última frase era típica da forma como ele estruturou seus argumentos. Uma das táticas retóricas padrão de Hitler era propor alternativas dramáticas – "ou isso ou aquilo" – e sempre apresentando opções extremas.

A ideia de a Alemanha estar sob perigo de "aniquilação" se a Polônia não fosse atacada era grotescamente hiperbólica. Apesar de ser verdade que a economia estava chegando a um ponto crítico, a situação fora criada por Hitler ao exigir que o dinheiro fosse aplicado em armamentos em vez de em bens de consumo. Mas talvez a "aniquilação" que Hitler tinha em mente não fosse da Alemanha, e sim a dele. Como todos os mortais, Hitler estava inevitavelmente a caminho da "aniquilação" física em algum ponto no futuro, e sua preocupação era morrer antes de conquistar o grande império que desejava no Leste.

Paradoxalmente, o que Hitler temia naquele exato momento não era que houvesse guerra, mas que houvesse paz. "Só tenho medo", afirmou, obviamente pensando no acordo de Munique do ano anterior, "que no último momento um ou outro porco ainda me apresente um plano de mediação".[55]

Mais tarde, naquele mesmo dia, enfatizou que a Alemanha estava envolvida em uma "luta de vida ou morte" e que "um período de paz não faria nenhum bem". Admitiu abertamente que daria uma razão falsa ou de "propaganda" para "começar a guerra", já que "o vencedor não será questionado depois se disse ou não a verdade". Ao encerrar o discurso, pediu ao público para "fechar seus corações à piedade" e "agir com brutalidade".[56]

Costumava-se argumentar que a grande guinada na atitude de Hitler em relação à natureza da guerra foi sua decisão de invadir a União Soviética em 1941, um conflito que chamou abertamente de "guerra de extermínio". Mas, nesse discurso de agosto de 1939, ele mostrara a mesma natureza sanguinária. Hitler estava pedindo, desde o primeiro momento da guerra, que seus generais "agissem com brutalidade" e deixassem de lado as noções tradicionais de honra e cavalheirismo.

No dia seguinte, quarta-feira, 23 de agosto, Joachim von Ribbentrop teve um encontro no Kremlin com Stálin e Vyacheslav Molotov, o ministro das Relações Exteriores soviético. Desde o início, Stálin se mostrou realista e cínico. Quando Ribbentrop, na abertura da reunião, propôs que o tratado de não agressão deveria ser de cem anos, Stálin replicou: "Se concordarmos em cem anos o povo vai dar risada e dizer que não estamos falando a sério. Eu proponho que o acordo deve ser de dez anos".[57]

Stálin não usou de máximas pseudofilosóficas, como Hitler fazia com frequência, preferindo falar em termos puramente práticos – daí a rapidez com que a reunião com Ribbentrop mudou para uma discussão de "esferas de influência". Sem definir exatamente o que esse termo significava, Stálin, Ribbentrop e Molotov dividiram despreocupadamente grandes pedaços da Europa que havia entre eles. O único ponto crítico foi a Letônia. Ribbentrop argumentou que a Alemanha deveria manter parte do país em sua "esfera de influência", mas Stálin queria tudo para si. Depois de uma ligação para Hitler em Berchtesgaden e a aquiescência do Führer à demanda de Stálin, o acordo foi fechado. Embora os alemães ainda não tivessem invadido a Polônia – e Ribbentrop tenha apenas sugerido a possibilidade, dizendo que "o Führer está determinado a resolver as disputas germano-polonesas sem demora" –, eles concordaram que a parte oriental da Polônia deveria fazer parte da "esfera de influência" soviética. Apesar da imprecisão do termo e da falta de qualquer menção explícita aos planos nazistas de atacar a Polônia, todos os presentes sabiam o que estava sendo discutido. Cada um deles escolheu quais países dominariam. A forma exata que o domínio tomaria era uma questão secundária. O importante era que as duas nações mais poderosas da região haviam concordado, antes de qualquer ação militar, sobre como dividir os despojos. Era o sinal mais claro possível da mentalidade facinorosa comum entre ambas.

Quando tudo foi acordado, Stálin recebeu um esboço do comunicado sobre as negociações a ser divulgado ao mundo. Leu a descrição grandiloquente usada para definir a nova relação entre os dois países e então levantou uma objeção. Perguntou a Ribbentrop se eles não deveriam "prestar um pouco mais de atenção à opinião pública de nossos países". Afinal, disse Stálin, seus propagandistas vinham denegrindo uns aos outros por "muitos anos", e "agora, de repente, vamos fazer nossos povos acreditarem que tudo está esquecido e perdoado? As coisas não funcionam tão rápido". Depois dos comentários de Stálin, a linguagem usada do comunicado à imprensa foi atenuada.[58]

Em seguida houve uma espécie de festa. Stálin tilintou taças com os membros da delegação alemã e até brindou à saúde de Hitler. Quando fotógrafos foram autorizados a imortalizar a assinatura, nas primeiras horas de 24 de agosto, Stálin pediu que "as garrafas vazias fossem retiradas antes, pois caso contrário as pessoas poderiam pensar que primeiro nos embebedamos e depois assinamos o tratado".[59] O líder soviético parece ter achado a incongruência da ocasião divertida. "Vamos brindar ao novo anti-Comintern", disse enquanto as celebrações continuavam.[60]

Stálin estava ciente da natureza cínica do acordo. Sabia que o abismo ideológico entre os dois lados só havia sido ligado por uma estreita ponte de interesses próprios. Imediatamente após os alemães terem deixado o Kremlin, Stálin disse a Nikita Khrushchev, então chefe do Partido Comunista na Ucrânia, que "há um jogo acontecendo aqui para ver quem pode enganar e ludibriar melhor o outro". Segundo Khrushchev, Stálin estava de "muito bom humor" e entendeu que Hitler queria "enganar" a União Soviética.[61]

O contraste entre a maneira como Stálin conduziu as negociações com Ribbentrop e o bombástico discurso de Hitler em Berchtesgaden no dia anterior foi notável. Enquanto Hitler foi barulhento e vaidoso, Stálin se manteve calado e vigilante. Enquanto Hitler se gabava de sua própria importância, Stálin teve o cuidado de incluir Molotov na reunião, dando a falsa impressão de que as decisões eram tomadas coletivamente no Estado soviético. Enquanto

Hitler pregou sua visão ideológica, Stálin lidou com aspectos práticos. Estava até disposto a rir de si mesmo, algo que Hitler nunca fez.

Embora o pacto de não agressão nazi-soviético tenha inicialmente chocado o mundo, os benefícios imediatos para os dois lados foram óbvios. Hitler conseguiu garantir que a Alemanha não ficasse prensada entre a União Soviética ao leste e os britânicos e franceses a oeste. E Stálin conseguiu seu objetivo de ficar à margem e observar Hitler e os outros Estados ocidentais enfraquecerem uns aos outros com a guerra. Ademais, como resultado do protocolo secreto do pacto de não agressão, ele ganhou a possibilidade de estender o território dominado pelos soviéticos com pouco ou nenhum custo militar.

Sempre foi extremamente improvável que a União Soviética chegasse a um acordo com os nazistas e não com as potências ocidentais. A questão do acesso do Exército Vermelho à Polônia no caso de uma invasão alemã garantia essa opção. Mas os britânicos, e Chamberlain em particular, também contribuíram para eliminar qualquer chance possível de um tratado militar anglo-franco--soviético. Quanto a Hitler, ele ainda não havia desistido inteiramente da ideia de um acordo com os britânicos. Em 25 de agosto, um dia após a assinatura do pacto, ele se encontrou com o embaixador britânico em Berlim, sir Nevile Henderson, e apresentou uma última proposta de paz. Exigiu que "o problema germano-polonês" fosse resolvido imediatamente e – assim que o fosse – seria seguido pela perspectiva de uma aliança abrangente com a Grã-Bretanha.

Essas condições jamais poderiam ser aceitáveis para os britânicos, uma vez que a única solução para o "problema germano-polonês" que satisfaria Hitler seria a Polônia capitular e entregar voluntariamente seu território. No entanto, a própria ocorrência da reunião de 25 de agosto demonstra mais uma vez que o ideal de Hitler era uma aliança com os britânicos. "Não é exagero dizer que ele cortejou assiduamente a Grã-Bretanha", escreveu Henderson sobre Hitler, "tanto como símbolo da aristocracia e da mais bem-sucedida das raças nórdicas quanto como por representar o único obstáculo realmente perigoso para seu plano de longo alcance de dominação alemã da Europa".[62]

Dado que os britânicos nunca teriam concordado em participar de tal aliança com Hitler, o pacto com Stálin não chegou a ser surpreendente. Os governos soviético e nazista podiam estar muito distantes em seus objetivos políticos e ideológicos, mas estavam intimamente ligados na mecânica prática da opressão.

Enquanto Hitler não conseguia entender por que sir Nevile Henderson não concordava com o que ele considerava de interesse dos britânicos e deixava de lado um acordo feito com Estados mais fracos, Ribbentrop se reunia com Stálin em Moscou. Assim que se sentaram para conversar, perceberam que podiam se entender facilmente e fingir que se tornavam amigos.

2

A ELIMINAÇÃO DA POLÔNIA

Apesar do abismo ideológico entre eles, no outono de 1939 havia uma questão em que Hitler e Stálin concordavam inteiramente. Ambos odiavam a Polônia. E poucas semanas após a assinatura do pacto nazi-soviético, cada um deles ordenou separadamente uma invasão ao país que tanto desprezavam. Como consequência, milhões de poloneses sofreriam uma das ocupações mais brutais da história.

A raiva de Hitler não derivava somente de o território alemão ter sido incorporado à Polônia depois da Primeira Guerra Mundial, mas também porque os poloneses haviam recusado suas tentativas diplomáticas de chegar a um acordo nos anos 1930 – um acordo que inevitavelmente implicaria a cessão de parte do país à Alemanha, pelo governo polonês.

Quanto a Stálin, seu ódio era mais pessoal. O mais provável é que sua experiência com os poloneses vinte anos antes tenha sido o catalisador para sua aversão especial pelo país. Atuando como comissário na guerra entre a Polônia e o embrionário Estado soviético logo após a Primeira Guerra, Stálin foi acusado de não autorizar a transferência de tropas quando elas eram necessárias em outro lugar.

A aventura polonesa terminou em humilhação não apenas para Stálin, mas para todo o recém-nascido Estado bolchevique. Quando a guerra acabou, em 1921, o governo polonês tinha o controle de terras no Leste habitadas não só por poloneses, mas também por um grande número de ucranianos e bielorrussos. Os poloneses viam esse território como sua pátria ancestral, mas os soviéticos tinham uma visão muito diferente, e foi esse o erro que alegaram que sua ação em 1939 deveria corrigir.

Os primeiros a invadir foram as forças do Terceiro Reich. Em 1º de setembro, cinco exércitos alemães – aproximadamente 1,5 milhão de homens – atacaram a Polônia. Pouco mais de duas semanas depois, em 17 de setembro, mais de meio milhão de soldados do Exército Vermelho avançaram contra a Polônia, vindos da direção oposta. A resistência polonesa foi logo esmagada, e em seis semanas alemães e soviéticos engoliram toda a nação polonesa. A Polônia deixou de ser um país independente.

Superficialmente, as duas invasões pareceram ter características diferentes. Os nazistas estavam inquestionavelmente engajados numa guerra de conquista – além da motivação essencialmente racista. Os soldados do exército de Hitler e as unidades locais da milícia alemã não só cometeram atrocidades contra civis poloneses, como também a Wehrmacht cruzou a fronteira da Polônia acompanhada por vários milhares de membros de unidades especiais chamadas Einsatzgruppen. A missão dessas unidades era atacar poloneses considerados especialmente perigosos – inclusive membros selecionados da intelectualidade polonesa, judeus e padres. A captura de reféns também se tornou um método de subjugação, com os prisioneiros assassinados no caso de qualquer sinal de resistência dos poloneses.[1] Um ex-membro de um Einsatzkommando lembrou-se de seu comandante dizendo que quaisquer poloneses "que se mostrassem suspeitos de alguma forma" deveriam ser imediatamente executados.[2] Como resultado, nas primeiras semanas da invasão, cerca de 16 mil poloneses foram mortos.[3]

A invasão soviética, por outro lado, foi retratada de maneira totalmente diferente. Em seu diário, Ivan Maisky, o embaixador soviético em Londres, definiu a invasão como um gesto filantrópico, motivado pelo desejo do Exército Vermelho "de proteger a vida e as propriedades da população".[4] Em Moscou, Molotov concordou, dizendo que se tratava de uma operação de resgate para proteger os "irmãos de sangue" do povo soviético. Mas tudo fazia parte de uma desculpa pragmática. Dias antes da invasão soviética, Molotov admitiu ao embaixador alemão em Moscou que isso era apenas um "pretexto" para a ocupação do leste da Polônia.[5]

Invasão da Polônia, 1939

➤ Movimentação do Exército Alemão, 1 de setembro de 1939

➤ Movimentação do Exército Soviético, 17 de setembro de 1939

- - - Linha demarcatória final

66　HITLER E STÁLIN

Quando as unidades do Exército Vermelho fecharam a linha de demarcação acordada, perto de Lwów,[6] os alemães já tinham ocupado parte do território designado aos soviéticos pelo protocolo secreto. Houve até o incidente ocasional de fogo "amigo" entre eles. Mas os alemães logo se retiraram para a linha combinada em Moscou algumas semanas antes. Quando fizeram isso, Franz Halder, chefe do Estado-Maior do Exército, definiu aquele dia como uma desgraça para a liderança política alemã, visto que a Wehrmacht tinha conquistado o território primeiro.[7]

Quando os soldados do Exército Vermelho entraram nas cidades e vilarejos poloneses, muitos habitantes ficaram chocados com sua aparência e comportamento. "Eles eram um grupo bastante desigual, como teria dito minha avó", lembrou Nina Andreyeva, que morava em Rivne, no leste da Polônia. "E imediatamente eles se espalharam pelas casas." Os soldados entravam em qualquer casa que desejassem e a requisitavam, muitas vezes confinando o legítimo proprietário a uma pequena parte de sua propriedade. Segundo Nina Andreyeva, eles diziam: "Certo, você vai morar lá. E nós vamos morar aqui". Contou também que "eles traziam uma metralhadora, levavam mais algumas outras coisas para dentro [...] até ocupar todo o assoalho. Em toda parte. Foi horrível".[8]

"Comparados ao exército polonês, eles eram muito malvestidos", lembrou Anna Levitska, que morava em Lwów. "Também tinham um cheiro meio estranho. Não posso comparar com nada. Era um cheiro forte e característico." Contou ainda que, assim que chegaram, alguns dos soldados do Exército Vermelho começaram a roubar: "Eles tiravam relógios e anéis das pessoas na rua, e brincos e crucifixos e cruzes. Eles adoravam relógios, não sei por quê. Talvez não tivessem relógios ou algo assim". Pior ainda, era

> assustador sair na rua, porque eles tentavam abordar as mulheres mais jovens. Uma coisa dessas aconteceu comigo. Eu estava andando pela rua perto do posto do correio principal. [Um soldado] veio em minha direção, ele estava bêbado, claro, isso era óbvio. Me agarrou pelo braço e começou a tentar me abraçar. Fiquei com medo e comecei a gritar. Tinha uns homens passando, porque era uma rua movimentada. Eles disseram: "O que você está fazendo, o que está fazendo com essa garota?".

Graças à intervenção desses transeuntes, Anna foi solta, mas "depois disso, fiquei com medo de sair de casa por um bom tempo".[9]

Quanto aos soviéticos, muitas vezes ficavam chocados com o que viam na Polônia. Pois embora tivessem sido informados de que haviam sido enviados para "proteger" os habitantes, eles notaram, como disse o oficial da Força Aérea Georgy Dragunov, que "os poloneses não precisavam de qualquer tipo de ajuda [e] que aquilo mais parecia uma ocupação". A disparidade entre o que Dragunov ouvira dizer que encontraria no leste da Polônia e a realidade diante de seus olhos pesou muito sobre ele. "Vimos coisas que invejávamos", falou. "Alguns dos soldados eram filhos de trabalhadores e camponeses comuns, e perguntavam por que havia uma diferença tão grande no padrão de vida [entre a União Soviética e a Polônia oriental]."[10]

Apesar de os habitantes da Polônia ocupada claramente possuírem coisas materiais que os soviéticos não tinham, Dragunov fez o melhor possível para se apegar às suas convicções pregressas:

> Eu fui criado no espírito de acreditar que tudo no país [a União Soviética] era o melhor. [...] Se eu podia ver que havia algo melhor [na Polônia ocidental], sim, isso me fez pensar, mas não me fez mudar de ideia imediatamente. Disseram para nós que o país estava em crise, que a Polônia estava se desintegrando e que nós íamos estabelecer uma nova ordem. Na época, era impossível mudar de ideia tão rapidamente [...] minhas opiniões foram moldadas pela sociedade, eu não podia me separar do meu ambiente.

É fácil entender por que Georgy Dragunov se sentiu dessa forma. A União Soviética era um país ainda mais fechado que a Alemanha nazista. As crenças, os sistemas de valores e a cultura soviéticos eram, em grande parte, autorreferentes. Praticamente ninguém assistia a filmes ou noticiários estrangeiros, nem lia livros ou jornais estrangeiros, e é fácil e rápido aprender a acreditar, quando criança, na ideologia ensinada. Fazer qualquer outra coisa era perigoso. Portanto, o choque de descobrir que os habitantes do leste da Polônia pareciam ter uma existência mais rica que a do povo da União Soviética podia ser profundamente perturbador. Isso suscitou a seguinte questão: se o regime soviético estava escondendo a verdade sobre isso, sobre o que mais eles mentiram? Stálin, por sua vez, estava perfeitamente ciente do perigo representado pelo contato entre cidadãos soviéticos e estrangeiros. Suas suspeitas atingiam níveis quase paranoicos quando se tratava de confiar em alguém que tivesse passado um período no exterior.

A propaganda soviética não só tinha enfatizado a necessidade de os soldados do Exército Vermelho resgatarem seus "irmãos de sangue" que viviam na Polônia, mas também – até alguns meses antes – projetara uma visão totalmente negativa dos nazistas. Mikhail Timoshenko, um dos oficiais soviéticos encarregados de fazer a ligação com os alemães, lembrou-se de seu primeiro encontro com eles. "Foi a primeira vez que os vi pessoalmente, em seus uniformes alemães", relatou.

> Nós tínhamos ouvido falar de gorros pontudos e de algumas outras coisas como o estilo "alemão" [...] que eles se consideravam a raça [mais] superior da terra. A raça mais inteligente, mais bem organizada. A raça mais culta. Que todos os outros, especialmente [na] Rússia, eram plebeus. Que eram gente que só servia para ser seus escravos. Eu percebi tudo isso muito bem.[11]

Enquanto soviéticos e alemães tentavam forjar uma nova relação de cooperação, Stálin resolveu tentar alterar o acordo das "esferas de influência" assinado com os nazistas. Disse ao embaixador alemão em Moscou, conde Von der Schulenburg, que desejava reabrir as discussões com Ribbentrop, e no dia 27 de setembro o ministro das Relações Exteriores alemão desembarcou mais uma vez na capital soviética. Ao contrário da primeira visita, quase furtiva, Ribbentrop foi recebido um mês antes por uma pródiga cerimônia de boas-vindas. Bandeiras com a suástica tremulavam no edifício do terminal do aeroporto e uma guarda de honra aguardava a delegação nazista.

Mais tarde naquele mesmo dia, Ribbentrop voltou ao Kremlin para novas discussões com Stálin e Molotov. Stálin disse que agora queria trocar uma pequena parte da Polônia ocupada pelos soviéticos pela seção da Lituânia que os alemães haviam reivindicado anteriormente. Em resposta, Ribbentrop mostrou interesse pela floresta de Augustów, na fronteira entre a Prússia Oriental e a Lituânia. Naquele clima de convívio agradável, eles barganharam territórios alheios entre si.

No decorrer da reunião, Stálin fez uma declaração notável. "O fato é que por enquanto a Alemanha não precisa de ajuda estrangeira, e é possível que no futuro também não precise de ajuda estrangeira", disse.

No entanto, se, contra todas as expectativas, a Alemanha se encontrar em uma situação difícil, ela pode ter certeza que o povo soviético irá em ajuda da Alemanha e não permitirá que a Alemanha seja eliminada. Uma Alemanha forte é do interesse da União Soviética, que não permitirá que a Alemanha seja derrubada.[12]

Stálin estava quase prometendo ajuda militar aos alemães, caso eles precisassem. E embora não possamos saber até que ponto ele falava a sério, ainda assim é notável que estivesse preparado para chegar a esse ponto na reunião com Ribbentrop.

Houve, então, uma pausa nas negociações para que Ribbentrop, Stálin e suas comitivas pudessem desfrutar de uma luxuosa refeição em um dos salões de banquetes imperiais do Kremlin, servida com utensílios nada bolcheviques, como porcelana fina e talheres de ouro. Stálin, ainda de bom humor e brincalhão, apresentou Lavrenti Béria, o notório chefe da polícia secreta soviética, como o "nosso Himmler".[13] Depois Molotov fez um brinde a Hitler, e Ribbentrop retribuiu o elogio e brindou a Stálin. Foi tudo extremamente amigável. Tanto é verdade que Albert Forster, o Gauleiter da Danzig-Prússia Ocidental, que fazia parte da delegação nazista, comentou mais tarde que quase se sentiu entre "membros veteranos do Partido [nazista]".[14]

Enquanto os alemães faziam uma pausa para assistir parte de uma apresentação do *Lago dos cisnes* no Bolshoi, Stálin e Molotov estavam ocupados ameaçando um dos países que seria anexado sob o protocolo secreto do tratado. Eles se encontraram com uma delegação da Estônia e exigiram o direito de estacionar tropas do Exército Vermelho em seu território. Havia pouco que os estonianos pudessem fazer a respeito do pedido soviético, pois sabiam que a Alemanha não viria em seu auxílio. Para Stálin, isso foi só o começo. Em meados de outubro de 1939, os três Estados Bálticos – Letônia, Lituânia e Estônia – foram pressionados a permitir que os soviéticos baseassem unidades militares em seu território.

Entrementes, na Polônia os comandantes soviéticos e alemães deixaram de lado quaisquer dúvidas que pudessem ter uns sobre os outros e começaram a cooperar em questões como troca de prisioneiros. Os soviéticos até entregaram vários comunistas alemães aos nazistas.[15] Stálin sem dúvida ficou feliz por se livrar deles, dada sua suspeita em relação aos estrangeiros em geral e aos comunistas estrangeiros em particular.

Uma das comunistas alemãs que sofreu esse destino, Margarete Buber-Neumann, foi informada por oficiais soviéticos que a pena de cinco anos que já cumpria em um campo de trabalho fora convertida em expulsão da União Soviética. Em fevereiro de 1940, ela foi levada de trem para Brest-Litovsk e entregue à SS. Em seguida foi mandada para o campo de concentração de Ravensbrück, onde ficou detida até abril de 1945. Depois da guerra, Margarete escreveu sobre sua experiência em *Als Gefangene bei Stalin und Hitler* [Sob dois ditadores: prisioneira de Stálin e Hitler]. Trata-se de um livro notável, que mostra em termos explícitos o horror da vida na prisão nos dois regimes.

Margarete Buber-Neumann não só vivenciou pessoalmente como os regimes penais dos nazistas e dos soviéticos eram quase inacreditavelmente cruéis, como percebeu que seus interrogadores – tanto soviéticos quanto alemães – queriam que ela confessasse uma realidade alternativa criada por eles. A polícia secreta soviética exigia que ela revelasse detalhes de suas inexistentes atividades contrarrevolucionárias, enquanto a Gestapo insistia que ela admitisse a fantasia de que era uma agente secreta comunista mandada por Stálin para espioná-los. "Não seja atrevida", disse seu interrogador soviético – expressando sentimentos que podiam facilmente vir de seu algoz da Gestapo. "Não pense que não temos maneiras e meios de fazer você falar. Se você não for razoável, vai ficar onde está por meses... anos, se necessário."[16] Não sem razão, Margarete escreveu depois: "Na prisão a gente esquece como é realmente a vida em liberdade. Resta apenas uma imagem vaga".[17]

Nazistas e soviéticos trabalharam harmoniosamente não somente na troca de prisioneiros, mas também na questão prática do delineamento exato da nova fronteira entre eles na Polônia. Em outubro de 1939, o relacionamento havia se tornado tão cordial que um almoço comemorativo foi realizado em Varsóvia. O chefe da delegação soviética observou: "A atmosfera em que essas negociações foram conduzidas reflete o espírito de cooperação para o benefício dos povos alemão e soviético... as duas maiores nações da Europa!"[18]. Hans Frank, que ofereceu o almoço como governante nazista daquela parte da Polônia, disse a um membro da delegação soviética: "Eu e você estamos ambos fumando cigarros poloneses, para simbolizar o fato de termos jogado a Polônia ao vento".[19]

Os dois lados concentravam-se em subjugar suas respectivas seções da Polônia. A forma como realizavam essa tarefa nos diz muito sobre a natureza dos regimes. Embora houvesse diferenças de abordagem, certos aspectos fundamentais eram notavelmente semelhantes. Ambos, por exemplo, faziam uso gratuito da tortura. Nos campos de concentração nazistas estabelecidos na Polônia, toda uma variedade de torturas era usada nos detentos – em sua maioria, nessa fase da guerra, prisioneiros políticos poloneses. A SS, por exemplo, amarrava as mãos dos prisioneiros atrás das costas e os penduravam em ganchos. "Eu sentia", disse Jerzy Bielecki, que sofreu esse castigo em 1940, "Jesus Maria... era uma dor terrível! Eu gemia [...] o suor escorria pelo meu nariz e estava muito quente e eu dizia: 'Mamãe!'."[20] À parte essa tortura formalizada, qualquer alemão se sentia à vontade para atormentar quaisquer poloneses que encontrasse, especialmente os judeus poloneses. Segundo Emmanuel Ringelblum, em um dos campos de trabalho em Varsóvia, os alemães "dividem os trabalhadores em grupos e fazem os grupos lutarem uns contra os outros. [...] Eu vi pessoas serem gravemente feridas nesses jogos".[21]

Autoridades soviéticas – mais notoriamente a polícia secreta, o NKVD – também praticavam torturas em larga escala. Olga Popadyn, integrante de uma organização juvenil clandestina de Lwów, foi presa pelas forças de segurança soviéticas poucas semanas depois da invasão da Polônia. Os interrogadores primeiro usaram os punhos para espancá-la, depois um cassetete de borracha e, por fim, depois de várias semanas na prisão, fizeram-na praticar exercícios físicos intermináveis até se sentir exausta e desorientada. Outra tortura comum, associada a esse método, era a privação do sono. "No final de tudo", disse Olga, "eu estava meio morta".[22]

Tanto Stálin quanto Hitler sabiam e aprovavam o uso de tais métodos. Antes da guerra, Hitler chegou a pedir pessoalmente que um assassino de crianças fosse torturado.[23] E em janeiro de 1939, Stálin escreveu:

> É sabido que todos os serviços de inteligência burgueses aplicam coerção física em representantes do proletariado socialista, e das formas mais desagradáveis. Pode-se perguntar por que o serviço de inteligência socialista deve ser mais humano com relação aos agentes inveterados da burguesia.

Assim, no que dizia respeito a Stálin, "métodos físicos" eram totalmente justificados.²⁴

Mas essa não foi a semelhança mais importante entre os dois regimes durante a ocupação da Polônia. De longe, o mais notável foi a maneira como cada um usou a deportação em massa como técnica para reordenar o país. De fato, o comprometimento dos dois lados com a política de desalojar famílias inocentes e mandá-las para sofrer maus-tratos longe de suas casas era tão arraigado que a Polônia se tornou o local de um dos mais horríveis atos de limpeza étnica da história mundial. O plano geral de Hitler para a Polônia baseava-se no princípio de expulsar quem os nazistas consideravam "racialmente indesejáveis" e substituí-los pelos "racialmente desejáveis". No outono de 1939, ele pediu que a Polônia ocupada pela Alemanha fosse dividida em um distrito a leste – conhecido como Governo Geral –, que se tornaria o destino dos racialmente "indesejáveis", e o território a oeste, que seria "germanizado" e abrigaria espécimes racialmente "superiores". Também foi aceito, ao menos no curto prazo, que parte da população racialmente "indesejável" teria de continuar nas áreas germanizadas para ser usada como trabalho escravo nas lavouras, nas fábricas e em minas de carvão. Essa foi uma das razões pelas quais Auschwitz foi estabelecido como um campo de concentração na primavera de 1940. O campo estava localizado na Alta Silésia, uma área da Polônia designada como parte do Reich e destinada principalmente a local de punição para qualquer polonês que não fosse suficientemente submisso.

Hitler designou Himmler, chefe da SS, para supervisionar o movimento maciço de pessoas necessário para remodelar a Polônia, que no início de outubro de 1939 recebeu o portentoso título de comissário do Reich para o Fortalecimento da Nacionalidade Alemã. A tentativa de Himmler de implantar a visão de seu Führer causaria desgraças, assassinatos e sofrimentos numa escala enorme. Também seria um caos administrativo. O ministro da Propaganda nazista, Joseph Goebbels, reconheceu esse fato ao escrever em seu diário, em janeiro de 1940: "Himmler está atualmente transferindo populações. Nem sempre com sucesso".²⁵

Um dos problemas mais urgentes enfrentados por Himmler era a questão do destino dos alemães étnicos que viviam nos Estados Bálticos. Vimos que a Letônia, a Lituânia e a Estônia foram forçadas a aceitar tropas do Exército Vermelho em seu território após a segunda reunião de Ribbentrop em Moscou, no final de setembro de 1939. Poucos dias depois, em 4 de outubro, o ministro alemão da Letônia escreveu ao Ministério das Relações Exteriores, em Berlim, alertando que "a paralisia total do governo [na Letônia] parece iminente" e que cerca de 60 mil alemães étnicos estavam "em perigo imediato de morte".[26]

Na vizinha Estônia, onde viviam vários milhares de alemães étnicos, Irma Eigi e seus pais receberam a visita de "representantes do gabinete cultural alemão", que ofereceram duas opções:

> Nós podíamos ficar lá e nos tornar russos, e provavelmente ser deportados para a Sibéria, ou podíamos todos sair da Estônia em massa como alemães étnicos, só para continuarmos alemães. Para aqueles de nós [que moravam] na fronteira com a Rússia – eu nasci em Narva – para nós, a Rússia stalinista era uma perspectiva aterradora. Tínhamos muito medo de cair sob o domínio russo. Assim, o grupo alemão decidiu que, para continuarmos alemães, e ninguém poderia mais ser alemão na Estônia, todos emigraríamos juntos.[27]

Poucos dias depois, Irma Eigi, aos 16 anos, e seus pais se viram num navio alemão zarpando do porto de Tallinn. Apesar de sempre terem se considerado "alemães", eles viam a Estônia como "nossa pátria" e ficaram arrasados por terem que partir.

> "Foi como ficar fora de si mesmo", falou sobre o que sentiu ao ver a costa da Estônia desaparecer na distância. "Aconteceu, mas ninguém entendia bem. Foi um pouco como estar em estado de choque. Também foi tudo muito, muito rápido. [...] Os mais velhos ficaram muito tristes, muito abatidos. Alguns choraram. Os jovens... bem, a gente sabe como são os jovens. Apesar de estar abandonando suas casas e apesar da dor, os jovens sempre têm uma certa sede de aventura, é natural. Eles disseram: 'A volta ao Reich'. Então, é claro, pensamos que isso significava que o Reich era a Alemanha."[28]

Os Eigi, e centenas de milhares de alemães étnicos como eles, teriam uma surpresa. Pois embora o grito de guerra nazista realmente fosse "A volta ao Reich" – "*Heim ins Reich*" –, Hitler e Himmler tinham uma definição geográfica muito diferente do Reich da dos colonos que chegavam. Pois esses alemães bálticos seriam colonizadores do "novo" Reich – previamente, até setembro de 1939, conhecido como Polônia.

Em 24 de outubro, enquanto os alemães bálticos se dirigiam à costa polonesa, Himmler explicou a visão nazista aos administradores civis em Poznań,[29] no oeste da Polônia. "Já há 3 mil anos e durante o período seguinte, os teutônicos viviam nas províncias orientais [isto é, aquela parte da Polônia ocidental, rebatizada de Warthegau pelos nazistas] onde agora nos encontramos", explicou. "Apesar das más condições de transporte daqueles dias e das outras condições primitivas que existiam, foi possível assentar alemães. [...] O que foi possível naquela época deve ser ainda mais viável hoje."[30] Ele imaginou que, "em cinquenta a oitenta anos", cerca de 20 milhões de colonos alemães estariam vivendo naquela área, dos quais 10 milhões seriam camponeses com um grande número de filhos. "Se não houver mais terras para serem distribuídas", anunciou Himmler, "como sempre é o caso ao longo da história, novas terras terão de ser obtidas com a espada".

Himmler afirmava que essa visão grandiosa havia sido pensada em detalhes, desde a segurança dos colonos – um grupo de "camponeses militares" ofereceria proteção nas fronteiras desse novo território – até a forma como as casas deveriam ser construídas – "duas ou três fileiras de pedra espessas com boas fundações". Os poloneses que habitavam aquele território no momento seriam retirados, enquanto um grupo de "trabalhadores poloneses" seria forçado a "fornecer a mão de obra barata para o assentamento e para arar os campos".

Acontecia muitas vezes com Hitler e os nazistas, como nesse caso, que a amplitude de sua visão ultrapassasse em muito a capacidade de realizá-la, e houve problemas desde o início. Na chegada, famílias como os Eigi perceberam que não seriam assentadas no Velho Reich, como acreditavam, mas na Polônia ocupada. Todos se sentiram indignados. "Não tínhamos contado com isso de forma alguma", explicou Irma Eigi. "Quando nos disseram que iríamos para Warthegau, bem, devo dizer que foi um grande choque."[31]

Quando foram levados a um apartamento em Poznań, os Eigi

> abriram a porta com a chave. E entramos em uma sala, estava escuro. Se não me engano, as persianas estavam todas baixadas. [...] A sala era realmente um caos. Dava para notar que as pessoas que moravam ali tiveram que sair muito rapidamente. [...] Alguns dos armários estavam

abertos. As gavetas estavam abertas. Havia restos de comida em cima da mesa. E as camas todas desfeitas, bagunçadas.³²

Os Eigi acharam aquilo "horrível". Eles não "sabiam absolutamente" que os poloneses haviam sido obrigados a sair de suas casas para liberar moradias para os alemães bálticos. Então eles voltaram ao escritório de alocação e disseram que não ficariam no apartamento. Mas quando foram informados de que se não aceitassem aquela acomodação teriam de voltar ao campo de trânsito, eles resolveram ficar – pelo menos até haver outro apartamento disponível, depois do Natal. "Eu disse a mim mesma, tem que ser assim", explicou Irma Eigi. "Não havia outra escolha. Nós não queríamos voltar para o acampamento."³³

Outros colonos bálticos, como Jeannette von Hehn, foram alocados em casarões no interior polonês. "Chegamos às mansões que os poloneses foram obrigados a deixar", escreveu.

> Tudo demonstrava a partida inesperada dos antigos proprietários. Não raro eles eram retirados à noite – os quartos ainda estavam desarrumados, ou ainda se podia encontrar restos de uma refeição repentinamente abandonada na mesa de jantar! Em todos os lugares havia móveis estrangeiros; fotos que não nos pertenciam a olhar para nós das paredes, e os guarda-roupas e as cômodas continham todas as coisas mais pessoais que um ser humano podia ter na vida!³⁴

Em novembro de 1939, em Poznań – a mesma cidade para onde os Eigi foram transferidos –, os nazistas chegaram para expulsar Irena Huczyńska (uma garota polonesa de 16 anos) e sua família do apartamento em que moravam. "Eles [os alemães] entraram e começaram a saquear", contou Irena. "Todos começamos a tremer e a chorar..."³⁵ A irmã de Irena, Anna, lembrou que seus pais tiveram que dar aos nazistas "tudo que eles tinham". A mãe ainda teve que entregar sua aliança de casamento. Anna ficou "terrivelmente aflita" pela mãe, e seu "irmão mais novo chorava, ele era muito sensível, começou a vomitar convulsivamente, mais perturbado do que eu, ele era dois anos mais novo. Eu pensei o pior, achei que íamos todos ser fuzilados".

Quando foram obrigados a descer a escada, viram que o corredor do bloco de apartamentos já estava lotado por nossos vizinhos que estavam sendo deportados, expulsos de suas casas [...] um pânico terrível, barulho, gritos, escuridão, não conseguíamos entender o que estava acontecendo. [...] A surpresa de sermos deportados, de sermos expulsos, de sair de casa e deixar tudo para trás... parecia o fim do mundo. [...] Nós, os filhos, ficamos mais preocupados com nosso pai e nossa mãe, que nada acontecesse com eles, que ficassem com a gente, pois se fôssemos separados, bem, seria uma tragédia ainda maior.[36]

A família foi levada para um campo de transição, onde dormiu na palha. Lá, lutaram para sobreviver ao frio do inverno polonês sem aquecimento e com muito pouco para comer. Cinco meses depois, foram postos em um trem e transportados para o sudeste da Polônia, a área que os nazistas chamavam de Governo Geral. O lugar serviria como depósito de lixo dos nazistas para poloneses indesejados.

"Quando chegamos", lembrou Irena, "alguns judeus, de bom coração, nos receberam com um chá. [...] Até fiz amizade com mulheres judias... são pessoas normais e não sei o que o mundo quer delas". Mas as autoridades nazistas do Governo Geral insistiam na separação estrita entre judeus poloneses e o restante da população. Irena se lembrou de como "um jovem" deu um pão a um judeu "e no dia seguinte apareceu um cartaz com o nome dele, anunciando que tinha sido fuzilado por infringir a lei que proibia dar comida aos judeus".

Irena e sua família agora estavam abandonados. Não tinham para onde ir e nem onde ficar. Mas então, felizmente, um velho polonês ofereceu-lhes um quarto em sua casa. Ainda estava muito longe do conforto do lar – não havia água encanada e eles tinham de dormir no chão –, mas já era alguma coisa. Como Anna descobriu: "A gente consegue se acostumar com qualquer coisa. [...] Dizem que nem mesmo o inferno é ruim quando você se acostuma".

O mais notável na experiência de Anna, seus pais e irmãos não é apenas a terrível crueldade do tratamento que receberam, mas a maneira caótica como a deportação foi organizada. Como eles vivenciaram pessoalmente, trens inteiros de poloneses foram levados para o Governo Geral no leste da Polônia e deixados por conta própria. Quase tão surpreendente é a recusa dos nazistas em reconhecer a escala da tarefa a que se propuseram, visto que cerca de 20 milhões de pessoas viviam na Polônia ocupada pelos alemães.[37]

Não havia nem mesmo consenso entre os governantes nazistas da Polônia sobre como o processo de reorganização étnica deveria funcionar. O administrador do Governo Geral, Hans Frank, não queria que sua área fosse transformada na chamada lata de lixo do Reich, e protestou contra a natureza desorganizada da operação. Já em janeiro de 1940, o chefe da Polícia do Governo Geral e alta patente da SS, Friedrich-Wilhelm Krüger, afirmou que dos 110 mil poloneses já enviados ao Governo Geral, mais de um quarto, cerca de 30 mil, haviam sido despachados sem os devidos arranjos feitos de antemão.[38]

Nada disso alterou o otimismo jovial de Himmler sobre a tarefa que tinha pela frente. E não por acaso. Himmler sabia que Hitler valorizava o pensamento radical em seus subordinados. Na linguagem popular de hoje, ele queria que todos pensassem grande. De fato, uma das razões pelas quais Hitler apoiou pessoas como Himmler e Ribbentrop foi porque sempre pareceram positivos e radicais. Ribbentrop, em particular, era desprezado por muitos nazistas importantes, principalmente por Hermann Göring, que zombava de sua pomposidade e estupidez. Mas, assim como Himmler, Ribbentrop entendia uma coisa importante sobre o Führer. Sabia que nunca deveria parecer negativo em uma reunião com Hitler.

Himmler expôs seus planos extremamente ambiciosos – ainda mais irrealizáveis à luz das reclamações de seu colega Hans Frank – em um memorando que apresentou a Hitler em 25 de maio de 1940, intitulado "Algumas reflexões sobre o tratamento da população estrangeira no Leste". Em termos coerentes com o discurso racista e visionário que proferiu em Poznań em outubro de 1939, Himmler insistiu que os poloneses não deveriam ser alfabetizados na escola, que só precisavam conhecer "o mandamento de Deus de ser obediente aos alemães e ser honesto, trabalhador e bem-comportado". Também explicou como as crianças polonesas que fossem racialmente aceitáveis para os nazistas deveriam ser retiradas da Polônia e criadas como alemãs. Quanto ao Governo Geral, sua intenção era que nos próximos dez anos a população "consistisse inevitavelmente de um remanescente inferior" do povo, que estaria disponível como "uma classe trabalhadora sem líderes". Hitler leu o memorando e o considerou "muito bom e acertado". Era assim que decisões políticas cruciais podiam ser tomadas no Terceiro Reich. Não havia encaminhamento para as partes interessadas, nenhuma análise por um comitê, nenhum planejamento detalhado, nenhuma consulta, nenhuma discussão real de qualquer tipo.

Bastava que um homem como Himmler, que tinha acesso a Hitler, escrevesse um memorando e este fosse aprovado pelo Führer. Stálin, criatura burocrática que sempre foi, ficaria horrorizado com o método nazista frouxo de conduzir assuntos de governo.

O memorando de Himmler também mencionou os judeus. Significativamente, aqui também se falava de deportação. Mas o que Himmler tinha em mente para os judeus era algo muito mais radical que simplesmente transportá-los para outra região da Polônia. Ele imaginou uma "emigração em grande escala de todos os judeus para a África ou alguma outra colônia", uma operação que faria o termo "judeu" ser "totalmente eliminado".[39] Mandar os judeus para a África sempre fora uma fantasia antissemita. No século XIX, Paul de Lagarde sugeriu que fossem levados para a ilha de Madagascar, na costa sudeste da África. Agora, conhecendo a propensão de Hitler a ideias radicais, Himmler sugeriu o mesmo tipo de proposta. Consequentemente, no verão de 1940, após a vitória alemã sobre a França, os nazistas estudaram brevemente os aspectos práticos de seu "plano Madagascar".[40]

Fosse para a ilha africana ou qualquer outro lugar, a ideia de deportar judeus era (havia muito tempo) um dos componentes centrais da política antissemita nazista. Em setembro de 1938, Hitler disse ao embaixador polonês em Berlim que tinha "em mente a ideia de resolver o problema judaico obrigando-os a emigrar para as colônias".[41] E no início daquele ano, pouco depois da conquista alemã da Áustria, Adolf Eichmann, da SS, instituiu um processo administrativo em Viena que permitia aos nazistas roubarem os bens dos judeus antes de expulsá-los. O problema, da perspectiva nazista, era que poucos países queriam aceitar os judeus – especialmente depois de terem sido despojados de seus bens.

Algumas semanas depois da ocupação alemã da Polônia, Eichmann foi fundamental em outra tentativa de resolver o problema judaico, quando organizou a deportação de vários milhares de judeus, inclusive alguns de Viena, para o distrito de Nisko, no Governo Geral. Pouco foi feito para preparar a chegada dos judeus, que sofreram – e muitos morreram – nas profundezas do leste da Polônia em condições ainda piores que as enfrentadas pelos deportados poloneses. Esse esquema caótico e mal pensado foi logo abandonado.

Como medida de curto prazo, os nazistas decidiram confinar os judeus poloneses em guetos, com o primeiro gueto em grande escala na cidade de Lódz, em Warthegau, estabelecido na primavera de 1940. As condições de vida dos 164 mil judeus presos no gueto eram previsivelmente terríveis, e a taxa de mortalidade logo começou a subir. A atitude da liderança nazista a esse tipo de sofrimento foi resumida por Hans Frank, do Governo Geral, em discurso proferido alguns meses antes, em novembro de 1939: "Que prazer finalmente poder atacar a raça judaica fisicamente. Quanto mais morrerem, melhor".[42] Contudo, por mais quase genocida que tenham sido as ações nazistas contra os judeus na Polônia durante o primeiro ano de guerra, ainda não era uma política de extermínio em massa. A "solução" que os nazistas imaginavam para o "problema" judeu ainda era a prisão em guetos e a deportação brutal. O que faltava resolver era exatamente para onde e quando os judeus poderiam ser mandados.

Enquanto tudo isso acontecia na seção alemã da Polônia, Stálin presidia uma política de deportações em massa no leste do país ocupado pelos soviéticos. Diferentemente dos nazistas, Stálin conseguiu se basear em uma história nacional de deportação de cidadãos considerados indesejáveis. Em parte, isso aconteceu porque a União Soviética era muito maior que a Alemanha, e grandes áreas a leste eram inóspitas e pouco populosas. Em particular, os czares havia muito tempo mandavam prisioneiros políticos – Stálin fora um deles, sob o czar Nicolau II – para o exílio na Sibéria.

Uma vez no poder, Stálin passou a adotar a política de deportação em uma escala muito maior e de forma muito mais implacável. Como parte de seu ataque no início dos anos 1930 aos *kulaks*, os camponeses ricos, mais de 2 milhões foram mandados para a Sibéria e outras regiões remotas.[43] Alguns anos depois, quando inúmeros cidadãos soviéticos foram presos como "inimigos do povo", muitos dos que não eram mortos imediatamente foram deportados da mesma forma para as áreas mais selvagens e desoladas da União Soviética.

As unidades de segurança soviéticas passaram a empregar essas mesmas táticas no leste da Polônia. Vejamos o caso de Boguslava Gryniv e sua família, por exemplo. Em 27 de setembro de 1939, quando se preparavam para jantar em seu apartamento em Lwów, ouviram batidas na porta. Era um oficial soviético, dizendo que o pai da família tinha sido "convidado a ir ver o governo temporário". Ele foi levado para uma prisão local, onde continuou "de muito bom humor, porque disse: 'Eles só estão me acusando de ser um membro da Aliança Democrática Nacional Ucraniana'". Como esse grupo era legal sob os poloneses e não era antibolchevique, ele imaginou estar seguro.[44]

Mas estava enganado, e logo desapareceu nos meandros do sistema penal soviético. Boguslava e o resto da família rezavam todas as noites diante de um ícone para que ele fosse devolvido, mas sem sucesso. Porém, sua mãe nunca perdeu as esperanças – tanto que, quando o NKVD veio para deportá-los para o Cazaquistão, em abril de 1940, ela imediatamente disse aos filhos: "Nós estamos indo encontrar o seu pai, isso vai demonstrar nosso amor pelo seu pai".

Boguslava, seu irmão e a mãe foram perseguidos somente por serem parentes de alguém considerado opositor do regime. Essa política não se originou na Polônia. Dentro da União Soviética, não era incomum que os considerados parceiros dos "inimigos do povo" se tornassem alvo de perseguições, seguindo um regulamento do NKVD de 1937. Assim, muitas esposas de presos foram deportadas e encarceradas num campo de prisioneiros na República Soviética da Mordóvia.[45]

Quanto a Boguslava e sua família, eles viajaram de trem por várias semanas – primeiro em direção ao leste, para Novosibirsk, e depois ao sudoeste, para o Cazaquistão. Na longa jornada, tentaram entender a política soviética de prisões e deportações. Mas era impossível. "Mesmo considerando o que víamos [o que nos aconteceu] de alguma forma patriótico e político", disse Boguslava, "nosso vizinho era [simplesmente] um proprietário de terras muito bom. Eles o levaram só porque tinha quatro vacas e algumas outras coisas. Em um ano ele morreu de um ataque cardíaco, por ter perdido tudo pelo que tinha trabalhado a vida toda".[46]

Quando finalmente chegaram a uma fazenda coletiva chamada Cazaquistão Vermelho, eles tinham que dormir numa cabana em cima de tábuas de madeira e andar quase dois quilômetros todos os dias para trabalhar em uma plantação de batatas. Sofreram muito com as "tempestades de neve constantes" do inverno de 1940-1941. "Se você não sabe como são as tempestades de neve nas estepes", contou Boguslava, "[imagine] um vento cheio de floquinhos de neve tão denso que não se consegue ver a pessoa à sua frente".

No Cazaquistão, Boguslava recebeu notícias arrasadoras sobre o pai: "Eles disseram: 'Ninguém mais vai vir aqui. Vocês são migrantes especiais. E ele foi preso, então deve estar num campo de concentração em algum lugar'". Mas como "a esperança é a última que morre", sua mãe continuou tendo certeza que o marido "ia aparecer de repente em algum lugar". Infelizmente, ela morreu "sem saber a dura e amarga verdade. Pois a verdade só foi revelada em 1990".

A "dura e amarga verdade" era que o pai de Boguslava Gryniv tinha sido morto pelo NKVD poucos meses após sua prisão.

Apesar de tudo o que sofreu, e apesar de só ter conseguido voltar para casa seis anos depois, Boguslava afirmou:

> Não considero a guerra e a deportação para o Cazaquistão como a tragédia da minha vida. Considero que a tragédia [da minha vida] foi o assassinato do meu pai. O assassinato de um homem muito justo e muito nobre, que não foi acusado de nada e [para quem] não houve justiça.[47]

É importante reconhecer a dor emocional que Boguslava e sua família sofreram por causa da recusa dos soviéticos em reconhecer a morte do pai. A família continuou acreditando que algum dia, mesmo muito depois da guerra, ele entraria pela porta e então eles poderiam ser uma família feliz novamente. Pelo resto da vida, cada vez que a campainha tocava, sua mãe achava que poderia ser o marido voltando afinal.

Muitas outras famílias sofreram esse tormento da esperança. Esconder o verdadeiro destino dos que fossem executados era comum na União Soviética. Maya Berzina, por exemplo, cujo pai foi preso em Moscou em 1937, foi informada de que ele havia sido condenado a "dez anos [de prisão] sem direito a correspondência".[48] Como ficou claro mais tarde, isso era um eufemismo para uma execução. Mas significava que, assim como a família Gryniv na Polônia, Maya Berzina viveu assediada por uma terrível incerteza sobre o destino de seu pai.

A postura-padrão da administração soviética era esconder a verdade. As consequências emocionais dessa prática para as famílias dos mortos eram imensas — entre elas, uma vida inteira de esperança. E a esperança, percebemos com essa história, às vezes pode ser corrosiva para o espírito. Saber a verdade, chorar e ter tempo para seguir em frente — tudo era negado a essas pessoas.

É preciso ter em mente também o sofrimento adicional que essa política causou aos que foram condenados à morte como "inimigos do povo", que morriam anonimamente, sem reconhecimento público, sem uma última despedida de seus entes queridos. Sem funeral, pedra memorial ou urna de cinzas. Eles foram transformados em nada.[49] Os nazistas, como veremos, também cometeriam assassinatos em massa em segredo ao exterminar judeus – tendo sido pioneiros nessa política de matar pessoas inocentes nas sombras, em sua prática de "eutanásia" de deficientes.

Ninguém sabe exatamente quantas pessoas os soviéticos deportaram de sua seção da Polônia. Um historiador russo calcula que pouco mais de 100 mil foram mandadas do leste da Polônia para os campos de trabalhos forçados do *gulag*, e mais de 300 mil foram exiladas em regiões remotas da União Soviética, como o Cazaquistão.⁵⁰

Uma vez que ações semelhantes já haviam ocorrido dentro da União Soviética, oficiais do Exército Vermelho, como Georgy Dragunov, não consideravam o que acontecia na Polônia como algo especial. Mesmo que as deportações "parecessem horríveis, não nos surpreenderam porque já tínhamos visto tudo isso antes". Ele considerou o processo como "parte da norma", inclusive por ter sido "criado para acreditar que os condenados eram inimigos do povo e deveriam ser deportados. Só agora, numa visão retrospectiva, sei que essas eram as melhores pessoas, mas você precisa viver sua vida para entender".⁵¹

Muitos meses antes da deportação de Boguslava Gryniv e de outros parentes dos "inimigos do povo" serem assassinados, Béria havia escrito um relatório secreto para Stálin sobre outro grupo de poloneses considerado perigoso. Eram os chamados *osadniks* – soldados poloneses aposentados que tinham ganhado terras perto da antiga fronteira entre a Polônia e a União Soviética. Essa combinação de proximidade com a fronteira e um passado militar os transformou em inimigos em potencial. Béria afirmou que eles representavam um "terreno fértil para todos os tipos de ações antissoviéticas" e pediu permissão a Stálin para deportá-los junto com suas famílias – com o que Stálin concordou prontamente.⁵²

Em Rivne, no leste da Polônia ocupada, Nikolai Dyukarev foi um dos oficiais do NKVD encarregados de deportar os *osadniks*. Em um procedimento que seria usado muitas vezes depois em deportações durante a guerra: sua unidade primeiro realizou um reconhecimento detalhado da área e compilou uma lista de nomes. O subterfúgio foi considerado essencial para essa tarefa. Dyukarev se fez passar por um "especialista em agricultura" e conversou com os moradores sobre suas fazendas, enquanto observava atentamente "todos os membros da família". Uma vez identificados, os *osadniks*, suas esposas e filhos foram retirados de suas casas, embarcados em trens e deportados para o Leste.

Para Dyukarev, seu trabalho foi objetivo: "Nós tínhamos uma ordem para reassentá-los, e foi o que fizemos". No entanto, ele admitiu "ser muito difícil expulsar as crianças quando elas são muito pequenas e, quando você pensa nisso, não é muito bom", mas "eu sabia que eles eram nossos inimigos, inimigos da União Soviética, e que precisavam ser 'reciclados' [...]". O fato de ter sido informado de que Stálin ordenou pessoalmente as deportações foi crucial. "Stálin era como um deus para todos", explicou. "E a palavra dele era sempre a última palavra sobre qualquer assunto."[53]

As forças de segurança alemãs e soviéticas também fizeram um esforço especial para chegar àqueles que se apresentavam para lutar clandestinamente na resistência polonesa, conhecida como Exército da Pátria. Tadeusz Ruman vivenciou pessoalmente o quanto os alemães e soviéticos estavam ansiosos para eliminar qualquer resistência dessa facção. Ele atuou como mensageiro para o Exército da Pátria no início de 1940, entregando mensagens de Lwów para vários locais do outro lado da fronteira da Polônia ocupada pelos alemães. Quase foi pego várias vezes antes de finalmente chamar a atenção das forças de segurança soviéticas, na primavera de 1940.

Na noite de 10 de abril, Ruman se refugiou num esconderijo na Polônia ocupada pelos alemães, perto da linha de demarcação soviética. Numa casa, esperando para atravessar, estavam uma jovem polonesa – também mensageira da resistência – e um professor polonês da Cracóvia. Como intelectual, ele corria um risco especial com os nazistas, que tentavam destruir a "classe de liderança" da Polônia. Escapou por pouco da infame ação nazista contra o corpo de funcionários da Universidade Jaguelônica na Cracóvia, em novembro de 1939.

Normalmente, Tadeusz viajava sozinho, mas foi persuadido por apelos desesperados da jovem e do professor para levá-los com ele. Então, naquela noite, todos passaram juntos para a zona soviética. Na manhã seguinte, cansado da longa caminhada pela floresta e pelos muitos quilômetros percorridos na Polônia ocupada pelos soviéticos, os companheiros de Tadeusz o convenceram a interromper sua prática normal. Em vez de viajar pelo campo beirando a estrada, eles começaram a andar pela estrada. Isso tornou a jornada mais fácil, porém muito mais arriscada.

Depois de alguns quilômetros, eles se depararam com um bloqueio soviético. Uma sentinela os deteve e todos foram presos. Pouco depois, Tadeusz foi condenado – sem julgamento – a quinze anos de trabalhos forçados. Seus dois companheiros também foram presos. A partir dessa experiência, Tadeusz chegou à conclusão de que "o comunismo é a pior doença que o mundo já teve".[54]

Como Tadeusz Ruman, Gustaw Herling foi capturado em 1940 quando tentava cruzar a fronteira – no seu caso, a fronteira entre a Polônia ocupada pelos soviéticos e a Lituânia. Tinha 20 anos na época e era um membro comprometido da resistência polonesa. Depois de ser sentenciado a cinco anos de prisão, Herling foi transportado através da União Soviética até um campo de trabalho perto de Arcangel, que fazia parte do infame sistema *gulag*.

Duas experiências vividas por Gustaw Herling quando estava no campo nos permitem uma comparação notável com o sofrimento de seus companheiros poloneses nos campos de concentração nazistas. A primeira refere-se às observações de Herling sobre as *urkas* – gangues criminosas detidas junto com prisioneiros políticos no *gulag*. As autoridades soviéticas usavam membros dessas gangues como método aterrador de supervisão e controle. Herling definiu esses sujeitos como "as pessoas mais importantes depois do comandante da guarda", pois "eles avaliavam a capacidade de trabalho e a ortodoxia política dos prisioneiros em sua brigada".[55] Além disso, "nenhum guarda se atrevia a entrar nos barracões depois de escurecer, nem mesmo quando os gritos e gemidos horríveis de prisioneiros políticos sendo lentamente assassinados [pelos membros das *urkas*] podiam ser ouvidos por todo o campo".[56]

Herling os encontrou pela primeira vez no trem para o *gulag*. Quando um deles perdeu num jogo de baralho, se aproximou de outro prisioneiro, um oficial polonês, e exigiu o casaco dele. O *urka* disse que o tinha "perdido [o casaco do oficial] nas cartas". Quando o oficial relutou em entregar o casaco, o *urka* ameaçou "arrancar os olhos dele". Diante dessas ameaças, o oficial polonês entregou o casaco. Herling percebeu que um dos passatempos comuns dos *urkas* era apostar os pertences de outros prisioneiros. Quando o jogo acabava, o *urka* precisava roubar – usando violência, se necessário – tudo o que tivesse perdido na aposta.[57]

O uso desses criminosos pelas autoridades soviéticas para controlar e intimidar prisioneiros políticos reflete, em diversos aspectos, a decisão dos nazistas de empregar *kapos* alemães no campo de concentração de Auschwitz, na Polônia ocupada. Os primeiros prisioneiros despachados para Auschwitz, no final da primavera de 1940, não eram poloneses, mas sim trinta criminosos alemães, transferidos do campo de concentração de Sachsenhausen, ao norte de Berlim.

Esses *kapos* lideravam turmas de trabalho e efetivamente tinham poder de vida ou morte sobre os que estivessem sob seu "comando". Alguns ficaram famosos por sua crueldade, como Ernst Krankemann, que administrava o comando penal. Os prisioneiros sob seu controle tinham de puxar um gigantesco rolo pelo campo para aplainar o terreno, com Krankemann empunhando um chicote nas rédeas do rolo. Jerzy Bielecki, prisioneiro político polonês, viu certa vez Krankemann ordenar aos prisioneiros que usassem o rolo para esmagar um de seus camaradas que desmaiara de exaustão. "Eu já estava acostumado a ver mortes e espancamentos", disse Bielecki, "mas o que vi naquela ocasião me deixou gelado. Eu simplesmente congelei".[58]

Todos os *kapos* dos campos nazistas conheciam o próprio destino se saíssem da linha. Como disse Himmler: "Assim que não estivermos mais satisfeitos, ele deixa de ser *kapo* e volta para os outros presos. Eles sabem que vão morrer espancados na primeira noite em que voltarem".[59]

No *gulag*, o uso pelas autoridades soviéticas dos *urkas* como ferramenta de opressão nunca foi tão institucionalizado quanto o dos *kapos* nos campos nazistas. Mesmo assim, os *urkas* aterrorizaram os presos de maneiras semelhantes. E assim como os *kapos*, poupavam a SS de boa parte do trabalho sujo de controlar e disciplinar o resto dos prisioneiros. Os *urkas* desempenhavam a mesma função para os guardas soviéticos.

A segunda comparação entre nazistas e soviéticos que as experiências de Herling nos revelam é semelhante à observada por Margarete Buber-Neumann.[60] Herling entendeu que o sistema penal na União Soviética era projetado "não para punir o criminoso, mas para explorá-lo economicamente e transformá-lo psicologicamente". Todo o processo visava à "desintegração total" da "personalidade" do prisioneiro. Essencialmente, escreveu Herling, um "prisioneiro só é considerado preparado para a aplicação final da assinatura [em sua confissão] quando sua personalidade foi completamente desmontada em suas partes componentes". Esse objetivo era alcançado em grande parte obrigando o prisioneiro a concordar com as mentiras que o interrogador propagava. Como consequência, disse Herling, "surgem lacunas na associação lógica das ideias; pensamentos e emoções se afrouxam em suas posições originais e se chocam uns contra os outros como peças de uma máquina quebrada".[61]

Um dos objetivos originais dos campos de concentração nazistas era semelhante, uma vez que a SS também queria mudar a mentalidade dos detentos.

Como Hermann Göring dissimuladamente afirmou: "Nós tínhamos que resgatar essas pessoas, trazê-las de volta à comunidade nacional alemã. Tínhamos que reeducá-las".⁶² Uma parte vital desse processo de "reeducação" era fazer os prisioneiros entenderem que a SS tinha poder absoluto sobre seu futuro. Pois os campos de concentração nazistas não eram prisões "normais", onde os detentos cumpriam uma sentença determinada por um juiz. Pelo contrário, ninguém que fosse mandado a um campo de concentração sabia quanto tempo duraria sua prisão. "A incerteza da duração do confinamento era algo com que eles nunca poderiam chegar a um acordo", escreveu Rudolf Höss, comandante de Auschwitz, em suas memórias depois da guerra. "Era o que desgastava e alquebrava a mais determinada força de vontade. [...] Só isso já tornava a vida no campo um tormento."⁶³ Höss estava se referindo à prática de campos de concentração pré-guerra como Dachau, onde – apesar de a SS ter matado alguns prisioneiros – a maioria era libertada depois de cumprir uma média de dezoito meses de prisão.

Auschwitz, desde o início mais assassino que Dachau, foi concebido segundo as mesmas diretrizes dos campos alemães do pré-guerra. Antes de Auschwitz se tornar um instrumento de extermínio em massa, parte de sua função, ao menos na mente das autoridades do campo, era demonstrar aos poloneses que os alemães eram então seus senhores. Nesse processo de "reeducação", mais da metade dos 23 mil poloneses inicialmente mandados para Auschwitz morreram em vinte meses.⁶⁴

No *gulag*, embora os presos cumprissem uma sentença determinada, esta poderia ser alterada a qualquer momento. Um dos episódios mais comoventes descritos por Herling se refere à experiência de um "velho ferroviário de Kiev, chamado Ponomarenko", que contava os dias de sua sentença de dez anos, só para ser informado, pouco antes de sua suposta libertação, de que agora estava detido "indefinidamente". Pouco depois de receber a notícia, ele se matou. Como explicou Herling, ele percebeu que "a esperança contém o terrível perigo da decepção".⁶⁵

Havia também diferenças essenciais entre os campos de concentração nazistas e o *gulag* durante esse período. A mais importante era o contraste na abordagem ideológica. Os nazistas estavam tentando reordenar a Polônia de acordo com suas teorias raciais. Embora pudessem pensar que alguns dos poloneses mandados para Auschwitz em 1940 pudessem ser aterrorizados e não causar mais problemas, eles acreditavam que esses poloneses jamais seriam alterados o suficiente para se tornarem outra coisa senão escravos obedientes. Segundo os nazistas, a precondição essencial para uma verdadeira mudança estava fora do controle de qualquer indivíduo: o sangue que corria em suas veias era o fator decisivo para determinar seu valor. Consequências mortais resultaram dessa convicção. O contato amigável entre alemães e poloneses foi proibido, e qualquer interação sexual era considerada particularmente abominável. Homens poloneses que faziam sexo com mulheres alemãs eram presos ou executados.[66] Quanto aos homens alemães que faziam sexo com mulheres polonesas, "em casos graves", decretou o Gauleiter Arthur Greiser em Warthegau, "particularmente quando um indivíduo pertencente à comunidade alemã ofendeu seriamente os interesses alemães do Reich por causa de relações com polonesas, ele será transferido para um campo de concentração".[67]

Em comparação, os soviéticos concentraram seu ataque aos poloneses na classe, não na raça. Nikolai Dyukarev, o oficial do NKVD envolvido na deportação de poloneses, colocou a questão da seguinte maneira:

> Claro que havia diferentes [tipos de] pessoas [no leste da Polônia]. Não podemos tratar a população como um todo. Havia gente rica, havia gente pobre, havia cidades e havia pequenos vilarejos. Para os ricos não havia nada de bom nisso [a ocupação soviética], é claro, mas para os pobres acho que melhoramos algo e melhoramos suas vidas.[68]

Embora seja discutível o quanto a invasão do leste da Polônia possa ter melhorado a vida de alguém, continua a ser significativa a maneira como Dyukarev via o papel dos ocupantes soviéticos. Ele e muitos de seus camaradas acreditavam que sua tarefa era tirar dos ricos para dar aos pobres. Ou, como teriam dito na época, queriam corrigir o desequilíbrio existente entre a burguesia e o proletariado.

Outra diferença entre as respectivas políticas de ocupação era a forma como os dois líderes, Hitler e Stálin, procuravam controlar o que acontecia no território. Na Polônia, enquanto Hitler definia a visão mais ampla, os detalhes da implementação da política eram deixados para seus Gauleiters. Em uma das declarações mais perspicazes de sua técnica de liderança, Hitler disse que os Gauleiters "teriam dez anos para informar que a germanização de suas províncias estava completa, e que não faria perguntas sobre seus métodos".[69] Reconheceu que "erros são inevitáveis", mas era um preço pequeno a pagar por um programa bem-sucedido de germanização executado por "um novo tipo de homem, uma raça de governantes, uma estirpe de vice-reis".[70]

O desejo de Hitler de permitir que sua "raça de governantes" na Polônia exercesse sua própria iniciativa pessoal levou à confusão e ao caos. A luta interna entre dois Gauleiters vizinhos, Albert Forster, de Danzig-Prússia Ocidental e Arthur Greiser, de Warthegau, tornou-se notória, com Greiser acusando Forster de "germanizar" os poloneses sem o cuidado necessário, para concluir o processo rapidamente.[71]

Stálin, ao contrário, não permitia tais iniciativas. Não apenas lia pessoalmente os principais documentos e endossava os detalhes de qualquer política a ponto de um áulico astuto como Lavrenti Béria, do NKVD, ter adotado a prática de enviar muitos documentos a Stálin com as palavras "em relação a suas instruções",[72] dando assim a impressão de ser apenas um instrumento da vontade de Stálin.

Esse método de governo resultou na presença do nome de Stálin em um famigerado documento de 1940, ordenando o assassinato de muitos milhares de poloneses. O pano de fundo desse crime foi a prisão de cerca de 250 mil soldados poloneses capturados após a ocupação da Polônia oriental. Os oficiais foram separados de seus homens e encarcerados em campos especiais, junto de membros selecionados da intelectualidade da Polônia oriental. Esses oficiais nunca foram considerados prisioneiros de guerra, mas sim "contrarrevolucionários".

Durante os últimos meses de 1939, eles foram interrogados e foram feitas tentativas de convertê-los à causa soviética. Porém, segundo os interrogadores do NKVD, a maioria era incorrigível. Por causa disso, Stálin – junto de diversos membros do Politburo, inclusive Molotov – assinou um documento em 5 de março de 1940 decretando que os prisioneiros fossem "examinados por procedimentos especiais" e, se continuassem fazendo objeções, fossem executados. Os "procedimentos especiais", na maioria dos casos, foram meramente uma rápida leitura de suas fichas corridas. Somente poucas centenas dos mais de 20 mil homens submetidos a esse procedimento sobreviveram.[73]

O porquê de Stálin ter dado esse passo tão drástico nunca foi explicado de forma conclusiva. Talvez seu ódio pela Polônia tenha finalmente irrompido e ele resolvera matar a elite polonesa em vez de continuar mantendo-a encarcerada.

Ou talvez conhecesse e admirasse as políticas brutais adotadas pelos nazistas em sua seção da Polônia. Não podemos saber ao certo. O que sabemos é que ele foi o responsável pelo crime. Documentos soviéticos mostram que quase 22 mil pessoas foram mortas como resultado dessa decisão. Os assassinatos se dividiram em três locais de matança, um dos quais foi a floresta de Katyn.

Hitler não assinou nenhum documento em relação aos poloneses ou ao subsequente extermínio dos judeus.[74] O sistema "visionário" de governo que presidiu implicava em não precisar fazer isso. Mas ele foi tão responsável por seus crimes quanto Stálin foi por Katyn, embora, no caso de Hitler, a culpa precisasse ser demonstrada – como foi por vários historiadores – sem a ajuda de tais evidências obviamente incriminadoras.

Durante a reorganização ideológica da Polônia, Hitler e Stálin causaram o sofrimento de milhões de pessoas. Mas por mais ambiciosas e abrangentes que fossem essas políticas, seu foco principal – como veremos – estava em outro lugar.

3

DESTINOS OPOSTOS

Dois eventos surpreendentes no primeiro ano da guerra nos oferecem uma visão importante sobre a diferença entre as lideranças de Hitler e Stálin. Os dois ditadores lançaram ações militares ambiciosas; enquanto uma delas foi um triunfo extraordinário, a outra foi uma vergonha nacional.

A aventura militar de Stálin foi dirigida contra a Finlândia. Em teoria, deveria ter sido uma missão fácil para o Exército Vermelho. Não apenas a Finlândia era minúscula em comparação com a União Soviética – menos de 4 milhões de finlandeses em frente a mais de 160 milhões de cidadãos soviéticos[1] –, como também o Exército Vermelho era imensamente mais poderoso do que as forças finlandesas, beneficiado por uma grande expansão durante os anos 1930. Em 1939, por exemplo, as fábricas soviéticas produziam mais de 10 mil aviões por ano, em comparação com menos de mil em 1931. Nesse mesmo período, a produção de tanques quadruplicou.[2]

O problema de Stálin era a necessidade de seres humanos para operar todo esse equipamento, e sua tendência era de desconfiar deles. Em particular, temia que um general talentoso pudesse lançar uma contrarrevolução contra seu governo. Havia um precedente histórico para tal evento. A Revolução Francesa não fora subvertida por um soldado ambicioso chamado Napoleão Bonaparte? Como consequência, acusar um comandante soviético de tendências bonapartistas era chamá-lo de traidor da causa bolchevique.

E a pergunta na mente de Stálin era: quantos bonapartistas existiam em potencial?

Além dessa ansiedade constante, o adversário de Stálin, Leon Trótsky, não só estava vivo e bem durante os anos 1930 como também publicando ataques ao líder soviético, aparentemente seguro no Ocidente. Trótsky havia ajudado a criar o Exército Vermelho, e em março de 1918 fora designado comissário do Povo para Assuntos do Exército e da Marinha. Para um homem como Stálin, sujeito a suspeitar mesmo quando não havia razões para isso, esse era um bom motivo para desconfiar de inúmeros comandantes soviéticos.

Além de tudo isso, Stálin sabia não ser insubstituível. Como não poderia estar ciente desse preocupante fato quando olhava para a Praça Vermelha e via o mausoléu de granito do verdadeiro criador da revolução, Vladimir Lênin? Assim como Trótsky e todos os outros líderes bolcheviques, Stálin fora um mero seguidor de Lênin. E seguidores nunca são indispensáveis. Só Lênin continuava vivo para sempre, embalsamado em sua necrópole a poucos metros do gabinete de Stálin. Hitler, por sua vez, nunca teve esse problema, pois foi ele, assim como Lênin, quem liderou a revolução.

No final da década de 1930, todas as suspeitas de Stálin explodiram de repente, e ele instigou um derramamento de sangue que se tornaria conhecido como o Grande Terror. Ele sempre acreditou que estabelecer o comunismo seria "um processo complicado, longo e violento... uma luta dolorosa e cruel, uma luta de vida e morte".[3] Mas as mortes que ele agora autorizou não tinham precedentes em um estado moderno.

Embora a repressão não se limitasse às forças armadas, os líderes militares foram particularmente visados. Dos quase 145 mil oficiais, mais de um em cada cinco – 33 mil – foram demitidos de seus cargos, e 7 mil deles foram posteriormente assassinados. Quanto mais acima na cadeia de comando, maior a destruição proporcional, com mais de 150 dos principais comandantes destituídos – mais de 80% do total.[4]

Um dos mais notórios, o marechal Mikhail Tukhachevsky, foi preso em maio de 1937 e executado no mês seguinte. Tukhachevsky fora fundamental na modernização do Exército Vermelho nos anos 1930, mas seu brilhantismo como teórico militar, combinado com uma personalidade excessivamente confiante, foram a razão de sua queda. Ameaçador, Stálin referia-se a ele como um Napoleonchik, um "pequeno Napoleão".[5] Como muitos de seus colegas oficiais, Tukhachevsky foi torturado até "confessar". Sua declaração de "culpa" foi posteriormente encontrada manchada de sangue.[6]

A destruição de grande parte do corpo de oficiais soviéticos por Stálin não foi a única causa do desastre que se seguiria. Outros fatores, como a forma de modernização do exército, em especial a bizarra decisão de não adotar integralmente técnicas de comunicação como o rádio, também tiveram sua influência. Mas a perseguição aos comandantes militares foi a principal razão pela qual as forças soviéticas foram tão prejudicadas. Mesmo os oficiais que sobreviveram se tornaram menos eficazes por causa daquele derramamento de sangue. Não só muitos de seus colegas mais talentosos haviam desaparecido, como os oficiais que sobreviveram perceberam que a iniciativa e o pensamento inovador eram agora atributos potencialmente fatais.

Por exemplo, era inevitável que acidentes pudessem acontecer durante testes de novos equipamentos militares. Mas agora – segundo Stepan Mikoyan, um piloto da Força Aérea Soviética –, quaisquer quedas podiam ser "atribuídas a sabotadores [...] e você poderia ser acusado de não ter tomado as devidas precauções, de ser descuidado, um mau administrador, e portanto não 'um de nós'". O clima de suspeita era tão pervasivo que pessoas sem qualquer relação com um incidente poderiam ser acusadas. "Havia casos em que um indivíduo tinha uma rixa contra alguém e queria se vingar", disse Mikoyan. "O caso seria simplesmente reportado: 'Esse homem fez isso de forma incorreta ou negligente porque é um inimigo'".

Restava, para aqueles que lidavam diretamente com Stálin, o desafio de transmitir as más notícias sobre um teste militar sem ser responsabilizado por isso. Essas pessoas, disse Mikoyan, "sempre tinham de ter em mente que estavam seguindo a linha de Stálin em alguma coisa. E se precisassem se comunicar com ele diretamente, então [você tinha] sempre que dizer a verdade, mas ao mesmo tempo de uma forma que não o deixasse com raiva!".[7]

Mark Gallay, um jovem piloto de testes nos anos 1930, também se lembrou do "efeito pesado e opressor" dos expurgos. "Literalmente, duas ou três vezes por semana [...] nós fazíamos reuniões em que discutíamos principalmente os chamados inimigos do povo." Nessas reuniões, uma ou mais pessoas eram denunciadas, às vezes até "alguém presente na sala". Mas, explicou, a maioria era inocente, sem dúvida.

Nada surpreendente, de acordo com Gallay, essa atmosfera "não fazia bem para a produtividade e criatividade de ninguém. Tudo o que é opressor diminui a iniciativa de uma pessoa". Gallay era um comunista dedicado – "por muitos anos depois disso, continuei acreditando que os ensinamentos de Lênin eram invencíveis e totalmente justificados" –, mas o que ele viu durante o terror o convenceu de que Stálin "causou um dano colossal ao país, em todos os níveis, em todas as esferas, por muitos anos depois disso".[8]

Nesse mundo de suspeita, em que o talento era desvalorizado e a lealdade cega era valorizada, alguns comandantes militares realmente terríveis conseguiram prosperar. Entre eles, o mais destacado foi Kliment Voroshilov. Ex-trabalhador braçal sem instrução nem sofisticação e que gostava de beber, Voroshilov foi nomeado comissário do Povo para a Defesa, em 1934, e apoiou entusiasticamente Stálin durante o Grande Terror. Tukhachevsky, que trabalhava para Voroshilov, o desprezava. Outro comandante do Exército Vermelho considerava Voroshilov um "diletante em assuntos militares, que nunca os conheceu profunda e seriamente".[9] No entanto, Stálin nunca se voltou contra Voroshilov, que morreu pacificamente em 1969 aos 88 anos. A incompetência não era necessariamente um obstáculo para se alcançar o alto escalão no Estado soviético. Na verdade, poderia ser uma bênção, pois um general incompetente nunca poderia ser um Napoleonchik.

Em outubro de 1939, apenas um ano depois de amainado o Grande Terror, Stálin decidiu confrontar o governo finlandês. Ele foi motivado por um fator acima de todos os outros – a geografia. Para ele, a Finlândia ficava perto demais da fronteira soviética. O território finlandês, na época, ficava a mais ou menos trinta quilômetros de Leningrado (atual São Petersburgo), a segunda maior cidade da União Soviética e berço da revolução. E se os alemães, ou mesmo os Aliados ocidentais, fizessem uma aliança com os finlandeses e os ameaçassem com uma invasão? Seria fácil para um inimigo atacar a União Soviética a partir da Finlândia. Leningrado poderia cair em dias – sua vulnerabilidade era óbvia para o mundo.

No início de outubro, Molotov convidou uma delegação finlandesa a Moscou para discussões. Os soviéticos haviam recentemente intimidado representantes dos Estados Bálticos para aceitar bases do Exército Vermelho em seu território. Agora seria a vez de a Finlândia ser ameaçada. No entanto, não estava claro se Stálin via o caso finlandês de forma exatamente análoga ao do Báltico. No caso dos Estados Bálticos, a demanda de Stálin por bases do Exército

Vermelho acabou sendo o primeiro passo para a dominação total – em 1940 os soviéticos se movimentariam para ocupar todo esse território. Mas o interesse de Stálin pelos finlandeses parece ter sido diferente. Ele não dava sinais claros de que desejava a ocupação total da Finlândia.

Havia duas diferenças principais – mais uma vez geográficas – entre a situação finlandesa e a dos Estados Bálticos. A oeste dos Estados Bálticos havia o mar, a leste, a União Soviética. O povo báltico estava cercado. Mas a oeste da Finlândia havia uma longa fronteira terrestre com a Suécia, um país que permaneceu neutro durante a guerra. E ainda que a população da Finlândia fosse pequena, seu território, ao contrário dos Estados Bálticos, era grande. Então, por que Stálin iria querer que o Exército Vermelho ocupasse aquela terra desolada? Que necessidade teriam os soviéticos de anexar quilômetros e quilômetros de floresta? Eles já tinham todas as árvores que precisavam na Sibéria. Muito melhor, deve ter pensado Stálin, seria forçar os finlandeses a ceder territórios adjacentes à fronteira soviética, para que Leningrado ficasse mais protegida.

No primeiro encontro com os representantes finlandeses em Moscou, Stálin foi direto, e aparentemente honesto, em seu pedido. "Não podemos fazer nada sobre a situação geográfica", explicou. "Leningrado e seus arredores têm aproximadamente 3,5 milhões de habitantes, quase tanto quanto a Finlândia. Como não podemos realocar Leningrado, teremos que mudar a fronteira."[10] Stálin e Molotov queriam que a nova fronteira ficasse quase sessenta quilômetros mais para o interior da Finlândia. Também desejavam que os finlandeses desistissem de outro território, que incluía várias ilhas no golfo da Finlândia. Em compensação, os soviéticos ofereceram ceder algum território na Carélia Oriental. Isso era equivalente a quase o dobro do território que os finlandeses estavam perdendo. Contudo, estratégica e economicamente, o território que os soviéticos estavam dispostos a ceder era de pouco valor.

Durante as negociações, os finlandeses tentaram barganhar com Stálin, mas não chegaram nem perto de oferecer o que fora pedido, mesmo depois que ele moderou ligeiramente suas exigências. Por fim, quando os finlandeses chegaram para uma reunião em 3 de novembro, só encontraram Molotov no Kremlin. A ausência de Stálin era um mau sinal.

Molotov, como veremos mais adiante nesta história, nunca conseguiu realizar nada muito importante por conta própria. Sem Stálin presente, sua posição-padrão nas discussões diplomáticas era fazer uma longa série de perguntas detalhadas ou simplesmente reafirmar indefinidamente a posição soviética. Como observou o político iugoslavo Milovan Djilas, Molotov era "impotente sem a liderança de Stálin" e "sua mentalidade permanecia vedada e inescrutável".[11]

Compreensivelmente, as negociações com Molotov não levaram a parte alguma, e os finlandeses se prepararam para deixar Moscou. Porém, antes de partirem, em 4 de novembro, foram chamados de volta ao Kremlin. Dessa vez eles encontraram não apenas Molotov, mas também Stálin. O líder soviético fez uma última tentativa de chegar a um acordo, suavizando ainda mais suas exigências.[12] Porém, os finlandeses novamente recusaram o acordo. Embora estivessem dispostos a ceder algum território, suas concessões eram insuficientes para satisfazer os soviéticos. A delegação finlandesa finalmente partiu de Moscou em 9 de novembro.

Em vista do que estava para acontecer, parece surpreendente que os finlandeses não tenham se entendido com Stálin. Os soviéticos pareciam sinceros, embora nunca possamos saber com certeza se Stálin realmente queria tomar toda a Finlândia. Mas, significativamente, as negociações com os representantes dos Estados Bálticos não foram tão longas. Nem houve discussões sobre alteração de fronteiras. Os soviéticos insistiram sem rodeios em instalar bases militares em seu território.

Alguns finlandeses importantes achavam que deveria ser feito um acordo com Stálin. Entre eles, o mais destacado era o marechal Carl Gustaf Mannerheim, que desempenhou um papel fundamental em garantir a independência da Finlândia no fim da Primeira Guerra Mundial. Mannerheim foi uma das figuras mais notáveis do século XX – não tão conhecido fora da Finlândia quanto mereceria, sem dúvida por ser de um país subpovoado na periferia da Europa. Quando jovem, a Finlândia fazia parte do Império Russo e, como tinha origem aristocrática, Mannerheim ingressou no Exército Imperial Russo, chegando a se tornar tenente-general em 1917. Depois da Revolução de Outubro, liderou as forças finlandesas contra os bolcheviques e, em seguida, serviu como regente da Finlândia até perder a primeira eleição para a presidência, em 1919.

Quando os políticos finlandeses consultaram Mannerheim sobre as propostas soviéticas, ele os aconselhou a chegar a um acordo. Mas seu conselho foi rejeitado. Então um velho de 82 anos, talvez seus compatriotas tenham achado que havia perdido a vontade de confrontar Stálin. Mas Mannerheim estava sendo muito sensato. A Finlândia jamais conseguiria vencer uma guerra contra a União Soviética.

Os finlandeses que se opuseram às exigências de Stálin procuraram se proteger com a esperança e se motivar pelo medo. Imaginaram que a conversa de Stálin pudesse ser apenas fanfarronice. Será que ele realmente gostaria de começar outra guerra em um momento tão delicado da história de seu país? Mesmo que o fizesse, esperavam que os finlandeses não tivessem de enfrentar Stálin por conta própria. Talvez a Alemanha, a Grã-Bretanha ou a vizinha Suécia oferecessem ajuda. Também temiam que, mesmo que cedessem a Stálin tudo o que ele queria, isso não encerrasse o assunto. Essa foi certamente a opinião do tenente-general e comandante finlandês Harald Öhquist, ao tomar conhecimento da proposta soviética. Ele achava que "nenhum oficial com treinamento moderno poderia levar a sério" o que fora solicitado. "É mais provável", disse, "que o que eles estão exigindo agora seja somente uma preparação para novas demandas de longo alcance".[13]

Como vimos, embora seja impossível saber ao certo se os temores de Öhquist eram justificados, fica claro que os soviéticos deram todos os indícios de se sentirem surpresos pelo fato de os finlandeses não aceitarem suas propostas. Nikita Khrushchev, líder dos comunistas da Ucrânia, acreditava que "seria suficiente dizer [aos finlandeses] em voz alta que se eles não atendessem, nós dispararíamos um tiro de nossos canhões e os finlandeses levantariam as mãos e concordariam com nossas exigências".[14] Em Londres, o embaixador soviético, Ivan Maisky, também ficou chocado com o fato de os finlandeses não terem assinado o acordo com Stálin, dizendo a lorde Halifax, em 27 de novembro de 1939, que os finlandeses não estavam preparados para enfrentar a "realidade" e viviam em "um mundo de fantasia incompreensível".[15]

Embora uma ofensiva militar soviética contra os finlandeses tivesse sido planejada de início, na realidade, não era esperada. Portanto, Stálin agora não só precisava exigir uma maior preparação militar, mas também arranjar um plano de contingência política para acompanhar a ação militar iminente contra a Finlândia. Para esse fim, decidiu transformar um comunista finlandês, chamado Otto Kuusinen, em chefe do Estado de uma nova Finlândia "democrática", um país que ainda não existia e que Stálin planejava criar os derrotando na guerra.

Isso permitiu ao *Pravda* anunciar, em 1º de dezembro, um dia após o Exército Vermelho invadir a Finlândia, que a União Soviética estava agindo porque a nova República Democrática da Finlândia, liderada por Otto Kuusinen, precisava de ajuda para libertar o país do atual governo. Portanto, não era necessário que a União Soviética declarasse guerra à Finlândia, uma vez que o novo – e aos olhos de Stálin "legítimo" – governo da Finlândia sob Kuusinen havia pedido ajuda. Mais tarde, Stálin declarou: "Não temos nenhum desejo pelo território da Finlândia. Mas a Finlândia deve ser um Estado amigável com a União Soviética".[16]

As palavras de Stálin são importantes – ou melhor, uma palavra específica: "amigável". É a primeira vez nessa história que nos deparamos com esse adjetivo específico no contexto de um país pelo qual os soviéticos tinham interesse, mas não será a última. Stálin estava certo ao afirmar querer que as relações com um determinado Estado fossem "amigáveis". A palavra soa inócua, mas dava a ele o poder de agir como desejasse. Isto porque é impossível definir "amigável".

Stálin, ao contrário de Hitler, era particularmente adepto de conceitos vagos. Ninguém sabia, por exemplo, exatamente o que significava um "*kulak*". Quem é esse camponês específico, rico o suficiente para ser ou não classificado como um "*kulak*"? Era tudo uma questão de opinião. Da mesma forma, Stálin nunca definiu precisamente o que se entendia por "inimigo do povo". A visão de Béria, que ele dizia ter vindo de Stálin, era ao mesmo tempo nebulosa e potencialmente genérica. "Um inimigo do povo não é só aquele que faz sabotagem", explicou a um de seus colegas da segurança do Estado, "mas aquele que duvida da correção da linha do partido. E há muitos deles entre nós, e precisamos liquidá-los".[17]

Como alguém poderia se defender da acusação de "duvidar da linha do partido"? Em que ponto sua crítica construtiva ao que estava acontecendo o tornava um "inimigo do povo"? Era essa imprecisão intencional, algo que nenhum país que defende o Estado de direito toleraria, que possibilitava que, nas reuniões de Mark Gallay no período do Grande Terror, qualquer um dos presentes pudesse ser denunciado como "inimigo do povo". A ausência de qualquer definição legal significava que se tratava apenas de uma questão de percepção individual. Ninguém poderia se proteger do potencial de cair em desgraça.

Enquanto isso, Stálin estava tão confiante no poder do Exército Vermelho de derrotar facilmente as forças finlandesas que endossou uma estratégia envolvendo uma série de investidas contra a Finlândia, dissipando assim o poder do ataque. Também acreditava que a ação militar terminaria rapidamente. Quando Nikolai Voronov, comandante da artilharia, sugeriu que a operação poderia durar "dois ou três meses", um oficial superior disse para ele "basear todas as suas estimativas no pressuposto de que a operação duraria doze dias".[18]

Após uma análise superficial da situação, Stálin e seus acólitos bajuladores presumiram que a resistência finlandesa logo seria esmagada. Não só os finlandeses estavam apenas em desvantagem numérica – seu exército tinha menos da metade do tamanho das forças de invasão soviéticas – como a maioria do equipamento deles era antiquado e não parecia à altura dos recursos mais moderno dos soviéticos. Mas os finlandeses tinham uma vantagem nessa luta, que os soviéticos parecem não ter levado em conta. Pois se a realidade geográfica fora a razão das ações de Stálin, essa mesma realidade estava inteiramente do lado finlandês.

Os soviéticos enfrentaram dois problemas. Em primeiro lugar, a Finlândia não é apenas enorme, mas também um dos países menos populosos do mundo. Isso permitiu que os finlandeses recuassem e atraíssem o Exército Vermelho para um terreno desabitado de florestas e neve. Em segundo lugar, e igualmente importante, a maior parte da Finlândia é plana. E como havia muito mais árvores do que gente, isso significava que os soldados soviéticos que marchavam por estradas estreitas através de uma floresta aparentemente interminável só conseguiam ver as árvores que os cercavam. Paradoxalmente, embora estivessem em um país grande e relativamente desabitado, a sensação era claustrofóbica. "Os pinheiros altos se erguem da neve como numa pintura", disse o capitão Shevenok, que lutou com o Exército Vermelho na Finlândia. "Acima estão os galhos e embaixo há um vazio, como se você não estivesse num bosque, mas em uma espécie de gruta com pilares."[19]

Esse problema foi agravado pelo fato de que, ao contrário dos finlandeses – quase todos esquiadores desde criança –, os soldados soviéticos se sentiam desconfortáveis se saíssem da estrada e se aventurassem pela floresta. Ademais, tanto o equipamento quanto os uniformes soviéticos eram inadequados ao clima finlandês. Os comandantes soviéticos nem sequer dispunham de suficientes uniformes brancos de inverno para suas tropas ou coberturas para camuflar os tanques e caminhões. Como consequência, homens e máquinas se destacavam facilmente na neve. Em comparação, soldados finlandeses usavam roupas de inverno camufladas e eram regularmente abastecidos de refeições quentes e roupas secas. Os finlandeses também foram brilhantemente comandados por Gustaf Mannerheim, que se ofereceu para liderar a defesa finlandesa assim que o país foi ameaçado.

A principal força soviética atacou como os finlandeses esperavam, a noroeste de Leningrado, através do istmo da Carélia, o território que ficava entre o golfo da Finlândia e o lago Ladoga. O Exército Vermelho logo se deparou com fortificações conhecidas como Linha Mannerheim. Construída com inteligência, usando barreiras naturais sempre que possível, como florestas e rios, a Linha Mannerheim provou ser um obstáculo difícil para os soviéticos. "Não conseguimos nem pôr o nariz fora das trincheiras", escreveu Politruk Oreshin, de uma unidade do Exército Vermelho lutando ao norte das principais fortificações finlandesas. "Nossos homens lançaram vários ataques, mas foram sempre rechaçados. O arame farpado tem a altura de um homem. Há obstáculos antitanque por toda parte. Os charcos e postes esplendidamente camuflados ao nosso redor tornam os finlandeses invulneráveis."[20]

No entanto, foi na região central da Finlândia, longe da Linha Mannerheim, que o brilho da resistência finlandesa ganhou manchetes em todo o mundo. Os soviéticos lançaram uma ofensiva a partir do leste, com o objetivo de dividir o país em dois, de norte a sul. Mas a dificuldade que os soviéticos encontraram foi que os finlandeses decidiram não atacar de frente, mas pelos flancos, enquanto percorriam uma única estrada através da floresta coberta de neve. Com essa tática, os finlandeses conseguiram cortar a primeira das unidades do Exército Vermelho, a 163ª Divisão, em vários segmentos, de modo a isolá-los entre si.

Mikhail Timoshenko serviu em uma unidade anexada à 44ª Divisão, a tropa enviada para resgatar a 163ª. Ele e seus camaradas avançaram por uma estrada através da floresta

> tão estreita que era difícil para dois veículos se ultrapassarem. [...] Tecnicamente, era impossível manobrar. Até mesmo andar a pé. [...] Era como estar na selva, você precisava abrir seu caminho. A artilharia não conseguia voltar, os veículos blindados ficavam onde estavam e simplesmente congelavam. [...] Foi aí que percebemos que

DESTINOS OPOSTOS 101

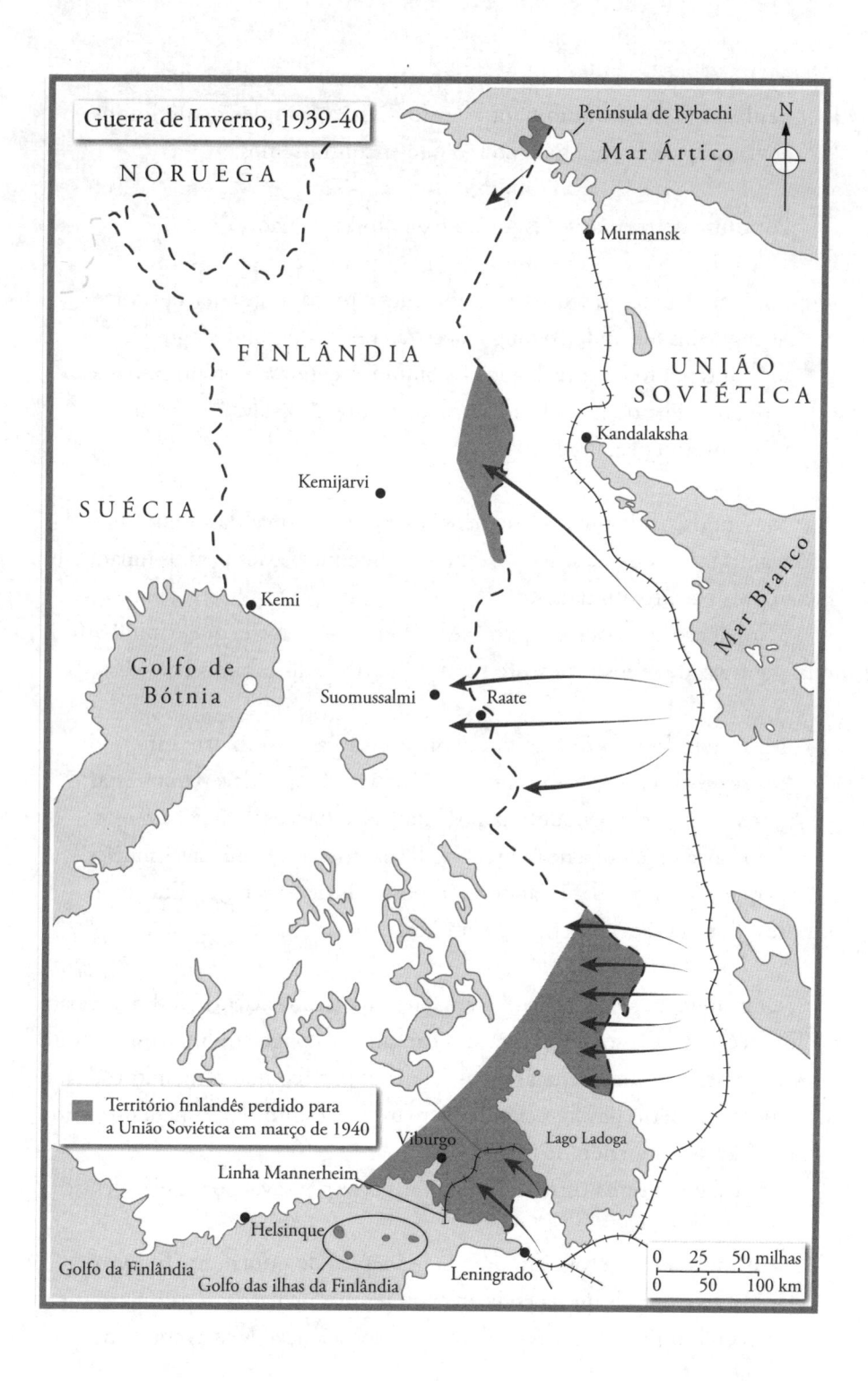

o Alto-Comando não tinha se preparado para nada disso, não havia nenhum plano de ação para a nossa divisão, simplesmente fomos enviados para lá para lidar com o que encontrássemos.

Por causa do frio, os soldados do Exército Vermelho só

podiam se aquecer, secar seus uniformes e preparar as refeições perto de fogueiras [...] tudo ao longo da estrada estava pegando fogo. Havia fogueiras por toda parte, fogueiras contínuas, como se a própria estrada estivesse pegando fogo. [...] Parecia que a divisão estava "queimando" um caminho pela floresta.

Mas ainda havia uma consequência não intencional das fogueiras – elas deixavam Timoshenko e seus camaradas facilmente visíveis para os finlandeses escondidos nas proximidades.
"Nós achávamos que o nosso exército era muito forte, que era imbatível, que era capaz de feitos realmente extraordinários", disse Timoshenko.

Mas quando vi o que estava acontecendo ali, simplesmente não consegui entender, nem muitos dos oficiais. O que deveríamos estar fazendo, contra quem deveríamos lutar? Não havia soldados inimigos. Não havia uma linha de frente. Não havia instalações. Só havia aqueles pequenos grupos de finlandeses impossíveis de se ver. [...] Era como se a floresta estivesse atirando em nós.

Uma noite, os soldados receberam "três ou quatro caixas de vodca [...] para se fortalecerem. Os soldados estavam cansados e congelando. Naquela noite eles se embebedaram. Prepararam as refeições para comer, tomando vodca, e adormeceram perto das fogueiras". Na manhã seguinte, Timoshenko viu que muitos haviam "morrido de frio".
Timoshenko tinha certeza de quem era o responsável por aquele desastre:

A principal causa foi, sem dúvida, a inépcia do comando. Todos os soldados e oficiais que lá estavam eram pessoas dedicadas à pátria, pessoas que cumpriam com seu dever com consciência. Mas as condições criadas para eles não permitiram que cumprissem honrosamente o seu dever.[21]

O comandante da 44ª Divisão, Alexei Vinogradov, foi depois considerado responsável e fuzilado, junto com vários de seus camaradas. Mas Timoshenko não culpou seus líderes pela catástrofe: "Nós sabíamos que nenhum daqueles homens era culpado, nenhum dos oficiais, nem o comandante da divisão [...] nem o comandante do regimento e alguns dos outros que foram punidos". A seu ver, a culpa cabia aos que haviam enviado os soldados para a Finlândia com equipamentos inadequados para a tarefa, e que os obrigaram a obedecer a um plano de ataque tão falho.

No entanto, embora Mikhail Timoshenko defendesse lealmente seu comandante, ficou evidente que a liderança de Vinogradov na 44ª Divisão foi fraca. É questionável se ele fez um esforço concentrado para alcançar a 163ª Divisão presa à sua frente, e pode até ter entrado em pânico sob ataque.[22] Mas também é verdade que os soldados da 44ª Divisão foram mandados a uma tarefa para a qual nenhum deles havia sido devidamente treinado. Como, por exemplo, eles poderiam perseguir e capturar os finlandeses naquela desolação nevada quando virtualmente nenhum dos soldados soviéticos sabia esquiar?

A Batalha de Suomussalmi, como ficou conhecido o confronto entre as forças finlandesas e as 163ª e 44ª Divisões Soviéticas, foi a vitória mais famosa dos finlandeses na guerra. Menos de 12 mil soldados finlandeses venceram um inimigo numericamente quatro vezes maior. Foi um triunfo que mexeu com a imaginação do Ocidente. Os norte-americanos, por exemplo, adotaram a ideia dos poucos e galantes finlandeses lutando de esqui contra a força bruta da máquina bolchevique (uma noção romântica que só refletia parte da realidade, já que a maior parte da luta foi na Linha Mannerheim, onde os intrépidos esquiadores não estiveram muito em evidência). Nos Estados Unidos, 17 de dezembro de 1939 foi decretado como Dia Nacional da Finlândia, e Henry Emerson Fosdick, um conhecido pregador, escreveu uma oração especial a ser feita pelos finlandeses, que incluía as palavras: "Pedimos misericórdia, humana e divina, para o povo da Finlândia. [...] As famílias que a violência implacável põe em perigo, que nossa generosidade ajude; e a infeliz vítima da fome e do desabrigo, que nossa opulência possa abastecer". Houve até uma manifestação pró-Finlândia no Madison Square Garden em Nova York, em 20 de dezembro, com a participação de 15 mil pessoas.[23]

Na Grã-Bretanha, o entusiasmo pelos finlandeses foi quase tão grande. Houve convocações na imprensa para fornecer assistência aos finlandeses e, em 20 de janeiro de 1940, Winston Churchill discursou em uma transmissão em termos quase míticos sobre o exemplo que os finlandeses estavam dando ao mundo. "A Finlândia – soberba, não, sublime nas garras do perigo –, a Finlândia mostra o que os homens livres podem fazer", declarou Churchill, então de volta ao governo como primeiro lorde do Almirantado.

> O serviço prestado pela Finlândia à humanidade é magnífico. Eles expuseram, para todo o mundo ver, a incapacidade militar do Exército Vermelho e da Força Aérea Vermelha. Muitas ilusões sobre a Rússia soviética foram dissipadas nessas poucas semanas de combates ferozes no Círculo Polar Ártico. Todos podem ver como o comunismo apodrece a alma de uma nação; como o torna abjeto e faminto na paz, e prova que é vil e abominável na guerra.[24]

Também é importante notar como essa narrativa de "homens livres", em menor número, na Finlândia defendendo-se bravamente contra a agressão bolchevique confirmava as opiniões preexistentes, sustentadas por importantes figuras da administração britânica, de que as forças armadas de Stálin eram de pouco valor prático.[25]

Tudo isso foi um grande problema para os soviéticos. Stálin havia imaginado um ataque rápido e cirúrgico contra os finlandeses, para castigá-los por sua intransigência e forçá-los a ceder às demandas territoriais soviéticas. Em vez disso, o Exército Vermelho estava sendo humilhado diante do mundo. Ficou claro que quanto mais a guerra se arrastasse, mais perigosa a situação se tornaria. E se norte-americanos e britânicos não fornecessem apenas ajuda financeira e militar para a Finlândia, mas também mandassem soldados? O que seria então da política de Stálin, de ficar fora da guerra e deixar os inimigos do bolchevismo lutarem uns contra os outros?

Em Londres, Ivan Maisky, o embaixador soviético, entendeu muito bem essa ameaça. Menos de duas semanas após o início da guerra, em 12 de dezembro de 1939, escreveu que a falta de progresso soviético no conflito estava resultando em uma "frenética campanha antissoviética" na Grã-Bretanha.[26] Dois meses depois, em fevereiro, ele se mostrou ainda mais preocupado, dizendo que temia que a União Soviética pudesse ser "arrastada para uma grande guerra".²⁷

Stálin enfrentava ainda outra dificuldade. Seu esquema político de fingir que se tratava de uma "libertação" foi exposto como manobra cínica. Quase nenhum finlandês concordou em aceitar o novo governo "democrático" da Finlândia, liderado por Otto Kuusinen. Apesar de a classe trabalhadora finlandesa ser tradicionalmente socialista, quando se tratou de uma escolha entre o fantoche de Stálin e o nacionalista – porém aristocrático – Gustaf Mannerheim, os finlandeses não tiveram dificuldade em tomar uma decisão.

De acordo com Khrushchev, Stálin estava "furioso" com o fracasso da campanha finlandesa. "Foram meses terríveis", escreveu Khrushchev, "tanto do ponto de vista de nossas perdas quanto de nossas perspectivas de longo prazo. [...] Um sentimento de alarme surgiu na liderança soviética. [...] Era como se o halo de invencibilidade em torno do Exército Vermelho tivesse se apagado". A questão gritante que aqueles eventos levantaram era: "Se não conseguimos lidar com os finlandeses, e obviamente temos um inimigo muito mais poderoso [em Hitler], como poderemos lidar com ele?"²⁸

Stálin ordenou que o marechal Semyon Timoshenko repensasse a campanha finlandesa e atacasse em maior número e numa frente mais compacta – a mesma estratégia que o ditador soviético havia rejeitado semanas antes. As táticas também mudaram. No início da campanha, os tanques soviéticos costumavam se afastar da infantaria que atacava com eles, tornando-os vulneráveis a unidades móveis de finlandeses equipados com dispositivos explosivos. Agora, em um dos primeiros sinais de que os soviéticos estavam aprendendo com a dura experiência do campo de batalha, os tanques ficavam próximos da infantaria.

No começo de fevereiro de 1940, depois de um gigantesco bombardeio de artilharia, os soviéticos iniciaram sua nova ofensiva. Dado o poder e o foco do ataque soviético, era inevitável que os finlandeses tivessem dificuldades para lidar com isso. Em 9 de março, Mannerheim ordenou ao general Erik Heinrichs que pedisse aos comandantes finlandeses para avaliarem a viabilidade de suas unidades. O relatório subsequente de Heinrichs foi contundente:

> O estado atual do exército é tal que a continuação das operações militares pode levar a nada além de mais debilitação e novas perdas de território. [...] O comandante do 2º Corpo do Exército, tenente-general

Öhquist, expressou a opinião que, se não houver surpresas, sua frente atual pode resistir uma semana, mas não mais, dependendo de como o pessoal, principalmente o corpo de oficiais, for usado. O comandante do 3º Corpo do Exército, major-general Talvela, expressou sua opinião dizendo que tudo está por um fio.[29]

Nesse momento de desespero, tanto britânicos quanto franceses ofereceram ajuda militar aos finlandeses, mas não houve certeza sobre a seriedade das ofertas. Uma questão vital era a capacidade prática dos Aliados ocidentais de entregarem qualquer ajuda, uma vez que os suecos não permitiriam que forças estrangeiras passassem pelo território sueco, para não comprometer a neutralidade do país.

Depois de considerarem suas opções limitadas, os finlandeses chegaram à conclusão que deveriam negociar um tratado de paz com os soviéticos, e a guerra finalmente chegou ao fim em 13 de março de 1940. No acordo final, os finlandeses foram forçados a ceder mais território aos soviéticos do que Stálin originalmente exigira. Contudo, apesar da "vitória" do Exército Vermelho, um sentimento de humilhação continuou no ar. Como os soviéticos demoraram tanto tempo para esmagar uma nação tão pequena? E por que razão custou tantas vidas soviéticas – bem mais de 100 mil – para atingir esse objetivo?

Ainda em plena guerra, Stálin já estava preparando bodes expiatórios. O principal deles era seu fiel bajulador, o marechal Voroshilov. Porém – e inacreditavelmente –, quando Stálin o criticou, durante um jantar, pelo desempenho do Exército Vermelho na Finlândia, o normalmente aquiescente Voroshilov reagiu e o confrontou de repente. "Você é o culpado por isso", contestou. "Foi você quem destruiu nossos quadros militares." Quando Stálin contra-argumentou, Voroshilov pegou um prato com "um leitão cozido" e "bateu-o na mesa".[30]

Foi uma cena notável. Poucas pessoas ousavam confrontar Stálin, e menos ainda sobreviviam ao confronto. Mas apesar de ser demitido do cargo de comissário de Defesa, Voroshilov foi somente empurrado para a periferia e posto de lado, e não assassinado. Parece ter sido uma das poucas pessoas por quem Stálin realmente sentia alguma coisa – talvez um lampejo de afeto. Talvez houvesse naquele soldado incompetente características que Stálin considerava divertidas. O mais essencial de tudo é que ele nunca havia sido uma ameaça.

Restava a questão de o que fazer com o governo fantoche liderado por Otto Kuusinen na Finlândia. A própria existência dessa falsa administração complicou as negociações de paz, pois os soviéticos acabaram sendo forçados a fazer um acordo com o verdadeiro governo finlandês – pois o que eles mantiveram desde o início da guerra era ilegítimo. A solução de Stálin foi criar uma nova república pertencente à União Soviética, que fundiu parte do território conquistado dos finlandeses com territórios soviéticos preexistentes. Kuusinen foi então nomeado líder dessa última invenção soviética, que foi chamada de República Socialista Soviética Carelo-Finlandesa.

Kuusinen sabia, por experiência própria, como podia ser perigoso ocupar uma posição de destaque sob Stálin. Quando sua esposa e filho foram presos por algum motivo, ele implorou pela ajuda de Stálin, mas o líder soviético respondeu que nada poderia fazer porque muitos de seus próprios parentes também haviam sido detidos. Esse comentário foi um provável exemplo do senso de humor de Stálin.[31]

Muitos alemães consideraram a guerra uma prova de que o Exército Vermelho não se comparava nem de longe à Wehrmacht. Típicas foram as observações de Joseph Goebbels, que escreveu em seu diário em 11 de novembro de 1939: "O exército da Rússia não vale muito. Mal liderado e ainda pior equipado".[32] No mês seguinte, ele registrou: "Moscou ainda não está fazendo nenhum progresso na Finlândia. Situação constrangedora!"[33]

No entanto, Goebbels também estava ciente de uma dificuldade resultante da invasão da Finlândia pelos soviéticos. "O Volk alemão está completamente disposto a ser pró-finlandês", escreveu ele em 6 de dezembro. "Não devemos permitir que isso se desenvolva."[34] Um relatório do SD, o braço de inteligência da SS, também confirmou que, "apesar da atitude da Finlândia ser definida como imprudente e incompreensível [...] o público sente pena do povo finlandês".[35] Isso era um problema para os nazistas, pois a Finlândia fora alocada à "esfera de influência" de Stálin sob o protocolo secreto do pacto de não agressão.

Hitler, entretanto, não estava entre os que sentiam pena do povo finlandês. Ele guardava rancor contra o país, em parte por achar que as ações da Alemanha durante a Guerra Civil Finlandesa, no início de 1918, nunca haviam sido devidamente reconhecidas. Mais tarde ele escreveria, em carta a Mussolini, de 8 de março de 1940, que

> o Estado finlandês deve sua existência inteiramente a um mar de sangue de soldados alemães, regimentos e divisões alemãs, e sua subsequente

independência também se deve a unidades alemãs [...] e, no entanto, em reconhecimento a isso, a Finlândia depois tomou partido contra a Alemanha em todas as ocasiões, e na medida do possível participou ativamente de todas as medidas repressivas contra a Alemanha.

Consequentemente, "não temos motivo para defender os interesses da Finlândia".[36]

Para conter o apoio popular aos finlandeses na Alemanha, Goebbels organizou uma blitz de propaganda contra a Finlândia. Os nazistas se queixaram de os finlandeses não terem recebido "com alegria" a nomeação de Adolf Hitler como chanceler. Em vez disso, eles "submeteram a críticas inescrupulosas quase todos os passos em direção à independência alemã e todas as ações do Führer em relação à retirada do Tratado de Versalhes". Na sequência, o *Völkischer Beobachter* publicou um artigo dizendo: "É ao mesmo tempo ingênuo e sentimental esperar que o Volk alemão, em sua luta por seu futuro, de repente apoie todos os pequenos estados que antes se ocupavam em caluniar e denunciar a Alemanha. [...] Todos colhemos o que semeamos".[37]

Mas não parece que Hitler concordava com a opinião de Goebbels, e outros na Alemanha, de que os acontecimentos na Finlândia demonstravam a incompetência do Exército Vermelho. Na carta que escreveu a Mussolini em 8 de março, Hitler disse acreditar que a União Soviética (ou a Rússia, como ele continuava a chamar o país)

> nunca teve a intenção de assumir essa luta, caso contrário teria escolhido uma estação do ano diferente; e nesse caso não tenho dúvidas de que a resistência finlandesa teria sido vencida muito rapidamente. As críticas feitas aos soldados russos, em consequência das operações, até agora não foram confirmadas, Duce, pela realidade e pelos fatos. Na Guerra Mundial, nós lutamos contra os russos por tanto tempo e tão amargamente que podemos nos permitir uma opinião sobre isso. Levando em consideração as linhas de abastecimento disponíveis, nenhuma potência no mundo teria sido capaz, a não ser depois de preparativos mais minuciosos, de alcançar quaisquer outros resultados com trinta a quarenta graus [centígrados] abaixo de zero em tal terreno do que os russos no início.[38]

Era uma visão cheia de nuances. E embora não possamos necessariamente aceitá-la tacitamente – Hitler poderia muito bem estar defendendo seus próprios interesses com Mussolini –, demonstra que o líder alemão estava ciente de que lutar no frio intenso precisava de "preparativos mais minuciosos". Foi um conselho que ele não seguiu mais tarde em sua própria guerra contra a União Soviética.

Enquanto o Exército Vermelho lutava contra os finlandeses, Hitler planejava uma campanha militar que superava a de Stálin em termos de escala e impacto. Pois já havia decidido invadir a Europa Ocidental. Para fazer isso, naturalmente, ele precisava da cooperação de seus comandantes militares, e é aqui, nessa relação, que podemos ver uma diferença fundamental entre as técnicas de liderança de Stálin e Hitler nessa fase da guerra. Em parte, essa variação tinha a ver com o caráter de cada um dos líderes, mas também era cultural e estrutural.

Para entender essa diferença fundamental entre os dois, primeiro é preciso considerar as maneiras distintas de funcionamento da crueldade dos dois. Superficialmente, a disposição de Stálin e Hitler de matar as pessoas que se interpunham em seu caminho parece semelhante. Em 1934, quando Hitler ordenou o assassinato do líder das tropas de choque nazistas, Ernst Röhm, junto com outros opositores, Stálin observou: "Que grande sujeito! Como ele conseguiu fazer isso bem!".[39] Stálin sem dúvida sentia certa afinidade com um colega ditador que não hesitava em eliminar os que se levantassem contra ele – nesse caso, cerca de cem pessoas na infame "Noite das Facas Longas" dos nazistas.

Mas há uma diferença crucial entre a ação de Hitler em 1934 e o Grande Terror de Stálin no final dos anos 1930. Não só por uma questão de números – Stálin tinha como objetivo matar muito mais gente –, mas pelo pensamento que sustentava os ataques. Hitler se voltou contra Röhm com relutância. No final, só agiu por achar que não tinha alternativa. Röhm ameaçava os delicados arranjos políticos estabelecidos por Hitler, em particular sua aliança com o presidente Von Hindenburg e o vice-chanceler Franz von Papen. Pior, do ponto de vista de Hitler, Röhm queria que as tropas de choque se equivalessem ao exército como força militar, uma ideia que Hitler não podia tolerar. Ele queria depositar sua confiança em soldados treinados e não nos valentões de cervejaria de Röhm.

Por mais injusta e homicida que tenha sido a Noite das Facas Longas – em especial para gente como a esposa do ex-chanceler Kurt von Schleicher, que foi baleada ao tentar ajudar o marido –, havia uma estratégia coerente por trás dessa ação, que outros na época consideraram racional em termos de metas e escala. O presidente Von Hindenburg elogiou Hitler pelas mortes, dizendo que ele "salvou a nação alemã de grave perigo",[40] e o general Werner von Blomberg, ministro da Defesa, declarou que Hitler havia agido com uma "coragem excepcional".[41]

Diferentemente de Stálin, que fizera parte de uma revolução que desmantelara as estruturas preexistentes do Estado, Hitler ainda operava em grande parte dentro de uma estrutura estabelecida. Embora ele tenha, por exemplo, estabelecido campos de concentração semanas após chegar ao poder, em 1933, eles funcionavam em paralelo ao sistema penal alemão existente. E apesar de estar empenhado em remodelar a Alemanha com base em suas convicções racistas e antissemitas, não instigou um expurgo em massa da polícia ou do exército como fizera Stálin, para punir todos os indivíduos que pudessem ter se oposto a ele.[42]

O general Von Blomberg era um fiel apoiador de Hitler, mas havia outras figuras militares importantes que não o eram. O general Ludwig Beck, por exemplo, que foi chefe do Estado-Maior do exército alemão durante grande parte dos anos 1930, questionou, em uma nota escrita no final de 1937, a política de Hitler da conquista do *Lebensraum*, o conceito do "espaço vital" no Leste. Afirmou que os nazistas não tinham "pensado bem" sobre a ideia de tentar arrebatar terras dos outros.[43] É difícil imaginar um dos líderes militares de Stálin questionando por escrito qualquer um dos princípios básicos do bolchevismo e continuar vivo.

Com o tempo, Hitler foi substituindo os generais menos entusiasmados com suas ideias e – após uma enxurrada de críticas do líder alemão – no verão de 1938 Beck sentiu-se compelido a renunciar. Mas, significativamente, Hitler não mandou prender, torturar ou executar Beck, que simplesmente se aposentou. Na verdade, do seu ponto de vista, Hitler poderia ter se saído melhor se tivesse tratado Beck de uma maneira mais stalinista, visto que seis anos depois ele seria um dos líderes da conspiração contra sua vida, em julho de 1944.

Alguns comandantes militares de Hitler chegaram até mesmo a criticar as ações das unidades nazistas na Polônia. No outono de 1939, Johannes

Blaskowitz, comandante do 8º Exército Alemão, registrou com firmeza sua oposição ao tratamento brutal dispensado aos poloneses pela SS e outras forças especiais. Mas apesar de Hitler o ter censurado, dizendo que não podia travar uma guerra com "métodos do Exército da Salvação",[44] Blaskowitz continuou servindo o exército, embora sua carreira não tenha prosperado como poderia se tivesse sido mais complacente.

Mas o exemplo mais claro de como Hitler tratava os comandantes militares ao seu redor de uma forma bem diferente da de Stálin foi sua tentativa de persuadi-los de que suas grandes ambições eram realizáveis. Em 10 de outubro de 1939, ele leu uma declaração de suas intenções aos seus principais comandantes. Expressou seu desejo de que o exército preparasse e executasse, o mais rapidamente possível, a conquista da França e dos Países Baixos. Seus generais ficaram atônitos. Franz Halder, que substituiu Beck como chefe do Estado-Maior do Exército, registrou em seu diário no início de novembro que "nenhum dos Hq. [quartéis-generais] superiores" acreditava que a ofensiva proposta "tenha qualquer perspectiva de sucesso".[45] Halder ficou tão chocado que há evidências de que ele poderia até mesmo estar tramando para destituir Hitler. Quatro dias depois da reunião de 10 de outubro, em que o Führer declarou seus desejos militares, Halder escreveu em seu diário: "Três possibilidades: atacar, esperar, mudar". Por "mudar", é quase certo que Halder quis dizer deixar Hitler de lado e eximi-lo do processo de tomada de decisão, o mesmo destino sofrido pelo Kaiser Guilherme II na Primeira Guerra Mundial. Nada parecido com isso aconteceu sob o comando de Stálin. Não houve nenhuma conspiração de seus líderes militares contra ele. Até onde sabemos, todas as "tramas" de atentados contra a vida de Stálin durante o Grande Terror foram fictícias.

Isso não significa que Hitler fosse de alguma forma um líder mais fraco que Stálin, mas simplesmente que ele reconhecia o ambiente estrutural específico em que operava. Na verdade, uma das observações mais reveladoras feitas por ele foi: "Toda a minha vida pode ser resumida como este meu esforço incessante para persuadir outras pessoas".[46] E, naquele momento, Hitler precisava obter a cooperação de seus generais, alguns dos quais não eram nazistas comprometidos. Embora quase todos aprovassem muitos dos objetivos gerais de Hitler, especialmente a reconstrução das forças armadas alemãs e a "correção" dos chamados "erros" do Tratado de Versalhes, certamente não estavam dispostos a aceitar seus planos sem questioná-los. De alguma maneira, Hitler tinha de convencê-los de que o ataque à França era o caminho certo a seguir.

Em 5 de novembro de 1939, Hitler teve um encontro com Walther von Brauchitsch, comandante do exército. Brauchitsch disse que as tropas não estavam preparadas para uma invasão do Oeste e que a campanha contra a Polônia havia revelado uma série de problemas dentro das forças armadas. Entregou a Hitler um memorando detalhando suas afirmações. Afirmou que os soldados alemães foram "excessivamente cautelosos e pouco ofensivos" na invasão da Polônia e que foram levantadas questões sobre disciplina.[47]

Hitler ficou furioso. Revoltou-se contra o "espírito de Zossen" (o quartel-general do exército ficava próximo ao vilarejo de Zossen, nos arredores de Berlim). Foi uma observação que também podia significar que ele suspeitava da lealdade de seus oficiais superiores. Prometeu eliminar essa alegada atitude negativa entre as tropas. Se necessário, disse, iria até a linha de frente e questionaria os soldados pessoalmente. Em seguida, absolutamente furioso, saiu de seu gabinete na Chancelaria do Reich batendo a porta. Brauchitsch – que nunca foi o mais resoluto dos homens – ficou totalmente abalado com o encontro, comentando depois que não queria ter nada a ver com qualquer tentativa de destituir Hitler.[48]

É fácil imaginar como Stálin teria reagido a uma reunião como essa. Lá estava o comandante do exército se opondo a uma política essencial para os planos do líder. O mais provável é que Stálin teria pedido imediatamente a Béria que retirasse o homem da sala e o torturasse para revelar quem mais estava por trás dessa insubordinação. Ironicamente, se naquele momento Hitler tivesse adotado esse curso de ação, provavelmente teria descoberto uma conspiração genuína, ou ao menos o início de uma trama. Mas ele não agiu como Stálin teria agido. Em vez disso, decidiu que precisava fazer mais um esforço para convencer seus generais de que estava certo.

Ao meio-dia de 23 de novembro de 1939, Hitler falou longamente com seus comandantes da Wehrmacht na Chancelaria do Reich. Foi uma preleção notável, combinando sua filosofia pessoal com as razões por trás de sua determinação de lançar um ataque ao Oeste. Afirmou que "o momento favorável é agora" e que se o ataque fosse adiado os inimigos da Alemanha ficariam mais fortes. Embora a Rússia "não fosse perigosa" naquele momento, não havia garantias de que essa situação duraria muito mais tempo. O pacto com os soviéticos não significava nada, já que tratados "são mantidos [somente] enquanto são úteis". Mas a Rússia não poderia ser atacada antes que o perigo do Oeste fosse eliminado. Assim, a lógica de Hitler era explícita – primeiro atacar o Oeste e, em seguida, a Rússia.

Hitler se referiu apenas indiretamente ao encontro com Brauchitsch ocorrido pouco mais de duas semanas antes, afirmando que não podia "aceitar que lhe dissessem que o exército não está em boas condições. [...] Pode-se fazer qualquer coisa com o soldado alemão quando ele é bem liderado". Por implicação, ele comparou a hesitante liderança do Estado-Maior com sua determinação absoluta de "lutar e lutar outra vez". E acrescentou: "Na luta, eu vejo o destino de todos os seres. Ninguém pode escapar da luta se não quiser sucumbir. [...] Basicamente eu não montei a Wehrmacht para não atacar. A decisão de atacar sempre esteve em mim". Ademais, uma vez que "o destino do Reich depende apenas de mim", a hora de agir era aquela, antes de um possível atentado bem-sucedido contra sua vida. Tudo isso levou à sua decisão irrevogável de atacar a França e a Grã-Bretanha o mais rápido possível.[49]

Muitos dos generais entenderam o discurso, como Hitler sem dúvida pretendia, como um ataque à falta de confiança do exército nele. Fedor von Bock, que comandaria o Grupo do Exército B na operação seguinte, anotou em seu diário que "o Führer sabe que a maior parte dos generais não acredita que atacar agora produzirá um resultado positivo decisivo".[50]

Os comandantes militares que se opunham ao plano de Hitler ficaram então numa posição difícil. O consenso era que o ataque à França estava condenado ao fracasso, mas quase todos achavam que destituir Hitler era politicamente impossível. Sua popularidade em meio à massa do povo alemão era alta, particularmente depois de um atentado contra sua vida feito por Georg Elser em Bürgerbräukeller, em 8 de novembro, poucos dias antes de seu discurso aos generais. Em 13 de novembro, o SD relatou que as ações de Elser "fortaleceram a sensação de união da população alemã [...] [e] o amor pelo Führer aumentou ainda mais".[51]

Ao que parecia, a única maneira de seguir em frente para os generais era aceitar a decisão de Hitler. Isso significava procurar uma maneira milagrosa de derrotar os Aliados ocidentais na França e nos Países Baixos. Nesse aspecto, Hitler foi muito mais flexível que Stálin. Ele havia tomado a decisão "irrevogável" de atacar o Oeste – uma escolha que não poderia ser questionada. Mas estava disposto a ouvir seus especialistas militares a fim de encontrar o melhor método para atingir esse objetivo. Foi um contraste direto com o comportamento de Stálin durante a operação finlandesa. Stálin, como vimos, insistiu na invasão com uma frente ampla e determinou a forma como ela deveria ser conduzida, tendo previamente expurgado o exército de milhares de comandantes e, no processo, demonstrado que qualquer um que mostrasse iniciativa era um traidor em potencial.

Hitler, por outro lado, estava animado com a possibilidade de ousadia militar e não se importava com quem sugerisse uma maneira prática de realizar sua visão. Assim, foi estabelecido um plano radical – na verdade, um dos mais radicais da história da guerra. Como costuma ser o caso com ideias de sucesso, sua autoria foi posteriormente contestada, com muita gente tentando reivindicar os créditos por ela. O que é certo, porém, é que o general Erich von Manstein desempenhou um papel importante na criação da nova e audaciosa ofensiva.

Manstein argumentou que dos dois grupos que deveriam atacar o Oeste – o Grupo do Exército A (pela floresta das Ardenas) e o Grupo do Exército B (mais ao norte) –, deveria ser dada maior ênfase ao primeiro. O plano era que, quando o Grupo do Exército B atacasse, os Aliados acreditassem que essa fosse a força principal, agindo de maneira lógica e previsível. Assim que a batalha começasse no norte, o Grupo do Exército A passaria dissimuladamente pela floresta das Ardenas, para atravessar o rio Meuse em seguida. As unidades blindadas seguiriam depois para o oeste, através da planície da França até o mar, e acuariam as forças aliadas entre os dois grupos do exército alemão e o Canal da Mancha.

Era um plano extremamente audacioso. Se obtivesse sucesso, a guerra no Oeste poderia ser vencida em questão de semanas, sem degenerar num impasse como o ocorrido nas trincheiras da Primeira Guerra Mundial. Mas é impossível superestimar o elemento de risco envolvido. Se os Aliados descobrissem os tanques alemães enquanto eles avançavam lentamente pelas estreitas estradas florestais das Ardenas e os destruíssem quando estavam mais vulneráveis, era quase certo que os alemães teriam perdido a guerra ali.

Hitler adotou o plano imediatamente. A opção Manstein apelava para sua abordagem do tudo ou nada. Também ajudou o fato de o plano ter vindo de Manstein, que pertencia a uma estirpe de comandantes mais jovens. Outro personagem importante foi Heinz Guderian, que em 1937 escreveu *Achtung – Panzer!*, defendendo um uso mais ousado de tanques no ataque. Tanto Manstein quanto Guderian se tornariam famosos sob o patrocínio de Hitler. Ao contrário de Stálin, Hitler não tinha medo de promover novos talentos.

Hitler já havia previsto, em outubro de 1939, que "os sistemáticos franceses e os desajeitados ingleses" não seriam capazes de responder adequadamente a um rápido ataque surpresa.[52] Os eventos provariam que Hitler estava certo. Isso porque a principal razão pela qual os alemães venceram no Oeste foi a morosidade com que os Aliados reagiram à invasão. Diferentemente do mito popular, os alemães não contavam com equipamentos superiores nessa campanha. Na verdade, britânicos e franceses tinham mais tanques que os alemães. Estes simplesmente usaram os seus de forma mais criativa.

Da perspectiva de Hitler, havia outra razão para que ele estivesse confiante na vitória, uma razão que demonstra sua falta de sensibilidade. Como Stálin, ele estava preparado para perder um grande número de homens a fim de atingir seus objetivos. "O Führer disse na minha presença, em 29 de setembro", escreveu o diplomata alemão Ernst von Weizsäcker, "que essa ofensiva poderia lhe custar 1 milhão de soldados, mas seria a mesma coisa para o inimigo [os britânicos, os franceses e seus aliados], que não conseguiria suportar essa perda".[53]

Quando os alemães atacaram, em 10 de maio de 1940, os Aliados responderam de maneira previsível. Como os alemães imaginavam, o grosso das forças aliadas moveu-se para o norte para enfrentar a Wehrmacht na Holanda e na Bélgica. Os Aliados não perceberam que sete divisões alemãs avançavam em quatro colunas pelo sul, pelas estradas sinuosas das florestas da Bélgica e de Luxemburgo. Cada uma dessas colunas estendia-se por quilômetros – um alvo fácil para o poder aéreo aliado.[54] Mas os Aliados só reagiram a essa incursão tarde demais. Os alemães conseguiram sair da floresta intactos e, em 14 de maio, atravessaram o Mosa, o último obstáculo natural para uma rápida investida pelo centro da França. Quando soube do ocorrido, o general francês Alphonse-Joseph Georges desabou e chorou.[55] Na manhã seguinte, o primeiro-ministro da França, Paul Reynaud, ligou para Winston Churchill, que fora designado como chefe do governo britânico poucos dias antes. "Fomos derrotados", disse Reynaud. "Estamos derrotados; perdemos a batalha".[56]

Naquele mesmo dia, 15 de maio, o embaixador soviético em Londres perguntou a Lloyd George, primeiro-ministro da Grã-Bretanha durante a Primeira Guerra, se ele achava que os Aliados perderiam esse novo conflito. Depois de reclamar que o embaixador colocou a questão "de forma muito brutal", Lloyd

Operação Amarela, 1940

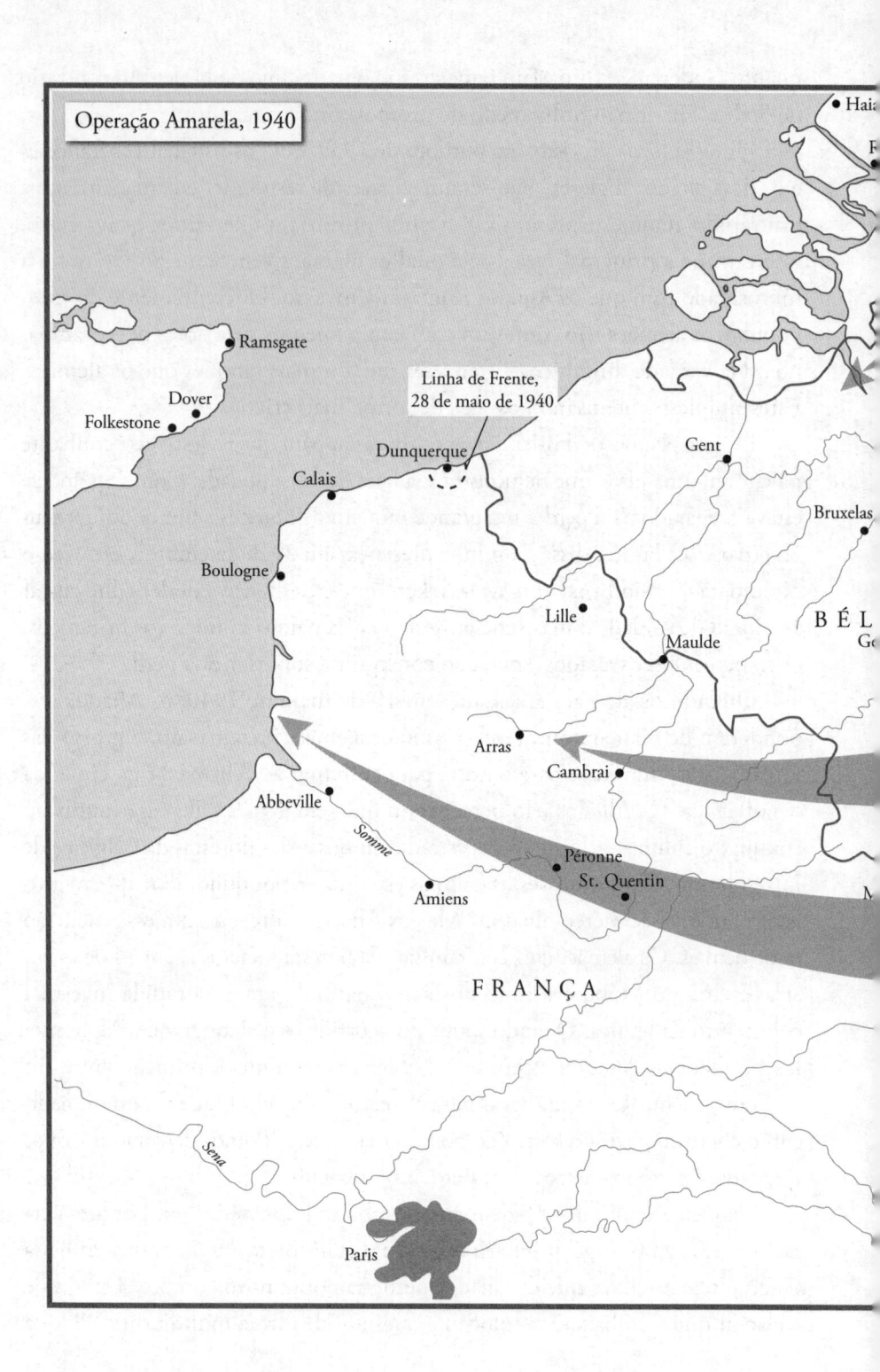

Linha de Frente, 28 de maio de 1940

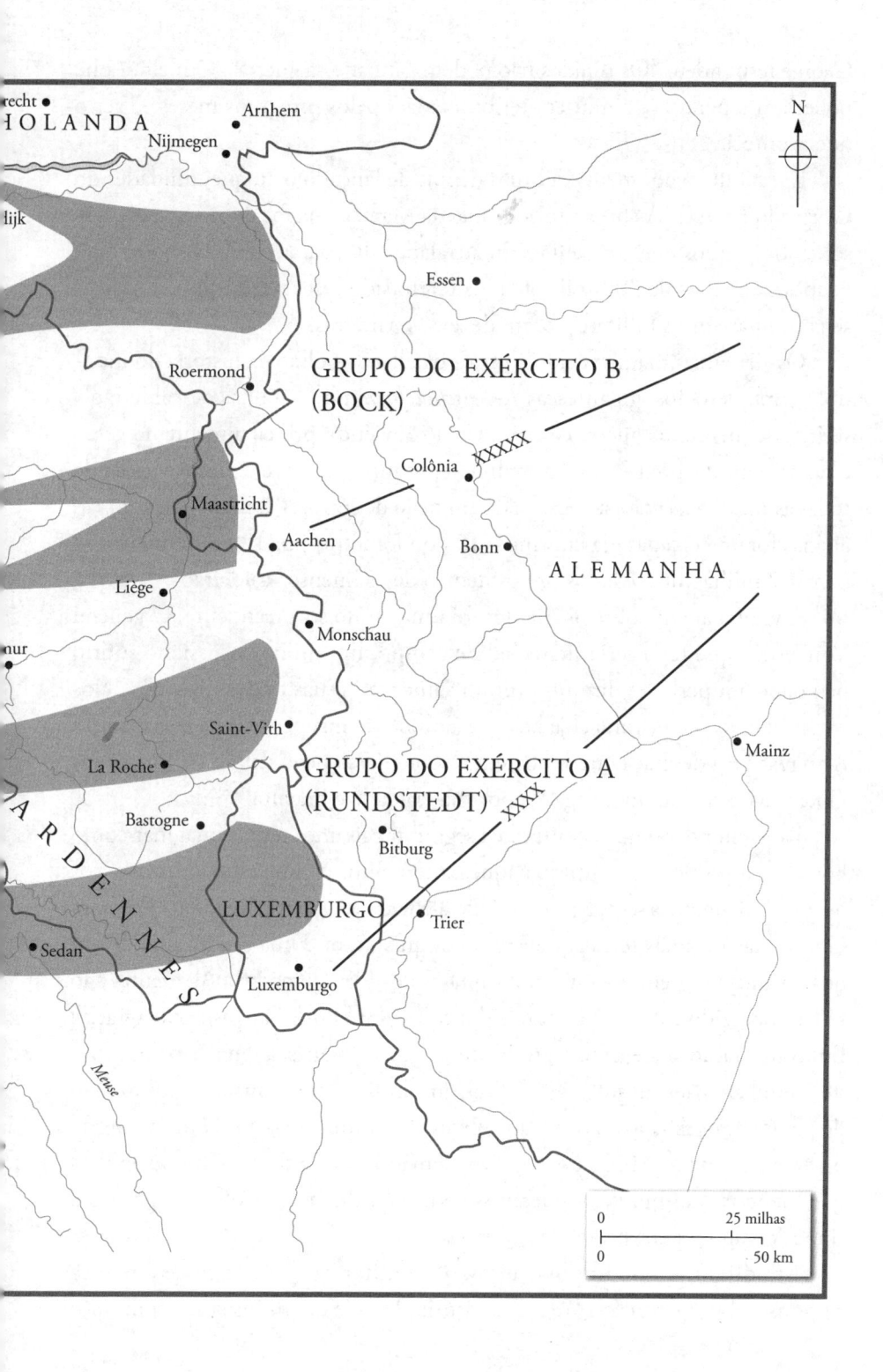

GRUPO DO EXÉRCITO B
(BOCK)

GRUPO DO EXÉRCITO A
(RUNDSTEDT)

HOLANDA
ALEMANHA
LUXEMBURGO
ARDENNES

Arnhem
Nijmegen
Roermond
Essen
Maastricht
Colônia
Aachen
Bonn
Liège
Monschau
Saint-Vith
Mainz
La Roche
Bastogne
Bitburg
Sedan
Trier
Luxemburgo

N

0   25 milhas
0   50 km

George respondeu: "Os Aliados não podem ganhar essa guerra". O melhor que poderiam esperar era tentar conter os alemães pelos próximos meses e "ver o que acontecia".[57]

Em 20 de maio, meros dez dias depois de lançado o ataque, unidades do Grupo do Exército A chegaram ao Canal da Mancha, na foz do rio Somme. Os soldados Aliados estavam, então, encurralados. Recuaram para Dunquerque, e, apesar de mais de 300 mil soldados terem sido resgatados, quase todos os seus equipamentos militares foram deixados para trás.

Os alemães tinham vencido a maior batalha de bolsão da história do mundo. Como veremos, gigantescas *Kesselschlachten*, ou "batalhas de caldeirão", seriam frequentes na guerra contra a União Soviética, principalmente no verão e no outono de 1941. Mas normalmente esquecemos que a maior vitória de todas as *Kesselschlacht* foi a conseguida em maio de 1940. A área em que as forças aliadas foram cercadas era enorme – 180 quilômetros por 120 quilômetros –, com 1,7 milhão de soldados presos dentro desse imenso "caldeirão".[58]

A vitória alemã sobre os Aliados foi um triunfo surpreendente. O general Von Bock, que logo seria marechal de campo, um militar prussiano sóbrio não dado a hipérboles, fez um pronunciamento às suas tropas dizendo: "Nós conquistamos uma vitória cuja beleza e alcance são insuperáveis na história. [...] A angústia e a desgraça que se abateram sobre nosso povo depois da [Primeira] Guerra Mundial foram apagadas por sua lealdade e bravura!".[59]

Para entender o que aconteceu a seguir, precisamos tentar imaginar como homens como Bock se sentiam naquele momento. Assim como a maioria dos outros comandantes seniores do exército alemão, Bock havia lutado na Primeira Guerra nas mesmas terras que agora conquistaram. Uma guerra que durou quatro anos sangrentos e custou 2 milhões de vidas alemãs, e a Alemanha não só havia perdido como também sofrido, como disse Bock, "angústia e desgraça". Em comparação, aquela guerra tinha durado seis semanas, a um custo de menos de 50 mil alemães mortos, com a Wehrmacht tendo feito mais de 1,5 milhão de prisioneiros Aliados. Foi o equivalente a um milagre – ainda mais porque o chefe do Estado-Maior do exército alemão havia declarado em novembro que "nenhum dos quartéis-generais superiores" achava que a ofensiva proposta tinha "qualquer perspectiva de sucesso".

Era difícil, quase impossível, não acreditar que Hitler fosse a pessoa responsável por essa extraordinária vitória. Foi ele quem insistira na invasão da Europa Ocidental diante da negatividade de seus comandantes militares. Por um período de semanas, ele os persuadiu a cooperar nessa aventura. E também se mostrou aberto a suas sugestões sobre a melhor maneira de obter a vitória.

E Hitler fez tudo isso sabendo que muitos de seus principais generais não eram nazistas fervorosos. Bock, por exemplo, era um entusiasta da monarquia. No meio da campanha, ele tentou visitar o ex-Kaiser, que vivia exilado em Doorn, na Holanda, mas foi proibido de vê-lo.

Hitler claramente valorizava mais a capacidade militar desses homens do que seu compromisso com a ideologia nazista. Imagine se ele tivesse "expurgado" esses generais, como fizera Stálin. Seria concebível que essa vitória tivesse acontecido? Hitler com certeza considerava que as ações de Stálin durante o Grande Terror foram um erro, tendo comentado com Goebbels, em julho de 1937, que "Stálin provavelmente está doente do cérebro, caso contrário não se poderia explicar seu regime sangrento".[60]

No verão de 1940, já com o armistício com a França assinado, o contraste entre as posições de Hitler e Stálin era dramático. Enquanto Hitler era saudado por Wilhelm Keitel, chefe do Alto-Comando das Forças Armadas, como "*Grösster Feldherr aller Zeiten*" (o maior comandante de todos os tempos), Stálin era confrontado pelo marechal Voroshilov após o desastre finlandês, que afirmou: "Você é o culpado por isso".[61]

Até certo ponto, a diferença entre os dois durante esse período é explicável não apenas pelo caráter e ideologia de cada um, mas também pelas próprias ambições. Hitler queria obter um império para a Alemanha. Isso significava necessariamente que precisava do exército mais profissional possível. Stálin não tinha esse desejo. Seu foco principal era garantir a sobrevivência da União Soviética. As conquistas que fez foram, em grande parte, oportunistas e ocorreram como consequência direta de seu acordo com os nazistas. Ele viu uma maneira de ganhar território sem muito risco – em essência, terras que tornavam suas fronteiras mais seguras – e a aproveitou.

Stálin, entretanto, tinha uma grande vantagem sobre Hitler no verão de 1940. Ele não estava em guerra. Apesar da vitória na Europa Ocidental, Hitler ainda estava. E era uma guerra que ele não parecia estar seguro de como vencer.

4

SONHOS E PESADELOS

Stálin percebeu imediatamente que a vitória de Hitler sobre a França não somente mudava todo o curso da guerra, como também tinha um impacto direto sobre ele. E não de uma forma positiva.

Sua estratégia vinha sendo a de deixar os nazistas e os Aliados ocidentais batalharem uns contra os outros enquanto ele assistia a tudo do lado de fora. Agora esse plano estava em ruínas. E quando soube que os alemães haviam tomado Paris, sua frustração foi óbvia. Em reunião com Khrushchev, Stálin perguntou por que os Aliados não conseguiram "opor nenhuma resistência".[1] Ele estava "muito instável e irritado", disse Khrushchev. "Poucas vezes eu o tinha visto assim." A razão pela qual Stálin ficou tão decepcionado com o desempenho dos Aliados era evidente. A União Soviética não podia mais escapar do conflito. "A guerra contra nós era inevitável", escreveu Khrushchev. "Stálin sempre considerou que o confronto com os alemães poderia ser necessário em algum momento. Mas a derrota dos Aliados na França significava que esse momento estava se aproximando."[2]

A confiança de Stálin na capacidade do Exército Vermelho de lutar contra os alemães quando essa guerra "inevitável" acontecesse também fora abalada pela Guerra de Inverno na Finlândia. Consequentemente, ele fez o possível para garantir que tal humilhação não acontecesse novamente. Assim, a necessidade de mudança era evidente, e logo foi feita. O marechal Voroshilov foi demitido do cargo de comissário da Defesa e transferido para um posto inócuo, lidando com questões "culturais". Mas Stálin tomou outras medidas menos previsíveis, especialmente se levarmos em conta seu comportamento anterior. Por exemplo, vários milhares de comandantes do Exército Vermelho foram libertados da prisão, com destaque para um coronel de 43 anos, chamado Konstantin Rokossovsky. Ele havia sido preso em 1937 e acusado de uma série de crimes quase certamente fictícios. Muito provavelmente, suas origens polonesas e sua admiração pelas ideias do desacreditado marechal Tukhachevsky haviam pesado contra ele. Na prisão, Rokossovsky foi torturado, mas jamais concordou em assinar uma confissão.

Após sua libertação, Rokossovsky seguiria uma carreira brilhante no Exército Vermelho, mas nunca demonstrou qualquer ressentimento para com Stálin, o responsável por seu sofrimento. Talvez seu patriotismo e compromisso com a ideologia marxista amenizassem suas dores individuais. Ou talvez reconhecesse que a injustiça estava em toda parte no Estado soviético, e reclamar seria simplesmente pedir mais castigo.

A libertação dos oficiais da prisão foi seguida por uma série de promoções. Um dos promovidos foi Georgy Zhukov, o homem que se tornaria o mais famoso comandante soviético da guerra. Já havia mostrado recentemente sua capacidade de liderança militar durante o conflito de fronteira com os japoneses na Manchúria e na Mongólia.

Zhukov devia sua carreira inteiramente à Revolução Bolchevique. Nascido em 1896, era filho de um sapateiro e fora criado em extrema pobreza antes de se tornar um aprendiz de peleteria. Convocado para o Exército Imperial em 1915, como soldado raso, ingressou na cavalaria e provou ser um bravo guerreiro, embora dificilmente parecesse estar a caminho de uma brilhante carreira militar. Mas a revolução de 1917 mudou sua sorte.

O governo de Stálin criou muitos problemas e causou muitas mortes, mas é importante notar os benefícios resultantes de uma política de mais educação e oportunidades, não apenas para Jukov, mas para milhões de pessoas. Uma medida da mudança foi a taxa de alfabetização, que aumentou radicalmente na União Soviética. No Uzbequistão soviético, por exemplo, em 1926, menos de 4% da população era alfabetizada, mas em 1939 o número havia subido para pouco menos de 68%.[3]

Em 2 de junho de 1940, Stálin convocou Jukov para uma reunião e perguntou-lhe sobre suas experiências no Extremo Oriente. "A aparência de

Stálin", escreveu Zhukov mais tarde, "sua voz suave, a profundidade e concretude de seu julgamento, seu conhecimento de assuntos militares, a atenção com que ouviu meu relatório – tudo isso me impressionou profundamente". Só depois da queda do comunismo as palavras extras que ele escreveu originalmente após essa declaração foram restabelecidas: "Se era assim com todo mundo, por que toda essa conversa sobre ele ser uma pessoa tão terrível?".[4]

Jukov certamente não era um bajulador como Voroshilov, mas ainda assim Stálin o designou para comandar o Distrito Militar Especial de Kiev – uma posição-chave, até recentemente ocupada pelo marechal Timoshenko, que acabara de ser promovido a comissário de Defesa, o antigo cargo de Voroshilov. Foi um sinal de que, em suas decisões sobre promoções naquelas condições febris, Stálin entendeu que o equilíbrio entre lealdade abjeta e competência precisava ser recalibrado.

No mês de maio de 1940, houve também uma tentativa de ouvir críticas sobre a conduta do exército na Guerra de Inverno. Nas discussões que se seguiram, Kirill Meretskov, um dos principais comandantes durante a guerra, expressou sua opinião de que o envolvimento de comissários políticos no processo decisório fora um erro. "Nosso povo tem medo de dizer qualquer coisa diretamente, tem medo de estragar as relações e ficar em situações desagradáveis e tem medo de falar a verdade."[5] Foram opiniões incisivas, mas Meretskov não foi punido por falar abertamente. Ao contrário, posteriormente foi nomeado chefe do Estado-Maior do Exército Vermelho.

Mas esse aumento de tolerância foi apenas um expediente temporário. Não significou que as injustiças fundamentais do sistema soviético tivessem sido abordadas. A situação não mudou em nada, como Meretskov descobriu logo depois que os alemães invadiram a União Soviética, quando ele foi um dos vários comandantes presos por "conspiração". Meretskov foi espancado e urinado por soldados do NKVD e forçado a "confessar". Béria mais tarde admitiu que seu "tratamento [...] foi uma pura carnificina". Por necessidade operacional, Meretskov foi reintegrado logo depois e assumiu o comando do 4º Exército. Foi recebido por Stálin em seu retorno ao dever, que disse: "Bom dia, camarada Meretskov, e como está se sentindo?".[6]

Apesar dessa atmosfera imprevisível, o marechal Timoshenko conseguiu implantar uma série de reformas na esteira da Guerra de Inverno. A autoridade dos oficiais para comandar foi fortalecida e o treinamento militar, reestruturado.[7]

Até oficiais subalternos como Mikhail Timoshenko, que sofrera na linha de frente na Finlândia, acreditava ter aprendido algo com a experiência. "Quando a guerra acabou, cheguei à conclusão de que os finlandeses me ensinaram muito sobre como agir em tempos de guerra", explicou. Falou sobre o uso tático de metralhadoras e morteiros como algo que ele e seus camaradas aprenderam com os finlandeses: "Os finlandeses nos ensinaram [...]. Em todas as companhias havia [agora] uma unidade de morteiros, que não tínhamos na guerra da Finlândia. Foi uma boa ciência [militar]".[8]

Stálin fez o possível para expandir as fronteiras do território soviético mais a oeste. Fez isso não só, como vimos, assegurando territórios da Finlândia e avançando contra os Estados Bálticos, mas exigindo, em junho de 1940, que os romenos desistissem da zona mais oriental de seu país – a Bessarábia –, que antes fazia parte do antigo Império Russo. Stálin também aproveitou a oportunidade para arrebatar dos romenos o território vizinho da Bucovina do Norte. Isso significava que os soviéticos estavam ainda mais próximos dos campos de petróleo romenos, algo que preocupava Hitler, que sabia o quanto os nazistas precisavam daquela riqueza.

Na Grã-Bretanha, o novo primeiro-ministro, Winston Churchill, tentou unir o país depois da derrota da França. Não foi uma tarefa fácil, mesmo considerando o resgate bem-sucedido de mais de 300 mil soldados em Dunquerque, pois era difícil esconder a dura realidade. A Wehrmacht provou ser uma força de combate melhor que o exército britânico. O general sir Alan Brooke, um dos comandantes das tropas britânicas na França e, mais tarde, chefe do Estado-Maior Geral Imperial, escreveu em seu diário em 23 de maio: "O sucesso que eles [os alemães] alcançaram é simplesmente fenomenal. Não há dúvida de que eles são excelentes soldados".[9]

A Grã-Bretanha, em um futuro previsível, não poderia derrotar a Alemanha. Pelo contrário, a Grã-Bretanha poderia até ser conquistada. Somente três obstáculos impediram uma invasão alemã imediata – os caças da RAF [Força Aérea Real], a frota naval britânica e, o mais valioso de tudo, o Canal da Mancha.

O homem de Stálin em Londres, Ivan Maisky, foi um dos vários observadores que achou que o triunfo de Hitler no Oeste estava mudando a história. "Estamos testemunhando a queda da grande civilização capitalista", escreveu em 20 de maio, "uma queda semelhante em importância à do Império Romano. Ou, talvez, ainda mais importante". Até mesmo os titãs da "civilização capitalista" pareciam preocupados. Quando lorde Halifax, ministro das Relações Exteriores, se encontrou com o embaixador soviético, em 10 de julho, ele perguntou o que aconteceria aos "latifundiários" se houvesse uma revolução na Grã-Bretanha. Sofreriam "o mesmo destino" que os camponeses ricos na União Soviética? Maisky não se comprometeu em sua resposta, embora tenha apontado que, como a Grã-Bretanha era um país industrial, "aqui não são os latifundiários, mas os banqueiros e industriais que desempenham o principal papel". Halifax pareceu aliviado e disse que, apesar de achar que os latifundiários poderiam ser fortemente tributados, não acreditava que haveria uma "revolução agrária" na Grã-Bretanha. E acrescentou: "Tenho certeza, por exemplo, que todos na minha aldeia ficariam tristes se algo acontecesse com minha família".[10] É um diálogo notável. Lá estava lorde Halifax reduzido a perguntar ao embaixador soviético o que aconteceria com a própria família no caso de uma revolução bolchevique na Grã-Bretanha.

Na Alemanha, o clima era muito diferente. "Noventa e nove por cento do povo alemão parou de pensar por si mesmo", escreveu o funcionário público Friedrich Kellner, um crítico do regime, em seu diário em julho de 1940. "Uma arrogância sem limites pode ser vista em todas as camadas da população – uma fé indestrutível no poder das armas."[11] Otto Klimmer, então uma criança no leste da Alemanha, lembrou que "tudo aquilo estava acontecendo na velocidade da luz [...] quase nos sentimos como se fôssemos os vitoriosos. Consequentemente, esse era o clima entre [nós] amigos. Nós éramos alguém! Éramos o grande povo vitorioso!".[12] Maria Mauth, uma colegial do centro da Alemanha, confirmou que "todos se empolgaram [...]. Ouvíamos os boletins de notícias e ficávamos incrivelmente orgulhosos e comovidos, e muita gente derramou lágrimas de orgulho. Não dá para imaginar. Hoje eu não consigo entender, mas foi assim mesmo". Ela também lembrou que "os que voltaram da França trouxeram muitas coisas, caminhões carregados, e disseram que tinham 'comprado'. Eles não compraram coisa nenhuma! Assim mesmo foi magnífico de alguma forma. A vida ficou melhor, devo dizer".[13]

Mas para Hitler permanecia o problema de a Grã-Bretanha ainda não ter saído da guerra. Ela era um problema – um inimigo, certamente –, mas o país não era um alvo estratégico tão atraente. Da perspectiva de Hitler, a Grã--Bretanha não oferecia um grande "espaço vital" para os colonos alemães, nem grandes quantidades de matérias-primas. Havia também razões ideológicas para não empreender uma grande campanha contra o país. Hitler sempre admirou o Império Britânico, e durante anos quis a Grã-Bretanha como amiga. Embora fosse evidente que estivesse então decidido a derrotar os britânicos, sua preocupação era que outros países pudessem se beneficiar com a desintegração do Império Britânico, o que não seria necessariamente vantajoso para a Alemanha.[14] E ainda havia razões militares que tornavam uma invasão bastante problemática. Por mais forte que fosse o exército alemão, mais de trinta quilômetros de mar o separavam da Grã-Bretanha, e a frota alemã não era páreo para a marinha britânica.

Embora tivesse dúvidas sobre a sensatez de um ataque à Grã-Bretanha, Hitler não tinha tais reservas quanto ao país que sempre fora seu principal alvo – a União Soviética. O fato de ter estabelecido um relacionamento temporário com os soviéticos não mudava essa realidade básica. Também não importava que os soviéticos estivessem ajudando seu esforço de guerra com o fornecimento de matérias-primas; nem que tivessem possibilitado a conquista da França, pois os alemães só tinham se voltado para o Oeste por estarem seguros no *front* oriental. Tudo isso, para Hitler, era só uma questão de conveniência de curto prazo. E estava na hora de dar um basta.

Uma das dificuldades para entender esse momento da história é o fato de conhecermos o resultado: a União Soviética foi o túmulo do nazismo. Como sabemos da extensão do desastre para os nazistas, é difícil não considerar a invasão do país como totalmente irracional. A avaliação de por que muitos a consideravam uma boa ideia – na verdade, uma ideia muito melhor do que invadir a França –, fica ainda mais incompreensível pelo número de generais alemães que, depois da guerra, afirmaram terem sido sempre contra a campanha. O general Halder, por exemplo, afirmou depois que, no verão de 1940, achou que Hitler era um "tolo" por pensar em se voltar contra a União Soviética.[15] Mas essas conversas exculpatórias não devem ser levadas muito a sério. No caso de Halder, em 3 de julho de 1940, ele escreveu em seu diário que os "principais" problemas que a Alemanha enfrentava eram a Grã-Bretanha e "o Leste", e que "este último deve ser visto principalmente como referência aos requisitos de uma intervenção militar que obrigará a Rússia a reconhecer a posição dominante da Alemanha na Europa".[16]

Menos de quatro semanas depois de Halder ter feito essa anotação em seu diário, Hitler pediu a seus estrategistas militares que examinassem a possibilidade de avançar contra a União Soviética já naquele outono. Alfred Jodl, chefe do Estado-Maior de Operações da Wehrmacht, respondeu de imediato que uma ação tão rápida seria impossível.[17] O pedido de Hitler ocorreu após encontros no início do mês com Halder e o grão-almirante Erich Raeder sobre os aspectos práticos de uma invasão da Grã-Bretanha. Halder observou nessa reunião, em 13 de julho, que, apesar de "muito intrigado com a persistente relutância da Grã-Bretanha em fazer a paz", Hitler acreditava que os britânicos estavam agindo dessa forma por depositarem sua "esperança na Rússia".[18] Seis dias depois, em discurso no Reichstag, Hitler expressou publicamente seu pesar pela Grã-Bretanha e a Alemanha não estarem em paz, e fez "um apelo ao senso de razão da Inglaterra", afirmando: "Ainda me sinto triste porque, apesar de todos os meus esforços, não consegui obter essa amizade com a Inglaterra que, acredito, teria sido uma bênção para ambos os povos".[19]

Foi nesse contexto que os principais comandantes militares participaram de uma reunião em 31 de julho no retiro de Hitler nas montanhas do sul da Baviera. Para começar, o almirante Raeder fez uma avaliação sombria das chances de cruzar o Canal da Mancha com uma frota de invasão. Mas propôs um plano possível. Barcaças com soldados seriam rebocadas pelo canal por barcos pesqueiros, com o desembarque planejado durante o amanhecer. Isso significava atravessar o canal à noite, o que implicava ser necessário pelo menos uma "meia-lua". As primeiras datas seriam de 22 a 26 de setembro, mas coincidiriam com "um período de mau tempo". Era tudo tão problemático que Raeder sugeriu adiar a invasão até a primavera seguinte. Hitler – talvez pela primeira vez – pareceu apreciar um oficial superior lhe trazendo más notícias. Ainda levantou um problema adicional: as condições meteorológicas contra as quais o esforço humano é inútil, "como as marés de tempestade". A conclusão a que chegou foi que a guerra aérea deveria começar imediatamente e, somente se tivesse sucesso, uma invasão seria considerada. Mesmo assim, continuou preocupado com a enorme disparidade entre as duas marinhas, com a Alemanha contando apenas com "8%" da força de navios de guerra da Grã-Bretanha.[20]

Nada disso deveria ter sido surpreendente. Hitler não tinha nenhuma afinidade com a guerra marítima. Era um centro-europeu, adorava montanhas, não o mar. Era inclusive uma das razões pelas quais queria dividir o mundo entre britânicos e alemães. A Grã-Bretanha era uma potência marítima – a Britânia "dominava os mares", não a terra –, o que era bom para Hitler, pois seu desejo era criar um novo Império Alemão na massa de terra da Europa Oriental, que fosse acessível à Alemanha por autoestradas e ferrovias, não pela água.

Na reunião, Hitler se mostrou muito mais entusiasmado com outra ideia – invadir a União Soviética. Seu motivo era simples. "A Rússia era a última esperança da Grã-Bretanha", afirmou. Significativamente, ele não mencionou as esmagadoras razões ideológicas que, a seu ver, justificavam tal ataque. Não se falou sobre o sonho do *Lebensraum* ou da destruição dos bolcheviques e seus supostos senhores judeus. Conversando com aqueles militares teimosos, ele preferiu o motivo mais prático que foi capaz de inventar. A Grã-Bretanha dependia da Rússia; então, eliminando-se a Rússia, a Grã-Bretanha – finalmente – desistiria.

Como justificativa, não se sustentava. No estado vigente dos acontecimentos, a União Soviética tinha uma relação turbulenta com os britânicos. Tanto que, poucos meses antes, a Grã-Bretanha estivera perto de enviar tropas para lutar contra o Exército Vermelho na Finlândia. A Grã-Bretanha parecia mais propensa a entrar em guerra com a União Soviética num futuro próximo, e não de contar com a ajuda dos soviéticos.

A "última esperança" da Grã-Bretanha não era a Rússia, mas os Estados Unidos – um país com o qual os alemães nada podiam fazer. Assim que assumiu como primeiro-ministro, a prioridade de Churchill na frente diplomática foi convencer o presidente Roosevelt a prestar o máximo de ajuda possível à Grã--Bretanha. E apesar de reconhecer que os ingleses também tinham "esperança" nos Estados Unidos, Hitler também disse que eliminar a Rússia destruiria a fé britânica nos norte-americanos. Mas por quê? Hitler não deu razões para essa afirmação bizarra.

É quase certo que ele estivesse dissimulando. Embora seja possível que acreditasse que havia um elemento de verdade no que estava dizendo, Hitler não mencionou seus dois principais motivos para querer confrontar a União Soviética. O primeiro era prático. Ele tinha o melhor exército do mundo à sua disposição. Se não invadisse a União Soviética, o que ele faria com aquela magnífica força de combate?

O segundo era ideológico. Como Stálin sabia, Hitler sonhava em atacar a União Soviética desde que escrevera *Mein Kampf* nos anos 1920. A conquista de grandes extensões de terras soviéticas não só forneceria mais "espaço vital" e recursos para os alemães, como também lidaria com a maior ameaça racial que Hitler acreditava que a Alemanha enfrentava – dado que os soviéticos eram, em sua maioria e aos seus olhos, também eslavos, judeus ou bolcheviques, ou uma combinação de cada um. E Hitler odiava todos eles.

Uma objeção comum, ouvida com frequência depois e às vezes durante a guerra, era que o tamanho da União Soviética tornava o país impossível de ser conquistado. Mas Hitler nunca pretendeu ocupar o país inteiro. Todos os comandantes seniores das forças alemãs – bem como o próprio Hitler – já haviam percebido pela própria experiência que poderiam conseguir uma vitória no Leste sem capturar cada pedaço do território soviético. Como vimos, o Tratado de Brest-Litovsk provou exatamente isso. Esse acordo foi desmantelado após o fim da Primeira Guerra Mundial, mas continuou na memória de todos. Os alemães obrigaram Lênin a abrir mão de parte das melhores terras da União Soviética; por que os nazistas não podiam fazer o mesmo com Stálin – e nesse processo até ganhar mais territórios?

A verdade é que voltar-se contra a União Soviética era visto por muitos generais de Hitler como uma opção mais razoável do que invadir a Grã-Bretanha. Certamente era mais prático. Menos de uma semana depois da reunião com Hitler de 31 de julho, Halder observou que a marinha estava "cheia de apreensões" sobre lançar um ataque à Grã-Bretanha, e que a força aérea se mostrava "muito relutante" em participar de tal operação.[21] No entanto, isso não significava necessariamente que a União Soviética era considerada uma alternativa fácil. Como explicou Hubert Menzel, então um major lotado no quartel-general no Departamento de Operações do Exército Alemão:

> Nós avaliamos essa tarefa de invadir a União Soviética com consideráveis reservas e com extrema cautela. Mas não tínhamos outra alternativa. Por nossa longa experiência [nós sabíamos] que leva cerca de quatro anos – pelo menos nos tempos modernos – para um exército se desenvolver até um *status quo* capaz de fazer uma grande ofensiva. Sabíamos que os russos tinham praticamente chacinado todo o seu corpo de oficiais em 1938, e portanto precisariam de cerca de quatro anos, ou seja, até o final de 42, início de 43. [...] Percebemos durante a campanha finlandesa que os russos dificilmente eram capazes de gerenciar operações em larga escala. Durante a campanha polonesa, vimos

o quanto foi difícil para os russos se mobilizarem com antecedência de quinze dias. Portanto, havia oportunidades genuínas, oportunidades tangíveis, em um ou dois anos, para ao menos enfraquecer os russos a tal ponto que eles levariam anos para conseguir lutar uma guerra.[22]

Aparentemente, Hitler adotou uma estratégia dupla naquele verão e no outono, com seus estrategistas trabalhando em propostas para uma invasão da Grã-Bretanha ou da União Soviética. Mas para Hitler parecia só haver um caminho. Sua falta de entusiasmo inicial por uma campanha no continente britânico tinha se aprofundado ainda mais em meados de agosto. Imediatamente após uma cerimônia na qual ele outorgou os bastões de comando de marechal de campo aos seus comandantes vitoriosos, declarou que estava "considerando um desembarque na Inglaterra apenas como último recurso, se todos os outros meios de persuasão fracassarem".[23]

Duas das figuras militares mais importantes da Alemanha – Halder e Brauchitsch – vinham considerando uma terceira opção: atacar os britânicos no Mediterrâneo e fortalecer o império nazista na Europa. Em setembro, o almirante Raeder, comandante da marinha alemã, acrescentou uma reviravolta a esse plano, sugerindo que a Wehrmacht deveria avançar no Oriente Médio para obter petróleo, e até mesmo considerar uma subsequente invasão pelo sul do Cáucaso, a área rica em petróleo da União Soviética. Mas Hitler não se entusiasmou muito com nenhuma dessas opções. Continuou centrado em um ataque frontal à União Soviética.

Tudo isso torna muito estranho o que aconteceu a seguir, pois Hitler permitiu que Ribbentrop convidasse o comissário das Relações Exteriores soviético, Vyacheslav Molotov, a Berlim para conversar. Os motivos de Ribbentrop para o convite eram diretos. Ele havia elaborado um plano e tentado convencer Hitler. Queria resolver o problema cada vez maior da disputa entre Alemanha e União Soviética pelos pequenos países da Europa Central, convencendo os soviéticos a se voltar para o sudeste em busca de novas conquistas. Em vez de enfrentar a Europa, os soviéticos deveriam atacar a Índia. Esse esquema bizarro se encaixava na visão de uma nova ordem mundial de Ribbentrop, segundo a qual os nazistas controlariam a Europa, a União Soviética dominaria a Índia e o golfo Pérsico, o Japão ficaria com o Extremo Oriente e a Itália com o Mediterrâneo e partes da África.

Ninguém jamais poderia criticar Ribbentrop por falta de ideias radicais, e sempre das mais extremadas. No entanto, muita gente o criticava por sua falta de inteligência. William Shirer, um correspondente norte-americano em Berlim, definia-o como "um dos mais truculentos e estúpidos da gangue de Hitler, e ainda por cima mesquinho e mentiroso!".[24] O conde Ciano, ministro das Relações Exteriores italiano, comentou que "o Duce [Mussolini] diz que basta olhar para a cabeça dele para ver que ele tem um cérebro pequeno", e o consenso entre os nazistas que trabalhavam para Ribbentrop era o de ser "pomposo, presunçoso e não muito inteligente".[25] Reinhard Spitzy, um diplomata alemão e nazista convicto, lembrou que, quando Hitler tentou defender seu ministro das Relações Exteriores de Hermann Göring dizendo que Ribbentrop "conhece muitas pessoas importantes na Inglaterra", Göring respondeu: "Mein Führer, isso pode estar certo, mas o pior é que eles também o conhecem".[26] Göring também se referia a Ribbentrop como "o papagaio nº 1 da Alemanha", por causa de sua tendência a repetir continuamente os slogans nazistas.[27]

Ribbentrop se viu marginalizado nos primeiros dias da guerra. Seu golpe de pacto de não agressão já ficara havia muito tempo para trás, e a proposta de reunião com Molotov foi uma tentativa de cair novamente nas graças de Hitler. Os motivos de Hitler, no entanto, são mais difíceis de entender. Considere duas declarações feitas ao general Halder com apenas três dias de intervalo. Em 1º de novembro, Hitler falou da visita proposta de Molotov a Berlim e disse que esperava "trazer a Rússia para a frente antibritânica".[28] Mas, no dia 4, Hitler se referiu à "Rússia" mais uma vez, dizendo a Halder que "continua a ser o grande problema da Europa. Devemos fazer o melhor possível para estarmos preparados quando o grande confronto chegar".[29]

A explicação mais convincente para a atitude de Hitler é que, apesar de estar preparado para o que Molotov tinha a dizer, teria sido necessário algo muito extraordinário para que ele mudasse de ideia sobre o ataque à União Soviética. Sabemos disso porque, em 12 de novembro, Hitler deixou claras suas intenções em uma diretriz aos comandantes militares: "Estão sendo iniciadas discussões políticas com o propósito de esclarecer a atitude da Rússia no futuro imediato", dizia. "Independentemente do resultado dessas conversas, todos os preparativos para o Oriente já ordenados oralmente devem ser continuados".[30]

Poucos dias antes, em Moscou, Stálin demonstrou a imensa pressão a que estava sujeito. O estresse de se preocupar com a capacidade de o Exército

Vermelho defender o país de um ataque revelou-se durante um almoço em 7 de novembro, na presença de Georgi Dimitrov, chefe do Comintern, e muitos outras figuras de proa – inclusive Molotov, que estava prestes a partir para Berlim. Stálin lamentou o estado do exército soviético, afirmando ser

> o único a lidar com todos esses problemas. Nenhum de vocês poderia ser incomodado por eles. Eu estou aqui sozinho. [...] Olhem só para mim: sou capaz de aprender, ler, me manter atualizado com as coisas do dia a dia... por que vocês não podem fazer isso? Vocês não gostam de aprender; vocês ficam felizes em continuarem do jeito que são, complacentes. Vocês estão desperdiçando o legado de Lênin. [...] Mas eu vou mostrar a vocês, se chegar a perder minha paciência. (Vocês sabem muito bem que eu posso fazer isso.) Vou bater tanto nos gordões que vocês vão ouvir o barulho a quilômetros de distância.[31]

Era uma mistura perturbadora de autopiedade e ameaça. Georgi Dimitrov, que registrou o discurso de Stálin em seu diário, escreveu que "nunca tinha visto e nunca tinha ouvido" o líder soviético se comportar dessa maneira.[32] Molotov partiu para a capital alemã com a repreensão de Stálin ecoando nos ouvidos, chegando à estação Anhalter, em Berlim, em 12 de novembro – no mesmo dia em que Hitler ordenou que os "preparativos" para a invasão da União Soviética continuassem.

Na comitiva de Molotov estava um jovem intérprete chamado Valentin Berezhkov, que depois escreveu sobre as semelhanças entre os dois regimes. Em particular, apontou "a mesma idolatria do 'líder', os mesmos comícios e desfiles em que os participantes carregavam retratos do Führer e crianças pequenas o presenteavam com flores. Arquitetura muito semelhante, ostentosa, temas heroicos retratados na arte, muito como nosso realismo socialista". E quando viu que "as mulheres levantavam seus bebês para ele [Hitler] tocar", mais tarde percebeu que "Stálin era assim".[33]

Depois de se instalarem em suas luxuosas acomodações no Hotel Bellevue, a delegação soviética foi levada para o escritório de Ribbentrop, onde antes era o palácio presidencial do Reich. Ribbentrop explicou que desejava atualizar Molotov antes da reunião com Hitler. Começou afirmando que a Grã-Bretanha já havia sido derrotada. A única questão agora era quando os britânicos reconheceriam esse fato. Na verdade, explicou Ribbentrop, a posição da Alemanha era tão poderosa que os nazistas não estavam mais focados em como vencer a guerra, mas sim em como encerrar uma guerra que já haviam vencido. Em seguida, expôs seu plano épico das esferas de influência em todo o mundo – mas dando a entender que a ideia era de Hitler. Falando em detalhes, perguntou se os soviéticos considerariam uma mudança para o sul a fim de obter livre acesso ao mar. Molotov, que até então tinha apenas ouvido o monólogo de Ribbentrop, perguntou o que significava o mar para Ribbentrop.

O ministro das Relações Exteriores alemão disse que estava se referindo ao "golfo Pérsico e ao mar da Arábia". Molotov, de acordo com anotações da reunião, nada disse em resposta. Só depois de ouvir Ribbentrop falar sobre a Turquia e a China, Molotov finalmente respondeu. Disse que eram necessárias definições precisas de conceitos como a nova "esfera de influência", e que, de qualquer forma, a proposta precisaria ser discutida em Moscou. Também levantou uma questão prática, que não tinha nada a ver com a noção fantástica de Ribbentrop de um possível avanço soviético para o mar da Arábia. Afirmou que gostaria de falar sobre a situação da Finlândia naquela reunião – um assunto que Stálin o instruíra a abordar.[34] Stálin estava particularmente preocupado com a Finlândia, pois os alemães haviam recentemente começado a fornecer armas aos finlandeses. Isto era especialmente preocupante, pois a Finlândia fora designada para a "esfera de influência" soviética no ano anterior. Hoje sabemos, graças à descoberta das instruções de Stálin para Molotov, que a principal questão da missão, do ponto de vista soviético, não era negociar um novo acordo abrangente, mas obter informações sobre os objetivos da política externa da Alemanha.[35]

Mais tarde naquele dia, Hitler encontrou-se com Molotov pela primeira vez. Berezhkov, que acompanhava Molotov, considerou o líder alemão "altivo e arrogante" e que "nesse aspecto ele era totalmente diferente de Stálin, que surpreendia a todos com sua ostensiva modéstia e total falta de desejo de impressionar". Quando apertou a mão "fria e úmida" de Hitler, Berezhkov sentiu como se estivesse "tocando num réptil".[36]

No início da reunião, Hitler comentou sobre o quanto o relacionamento entre a Alemanha e a União Soviética no ano anterior havia beneficiado ambas as partes. Nenhum dos dois tinha conseguido tudo o que queria – isso nunca acontecia nas negociações –, mas ambos saíram mais fortes. Se discordassem, só iriam beneficiar terceiros.

Em resposta, Molotov disse que Hitler havia falado em termos "gerais" e que em "geral" ele concordava. Mas, como informara Ribbentrop horas antes, ele queria levantar a questão específica da Finlândia. Também explicou que os soviéticos estavam ansiosos para saber das intenções da Alemanha em relação à "Bulgária, Rumênia [sic] e Turquia". Hitler, falando mais uma vez em termos gerais, disse que, de fato, muito precisava ser resolvido.

E assim terminou o primeiro dia de discussões. Já parecia claro que os dois lados estavam distantes, não apenas nas especificidades que cada um desejava da conferência, como também na maneira geral como viam as reuniões. Molotov queria saber detalhes. Hitler preferia falar em termos mais grandiosos.

O mais notório foi que a fissura subjacente entre a União Soviética e a Alemanha nazista havia sido exposta. Os soviéticos estavam ansiosos para saber das intenções exatas dos alemães em relação a uma série de países da Europa, precisamente no momento em que os nazistas queriam que eles procurassem outro lugar para fazer sua pilhagem territorial.

No dia seguinte, a cisão tornou-se ainda mais evidente, quando Hitler tratou diretamente da questão da Finlândia. Ele lembrou a Molotov que a Alemanha não interveio na invasão soviética da Finlândia e afirmou que continuava reconhecendo que a Finlândia estava na "zona de influência" soviética. Por outro lado, a Alemanha estava "muito interessada" no fornecimento de "níquel e madeira" daquele país. Havia também um "fator puramente psicológico" em ação, o de que os finlandeses "ganharam a simpatia do mundo" pela maneira corajosa como lutaram – tanto que na Alemanha a população ficou "bastante frustrada" com a posição assumida pelo governo. Hitler prosseguiu dizendo que achava que os alemães haviam sido prejudicados pelos soviéticos no ano anterior, quando concordaram com o pedido de Stálin de trocar o território dos Estados Bálticos pela área de Lublin, na Polônia. Em seguida criticou a recente ocupação soviética da Bucovina do Norte, particularmente porque aquele território, tirado dos romenos, contava com vários alemães étnicos em meio à população.

Molotov discordou da versão de Hitler dos acontecimentos, dizendo que, se os alemães não quisessem a troca de territórios, os soviéticos não teriam levado adiante os seus planos, e que a Bucovina "não era de grande importância".

Também fez uma referência direta à contribuição do pacto com a União Soviética para a derrota da França, dizendo que "o acordo alemão-russo teve influência nas grandes vitórias alemãs".

Hitler ignorou essa observação e insistiu que não queria que os soviéticos invadissem o resto da Finlândia. Isto infligiria tamanha pressão no relacionamento germano-soviético que deveria ser evitado. Molotov respondeu que isso não era um problema no momento. Hitler replicou que "seria tarde demais para uma decisão quando isso acontecesse" – deixando implícito que, se os soviéticos invadissem a Finlândia, isso precipitaria uma tal crise que seria difícil resolver a situação por meios diplomáticos.

É de se pensar se Molotov, e subsequentemente Stálin, pararam para pensar por que Hitler estava tão preocupado com que o Exército Vermelho não ocupasse toda a Finlândia. Os pretextos apresentados por Hitler na reunião não justificavam a veemência de seus sentimentos. Afinal, por que os alemães não poderiam mais ter acesso ao níquel e à madeira da Finlândia depois de os soviéticos terem conquistado o país? Mas havia uma explicação alternativa, muito mais plausível, para a posição de Hitler. Se a Alemanha estava planejando um ataque à União Soviética, seria muito útil que a Finlândia não estivesse ocupada pelo Exército Vermelho.

Há dois fatores esclarecedores que se pode perceber nas táticas de negociação de Hitler em relação à Finlândia, técnicas que Stálin também usou. A primeira era que, quando declarava uma meta absolutamente prioritária – nesse caso, seu desejo de a União Soviética não invadir a Finlândia –, Hitler era totalmente inflexível a respeito. Ao permanecer intransigente, forçou Molotov a recuar ou a arriscar uma grande disputa entre os dois países.

Mais tarde, Stálin agiria da mesma forma com os Aliados em relação aos seus objetivos principais, mais notavelmente ao seu desejo de manter o território conquistado como resultado do pacto nazi-soviético. Mesmo quando poderia ter evitado muitos conflitos em seu relacionamento com os Aliados se tivesse moderado suas demandas, se manteve firme. Assim como Hitler, Stálin sabia que poderia fazer isso porque tinha a plena convicção de outra verdade vital, que é o segundo ponto esclarecedor que podemos obter desse encontro com Molotov – o poder da ameaça física. Com efeito, Hitler estava ameaçando Molotov sobre as consequências danosas resultantes de os soviéticos avançarem mais na Finlândia. E só podia fazer esse alerta por estar à frente de um poderoso exército.

Essa linguagem truculenta era algo que Stálin entendia muito bem. Por exemplo, quando um político francês pré-guerra disse a ele que desejava ganhar favores da Igreja Católica e do papa, Stálin fez a desdenhosa pergunta que entrou para história: "Quantas divisões *ele* [o papa] tem?".[37] Um aspecto central do caráter de Stálin era seu desprezo por quem não tivesse poder militar para bancar as próprias palavras. Ele e Hitler teriam concordado com a proverbial afirmação de Mao Tsé-tung: "O poder político surge do cano de uma arma".[38]

Depois da discussão sobre a Finlândia, Hitler falou mais uma vez em generalidades. Disse a Molotov que o colapso iminente do Império Britânico resultaria na "bancarrota de um gigantesco Estado global", e que a União Soviética poderia compartilhar os despojos. Molotov respondeu que, apesar de concordar com tudo o que havia entendido, o que importava primeiro era resolver o futuro relacionamento entre a Alemanha e a União Soviética. Molotov tentava – mais uma vez – fazer Hitler ser mais específico. E quanto à garantia de proteção que os alemães deram aos romenos? E quanto aos outros países pelos quais a União Soviética, como uma "potência do mar Negro", tinha interesse, como a Bulgária? Hitler descartou essas questões, dizendo que teria de conversar sobre tudo isso com Mussolini, já que os italianos também tinham interesse naquela parte do mundo.

Foi um encontro singularmente improdutivo. A disputa sobre a política foi prejudicada pelo choque de personalidades entre Hitler e Molotov. Na verdade, seria difícil imaginar um homem com maior probabilidade de irritar Hitler do que o meticuloso Molotov. Quando Hitler falava em termos visionários, Molotov respondia com pontos específicos. Compreensivelmente, dada a natureza do encontro, Hitler nunca mais o encontrou.

No entanto, mesmo sem Hitler, a conferência não foi muito melhor. Ribbentrop protestou que Molotov o estava questionando "muito de perto" sobre as intenções da Alemanha. E em vez de responder a Molotov, preferiu ler uma proposta para a União Soviética aderir ao pacto tripartite existente – o acordo entre Alemanha, Japão e Itália assinado em setembro de 1940. Também ofereceu aos soviéticos uma rota de expansão para a Índia como parte do grande plano que havia delineado. Mas, de sua parte, Molotov não pôde ser demovido de sua posição de que "todas essas grandes questões de amanhã não podem ser separadas das questões de hoje e do cumprimento dos acordos existentes". A incapacidade dos dois lados de entrarem em qualquer entendimento mútuo fica ilustrada – notoriamente – por essa última conversa entre eles, ocorrida enquanto se protegiam de um ataque a Berlim pelo Comando de Bombardeiros da RAF. "Você diz que a Inglaterra está derrotada", observou Molotov. "Então por que estamos aqui agora neste abrigo antiaéreo?"[39]

Hitler se declarou otimista quanto ao fracasso das negociações com Molotov. Imediatamente depois, disse ao seu ajudante de ordens, o major Gerhard Engel, que se sentia "realmente aliviado", pois a relação entre a União Soviética e a Alemanha "nem mesmo continuaria sendo um casamento de conveniência". Molotov, afirmou Hitler, "mostrou o pulo do gato" em relação aos planos soviéticos — presumivelmente concentrando-se na discussão sobre países como a Finlândia e a Bulgária. "Deixar a Rússia entrar na Europa", afirmou Hitler, "seria o fim da Europa Central; até mesmo os Bálcãs e a Finlândia eram flancos perigosos".[40]

Ainda assim, no dia seguinte, 16 de novembro, Halder teve a impressão de que "a Rússia não tem intenção de romper conosco" e que "a Rússia quer ser uma parceira".[41] No entanto, mesmo que a Rússia ainda quisesse "fazer uma parceria" com a Alemanha, a realidade era que líderes nazistas como Joseph Goebbels continuavam achando os soviéticos repulsivos. Pouco depois da visita de Molotov, Goebbels escreveu em seu diário sobre uma reunião que tivera com um membro de sua equipe no Ministério da Propaganda, Leopold Gutterer, que havia visto como era a vida em Moscou. "Confirma os meus pontos de vista, é a desolação elevada a um sistema", escreveu Goebbels. "Sem cultura, sem civilização, somente terror, medo e paranoia em massa. Chocante!"[42] Poucos dias antes, Goebbels tinha visto Molotov na Chancelaria do Reich e o definiu como "astuto", mas também "muito reservado", com uma "cara amarelada de cera". A delegação soviética que acompanhava Molotov não tinha "nenhum homem de qualquer estatura. Como se insistissem em confirmar nossa visão teórica sobre a natureza da ideologia de massa bolchevique. [...] O medo uns dos outros e o complexo de inferioridade estão estampados em seus rostos".[43]

No final de novembro, Stálin finalmente revelou as condições sob as quais os soviéticos concordariam em aderir ao pacto tripartite. E sua resposta não foi a que Ribbentrop queria ouvir. Stálin insistiu para que os alemães cessassem seus contatos com a Finlândia e confirmassem mais uma vez que o país estava na "esfera de influência" soviética. A implicação era óbvia – a Alemanha precisava entender que os soviéticos poderiam agir em relação à Finlândia como bem desejassem. Os soviéticos também queriam instalar bases militares na Bulgária e na Turquia.

Supondo-se que esperava chegar a um acordo com Hitler, Stálin acabou por cometer um grande erro. Superestimou a própria força e mostrou a Hitler que os soviéticos não estavam dispostos a abandonar suas reivindicações aos territórios europeus. Não que Stálin tivesse muitas opções. Ele sempre esteve consciente de que a vitória da Wehrmacht na Europa Ocidental havia fortalecido muito a posição da Alemanha. Consequentemente, sua postura na negociação, tentando parecer forte numa posição enfraquecida, estava repleta de riscos. Stálin tinha alguma vantagem com Hitler – as relações comerciais – e havia mostrado no início do ano que não era avesso a usá-la, quando os soviéticos atrasaram a entrega de matérias-primas prometidas, até que os alemães atendessem a uma série de demandas, inclusive a entrega de amostras de aviões da Luftwaffe a serem avaliadas.[44] Mas agora as apostas eram maiores devido aos estupendos sucessos militares dos alemães. De todo modo, a postura dura de Stálin em relação aos acordos comerciais só serviu para dar a Hitler mais um motivo para a Wehrmacht atacar a União Soviética. Como explicou Walther Funk, ministro da Economia nazista, a Alemanha não poderia "depender de forças e potências [ou seja, Stálin e os soviéticos] sobre as quais não tivesse influência".[45]

Apesar dos esforços inúteis de Ribbentrop para assinar com Stálin o pacto tripartite, Hitler claramente renovou seu senso de propósito após o fiasco da visita de Molotov, pois apenas um mês depois, em 18 de dezembro, assinou a diretriz de guerra para o ataque à União Soviética. Podemos apenas imaginar o quanto de prazer a frase inicial da ordem deve ter lhe causado: "A Wehrmacht alemã deve estar preparada para esmagar a Rússia soviética em uma rápida campanha (Operação Barbarossa), antes mesmo da conclusão da guerra contra a Inglaterra".[46]

Não há dúvida de que Hitler queria aquela guerra. A verdade é que qualquer relação mais abrangente com a União Soviética era fadada ao fracasso se Hitler não abrisse mão de seu objetivo ideológico fundamental – a busca pelo *Lebensraum* e a criação de um novo Império Alemão no oeste da União Soviética. E, para ele, abrir mão desse objetivo seria o mesmo que parar de respirar.

Mas ter essa visão era fácil. O problema que Hitler enfrentava agora era realizá-la.

5

A GUERRA DE ANIQUILAÇÃO DE HITLER

Os alemães estavam planejando uma guerra sem precedentes. Eles não só pretendiam lançar a maior invasão da história, como também arrasar o território conquistado de maneiras que quase desafiam a imaginação. Em uma reunião de líderes da SS no castelo de Wewelsburg poucos dias antes do início do ataque à União Soviética, Heinrich Himmler observou que "30 milhões" de pessoas morreriam na área que os nazistas queriam ocupar com suas forças.[1]

Mas, apesar de essa visão estar clara – ainda que apavorante –, os meios pelos quais poderia ser alcançada não estavam dados. Essa desconexão entre visão e implementação nunca seria adequadamente resolvida pelos nazistas, e foi uma das razões pelas quais eles perderiam a guerra. Também nos diz muito sobre a técnica de liderança de Hitler e o quanto contrastava com a de Stálin.

Toda a ideia da Operação Barbarossa – batizada em homenagem ao imperador Frederico Barbarossa, que liderou a Terceira Cruzada no século XII – estava repleta de incógnitas. Exatamente até que ponto os alemães deveriam penetrar no território soviético? Quais eram precisamente as dimensões das reservas soviéticas? Acima de tudo, com que agilidade a guerra poderia ser vencida, já que o objetivo era uma vitória rápida? Eram perguntas para as quais Hitler não tinha as respostas. De acordo com seu ajudante de ordens, o major Engel, no dia em que emitiu a diretiva Barbarossa, em dezembro de 1940, Hitler ainda continuava incerto quanto ao "poderio russo".[2]

Mas Hitler não deixou sua falta de conhecimento intervir em seus objetivos expansivos. No início de janeiro de 1941, ao conversar com seus generais sobre os objetivos da campanha, enfatizou que, quando o Exército Vermelho fosse cercado e destruído, os alemães deveriam capturar os centros industriais da União Soviética e ocupar Baku, no Cáucaso, o coração da produção soviética de petróleo. Lembrou a seus comandantes militares que aquela "gigantesca área russa contém recursos incomensuráveis". Mas embora seja fácil ver por que Hitler queria que tudo isso fosse realizado, o mais difícil é entender como ele acreditava aquilo ser possível em termos práticos. Baku, por exemplo, ficava a quase 3 mil quilômetros de Berlim.[3]

Em 20 de fevereiro, o general Georg Thomas, chefe do Gabinete de Economia de Guerra, apresentou um relatório em que enfatizava a importância de "obter a área de produção de petróleo do Cáucaso em condições não danificadas".[4] Mas isso apenas destacou o problema que ninguém em posição de poder parecia querer enfrentar. Embora estivesse claro que um dos principais motivos pelos quais os alemães estavam prestes a invadir a União Soviética era para obter recursos de que não dispunham naquele momento – principalmente petróleo –, a questão-chave continuava sem uma resposta: teriam eles os recursos de que precisavam para obter os recursos que desejavam? Em suma, será que seus desejos não excediam sua capacidade de realizá-los? Em última análise, Hitler nunca reconheceu essa falha inerente ao plano Barbarossa. Ele queria uma guerra rápida para obter acesso aos territórios e às matérias-primas, mas o petróleo estava a uma distância enorme.

Quando Thomas se encontrou com Hermann Göring, em 26 de fevereiro, o Reichsmarschall concordou que "a área de produção de petróleo de Baku deve ser conquistada", mas depois acrescentou casualmente que, "como o Führer", ele era "da opinião de que todo o Estado bolchevique desmoronaria quando as tropas alemãs invadissem o país".[5] Não era exatamente um plano estratégico, mas uma declaração de fé. À luz dessa atitude despreocupada, não surpreende que relatórios subsequentes e mais negativos escritos por Thomas não devem ter jamais chegado a Hitler. As pessoas mais próximas sabiam que não fazia sentido expor tais considerações ao Führer.[6]

O marechal de campo Von Bock vivenciou pessoalmente o quanto Hitler não gostava de qualquer avaliação crítica da Operação Barbarossa, quando o visitou em 1º de fevereiro de 1941. Bock disse que os alemães "derrotariam os russos se eles resistissem e lutassem", mas questionou se poderiam ser forçados a fazer a paz. Por implicação, Bock estava perguntando como a União Soviética poderia ser conquistada se os alemães aceitassem desde o início que nunca conseguiriam ocupar o país inteiro. Hitler descartou a objeção, dizendo que, se os soviéticos não fizessem a paz após a captura da Ucrânia, de Leningrado e Moscou, "nós só teríamos que continuar". Bock notou que o Führer "rejeitou fortemente qualquer ideia de recuar – sem eu ter sugerido a ele". Hitler foi inequívoco. "Eu vou lutar", afirmou. "Estou convencido de que nosso ataque irá abatê-los como uma tempestade de granizo."[7] Bock não o questionou mais. Estava ciente de que estava falando com o homem que supervisionara a conquista triunfante da Europa Ocidental havia menos de um ano. Como o próprio Bock escrevera em seu diário, dois meses antes, ele acreditava que Hitler "vê os lados claros e escuros do quadro geral com calma e clareza".[8]

Hitler se mostrara igualmente otimista em uma conferência militar que organizou em Berghof, seu refúgio nas montanhas perto de Berchtesgaden, em 9 de janeiro. Mais uma vez expressou sua opinião de que os britânicos só continuavam lutando porque esperavam que a União Soviética e os Estados Unidos um dia viessem em seu auxílio. Estava "fora de questão" imaginar que os britânicos por conta própria fossem capazes de invadir a Europa continental. Assim que a União Soviética fosse destruída e os japoneses se voltassem contra os norte-americanos no Extremo Oriente, os britânicos certamente aceitariam a paz. Se não o fizessem, sabiam que perderiam seu império. Hitler também falou sobre sua visão de Stálin, dizendo que o líder soviético era "muito inteligente", pois embora não estivesse disposto a "se posicionar abertamente contra a Alemanha", ele "criaria cada vez mais problemas em situações que são difíceis para a Alemanha". Era uma das razões pelas quais "a Rússia precisa ser esmagada".[9] Mais uma vez, Hitler estava contando uma história a seus comandantes militares para justificar uma ação contra a União Soviética não por motivos ideológicos, mas por necessidade prática.

Dez dias depois, em 19 de janeiro, Hitler teve um encontro com Mussolini. Apesar de o Führer não ter falado sobre seu plano de invadir a União Soviética, o líder italiano o considerou "muito antirrusso" e relutante em lançar uma operação contra os britânicos do outro lado do canal. "Não é mais uma questão de invadir a Inglaterra", escreveu o conde Ciano depois de Mussolini tê-lo informado sobre a conversa com o líder alemão.[10] Ciano também notou, sem saber a razão, que Ribbentrop não mostrava sua "bravata" usual. Quando Ciano perguntou à sua contraparte alemã quanto tempo ele estimava que a guerra perduraria, Ribbentrop respondeu que terminaria antes de 1942.[11] É provável que Ribbentrop ainda se sentisse amuado pelo colapso de seu grande plano de atrair a União Soviética para o pacto tripartite.

A confiança de Hitler no provável sucesso de seu iminente ataque à União Soviética era compartilhada por muitos de seus especialistas militares. O general Jodl, chefe da Equipe de Operações da Wehrmacht, fez a memorável afirmação de que "o colosso russo se provará ser uma bexiga de porco, é só espetar que ela estoura".[12] E o plano final da invasão, elaborado com a contribuição de Hitler e seus estrategistas militares, refletia essa atitude otimista demais. Ficou acordado que o ataque principal deveria ser no centro da União Soviética, no eixo Minsk-Smolensk-Vyazma-Moscou, seguindo diretamente para a capital soviética. Duas outras unidades de exércitos – uma ao norte e outra ao sul – marchariam, respectivamente, para os Estados Bálticos e Leningrado e para a Ucrânia e Kiev. Hitler enfatizou mais uma vez que um dos principais objetivos da operação era destruir as forças armadas soviéticas, bem como garantir que o Báltico e Leningrado fossem tomados. A captura de Moscou em si era "completamente imaterial".[13] Esse último ponto foi tema de certa controvérsia. Figuras importantes do exército, como Brauchitsch, discordavam de Hitler e queriam chegar à capital soviética numa tentativa de destruir o comando e o centro administrativo do país. Bock, que lideraria o Grupo do Exército Central, comentou em seu diário a respeito de um artigo "especialmente interessante" de um jornal suíço sobre a importância da queda de Paris durante a campanha francesa, citando a frase: "Após a perda de Paris, a França teve de se tornar um corpo sem cabeça. A guerra estava perdida!".[14] A visão que esses generais defendiam era a de ser quase certo que a mesma coisa aconteceria na União Soviética com a queda de Moscou.

Historiadores ainda discutem se o foco desde o início da Barbarossa deveria ter sido Moscou, ou se a visão de Hitler no sentido de capturar os recursos de que os alemães tanto necessitavam era o mais importante. No geral, no entanto, o argumento provavelmente está a favor de Hitler. Não foi por acaso que muitos dos generais que defenderam a opção Moscou – da forma como Napoleão tentou conquistar a Rússia – ocuparam cargos do Estado-Maior na Primeira Guerra Mundial. É questionável o quanto eles compreenderam a imensidão da mudança na natureza da guerra desde então. Nesse aspecto, Hitler e os comandantes alemães mais jovens estavam mais sintonizados com as demandas de uma guerra mecanizada moderna. Entenderam que as máquinas precisam de combustível – e muito.

O estranho, dado esse pano de fundo, é que Hitler não tenha fortalecido mais o Grupo do Exército Sul. Era o grupo que primeiro se dirigiria às terras férteis da Ucrânia, para, na sequência, ir adiante e capturar o petróleo do Cáucaso. Por outro lado, alterar a disposição das tropas dessa forma implicaria o risco de não conseguir destruir o grande número de unidades do Exército Vermelho acantonadas ao norte, o que poderia deixar os alemães vulneráveis a um ataque pelo flanco. Hitler, dessa vez, não se dispôs a fazer uma aposta tática de tudo ou nada.

Enquanto o líder alemão finalizava os detalhes da invasão, Stálin tomou uma série de decisões que moldaram a maneira como a União Soviética responderia ao ataque alemão, e sob muitos aspectos essas decisões foram lamentáveis. Essa foi certamente a opinião de Winston Churchill, que escreveu depois da guerra – numa época em que sua relação com Stálin era de desconfiança – que

> pode-se duvidar se algum erro na história se igualou ao cometido por Stálin e seus chefes comunistas quando eles [...] esperaram supinamente [...] o temível e iminente ataque que ameaçava a Rússia. [...] Stálin e seus comissários se mostraram nesse momento os trapalhões mais tolamente equivocados da Segunda Guerra Mundial.[15]

Mais uma vez, contudo, devemos ter cuidado para não deixar que o retrospecto obscureça nossa visão das ações de Stálin. É fácil, depois de saber o que aconteceu, dizer que as pessoas deveriam ter agido de maneira diferente. Mas naquele momento, antes do desencadeamento dos eventos, as opções podem parecer muito diferentes, até porque sempre existe o problema fundamental da coleta de informações – o quanto se deve acreditar na informação obtida? E, ao se acreditar nelas, que conclusões devem ser tiradas? Porém, mesmo se fizermos as mais generosas concessões para a situação difícil em que Stálin se encontrava, a crítica de Churchill ainda se justifica. A despeito do nosso conhecimento dos eventos subsequentes, Stálin comprovadamente tomou as decisões erradas e colocou seu país em grande perigo.

Uma das razões foi a maneira como Stálin governava a União Soviética. Sua desconfiança em relação aos outros era tal que ele queria ler pessoalmente o máximo possível das informações da inteligência. Antes da invasão alemã, em 22 de junho, militares soviéticos compilaram 267 avaliações da inteligência, das quais somente 129 chegaram à liderança soviética.[16] Muitos desses relatórios rastreavam os movimentos das tropas alemãs em direção à fronteira oriental do território ocupado pela Alemanha. Mas o que aquilo significava? As unidades alemãs não estariam apenas treinando naquele território para se preparar para invadir a Grã-Bretanha, por exemplo? Talvez estivessem acampadas lá para ficar mais distantes dos ataques aéreos britânicos? E mesmo que os alemães planejassem atacar a União Soviética, por que invadiriam sem avisar? Talvez os alemães só quisessem que os soviéticos pensassem estar em perigo, a fim de obter mais concessões comerciais ou territoriais? Esperava-se – e essa era uma convicção comum não só em meio à liderança soviética, mas também em outros lugares – que os alemães fariam um ultimato antes do ataque.

Como vimos, desde a derrota da França, Stálin acreditava que a União Soviética estava numa posição perigosa, mas parece que em alguns momentos, como durante as semanas que precederam a invasão, ele tentava simplesmente fazer de conta que a ameaça não existia. Sua natureza desconfiada era tão enraizada que quanto mais nítidos eram os dados, mais ele era capaz de considerá-los enganosos. Mais tarde, Molotov explicou a atitude de Stálin da seguinte forma: "Acho que nunca se pode confiar nos dados da inteligência. É preciso ouvi-los, mas depois verificá-los. O pessoal da inteligência pode levar a situações perigosas das quais é impossível escapar. Havia infinitos provocadores de ambos os lados".[17]

Stálin enfrentava um problema adicional. Supondo que os alemães estivessem realmente planejando uma invasão, o que ele poderia fazer a respeito? Uma das respostas era demonstrar aos nazistas o quanto os soviéticos seriam fortes como oponentes. Para esse fim, autoridades soviéticas permitiram que engenheiros alemães conhecessem suas fábricas de aeronaves. Isso se mostrou um erro, pois, quando os visitantes alemães viram o grande potencial da indústria de aviação soviética, essa informação só complementou o desejo de Hitler de confrontar a União Soviética o mais rápido possível. "Agora você vê o quão longe essas pessoas chegaram", disse Hitler. "Precisamos começar imediatamente."[18]

Com certeza, Stálin também foi culpado por presidir uma estratégia militar equivocada ao endossar a visão de que o Exército Vermelho deveria retaliar de imediato se a União Soviética fosse atacada. O plano era concentrar unidades militares perto da fronteira e, caso a Alemanha começasse uma guerra, rechaçar os invasores e lutar no território inimigo. Isso se encaixava bem com a noção de que os soviéticos não tinham uma visão "derrotista". Não iriam se retirar para o próprio país cedendo território aos invasores, mas arremeteriam contra o inimigo assim que o avanço inicial fosse contido. A filosofia por trás dessa estratégia foi ensinada até mesmo a oficiais relativamente novatos, como o piloto da força aérea Mark Gallay. "Nosso trabalho sempre foi baseado no pressuposto de que estaríamos lutando em território inimigo", explicou. "Estávamos preparados para o cenário em que, se fôssemos atacados, responderíamos imediatamente com um golpe forte."[19]

Essa reação proativa a qualquer ataque – que se provaria catastrófica nas primeiras semanas da invasão alemã – foi também a razão pela qual, alguns anos antes, imaginou-se que Stálin pretendia fazer um ataque preventivo à Alemanha. Desde então, extensas pesquisas demonstraram que esse não era o caso. Sabemos disso, em parte, por causa do que aconteceu em 1941. Em discurso proferido em 5 de maio para graduandos da Academia Militar Soviética, Stálin declarou:

> Para defender totalmente o nosso país, somos obrigados a agir ofensivamente. Devemos passar da defesa para uma política militar de ação ofensiva. Precisamos reorganizar nossa propaganda, nossa agitação e nossa imprensa com um espírito ofensivo. O Exército Vermelho é um exército moderno, e um exército moderno é um exército de ataque.

Certamente isso poderia ser interpretado como um desejo de atacar as forças alemãs concentradas na fronteira do território soviético em algum momento no futuro. Na verdade, os marechais Timoshenko e Zhukov – agora chefe do Estado-Maior do Exército Vermelho – consideraram exatamente esse plano ofensivo. Mas ambos haviam interpretado mal as verdadeiras intenções de seu chefe. "Vocês enlouqueceram, querem provocar os alemães!", disse Stálin a eles. E acrescentou uma ameaça: "Se vocês provocarem os alemães na fronteira, se moverem suas forças sem nossa permissão, tenham em mente que cabeças vão rolar".[20]

Esse mal-entendido demonstra uma diferença fundamental entre Stálin e Hitler. Ao contrário de Hitler, que apresentava uma visão inabalável a seus comandantes militares, Stálin transmitia uma grande variedade de mensagens conflitantes. Aos graduandos da academia militar ele prometeu um "exército de ataque", mas ficou furioso quando seus comandantes militares mais graduados interpretaram isso como um desejo de enfrentar os alemães preventivamente. Para parte do público da União Soviética, Stálin queria parecer forte; para outra, não queria parecer provocador. Para os nazistas, ele tentava mostrar uma atitude decidida, mas ao mesmo tempo amigável. Porém, ao chafurdar nessa confusão de contradições, ele só conseguiu parecer fraco – o que é de fato surpreendente, visto que sua reputação era baseada na crueldade. "Stálin e seu povo continuam totalmente passivos", escreveu Goebbels em seu diário em 7 de maio. "Como um coelho com uma serpente."[21] Dois dias depois, acrescentou que "Stálin está aparentemente com medo".[22]

Havia uma razão óbvia para o estado mental de Stálin – o poder demonstrado pelas forças armadas alemãs. Como se a conquista da França e dos Países Baixos em 1940 não fosse prova suficiente, em abril de 1941 os alemães invadiram a Iugoslávia e a Grécia continental, ocupando os dois países em menos de um mês. Em comparação, Stálin não apenas sabia que o Exército Vermelho se saíra mal na Guerra de Inverno, mas também que os jogos de guerra realizados em janeiro de 1941 haviam demonstrado que as forças soviéticas não estavam preparadas para um grande conflito. Depois desse episódio de repreensão, Stálin demitiu Meretskov do cargo de chefe do Estado-Maior e nomeou Jukov para o seu lugar.

Do lado alemão, à medida que se aproximava a data da invasão da União Soviética, a natureza ideológica da luta que se avizinhava ficava cada vez mais visível. Como visto, Hitler foi cuidadoso em suas primeiras discussões com seus comandantes militares, destacando que a luta contra a União Soviética era necessária em termos estratégicos, como uma forma de forçar a Grã-Bretanha a sair do conflito. Mas agora ele enfatizava que seria um tipo diferente de guerra. Como declarou a duzentos oficiais em 30 de março, seria uma "guerra de extermínio". Além disso, defendeu o "extermínio dos comissários bolcheviques e da intelectualidade comunista".[23]

Talvez nem todos os oficiais presentes concordassem com a natureza radical das opiniões de Hitler, mas muitos certamente reconheciam que os soviéticos representavam uma ameaça muito diferente da sinalizada por franceses ou britânicos.[24] Consideremos as opiniões de um jovem oficial como Rüdiger von Reichert. Ele tinha 24 anos em 1941 – júnior demais para estar presente na reunião de 30 de março – e expressava uma visão comum. Era de uma família aristocrática com formação militar, e seu pai havia se oposto a Hitler. No entanto, Rüdiger e o pai compartilhavam um "medo profundamente arraigado da bolchevização da Europa Central". Ambos se lembravam das revoltas socialistas em Berlim e na Baviera no pós-Primeira Guerra. Agora, enquanto se preparava para lutar no *front* oriental, Rüdiger von Reichert aceitava que aquela seria "uma batalha diferente, uma batalha muito mais amarga, uma batalha em que a sobrevivência de todos estava em jogo, literalmente, porque para nós, alemães, de acordo com o que imaginávamos, o cativeiro poderia muito bem significar a morte". Achava que havia um "medo primevo do Leste" que remontava aos dias dos "turcos diante de Viena" no século XVII e aos "ataques dos hunos", mais de mil anos antes. Havia também a natureza do bolchevismo, que Reichert via como "economicamente incompetente", tanto que acreditava que o regime soviético havia "resultado na pauperização do povo". Também não gostava do fato de os bolcheviques terem "uma propensão antirreligiosa". Outra consideração, confessou, "ainda que não decisiva para o nosso pensamento", era "que diziam haver uma forte influência judaica [por trás do bolchevismo]".[25]

Apesar dessas opiniões, Rüdiger von Reichert via a si próprio como um oficial honrado, afirmando não aprovar as atrocidades cometidas por unidades alemãs na guerra no Leste. Embora se possa questionar até que ponto a visão retrospectiva nublou suas lembranças, a realidade é que depois da guerra ele não foi considerado culpado por nenhum crime. Posteriormente, tornou-se general do exército da Alemanha Ocidental e recebeu a Grã-Cruz do Mérito da República Federal da Alemanha.

Soldados alemães mais ideologicamente comprometidos expressavam, em termos muito mais estridentes, suas opiniões sobre o conflito que se aproximava. O general Erich Hoepner, por exemplo, disse em uma ordem do dia de 2 de maio, ao 4º Grupo Panzer, que a guerra contra a União Soviética era "uma fase essencial na luta pela existência do povo alemão. É a antiga luta do povo germânico contra os eslavos, a repulsa ao bolchevismo judaico". Nessa guerra, deveria haver uma "vontade de ferro" para "exterminar completamente o inimigo".[26] Dias antes, o general Georg von Küchler, comandante do 18º Exército, escreveu para lembrar seus comandantes de divisões que

> existe um abismo profundo que nos separa da Rússia ideológica e racialmente. [...] O Estado russo atual nunca se distanciará de seu objetivo da revolução mundial; a paz de longo prazo com a Rússia atual é impossível. O país não medirá esforços para se expandir para o Oeste. [...] Se a Alemanha quiser um pouco de paz, por algumas gerações, do perigo ameaçador do Leste, não se trata de empurrar a Rússia um pouco para trás – mesmo que seja cem quilômetros –, mas o objetivo deve ser destruir a Rússia europeia, dissolver o Estado russo europeu.[27]

Küchler fez ainda outra advertência: "No caso de unidades de tropas russas que depuserem as armas, deve-se estar ciente de que estamos lutando contra soldados racialmente distintos". Além disso, "os comissários políticos" no corpo do Exército Vermelho não deveriam ser tratados como combatentes comuns, mas como criminosos. Essa última referência foi em apoio à infame "Ordem dos Comissários", decretada pelo Alto-Comando do Exército em 6 de junho. A ordem determinava que todos os funcionários políticos do Exército Vermelho capturados fossem fuzilados imediatamente. Não houve uma oposição generalizada em meio à liderança do exército à imposição dessa instrução homicida. O marechal de campo Von Bock, confirmado então como comandante-chefe do Grupo do Exército Central – o mais poderoso dos três grupos de exércitos –, questionou a correção de ordens semelhantes, que permitiam aos soldados executar qualquer soviético que considerassem como *partisan*, apenas por temer que deixar soldados matar quem quisessem fosse prejudicial à disciplina.

O que o diário de Bock revela é que ele estava menos preocupado com a natureza exterminadora da proposta da guerra que se aproximava do que com a operação militar da invasão. Comandantes como ele tinham como foco tentar vencer a guerra no campo de batalha. A maioria aceitou que seria uma "guerra de extermínio", considerando que os detalhes das questões "políticas" podiam ser deixados para os outros. Bock demonstrou sua atitude em relação ao regime quando, em anotação de 7 de junho, descreveu como se sentiu incapaz de proteger um conhecido que o havia procurado com medo de ser preso, alegando que "não podia se intrometer em questões políticas".[28]

A ideia de que grande parte da Wehrmacht lutou uma guerra "limpa" na União Soviética, enquanto as tarefas "sujas" foram deixadas para as tropas da SS e outros nazistas comprometidos, é uma falsidade que prosperou depois da guerra, quando muitos generais alemães tentaram maquiar suas ações em suas memórias. Tomemos o caso do general Erich von Manstein, famoso por ter participado da elaboração dos planos de invasão da campanha de 1940 no Oeste, então prestes a comandar um Grupo Panzer na Operação Barbarossa. Em sua autobiografia, publicada em 1955, escreveu que informou seus "superiores que a Ordem dos Comissários não seria aplicada por ninguém sob meu comando".[29] Mas, ao contrário de sua afirmação, suas unidades seguiram a ordem. Aliás, quando julgado depois da guerra, Manstein foi considerado culpado exatamente por esse crime.[30]

Apesar de conseguir mentir em sua autobiografia, Manstein não resistiu a expressar na mesma obra o que certamente deve ter sido sua verdadeira opinião sobre esses funcionários políticos soviéticos. Ele afirmou que os comissários "certamente não eram soldados", e tinham como "tarefa não só a supervisão política dos líderes militares soviéticos como, mais que isso, incutir o maior grau possível de crueldade na luta e dar a ela uma característica completamente diferente das concepções tradicionais de comportamento militar".[31] Manstein, mais uma vez, omite uma verdade vital: foi a liderança alemã, e não os soviéticos, que planejou uma guerra travada "em desacordo com as concepções tradicionais de comportamento militar" antes mesmo de o primeiro tiro ser disparado. E quando a guerra no Leste teve início, o próprio Manstein fez a seguinte declaração: "Esta luta contra o exército soviético não será travada de acordo com as costumeiras leis de guerra europeias".[32]

A verdade é que a natureza do conflito que se aproximava era muito clara para os generais de Hitler. Por exemplo, pouco mais de uma semana antes do início da invasão, Bock ouviu o Führer – embriagado de excesso de confiança enquanto contemplava a campanha que se aproximava – falar sobre como abastecer as "65-70 divisões [alemãs]" que continuariam na União Soviética depois que a guerra fosse vencida. Hitler foi irredutível ao afirmar que eles deveriam se alimentar "da terra". Consequentemente, teriam de se sustentar roubando alimentos da população local. Bock, de acordo com seu próprio diário, não levantou objeções.³³

Não foi surpresa alguma Hitler ter levantado essa questão, pois a base daquela guerra era a espoliação da União Soviética. Em 2 de maio, em uma reunião de planejamento com a presença de oficiais do exército e também de funcionários administrativos, concluiu-se que milhões de cidadãos soviéticos morreriam de fome.³⁴ Como mencionado, Himmler e outros disseram depois que esperavam uma cifra de 30 milhões de mortos.³⁵

A fome seria uma característica central da guerra que se avizinhava. A ideia estava embutida na própria concepção da operação. Para os planejadores alemães como Herbert Backe, subsecretário do Ministério de Alimentos do Reich e um dos arquitetos de um "Plano de Fome", a prioridade sempre foi garantir que o colapso no fornecimento de alimentos que tanto paralisou o esforço de guerra alemão no final da Primeira Guerra Mundial não se repetisse. Göring expressaria vigorosamente essa mesma opinião em agosto de 1942, numa reunião com líderes nazistas:

> Essa preocupação eterna com os povos estrangeiros deve cessar agora, de uma vez por todas. Tenho aqui relatórios sobre o que se espera de vocês. Não é nada, quando considero os seus territórios. Não faz diferença para mim, neste contexto, se você diz que seu povo morrerá de fome. Que morram, contanto que nenhum alemão desmaie de fome.³⁶

Não deveria haver compaixão pela população do território soviético que estava prestes a ser ocupado – apenas indiferença. "Pobreza, fome e frugalidade têm sido o destino dos russos há séculos", diz um documento assinado por Herbert Backe antes da invasão. "Os estômagos deles são elásticos – portanto, não tenhamos nenhuma piedade equivocada."³⁷ Alfred Rosenberg, que se tornaria ministro dos Territórios Orientais Ocupados, foi igualmente brutal em discurso que fez dois dias antes da invasão:

> Alimentar o povo alemão, sem dúvida, encabeça a lista de exigências que a Alemanha fará ao Leste nos próximos anos. [...] Também não aceitamos que tenhamos qualquer responsabilidade por alimentar a

população russa dessas regiões produtoras de excedentes. Sabemos que é uma necessidade severa, que não há lugar para piedade ou sentimento.[38]

Em sua determinação de devastar a União Soviética e roubar alimentos, legisladores nazistas foram motivados não apenas pelo conhecimento histórico do que acontecera na Primeira Guerra e pelo impulso ideológico de se estabelecer no Leste, mas por um senso de necessidade prática. No início de junho, a ração de carne para os alemães comuns foi reduzida de quinhentos gramas para quatrocentos gramas, e havia a consciência de que a disposição da população alemã em apoiar a guerra seria em parte determinada pelo suprimento de alimentos.[39] Como afirmou Goebbels em seu diário em 29 de março: "A Ucrânia é um bom cesto de pão. Quando nos assentarmos lá, poderemos nos sustentar por um longo tempo".[40]

Para esses líderes nazistas, a invasão da União Soviética tinha potencial para resolver uma série de problemas. Eliminava a ameaça de Stálin reter suprimentos para pressionar o regime; destruía a "esperança" britânica de uma eventual ajuda soviética; fazia dos nazistas os senhores da Europa continental; propiciaria à Alemanha acesso a uma enorme quantidade de matérias-primas e – o mais importante – criava o *Lebensraum* para o povo alemão. Era um pacote sedutor. Nem mesmo o conhecimento de que matariam 30 milhões de pessoas no processo era suficiente para dissuadi-los. Afinal, Hitler não havia escrito em *Mein Kampf*, quase vinte anos antes, que "aqueles que quiserem viver, que lutem, e os que não quiserem lutar, neste mundo de luta eterna, não merecem viver"?[41]

É no contexto dessas ideias radicais – e exterminadoras – que precisamos colocar a decisão tomada antes da invasão para atingir grupos específicos de judeus soviéticos. Os judeus, como vimos, eram vistos como uma ameaça particularmente perigosa no conflito que se aproximava, pois o senso comum nazista era que os judeus governavam o Estado bolchevique. Hitler já dissera isso muitas e muitas vezes, e seus seguidores agora papagueavam sua pregação. "O judaísmo-bolchevismo, como você vê, era o grande inimigo", disse Carlheinz Behnke, um soldado da SS prestes a participar da iminente invasão.

> Eram as pessoas contra as quais lutar, porque representavam uma ameaça para a Europa, de acordo com a opinião da época. [...] Os judeus eram simplesmente considerados a classe dominante ou como aqueles que estavam firmemente no controle lá na União Soviética.[42]

Claro que os judeus não estavam "firmemente no controle" do sistema soviético, mas foi uma mentira em que muita gente acreditou.

Como visto, os judeus já estavam sofrendo no Estado nazista. Na Polônia, por exemplo, milhares já haviam sido executados após a invasão, e muitos outros foram confinados em guetos, onde viviam – e morriam – em condições terríveis. Mas a estratégia agora era diferente. Foi um plano sistemático de assassinato em massa desde o início. Reinhard Heydrich, o subordinado mais próximo de Himmler, criou quatro *Einsatzgruppen* – forças-tarefa especiais – de cerca de 3 mil integrantes. Essas unidades seguiriam logo atrás dos grupos do exército e, como ele deixou claro em um documento de 2 de julho de 1941, assassinariam "judeus a serviço do Partido [Comunista] ou do Estado". Também receberam ordens para encorajar os habitantes locais a se rebelar e atacar os judeus.[43]

Não foi por acaso que o Holocausto tenha nascido no contexto da guerra contra a União Soviética. Para Hitler, o conflito contra Stálin seria uma espécie de libertação, uma chance de finalmente enfrentar os inimigos que ele mais odiava.

À medida que a guerra se aproximava, a posição de Stálin se tornava mais precária. A viagem do representante de Hitler, Rudolf Hess, à Grã-Bretanha em 10 de maio, só aumentou seu sentimento de apreensão. De acordo com Khrushchev, Stálin tinha certeza de que Hess fora enviado por Hitler com a missão de fazer um acordo de paz com a Grã-Bretanha para dar carta branca à Alemanha no Leste.[44] Na realidade, Hess fez por iniciativa própria uma tentativa totalmente não autorizada de negociar com os britânicos. Mas o momento em que se deu, deixou Stálin ainda mais desconfiado, especialmente quando combinada com os comentários feitos no mês anterior pelo embaixador britânico em Moscou, sir Stafford Cripps. Em 18 de abril, Cripps escreveu à liderança soviética avisando que a Grã-Bretanha poderia, em algum momento no futuro, ser tentada a negociar uma paz em separado com a Alemanha nazista. Cripps fez essa declaração extraordinária supondo que poderia evitar que a União Soviética se aproximasse dos nazistas. Foi uma jogada grosseira de sua parte, que só alimentou o grande temor de Stálin de que os britânicos não fossem confiáveis.[45] Pouco depois, quando Cripps transmitiu a Stálin um aviso de Churchill sobre uma iminente invasão alemã, o líder soviético se recusou a aceitar como sendo verdadeiro.

Stálin estava certo em ter dúvidas sobre os britânicos. Não que eles estivessem planejando uma paz em separado com a Alemanha, mas muita gente da elite britânica não sentia nada além de desdém pela liderança soviética. Por exemplo, sir Alexander Cadogan, secretário permanente do Ministério das Relações Exteriores, escreveu em seu diário em janeiro de 1941, depois da nomeação de Anthony Eden como ministro do Exterior, que ficou contente ao descobrir que Eden estava "bastante alerta para [a] inutilidade de esperar qualquer coisa desses assassinos cínicos e manchados de sangue".[46] No entanto, menos de uma semana antes da invasão, Cadogan foi convocado para comunicar ao representante desses "assassinos manchados de sangue" – o embaixador soviético em Londres, Ivan Maisky – informações detalhadas da inteligência britânica que pareciam provar que os alemães estavam prestes a atacar.

Em 18 de junho, dois dias depois de Cadogan ter transmitido informações abrangentes sobre "essa avalanche, exalando fogo e morte", que "a qualquer momento se abateria" sobre a União Soviética, Maisky jantou com Cripps, agora de volta a Londres.[47] Ouviu Cripps confirmar que Hitler tinha quase 150 divisões prontas para invadir a União Soviética. Maisky se recusou a acreditar que os alemães cometeriam o erro catastrófico de iniciar uma guerra contra a União Soviética. Talvez Hitler estivesse somente usando a ameaça da invasão para aumentar a tensão e negociar um acordo melhor para obter matéria-prima dos soviéticos.[48]

Stálin foi da mesma opinião. Assim como Maisky, quando apresentado ao que parecia ser uma evidência inequívoca, ele a rejeitou. Em 17 de junho, recebeu um relatório do comissário Merkulov afirmando que uma "fonte, trabalhando no quartel-general da aviação alemã [Ministério da Aeronáutica], nos informa: 1. Todas as medidas militares da Alemanha em preparação para um ataque armado contra a URSS estão totalmente concluídas e um ataque pode ser esperado a qualquer momento". Stálin rabiscou no relatório: "Ao camarada Merkulov. Você pode dizer à sua 'fonte' do quartel-general da aviação alemã para ele ir foder a mãe. Esse não é uma 'fonte', mas sim um desinformante".[49]

Em comparação, Hitler nunca teria usado seu tempo estudando todas as informações de inteligência que Stálin lia, mas, mesmo se tivesse, jamais escreveria obscenidades em tal documento. A imagem que fazia do seu próprio status especial não permitiria o uso de uma linguagem de rua.

Dado o ambiente no Kremlin, não é de admirar que os ambiciosos cortesãos em torno de Stálin se sentissem tentados a lhe dizer o que ele desejava ouvir. O mais notável a esse respeito foi Lavrenti Béria, cuja carreira em grande parte se baseava na satisfação de seu chefe. "Muitos funcionários foram recentemente vítimas de provocações desavergonhadas e da semeadura da inquietação", disse a Stálin no dia anterior à invasão. "Temos que reduzir [esses] agentes secretos [...] à poeira dos campos de concentração, como auxiliares dos provocadores internacionais que desejam nos colocar em conflito com a Alemanha." Béria também assegurou a Stálin que "eu e meu povo [...] estamos mantendo firmemente a sua visão: Hitler não nos atacará em 1941".[50]

Stálin não estava, contudo, em negação absoluta. Em 20 de junho, quando chegou a notícia de que navios mercantes alemães estavam deixando as águas soviéticas sem esperar para carregar suas cargas e que funcionários da embaixada alemã em Moscou pareciam estar queimando documentos, ele autorizou um aumento na prontidão da defesa aérea da capital. Mas continuou equilibrando qualquer ação potencialmente agressiva com o desejo de não provocar os alemães. Mesmo quando relatórios de desertores alemães começaram a chegar afirmando que o ataque era iminente, Stálin achou que talvez fossem apenas militares alemães agindo sem ordens de sua liderança política.

Enquanto Stálin hesitava, na Alemanha reinava um sentimento de otimismo entre muitos dos que sabiam da ofensiva iminente. "O inimigo será totalmente aniquilado", escreveu Goebbels em 16 de junho. "O Führer estima que a campanha levará quatro meses, eu estimo menos. O bolchevismo entrará em colapso como um castelo de cartas. Estamos diante de um triunfo excepcional."[51] Muitos soldados comuns compartilhavam essa sensação de inevitabilidade sobre o que estava por vir. "Nós achamos que tudo aconteceria muito rapidamente", disse Carlheinz Behnke da Divisão Wiking da SS, "como tinha acontecido na França; que com certeza conseguiríamos chegar até o Cáucaso para então lutar contra a Turquia e a Síria. Era nisso que acreditávamos na época. Não só eu, meus colegas soldados também".[52]

No exterior, muitos dos adversários da Alemanha tinham pouca confiança na capacidade do Exército Vermelho para conter qualquer ataque alemão. Assim que souberam da invasão, funcionários do Gabinete de Guerra britânico alertaram a BBC para não dar a impressão de que os soviéticos conseguiriam seguir lutando por mais de seis semanas.[53] Quanto ao aliado próximo da Alemanha, a Itália, o conde Ciano pensou ser "possível" que os "cálculos de Berlim" estivessem corretos e que a guerra "terminaria em oito semanas". Mas perguntou, presciente: "E se não fosse o caso? Se os exércitos soviéticos mostrassem ao mundo um poder de resistência superior ao demonstrado por países burgueses, que resultados isso teria nas massas proletárias do mundo?".[54]

Churchill, como visto, definia Stálin e seus camaradas mais próximos como "trapalhões", por ignorarem os alertas sobre o iminente ataque alemão. Mas o foco subsequente nos erros de Stálin obscureceu o fato de Hitler ser tão trapalhão quanto, se não mais. Os erros de Stálin se provaram calamitosos a curto prazo, principalmente sua decisão de deixar tantas unidades do Exército Vermelho perto da fronteira com o território nazista sem colocá-las de prontidão para o combate, somada à atmosfera criada ao seu redor, que fazia seus comandantes temerem tomar qualquer iniciativa. Tudo isso colocou a União Soviética em perigo, e a responsabilidade cabia a Stálin. No entanto, no longo prazo, os erros de Hitler provariam ser piores. Ele deixou que seus preconceitos ideológicos o cegassem para a possibilidade de os soviéticos conseguirem oferecer mais resistência do que esperava. Deveria ter ficado claro para ele, na fase de planejamento, que a falta de recursos dos alemães tornava os objetivos iniciais da invasão – em particular o petróleo do Cáucaso – quase inatingíveis. Mas assim como Béria bajulava Stálin, os generais de Hitler – Halder, Brauchitsch e Keitel – concordavam com o que seu Führer queria. Todos esses subordinados reprimiram suas opiniões genuínas, ou cometeram um erro ainda mais desastroso ao acreditar que os julgamentos de seus respectivos líderes estavam corretos.

Em última análise, Hitler e Stálin cometeram o mesmo erro. Ambos se enganaram ao acreditar que aconteceria o que desejassem. Até certo ponto, cada um vivia em seu próprio universo de fatos alternativos. No caso de Stálin, ele avaliou que os alemães não planejavam invadir, e isso se tornou – para ele – a verdade. Hitler afirmava que o sistema soviético entraria em colapso sob pressão, e essa se tornou sua realidade. Vale observar que os alemães estavam tão confiantes de que ganhariam a guerra antes do inverno que quase nenhum soldado foi equipado com roupas para o frio.

Nem Hitler nem Stálin perceberam o erro conceitual que estavam cometendo. Nenhum dos dois estava no controle dos acontecimentos que imaginavam existir, e ainda assim contavam com a exatidão de suas previsões. Nenhum dos dois tinha um plano B. Era o plano A ou a catástrofe. Nas primeiras horas da manhã de domingo, 22 de junho de 1941, quando o ataque alemão começou, Goebbels escreveu em seu diário: "Pode-se ouvir o sopro da história. Uma época magnífica e maravilhosa em que nasce um novo Reich".[55]

Ele não poderia estar mais enganado.

6

A INVASÃO

Quando Albert Schneider avançou para o território soviético na manhã de domingo, 22 de junho, testemunhou uma visão bizarra: "Prisioneiros de guerra vinham em nossa direção de cuecas, com roupas de dormir, talvez 5% deles estivessem de uniforme e ainda por cima pela metade. Então eu deduzi que tínhamos conseguido surpreendê-los [...] eles foram tirados da cama".¹

Talvez não haja melhor imagem do despreparo da resposta soviética do que a narrativa de Schneider de soldados do Exército Vermelho pegos – literalmente – com as calças abaixadas. Schneider, que serviu em uma unidade alemã de artilharia de assalto, entrou em território soviético algumas horas depois do primeiro ataque. E o espetáculo das tropas do Exército Vermelho se rendendo de cuecas alimentou sua convicção de que a guerra seria ganha rapidamente e que "vamos todos voltar para casa em um ano, no máximo".

Os soviéticos só tiveram a confirmação de que os alemães haviam lançado uma invasão pouco depois das quatro da manhã, quando o embaixador alemão, conde Von der Schulenburg, chegou ao Kremlin. Ele disse a Molotov que os alemães haviam entrado em território soviético porque as unidades do Exército Vermelho estavam concentradas tão perto da fronteira que representavam uma ameaça. Era comum os nazistas usarem falsos pretextos para justificar suas agressões, mas a desculpa era tão transparentemente enganosa que parecia que eles já tinham parado de tentar inventar um pretexto plausível.

Segundo um dos alemães que acompanhavam Schulenburg, Molotov estava "lutando visivelmente contra uma profunda agitação interior", e replicou que a Alemanha havia atacado sem razão, acrescentando, choroso: "Nós não merecemos isso".[2]

Quando souberam da primeira incursão alemã pela fronteira da União Soviética, por volta das 3h30 da madrugada, Timoshenko e Jukov insistiram para que Stálin fosse acordado em sua dacha. Ao ser tirado da cama, Stálin correu para o Kremlin e se encontrou com um pequeno grupo de conselheiros, incluindo Béria e Jukov. Stálin ainda estava desesperado para acreditar que aquilo não era realmente uma invasão em grande escala. Antes da confirmação de Schulenburg de que se tratava de uma guerra, Stálin sugeriu que tudo poderia ser uma "provocação" de figuras importantes da Wehrmacht. Talvez, afirmou, Hitler não tivesse nada a ver com isso.[3]

Nas semanas anteriores, Stálin vinha bebendo mais do que o normal e, de acordo com Jukov, estava deprimido naquela manhã, o que era compreensível, uma vez que o líder soviético estava presenciando o colapso de toda sua estratégia. Desde o momento em que o pacto nazi-soviético fora assinado, quase dois anos antes, ele procurou ficar fora da luta entre os alemães e os Aliados.

De forma significativa, foi Molotov, e não Stálin, quem falou ao povo soviético no dia da invasão. Molotov, como vimos, era uma figura dotada de uma espécie de anticarisma. Pairava sobre ele uma aura de lassidão, e seu discurso naquele dia refletia sua inequívoca opacidade. Falou sobre a traição dos alemães ao pacto nazi-soviético – algo quase irrelevante naquele momento – e convocou a população a apoiar o Partido Bolchevique e o "grande líder" Stálin. Teria sido impossível para os cidadãos soviéticos comuns ouvir o discurso de Molotov sem fazer a seguinte pergunta: onde estava o grito de guerra de Stálin? Foi uma pergunta que ficou sem resposta por quase duas semanas.

Nos primeiros dias da invasão, o fracasso de Stálin em preparar as forças soviéticas para enfrentar os alemães, combinado ao seu desejo de manter um grande número de unidades do Exército Vermelho perto da linha de frente, resultou em caos. "Vimos muitos aviões [e] bombas explodindo", disse Georgy Semenyak, que servia em uma unidade do Exército Vermelho na fronteira. "Pela primeira vez na minha vida, vi pessoas morrendo." Depois de quatro dias, sua unidade começou a recuar.

Nós também não entendíamos [...] por que precisamos começar a recuar. Foi incompreensível. Era uma imagem desalentadora. Durante o dia, aviões lançavam bombas continuamente sobre os soldados em retirada. Os homens em retirada marchavam em grandes colunas. Eram todos jovens – 20, 22 anos – armados apenas com fuzis, granadas de mão e máscaras de gás.[4]

Os oficiais abandonaram seus homens, pulando a bordo de veículos que passavam para escapar. E assim, "conforme nos aproximamos de Minsk, nossa seção ficou praticamente sem comandantes. E sem comandantes, nossa capacidade de nos defender foi tão enfraquecida que realmente não havia nada que pudéssemos fazer". Pouco depois, Semenyak foi capturado pelos alemães.

Os alemães conseguiram esse avanço não por terem um exército totalmente mecanizado e os soviéticos serem atrasados em tecnologia. Na verdade, enormes quantias de dinheiro já haviam sido gastas pelo Estado soviético em novos equipamentos para o Exército Vermelho. Os soviéticos tinham uma artilharia melhor que a dos alemães e, apesar de os alemães contarem com um número maior de caminhões que o Exército Vermelho, os soviéticos tinham mais tanques e aviões.[5] Ciente de que seu país poderia enfrentar uma ameaça externa, Stálin havia aumentado o contingente das forças armadas nos últimos anos. Tanto que o Exército Vermelho quase quadruplicou entre 1937 e 1941 – de 1,1 milhão para 4,2 milhões de soldados.[6]

A razão fundamental da calamidade vivida pelos soviéticos quando os alemães atacaram consistiu em que o Exército Vermelho era ultrapassado. Os comandantes não só tinham medo de tomar iniciativa, como também precisavam conviver com a interferência de "analfabetos militares" – como os definiu o correspondente de guerra e poeta Konstantin Simonov – como Stálin e Lev Mekhlis, o pernicioso personagem que dirigia a Administração Política Principal do Exército Vermelho.[7] Para alguns oficiais soviéticos, o estresse resultante foi demais. Na Ucrânia, Khrushchev viu um comandante se suicidar na sua frente. "Tais incidentes também ocorreram com outros comandantes", escreveu Khrushchev. "Era essa a situação. E ainda não fazia nem dez dias que estávamos em guerra."[8]

Estrategicamente, a ideia de que o Exército Vermelho deveria atacar o território inimigo assim que os alemães avançassem mostrou-se desastrosa,

A INVASÃO   159

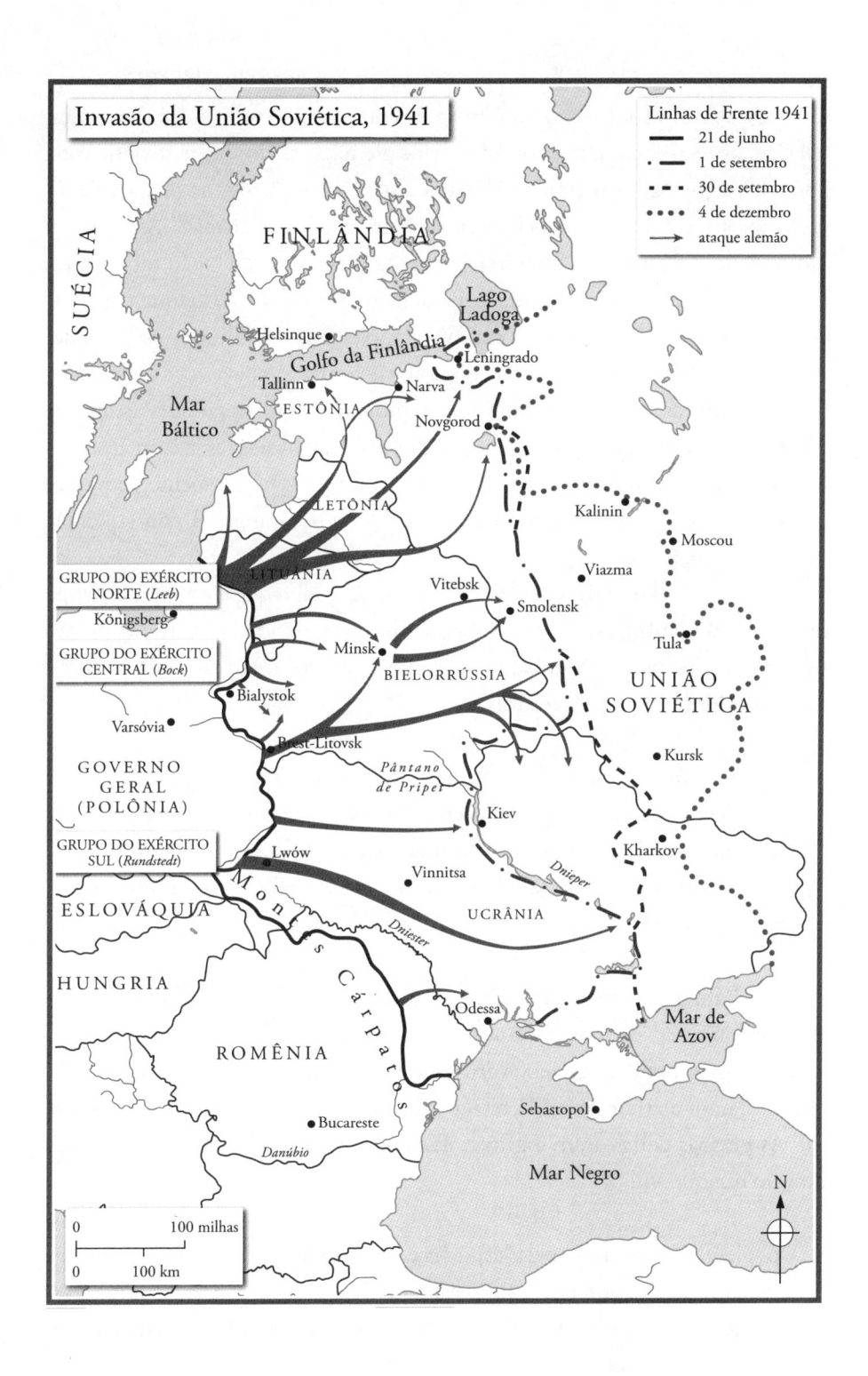

enquanto o Exército Vermelho foi prejudicado, em termos táticos, pelo equívoco soviético de considerar o rádio um meio de comunicação seguro. Com as linhas telefônicas fixas facilmente cortadas pelos alemães, as unidades soviéticas na linha de frente logo perderam o contato com os comandantes na retaguarda. O problema ainda foi agravado pelas táticas empregadas pelos alemães. As unidades motorizadas atacaram em uma frente estreita – normalmente não muito mais que uma estrada – passando pela linha defensiva soviética. O ataque era coordenado por rádio entre tanques no solo e apoio aéreo. Assim que as unidades motorizadas atravessavam a divisa, a infantaria seguia. A chave era a velocidade. Os motociclistas avançavam ainda mais rapidamente que os tanques assim que a linha defensiva era rompida, e à noite lançavam sinalizadores já bem atrás das forças soviéticas. Como resultado, as unidades do Exército Vermelho pensavam que estavam cercadas – mesmo antes de realmente estarem. A consequência normal era o pânico.

Fyodor Sverdlov, um soldado do Exército Vermelho que enfrentou o Grupo do Exército Central Alemão, lembra-se de sua unidade recuando centenas de quilômetros nos primeiros meses da guerra. "Nós marchávamos à noite e lutávamos durante o dia", relatou.

> Quando nossa companhia parou em uma aldeia tarde da noite, nós queríamos ter umas três ou quatro horas de descanso, mas fomos acordados pelo barulho dos motociclistas e dos tanques alemães e tivemos de pular pela janela e correr como coelhos para a floresta mais próxima.[9]

No Báltico, Mikhail Timoshenko, veterano da Guerra de Inverno, também notou que, "quando os tanques alemães romperam nossas defesas, eles começaram a mandar pequenos grupos de sabotadores para nossa retaguarda. E começaram a atirar na nossa retaguarda. Isso teve um grande efeito no moral. As pessoas começaram a gritar: 'Estamos cercados!'". Timoshenko ficou atônito quando viu

> os alemães avançando pelas estradas e nosso exército do Báltico – grupos inteiros de homens – simplesmente largando as armas e equipamentos e recuando. A floresta inteira estava abarrotada de soldados,

enquanto os alemães avançavam pelas estradas. Eles cantavam e não havia ninguém lá para detê-los. Fiquei chocado, não entendia. Perguntei [aos soldados do Exército Vermelho]: "Para onde vocês estão indo? Por que vocês largaram as armas?". Todos responderam a mesma coisa: "Nós estamos cercados!".[10]

Vasily Grossman, o correspondente de guerra soviético, observou o mesmo fenômeno, escrevendo em seu bloco de notas: "Histórias sobre estarem cercados. Todo mundo que recuou para fugir não consegue parar de contar histórias sobre estar cercado, e todas as histórias são aterrorizantes".[11]

Se os soviéticos foram prejudicados em suas tentativas de resistir aos alemães, pelas deficiências da liderança do Exército Vermelho, a Wehrmacht se beneficiou enormemente da maneira como seus líderes, muitas vezes sargentos e de patentes mais baixas, tinham poderes para tomar decisões no campo de batalha. O uso desse *Auftragstaktik* (comando de missão) significava que, mesmo sabendo o que se esperava deles, os soldados tinham um razoável poder de decisão sobre como cumprir seus objetivos. "A independência da liderança de nível inferior era simplesmente maravilhosa", disse Peter von der Groeben, major de uma divisão de infantaria no Grupo do Exército Central. "Os cabos comuns ou os sargentos, os líderes de pelotão, tenentes e assim por diante, os comandantes de companhia, você não precisava dizer muito a eles." Groeben considerou o sucesso do exército alemão naquele período inicial "uma conquista surpreendente" e muito depois do fim da guerra continuou sentindo "o maior respeito pelas pessoas comuns que fizeram isso".[12]

Uma semana após o início da invasão, e ainda antes de falar com o público em geral, Stálin soube que Minsk, capital da República Soviética da Bielorrússia, corria perigo iminente de ser capturada. Quando interpelou Jukov, chefe do Estado-Maior do Exército Vermelho, sobre essa situação calamitosa, Jukov – o mais forte entre os mais fortes – estava com lágrimas nos olhos. Stálin saiu então furioso da sala, proferindo: "Lênin fundou nosso Estado e agora nós fodemos tudo!"[13] Até hoje se discute exatamente o que aconteceu a seguir. Khrushchev afirmou que Stálin estava "totalmente paralisado, incapaz de agir e não conseguia organizar seus pensamentos", e que tinha se recolhido à sua dacha e anunciado: "Eu estou desistindo da liderança". Khrushchev se baseou no que ouviu depois de Béria e Malenkov.[14] Mas lançou-se uma dúvida sobre a ideia de Stálin não conseguir lidar com os dias imediatamente após a invasão. Embora seja verdade que ele se retirou para a sua dacha em 29 de junho, não se sabe exatamente por quê. Teria sido por causa de um colapso nervoso ou simplesmente para elaborar um discurso e avaliar a situação?[15]

Anastas Mikoyan escreveu de forma memorável sobre a visita que ele e outros membros do Politburo fizeram à dacha para persuadir Stálin a se exonerar. Mikoyan afirmou que "não tinha dúvidas" de que Stálin achou "que nós fomos prendê-lo".[16] Era uma opinião também defendida por Béria, segundo seu filho.[17] No entanto, a delegação não foi lá para depor Stálin, mas somente para pedir que liderasse um Comitê de Defesa do Estado. Stálin concordou, e em 1º de julho estava de volta ao seu escritório no Kremlin.

A interpretação mais convincente desse incidente é de que, apesar de estar sob enorme estresse após a invasão, Stálin não teve um colapso nervoso. Continuou trabalhando até decidir se recolher por pouco tempo em sua dacha depois da reunião com seus comandantes militares sobre o destino iminente de Minsk. No entanto, embora seja improvável que tenha sofrido um colapso nervoso, isso não significa que Mikoyan e Béria estivessem errados sobre a reação de Stálin à chegada dos dois à sua dacha. O mais provável é que desconfiasse que eles tinham vindo prendê-lo.

A ideia, às vezes aventada, de que Stálin estaria realizando um truque maquiavélico – supostamente aprendido com Ivan, o Terrível –, no qual fingia fraqueza para ver se havia alguém disposto a atacá-lo, é atraente, mas implausível. Primeiro, porque ele estava realmente sentindo a pressão, e dificilmente teria considerado o momento certo para um teste secreto de lealdade. E em segundo lugar, por que Stálin correria o risco de que seus colegas de fato se voltassem contra ele? Dificilmente sua situação melhoraria ao dizer: "Eu só estava fazendo um teste", enquanto a polícia secreta de Béria o levasse preso.

O que é mais significativo, e algo que não se discute tanto quanto a teoria do colapso nervoso na dacha, é por que os camaradas próximos a Stálin não tentaram depô-lo quando ele se encontrava tão vulnerável. Uma das razões é evidente – medo. Para atacar Stálin, eles teriam de conspirar, e quem se arriscaria a conspirar, mesmo naquele momento mais sombrio, correndo o risco de que a pessoa abordada o delatasse? Mas também há uma razão menos evidente e mais importante pela qual eles não puderam agir. Durante anos, a mensagem central da propaganda soviética foi o gênio do camarada Stálin. Na época da celebração de seu aniversário, em dezembro de 1939, por exemplo, o *Pravda* descreveu o líder soviético nos seguintes termos laudatórios:

> Não há no planeta nome semelhante ao nome de Stálin. Brilha como uma tocha radiante de liberdade, voa como um estandarte de batalha para milhões de trabalhadores em todo o mundo; ruge como um trovão, alertando as classes condenadas de proprietários de escravos e exploradores. [...] Stálin é o Lênin de hoje! Stálin é o cérebro e o coração do partido! Stálin é um estandarte de milhões de pessoas em sua luta por uma vida melhor.[18]

E então, justamente no momento mais desesperador da história desse jovem país, quem poderia desfazer todas essas afirmações e declarar que "o cérebro e o coração do partido" não aguentaram? Mesmo se o Politburo tivesse fingido que Stálin estava doente ou morto, que efeito sua ausência teria sobre o moral da população? Será que não teria havido um apelo para uma paz imediata e humilhante a ser firmada com os alemães – um acordo que faria Brest-Litovsk parecer generoso?

Enquanto essas maquinações políticas operavam em Moscou, na linha de frente havia casos de soldados do Exército Vermelho lutando com determinação contra os alemães e oferecendo resistência efetiva – notadamente na fortaleza de Brest, na própria cidade onde o famoso acordo fora assinado havia pouco mais de vinte anos. Mas, no geral, o quadro continuava desolador. Em apenas cinco dias, as unidades avançadas do Grupo do Exército Central cercaram Minsk, a quase um terço do caminho para Moscou. Heinz, o comandante da Divisão Panzer, chamou esse rápido avanço de "a primeira grande vitória da campanha".[19] Em 3 de julho, alguns dias depois da queda de Minsk, o general Halder, chefe do Estado-Maior do Exército Alemão, escreveu em seu diário que não seria "provavelmente nenhum exagero dizer que a campanha russa foi ganha no espaço de duas semanas".[20]

Na mesma época, na Alemanha, o funcionário público Friedrich Kellner ouviu uma senhora comentar: "Os sucessos são simplesmente fabulosos", e um homem dizer: "Os exércitos russos serão capturados em oito dias".[21] Os alemães não estavam sozinhos nesse otimismo. Maisky, o embaixador soviético em Londres, observou que os funcionários do Ministério da Guerra em Londres achavam que os soviéticos não resistiriam "mais de 4-6 semanas".[22] Era uma opinião compartilhada por George Orwell, que escreveu em seu diário, em 23 de junho, que os britânicos previam que os comunistas logo fugiriam da União Soviética e se tornariam emigrados, "assim como os russos brancos" que tinham fugido da revolução. "As pessoas já veem Stálin em uma pequena loja em Putney", escreveu, "vendendo samovares e fazendo danças do Cáucaso etc. etc".[23] Nos Estados Unidos, o ministro da Guerra escreveu ao presidente Roosevelt que, ao consultar especialistas militares, havia percebido uma "unanimidade substancial" de opiniões. A conclusão a que chegaram foi a seguinte: "A Alemanha estará totalmente ocupada em derrotar a Rússia por um mínimo de um mês e um máximo possível de três meses".[24]

Ao determinar sua resposta pública à invasão, os governos britânico e norte-americano tiveram de seguir uma linha delicada, não só por acreditarem que o resultado mais provável seria a derrota de Stálin em breve, mas também porque ambos os governos haviam condenado veementemente o comunismo no passado. Em declaração emitida em 23 de junho, Sumner Welles, secretário de Estado interino, enfatizou que "os princípios e doutrinas da ditadura comunista são tão intoleráveis e tão estranhos" para os norte-americanos quanto "os princípios e doutrinas da ditadura nazista. Nenhuma espécie de soberania imposta pode ter, ou terá, qualquer apoio ou qualquer influência no modo de vida, ou no sistema de governo, do povo americano". No entanto, devido à natureza agressiva do regime nazista, "qualquer defesa contra o hitlerismo, qualquer mobilização das forças que se oponham ao hitlerismo, de qualquer fonte que essas forças possam surgir, apressarão a queda final dos atuais líderes alemães".[25] Em outras palavras, os norte-americanos odiavam os dois regimes, mas como um deles era uma ameaça imediata, eles deveriam considerar apoiar o outro. Não foi exatamente uma oferta de apoio convicta, e essa relutante declaração nem sequer foi emitida pelo presidente.

A resposta de Churchill foi bem mais sofisticada. Ele também enfatizou, em discurso proferido no dia da invasão, que "o regime nazista é indistinguível das piores características do comunismo" e que "não desdirei" nada do que já havia dito sobre a natureza do regime de Stálin. Mas em seguida, com um grande floreio retórico, falou sobre as "10 mil aldeias da Rússia, onde os meios de existência são tão arduamente arrancados do solo, mas onde ainda existem alegrias humanas primordiais, onde donzelas riem e crianças brincam". Depois passou a imaginar esse idílio sob o "ataque hediondo" da "máquina de guerra nazista". Com inteligência, desviou a simpatia de seus ouvintes para o povo soviético comum, e, apesar de insinuar que Stálin e sua gangue podiam ser desprezíveis, ressaltou que o importante agora era o destino dos camponeses soviéticos. Churchill também argumentou, assim como os norte-americanos, que "o perigo russo" era "o nosso perigo", pois Hitler se tornara um inimigo em comum.[26]

Em Moscou, Stálin fez o possível para responder às dificuldades que afligiam o regime, e suas ações imediatas foram características de duas maneiras. Primeiro, como seus colegas sugeriram, ele formou um comitê. Stálin sempre se sentiu confortável com comitês, e então se tornara o chefe do mais poderoso comitê do Estado soviético – o Stavka, o Comitê de Defesa do Estado. Em segundo lugar, procurou bodes expiatórios. Mais uma vez, usou sua resposta-padrão para momentos de crise. Sua reação costumeira era tentar culpar alguém – e, fosse quem fosse considerado responsável, nunca poderia ser ele próprio. Nesse caso, os responsabilizados foram os comandantes militares. Um dos alvos mais destacados foi o general Dmitry Pavlov, que comandou unidades que enfrentaram a voragem do Grupo do Exército Central Alemão. Pavlov foi preso no início de julho e executado antes do final do mês. Muitos de seus oficiais subordinados foram mortos com ele, inclusive seu chefe de comunicações. Para completar, Pavlov também foi acusado de envolvimento em uma conspiração contra o Estado soviético, que remontava aos anos 1930. Não se considerou necessário explicar por que alguém culpado de tal crime poderia ter sido autorizado, cinco anos depois, a comandar grandes unidades do Exército Vermelho.

Pavlov não era exatamente um líder dinâmico – um de seus axiomas era: "Não se preocupem, os que estão em cima sabem mais do que nós". Mas muitos outros também foram responsáveis pela calamidade no *front*.[27] De fato, há alguma verdade na declaração de Pavlov quando foi acusado: "Eu não sou um traidor. A derrota das forças que eu comandava aconteceu por motivos alheios ao meu controle".[28] Pavlov havia recebido ordens, seguindo a errônea estratégia soviética de usar uma tática ofensiva de defesa para atacar os alemães – o que só tornou as coisas mais fáceis para os alemães cercarem suas forças. Mas os arquitetos dessa desastrosa estratégia nunca foram responsabilizados – só os que tentaram executá-la.

Como parte dessa resposta vingativa à crise, as forças de segurança soviéticas se voltaram contra os inimigos internos que consideravam uma ameaça. Por exemplo, na prisão de Brygidki, em Lwów, na Polônia ocupada pelos soviéticos, o NKVD assassinou cerca de 4 mil prisioneiros políticos enquanto os alemães se aproximavam.[29] Olga Popadyn, que estava no hospital da prisão no momento dos assassinatos, lembra-se de ter visto "vários cadáveres" perto dos portões da prisão e que, no calor do verão, um cheiro terrível logo impregnou o local.[30] Mais de 10 mil prisioneiros foram mortos em outros lugares. Outros foram deportados para o Leste – cerca de 750 mil prisioneiros – e muitos morreram no caminho.[31]

E não foram somente os prisioneiros que sofreram. Pouco antes da invasão, milhares de pessoas consideradas "inimigas do Estado soviético" foram deportadas dos Estados Bálticos, com seus parceiros e filhos. De 13 a 14 de junho, cerca de 18 mil foram enviados para a Lituânia.[32] A mentira de que os "judeus" estavam por trás desse crime seria depois espalhada pelos nazistas e outros, uma calúnia particularmente cruel, visto que vários judeus estavam entre os deportados dos Estados Bálticos pelas forças de segurança soviéticas.[33]

Mas essas medidas – a formação de um comitê especial e o assassinato e punição dos "inimigos do povo" – não foram as únicas empregadas por Stálin. Curiosamente, ele também fez duas coisas inauditas. Primeiro, em 3 de julho, finalmente falou ao povo soviético, mais de uma semana depois da invasão. Notoriamente, começou seu discurso dizendo: "Camaradas, cidadãos, irmãos e irmãs. Homens do nosso exército e da marinha. Estou me dirigindo a vocês, meus amigos".[34] Na época, foi uma abertura notável – na verdade, radical. A referência a "irmãos e irmãs" e "meus amigos" demonstrou um nível de intimidade que nunca esteve presente em nenhum discurso anterior de Stálin. Era como se ele tivesse decidido assumir o papel de pai do povo soviético – independentemente do princípio bolchevique. Foi quase um retorno a uma abordagem mais tradicional e nacionalista. Muitos cidadãos soviéticos se lembrariam por anos dessa saudação "calorosa".[35]

O restante de seu discurso foi menos impressionante e bem mais prosaico. Stálin mentiu, dizendo que as "melhores divisões" do exército alemão já haviam sido derrotadas – uma declaração que se coadunava mal com sua afirmação subsequente de que "um grave perigo paira sobre o nosso país". Também se sentiu obrigado a justificar a assinatura do pacto com os nazistas, dizendo que qualquer outro Estado "amante da paz" teria agido da mesma maneira.[36] Mas nada disso realmente pareceu importante em comparação ao poder de suas palavras iniciais.

A segunda atitude surpreendente de Stálin, naqueles primeiros dias da guerra, foi em relação à religião. Apesar de o regime ter fechado a maioria das igrejas e perseguido muitos padres, Stálin permitiu que líderes religiosos, como o patriarca Sergius da Igreja Ortodoxa, declarassem seu grito de guerra, conclamando a população soviética a lutar contra os alemães. Foi uma reversão política considerável. A Igreja havia sofrido terrivelmente sob Stálin. Na primavera de 1938, só havia cinco igrejas abertas em Leningrado.[37]

Stálin provavelmente agiu dessa forma porque a perseguição soviética aos cristãos era um obstáculo em sua busca por melhores relações com países como os Estados Unidos – nações que ele agora queria do seu lado. Mas também foi uma tentativa de unir o maior número possível de soviéticos em torno da causa da resistência.[38] Stálin sabia que não fora possível para os ímpios bolcheviques eliminarem, até aquele momento, a fé cristã na União Soviética. Apesar de muitas igrejas terem sido fechadas, várias das que permaneceram abertas eram muito frequentadas. Chegara a hora de tirar proveito dessa realidade, desde que aceitasse ser o momento de adotar uma atitude mais flexível para fazer valer suas convicções ideológicas.

Mas enquanto Stálin demonstrava certa flexibilidade, Hitler continuou tão intransigente – e aniquilador – como sempre em seus objetivos ideológicos. O líder alemão estava agora hospedado na Toca do Lobo, seu quartel-general militar em uma floresta a poucos quilômetros da cidade de Rastenburg, na Prússia Oriental. Lá, conversou com seus associados próximos sobre a natureza do conflito que acabara de desencadear. Duas semanas após o início da guerra, ele disse que "o bolchevismo deve ser exterminado. [...] Moscou, como o centro da doutrina, deve desaparecer da superfície da Terra, assim que suas riquezas forem trazidas para o abrigo".[39] Algumas semanas depois, estava em um jantar lembrando seus convidados que "os eslavos são uma massa de escravos natos, que sentem necessidade de um senhor".[40] Também foi mordaz quanto aos ucranianos, dizendo que "não tinha interesse" em estabelecer uma Ucrânia independente e que achava "melhor" não "ensiná-los a ler".[41]

Muitos dos que não pertenciam à elite nazista não perceberam de início que as intenções de Hitler eram tão draconianas. Por exemplo, Carlheinz Behnke, da Divisão Wiking da SS, achava que a Ucrânia teria um status privilegiado no Leste:

> Como sabíamos da relação especial com a Ucrânia, que já tinha sido um país independente por um breve período durante a Primeira Guerra Mundial, nós presumimos que, quando fosse ocupada, a Ucrânia se tornaria um Estado independente e os soldados [da Ucrânia] provavelmente lutariam ao nosso lado contra o resto dos bolcheviques.[42]

Muitos ucranianos pensam da mesma maneira. "Os alemães que lutavam contra a União Soviética eram vistos por nós como aliados, especialmente porque todos esperavam que eles logo estabelecessem um Estado ucraniano", relatou Aleksey Bris, que começou a trabalhar para os alemães como intérprete quando eles chegaram à Ucrânia. "No início, todos pensavam que a guerra realmente terminaria com a derrota total da União Soviética [...] vivíamos em um ambiente no qual estávamos criando a cultura ucraniana [...] [para] os jovens, era tudo muito emocionante e bonito."

Bris achava que não havia feito nada de errado ao colaborar com os alemães. "Se você faz parte de qualquer sistema, independentemente de onde estiver, é preciso viver dentro desse sistema. Você pode progredir ou decair nesse sistema. O sistema o envolve e você nada com todos os outros." Acima de tudo, ressaltou que ele e os outros que colaboraram foram motivados pela "esperança de que os alemães viessem e estabelecessem um Estado ucraniano".[43]

Um dos principais motivos pelos quais os ucranianos queriam se livrar do domínio soviético era o terrível sofrimento por que haviam passado menos de dez anos antes – sofrimento pelo qual Stálin foi em grande parte responsável. Quase 4 milhões de ucranianos morreram em um surto de fome relacionado tanto ao desejo de Stálin de coletivizar as terras agrícolas quanto à sua insistência em retirar alimentos da Ucrânia para alimentar o resto da União Soviética. A imposição da coletivização – uma política que implicava aos camponeses a perda do controle das próprias terras e de seus rebanhos – estava relacionada à teoria bolchevique. Os camponeses que vendiam sua produção e tomavam decisões sobre como administrar suas pequenas propriedades eram, em termos bolcheviques, semelhantes aos capitalistas. Mais de 100 mil *kulaks*, os camponeses mais ricos, foram mandados para o *gulag* no início dos anos 1930, e mais de 2 milhões de camponeses foram deportados para regiões remotas da União Soviética, como a Sibéria.[44]

Para piorar as coisas, funcionários do governo vasculharam o campo para verificar se os camponeses não estavam escondendo alimentos do Estado. Um ucraniano, Olha Tsymbaliuk, lembrou que esses funcionários soviéticos arrebatavam "farinha, cereais, tudo que estivesse armazenado em potes, roupas, gado. Era impossível esconder. Eles procuraram com bastões de metal [...] vasculharam fogões, quebraram pisos e derrubaram paredes".[45]

Ao roubar comida dos camponeses no início dos anos 1930, esses bolcheviques prenunciaram as ações dos alemães em 1941. Assim, os ucranianos – que viviam em uma das regiões mais férteis do planeta – sofreriam dois horríveis períodos de fome, precisamente por causa de potências estrangeiras que cobiçavam suas riquezas agrícolas. No início dos anos 1930, eles morreram de fome devido às decisões tomadas por Stálin e seus seguidores, e no início dos anos 1940, devido às decisões tomadas por Hitler e os nazistas.

Em vista dos eventos dos anos 1930 na Ucrânia, não foi surpresa que tantos ucranianos se dispusessem, de início, a ajudar os nazistas. Ao fazer isso, muitos procuravam não só participar de uma Ucrânia independente dentro do império nazista, mas também punir aqueles que foram transformados em bodes expiatórios pelos crimes dos bolcheviques – principalmente os judeus. Em uma série de pogroms em Lwów, moradores ucranianos, apoiados por Einzatzkommandos alemães, assassinaram pelo menos 4 mil judeus.[46] Carlheinz Behnke, então na Waffen SS, testemunhou a ação sangrenta dos ucranianos na região de Lwów. Behnke acreditou que os judeus tenham sido visados em razão de os assassinatos em massa terem sido cometidos pelo Exército Vermelho em retirada, em particular a morte de detentos na prisão de Brygidki na cidade. Lembrou que ele e seus camaradas

> pensavam que era justificado, isso é claro, foi o que pensamos. Os atos foram provocados por atitudes do Exército Vermelho, bem, agora era a vez deles de serem fuzilados. [...] Sempre devo enfatizar que na época, devido à nossa formação, não víamos nada demais e éramos incrivelmente confiantes e acreditávamos naquilo. [...] Como soldado comum, de 18 anos de idade, a gente não se preocupava se as coisas eram ilegais, de forma alguma.[47]

A ideia de que os judeus mortos por ucranianos e alemães em Lwów fossem responsáveis pelas mortes de prisioneiros em Brygidki era ridícula, pois eles foram mortos por membros do NKVD que já tinham fugido da cidade. Mas o assassinato de tantos judeus inocentes demonstrou mais uma vez que a eliminação do bolchevismo e do judaísmo era um lugar-comum no pensamento nazista.

Houve muitos outros casos de moradores matando judeus em diversas partes dos territórios soviéticos ocupados pela Alemanha, incentivados e ajudados pelos alemães. Na Lituânia, por exemplo, estimativas alemãs sugerem que 3.800 judeus foram mortos só na cidade de Kaunas, e muitos lituanos chacinaram judeus ao lado de esquadrões de extermínio nazistas em todo o país.[48] Em um incidente notório em frente a uma garagem em Kaunas, um lituano esmagou a cabeça de 45 judeus com uma barra de ferro. Uma multidão se reuniu para assistir, e um dos alemães que presenciou a chacina depois comentou: "A conduta dos civis, entre os quais havia mulheres e crianças, foi inacreditável. Eles aplaudiam depois de cada golpe da barra de ferro".[49]

Enquanto esses assassinatos aconteciam, soldados alemães continuavam a avançar em território soviético. Mas logo surgiram sinais de preocupação entre os planejadores alemães de que a Wehrmacht não estava fazendo tantos progressos como fora previsto. Os soldados alemães perceberam, por exemplo, que seus tanques estavam usando muito mais combustível do que esperavam nas estradas ruins. E tanto as tripulações da força aérea como a infantaria estavam sofrendo de exaustão. Tudo isso significava que o território que eles previram conquistar em vinte dias ainda não havia sido subjugado em quarenta.[50]

Além disso, embora um número enorme de soldados do Exército Vermelho tivesse sido morto ou capturado, as reservas soviéticas eram maiores do que os alemães imaginaram. "Toda a situação deixa cada vez mais claro que subestimamos o colosso russo", escreveu o general Halder em seu diário em 11 de agosto. "No início da guerra, calculamos cerca de duzentas divisões inimigas. Agora já contamos 360." Mesmo que Halder acreditasse que essas unidades não eram "equivalentes aos nossos padrões", a verdade era que "elas estavam lá". Outro problema identificado por Halder foi que, à medida que os soldados do Exército Vermelho eram forçados a recuar, as linhas de abastecimento alemãs se tornavam mais longas, enquanto os soviéticos ficavam mais "próximos dos próprios recursos".[51]

Pouco depois de Halder escrever essas palavras, houve uma grande discussão entre Hitler e seus generais. Unidades do Grupo do Exército Central estavam engajadas numa batalha por Smolensk, uma cidade no eixo central de ataque em direção a Moscou. Os alemães acabariam vencendo essa batalha no início de setembro, mas a resistência soviética era mais forte que o esperado, e a cada dia de luta as forças alemãs ficavam mais aquém do cronograma original da invasão. Uma questão então se impunha – uma questão que fora evadida antes do início da invasão. Deveriam os alemães avançar em direção a Moscou ou parar em Smolensk enquanto diferentes unidades do Grupo do Exército Central marchavam para o norte em direção a Leningrado e ao sul, para ajudar seus colegas que lutavam para capturar os recursos da Ucrânia? Halder e Brauchitsch queriam avançar para Moscou. Hitler discordou, tanto que expôs suas razões por escrito – algo que, como vimos, ele raramente fazia. Apesar de aceitar que os alemães estavam indo bem até agora porque "grupos individuais do exército ou de exércitos" conseguiram "tomar suas próprias decisões" sobre como derrotar o inimigo, ele enfatizou que essa liberdade só era aceitável enquanto não interferisse com seu "plano mestre". E o "plano mestre" de Hitler certamente não envolvia avançar imediatamente para Moscou, mas se concentrar em destruir os soldados soviéticos e obter recursos valiosos para o Reich.[52]

Hitler não estava bem quando escreveu essa nota. Sabemos disso porque Goebbels o visitou e o achou "muito fatigado e mal de saúde". Era compreensível, concluiu, pois a "responsabilidade por todo o continente hoje pesa sobre seus ombros". Hitler percebia que havia sido "enganado" quanto à capacidade das forças soviéticas, que eram muito mais fortes do que fora levado a crer. Chegou a dizer a Goebbels que pensava que "talvez chegue o momento em que Stálin nos pedirá uma paz". Se isso acontecesse, Hitler poderia ser tentado a aceitar, desde que os alemães ganhassem "extensas" áreas de território e o "exército bolchevique" fosse destruído "até o último canhão".[53]

O encontro de Goebbels com Hitler nos arredores sombrios de seu quartel-general militar foi excepcional. O Führer – que normalmente demonstrava total confiança em seu julgamento – estava vacilando. Disse a Goebbels que, em vez de destruir o bolchevismo, os nazistas poderiam ser "indiferentes" em relação ao seu destino, pois "sem o Exército Vermelho, o bolchevismo não é uma ameaça para nós".[54]

Não é difícil compreender por que Hitler pode ter se sentido assim. A maior aposta de sua carreira – ainda maior, em escala, que sua decisão de atacar a Europa Ocidental no ano anterior – não estava indo como esperado. Ele logo se recuperaria, mas esse ponto baixo em seu estado de espírito, presenciado por Goebbels, foi a primeira rachadura na carapaça de autoconfiança de Hitler em relação à luta pela frente.

Mas se foi um momento ruim para Hitler, também o era para Stálin. Não só tinha cometido uma série de erros estratégicos antes do início da guerra, que ajudaram os alemães em seu avanço, como continuava tomando decisões estratégicas que prejudicavam as chances do Exército Vermelho de montar uma defesa eficaz. Não que deixasse essa ansiedade transparecer para os que trabalhavam para ele – ao menos de acordo com Nikolay Ponomariev, membro da equipe de comunicações de Stálin no Kremlin. Ponomariev conheceu Stálin no verão de 1941. "Eu estava muito nervoso", admitiu. "Talvez só tenha sobrevivido à experiência porque era jovem, tinha 24 anos e nunca tinha estado tão perto de Stálin, só [o via] durante os desfiles quando ele subia no pódio, mas agora estava a apenas um metro de mim." Ele ficou impressionado com a compreensão de Stálin da situação. "Naquela época eu estava trabalhando muito, conversando muito com os grandes comandantes, mas ninguém era tão articulado quanto ele. A partir de então, um grande peso foi retirado da minha mente e eu percebi que seria capaz de trabalhar com ele."

Assim como o valete de Hitler, que achava seu patrão uma "pessoa agradável",[55] Ponomariev não se furtava a dizer que, por experiência própria, achava que havia um outro lado no líder a que servia, um lado que os historiadores não levaram em conta. "Acho que foi no segundo dia, ele entrou, me cumprimentou, apertou minha mão e se revelou uma pessoa completamente diferente de quando o vi pela primeira vez [quando ele estava muito sério]. Era agradável, interessado nas coisas, gostava de uma piada." Além disso,

> na minha opinião, ele era [...] Como posso dizer [...] [ele era] bondoso. Prestativo. Em cinco anos, nunca o ouvi levantar a voz para alguém ou ofender alguém ou se comportar de maneira desagradável... nenhuma vez. [...] Era por isso que eu o respeitava, e vou dizer francamente, adorava sua postura, que facilitou minhas conversas e me dar bem [com ele], por assim dizer, me sentir em casa e próximo dele.[56]

Esse é um lado de Stálin poucas vezes mencionado. Mas, antes de sairmos por aí achando que ele era uma pessoa "bondosa", precisamos contextualizar essas observações. Ponomariev era uma figura júnior na hierarquia do Kremlin, assim como o valete de Hitler no sistema nazista. Para um jovem soldado como ele, estar na mesma sala que Stálin era um evento transformador. Por causa de todas as pressões do ambiente cultural em que vivia, Ponomariev estava inteiramente predisposto a se impressionar com Stálin. Um meio sorriso do líder soviético, uma palavra simpática – atitudes que em outra pessoa poderiam passar quase despercebidas – se transformam em traços de caráter essenciais.

Apesar de sua suposta "articulação" e "postura", os desastres continuaram perseguindo Stálin naquele verão. No final de agosto, ele presidiu o maior desastre naval da história da Rússia ou da União Soviética. Mais de duzentos navios – uma mistura de navios de guerra e navios mercantes de transporte – tentaram zarpar do porto de Tallinn, na Estônia, e seguir para o porto soviético de Kronstadt, no nordeste. A essa altura, Tallinn estava cercada por forças alemãs, e como Stálin e seus comandantes militares atrasaram a saída da frota o máximo possível, deram tempo para os alemães colocarem cerca de 3 mil minas no caminho dos navios que chegavam.[57] Uma combinação dessas minas com ataques de aeronaves alemãs provocou um caos nas forças soviéticas em fuga. "Irrompendo do mar, enormes pilares de chamas e fumaça negra sinalizaram a perda de navios de combate e embarcações de transporte", disse o almirante Kuznetsov, comissário da Marinha.

> Com o cair da noite, o rugido hediondo dos bombardeiros nazistas diminuiu. Mas isso não significava que as tripulações podiam relaxar, havia o perigo ainda ameaçador na água. Na escuridão, era difícil ver as minas ancoradas, agora flutuando entre os destroços de botes salva-vidas destruídos.[58]

Os marinheiros alemães responsáveis pela criação desse vasto campo minado ficaram em êxtase. "Em um pandemônio, uma embarcação após a outra navegou em direção ao invisível e assustador inimigo subaquático, que abria buracos mortais em seus cascos", escreveu o tenente-comandante Wehr, da Kriegsmarine.

Navios de transporte com os conveses repletos de soldados, embalados como numa lata de sardinhas, contratorpedeiros, petroleiros, barcos de patrulha e navios de todos os tipos desapareceram da superfície do mar. [...] Nunca na história da guerra naval uma operação de disseminação de minas teve tanto sucesso.[59]

Nada menos que 65 navios soviéticos foram perdidos, resultando em cerca de 14 mil baixas.[60] Depois da catástrofe, teve início a procura usual por bodes expiatórios. Um dos muitos culpados injustamente foi o capitão Vyacheslav Kaliteyev, oficial comandante das tropas embarcadas no *Kazakhstan*. O navio foi explodido por uma bomba no mar e resgatado por outro barco. Mesmo assim, ele foi fuzilado quando voltou às praias soviéticas pelo crime de abandonar seu navio na batalha.[61]

Poucos dias antes do desastre da fuga de Tallinn, Stálin estava lidando com um problema ainda maior: a crise surgida como resultado da decisão de Hitler de ordenar que unidades do Grupo do Exército Central, inclusive a poderosa força de tanques de Guderian, se voltassem para o sul, até a Ucrânia, e ameaçassem a capital, Kiev. Nikolay Ponomariev lembrou que Stálin "insistiu muito para Kiev não se render". Os comandantes militares "disseram que não eram fortes o suficiente para manter o controle de Kiev" e "pediram permissão para retirar as tropas, mas Stálin insistiu no contrário".[62] Essa intransigência custaria caro ao Exército Vermelho.

Em suas memórias, Zhukov afirma que em 29 de julho sugeriu a Stálin que as forças do Exército Vermelho deveriam recuar de Kiev para evitar um possível cerco, mas Stálin ficou furioso, dizendo: "Como você pode pensar em entregar Kiev ao inimigo?". Durante a discussão que se seguiu, Zhukov foi exonerado do cargo de chefe do Estado-Maior.[63] É uma história interessante, mas na verdade os acontecimentos podem não ter sucedido de forma tão direta. Segundo uma versão da autobiografia do general mantida nos arquivos, Zhukov pediu para ser transferido para um cargo no campo de batalha em vez de continuar no setor administrativo. Isso se encaixa com o que se conhece de suas preferências. Podem ter surgido também elementos de desacordo, entre ele e Stálin, sobre Kiev – Zhukov pode até ter pedido para ser transferido após ou durante um entrevero com o líder soviético –, mas os eventos provavelmente foram mais complexos do que a simples história da exoneração.[64]

O certo é que nesse período Stálin estava ansioso para impedir a rendição dos soldados do Exército Vermelho, como centenas de milhares de outros já haviam feito. Em 16 de agosto, assinou seu nome na infame Ordem 270, que instruía unidades do Exército Vermelho a morrer em vez de ser capturadas. Comandantes e comissários foram os alvos específicos. Se eles se rendessem, seriam considerados desertores e suas famílias poderiam ser presas.[65] Mas foi dito a cada soldado, independentemente de seu posto na cadeia de comando, que sua unidade deveria lutar até a morte. Era uma ordem que teria consequências indesejadas, pois deixou os comandantes com medo de recuar para salvar suas tropas. Uma retirada tática para uma unidade se reagrupar antes de voltar à luta – uma decisão razoável tomada em algumas condições no campo de batalha – poderia então ser considerada como traição.

O Segundo Grupo Panzer, sob o comando de Guderian, conseguiu atravessar o rio Desna no início de setembro. Era óbvio, então, que os alemães estavam tentando cercar um grande número de soldados soviéticos. O marechal Shaposhnikov, substituto de Zhukov como chefe do Estado-Maior, alertou Stálin e sugeriu que as unidades do Exército Vermelho recuassem, mas Stálin recusou. Mesmo que depois tenha autorizado um pequeno reposicionamento de algumas tropas, ele disse ao general Kirponos, no comando do *front* sudoeste, para "deixar de procurar linhas de retirada e começar a procurar linhas de resistência e somente de resistência".[66]

Em 13 de setembro, o major-general Tupikov, chefe de gabinete de Kirponos, informou que a "catástrofe" se aproxima. Stálin chamou isso de um "despacho em pânico" e exigiu "clareza de ideias e controle". Ele queria as unidades do Exército Vermelho "lutando obstinadamente sem olhar para trás".[67] Porém, meras palavras não podiam mudar a realidade militar. Finalmente, em 16 de setembro, o Exército Vermelho foi autorizado a se retirar. Mas o general Kirponos só obedeceria à ordem depois de um pedido por escrito. E quem poderia culpá-lo, dados o conteúdo das mensagens anteriores de Stálin e a natureza ameaçadora da Ordem 270? No dia seguinte, 17 de setembro, as unidades do Exército Vermelho finalmente tentaram recuar. Mas era tarde demais. Os alemães já as tinham cercado.[68]

Foi um desastre em escala gigantesca para a União Soviética. Mais de 600 mil soldados foram mortos ou capturados. Era a maior derrota sofrida pelo Exército Vermelho até então, e uma calamidade que pode ser atribuída a Stálin.

Embora a doutrina soviética do ataque como a melhor forma de defesa, que causara tantas perdas no início da guerra, não tivesse sido concebida por Stálin, mas apoiada com entusiasmo, a decisão de não recuar de Kiev foi inteiramente dele.

Não surpreende que Stálin estivesse agindo daquela forma, considerando sua formação e caráter. Ele sabia muito bem que a Revolução Bolchevique só fora possível devido ao descontentamento dos soldados russos durante a Primeira Guerra Mundial, e viu como um motim na linha de frente poderia incitar motins nas ruas das cidades do país. A lição que tirou dessa história foi que o controle central e implacável era essencial. Como vimos, era uma contraposição à abordagem de Hitler. Enquanto o Führer estabelecia os objetivos militares gerais, cabia – pelo menos nesse estágio da guerra – às unidades individuais decidir a melhor forma de realizá-los. O líder soviético, por outro lado, interferia nos detalhes de como suas tropas deveriam lutar.

Khrushchev considerava contraproducente esse tipo de liderança de Stálin e do Estado-Maior em Moscou. "O fato de ter sido negada à nossa frente ter iniciativa para usar nossas forças como achássemos melhor foi claramente uma tolice", escreveu depois da guerra.[69] "Você pode imaginar quanto equipamento militar perdemos lá [em Kiev]! Tudo isso foi uma insensatez e, do ponto de vista militar, uma demonstração de ignorância, incompetência e analfabetismo."[70] Nesse contexto, devemos lembrar que Khrushchev estava tentando se livrar de qualquer culpa pelo desastre de Kiev em suas memórias – assim como Zhukov tentou fazer em seus escritos pós-guerra. De qualquer forma, é inegável que um grande número de soldados do Exército Vermelho morreu como resultado das decisões inaptas de Stálin.[71]

O que Kiev demonstrou foi que, se Stálin não alterasse seu estilo de liderança, a União Soviética estaria arruinada. Não importava que o Exército Vermelho pudesse ter mais tropas e tanques que os alemães no campo de batalha. Os acontecimentos na Ucrânia – onde os soviéticos tinham maior quantidade de ambos – demonstraram que a mera superioridade numérica não era suficiente para evitar uma derrota humilhante. Pelo bem da União Soviética, Stálin precisava mudar. Se era capaz de fazer isso e de alterar seu comportamento com o tempo, seria um dos fatores cruciais e determinantes de toda a Segunda Guerra Mundial.

Contudo, em pelo menos um aspecto Stálin já havia mostrado que era capaz de repensar seus pontos de vista. Ele não tinha mais escrúpulos em pedir ajuda a países que antes criticava. Já em julho de 1941, solicitou que a Grã-Bretanha abrisse um "segundo *front*" na França para atrair as forças alemãs para longe do Leste. Em 20 de julho, Maisky registrou em seu diário que Churchill havia assumido uma "posição negativa" sobre essa questão, pois qualquer tentativa de invadir a Europa continental naquele momento seria um "desastre". Churchill tentou convencer Maisky, e através dele, Stálin, de que a campanha de bombardeios britânica constituía uma espécie de segundo *front*, dizendo que "devemos bombardear a Alemanha impiedosamente", para assim "abater o moral da população".[72]

O encontro de Maisky com Churchill é significativo, pois, como veremos, a questão de quando os Aliados estariam preparados para enfrentar as forças alemãs na Europa Ocidental era da maior importância para Stálin. Na verdade, ele consideraria uma traição sinistra a omissão dos Aliados em lançar esse segundo *front* até o Dia D, em junho de 1944.

Naquele verão, Stálin também negociou diretamente com o representante de Roosevelt, Harry Hopkins. Apesar de não ocupar nenhum cargo oficial no governo, Hopkins era uma figura de considerável influência. Ele simbolizava a maneira curiosa como Roosevelt tentava conduzir sua política. Enquanto cultivava uma imagem de abertura e acessibilidade, na realidade o presidente não era nada disso. Ele entendia a importância de "nunca deixar sua mão esquerda saber o que a direita está fazendo". E, ao adotar essa máxima com entusiasmo, criou uma enorme incerteza administrativa.[73] "Ele enviava mensagens através de um departamento e as respostas voltavam por outro", disse George Elsey, que trabalhou como oficial de comunicações na Casa Branca durante a guerra, "pois não queria que ninguém mais tivesse um arquivo completo de suas comunicações com o primeiro-ministro Winston Churchill, por exemplo. [...] Era uma característica dele não querer que ninguém mais soubesse tudo sobre algo".[74]

A missão de Hopkins em Moscou, no final de julho de 1941, foi sintomática da maneira desconectada como Roosevelt conduzia sua política externa. Isso não acontecia apenas porque Hopkins se reportava diretamente ao presidente – contornando assim o Departamento de Estado –, mas também porque Hopkins sabia que Roosevelt queria sua avaliação subjetiva de Stálin como pessoa, não só como líder político. Roosevelt requeria essa inteligência íntima para ajudá-lo a formar com Stálin o tipo de relacionamento pessoal amigável que buscava com figuras políticas importantes. O presidente se orgulhava de sua capacidade de "lidar" com as pessoas e, para "lidar" com Stálin, precisava saber com que tipo de homem estaria tratando.[75]

Hopkins formou sua visão sobre Stálin. "Não havia desperdício de palavras, gestos nem maneirismos. Era como conversar com uma máquina perfeitamente coordenada, uma máquina inteligente." Hopkins também identificou uma diferença vital entre o líder soviético e Roosevelt e Churchill. Stálin não fez nenhum esforço para ser simpático. Ele "não bajula em troca de favores".[76] E embora Hitler também não bajulasse ninguém em troca de favores, o contraste entre ele e o líder soviético que as palavras de Hopkins transmitiam era flagrante. Ninguém que tenha se encontrado com o Führer alemão saíra pensando que acabara de conhecer uma "máquina perfeitamente coordenada".

Em seu relatório ao presidente, Hopkins afirmou que, na reunião no Kremlin, Stálin havia falado da necessidade de um "padrão moral mínimo entre todas as nações", e que os "atuais líderes da Alemanha não conheciam esse padrão moral mínimo e, portanto, representavam uma força antissocial no mundo atual". Eram observações profundamente hipócritas. Sim, os "atuais líderes da Alemanha" certamente eram tão ruins ou piores do que ele descreveu, mas quem era Stálin para falar sobre "padrão moral mínimo" entre as nações? Recentemente, ele havia conquistado territórios dos Estados Bálticos e da Polônia pela força das armas.

Mas as palavras de Stálin são reveladoras. Elas demonstram o quanto ele ainda estava magoado com a decisão de Hitler de romper o pacto nazi-soviético sem aviso prévio. "Os alemães eram um povo", afirmou, "que, sem pensar duas vezes, assinaria um tratado hoje, romperia amanhã e assinaria um segundo no dia seguinte".[77]

Stálin pareceu sério e absolutamente certo da capacidade da União Soviética em conter os alemães. Durante uma conversa com Hopkins em 31 de julho, "expressou grande confiança de que nos meses de inverno a linha [de frente] estaria diante de Moscou, de Kiev e Leningrado".[78] É improvável que Stálin tenha esquecido essa declaração algumas semanas depois, quando Kiev foi ameaçada, e é sempre possível que uma das razões pela qual se mostrou tão determinado a não entregar a capital ucraniana fosse seu desejo de provar que sua previsão estava correta.

Os alemães consolidavam então sua vitória em Kiev, ocupando a cidade. Hitler já havia alertado sobre os perigos que as tropas alemãs enfrentariam ao entrar nos principais centros urbanos da União Soviética, e essas preocupações se justificaram quando, em 24 de setembro, houve uma grande explosão perto do principal posto de correio de Kiev e vários oficiais alemães morreram no incêndio que se seguiu. Como Hitler previra, os soviéticos haviam deixado armadilhas quando se retiraram. Em 10 de outubro, o marechal de campo Von Reichenau ordenou que, no futuro, cidades como Kiev não fossem ocupadas antes de serem "destruídas", para que não representassem nenhum tipo de risco.[79]

Pouco depois de entrarem em Kiev, os alemães agiram contra os judeus que viviam na capital ucraniana. Viktoria Ivanova, então uma criança que morava na cidade, lembrou que os alemães colocaram cartazes dizendo que os judeus deveriam se reunir em uma data específica em setembro trazendo roupas quentes. "Os judeus que viram essas palavras – 'roupas quentes' – pensaram então que possivelmente não seriam executados", contou Ivanova. "Eles seriam evacuados ou transportados para algum lugar. [...] E os judeus foram muito obedientes e é claro que seguiram as ordens dos alemães."[80]

Tragicamente, os alemães tinham outros planos para eles. Em uma das ações mais notórias do Holocausto, os judeus de Kiev foram levados para uma ravina em Babi Yar, a cinco quilômetros do centro da cidade, e assassinados. Ivanova e sua mãe decidiram se arriscar e não se juntar ao êxodo – ainda que pela definição nazista as duas fossem judias. Mas a avó de Ivanova fez o que os alemães mandaram.

Ivanova e a mãe assistiram enquanto os judeus se reuniam na cidade:

> Minha mãe ficou com medo de se aproximar de minha avó – a mãe dela – porque não queria se trair. Foi por isso que ficamos do outro lado da rua. Mas eu atravessei a rua correndo e parei ao lado da minha avó, que estava com uma criança de um ano. Era o outro neto dela. [...] Atravessei a rua correndo e beijei minha avó, e depois voltei depressa. Lembro de uma multidão de judeus, incluindo velhos, jovens, crianças, todos caminhando na direção de Babi Yar. Eles não sabiam que seriam mortos. Alguns deles talvez imaginassem, mas a maioria não pensava em execuções. [...] Lembro da minha avó passando e dizendo à minha mãe: "Eu estou indo". E desapareceu na multidão.[81]

Assim que os judeus chegaram a Babi Yar, colaboradores ucranianos ajudaram no processo de extermínio, mas os assassinatos foram planejados pelos alemães. Como lembrou Kurt Werner, um dos membros do Sonderkommando 4a:

> Cada grupo sucessivo de judeus teve que deitar sobre os corpos dos que já haviam sido executados. Os atiradores ficaram atrás e mataram os judeus com um tiro na nuca. Até hoje me lembro do terror total dos judeus quando viam os corpos ao chegarem ao topo da ravina. Muitos judeus gritaram de terror. É quase impossível imaginar os nervos de aço necessários para fazer aquele trabalho sujo lá embaixo. Foi horrível.[82]

Em apenas dois dias, 29 e 30 de setembro, os alemães, com a ajuda de seus colaboradores, mataram mais de 33 mil judeus. Foi um massacre de civis inocentes sem paralelo – até então – na guerra.

Dina Pronicheva foi uma das poucas que conseguiu escapar de Babi Yar. Ao receber a primeira ordem – como os outros judeus – de tirar as roupas, ela caiu na cova da chacina pouco antes de ser baleada e fingiu estar morta. Em meio ao turbilhão de disparos, e com corpos nus ao seu redor, ela ficou lá sem ser detectada. Mais tarde naquele dia, enquanto tentava fugir, ela viu lá perto

> uns sete alemães trazendo duas jovens judias [que ainda estavam vivas]. Eles desceram um pouco mais na ravina, escolheram um lugar plano e começaram a se alternar para estuprar as mulheres. Quando ficaram satisfeitos, esfaquearam as mulheres com baionetas. [...] E deixaram os corpos assim, nus, com as pernas abertas.[83]

Só recentemente os crimes de violência sexual cometidos pelos alemães e seus colaboradores foram submetidos ao tipo de análise acadêmica que essas atrocidades merecem. Esses trabalhos desmentem a ideia de que as forças de ocupação foram impedidas de cometer tais atrocidades pelas restrições ideológicas do nazismo. A verdade é que foi uma guerra vil e suja de todas as maneiras possíveis.

Oficialmente, o contato sexual entre alemães e judeus ou eslavos era estritamente proibido. Mas essa regra não foi aplicada com rigor. Por exemplo, Carlheinz Behnke confessou depois da guerra que, enquanto servia em sua unidade da SS, ele fez sexo com uma "bela jovem ucraniana ou russa" em uma cidade a leste de Kiev. Escreveu em seu diário que a "montou" junto com "muitos camaradas". A "punição" de Behnke por esse "crime racial" foi meramente não ser promovido por seis meses.

Behnke afirma que a mulher consentiu com o sexo – embora seja impossível imaginar como o consentimento tenha sido possível em tais circunstâncias. "Ouvimos dizer que havia uma casa onde isso podia ser feito", contou. "Então, quatro ou cinco de nós fomos lá. Bem, foi um depois do outro. Como se faz na irresponsabilidade juvenil. Sem pensar em nada." Contou que ele e seus companheiros deram "chocolate" à mulher em pagamento pelo sexo.

> Até hoje sinto o cheiro do perfume dela, e sempre que sinto um perfume como esse eu digo: "Isso tem cheiro de uma biscate russa!". Talvez palavras grosseiras, mas ainda me lembro desse cheiro. E descobrimos que as mulheres russas ou ucranianas não eram "criaturas subumanas", que eram tão bonitas quanto as próprias mulheres, sabe. Não realmente vulgares, mais cheias de corpo, mas mulheres bonitas.[84]

Em Kiev, Viktoria Ivanova e sua mãe ouviram falar do massacre de Babi Yar horas depois do ocorrido. "Todo mundo sabia que tinham acontecido as execuções", explicou. "Você não pode esconder um fato assim. A notícia logo se espalhou pela cidade." Ela e a mãe imediatamente se esconderam e passaram pelas casas de vários amigos. Em um dos apartamentos, as duas se esconderam em um quarto que estava separado do resto dos cômodos por um grande guarda-roupa.

> Então, quando os alemães entravam naquele quarto eles só viam cinco ou seis pessoas dormindo juntas, e não podiam ver que havia outro quarto atrás. E ficamos vivendo nesse estado de medo. Tivemos que sobreviver a todo esse horror. Eu era criança, tremia e vivia agarrada à minha mãe e sabia que a qualquer minuto eles podiam entrar no nosso quarto e imediatamente matariam a gente e as pessoas que estavam nos escondendo. Isso durou três anos.

Ivanova entendeu bem a forma contrastante como não judeus ucranianos agiram durante a guerra: "Tinha gente entre os ucranianos que salvava judeus, mas havia alguns que traíam os judeus, porque a população era dividida em duas partes". Sua própria mãe foi depois morta pelos alemães porque um vizinho a denunciou. "Naturalmente, eu tinha uma espécie de duplo sentimento", explicou, "porque fui salva pelos ucranianos [...] [mas] odiava os que traíam o nosso povo. Eu não consigo respeitar essas pessoas".

Mais do que qualquer coisa, contudo, Ivanova culpa os alemães por terem implantado todo esse horror na Ucrânia em geral e entre os judeus ucranianos em particular: "Eu achava que eles eram umas feras, como cães. Eu associava todos com os cães que tinham. A gente os chamava de pastores alemães, porque uma pessoa que pode matar outra é como um cachorro treinado para capturar e matar pessoas".[85]

Hitler não matou pessoalmente a mãe de Viktoria Ivanova e nem os outros judeus de Kiev, da mesma forma como Stálin não viu ucranianos morrerem de fome no início dos anos 1930. Mas ambos foram responsáveis por seus respectivos crimes. Todo o sofrimento que causaram foi produto das ideologias que apregoavam. Stálin foi implacável na implantação da sua política de reestruturação da agricultura soviética, mesmo sabendo das mortes ocorridas como resultado, e a visão de mundo de Hitler determinava que os judeus da União Soviética deveriam ser eliminados, de um jeito ou de outro.

Uma ideologia pode ser resumida em simples palavras, mas o sofrimento que pode causar é muito real. E na União Soviética esse sofrimento estava prestes a se tornar muito pior.

7

DIAS DE DESESPERO

O outono de 1941 foi um ponto de inflexão na vida de Hitler e de Stálin. Um deles declararia publicamente que a vitória estava quase conquistada, enquanto o outro tomaria o que deve ter sido a decisão mais importante de sua vida.

No início do outono, Hitler estava cheio de confiança. O Exército Vermelho não fora apenas derrotado em Kiev, mas totalmente esmagado. Era o tipo de vitória com que Hitler contava desde o momento em que decidira pela invasão. "Ele está excepcionalmente satisfeito com os acontecimentos e positivamente exala alegria", escreveu Goebbels depois de um encontro com Hitler, em 23 de setembro. "O feitiço foi quebrado. Podemos antecipar novas grandes vitórias nas próximas três a quatro semanas."

O Hitler doente e desanimado com quem Goebbels havia se encontrado em agosto não mais existia. Hitler passara a falar em chegar logo a Stalingrado e impedir aos "bolcheviques" acesso a "sua produção de carvão e armamentos". Todos os seus sonhos de tomar os recursos soviéticos voltaram a parecer possíveis. Também contou a Goebbels seus planos para Leningrado. Ele queria que aquela grande metrópole "desaparecesse" da face da Terra. O bolchevismo, disse, se originou lá e "nessa cidade o bolchevismo será definitivamente destruído". Ele não tinha planos para as tropas alemãs capturarem a cidade, pois "não seríamos capazes de alimentar a massa de 5 milhões [de pessoas] arrebanhadas lá". O plano era matá-las de fome e "destruir" a cidade bombardeando-a até não mais existir. "O drama urbano mais terrível já visto na história vai se mostrar aqui", escreveu Goebbels. "O bolchevismo, que começou com fome, sangue e lágrimas, [será] extinto com fome, sangue e lágrimas."

Hitler vangloriou-se a Goebbels de que "as ações sendo empreendidas no momento são um trabalho dele". Disse que seus "especialistas" militares, como Brauchitsch, se opuseram a seu desejo de deslocar tropas para o sul e atacar Kiev. Além disso, chegou a ser

> forçado a registrar suas verdadeiras intenções em um memorando detalhado para convencer os generais da correção de suas medidas operacionais. Na verdade, é um sinal deplorável de falta de ousadia na linha de pensamento de nossas autoridades militares. Claro que hoje todos estão convencidos da correção dessas medidas, pois tiveram sucesso. Mas isso não é difícil de fazer; o difícil é prever o sucesso corretamente. É fácil enaltecer os sucessos já alcançados.[1]

Foi um desempenho hitleriano arquetípico. Muitas de suas características como líder ficaram à mostra. A ausência de magnanimidade para com os que derrotava – de fato, será que já houve um conquistador mais cruel? Os planos grandiosos e extremamente ambiciosos – como o exército alemão conseguiria chegar a Stalingrado, a mais de novecentos quilômetros de distância através das estepes, antes que o inverno tornasse o terreno praticamente intransitável para os tanques alemães? E seu impulso vaidoso e grotescamente egoísta de se gabar de ter estado certo o tempo todo. Não bastava a vitória em Kiev, ele queria humilhar os "especialistas" que o contradisseram.

Vemos toda essa exibição e desumanidade como algo extremamente negativo. Mas Goebbels, assim como muitos outros nazistas, não interpretava as palavras de Hitler dessa forma. O assassinato de milhões de "bolcheviques" era visto como necessário, uma vez que eram considerados "subumanos" e os alemães queriam seus territórios. A ideia de que a Wehrmacht poderia avançar centenas de quilômetros pelas estepes, com o inverno se aproximando e suas linhas de abastecimento cada vez mais extensas, era vista como um objetivo maravilhoso e inspirador. O que poderia ser mais estimulante do que objetivos ambiciosos que, uma vez alcançados, tornariam todos famosos pela eternidade?

Quanto às críticas de Hitler aos seus generais, não seria mais uma prova – incontestável – de que o Führer estava sempre certo?

Em 17 de setembro, alguns dias antes do encontro com Goebbels, Hitler jactava-se de seu brilhantismo para um grupo diferente de acólitos. Em um de seus monólogos após o jantar, ele reiterou que tinha precisado "jogar toda a minha autoridade na balança" para que a operação de Kiev acontecesse. Em seguida observou, com ironia: "Vejo de passagem que grande parte de nossos sucessos se originou em 'erros' que tivemos a audácia de cometer".[2]

Nessa mesma noite ele explicou como tomava decisões importantes. "O espírito de decisão não significa agir a todo custo", falou. "O espírito de decisão consiste simplesmente em não hesitar quando uma convicção interior ordena que você aja." É uma visão esclarecedora da mentalidade de Hitler como líder. Como vimos, ele não seguia a regra convencional de administração – primeiro analisar o maior número possível de pontos de vista para depois decidir. Na maioria das vezes, ele não consultava ninguém. Em momentos cruciais da história do Terceiro Reich, Hitler simplesmente anunciou a seus subordinados o que havia decidido. Em seguida confiava em sua falta de autocrítica e seus consideráveis poderes de persuasão, aliados à autoridade do cargo, para fazer o que queria.

Isso não significa necessariamente que Hitler sempre foi decisivo. Como o general Halder notou no decorrer da campanha na França, ele às vezes ficava "terrivelmente nervoso" e "com medo de correr qualquer risco".[3] Mas seus comentários em 17 de setembro explicam por que isso acontecia. Hitler sempre achou necessário esperar por sua "convicção interior" antes de tomar uma decisão importante. Se tal sentimento estivesse ausente, ele não sabia ao certo o que fazer. Assim, o destino da Alemanha se encontrava nas mãos de um homem controlado pelas emoções de sua "convicção interior" – uma sensação a que não podia recorrer quando necessário, mas pela qual era obrigado a esperar.[4]

O contraste entre Hitler e Stálin naquele outono era flagrante, não só na forma como a guerra progredia – Stálin estava tão ansioso com os acontecimentos quanto Hitler se sentia confiante –, mas também no estilo de liderança. Embora fosse verdade, como vimos no contexto de Kiev, que Stálin era capaz de tomar decisões ineptas inteiramente por conta própria, ele não esperava uma "convicção interna" dizer o que deveria fazer. Na maioria das vezes, primeiro ele consultava seus camaradas e depois agia. Consideremos a mensagem que enviou aos líderes bolcheviques em Leningrado ao saber que a cidade de Shlisselburg, a pouco mais de trinta quilômetros a leste de Leningrado, havia caído nas mãos dos alemães, em 9 de setembro. Ao contrário de Hitler, que comunicava "diretrizes do Führer" em seu próprio nome, Stálin, na maioria das vezes, assinava suas instruções junto com vários companheiros – nesse caso, Molotov, Malenkov e Béria. "Estamos enojados com a sua conduta", dizia o telegrama. "Tudo o que vocês fazem é reportar a rendição deste ou daquele lugar, sem dizer uma palavra sobre como pretendem pôr um fim em todas essas perdas de cidades e estações ferroviárias. A maneira como vocês nos informaram da perda de Shlisselburg foi ultrajante."[5]

Mas embora parecesse haver um abismo entre os estilos de liderança dos dois ditadores, a ideia de que Stálin fazia parte de um processo coletivo de tomada de decisão era uma ilusão. Ainda que quatro pessoas tenham assinado o documento enviado à liderança de Leningrado, o sentimento no telegrama era autenticamente de Stálin. Ele acreditava na criação de uma cultura de culpa sempre pervasiva. O que temia era a perda do controle, e acreditava que o seu estilo de controle abrangente poderia ser melhor mantido por meio de uma ameaça sempre ostensiva.

Ao mesmo tempo que se enfurecia com o destino de Leningrado, Stálin instruía seu embaixador em Londres, Ivan Maisky, a alertar que se Churchill não autorizasse os equipamentos e outros materiais que os soviéticos demandavam, havia o "risco" de os alemães ganharem a guerra no Leste. Ademais, em nome de Stálin, Maisky queria que os britânicos cruzassem o Canal da Mancha e lutassem contra os alemães na França, ou atacassem o Estado nazista pelos Bálcãs. Mais uma vez, Churchill explicou que seguir tal curso representaria uma "derrota certa" para os britânicos.[6]

Nessa mesma reunião, Churchill também disse que a Grã-Bretanha não poderia fornecer a ajuda militar de que os soviéticos necessitavam no curto prazo exigido por Stálin. "Só Deus, em quem você não acredita, pode ajudá-lo nas próximas seis a sete semanas", disse Churchill. De qualquer forma, acrescentou, mesmo se fosse autorizado imediatamente, o equipamento desejado só chegaria à União Soviética dali a vários meses.

Stálin respondeu a Churchill pouco mais de uma semana depois, pedindo aos britânicos que enviassem "25-30 divisões" para a União Soviética para lutar "lado a lado" com o Exército Vermelho. Mais uma vez, Churchill recusou o pedido, dizendo ser "triste" não poder enviar as tropas que Stálin pedia, "mas, infelizmente, é assim que as coisas estão".[7] Churchill seguiu essa linha apesar do aviso, em uma nota a Roosevelt no início de setembro, de que "não podemos excluir a impressão de que eles [os soviéticos] podem estar pensando em termos separados".[8] Mas nem mesmo a possibilidade de Stálin tentar sair da guerra e fazer uma paz com Hitler poderia mudar a realidade da posição britânica.

No início de outubro, britânicos e norte-americanos conseguiram, pelo menos, concluir um acordo que oferecia alguma ajuda ao esforço de guerra soviético – apesar de Stálin não ter se impressionado com a forma como o acordo funcionou. Sob o "Primeiro Protocolo", Churchill e Roosevelt concordaram em enviar mensalmente várias centenas de aeronaves e tanques para a União Soviética. Contudo, menos de quinhentos tanques britânicos foram entregues em 1941, com pouco mais de duas dúzias de tanques norte-americanos. Ademais, os soviéticos ficaram descontentes com a qualidade dos tanques recebidos da Inglaterra. Os tanques Matilda e Valentine foram considerados lentos e vulneráveis.[9]

O desespero de Stálin por ajuda externa refletia uma verdade preocupante para os soviéticos – as forças de Hitler pareciam ser mais bem comandadas, mais bem treinadas e ao todo muito superiores aos soldados do Exército Vermelho. Um sinal dessa crise de confiança soviética foi captado pelo correspondente de guerra Vasily Grossman, ao presenciar o interrogatório de um motociclista da Wehrmacht em setembro de 1941. "É um austríaco, alto e bem-apessoado", escreveu Grossman. "Todos admiram seu casaco de couro longo, macio e cor de aço. Todos tocam no casaco, abanando a cabeça. Isso significa: como é possível lutar contra alguém que usa um casaco como esse?"[10]

As forças soviéticas estavam prestes a enfrentar um desafio ainda maior. Depois da vitória em Kiev, Hitler autorizou a Operação Tufão, o avanço contra Moscou. Em preparação para o ataque, o Grupo do Exército Central do marechal de campo Von Bock foi fortalecido para criar uma força de mais de 1.500 tanques e quase 2 milhões de soldados. Nenhum comandante alemão na história jamais teve tal instrumento de guerra à sua disposição.

Os Panzer de Guderian lançaram a ofensiva em 30 de setembro, e logo obtiveram uma vitória espetacular. Em apenas quatro dias, seus tanques viajaram mais de 180 quilômetros e capturaram a cidade de Orel. Os soviéticos foram pegos totalmente de surpresa. Quando as primeiras unidades da 6ª Companhia do 4º Grupo Panzer chegaram à cidade, viram os bondes ainda circulando pelas ruas.[11] "A vida na cidade ainda estava em pleno andamento", lembrou Arthur Wollschlaeger, comandante da 6ª Companhia. "Quando os cidadãos de Orel nos viram, fugiram para os prédios e ruas laterais, brancos como fantasmas. Trepidante e sacudindo, um bonde tentou exercer seu direito de passagem, até tocando o sino."[12] Quando o editor de Vasily Grossman perguntou, furioso: "Por que você não escreveu nada sobre a heroica resistência de Orel?", o repórter respondeu: "Porque não houve defesa nenhuma".[13]

Orel foi a primeira de uma série de vitórias alemãs nas semanas seguintes, que convenceram muitos dos pertencentes ao círculo ao redor de Hitler que a guerra no Leste estava efetivamente vencida. "Parecia haver uma estrada aberta para Moscou diante de nós", escreveu Nicolaus von Below, assistente de Hitler na Luftwaffe.[14] Em meio a esse brilho de otimismo, Hitler voltou da Toca do Lobo para Berlim, para fazer um discurso no início do programa de Assistência no Inverno. O discurso, proferido no Sportpalast [Palácio dos Esportes] na tarde de 3 de outubro, foi um dos mais importantes realizado por Hitler, não por ter dito algo novo sobre sua ideologia fundamental, mas porque durante o discurso ele cometeu um dos maiores erros de sua carreira política – um erro devastador para um líder carismático.

Falando não somente para o público à sua frente, mas também via rádio para o povo alemão, afirmou categoricamente que "tudo" tinha "ocorrido como planejado" e que "esse inimigo já foi derrotado e nunca mais se levantará!"[15] Foram palavras que muita gente interpretou como significando que a guerra no Leste fora vencida e o Exército Vermelho, derrotado. O resultado foi um benefício intenso e de curto prazo para o regime – ampliado pelo fato de ter sido a primeira vez que Hitler falava em público desde o início da guerra contra a União Soviética. "Internamente, o discurso do Führer funcionou maravilhosamente", escreveu Goebbels em seu diário em 5 de outubro. "Todas as críticas, todo o pessimismo, até mesmo todas as aflições desapareceram completamente." Mas Goebbels, um propagandista sofisticado, também expressou "preocupação" com que a "opinião pública" pudesse "se exaltar demais" como consequência.[16]

Seis dias depois, em 9 de outubro, Otto Dietrich, secretário de imprensa de Hitler, realizou uma reunião para jornalistas e se mostrou tão confiante quanto seu Führer, se não mais. "Para todos os fins militares, a Rússia soviética acabou", proclamou Dietrich.[17] No dia seguinte, a imprensa alemã estava triunfante. "O poder militar do bolchevismo está destroçado para sempre", disse o *Preussische Zeitung*. "A vitória no Leste frustra as esperanças da Inglaterra de uma guerra em duas frentes."[18] O *Völkischer Beobachter* foi igualmente celebratório, alardeando que "a campanha no Leste" estava "decidida" e que esse momento marcava o "fim militar do bolchevismo".[19]

Goebbels ficou seriamente preocupado. "O dr. Dietrich volta do quartel-general do Führer e fala na frente da imprensa", escreveu em seu diário em 10 de outubro. "Ele dá uma imagem da situação militar que é extremamente positiva e otimista, quase positiva demais e otimista demais. Quando, por exemplo, a manchete 'A guerra está decidida!' é divulgada para a imprensa, certamente está indo longe demais." Goebbels temia que ainda houvesse "dias difíceis pela frente" e que todo esse excesso de confiança pudesse voltar para atormentá-los. "Espero em Deus que as ações militares continuem se desenvolvendo de forma a não sofrermos um revés psicológico."[20]

Para tranquilidade dos nazistas, no momento em que Goebbels escreveu essas palavras parecia haver pouca chance imediata de tal "revés". Pelo contrário, os alemães estavam conquistando vitórias espetaculares. O Grupo do Exército Central conseguiu criar dois cercos gigantes, um em Vyazma e outro ao sul, em Briansk. Quando os alemães entraram em Vyazma – a pouco mais de noventa quilômetros a oeste de Moscou –, eles quase capturaram o comandante soviético, general Rokossovsky. Foi o prefeito quem lhe deu a notícia de que os Panzer podiam ser vistos do campanário da igreja no centro da cidade. Rokossovsky só conseguiu escapar porque se esquivou por uma rua lateral para fugir do avanço de um tanque alemão.[21]

Centenas de milhares de soldados soviéticos ficaram presos no bolsão de Vyazma. Walter Schaefer-Kehnert, um oficial do 11º Grupo Panzer, lembrou-se das cenas enquanto tentavam escapar do cerco. Schaefer-Kehnert viu soldados do Exército Vermelho "andando como um rebanho de ovelhas" em direção às linhas alemãs. À noite, "quase todos bêbados, [porque] eles distribuíram toda a vodca que tinham [...] gritando 'urra', eles investem [contra os alemães] aos milhares. [...] Isso deu uma sensação totalmente diferente de qualquer batalha que tínhamos visto antes".[22]

Schaefer-Kehnert lembrou que às vezes uma companhia de metralhadoras alemã era sobrecarregada pelo grande número de soldados do Exército

Vermelho que avançava e, depois de ter derrubado um número enorme de soldados soviéticos, acabavam sendo mortos. "Você pode imaginar", explicou Schaefer-Kehnert, "a sensação dos seus substitutos, esperando na noite seguinte que mais soldados soviéticos avançassem em sua direção". Também se lembrou de

> histórias muito engraçadas. [...] Veja só, se eles não tivessem mais munição, é claro que nossos soldados de infantaria também se retiravam. Saíam correndo no meio da noite adentro e um perguntava ao outro: "De que unidade você é?", e então percebia que estava correndo junto com um russo! Os dois estavam indo para o leste, com o russo querendo fugir e o outro [o alemão] querendo voltar para os depósitos de suprimentos.

Dentro do "caldeirão", as condições dos soldados do Exército Vermelho logo se tornaram insuportáveis. "A situação das forças cercadas piorou demais", relatou o tenente-general Lukin, em 10 de outubro. "Restam poucos projéteis, as balas estão acabando e não há comida. Eles comem o que a população consegue fornecer e carne de cavalo. Os remédios e materiais para curativos se esgotaram. Todas as barracas e moradias estão transbordando de feridos."[23]

Viktor Strazdovski, um soldado soviético raso de então 18 anos, do 32º Exército, foi um dos soldados do Exército Vermelho que sofreu em Vyazma. Tudo o que ele e seus quatro camaradas tinham eram dois fuzis e alguns cartuchos de munição:

> Tudo [o mais] tinha sido destruído e estava em chamas. Naturalmente, nosso estado de espírito era tal que [...] por um lado, não podíamos desobedecer às ordens, e por outro, sabíamos que estávamos condenados e que não havia nada que pudéssemos fazer com nossos fuzis se topássemos com os alemães.

Ele e um pequeno grupo de seus camaradas conseguiram encontrar uma saída do cerco, mas "tivemos sorte, pois no momento crucial nós evitamos colidir com eles [os alemães] [...] mas isso foi puro acaso, foi simplesmente o destino".[24]

Vasily Grossman, o correspondente de guerra soviético, foi testemunha do grande número de civis soviéticos que tentavam fugir para o leste, para longe do perigo do cerco alemão. "Achei que já tinha visto uma retirada", escreveu no início de outubro,

> mas nunca vi nada como o que estou vendo agora, e nunca poderia nem sequer imaginar algo parecido. Êxodo! Um êxodo bíblico! Os veículos estão se movimentando em oito pistas, o rugido violento de dezenas de caminhões tentando tirar as rodas da lama. [...] Não é uma enchente, não é um rio, é o movimento lento de um oceano fluindo, um fluxo com centenas de metros de largura. Cabeças de crianças, louras e morenas, olham por baixo das tendas improvisadas que cobrem as carroças, bem como as barbas bíblicas de anciãos judeus, xales de camponesas, chapéus de tios ucranianos e cabeças de cabelos pretos de meninas e mulheres judias. Que silêncio há em seus olhos, que tristeza resignada, que sensação de destino, de uma catástrofe universal![25]

Stálin estava ciente da ameaça representada pelo avanço alemão. E naquele momento decisivo, em outubro, consta que queria buscar um acordo de paz com os alemães. Segundo um estudioso russo, o professor Viktor Anfilov, que entrevistou o marechal Zhukov nos anos 1960, Zhukov ouviu Stálin conversando com Béria ao telefone naquele mês de outubro, dizendo: "Entre em contato com o serviço de inteligência alemão por meio dos seus agentes, descubra o que a Alemanha vai querer de nós se nos oferecermos para assinar um tratado de paz em separado".[26]

É possível que Zhukov tenha se enganado quanto à natureza da conversa. No entanto, Stálin já havia sugerido discutir um acordo de paz com os alemães em um momento de crise. Poucos meses antes, em julho de 1941, Pavel Sudoplatov, um agente do NKVD, foi instruído por Béria – agindo sob ordens de Stálin – a entrar em contato com o embaixador búlgaro em Moscou. Sudoplatov tentou usar o embaixador como intermediário para ver quais termos os alemães estariam dispostos a aceitar para encerrar a guerra. Será que se contentariam, por exemplo, "com os territórios soviéticos dos Estados Bálticos, da Ucrânia, da Bessarábia, da Bucovina e da península da Carélia"? Além de Sudoplatov ter depois escrito sobre esse encontro com o embaixador da Bulgária, documentos de arquivo de 1953, da época do julgamento de Béria, também corroboram sua história.[27]

O historiador russo Dmitri Volkogonov apresenta uma versão diferente desse incidente com o embaixador búlgaro. Cita uma conversa que teve depois da guerra com o marechal Moskalenko, que declarou:

> Stálin, Béria e Molotov discutiram em particular a questão de se render à Alemanha fascista, concordando em entregar a Hitler as repúblicas soviéticas do Báltico, a Moldávia, grande parte da Ucrânia e a Bielorrússia. Eles tentaram fazer contato com Hitler por meio do embaixador búlgaro. Nenhum czar russo jamais havia feito tal coisa. É interessante que o embaixador da Bulgária era de calibre maior que esses líderes e disse a eles que Hitler nunca venceria os russos e que Stálin não deveria se preocupar com isso.

Segundo Moskalenko, Molotov chegou a dizer que ceder território russo seria "um possível segundo Tratado de Brest-Litovsk", e que "se Lênin conseguiu ter a coragem de dar esse passo, nós agora tínhamos a mesma intenção".[28]

Inevitavelmente, como na época poucas questões poderiam ser mais secretas que uma tentativa de fazer uma paz com os alemães, as evidências dessas sondagens são incertas e, sob alguns aspectos, contraditórias. Isso se aplica não só à questão de saber se Stálin estava diretamente envolvido, mas até mesmo se apoiava incondicionalmente a ideia. Sudoplatov afirmou mais tarde que Béria lhe disse que a tentativa de usar o embaixador búlgaro como intermediário era parte de um estratagema para desconcertar os alemães e que nunca houve qualquer desejo sério de fazer a paz. Mas isso é exatamente o que a linha oficial teria sido até o momento em que qualquer acordo de paz fosse assinado. Em particular, a conversa que Zhukov relatou ter ouvido em outubro de 1941, entre Stálin e Béria, soa menos como uma tentativa de confundir os alemães e mais como um desejo genuíno de saber em que termos Hitler pararia com a guerra.

De qualquer forma, é difícil imaginar as circunstâncias em que Hitler teria concordado em fazer uma paz com Stálin nessa fase. Para os nazistas, como vimos, a guerra não era apenas uma questão ideológica, mas uma luta para obter recursos – não somente os campos de trigo da Ucrânia como também o petróleo de Baku. E a ideia de que Stálin teria atendido a essas demandas, especialmente quando os nazistas estavam a 1.600 quilômetros de distância dos campos petrolíferos soviéticos, deve ser realmente fantasiosa.

O significado desses relatos se baseia mais na visão que oferecem da atitude de Stálin nesse momento decisivo. Lembram-nos que não era inevitável que os soviéticos continuassem lutando. Stálin estava hesitando. Mas essa é uma parte inconveniente da história para os que desejavam, depois da guerra, retratar o líder soviético como um líder excepcional e inabalável sob pressão.

Em 13 de outubro, os tanques do 1º Grupo Panzer entraram em Kalinin, a noroeste de Moscou. O avanço alemão parecia inexorável – ao menos superficialmente. Na capital, não só houve sinais de inquietação como também evidências de verdadeiro pânico nos dias seguintes, pois os moscovitas temiam que logo estariam sob ataque direto. A situação ficou ainda mais febril com a decisão de Stálin de autorizar a evacuação de ministérios importantes para Kuibyshev, no rio Volga, a mais de oitocentos quilômetros a sudeste de Moscou. Em 15 de outubro, um documento secreto do Stavka, o Comitê de Defesa do Estado, afirmou que havia sido decidido

> evacuar o Presidium do Soviete Supremo e os altos escalões do governo [...] (o Camarada Stálin partirá amanhã ou depois, dependendo da situação). [...] No caso de as forças inimigas chegarem aos portões de Moscou, o NKVD – camarada Béria e camarada Shcherbakov – tem ordens para explodir instalações comerciais, armazéns e instituições que não possam ser evacuadas, e todo o equipamento elétrico subterrâneo ferroviário.[29]

Maya Berzina, com o marido e o filho de 3 anos, encontravam-se entre os que tentaram fugir de Moscou ao verem que funcionários do governo pareciam estar abandonando a capital. Eles buscaram sair da cidade pelo rio, temendo que as estradas estivessem bloqueadas e que logo "os alemães tomariam Moscou". No caminho para o porto do sul, ela ouviu boatos de que alemães haviam sido vistos nos bondes da cidade, e que alguns moscovitas preparavam placas de boas-vindas aos alemães na capital soviética. Também havia histórias de lojas sendo saqueadas. "Eu estava com medo pela minha vida", disse Maya, e cheia de "ansiedade pelo futuro".[30]

Uma estudante de medicina de Moscou, chamada Tatyana Tsessarsky, voltou ao dormitório onde morava para descobrir que a maioria de seus colegas havia fugido: "Eles fugiram e deixaram tudo. [...] Nem todo mundo se sentia patriótico. Muita gente se sentiu prejudicada. A maioria esqueceu esses sentimentos quando a luta começou, mas nem todos". Na frente do dormitório, ela viu que alguém tinha desenhado uma grande suástica numa cerca.[31]

Pelo menos um observador, N. K. Verzhbitskii, achou que as "massas" estavam agindo daquela maneira porque

> começaram a lembrar e contabilizar todos os insultos, a opressão, as injustiças, a pressão, maquinações burocráticas do oficialismo, o desprezo e as bravatas dos membros do partido, as ordens draconianas, privações, o logro sistemático das massas, a propaganda ruidosa dos jornais. [...] É terrível ouvir. As pessoas falam de coração. Será que uma cidade pode realmente resistir nesse estado de espírito?[32]

Grigory Obozny, um soldado de 19 anos que ajudou a polícia a tentar controlar o pânico, lembrou que vários moscovitas foram acusados de "subversão" e de dar "sinais aos aviões usando luzes piscantes". Mas ele não acreditava que a maioria de seus concidadãos estivesse se voltando contra o regime. O problema, a seu ver, era que, quando os patrões fossem embora e as fábricas fechassem, "as pessoas simplesmente não saberiam o que fazer de si mesmas".[33] Sem liderança, elas ficaram nervosas.

Até mesmo o símbolo máximo de força e liderança – Joseph Stálin – estava mandando alguns de seus camaradas abandonar Moscou. Em 15 de outubro, Georgi Dimitrov, chefe do Comintern, conversou com Stálin na presença de Molotov. "Vocês já foram informados de que precisam evacuar?", perguntou Stálin a Dimitrov. "Tem de ser feito para continuar funcionando." Stálin explicou que Moscou "não pode ser defendida como Leningrado". Era uma referência ao fato de Leningrado, agora sitiada pelos alemães, ainda poder ser abastecida de fora da cidade, por uma perigosa rota do nordeste. "Quando nos despedimos", escreveu Dimitrov, Stálin disse a ele: "'Vocês precisam evacuar antes do final do dia!' – e ele falou como se estivesse dizendo '*Está na hora do almoço!*'".[34]

Na noite do dia seguinte, quinta-feira, 16 de outubro, o telegrafista pessoal de Stálin, Nikolay Ponomariev, teve ordens de desconectar o equipamento de seu escritório no Kremlin e recolher seus pertences pessoais:

> Trinta minutos depois de eu ter embalado o aparelho, um dos guarda-costas pessoais veio falar comigo. Eu conhecia todos os guarda-costas. "Você está pronto?", ele perguntou. Eu disse: "Estou pronto. Para onde nós vamos?". "Você vai saber quando chegarmos lá! Vamos nos preparar para sair". Havia um carro lá fora, nós entramos e partimos.

Eles viajaram pela cidade em estado de blecaute, com a chuva do outono batendo no carro. Segundo Ponomariev, era "uma situação difícil, nas ruas estava quase primitivo". Moscou era "geralmente uma cidade barulhenta, uma cidade feliz. Agora tinha tão pouca gente [...] e os que ficaram pareciam estranhos [...] com uma expressão de medo, sabe, como se esperassem algo desagradável".[35]

Afinal eles chegaram a seu destino – a estação onde o trem blindado de Stálin estava à espera. "Sentei num compartimento", contou Ponomariev,

> mas me senti mal por estarmos indo embora, por Moscou se render. [...] O que significava tudo aquilo? Não é difícil imaginar a tragédia, a infelicidade que o povo soviético estava vivendo. É por isso que eu, tanto como ser humano quanto como moscovita, também senti que era terrível, horrível.

Olhando para a plataforma, Ponomariev viu os guarda-costas pessoais de Stálin. Estava claro que Stálin era esperado a qualquer momento.

Ponomariev esteve presente em um dos momentos mais dramáticos da história da guerra – possivelmente da história do século XX. A questão que seria resolvida naquela noite era direta, mas de enorme importância. Stálin embarcaria no trem e fugiria ou ficaria na capital, apesar de grande parte do governo já ter partido? Era uma decisão desesperadamente difícil a tomar. A situação em Moscou era sem dúvida funesta para os soviéticos. Mas os alemães também enfrentavam vários problemas. Um deles era consequência direta de seu sucesso recente. Apesar de um grande número de soldados do Exército Vermelho ter sido capturado, alguns conseguiram escapar dos cercos em Vyazma e Briansk e agora se escondiam nas florestas atrás das linhas alemãs. Na grande expansão da Rússia ocidental, os alemães não podiam esperar eliminar, no curto prazo, a ameaça representada por essas tropas inimigas às suas linhas de comunicação.

Outra dificuldade era o clima. Outubro trouxe chuva, o que tornou as estradas não pavimentadas da Rússia intransitáveis para as unidades mecanizadas dos alemães. "Acho que ninguém jamais viu uma lama tão terrível", escreveu Vasily Grossman. "Há chuva, neve, granizo, um pântano líquido sem fundo, uma massa preta misturada por milhares e milhares de botas, rodas, lagartas. E todos estão felizes de novo. Os alemães devem ficar presos em nosso outono infernal, tanto no céu quanto no chão."[36]

Grossman estava certo, como confirmou ninguém menos que uma figura como o marechal de campo Von Bock, comandante do Grupo do Exército Central. "Os russos estão nos dificultando muito menos que a chuva e a lama!", escreveu Bock em seu diário em 21 de outubro.[37] No final do mês, quando "o Führer pediu um relato [pessoal] detalhado das condições de batalha", Bock concluiu que Hitler havia feito o pedido porque "provavelmente se recusava a acreditar nos relatórios escritos, o que não é surpreendente, pois qualquer um que não tenha visto essa imundície não acredita ser possível".[38]

O clima também era causa de um dos problemas mais fundamentais que os alemães passaram a enfrentar – a questão dos suprimentos. Estava sendo difícil entregar as reposições necessárias de equipamento militar e outras provisões para as unidades de combate. No início de novembro, o Grupo do Exército Central lutava para funcionar como desejado. Somente dezesseis trens de suprimentos por dia, dos 32 necessários, estavam chegando aos soldados na linha de frente.[39]

Mas não era apenas uma questão de transportar suprimentos. Havia uma questão subjacente ainda maior – a base industrial alemã simplesmente não era suficiente para sustentar os objetivos estabelecidos por Hitler. Em 25 de outubro de 1941, por exemplo, o fornecimento de aço para o exército foi reduzido para 173 mil toneladas por mês, o mais baixo havia mais de três anos. Era impossível prover o que o exército precisava. Mas essa era uma realidade que Hitler simplesmente não aceitava. Como afirmou o Gabinete de Economia de Defesa e Armamento das Forças Armadas, Hitler "se recusa a acreditar que não há matéria-prima suficiente. Afinal, ele conquistou toda a Europa. As forças armadas devem receber o que demandam".[40]

As conversas privadas de Hitler durante esse mês crítico de outubro refletem essa desconexão entre a realidade na linha de frente e sua própria percepção da guerra. Em 17 de outubro, por exemplo – vários dias depois do início das chuvas de outono –, ele alimentava uma fantasia ambiciosa de construir "moinhos de vento por toda parte" na Ucrânia e fazer "plantações, jardins e pomares" em solo fértil. "Que tarefa nos espera!", declarou. "Temos cem anos de jubilosa satisfação diante de nós."[41] Mais tarde, naquela mesma noite, falou em termos mais aniquiladores, dizendo que "não tinha sentimentos sobre a ideia de acabar com Kiev, Moscou ou São Petersburgo".[42] Quatro dias depois, demonstrou mais evidências de sua mentalidade megalomaníaca ao afirmar que "Berlim um dia será a capital do mundo".[43]

Naquela mesma noite, 21 de outubro, Hitler fez uma referência à sua liderança nas forças armadas alemãs – palavras que nos mostram outro aspecto de sua mentalidade. "Um líder de guerra é o que sou, contra minha própria vontade", afirmou. "Se eu aplico minha mente aos problemas militares, é porque, no momento, sei que ninguém teria mais sucesso nisso do que eu."[44] Esses sentimentos demonstram por que Hitler continuava acreditando em "cem anos de jubilosa satisfação diante de nós" em um momento em que suas forças militares estavam atoladas na lama. É quase certo que Hitler deve ter pensado que aquilo era apenas um revés temporário, lembrando-se de tempos anteriores em sua carreira quando fora descartado, só para triunfar no final – não apenas com a conquista da França em 1940 como também, mais recentemente, quando seus "especialistas" militares se opuseram à marcha contra Kiev.

Embora tenham sido eventos diferentes em escala e escopo, as invasões da Europa Ocidental e da União Soviética foram semelhantes em um aspecto vital – ambas implicaram apostas enormes. Mas o fato de a aposta ter dado certo na França não significava necessariamente que daria na União Soviética. Hitler, portanto, deixou de levar em consideração a verdade que todo jogador deve saber – a sorte de ninguém dura para sempre.

Tanto na invasão da Europa Ocidental quanto na investida contra a União Soviética, os alemães planejaram uma guerra curta e furiosa para subjugar o inimigo. Essa estratégia não só se adequava ao caráter de Hitler, mas foi também, em grande parte, imposta aos alemães por sua incapacidade de manter um conflito prolongado. Mais uma vez, tudo se resumia à alocação de recursos. Os alemães não conseguiram sustentar uma guerra de desgaste. Por exemplo, em

1941, a União Soviética produziu pouco mais de 6.500 tanques, em comparação à produção alemã de 5.200. Em 1942 esses números mudariam drasticamente (por razões que consideraremos adiante),[45] com a União Soviética produzindo mais de 24 mil tanques e os alemães, menos de 10 mil. Acrescentem-se os recursos norte-americanos apoiando o esforço de guerra britânico, e a escala dos problemas enfrentados pelos nazistas era ainda mais assustadora.[46]

Hitler não ignorava esse problema. Simplesmente optou por minimizá-lo. O que mais ele poderia fazer? Sua personalidade era a argamassa que mantinha todo o edifício alemão unido. Se ele projetasse uma atitude derrotista, isso teria um efeito devastador não apenas nos que o cercavam, mas também no moral das tropas na linha de frente.

A questão mais intrigante é: apesar dessas dificuldades fundamentais, Hitler realmente acreditava que a vitória ainda era viável? A resposta provavelmente é sim. Em outubro de 1941, ainda era quase objetivamente possível, mesmo com os problemas práticos, acreditar que os alemães poderiam vencer a guerra. Graças principalmente à existência de uma pessoa – Joseph Stálin. Até aquele momento da guerra, os erros de Stálin tinham custado centenas de milhares de vidas. Como a catastrófica derrota em Kiev demonstrou, Stálin podia perder sozinho uma batalha contra os alemães, embora os soviéticos tivessem mais soldados e mais tanques em terra do que a Wehrmacht.

Na época, tudo isso foi escondido da população do país. Ninguém sabia da incompetência de Stálin como comandante militar. Por causa disso, ele continuou a ser visto como uma figura inspiradora – o pai da nação. Considere a opinião de Vyacheslav Yablonsky, por exemplo, um estudante de 19 anos. Em outubro de 1941, ele ajudou a construir as defesas bem próximas a Moscou, e seus esforços foram em grande parte inspirados por Stálin. Stálin era "alguém que eu adorava e adorei até ele morrer. Por que nós amávamos Stálin? Bem, nós o amávamos como alguém que se importava conosco".[47]

Um imenso número de cidadãos soviéticos pensava da mesma maneira. O grito "Pela Pátria Mãe, por Stálin!", quando os soldados do Exército Vermelho partiam para a batalha, era um lugar-comum. Portanto, imagine agora se Stálin tivesse embarcado em seu trem blindado e abandonado Moscou naquela noite de 16 de outubro de 1941. O que isso teria causado, não só com o moral dos moscovitas, apavorados com o avanço alemão, mas dos soldados lutando pela própria vida no *front*?

Não podemos saber a resposta precisa. Isto porque ele não fugiu da capital soviética naquela noite. Resolveu ficar e continuar a liderar a batalha de seu gabinete no Kremlin. Mas nem todos concordaram ser essa uma opção razoável. Três dias depois, em 19 de outubro, enquanto figuras de alto escalão soviético esperavam, na antessala do gabinete de Stálin, por uma reunião com seu líder, "Béria começou a persuadir a todos de que deveríamos abandonar Moscou", escreveu V. S. Pronin, presidente do Soviete de Moscou.

> Ele argumentou que deveríamos sair de Moscou e estabelecer uma linha defensiva no Volga. Malenkov o apoiou, Molotov murmurou sua discordância. Na verdade, lembro-me particularmente das palavras de Béria: "Mas como vamos defender Moscou? Nós não temos absolutamente nada. Fomos superados e estamos sendo abatidos como perdizes". Em seguida todos entramos no gabinete de Stálin. Stálin entrou como de costume, com seu cachimbo. Quando nos acomodamos, Stálin perguntou: "Nós vamos defender Moscou?". Todos ficamos em silêncio. Ele esperou um momento e repetiu a pergunta. Mais uma vez, sem nenhuma resposta. "Muito bem [disse Stálin], vamos perguntar a um de cada vez." Molotov respondeu primeiro: "Vamos defender [Moscou]". Todos, inclusive Béria, responderam o mesmo: "Vamos defender [Moscou]".[48]

Como retrato do que era trabalhar com Stálin, esse episódio é particularmente revelador. Por exemplo, note que, apesar de sua certeza antes da reunião de que ele e o restante do Politburo deveriam evacuar Moscou, Béria se intimidou na presença de Stálin – não por um argumento ou acesso de raiva do líder soviético, mas por uma simples pergunta. O que também fica aparente é que todos os presentes sabiam o que Stálin esperava que dissessem. A vida dos subordinados de Stálin dependia do fato de conseguirem prever o que se exigia deles, e nesse caso todos demonstraram exatamente essa habilidade.

É inconcebível que Hitler jamais tivesse conduzido uma reunião dessa maneira. Ele nunca pedia conselhos a seus subordinados sobre questões importantes, nem mesmo da forma dissimulada com que Stálin agiu nesse caso. Pedir conselhos era totalmente incoerente com sua concepção de que um líder primeiro consulta sua "convicção interna" e depois convence os outros a seguirem a decisão resultante. Mas como o ideal bolchevique era o governo consensual do partido, Stálin entendia que deveria ocultar suas próprias opiniões por trás da cortina de fumaça de uma comunidade.

Porém, não nos enganemos. Foi Stálin e somente Stálin quem decidiu ficar em Moscou. Ademais, ele nunca compartilhou os motivos pelos quais decidiu não deixar a capital. Em 16 de outubro, todos os sinais indicavam que ele planejava partir. Sob vários aspectos, como Béria apontou tão explicitamente, teria sido o curso de ação mais seguro. É provável que as consequências da morte de Stálin para o esforço de guerra soviético ou, pior ainda, sua captura teriam sido catastróficas. Por outro lado, os benefícios de Stálin permanecer na capital como uma figura desafiadora também eram potencialmente enormes.

Muito provavelmente, Stálin foi influenciado pela opinião de Zhukov de que Moscou poderia ser salva.[49] Zhukov já havia mostrado, nos meses anteriores, que estava disposto a expressar suas opiniões mais genuínas – ou ao menos tantas quanto julgava que poderia sem perder a própria vida. Significativamente, em 20 de outubro, Stálin insistiu para que uma fotografia de Zhukov fosse publicada no dia seguinte no *Pravda* e no *Notícias do Exército Vermelho*. Foi a primeira vez que se concedeu tamanha publicidade a um líder militar específico. David Ortenberg, editor do *Notícias do Exército Vermelho*, informou depois que Zhukov lhe disse que a publicação da foto fora ordenada para que ele servisse de bode expiatório no caso da queda de Moscou. Essa pode de fato ter sido uma das razões para a atitude de Stálin, mas também é provável que ele quisesse comunicar a notícia de que a defesa de Moscou estava sendo liderada por um comandante talentoso.[50]

Também precisamos nos lembrar que os alemães jamais planejaram ocupar a capital soviética. Sua opção era a de usar uma combinação de artilharia e bombardeios aéreos para arrasar totalmente a cidade. O exemplo de Kiev tinha mostrado aos nazistas os perigos de capturar um grande centro urbano, e Moscou era grande demais para ser tomada rua a rua sem perdas enormes, principalmente em vista das defesas então instaladas.

O fato de os alemães pretenderem cercar Moscou torna ainda mais vital a decisão de Stálin de ficar na cidade, pois em tais circunstâncias o moral da população sitiada era crucial. Certamente os moscovitas teriam perdido muito de sua força de vontade de resistir se soubessem que seu líder supremo havia desertado. Como vimos, Stálin era um pai severo e implacável. Mas o respeito a figuras desse tipo se baseia na força. Os pais devem sempre dar proteção. Podem ser perdoados por muitas coisas, mas se deixarem de proteger seus filhos – se preferirem fugir quando os filhos correm perigo mortal –, sua autoridade desmorona.

Em resumo, Stálin teria dificuldade em ser um líder confiável da União Soviética se tivesse deixado os moscovitas ao próprio destino. E as consequências para o esforço de guerra poderiam ser calamitosas. Na verdade, se Stálin tivesse fugido de Moscou, a União Soviética poderia muito bem ter perdido a guerra. Se em maio de 1940 a decisão de lutar foi o grande momento do destino de Churchill, em outubro de 1941 a decisão de ficar em Moscou foi o de Stálin.

Um dos primeiros atos de Stálin, depois de ficar na capital, foi anunciar novas medidas para garantir a segurança da cidade. À luz de sua decisão de elevar o perfil do marechal Zhukov, em 19 de outubro ele deu início ao Decreto nº 813 do Comitê de Defesa do Estado, declarando que a "defesa da capital" a oeste de Moscou "foi confiada ao comandante do *front* ocidental, general do Exército camarada Zhukov". Também destacou o nome do homem responsável pela "defesa de Moscou em seus pontos de abordagem [...] o tenente-general Artemyev". Pode ter sido outro indício de pessoas que seriam responsabilizadas se os alemães não fossem rechaçados.

O decreto também exigia a "introdução do estado de sítio na cidade de Moscou e em áreas adjacentes à cidade a partir de 20 de outubro de 1941". Isso envolveu a imposição de um toque de recolher entre meia-noite e cinco da manhã e a implementação do "regime de segurança mais rígido da cidade", a ser policiado pelo NKVD e outros. Além disso, "provocadores, espiões e outros agentes inimigos clamando pela violação da ordem" deveriam ser "fuzilados no local".[51]

Vladimir Ogryzko comandava uma das unidades do NKVD encarregadas de restaurar a ordem na capital e relembrou francamente seu papel na identificação de "traidores":

> Nós estávamos cumprindo os nossos deveres nas portas de edifícios, em vários bairros, em patrulhas móveis, quando de repente uma mulher

veio correndo em nossa direção gritando: "Olha lá, eles estão disparando sinalizadores". Nosso trabalho era simples. Nós cercamos a casa e eliminamos todos no local. Como é que se mantêm "a lei e a ordem"? Agindo rápido e com presteza [...] você tem a evidência, faz as manobras certas e age imediatamente. Era o tipo de dever dinâmico e ativo que estávamos desempenhando. Durante um estado de sítio, existe um grande poder sobre todos os habitantes. Um grande poder. Não pode haver misericórdia. Caso contrário a falsidade, o crime, a desolação e tudo o mais que se quiser vai triunfar. A ordem determina que ninguém pode nem sequer pensar em desrespeitar a lei durante um estado de sítio. Quem desobedecer à lei, já sabe! Essa era a lei. Era uma lei inexorável.

Ogryzko e seus homens foram chamados a uma destilaria de vodca onde houve um assalto. "Muita gente já estava bêbada", explicou "Quebrando barris, quebrando vidros, pegando garrafas que já estavam abertas. Foi uma visão terrível. A única maneira de acabar com aquilo era usando a força." Ao observar a cena, Ogryzko viu que "alguns deles estavam sóbrios e incitando os outros a beber... Nós os eliminamos. [...] Assim que restauramos a ordem, porém, nós examinamos os bêbados [...] olhando para cada um deles e descobrindo quem era quem e o que era o quê. Você entende a situação?".[52]

Nas ruas de Moscou, Ogryzko aplicava uma regra direta: "Quem não obedecer ao comando 'Pare ou eu atiro!'. Quem resistia. Era isso". Com essas medidas tão intransigentes, em poucos dias foi restaurada a ordem em Moscou. E Ogryzko não estava sozinho ao elogiar a liderança de Stálin nesse momento decisivo e ao acreditar que "foram tomadas excelentes decisões". Ele e seus camaradas se inspiraram na força que viam em Stálin e no reconhecimento de que comandava a guerra no Kremlin, no coração da cidade – uma visão que dificilmente se sustentaria se Stálin tivesse trocado Moscou pela segurança de Kuibyshev, no Volga.

Apesar de suas atitudes austeras, Stálin entendia o poder do simbolismo, e naquele momento ele era o símbolo da resistência soviética. O que sobressaía ainda mais no desfile anual de 7 de novembro na Praça Vermelha, na comemoração do aniversário da Revolução de 1917. O general Artemyev, encarregado da segurança em Moscou, queria cancelar a celebração. Imagine se houvesse um ataque aéreo alemão durante o desfile. Mas Stálin insistiu que a parada ocorresse como de costume. Foi um ato de desafio, que mostrou o quanto ele se distanciara do homem que ficou em silêncio logo após a invasão.

Às oito horas da manhã de sexta-feira, 7 de novembro, soldados e tanques soviéticos surgiram na Praça Vermelha, desfilando ao longo dos muros do Kremlin e passando pela catedral de São Basílio.[53] No discurso que fez no desfile, Stálin comparou a situação às dificuldades enfrentadas pelos bolcheviques em 1918. "O espírito do grande Lênin nos inspirou naquele momento para a guerra contra os intervencionistas", declarou. "E o que aconteceu? Nós derrotamos os intervencionistas, recuperamos todos os nossos territórios perdidos e conquistamos a vitória. [...] O espírito do grande Lênin nos inspira para nossa guerra patriótica de hoje, como o fez 23 anos atrás."[54] Do outro lado da Praça Vermelha, Stálin podia ver dois gigantescos retratos do mesmo tamanho no edifício de escritórios em frente. Os retratos eram, claro, de Stálin e de Lênin.

Pesquisas acadêmicas demonstraram a imensa importância das ações de Stálin nesse período. Entre os mais de 2,5 milhões de cartas revisadas pelos censores militares na primeira quinzena de novembro, três quartos mostraram um aumento da confiança resultante das palavras de Stálin. Ele era um orador contido – parecia mais um burocrata que um guerreiro –, mas sua abordagem calma e discreta deu ao povo soviético as garantias de que precisava naquele momento de desespero.[55]

Enquanto as tropas soviéticas marchavam pela Praça Vermelha em 7 de novembro, os alemães lançavam seu ataque final a Moscou. "Começou a congelar, o que torna a movimentação mais fácil", escreveu o marechal de campo Von Bock em seu diário, dois dias antes.[56] Mas apesar de permitir às unidades blindadas de Bock avançarem com mais liberdade, as temperaturas mais baixas também dificultavam a vida dos soldados alemães, a maioria sem proteção adequada contra a neve e o gelo.

Tanto a Wehrmacht de Hitler quanto o Exército Vermelho de Stálin já estavam enfraquecidos por mais de quatro meses de conflito sangrento. Agora eles iriam lutar não apenas um com o outro, mas também contra o clima inclemente.

8

UMA GUERRA MUNDIAL

Assim como certas datas eram sagradas para Stálin e os bolcheviques, outras o eram para Hitler e os nazistas. Os dois regimes tentavam criar novas tradições, e homenagear grandes acontecimentos em suas histórias recentes era vital para ambos. O passado era importante para Hitler e Stálin – agora mais do que nunca.

Apesar do risco de um ataque alemão, Stálin reconheceu a importância de estar presente na Praça Vermelha em 7 de novembro para comemorar o aniversário da Revolução de 1917. Hitler, por sua vez, entendia a necessidade de reunir a nação como um todo, principalmente o Partido Nazista, em 8 de novembro, 18º aniversário do Putsch da Cervejaria de Munique. Assim, apesar de todas as exigências dos tempos de guerra em seu quartel-general na Prússia Oriental, ele fez uma longa viagem ao sul da Alemanha para a comemoração do aniversário do fracassado levante nazista de 1923. Quando chegou a Munique, teve de fazer um discurso difícil. Apenas um mês antes, havia prometido que o Exército Vermelho "nunca mais se levantará". No entanto, já com o inverno chegando ao *front* oriental, o Exército Vermelho continuava lutando.

A posição-padrão de Hitler quando os eventos não funcionavam como ele havia previsto era jogar a culpa em alguém. Jamais a culpa era dele. Esse comportamento não é incomum. Stálin agia da mesma maneira, e um grande número de políticos continua ainda hoje culpando os outros pelos próprios erros. O incomum em Hitler era o de sempre culpar as mesmas pessoas por todos os problemas da Alemanha – os judeus.

Quando se levantou para falar no Löwenbräukeller, na noite de sábado, 8 de novembro, Hitler declarou à sua plateia de antigos camaradas do partido: "Eu sabia que por trás desta guerra estava aquele incendiário que sempre viveu dos negócios das nações: o judeu internacional". E acrescentou: "Agora sei que esses judeus são os incendiários do mundo".[1]

Até certo ponto, era uma argumentação conhecida. Como visto, Hitler vinha culpando os judeus pelos problemas da Alemanha havia anos. E como apelava para teorias conspiratórias – os judeus eram quase sempre acusados de agir nas sombras –, não importava se ele podia ou não comprovar a veracidade de suas mirabolantes afirmações. Na verdade, a ausência de qualquer evidência de que os judeus eram responsáveis pelos problemas vigentes podia ser transformada em um ponto positivo. A ausência de provas só servia para demonstrar o quanto os judeus eram espertos em esconder suas pistas.

Em seu discurso, Hitler usou os judeus como razão para continuar a luta contra os soviéticos e – por implicação – como justificativa das dificuldades atuais da guerra. A União Soviética, explicou, era "o maior servo dos judeus". Somente "subumanos proletarizados e desmiolados" continuaram no território soviético, e "acima deles está a enorme organização dos comissários judeus – na verdade, proprietários de escravos".

"O tipo de escravidão mais terrível que já existiu no mundo", continuou Hitler, "encontra-se no paraíso soviético – milhões de pessoas amedrontadas, oprimidas, depravadas, quase famintas. [...] Será uma verdadeira salvação para a Europa não só se esse perigo desaparecer, mas também se a fertilidade desse solo beneficiar toda a Europa". Na realidade, na cabeça de Hitler, o "solo" da União Soviética destinava-se claramente não a beneficiar "toda a Europa", mas somente a Alemanha.

Hitler escolheu Stálin para o ataque como um homem que "nada mais era que um instrumento nas mãos desse todo-poderoso judaísmo". Mais uma vez, afirmou que os judeus controlavam os eventos dos bastidores. "Se Stálin está no palco", disse, atrás da "cortina" estavam os judeus que, "em 10 mil ramificações, controlam esse poderoso império".[2]

Hitler ridicularizou Stálin por afirmar falsamente, em seu discurso no dia anterior, que a Alemanha havia perdido "4,5 milhões de pessoas" na guerra.

Disse que "o que esse potentado do Kremlin diz é realmente muito judaico". Foi mais um exemplo de como Hitler atribuía qualquer coisa negativa aos judeus. Se você mentisse, estava falando de uma maneira "muito judaica".

Significativamente, Hitler concluiu o discurso referindo-se à Primeira Guerra Mundial e declarando: "Nós fomos roubados na nossa vitória na época". Sua plateia não precisava ser lembrada – ele já havia dito isso muitas vezes – de sua alegação de que os judeus haviam tramado a derrota da Alemanha em 1918. Mas prometeu:

> Desta vez nós vamos compensar o que nos foi roubado. Ponto a ponto, posição por posição, vamos fazer as contas e receber o pagamento. Chegará a hora de irmos até os túmulos dos soldados mortos em ação durante a Grande Guerra e poder dizer: "Camaradas, vocês não morreram em vão. [...] Camaradas, vocês afinal triunfaram!".[3]

Então era isto que estava em jogo – nem mais nem menos que a redenção total pela derrota alemã na Primeira Guerra Mundial. Era uma ideia que teria ressoado em seu público. A maior humilhação de suas vidas fora a paz de 1918. Hitler dizia a eles, então, que todo esse sofrimento do passado seria corrigido. E, para quem aceitava sua premissa, isso significava um acerto de contas inevitável com os judeus. Dessa vez, ele deixou implícito, os judeus não lucrariam com a guerra e causariam a destruição da Alemanha, como os nazistas afirmavam terem feito antes. Não, dessa vez, como Hitler havia "profetizado" em seu discurso em janeiro de 1939, os judeus corriam o risco de "extermínio" se provocassem uma guerra mundial.

As acusações abrangentes contra os judeus parecem tão ridículas que vale a pena perguntar se Hitler realmente acreditava no que estava dizendo. Para a maioria das pessoas de hoje, suas opiniões não são apenas um anátema, mas absurdas. No entanto, todos os sinais apontam que, nas profundezas de seu ser, Hitler era sincero em suas convicções. Ele viveu em uma subcultura que alimentou essas fantasias sobre a imaginária "ameaça" judaica, e se cercou de pessoas igualmente convencidas que os judeus eram um "problema" que precisava ser "resolvido".

Desde o estágio de planejamento da Operação Barbarossa havia a aceitação de que os judeus da União Soviética seriam especialmente visados. Esquadrões de extermínio acompanharam os grupos do exército em seu avanço no território soviético com a tarefa de assassinar judeus. De início eles mataram "judeus a serviço do partido e do Estado", embora também tenha ficado claro desde o começo que este era o mínimo de judeus que deveriam morrer. Em julho, poucas semanas após o lançamento da invasão, os esquadrões de extermínio foram reforçados e, durante o verão e o outono de 1941, mulheres e crianças judias na União Soviética ocupada também foram executadas.

Contudo, não só os alemães cometeram matanças em massa. Muitos outros os ajudaram – em especial o exército romeno. Os romenos invadiram a União Soviética ao lado dos alemães, para recuperar territórios perdidos anteriormente para os soviéticos. Poucos dias antes da invasão, o líder romeno Ion Antonescu assegurou a Hitler: "Devido a suas características raciais, a Romênia pode continuar a desempenhar um papel de blindagem antieslovena em benefício da Alemanha".

A liderança romena não era só antieslovena (eles próprios se diziam "latinos"), mas também se posicionava como antissemita. Mais tarde, em 1941, o ministro do Exterior da Romênia disse a Goebbels que os romenos eram "antissemitas de nascença e por convicção".[4]

Em 16 de outubro, assim que ocuparam a cidade de Odessa, no mar Negro, as forças romenas começaram a matar milhares de judeus. Posteriormente, quando seu quartel-general militar foi explodido num atentado, em 22 de outubro, as unidades romenas intensificaram os ataques. Mais de 20 mil judeus foram levados para a aldeia de Dlanic, nos arredores de Odessa, presos em armazéns e assassinados. "Um por um, os armazéns foram crivados por balas de metralhadoras e disparos de fuzis, encharcados de gasolina e incendiados, exceto o último armazém, que foi explodido", constatou um relatório escrito logo após a guerra.

> O caos e as cenas horríveis que se seguiram desafiam qualquer descrição: pessoas feridas queimando vivas, mulheres com os cabelos em chamas saindo pelo telhado ou pelas aberturas dos depósitos em chamas, em uma desesperada busca por salvação. [...] Outros tentaram escapar subindo pelo peitoril das janelas ou pelo telhado em meio às chamas e implorando para serem executados.[5]

Mais de 30 mil judeus foram chacinados em Odessa; e em todo o território soviético reivindicado pela Romênia, outras centenas de milhares morreriam.[6]

Os romenos não cometeram esses crimes porque os nazistas os forçaram. Ao contrário, há evidências de que acreditavam estar abrindo o caminho. "Os dados estão lançados", escreveu o editor do jornal romeno *Porunca Vremii* no verão de 1941.

> A eliminação dos judeus na Romênia entrou na fase final e decisiva. [...] À alegria de nossa emancipação deve ser adicionado o orgulho [do pioneirismo] da solução do problema judaico na Europa [...] a Romênia de hoje está prefigurando as decisões a serem tomadas pela Europa de amanhã.[7]

Numa reunião do gabinete em 13 de novembro de 1941, Antonescu proclamou, no contexto dos massacres de Odessa:

> Eu tenho uma responsabilidade para com a história. Que os judeus da América me processem, se quiserem. Não devemos ter misericórdia dos judeus, porque, se tivessem a chance, eles não teriam misericórdia de nós – nem de mim, nem de vocês, nem da nação. [...] Portanto, não sejam lenientes com os judeus. Tenham certeza de que, se tiverem uma chance, eles se vingarão. Para garantir que nenhum judeu seja deixado para se vingar, vou me certificar de que sejam destruídos antes.[8]

As palavras de Antonescu poderiam facilmente ter saído da boca de Hitler. E são importantes no contexto de um estudo da relação entre Hitler e Stálin por demonstrarem como outros também subscreveram a visão de Hitler de uma "cruzada" contra Stálin, contra o bolchevismo e o judaísmo. A ação romena em Odessa tem em comum uma série de características com os ataques nazistas aos judeus. Assim como os nazistas, os romenos muitas vezes matavam judeus em retaliação a ataques a seus soldados. Também acreditavam, como os nazistas, que os judeus estavam inextricavelmente ligados ao bolchevismo. Vale a pena repetir que isso era uma mentira. Na verdade, o antissemitismo não era incomum na União Soviética. Em Odessa, por exemplo, em um comício contra os judeus em setembro – antes de os romenos entrarem na cidade –, a multidão gritava: "Bater nos judeus e salvar a Rússia!".[9]

No entanto, essa noção de que os judeus estavam "por trás" de qualquer ação dos soviéticos – especialmente qualquer coisa considerada dissimulada – foi disseminada entre as forças invasoras, e mais claramente expressa na forma como os alemães vinculavam judeus e "*partisans*". No final do outono de 1941, havia milhares de soldados do Exército Vermelho atrás das linhas alemãs, soldados que se refugiavam nas florestas depois das gigantescas ações de cerco. Esses soldados, junto com *partisans* especialmente treinados, representavam uma séria ameaça às linhas de abastecimento alemãs e eram tratados como espiões, que deveriam ser fuzilados sumariamente.

A ligação automática – e falsa – entre a ameaça dos *partisans* e a "ameaça" judaica era comum entre os soldados alemães. Considere a ordem de Walther von Reichenau, comandante do 6º Exército, em 10 de outubro:

> O objetivo principal da campanha contra o sistema judaico-bolchevique é a destruição total de suas forças e o extermínio da influência asiática na esfera de cultura europeia. Consequentemente, as tropas precisam assumir tarefas que vão além das puramente convencionais e militares [...] os soldados devem mostrar total compreensão da necessidade da severa expiação exigida dos subumanos judeus. Existe também o objetivo adicional de cortar pela raiz os levantes na retaguarda da Wehrmacht, que a experiência mostra serem invariavelmente instigados por judeus.[10]

Assim, Reichenau torna explícita a suposta conexão entre as ações dos *partisans* "na retaguarda" e os judeus. Foi uma vinculação que Himmler endossou de coração, tanto que matar *partisans* se tornou um termo camuflado para matar judeus. Por exemplo, em seu encontro com Hitler em dezembro de 1941, Himmler escreveu em sua agenda, ao lado das palavras "Questão Judaica", o enigmático comentário "a serem exterminados como *partisans*".[11]

Ao mesmo tempo que judeus eram mortos na União Soviética – não só como supostos *partisans*, mas também em grandes números simplesmente por serem judeus –, Hitler ponderava sobre o destino deles em todas as partes do império nazista. E as decisões que tomou no final de 1941 nos fornece uma visão não só do papel da guerra na formação de suas ideias homicidas, mas também do papel involuntário que as ações do próprio Stálin podem ter pesado para influenciar o líder alemão.

Goebbels havia pedido a autorização de Hitler para deportar os judeus alemães já no verão de 1941. No seu cargo de Gauleiter de Berlim, Goebbels em 19 de agosto reiterou que considerava inaceitável que 70 mil judeus ainda vivessem na capital, enquanto soldados alemães morriam no Leste. Apesar dos apelos de Goebbels, Hitler decidiu não deportá-los de Berlim. Mas autorizou outra medida contra eles. A partir de 1º de setembro, todos os judeus com mais de seis anos no antigo Reich e nos territórios incorporados teriam de usar uma estrela amarela na roupa.

Porém, poucas semanas depois, Hitler mudou de ideia. Não só os judeus alemães teriam de usar a estrela amarela, como também seriam deportados. Não sabemos exatamente o porquê dessa reviravolta. Mas é possível que tenha sido influenciado, pelo menos em parte, por uma ideia que lhe foi apresentada em 14 de setembro por Otto Bräutigam, que trabalhava para Alfred Rosenberg, ministro dos Territórios Orientais Ocupados. Rosenberg sugeriu que todos os judeus da Europa Central deveriam ser deportados em resposta à recente decisão de Stálin de discriminar a população étnica alemã da região do Volga.[12]

Desconfiado como sempre, Stálin ficou preocupado com a lealdade desses cidadãos soviéticos de ascendência alemã. Em agosto, a "região autônoma" em que os alemães do Volga viviam foi administrativamente eliminada, e no início de setembro mais de 600 mil deles foram deportados para os confins da União Soviética, onde passaram por um sofrimento terrível. "Não há nada além de um vazio cinzento", escreveu um alemão do Volga.

> Moramos numa cabana. O sol queima terrivelmente; quando chove a cabana goteja, todas as nossas coisas ficam molhadas. Dormimos no chão. Trabalhamos o dia todo até o outono. Somos obrigados a trabalhar nos montes de esterco, misturando esterco à mão com fertilizante oito horas por dia, mesmo durante o pior calor.[13]

Dadas essas condições, milhares de alemães do Volga morreram. Eles foram um dos primeiros grupos étnicos da União Soviética a sofrer um exílio interno durante a guerra – e não seriam os últimos.

Contudo, é improvável que Hitler tenha autorizado a deportação dos judeus alemães inteiramente como resultado das ações de Stálin. A ideia de Rosenberg foi apenas uma, de uma série de propostas sobre os judeus, que Hitler recebeu nessa época. Por exemplo, em 15 de setembro, Karl Kaufmann, Gauleiter de Hamburgo, escreveu ao Führer pedindo que os judeus fossem retirados da cidade porque ele queria dar suas casas a outros alemães, que tinham perdido as próprias moradias em ataques aéreos dos Aliados.

Embora Goebbels, Rosenberg e Kaufmann tenham dado razões diferentes para querer que os judeus fossem deportados, todos compartilhavam o mesmo motivo – vingança. Os alemães estavam sofrendo e os judeus deveriam pagar o preço. Todos esses líderes nazistas acreditavam na mentira de Hitler de que os judeus viviam confortavelmente na Alemanha durante a Primeira Guerra Mundial, enquanto tropas leais morriam no *front*. Isso não deveria acontecer de novo – mesmo que jamais tivesse acontecido.

Mas apesar de Hitler ter autorizado a deportação de judeus que viviam dentro dos limites do antigo Reich no outono de 1941, isso não quer dizer que tivesse planos detalhados sobre o que deveria acontecer com eles quando chegassem aos seus destinos. Algo quase genocida, certamente, mas nessa fase ainda parecia depender de seus subordinados se seria uma execução imediata ou uma morte por maus-tratos mais prolongada. Alguns judeus da Alemanha, por exemplo, foram mandados para o gueto – superlotado e cheio de doenças – de Lódz, na Polônia, enquanto outros eram transportados diretamente para a União Soviética ocupada, onde foram fuzilados.

Ao mesmo tempo que os judeus eram mandados para o Leste, os soldados da Wehrmacht continuavam a avançar em direção a Moscou na Operação Tufão. E à medida que avançavam, a discrepância entre o que podiam e o que deveriam alcançar ficava cada vez maior. Em 13 de novembro, o chefe de gabinete de Guderian participou de uma reunião do Grupo do Exército Central e foi informado por comandantes seniores que o alvo de seu Grupo Panzer era Gorky, uma cidade "quatrocentos quilômetros a leste de Moscou". Era um objetivo ridículo, dados os suprimentos disponíveis e a piora do clima. "Não era o mês de maio e não estávamos lutando na França", observou o chefe de gabinete de Guderian. Ao saber do plano, Guderian disse que o objetivo era simplesmente "impossível".[14] Mas o mais notável nesse episódio é que os profissionais do exército, inclusive o general Halder, participaram dessa proposta "impossível".[15]

A Operação Barbarossa estava semanas atrasada, mas Hitler continuava otimista. Em 22 de novembro, Goebbels ainda reiterou a ambição inalterada do Führer: "Se o tempo continuar favorável para nós, ele ainda quer tentar sitiar Moscou e assim condená-la à fome e à devastação completa". Mais ainda, quando Goebbels perguntou se Hitler achava que a Alemanha venceria a guerra, ele respondeu: "Se havia acreditado na vitória em 1918, quando ficou sem ajuda como um cabo quase cego num hospital militar da Pomerânia, por que agora não deveria acreditar na nossa vitória quando controlava o exército mais poderoso do mundo e quase toda a Europa estava aos seus pés?" Foi uma comparação infeliz. O "cabo quase cego" pode muito bem ter acreditado na vitória em 1918, mas isso de nada adiantou para evitar a humilhante derrota da Alemanha. Quanto aos perigos do inverno que se aproximava, Hitler fez de conta que não existiam. "A história do mundo não é feita pelo clima", disse a Goebbels.[16]

Uma semana depois, apesar do aumento dos problemas no *front* oriental causados pelo mau tempo e falta de suprimentos, Hitler continuou otimista. Não importava que os alemães tivessem acabado de ser expulsos de Rostov, disse a Goebbels, já que seu plano era se retirar "apenas o suficiente para ainda podermos bombardear", e "isso serviria como um exemplo sangrento. A propósito, o Führer sempre defendeu que não se deve capturar grandes cidades da União Soviética [...] Moscou e Leningrado não devem cair em nossas mãos como cidades; devem ser destruídas e depois postas sob o arado".[17]

É como se Hitler estivesse se convencendo ao convencer seu público – nesse caso, seu ministro da Propaganda, Joseph Goebbels. Racionalmente deve ter sido difícil para Goebbels acreditar que os eventos se dariam como Hitler previa. Mas ouvir Hitler nunca teve muito a ver com racionalidade. Como nos lembra Konrad Heiden, um jornalista que testemunhou a ascensão dos nazistas, os discursos de Hitler costumavam terminar "em uma redenção exultante, um final triunfante e feliz; muitas vezes podem ser refutados pela razão, mas seguem a lógica muito mais poderosa do subconsciente, que nenhuma refutação pode abalar".[18]

O problema de Hitler era que, embora fosse fácil contar histórias maravilhosas a Goebbels, "refutar" fatos concretos quando apresentados a ele era outra questão. Surpreendentemente, no mesmo dia em que esbanjava otimismo com Goebbels, Hitler teve uma reunião com homens que lhe disseram verdades muito duras. O industrial Walter Rohland, que supervisionava a produção dos tanques alemães, informou não só que os soviéticos estavam produzindo armas eficazes em massa, mas que o potencial industrial dos norte-americanos era tamanho que, se eles se envolvessem no conflito, a Alemanha perderia a guerra. A discussão tomou um rumo ainda mais deprimente para Hitler, quando Fritz Todt, o ministro de Armamentos, afirmou inequivocamente que "a guerra não pode ser vencida por meios militares". Hitler então perguntou: "De que outra forma eu deveria terminar esta guerra?". Todt disse que seria necessária uma solução política. Ao que Hitler replicou: "Mal consigo ver uma maneira de acabar com isso politicamente".[19]

Muitos aspectos desse encontro são dignos de nota. Talvez o mais importante, no contexto de uma comparação com o líder soviético, seja que Rohland e Todt estavam dispostos a ser honestos na frente de Hitler e transmitir notícias que ele não queria ouvir. Eles podiam fazer isso porque se sentiam seguros – ao contrário dos que serviam a Stálin. Como vimos no capítulo anterior, no contexto da decisão de sair ou não de Moscou, membros do Politburo, como Lavrenti Béria, sabiam que só poderiam expressar suas opiniões genuínas fora da reunião. Na presença de Stálin, todos desmoronaram.

Também é significativo que Hitler tenha continuado a jornada apesar de ouvir notícias tão devastadoras, que provavelmente teriam desalentado um estadista com uma mentalidade normal. Isso é ainda mais notável porque, assim como Stálin, Hitler não tinha um confidente próximo, ninguém a quem pudesse expressar seus temores, ansiedades e desejos mais íntimos. Mas a diferença fundamental entre os dois nesse quesito era que Stálin havia criado um mundo ao seu redor, onde seus subordinados temiam contar as verdades cruéis. Esse não era o caso de Hitler.

No *front*, unidades do Grupo do Exército Central avançavam em direção a Moscou. Mas, quanto mais perto chegavam, mais ferozmente o Exército Vermelho lutava. O oficial de um Grupo Panzer, Walter Schaefer-Kehnert, lembrou que houve uma "resistência muito forte" na medida em que se aproximavam da capital soviética. "Eu vi pessoalmente, passando por uma estradinha na floresta, três soldados andando na nossa frente – uns cem a 150 metros na nossa frente – e [houve] uma explosão, e só se via pedaços de carne pendurados nas árvores à direita e à esquerda, simplesmente explodidos."

Apesar da força da resistência soviética, no começo de dezembro a unidade de reconhecimento alemã mais avançada chegou a um ponto a apenas vinte quilômetros do centro de Moscou. Schaefer-Kehnert e seus companheiros estavam alguns quilômetros atrás, mas ainda assim perceberam que a capital soviética se encontrava ao alcance da artilharia. "Eu medi a distância até o Kremlin e disse: 'Bem, se tivéssemos um canhão de longo alcance nós poderíamos acertar o Kremlin'." Ele e outros soldados ficaram animados com essa revelação e passaram a noite toda disparando a artilharia no centro de Moscou.

Mas o frio tornava os combates convencionais quase impossíveis. "Esta noite a temperatura já caiu mais de trinta graus abaixo de zero", disse Schaefer-Kehnert,

> e nossas metralhadoras não dispararam mais [...] é a pior coisa para os homens da infantaria, ter uma metralhadora que não atira. Isso realmente deixa todos com medo, pois não há mais meios para se defender, e o mesmo acontecia para dar a partida nos veículos. Depois, o equipamento pessoal – as botas de couro – sofríamos grandes perdas quando os soldados durante a noite não tinham como se aquecer em algum lugar, os dedos dos pés e das mãos congelavam, e nossas perdas eram muito maiores do que os feridos [em batalha], os que ficavam com dedos e pés congelados. [...] Ainda me lembro do comandante do batalhão que tivemos na primeira fase, que era um jovem oficial sob o comando de Ludendorff na Primeira Guerra, e sempre dizia: "Se você quer lutar uma guerra, tem que se equipar adequadamente para isso".[20]

Os alemães haviam chegado ao fim da linha. Pararam de avançar em direção a Moscou. Em 3 de dezembro, o comandante do 4º Grupo Panzer, general Hoepner, escreveu: "O poder de combate ofensivo dos Grupos [Panzer XII, XL, Panzer XLVI, Panzer LVII] acabou. [...] Qualquer outra ofensiva pode minar a força das unidades e tornar impossível rechaçar os contra-ataques russos".[21]

As palavras de Hoepner foram proféticas. Dois dias depois, em 5 de dezembro, o Exército Vermelho lançou uma contraofensiva massiva. Um total de 27 divisões soviéticas atacaram os alemães nos arredores de Moscou. Diferentemente dos equipamentos alemães, os armamentos soviéticos eram projetados para o clima rigoroso. Como Bock colocou sucintamente em seu diário, em 5 de dezembro: "Nossos tanques estão quebrando, enquanto os dos russos são mais adequados às condições do inverno".[22]

Alfred Rubbel, comandante de um tanque de um Grupo Panzer diante de Moscou, lembra-se da luta naquele dezembro como uma "experiência terrível

[...] a guerra mudou completamente". Em vez de sentir orgulho da tecnologia alemã, ele e seus companheiros agora sentiam "muita inveja" dos equipamentos soviéticos, como o tanque T34, que foi

> um grande choque para todos. Não sabíamos nada sobre o T34. Eles se adaptavam muito bem ao que os russos precisavam. Os russos tendiam a simplificar a tecnologia, e usaram ar pressurizado contra nós – era assim que davam a partida em seus motores. Tinha lagartas mais largas para passar por cima da lama. Nós não podíamos.

A própria persistência e resiliência dos soldados do Exército Vermelho também afetaram seus oponentes. "Nós entendemos o quanto os russos estavam dispostos a sofrer", disse Rubbel, "e o quanto eram corajosos, que os mandaram fazer coisas que seria impossível pedir que fizéssemos, e que os soldados russos aceitavam aquilo. Nós não fomos informados sobre isso [antes da invasão]".[23]

Rubbel agora tinha de lutar com soldados como Vasily Borisov. "Nos contra-ataques houve combates corpo a corpo", contou Borisov, que serviu em uma unidade da Sibéria.

> Tivemos que lutar contra os alemães nas trincheiras. Os mais aptos sobreviviam e os mais fracos morriam. [...] Usávamos baionetas nos fuzis e eu era muito forte – conseguia espetar [o soldado alemão] com a baioneta e jogá-lo para fora da trincheira [...] eles usavam casacos como nós, e a baioneta atravessava. É como furar uma bisnaga de pão – sem resistência. [...] É uma questão de ou/ou. Ou ele mata você ou você o mata. Uma verdadeira carnificina. [...] Nossa infantaria entrou na luta e eles recuaram para outra linha de defesa. Nossos rapazes eram fortes. Soldados do Exército Vermelho. Eram fortes para lutar desse jeito.[24]

Diante de homens como Borisov, Rubbel sentiu que, "meio que de repente, nossa noção de superioridade começou a se esvanecer diante daqueles soldados, cuja liderança, aliás, também começou a melhorar".[25] Em 7 de dezembro, dois dias depois do contra-ataque soviético, o notoriamente lacônico Bock escreveu: "Dia difícil. A ala direita do Grupo Panzer 3 começou a se retirar durante a noite".[26]

Mas essa mesma noite – domingo, 7 de dezembro – traria notícias ainda mais momentosas para Hitler e os alemães. Os japoneses bombardearam a base naval norte-americana de Pearl Harbor em um ataque surpresa, e logo depois os Estados Unidos estavam em guerra com o Japão imperial. À primeira vista, deveria ter sido um evento potencialmente devastador para Hitler. Ele já havia dito ser necessário que a Alemanha "resolvesse todos os problemas na Europa" antes de os Estados Unidos entrarem na guerra. Se esse objetivo não pudesse ser alcançado, "ai de nós se não terminarmos até lá".[27]

A Alemanha já tinha um relacionamento com o Japão por meio do pacto tripartite, mas sob os termos do pacto não havia necessidade de os alemães declararem guerra aos Estados Unidos, pois foram os japoneses que iniciaram o conflito. Mesmo assim, quatro dias depois, em 11 de dezembro, Hitler anunciou que a Alemanha agora estava em guerra com os Estados Unidos. Para muita gente, ter tomado essa decisão parece uma coisa espantosa. Por que declarar guerra – voluntariamente – a uma poderosa usina de força econômica a milhares de quilômetros de distância? Ainda por cima, um país que a Alemanha jamais poderia conquistar?

Em vez de se debater nessas questões, Hitler pareceu satisfeito com o fato de o Japão ter atacado os Estados Unidos. "Não vamos perder a guerra de jeito nenhum", declarou. "Agora temos um aliado que nunca foi conquistado em 3 mil anos."[28] Muitos dos que pertenciam ao círculo de Hitler ficaram igualmente encantados. Quando souberam da notícia de Pearl Harbor, "todos no quartel-general [do comando supremo] [...] pareceram tomados por um êxtase de alegria", escreveu o general Warlimont.[29] Foi uma sensação de júbilo compartilhada pelo ministro das Relações Exteriores, Ribbentrop. "Um telefonema noturno de Ribbentrop", registrou em seu diário o conde Ciano, ministro das Relações Exteriores italiano; "ele está feliz com o ataque japonês aos Estados Unidos. Está tão feliz, na verdade, que não posso deixar de parabenizá-lo, apesar de não saber bem qual será a vantagem. Uma coisa agora é certa: a América entrará no conflito, e o conflito em si será longo o suficiente para permitir que ponha em ação todas as suas forças potenciais." Até Mussolini ficou "feliz" com a notícia, porque "há muito tempo ele tem sido mostrado a favor de esclarecer a posição da América em relação ao Eixo".[30]

Do ponto de vista de Hitler e dos seus, havia várias razões para essa reação aparentemente estranha às notícias de que os Estados Unidos haviam entrado na guerra. A primeira era que os norte-americanos já vinham ajudando o esforço de guerra britânico havia bastante tempo. No ano anterior, eles tinham prometido cinquenta contratorpedeiros em troca do direito de usar várias bases militares em território britânico. Poucos meses depois, Roosevelt sugeriu um acordo de intercâmbio mais amplo, por meio do qual os britânicos receberiam toda uma panóplia de suprimentos militares e outros suprimentos. Mais recentemente, houvera uma série de incidentes entre navios de guerra norte-americanos e submarinos alemães no Atlântico Norte. Portanto, para Hitler e comandantes militares como o almirante Raeder, a declaração de guerra dos alemães aos Estados Unidos só permitia à Kriegsmarine revidar em uma guerra que os Estados Unidos já haviam parcialmente declarado.

A segunda vantagem imediata da situação, do ponto de vista de Hitler, era que os norte-americanos e os britânicos ficariam agora divididos entre a guerra na Europa e o conflito no Pacífico. Importantes bases britânicas, até então não ameaçadas, logo seriam capturadas pelos japoneses – Hong Kong se rendeu no Natal de 1941, seguida por Cingapura menos de dois meses depois, em 15 de fevereiro de 1942.

Finalmente havia uma dimensão ideológica. Hitler foi se convencendo cada vez mais que os judeus estavam por trás de Roosevelt – um homem que rotulou publicamente de hipócrita em 1939 –, e agora havia uma chance de enfrentar esse perigo abertamente. Os Estados Unidos, acreditava Hitler, nunca poderiam ter sido amigos da Alemanha.

Hitler havia concordado com os japoneses, pouco antes de Pearl Harbor, em que a Alemanha declararia guerra aos Estados Unidos após o ataque japonês. O fato de ter sido ele a declarar era muito importante para Hitler. Ele poderia ter esperado que os Estados Unidos o fizessem, ou se refreado até a situação no Atlântico piorar do ponto de vista alemão. Mas isso tornaria óbvio que ele não estava no controle dos eventos. E para Hitler, as aparências eram importantes.

O Führer decidiu retornar a Berlim e fazer um importante e decisivo discurso aos membros do Reichstag em 11 de dezembro. Foi uma ocasião marcante, pois o público alemão – tanto os que o ouvissem pessoalmente ou pelo rádio – conhecia bem a história da Primeira Guerra Mundial e sabia o quanto a intervenção dos norte-americanos no lado dos Aliados em 1917 fora prejudicial para o esforço de guerra alemão. No entanto, Hitler passou grande parte de seu discurso explicando como e por que, em sua opinião, a Alemanha havia sido atraída não somente para a guerra em 1939, mas também para a luta contra a União Soviética em 1941. Sua história alternativa se concentrava em como a "diplomacia britânica" tinha "forçado" os alemães à guerra em 1939, e como os britânicos evitaram que o conflito terminasse no verão de 1940 com a "rejeição" de sua "oferta de paz". Quanto à guerra contra a União Soviética, isso ocorreu porque Hitler queria evitar que Stálin atacasse a Europa e, se os alemães não tivessem agido quando o fizeram, "a Europa estaria perdida".[31]

Hitler explicou em seguida – quase queixoso – como acreditava que Roosevelt e os Estados Unidos vinham agindo contra a Alemanha e ajudando os britânicos, apesar de os alemães nunca terem "infligido qualquer sofrimento" àquele país. Quanto às razões que levaram Roosevelt a se voltar contra a Alemanha nazista, era um fato facilmente explicável. Ele estava "fortalecido" pela "malícia satânica" dos judeus. Ademais, o fato de Roosevelt não ter entendido que os judeus estavam "interessados somente em agitação e nunca em ordem" demonstrava que o presidente norte-americano não só tinha uma "imbecilidade mental" como também deveria ser "insano".[32]

Roosevelt e Churchill, disse Hitler, deveriam se concentrar em seus próprios problemas: "Em vez de provocar guerras, esses senhores, que vivem em Estados socialmente atrasados, deveriam ter cuidado de seus desempregados. Há necessidades e dificuldades suficientes em seus países para mantê-los ocupados, em termos de distribuição de alimentos".

Os alemães, afirmou Hitler em sua conclusão, foram vítimas de uma conspiração internacional. Era necessário, portanto, que a Alemanha se unisse à Itália e ao Japão na luta contra "os Estados Unidos da América e a Inglaterra". Hitler estava "inabalavelmente decidido" a prosseguir a guerra até "um fim vitorioso".[33]

O tema central do discurso foi tipicamente hitlerista. Apresentou a situação como se não houvesse alternativa a não ser continuar lutando. Era mais uma vez um caso de ou/ou. Ou a Alemanha seria vitoriosa ou seria aniquilada. Essa forma de apresentar os eventos era característica. Desde seus primeiros dias como político depois da Primeira Guerra Mundial, sempre lidou com extremos. Uma das primeiras indicações de que via o mundo nesses termos transparece no final do programa de 25 pontos do Partido Nazista, apresentado numa reunião na cervejaria Hofbräuhaus, em Munique, em fevereiro de 1920. As últimas palavras do documento afirmavam: "Os líderes do partido prometem trabalhar implacavelmente – se necessário sacrificando suas próprias vidas – para transformar este programa em ação".³⁴ Claramente não era um manifesto convencional de um partido político comum. Pois que manifesto "normal" termina com o compromisso dos líderes do partido de morrerem se necessário para atingir seus objetivos?

A mesma forma extremista de avaliar os eventos era inextricavelmente ligada à maneira como Hitler via a guerra contra Stálin. Sua decisão intencional fora transformar esse conflito em algo que o levasse à vitória ou à destruição. A insistência em se tratar de uma guerra de "extermínio" era quase uma garantia que os soviéticos iriam impor uma vingança horrenda sobre os alemães, se triunfassem no final. Mas Hitler via isso como positivo. Na carta que escreveu a Mussolini às vésperas da guerra, disse se sentir "espiritualmente livre" agora que a Alemanha estava prestes a atacar a União Soviética.³⁵ E essa liberdade baseava-se no conhecimento de que se tratava de um conflito épico no qual ele – e a Alemanha – venceria ou se veria diante da destruição. Como disse a Goebbels em 16 de junho de 1941, "nós precisamos obter a vitória, não importa se façamos o que é certo ou errado. De qualquer forma, temos tanto a responder que precisamos obter a vitória, caso contrário todo o nosso povo [...] será eliminado".³⁶ As apostas não eram somente altas, eram absolutas, e era assim que ele queria.

O discurso de Hitler de 11 de dezembro foi uma declaração pública de desafio. Mas como ele podia acreditar em "um fim vitorioso" quando 4.800 quilômetros de oceano separavam os Estados Unidos da Europa e a Alemanha nunca fora uma grande potência naval? Se já se sentia aflito quanto a invadir a Inglaterra pelo Canal da Mancha, como poderia derrotar os Estados Unidos?

A resposta é que é improvável que Hitler estivesse enxergando tão longe. Sua prioridade continuava sendo a guerra contra Stálin. Os norte-americanos levariam tempo para aumentar sua produção de armamento e transportar suas tropas e equipamento através de um Atlântico patrulhado por submarinos alemães. Pouco antes de Pearl Harbor, Hitler disse a Goebbels que, apesar de "não subestimar os Estados Unidos, ainda não considero a entrada na guerra como uma ameaça iminente. Eles não podem mudar a situação no continente. Nós estamos firmemente no controle da Europa".³⁷ Os norte-americanos também estariam agora envolvidos na luta contra os japoneses, a milhares de quilômetros de distância. Portanto, se os alemães conseguissem derrotar os soviéticos em 1942, e se os recursos soviéticos – especialmente o petróleo – pudessem ser capturados intactos, seria possível manter um impasse em que a Grã-Bretanha e Estados Unidos acabassem aceitando o novo *status quo*.

Era um cenário que beirava a fantasia, não só por causa dos inúmeros "se" envolvidos. Mas era um cenário que Nicolaus von Below, representante de Hitler na Luftwaffe, parecia compartilhar. Ele achava que ainda havia "uma chance" de destruir a União Soviética antes que os Estados Unidos, "com todo o seu enorme potencial", fossem capazes de causar um impacto no campo de batalha. Esse também era, acreditava, o julgamento do Führer. Hitler "tinha certeza que derrotaria a Rússia em 1942".[38]

Mas enquanto Hitler projetava uma imagem de total confiança em público, nos bastidores ele sabia que seus comandantes estavam lutando para manter intacto o seu otimismo. Considere o caso de Ernst Udet, um ás alemão da Primeira Guerra Mundial. Udet foi nomeado diretor de equipamentos da Luftwaffe por seu antigo companheiro de guerra Hermann Göring, um trabalho para o qual era totalmente inadequado. Udet adorava voar, beber e se divertir, mas agora vivia atolado em questões administrativas que não conseguia resolver. Pior ainda, quando criticado por Hitler por falhas da Luftwaffe, Göring tentou passar a culpa a Udet. Essa sequência de Hitler jogando objetivos inatingíveis nos ombros de Göring, e Göring os transferindo para um subordinado, custaria caro ao ás da Primeira Guerra. Udet cometeu suicídio com um tiro, em 17 de novembro de 1941.

Nessa época, outros comandantes alemães também saíram de cena. Mas eles não precisaram se matar – seus próprios corpos se voltaram contra eles. Em 10 de novembro, uma semana antes de Udet se matar, o marechal de campo Von Brauchitsch sofreu um ataque cardíaco. Em 16 de dezembro, Bock – que liderou a maior concentração de poder militar da história do exército alemão com o Grupo do Exército Central – escreveu em seu diário que sua saúde estava "pendurada por um fio de seda".[39] Dois dias depois, ele foi exonerado do comando.

Vários outros líderes militares que não desistiram por motivos de saúde foram demitidos por proporem recuos para posições mais defensáveis em face da nova ameaça soviética. O marechal de campo Von Rundstedt, por exemplo, comandante do Grupo do Exército Sul e um dos líderes militares mais leais de Hitler, foi exonerado quando se afastou mais de Rostov do que o desejado pelo Führer. Em um padrão que se repetiria mais tarde na guerra, o homem que Hitler escolheu para substituí-lo, Walther von Reichenau, também teve de pedir para recuar para a posição sugerida por Rundstedt, e Hitler concordou. Apesar de toda a sua fé no "triunfo da vontade", Hitler não podia mudar a realidade militar do conflito. Quanto a Reichenau, ele não sobreviveu muito tempo à frente do Grupo do Exército Sul. Poucas semanas após sua nomeação, sofreu um derrame e morreu.

Todos esses comandantes seniores apoiavam os objetivos de Hitler. O problema que enfrentaram era puramente prático. Eles descobriram que, quando apresentavam razões lógicas para fazer algo, Hitler poderia simplesmente se recusar a concordar. Assim, eles acabaram ficando frente a frente – talvez pela primeira vez – com a realidade alternativa do Führer. Essa percepção podia ser arrasadora.

O exemplo mais flagrante desse fenômeno aconteceu em 20 de dezembro de 1941, quando Hitler se encontrou com um de seus comandantes favoritos – Heinz Guderian, o comandante do Exército Panzer. A essa altura o Führer já tinha decidido substituir Brauchitsch como chefe do exército. Um dia antes de seu encontro com Guderian, Hitler escolheu o único homem no Reich que considerava apto para o trabalho – ele mesmo.

Guderian chegou ao quartel-general de Hitler, na Prússia Oriental, esperançoso de que "nosso Comando Supremo" estivesse disposto a ouvir "propostas sensatas" de um "general que conhecia o *front*".[40] Mas teria uma "surpresa". Hitler o cumprimentou com uma "expressão dura e hostil nos olhos", e Guderian presumiu que algum inimigo seu deveria ter falado contra ele. O general explicou que suas tropas estavam se retirando para uma posição acordada com Brauchitsch alguns dias antes. Ao ouvir essa notícia, Hitler gritou: "Eu proíbo isso!" Mas Guderian explicou que a retirada já estava em andamento, e interrompê-la naquele momento deixaria as tropas expostas. Hitler disse que eles deveriam se entrincheirar onde estavam. Quando Guderian disse que isso era impossível porque o solo estava congelado, Hitler respondeu: "Nesse caso, eles devem explodir crateras com os obuses pesados. Nós tivemos de fazer isso na Primeira Guerra Mundial em Flandres".

Guderian explicou detalhadamente como isso era impraticável, mas Hitler se manteve intransigente. Guderian repetiu que deter as tropas onde estavam causaria uma perda desnecessária de vidas, apenas para Hitler responder: "Você acha que os granadeiros de Frederico, o Grande, estavam ansiosos para morrer? Eles também queriam viver, mas o rei estava certo ao pedir que se sacrificassem".

Hitler também disse a Guderian que tinha "muita pena" de suas tropas e que deveria se distanciar delas. Ao sair da reunião, Guderian ouviu Hitler dizer a Keitel, chefe do Alto-Comando das Forças Armadas: "Não convenci aquele homem!"[41]. Seis dias depois, em 26 de dezembro, Guderian foi informado de que havia sido destituído do comando do 2º Exército Panzer.

Em suas memórias, Guderian apresentou o caso como exemplo de um político distante que se recusa a compreender as realidades da guerra. Mas essa é uma maneira simplista de interpretar o que aconteceu. Embora seja certamente verdade que naquele momento Hitler costumasse fazer exigências irracionais a seus comandantes militares, isso não significa necessariamente que eles sempre estiveram certos e Hitler errado. Como vimos, ele insistiu em levar adiante a invasão da Europa Ocidental em 1940, contra o conselho de muitos de seus comandantes seniores. E seu julgamento se provou triunfantemente correto. Então, quem poderia dizer que ele não estaria certo novamente? Se tivesse dado aos seus generais a impressão de que poderiam recuar para qualquer posição que considerassem adequada, quem sabe para onde eles poderiam ter ido? Ao deixar claro que sua primeira resposta sempre era dizer que se mantivessem firmes, isso no mínimo os deixava mais relutantes em recuar.

Nem é o caso de Hitler sempre ter sido tão irracional e intransigente quanto Guderian o descreve. Por exemplo, outro oficial alemão – de mais baixa patente –, Günther von Below, participou de uma reunião em dezembro de 1941 na Toca do Lobo e encontrou um Hitler diferente. "Ele estava muito calmo", lembrou. "Hitler fez algumas perguntas e o telefone tocou. Era o marechal de campo Von Kluge." O marechal de campo explicou que queria retirar algumas unidades de sua posição avançada. "Então o corpo do exército", disse Hitler, "vai recuar de uma posição que não é boa [...] para voltar à desolação nevada". Em seguida ele "discutiu a questão com Kluge por algum tempo, e finalmente falou: 'Bem, marechal, a responsabilidade é sua, faça como quiser'. E ele estava absolutamente calmo".[42]

Mas embora os detalhes de como os alemães deveriam ter lidado com a crise de Moscou ainda sejam discutidos por historiadores, um ponto significativo é frequentemente esquecido. Foi o momento em que o senso de convicção absoluta de Hitler – que foi considerado uma força enorme logo após as vitórias do verão de 1940 – passou a ser visto por Guderian, e alguns outros, como uma tremenda fraqueza.

Ao mesmo tempo que lidava com essas questões militares, Hitler estava tomando decisões sobre um assunto que considerava de igual importância, se não maior – os judeus. Como vimos, em seu discurso de 11 de dezembro, Hitler afirmou que os judeus estavam por trás não apenas de Stálin e do bolchevismo, mas do presidente Roosevelt e da decisão norte-americana de ajudar o esforço de guerra britânico. E o papel que ele via os judeus desempenhando na guerra era um assunto que continuava firme em sua mente no dia seguinte, quando ele se encontrou com um grupo de cerca de cinquenta líderes nazistas na Chancelaria do Reich.

Em uma das anotações mais notáveis em seu diário, Goebbels registrou o que Hitler disse:

> No que diz respeito à questão judaica, o Führer está decidido a limpar o ar. Ele prometeu aos judeus [em um discurso em janeiro de 1939] que, se causassem outra guerra mundial, eles viveriam seu extermínio. Não foi uma frase vazia. A guerra mundial está aqui, a destruição dos judeus deve ser a consequência inevitável. A questão deve ser vista sem sentimentalismo. Não estamos aqui para ter pena dos judeus, mas sim para sentir solidariedade pelo nosso povo alemão. Como o povo alemão mais uma vez sacrificou cerca de 160 mil tombados na campanha oriental, os que iniciaram este conflito sangrento terão de pagar com suas vidas.[43]

Nesse momento, como Goebbels revela, juntou-se uma série de diferentes vertentes – a guerra no Leste, o destino dos judeus, a entrada dos Estados Unidos na guerra e a crueldade vingativa da visão de mundo de Hitler. Os judeus deveriam morrer, pois estavam "por trás" daquela guerra "mundial" e por ser inconcebível que continuassem vivendo enquanto o sangue alemão era derramado na guerra contra Stálin. Essas eram as razões imediatas pelas quais esse crime deveria acontecer. Mas a "questão" de longo prazo para o extermínio dos judeus continuava na mente de Hitler – o de precisar ser "resolvida" para se chegar ao Estado racial perfeito.

No entanto, a conclamação de Hitler pela "destruição dos judeus" não significava que fosse possível naquele momento, em termos práticos, assassinar milhões de pessoas no Estado nazista. Mais uma vez, os desejos expressos de Hitler excediam a capacidade real de seus subordinados realizá-los. Nesse caso, isso não deveria ser surpreendente, pois ele estava pedindo que cometessem um assassinato em massa numa escala nunca tentada antes na história.

Hans Frank, o administrador do Governo Geral da Polônia – uma região com um grande número de judeus –, deu uma visão do clima em que Hitler fez sua declaração sobre os judeus em um discurso que proferiu em 16 de dezembro de 1941. Frank, que compareceu à reunião de 12 de dezembro, falou à sua equipe que lhe disse "em Berlim" para "liquidar [os judeus] por conta própria!". Além disso, explicou que tinha "suas próprias ideias" sobre como destruí-los os judeus. Mais uma vez, foi um exemplo de como funcionava a liderança de Hitler. Ele teve a visão – nesse caso, a destruição dos judeus – e outros tiveram de inventar maneiras de realizá-la.[44]

Embora Stálin trabalhasse da mesma maneira, as semelhanças entre a atitude de Hitler contra os judeus e a decisão de Stálin, alguns meses antes, pela deportação de todo um grupo étnico, os alemães do Volga, parecem notáveis – ao menos superficialmente. Nos dois casos, os alvos eram grupos de pessoas distintas, mas as medidas punitivas foram tomadas contra o grupo como um todo, independentemente de qualquer "culpa" individual. Os grupos também foram retirados de suas casas e transportados para locais onde sofreriam coletivamente.

Mas também havia diferenças cruciais. Hitler falava explicitamente de "destruição" dos judeus, mas Stálin parecia não pensar em termos tão absolutos. Ainda que um grande número de alemães deportados do Volga tenha morrido – talvez um quarto ou um terço dos exilados –, não havia nenhum plano para matar a todos. Tampouco, como discutido anteriormente, Stálin acreditava nas teorias raciais que eram essenciais na visão de mundo de Hitler. Ele tinha como alvo grupos como os alemães do Volga, pois os considerava uma ameaça potencial e, nas circunstâncias específicas da guerra, poderiam trabalhar contra o Estado. Stálin não acreditava que eles fossem "inferiores" ou inerentemente diferentes de outros cidadãos soviéticos. Teria achado a conversa de Hitler sobre "sangue" determinar o destino simplesmente risível.

No entanto, na maneira implacável com que dirigia as operações militares, Stálin era mais do que igual a Hitler. Na guerra, demonstrava um desdém monumental pelo sofrimento de suas tropas. Quando, por exemplo, o comissário do exército Stepanov pediu permissão para recuar seus soldados posicionados perto de Moscou, Stálin perguntou se ele e os soldados tinham pás. Quando Stepanov respondeu que sim, Stálin falou: "Camarada Stepanov, diga a seus camaradas que eles devem pegar suas pás e cavar as próprias sepulturas. Nós não vamos abandonar Moscou".[45]

Fyodor Sverdlov, comandante de uma companhia de fuzileiros que participou da ofensiva de dezembro, aprovava integralmente a falta de compaixão de Stálin. "Você não pode sentir pena, não deve sentir pena do soldado que pode ser morto a qualquer minuto", afirmou. "Se você sentir pena dele, isso significa correr o risco de entregar uma grande parte do país aos alemães, que executariam milhares de pessoas."

Sverdlov desenvolveu sua própria teoria sobre a guerra naquele dezembro – uma teoria que Stálin teria apoiado. Atacar sempre que possível. "Os que estavam avançando, que continuavam, sobreviveram", explicou Sverdlov. "Porque se seguir em frente, se você se aproximar do inimigo, parece incrível, mas você chega na chamada zona morta, que não é vulnerável à artilharia inimiga. [...] Significa que dessa curta distância você com certeza vai destruir o inimigo com seu fogo. Essa era a nossa tática."[46]

Sverdlov também estava disposto a ser tão implacável quanto Stálin. Ele matou pessoalmente, "sem pensar duas vezes", um soldado que tentou fugir do combate. "A guerra é um negócio cruel", disse.

> Nossa guerra não era como a guerra franco-alemã, quando um armistício era brevemente assinado e seguido por uma festa da qual participavam alemães e franceses. Isso foi coisa do século passado. A guerra que travávamos era uma questão de vida ou morte. A vida de todo o país e de toda a nação estava em jogo.

Assim como foi inspirado pela liderança de Stálin, Sverdlov e seus camaradas concentravam muito do ódio que sentiam em Adolf Hitler.

> Eu me lembro de um oficial de ligação correndo até mim e dizendo: "O comissário Kulish morreu". Corri até o flanco esquerdo e vi que ele ainda estava vivo, mas sangrando, e percebi que tinha sido ferido no pulmão. Ele era um homem muito espirituoso. Quando perguntei a ele "Nikolai, como você está?", ele respondeu: "Espero

que Hitler esteja se sentindo como eu agora". E ele morreu no mesmo dia.

A guerra não mudou apenas a vida dos soldados na linha de frente, mas também teve um efeito profundo em muitos cidadãos soviéticos no próprio país. O compositor Dmitri Shostakovich escreveu que antes da guerra "era preciso chorar em silêncio, embaixo da colcha. Ninguém pode perceber. Todo mundo tinha medo de todos". Agora, apesar de a guerra "causar sofrimentos e infelicidades incríveis", também significa que "o pesar secreto e isolado se tornou o pesar de todos. Era permitido falar sobre isso, podia-se chorar abertamente, lamentar abertamente pelos mortos. As pessoas não precisavam mais ter medo de suas lágrimas". O poeta Yevgeny Yevtushenko se sentiu da mesma maneira, escrevendo que a guerra "aliviou o fardo espiritual dos russos", pois não precisavam mais ser insinceros.[47]

Stálin foi uma exceção a essa regra, pois continuou sentindo a necessidade de ser insincero, tanto quanto em suas relações com a Polônia – um país, como vimos, do qual particularmente não gostava. A Polônia, sem querer, tornou-se aliada da União Soviética na sequência da Operação Barbarossa. Mas era impossível esquecer a história recente entre os dois países. Não só os soviéticos se apropriaram do leste da Polônia em setembro de 1939 e deportaram centenas de milhares de cidadãos poloneses para os confins da União Soviética, como Stálin assinou pessoalmente a ordem que condenou à morte milhares de oficiais poloneses. Isso foi algo que Stálin, naturalmente, deixou de mencionar quando se reuniu no Kremlin, em 3 de dezembro de 1941, com o general Sikorski, o primeiro-ministro do governo polonês no exílio, e o general Anders, um oficial polonês preso pelos soviéticos no início da guerra.

Em vez de levar a sério o pedido dos poloneses por informações sobre os oficiais desaparecidos, Stálin primeiro insistiu – ridiculamente – que todos haviam sido libertados, e depois insinuou que poderiam ter "fugido". Quando o general Anders perguntou para onde vários milhares de oficiais poloneses poderiam ter fugido, Stálin respondeu "para a Manchúria".[48]

Stálin parecia estar brincando com dois destacados generais. Sabia que estava com o poder naquela relação, e por isso se sentiu numa posição em que poderia fazer piada com o destino de milhares de pessoas que havia mandado matar. Os poloneses sabiam que ele estava mentindo – como seria possível milhares de oficiais poloneses terem escapado do cativeiro soviético e viajado para a Manchúria? E Stálin deveria estar ciente de que os poloneses sabiam que ele estava mentindo. Mas não se incomodou com isso. Era preciso ter aquele encontro com seus novos "aliados", mas ele não precisava se comportar bem durante a reunião.

Embora Stálin não fosse normalmente tão desdenhoso com aliados mais poderosos como a Grã-Bretanha e os Estados Unidos, seu comportamento não deixava de ser grosseiro, pelo menos em termos diplomáticos. Em novembro de 1941, por exemplo, enviou uma mensagem a Churchill em que dizia rispidamente que queria saber dos planos britânicos para a Europa do pós-guerra. Exigiu uma "clareza" imediata nas relações anglo-soviéticas. Também reclamou que os armamentos que os britânicos mandavam aos soviéticos estavam chegando "embalados de maneira ineficiente" e por isso às vezes "chegam até nós quebrados".[49] Churchill ficou furioso quando leu as palavras de Stálin. Maisky, o embaixador soviético, achou que Churchill ficara "obviamente irritado" com o "tom" da mensagem de Stálin.[50]

No mês seguinte, o secretário das Relações Exteriores britânico, Anthony Eden, fez uma tortuosa viagem até a União Soviética a bordo de um navio de guerra britânico, na tentativa de melhorar o relacionamento entre os países. Ele se encontrou com Stálin no Kremlin em 16 de dezembro, no mesmo dia em que Hans Frank dizia a seus subordinados na Cracóvia que eles haviam sido instruídos a "liquidar" os judeus. Ao chegar, a delegação britânica ficou surpresa ao saber o principal tópico que Stálin queria discutir, acima de todos os outros – as fronteiras do pós-guerra. Com os alemães tão próximos de Moscou, eles esperavam que o líder soviético se concentrasse na questão de como vencer a guerra da melhor maneira. Mas Stálin estava demonstrando mais uma vez sua compreensão de como a força bruta funciona. Ele sabia que o Exército Vermelho estava aguentando o impacto da ameaça alemã e achava que os Aliados deveriam pagar por todo aquele sangue soviético derramado. O preço imediato seria um acordo em que os soviéticos poderiam manter o território conquistado sob os termos do pacto nazi-soviético.

As coisas chegaram ao auge na segunda reunião, realizada à meia-noite de 17 de dezembro. Stálin examinou alguns esboços preparados pelos britânicos e comentou que, embora fossem "certamente interessantes", ele estava "muito mais interessado na questão das futuras fronteiras da URSS". Exigiu mais uma vez que os britânicos reconhecessem as fronteiras de 1941. Os britânicos se recusaram. Stálin persistiu, dizendo que a "questão das fronteiras soviéticas" era de "excepcional importância para nós", e dado que a União Soviética estava "carregando o peso da guerra nos ombros", por que o governo britânico ainda não estava disposto a "reconhecer a fronteira ocidental soviética?".

Stálin levantou, em seguida, a questão dos Estados Bálticos, território que a União Soviética havia conquistado antes da Operação Barbarossa. "Nossas tropas podem voltar a tomar posse dos Estados Bálticos no futuro imediato", explicou. "Ora, será que a Grã-Bretanha vai nos recusar o reconhecimento dessas fronteiras nesse caso?" Eden respondeu fracamente que, "para o governo britânico, os três Estados Bálticos não existem no momento", já que estavam ocupados pelos alemães.

Às vezes, durante a reunião, parecia que Stálin estava ridicularizando Eden – humilhando-o como fizera com os generais poloneses que perguntaram sobre os colegas desaparecidos. "Talvez amanhã", disse Stálin jocosamente, "a Grã-Bretanha declare que não reconhece a Ucrânia como parte da URSS". E resumiu dizendo que estava "muito surpreso" com a atitude britânica – a "manifestação de uma situação altamente ridícula" e que "presumivelmente, um aliado deve apoiar outro aliado". Eden se sentiu tão intimidado que observou que, embora ele "não tivesse o poder de reconhecer a fronteira ocidental soviética imediatamente", uma solução "só requer tempo, uma questão de adiamento". Mas Stálin continuou a repreendê-lo, protestando que "parece que a URSS tem de pedir um favor à Grã-Bretanha".[51]

Foi uma atitude corajosa de Stálin. Concentrando-se em um ponto – a necessidade de concordar com as fronteiras ocidentais da União Soviética no pós-guerra – e exercendo pressão inclemente, colocou Eden numa situação da qual não podia escapar. Eden não podia dizer que concordava com as fronteiras sem consultar Churchill, e não podia dizer o que os britânicos fariam se os soviéticos ocupassem esse território depois de expulsar os alemães. Assim, não só ele se mostrou fraco, como também se viu em uma "situação altamente ridícula", como queria Stálin.

A viagem de Eden terminou com um jantar no Kremlin em 20 de dezembro, com a delegação britânica finalmente saindo das festividades às cinco da manhã. A essa altura, segundo o secretário permanente do Ministério das Relações Exteriores, sir Alexander Cadogan, Stálin, que estivera relativamente "alterado"

– ou bêbado – no jantar, estava "sóbrio". Cadogan "admirou-se" com isso, pois achava que Stálin tinha bebido "bem consistentemente" por "sete horas".[52] O que o diplomata britânico não percebeu foi que Stálin quase sempre bebia menos do que parecia, para observar seus convidados enquanto estavam embriagados. Nem todos os colegas de Stálin, contudo, eram tão abstêmios. O marechal Voroshilov ficou tão bêbado que acabou lutando com um diplomata júnior da embaixada britânica. Por volta das quatro da manhã, estava tão embriagado que teve de ser levado embora.[53] Stálin jamais se permitiria chegar a tal estado. Quanto a Hitler, nada semelhante poderia acontecer, pois ele abominava álcool e fumo.

Esse encontro de dezembro entre britânicos e soviéticos foi memorável sob vários aspectos. O primeiro foi o de Anthony Eden ter achado difícil conciliar a reputação de Stálin com o verdadeiro homem Stálin. Mais tarde, disse que fizera o possível para imaginar o líder soviético "escorrendo o sangue de seus oponentes e rivais, mas de alguma forma a imagem não se encaixava".[54]

A astúcia de Stálin, sua calma, a falta de histrionismo, tudo que transparecia não combinava com a imagem convencional de um ditador. Assim como Eden, sir Alexander Cadogan ficou desconcertado com o comportamento de Stálin. "É difícil dizer se S. [Stálin] é impressionante", escreveu em seu diário. Por um lado, era um governante todo-poderoso; por outro, seria difícil "identificá-lo em uma multidão". Seus "olhos cintilantes" e seu "cabelo duro" o tornavam "meio parecido com um porco-espinho". Acima de tudo, ele era "muito contido e calado".[55]

Mais tarde, Eden chegou à conclusão de que Stálin foi um dos operadores políticos mais impressionantes que já conhecera. "O marechal Stálin, como negociador, foi o embate mais difícil de todos", escreveu depois da guerra.

> Na verdade, depois de cerca de trinta anos de experiência em conferências internacionais de um tipo ou de outro, se eu tivesse de escolher uma equipe para entrar em uma sala de conferências, Stálin seria minha primeira escolha. Claro que o homem era implacável e é claro que conhecia seu propósito. Ele nunca desperdiçava uma palavra. Nunca era agressivo, raramente ficava irritado.

Ao contrário, acrescentou Eden, Stálin era "velado, calmo" e nunca levantava a voz.[56] Alguns políticos britânicos já haviam negociado com Hitler, principalmente na época da crise de Munique, em 1938. E Hitler – ao contrário de Stálin – não só raramente ficava em silêncio por longos períodos durante uma reunião como era capaz de arengar longamente com políticos estrangeiros.

A abordagem menos histriônica de Stálin se provou eficaz com Eden em dezembro de 1941. O ministro das Relações Exteriores britânico deixou Moscou convencido de que Stálin via a questão das fronteiras soviéticas do pós-guerra como o "teste ácido da nossa sinceridade". Mas Eden também reconheceu ser um assunto delicado, pois o segundo ponto da Carta do Atlântico – o acordo a que Churchill e Roosevelt haviam chegado no verão de 1941 – exigia que quaisquer "mudanças territoriais" fossem feitas somente em conformidade com os "desejos expressos livremente dos povos em questão". Mesmo assim, em nota escrita a Churchill no início de janeiro de 1942, Eden apresentou o argumento mais forte que pôde para dar a Stálin o que ele desejava.[57]

A sugestão de Eden causou um discurso inflamado de Churchill. Os territórios que Stálin queria no final da guerra, escreveu Churchill, "foram adquiridos por atos de agressão em conluio vergonhoso com Hitler". Ademais, os soviéticos "entraram na guerra somente quando atacados pela Alemanha, tendo-se mostrado até então totalmente indiferentes ao nosso destino e, de fato, aumentando nossos ônus em nosso pior perigo". Não deveria haver "equívocos" sobre a posição do governo que liderava, que "adota os princípios de liberdade e democracia enunciados na Carta do Atlântico".[58]

Foi a confirmação do imenso abismo que existia entre Grã-Bretanha e União Soviética. O líder soviético não via nada de errado em países grandes conspirarem para tomar territórios de países pequenos. Consequentemente, ele queria chegar a um acordo com os britânicos, semelhante ao que fizera com os nazistas. Em seu primeiro encontro com Eden, chegou a levantar a hipótese de incluir um "protocolo secreto" com os britânicos que garantiria as fronteiras do pós-guerra da União Soviética. Um "protocolo secreto" semelhante, como vimos, ao acertado com Ribbentrop em 1939. Eden descartou a ideia, classificando-a como "impossível".[59]

Quanto a Churchill, suas palavras sobre a importância dos "princípios" democráticos foram boas e nobres. Mas, como veremos, ele não seria fiel a essas ideias.

9

FOME

Hitler e Stálin, diferentes em tantos aspectos, entendiam uma grande verdade – o poder da fome. Ambos sabiam por experiência própria que dar ou reter alimentos era um método de controle extremamente eficaz. Durante a Primeira Guerra Mundial e no decorrer de suas consequências imediatas, os dois testemunharam o papel desempenhado pela fome nas insurreições políticas. E quando eles próprios assumiram o poder, se utilizaram desse conhecimento com consequências terríveis. Cada um deles foi responsável pela morte intencional de milhões de homens, mulheres e crianças pela fome. Foi um crime tão hediondo que deve ser sempre considerado como parte importante de seus legados.

O exemplo mais infame de morte por fome em massa na guerra ocorreu em Leningrado – atual São Petersburgo – durante os quase novecentos dias do cerco alemão à cidade. Ninguém sabe exatamente quantas pessoas morreram nesse período – talvez entre 700 mil e 800 mil, embora algumas estimativas sugiram 1 milhão ou mais.[1]

Nas primeiras semanas da Operação Barbarossa, no verão de 1941, o Grupo do Exército Norte avançou rapidamente em direção a Leningrado. "Logo no início começamos a ouvir sobre o número de cidades tomadas pelo exército alemão", contou Lev Razumovsky, na época um estudante residente em Leningrado. "Ficamos todos chocados. Como podíamos estar perdendo terreno com tanta facilidade? Nós deveríamos lutar contra o inimigo no seu território e terminar a guerra com pouco derramamento de sangue."[2]

O Grupo do Exército Norte foi tão eficiente que, em 8 de setembro, Leningrado estava sitiada. A cidade ficou isolada do resto da União Soviética, exceto por uma rota precária pelo lago Ladoga. Semanas antes de esse desastre acontecer, Stálin vinha criticando a liderança da cidade. "Nunca soubemos sobre seus planos e realizações", disse em 22 de agosto em carta ao governante da cidade, Andrei Zhdanov.

> Só ficamos sabendo por acaso que uma ou outra coisa são intencionais, que uma ou outra coisa são planejadas, e depois há uma lacuna. Não podemos tolerar isso. Vocês não são crianças e sabem muito bem que não há necessidade de perdão. Sua justificativa de estar sobrecarregado é ridícula. Não estamos menos sobrecarregados que você. Você é simplesmente desorganizado e não se sente responsável por seus atos, e como resultado, age como se estivesse em uma ilha isolada, sem levar ninguém em consideração.[3]

Em 29 de agosto, ao saber que a cidade de Tosno, perto de Leningrado, havia caído nas mãos dos alemães, Stálin enviou um telegrama para Molotov e Malenkov, que estavam de visita à cidade como parte de uma "comissão especial". "Se as coisas continuarem assim, temo que Leningrado seja rendida por uma estupidez idiota, e todas as divisões de Leningrado serão feitas prisioneiras", escreveu.

> O que Popov [comandante do *front* de Leningrado] e [o marechal] Voroshilov estão fazendo? Eles nem me dizem como planejam evitar o perigo. Estão ocupados procurando por novas linhas de retirada; é assim que eles veem os seus deveres. De onde vem esse abismo de passividade, essa submissão camponesa ao destino? Eu simplesmente não os entendo.[4]

Em outro telegrama enviado a Molotov na mesma época, Stálin expressou sua suspeita de que havia um traidor entre eles: "Não lhe parece que alguém está intencionalmente abrindo o caminho para os alemães?".

E concluiu: "A inutilidade do comando de Leningrado é absolutamente incompreensível".⁵

Os telegramas de Stálin só podem ter dificultado qualquer possibilidade de iniciativa por parte das autoridades de Leningrado. O líder soviético não formulou nenhuma palavra de estímulo, nenhum conselho prático, somente ameaças. Também revelou, com a frase "não estamos menos sobrecarregados que você", dois aspectos de seu caráter. Primeiro, sua propensão à autocomiseração e a autojustificativas durante uma crise, e segundo – pelo uso da primeira pessoa do plural –, a maneira como, mais uma vez, procurava se esconder atrás dos outros. Mas, com Stálin, o coletivo quase sempre foi apenas uma cortina de fumaça. Eden, por exemplo, teve um encontro com Stálin e Molotov em dezembro de 1941, assim como Ribbentrop em setembro de 1939, mas nos dois casos, a ideia de uma tomada de decisão coletiva foi uma ilusão. Só havia uma pessoa que tomava decisões do lado soviético – e seu nome era Joseph Stálin.

Nenhum plano de contingência foi elaborado para evacuar a população civil de Leningrado antes do início do cerco, e essa omissão teria consequências catastróficas. Embora várias centenas de milhares tenham escapado de trem, aproximadamente 2,5 milhões de civis foram deixados na cidade, com mais de 300 mil nos arredores imediatos, ainda dentro do cerco alemão. As razões por trás desse erro foram complexas e com certeza incluíram equívocos das autoridades de Leningrado, mas Stálin deveria assumir a maior parte da culpa. Ele pouco se preocupou com a segurança da população da cidade e nunca deu ordens para uma evacuação organizada dos não combatentes. Seu foco na defesa militar da cidade foi acoplado à incapacidade de lidar com a velocidade com que os eventos se desenrolavam.

Depois de cercarem Leningrado, os alemães discutiram entre si qual deveria ser o próximo passo. E as deliberações do Alto-Comando da Wehrmacht, expressas em documento de 21 de setembro, ilustram a mentalidade brutal de todos os envolvidos. A ocupação da cidade foi descartada, pois a Wehrmacht teria que alimentar a população – algo que deve ter sido um anátema para eles dados os ditames do Plano Fome. Outra possibilidade era isolar a cidade com uma cerca elétrica, "a ser protegida com metralhadoras", mas era algo problemático por uma série de razões, entre elas o fato de "ser duvidoso se podemos esperar que nossos soldados atirem em mulheres e crianças em fuga".

Uma das ideias mais bizarras era permitir que o presidente Roosevelt provesse os civis de Leningrado ou os retirasse quando a cidade se rendesse. Presume-se que a possibilidade do envolvimento do presidente norte-americano tenha sido considerada por ele ser visto pelos nazistas como alguém simpático aos judeus – e, por extensão, a outras pessoas sofrendo –, e por ter convocado a ineficaz conferência de Évian antes da guerra. Mas os alemães sabiam que Roosevelt não poderia ajudar na prática, e a oferta, se tivesse sido feita, teria sido mera propaganda. Uma opção mais viável era "primeiro isolar Leningrado hermeticamente e, na medida do possível, reduzi-la a pó com artilharia e ataques aéreos".[6]

Pouco antes de o Alto-Comando expressar essas opiniões brutais, o chefe do Estado-Maior do Exército, general Halder, deu sua opinião, e também foi uma opinião cruel. Ele escreveu em seu diário de guerra que "a situação [em Leningrado] permanecerá difícil até o momento em que a fome surta efeito como nossa aliada".[7] Dez dias depois, Hitler decretou seu julgamento. Leningrado, disse, deveria "desaparecer da face da Terra". A cidade deve ser cercada e arrasada pelo fogo da artilharia e ataques aéreos. Qualquer tentativa de rendição por parte dos civis deveria ser rejeitada, "pois não podemos e não devemos resolver o problema de moradia e alimentação da população".[8]

Pouco antes de essas instruções serem oficializadas, Hitler falou em particular sobre sua decisão:

> Imagino que algumas pessoas estejam com as duas mãos na cabeça para encontrar uma resposta a esta pergunta: "Como o Führer pode destruir uma cidade como São Petersburgo [como Hitler chamava Leningrado]?". Nitidamente, por natureza eu pertenço a outra espécie bem diferente.

Continuou explicando que, apesar de preferir "não ver ninguém sofrer", tinha de agir quando "a espécie está em perigo". E acrescentou – em uma das explicações mais elucidativas que chegou a formular para suas ações – que, se hesitasse em agir agora, seriam exigidos novos sacrifícios no futuro. Assim, por causa da utopia do amanhã, muitos precisavam morrer hoje.

Não por acaso, pouco antes de proferir essas palavras, Hitler tinha falado sobre a Primeira Guerra Mundial, a experiência mais crucial de sua vida.

Ele havia entrado naquele conflito "com sentimentos de puro idealismo", só para ver "homens tombando ao meu redor aos milhares". Como consequência, aprendeu que não só "a vida é uma luta cruel, e não tem outro objetivo a não ser a preservação das espécies", como também que "o indivíduo pode desaparecer, desde que haja outros homens para substituí-lo".[9] Para ser totalmente preciso, deveria ter acrescentado que também acreditava que um indivíduo específico jamais poderia ser substituído – ele mesmo.

Em 21 de setembro, pouco antes de Hitler discorrer sobre Leningrado nesses termos aniquiladores, Stálin já falava da mesma maneira. Escreveu às autoridades de Leningrado em resposta à notícia de que os alemães poderiam tentar obrigar os civis soviéticos a andar na frente de suas tropas como escudos humanos. "Dizem que entre os bolcheviques em Leningrado há quem não considere possível usar armas contra mensageiros como esses", escreveu Stálin.

> Considero que, se existem tais pessoas entre os bolcheviques, elas deveriam ser exterminadas imediatamente, pois são mais perigosas que os fascistas alemães. Meu conselho: não sejam sentimentais, destruam os dentes do inimigo e de seus ajudantes, sejam ajudantes voluntários ou não. A guerra é impiedosa e causa destruição, principalmente aos que mostram fraqueza e se permitem vacilar. [...] Não deve haver misericórdia, nem com os imundos alemães, nem para seus delegados, sejam eles quem forem.[10]

"A guerra é impiedosa [...]. Não pode haver misericórdia" era uma das convicções sobre as quais Hitler e Stálin estavam totalmente de acordo. Na verdade, as palavras de Stálin são notavelmente semelhantes à instrução final dada por Hitler a seus generais pouco antes da invasão da Polônia, quando disse para eles "fecharem o coração à piedade" e "agirem com brutalidade".[11] É essa atitude, compartilhada pelos dois tiranos, que explica em grande parte o nível de sofrimento causado por essa guerra. A crueldade de Stálin já havia se estendido à execução de generais que não agiam como o exigido e ao emprego de unidades de "respaldo" para atirar em qualquer soldado do Exército Vermelho que recuasse. Sua visão de que os civis soviéticos obrigados a andar na frente dos soldados alemães também deveriam ser ceifados sem piedade fazia parte dessa mesma mentalidade.

Ao contrário de Hitler, Stálin estava reagindo a uma ameaça existencial. Seu país estava em risco, e em situações desesperadoras os líderes tendem a fazer coisas desesperadas. Contudo, o que diferencia Stálin de outros líderes dispostos a contemplar medidas radicais de autodefesa é que ele já mostrava essa mesma mentalidade brutal muito antes de seu país se envolver em uma guerra pela sobrevivência. Como vimos, vários milhões de pessoas morreram de fome na Ucrânia, no início dos anos 1930, em consequência de suas decisões políticas, e cerca de mais 1 milhão morreram alguns anos depois no Grande Terror. Além disso, a história passada de Stálin – bem como a de Hitler – demonstrava que ele era impiedoso principalmente por razões ideológicas. Ambos os líderes estavam tentando refazer a consciência de todo um país, e ambos achavam que esse objetivo justificava os mais terríveis sofrimentos ao longo do caminho.

Em Leningrado, a questão de quanta comida deveria ser fornecida a cada cidadão tornou-se vital – um verdadeiro caso de vida ou morte. A esse respeito, é um equívoco comum supor que a essência do bolchevismo era a igualdade. Lênin, por exemplo, não apregoava que cada cidadão merecia igual sustento. Na época da fome durante a guerra civil, em 1921, ele declarou que a distribuição de

> alimentos deveria ser pensada como um método, um instrumento, um meio para aumentar a produção. O apoio estatal na forma de alimentos só deveria ser provido aos trabalhadores realmente necessários para a máxima produtividade do trabalho. E se a distribuição de alimentos tiver de ser usada como um instrumento de política, deve-se usá-la para reduzir o número dos que não sejam incondicionalmente necessários e estimular os que o são.[12]

Aos que ocupavam altos cargos – Stálin e outros proeminentes membros do partido – nunca faltaram alimentos durante a guerra. "Nós aqui estamos morrendo de fome, e ontem em Moscou Stálin ofereceu outro jantar em homenagem a Anthony Eden", escreveu a moradora de Leningrado Elena Mukhina em seu diário, em dezembro de 1941. "É uma desgraça. Eles estão se empanturrando enquanto não podemos comprar um pedaço de pão como seres humanos normais. Lá eles organizam deslumbrantes recepções, enquanto nós vivemos como homens das cavernas."[13]

Assim como Stálin e seus colegas em Moscou tinham o que comer, o mesmo acontecia com a liderança em Leningrado. Membros do Partido Comunista eram os que se davam melhor, bem como os considerados essenciais para o funcionamento da cidade, como engenheiros e administradores industriais. "Não dá para imaginar maior desigualdade do que a que temos agora", escreveu outra moradora de Leningrado, Irina Zelenskaia.

> Está claramente escrito no rosto das pessoas, quando você vê lado a lado a terrível máscara amarronzada de um empregado malnutrido sendo alimentado de acordo com essa maldita segunda categoria, e o rosto rosado de alguém com autoridade ou de uma "garota da cantina".[14]

Como Irina destacou, não só os funcionários públicos se beneficiavam com rações alimentares acima da média, mas também muitos dos que trabalharam na distribuição de alimentos. Anna Ostroumova-Lebedeva, uma ilustradora de livros, estava muito consciente dessa nova realidade. "Anastasia Osipovna veio me visitar", escreveu em seu diário em maio de 1942.

> Ela esteve recentemente nos banhos públicos e ficou muito surpresa com o grande número de jovens rubenescas bem alimentadas, com corpos radiantes e fisionomias resplandecentes. Todas trabalham em padarias, cooperativas, restaurantes populares e centros infantis. Nas padarias e nas cooperativas, elas enganam os infelizes moradores. Dividem o que há de melhor alimento entre si; por exemplo, deixam os quartos traseiros para si próprias. Nos restaurantes populares e centros infantis, elas simplesmente roubam. A mesma coisa acontece, acho, nos níveis mais altos do sistema de distribuição de alimentos.[15]

As crianças ficaram particularmente em perigo durante o cerco, não só porque os que cuidavam delas em orfanatos ou lares infantis podiam reter sua comida, mas também porque era relativamente fácil roubar das crianças enquanto andavam pelas ruas. Quanto mais nova a criança, mais vulnerável ficava, especialmente se os pais tivessem morrido. Uma mulher entrou em um apartamento e viu uma garotinha segurando a mão da mãe morta, dizendo "mamãe, eu estou com fome", com outra criança ao lado "inerte, com o rosto inchado como o de um velho, sem dizer nada". Em outra casa, um visitante encontrou duas crianças dividindo a cama com o "cadáver roído de uma mulher" no apartamento.¹⁶

Mesmo para crianças mais velhas, a perda dos pais durante o cerco de Leningrado podia ser quase paralisante. "Senhor, eu estou rodeada de estranhos, estranhos, somente estranhos, sem família nem amigos", escreveu a adolescente Elena Mukhina em seu diário em abril de 1942, depois da morte da mãe. "Todos passam indiferentes, ninguém quer nem saber de mim. Ninguém se importa absolutamente comigo. A primavera chegou, ontem tivemos a primeira tempestade, a vida continua, e ninguém além de mim percebe que mamãe não está aqui. O terrível inverno a levou embora."¹⁷

Uma combinação do inverno terrível de 1941-1942, um dos mais frios dos últimos anos, com a falta de comida, de cuidados de saúde adequados somados aos bombardeios alemães causou infelicidade e morte em Leningrado. Também gerou outro horror – o canibalismo. "Eu vi com meus próprios olhos", contou Viktor Kirshin, que viveu aquele inverno. "Uma mulher deitada por vários dias no nosso quintal, com os seios cortados. Eu vi um menino, uma criança pequena, desmembrado [...]. É assustador." A falta de comida atormentava os habitantes da cidade e os levava a esse extremo. "É impossível comunicar essa sensação de fome", disse Kirshin. "É a coisa mais horrível do mundo. A sensação é de que um animal entrou em você. Uma fera selvagem. E está arranhando, golpeando com as garras, rasgando as suas entranhas, rasgando tudo. Ele quer pão, pão, quer comida, quer ser alimentado."¹⁸

Os moradores de Leningrado se acostumaram a ver cadáveres espoliados nas ruas. "Encostado num poste, um homem está sentado na neve, alto, enrolado em trapos, com uma mochila nos ombros", escreveu Vera Kostrovitskaia em abril de 1942.

> Está todo encolhido no poste. Aparentemente, estava a caminho da Estação Finlândia, se cansou e sentou. Por duas semanas, enquanto eu ia e voltava do hospital, ele "ficou lá". 1. sem a mochila[;] 2. sem seus trapos[;] 3. só de cueca[;] 4. nu[;] 5. um esqueleto com as entranhas abertas[.] Ele só foi tirado de lá em maio.¹⁹

Houve um lado ainda mais sinistro na prática do canibalismo em Leningrado – matar outros seres humanos por sua carne. Os arquivos do

NKVD revelam que diversas pessoas foram levadas a cometer assassinato para sobreviver. Desde a mãe que matou a filha de dezoito meses para dar a carne aos outros filhos e ela mesma comer, até um encanador desempregado que matou a própria mulher para dar de comer ao filho e a outros parentes.[20] Embora o limite entre comer a carne do corpo de uma pessoa já morta e matar para comer essa carne pareça claro para nós hoje, não teria necessariamente parecido tão diferente na época. Acelerar uma morte inevitável para dar comida a crianças que morriam de fome pode muito bem não ter sido visto como um caso óbvio de assassinato.

É impossível saber exatamente o quanto o canibalismo foi difundido durante o cerco. Um relatório do NKVD disse que pouco mais de 2 mil pessoas foram presas por esse crime no final de 1942, mas como era relativamente fácil esconder o delito devido ao grande número de pessoas morrendo de fome, quase certamente é uma subavaliação do verdadeiro número de atos de canibalismo.[21]

A destruição da dignidade da morte durante o cerco teve outra consequência. Como a vida dependia literalmente da posse de um cartão de racionamento, havia casos em que os corpos eram armazenados nos apartamentos para os parentes continuarem usando o cartão deles. Uma moradora da cidade voltou ao seu antigo apartamento e descobriu três corpos estirados no seu quarto. "Evidentemente, os vizinhos montaram um necrotério no meu quarto", escreveu em seu diário. "Bem, deixe estar: cadáveres não me incomodam."[22]

Muitos depoimentos dos que que sofreram no cerco se concentram em como os indivíduos foram postos à prova pela experiência e, no processo, descobriram aspectos do próprio caráter que nunca souberam existir. "Acho que a vida real é a fome e o resto uma miragem", escreveu um acadêmico de Leningrado, Dmitry Likhachev. "Na época da fome, as pessoas se revelaram, se despiram, se livraram de todas as bugigangas. Alguns se revelaram heróis maravilhosos e incomparáveis, outros – canalhas, vilões, assassinos, canibais. Não havia meio-termo."[23]

Elena Kochina descobriu essa mesma verdade já em outubro de 1941. "Antes da guerra, muitas pessoas, se exibindo, se enfeitavam com bravura, fidelidade aos princípios, honestidade – o que quisessem", escreveu em seu diário. "O furacão da guerra rasgou esses trapos: agora todo mundo se tornou o que era de fato, e não o que queria parecer. Muitos se revelaram covardes e canalhas desprezíveis."[24]

A trágica realidade que Elena Kochina acreditava ter descoberto era que "cada um de nós luta silenciosamente com os próprios sofrimentos. Não há como ajudarmos uns aos outros. [...] Agora percebemos que o homem deve ser capaz de lutar sozinho contra a vida e a morte".[25] Enquanto tentava chegar a um acordo com essa revelação, algumas semanas depois ela concluiu que "há evidentemente alguma medida de sofrimento físico além da qual uma pessoa se torna insensível a tudo, exceto a si mesma. Heroísmo, autossacrifício, feitos heroicos – só quem está saciado ou que não passou fome por muito tempo é capaz disso".[26] Nesse julgamento, Elena estava parcialmente errada e parcialmente certa. Errada porque sem dúvida houve atos individuais de autossacrifício durante o cerco, que demonstraram o melhor do espírito humano. Mas certa porque essa nobreza não foi muito difundida.

Hitler, seus comandantes militares e os soldados alemães comuns que sitiaram Leningrado sabiam que estavam gerando esse sofrimento. Na verdade, como vimos, eles decidiram intencionalmente causar essas mortes prolongadas porque não queriam arriscar suas próprias vidas para tomar a cidade. Nem queriam assumir qualquer responsabilidade pelos habitantes se conseguissem conquistá-la. Esse pensamento fazia parte de um modelo mais abrangente. Como já vimos, os planos traçados antes da invasão exigiam que as tropas alemãs vivessem da terra o máximo possível, o que inevitavelmente significava roubar comida das pessoas que moravam lá.

Albert Schneider, um soldado de um batalhão de ataque da Wehrmacht, lembrou que "quando passamos dois ou três meses na frente de Moscou, as pessoas eram sistematicamente roubadas de tudo [...] os celeiros foram vasculhados para ver se havia batatas e assim por diante, sem qualquer consideração se os outros poderiam morrer de fome". Ele viu um camponês ser baleado quando se opôs a soldados alemães que estavam roubando seu porco, porque

> a ideia desde o início era que se tratavam de "criaturas subumanas". Eles não têm outro propósito na vida além de nos servirem, e quando não tiverem mais utilidade para nós, podem ser jogados no lixo. Essa era a mensagem de propaganda da época e se mostrou muito eficaz. [...] Acho que foi quando realmente percebi que os seres humanos nada mais são do que animais selvagens. Ainda hoje sou da opinião que os seres humanos são animais selvagens.

Schneider não era contra a invasão da União Soviética, por princípio. "Eu era definitivamente contra os bolcheviques", explicou. "Ainda sou hoje." Além disso, achava legítimo que os que estivessem em posições de poder ou influência no Partido Bolchevique fossem especialmente visados: "Não parecia tão terrível para mim [...] que funcionários do partido – que encorajavam outros a assassinar pessoas – não tivessem de ser punidos também". Sua objeção era que nenhum esforço fora feito para converter o povo soviético comum à causa nazista.

Na Ucrânia, nos primeiros dias da invasão, ele conheceu uma mulher local que "falava alemão porque era professora de línguas" e

> tinha uma atitude muito alemã, muito pró-alemães. Nessa ocasião, ela também me disse que se sentia feliz por estar livre do bolchevismo. [...] Explicou isso dizendo que Stálin tinha deixado muita gente morrer de fome ou ser executada – milhões na época – e que agora tinha esperança de que os alemães derrotassem o bolchevismo para eles ficarem livres. É com isso que todos contavam – que nós, os alemães, os libertássemos. E nós os libertamos, mas os libertamos de todo o resto também![27]

O exército alemão não estava apenas matando os cidadãos soviéticos de fome ao sitiar Leningrado e roubar comida das aldeias enquanto avançava, também juntava esforços para privar a população de alimentos quando ocupavam áreas urbanas. Na cidade de Kharkov, no leste da Ucrânia, por exemplo, o marechal de campo Von Reichenau disse aos seus soldados para que "vivessem cada vez mais da terra", pois aquela "não era só uma guerra de armamentos, mas também uma guerra econômica". Seguindo essa lógica, as autoridades alemãs decidiram que só os habitantes de Kharkov que trabalhavam para as forças de ocupação receberiam comida – os outros seriam deixados para morrer de fome.[28]

Inna Gavrilchenko, que tinha 15 anos quando os alemães entraram em Kharkov, no outono de 1941, lembrou-se dos invasores marcando sua chegada com "uns três ou quatro dias de roubo incessante". Eles roubavam "comida" e "roupas". Ficou particularmente chateada quando um soldado pegou "o sonho da vida dela", um par de "luvas pretas com punhos bordados" que a tia lhe dera. "Fiquei tão chocada", disse, "não conseguia acreditar que tinha realmente acontecido [...] me pareceu tão inexplicável, imperdoável".[29]

Assim como em Leningrado, o inverno de 1941-1942 em Kharkov foi "muito rigoroso, muito inclemente". Com os alemães roubando comida dos moradores da cidade, logo muitos começaram a morrer de fome. Enquanto andava pela rua, Inna Gavrilchenko via pessoas deitadas na neve, mas "você nunca sabia" se elas estavam "mortas ou morrendo ou só desmaiadas". Poucos tentavam "ajoelhar ou se abaixar" ao lado dos caídos porque "não tinham certeza se teriam força para se levantar".

Quando o pai de Gavrilchenko morreu, em 1º de maio de 1942, ela conviveu com seu cadáver por oito dias, "porque eu não podia fazer nada a respeito. Eu não podia enterrá-lo [...] por um lado eu estava muito fraca, e por outro não tinha dinheiro para pagar o túmulo". Logo começou a se sentir "estupefata", até alguém ir ao seu apartamento e vê-la falando com o cadáver do pai – "Ele já estava frio, mas eu continuei falando com ele". Quando um vizinho trouxe um pedaço de pão, Inna deu ao pai morto para comer. "Eu mostrei a ele e disse: 'Olha, você não vê pão há muito tempo, olha, é um bom pão de verdade, só uma mordida, coma um pedaço'. Mas ele não comia."

O vizinho que levou o pão a Inna só tinha comida porque conhecia um soldado alemão. Talvez fosse inevitável naquelas circunstâncias que alguns alemães achassem difícil ver ucranianos que conheciam pessoalmente morrendo de fome, e por isso davam sobras para eles comerem. Aliás, esse foi o problema fundamental para as autoridades alemãs com a implantação do Plano Fome em lugares como Kharkov. Quando os condenados a passar fome estavam fisicamente separados dos alemães – fossem sitiados em Leningrado ou atrás da cerca de arame de um gueto –, era mais fácil deixá-los morrer. Viver ao lado de alguém que estava morrendo de fome podia criar complicações emocionais.

A propaganda do exército alemão percebeu o perigo de que alguns soldados pudessem mostrar compaixão e tentou eliminá-lo. "Cada grama de pão ou outro alimento que dou à população nos territórios ocupados de bom coração, eu estou tirando do povo alemão, e portanto da minha família", dizia uma dessas peças de propaganda.

Assim, o soldado alemão deve se endurecer diante de mulheres e crianças famintas. Caso contrário, põe em perigo a nutrição do nosso povo. O inimigo agora está sofrendo o destino que planejava para nós. Mas só ele deve também responder ao mundo e à história.[30]

Quanto a Inna Gavrilchenko, ela sobreviveu comendo folhas e cascas de árvores, e depois com um emprego temporário numa processadora de carne. Chegou a tomar a água suja da louça lavada de uma cantina alemã, para aproveitar os restos de comida. Às vezes, admitiu, ela recorria ao roubo. Vivia dia após dia, esperando que a guerra acabasse logo. "Não me lembro de ter pensado no futuro", explicou. "Você entende, quando a guerra começou nós não achávamos que iria durar muito. Achávamos que fosse durar um mês. No máximo dois meses, três meses. Ninguém pensou que aquilo duraria quatro anos."[31]

Por horrendas que fossem as condições em Leningrado e Kharkov, o maior número de mortes por inanição nos primeiros meses da guerra ocorreu num lugar bem diferente – nos campos de prisioneiros de guerra para os soviéticos. Inacreditavelmente, somente 1,1 milhão dos 3,35 milhões de prisioneiros soviéticos capturados pelos alemães nos primeiros meses da guerra continuavam vivos em dezembro de 1941. Muitos milhares morreram fuzilados em consequência da Ordem do Comissário, que decretava que todos os oficiais políticos soviéticos fossem executados na captura. Os demais pereceram basicamente de doenças ou inanição – ou de uma combinação das duas coisas.[32] Quando o general Wagner, intendente-geral do exército, foi informado em novembro de 1941 que os prisioneiros soviéticos estavam morrendo de fome em prisões alemãs, ele respondeu: "Prisioneiros de guerra que não trabalham [...] devem morrer de fome".[33]

No mesmo mês, Göring disse ao ministro das Relações Exteriores da Itália, conde Ciano, que não era mais necessário ter guardas armados para conduzir colunas de prisioneiros soviéticos: "Basta pôr à frente da coluna de prisioneiros uma cozinha de acampamento, que emite um odor flagrante de comida; milhares e milhares de prisioneiros seguem atrás como um rebanho de animais famintos". Previamente nessa mesma conversa, Göring mencionou que os prisioneiros soviéticos não estavam só "comendo uns aos outros", mas que também tinham "comido um sentinela alemão".[34]

O exército alemão chegou a tentar impedir que civis soviéticos dessem aos prisioneiros de guerra os poucos alimentos que tinham, como presenciou Anatoly Reva, uma criança em Kharkov. Um campo com prisioneiros soviéticos fazia divisa com a casa de sua família:

Meu pai, pela bondade do seu coração, foi lá e jogou comida por cima da cerca: batatas, beterraba, o que houvesse, para ajudá-los, para terem algo para comer. Ele era surdo e mudo. [...] Eles [os soldados alemães] começaram a gritar: "Saia daqui, saia daqui", mas ele não conseguia escutar, então atiraram nele. Um, dois tiros e foi isso. Eles mataram meu pai. [...] Para eles, o menor ato de desobediência significava morte, morte, morte. Quer você fizesse ou deixasse de fazer alguma coisa.[35]

Georgy Semenyak foi um entre a minoria de soldados soviéticos capturados pelos alemães, em 1941, que sobreviveu até o final do ano. Foi preso poucas semanas após o início do conflito e encarcerado junto com milhares de seus camaradas em um campo enorme – pouco mais que um terreno gigantesco cercado por arame farpado. Os alemães negaram a todos os prisioneiros alimentação adequada e os deixaram morrer de fome.

"Nós todos ficávamos a céu aberto", explicou Georgy Semenyak. "Sem lugar para se esconder. O que tentávamos fazer durante a noite era cavar buracos no chão e tentar dormir dentro." Ele e seus companheiros detidos sabiam muito bem que eram vítimas de um crime terrível. "Claro, tínhamos certeza de que era injusto", disse. "Nenhuma lei internacional permitiria tal comportamento com prisioneiros de guerra."[36]

Um número desconhecido de prisioneiros soviéticos nem sequer conseguiu chegar aos campos, pois foram executados quando tentaram se render ou logo após a captura. Muitos desses soldados não eram comissários, mas tropas comuns. Uma "justificativa" às vezes dada por veteranos alemães para essas mortes é de estarem agindo em retaliação pelas atrocidades soviéticas contra alemães capturados. Porém, apesar de sem dúvida haver tais casos, a explicação não é convincente. Isto porque há evidências de que vários prisioneiros soviéticos foram fuzilados ao serem capturados nos primeiros dias da guerra, antes que essa alegação de "vingança" pudesse ser feita. Essa ordem, por exemplo, foi decretada pelo general Joachim Lemelsen, comandante de um Corpo Panzer, em 25 de junho, três dias depois do começo da guerra:

Eu observei que ocorreram execuções sem sentido tanto de prisioneiros de guerra quanto de civis. Um soldado russo que foi feito prisioneiro vestindo uniforme e depois de ter lutado bravamente tem direito a um tratamento decente. Queremos libertar a população civil do jugo do bolchevismo e precisamos de sua força de trabalho. [...] Essa instrução não muda nada em relação à ordem do Führer quanto à atitude implacável a ser tomada contra *partisans* e comissários bolcheviques.

Mas suas palavras parecem ter surtido pouco efeito, já que ele teve de escrever cinco dias depois que estavam ocorrendo "ainda mais execuções". "Isso é assassinato!", declarou Lemelsen.

A Wehrmacht alemã está travando esta guerra contra o bolchevismo, não contra os povos russos como um todo. Queremos trazer de volta paz, ordem e tranquilidade a este país que tem sofrido terrivelmente há muitos anos com a opressão de um grupo judeu e criminoso. A instrução do Führer exige uma ação implacável contra o bolchevismo (comissários políticos) e qualquer tipo de *partisan*! Pessoas que sejam claramente identificadas como tais devem ser afastadas de lado e fuziladas pela ordem de um oficial.[37]

Em teoria, as instruções de Lemelsen eram inequívocas – mas na prática, não. Por um lado, ele pedia um "tratamento decente" para os prisioneiros de guerra soviéticos comuns, enquanto, por outro, queria que a "ação implacável" de Hitler fosse aplicada contra *partisans* e comissários. Para os soldados na linha de frente, podia ser difícil estabelecer essa distinção, especialmente quando a guerra como um todo era considerada uma guerra de "extermínio" contra "subumanos". Considere, por exemplo, a atitude de um alemão como Wolfgang Horn, que na Batalha de Vyazma encontrou um grupo de soldados soviéticos amontoados no chão, aterrorizados, com as mãos e os braços cobrindo a cabeça. Ele gritou "mãos ao alto" em russo, e, como não responderam de imediato, ele e seus camaradas os mataram. "Quando eles não se rendem, nós atiramos neles", afirmou. "Era natural para nós [...]. Eles são covardes – enfim, não mereciam nada melhor."[38]

Dado esse pano de fundo, talvez não seja surpreendente que a maioria dos prisioneiros soviéticos tenha morrido nas mãos dos alemães em 1941, mas sim que uma minoria substancial tenha sobrevivido. E, para cada prisioneiro que conseguiu viver até o final da guerra, há uma história diferente de resistência pessoal. Pavel Stenkin, por exemplo, atribuiu sua sobrevivência à política de coletivização forçada de Stálin. Stenkin foi capturado nas primeiras horas da guerra e levado a um enorme campo cercado por arame farpado na Polônia ocupada pelos alemães. Ele e os demais prisioneiros eram alimentados por uma sopa rala – e isso só ocasionalmente. Em consequência, seus camaradas começaram a morrer de inanição. Foi quando ele percebeu que os "que vinham de boas famílias, que estavam acostumados a ser bem alimentados, estavam morrendo antes de todos". Contudo, graças à coletivização, Pavel Stenkin tinha muita experiência em passar fome. "As fazendas coletivas foram um desastre na época", contou. "O gado estava morrendo [...] tudo estava morrendo." Consequentemente, como "estava sempre com fome", ele se adaptou desde a sua infância a viver quase sem nenhum alimento.[39]

Em outubro de 1941, Pavel Stenkin e vários milhares de seus camaradas foram enviados ao campo de concentração de Auschwitz, no sul da Polônia. Não foram os primeiros prisioneiros soviéticos a chegar lá. Três meses antes, em julho, várias centenas de comissários soviéticos haviam sido transportados para o campo. Eram alguns dos muitos milhares de comissários que conseguiram escapar da triagem ao serem capturados, só para seu status ser descoberto depois de transportados para um campo de prisioneiros de guerra soviéticos comuns. Em vez de executar os comissários no ato, as autoridades alemãs decidiram despachá-los para serem mortos em campos de concentração. Alguns foram levados para campos como Sachsenhausen, nos limites do Reich pré-guerra, outros para Auschwitz.

Em Auschwitz, o tratamento dispensado aos comissários soviéticos tornou-se notório: em um campo já conhecido por sua brutalidade, outros internos ficaram chocados com seu sofrimento. "Eles corriam empurrando carrinhos de mão cheios de areia e cascalho", relatou Jerzy Bielecki, um prisioneiro político polonês que viu os comissários trabalhando num poço de cascalho.

> Era muito difícil. As pranchas pelas quais empurravam os carrinhos de mão escorregavam de um lado para o outro. Não era um trabalho normal; foi um inferno que os homens da SS criaram para aqueles prisioneiros de guerra soviéticos. [...] Havia quatro ou cinco homens da SS armados. E de vez em quando eles engatilhavam a arma, olhavam para baixo, miravam e atiravam no poço de cascalho. Então meu amigo

disse: "O que aquele filho da puta está fazendo?". E vimos que um *kapo* estava batendo com um porrete num moribundo. Meu amigo tinha treinamento militar e falou: "Eles são prisioneiros de guerra. Eles têm direitos!". Mas estavam sendo mortos enquanto trabalhavam.[40]

No entanto, Pavel Stenkin e seus camaradas não eram comissários, e sua chegada alguns meses depois marcou uma mudança na configuração de Auschwitz. Em setembro de 1941, Himmler decidiu fazer uma grande ampliação no campo. Até então havia somente um Auschwitz – o campo principal, inspirado em campos pré-guerra como Dachau. Mas Himmler ordenou a construção imediata de um imenso campo novo, a 2,5 quilômetros do Auschwitz existente, em uma aldeia que os poloneses conheciam como Brzezinka, que os alemães chamaram de Birkenau.

Auschwitz-Birkenau, que posteriormente desempenharia um papel infame no extermínio dos judeus, não foi originalmente construído como uma máquina de matança em massa, mas para abrigar prisioneiros de guerra soviéticos. O plano era que o campo abrigasse 100 mil detentos, tornando-o o maior de todo o sistema nazista, e que os prisioneiros soviéticos fossem forçados a trabalhar não só dentro do campo como também em várias empresas industriais próximas. A questão de como um complexo tão vasto poderia ser construído em campos pantanosos, em meio a uma guerra que já vinha causando escassez de recursos, foi facilmente resolvida. Dez mil prisioneiros soviéticos famintos, como Pavel Stenkin, seriam obrigados a construir o campo para eles próprios. E seu terrível destino ainda não recebeu a atenção pública que merece.

Kazimierz Smoleń, um prisioneiro político polonês, lembrou-se da chegada dos soviéticos naquele outono. "Já estava nevando – é extraordinário ter neve em outubro", contou. Mesmo assim, os prisioneiros de guerra soviéticos "tiveram que entregar todas as suas roupas e pular em barris com desinfetante, e foram nus para Auschwitz [o campo principal]. No geral, estavam totalmente emaciados".[41] Pavel Stenkin relembrou com horror como os SS humilhavam os recém-chegados. "Para começar, nós estávamos despidos. Era uma verificação sanitária", relatou. "Eles nos lavaram com mangueiras com água fria ou quente, fria ou quente [escaldante] [e] começou a zombaria. Então, nós estávamos totalmente perdidos..." Percebeu que os prisioneiros existentes no campo tampouco demonstravam boa vontade em relação aos prisioneiros de guerra soviéticos. Os poloneses "não gostavam de nós" porque "eram como nossa colônia [...]. Simplesmente nenhuma das nacionalidades gostavam de nós. Assim como não gostavam dos fascistas na Europa, também não gostavam de comunistas".[42]

Rudolf Höss, o comandante de Auschwitz, escreveu que os prisioneiros de guerra soviéticos estavam em "péssimo" estado na chegada. Isso ocorreu principalmente porque passaram fome, tanto no acampamento anterior como na marcha forçada para Auschwitz. Seus guardas lhes deram "quase nenhuma comida", e "durante as paradas no caminho" os prisioneiros eram "levados para as ravinas mais próximas e mandados 'pastar' como gado com qualquer coisa comestível que conseguissem encontrar". Escrevendo depois da guerra, Höss menciona a condição dos prisioneiros não por compaixão, mas para expressar seu aborrecimento com a qualidade do material humano que lhe foi dado para construir Birkenau. "Seus corpos enfraquecidos não podiam mais funcionar", observou. "Toda a constituição deles estava acabada e imprestável." Höss descreveu como os famintos prisioneiros soviéticos passaram a comer uns aos outros, pois a administração do campo – que ele supervisionava – não fornecia uma alimentação adequada. "Quando as fundações do primeiro grupo de edifícios [de Birkenau] estavam sendo escavadas", escreveu, "os homens frequentemente encontravam corpos de russos mortos por seus companheiros, parcialmente comidos e depois enterrados num buraco na lama".[43]

Pavel Stenkin logo percebeu que "ninguém sairia vivo, todo mundo esperava morrer ou ser morto [...] nós conhecíamos o nosso lugar – uma cova. Agora eu estou vivo, e em um minuto vou estar liquidado, esse era o sentimento constante. Eles podiam me matar a qualquer minuto, e você não saberia por quê".[44] Dos 10 mil prisioneiros de guerra soviéticos levados a Auschwitz para construir o campo de Birkenau, mais de 9 mil estavam mortos na primavera de 1942. Stenkin só sobreviveu porque ele e um punhado de seus camaradas conseguiram escapar dos guardas quando estavam em uma turma de trabalho fora do arame farpado do campo.

As SS de Auschwitz também usaram a fome como punição. Quando um prisioneiro escapava, um grupo de outros detentos era selecionado da barraca ou da turma de trabalho do fugitivo. Esses prisioneiros eram então levados para o Bloco 11 no campo principal e trancados em celas de "inanição", onde eram deixados para morrer.

Na época das células de fome e da construção de Birkenau, Auschwitz ainda não era um lugar para onde os judeus eram enviados em massa. Mas em outros lugares, em guetos e acampamentos em muitas partes do território controlado pela Alemanha, os nazistas estavam sistematicamente matando de fome um grande número de judeus. Já no verão de 1940, houve uma manifestação de protesto no gueto de Lódz, na Polônia, com judeus gritando: "Queremos pão, estamos morrendo de fome".[45]

A crise alimentar de Lódz foi causada pelo uso da fome como arma de extorsão. Quando o gueto foi isolado, na primavera de 1940, os judeus foram forçados a vender seus objetos de valor para comprar comida a preços inflacionados, com mulheres desesperadas abrindo mão de alianças de casamento em troca de pão. Arthur Greiser, governador de Warthegau, via isso como a maneira mais eficaz de roubar os judeus. Quando a taxa de mortalidade atingiu níveis recordes – com a morte de 1,5% da população do gueto em julho e agosto de 1940 –, os nazistas se convenceram de que os judeus não possuíam mais nada de valor. Só então foi tomada a decisão de permitir que um grande número de judeus trabalhasse em fábricas dentro do gueto, a fim de produzir artigos para trocar por comida com os alemães.[46]

Mas essa mudança não significou que haveria comida suficiente para todos. Ainda havia escassez de alimentos – uma situação agravada pela chegada, no outono de 1941, de milhares de judeus vindos das fronteiras do Reich de antes da guerra. "As pessoas mudaram depois de três meses de fome", escreveu Oskar Rosenfeld, deportado para Lódz em um comboio de judeus vindo de Praga.

> Quase todos tinham as costas curvadas e pernas trêmulas. As doenças se aproveitaram. Pneumonia até nos jovens. Milhares jogados em camas de madeira, privados de sono, pois seus ossos doíam quando se deitavam e eles sonhavam com comida. [...] Três meses de subnutrição puseram milhares em risco de morte.[47]

Mesmo antes da chegada de judeus de fora da Polônia, os administradores nazistas sabiam que muitos dos judeus do gueto provavelmente morreriam de fome nos meses seguintes. Rolf-Heinz Höppner, um oficial SS baseado em Poznań, no Warthegau, disse a Adolf Eichmann em julho de 1941:

> Existe neste inverno o perigo de que todos os judeus não possam mais ser alimentados. Deve ser considerado seriamente se não seria

uma solução mais humana se livrar dos judeus, na medida em que não conseguem trabalhar, por meio de um agente de ação rápida. De todo modo, seria mais agradável do que deixá-los morrer de fome.[48]

Esse é um documento fundamental. Reconhece a principal dificuldade que os agressores tiveram na implementação de sua política de fome, que já vimos no contexto de Kharkov. Não era muito "agradável" para os nazistas ficarem parados assistindo às pessoas morrerem de fome. Porém, igualmente, não havia o reconhecimento de que era uma situação que eles mesmos haviam criado. Assim como Rudolf Höss não admitia ser responsável pela fome e o canibalismo dos prisioneiros soviéticos sob seu comando em Auschwitz, Höppner não questionava a validade da política que levou os judeus aos limites da inanição. A solução imediata para o "problema" dos judeus famintos era alimentá-los adequadamente, não matá-los com um "agente de ação rápida". Mas isso não ocorreu a Höppner nem a Rudolf Höss em Auschwitz. Ambos sabiam que a ideologia preconizada por Adolf Hitler impedia uma solução tão humana, já que os judeus eram perigosos e os prisioneiros soviéticos, subumanos. Era vital, como a propaganda do exército recomendava, "continuar firme" em face da inanição vigente.

A implementação de uma política de fome foi muito mais fácil para Hitler e Stálin do que para o povo que lideravam. Hitler nunca visitou os guetos e campos de prisioneiros da Polônia, e Stálin nunca fez uma turnê pelos alojamentos do sistema *gulag*. Ambos ficaram emocionalmente isolados do sofrimento que causaram. Na verdade, Hitler enfatizou o valor de se distanciar desse tipo de aflição individual, em um encontro com o general Guderian em dezembro de 1941, criticando-o por seu apego emocional aos soldados. "Você sente muita pena deles", disse Hitler. "Você deveria se distanciar mais."[49] São palavras que poderiam facilmente ter saído da boca de Joseph Stálin – um homem que ninguém jamais acusou de "sentir muita pena".

Como discutido, Stálin foi responsável por um dos episódios de fome em massa mais monstruosos da história, quando quase 4 milhões de ucranianos morreram em circunstâncias terríveis no início dos anos 1930.[50] Mas muitos cidadãos soviéticos também morreram de fome em outros lugares no período de sua liderança – particularmente no *gulag*. Em 1939, autoridades soviéticas estimaram que cerca de 60% de todos os reclusos sofriam de desnutrição ou de doenças associadas à falta de alimentação.[51]

Um oficial do Gulag revelou em uma carta a Béria, em 1941, como ele abordava seu trabalho: "Nossa tarefa é arrancar [*vyzhat*] da população do campo a quantidade máxima de mercadorias comerciáveis".[52] Como consequência, prisioneiros que não podiam trabalhar ou não cumpriam sua cota de trabalho eram considerados de pouco valor, e por isso recebiam rações reduzidas. Assim, ficavam presos numa espiral de declínio. Antoni Ekart, um polonês que sobreviveu ao *gulag*, expressou-se desta forma: "Menos trabalho é igual a menos comida, menos comida é igual a menos energia, menos energia é igual a menos trabalho e assim por diante até o colapso final".[53]

Outro polonês, Gustaw Herling, preso pelos soviéticos em 1940, viu a fome causar estragos devastadores no campo em que estava preso, escrevendo: "A fome é uma sensação horrível, que se transforma numa abstração, em pesadelos alimentados pela febre perpétua da mente". E concluiu "que não há nada, de fato, que o homem não possa ser obrigado a fazer pela fome e pela dor". Além disso, ficou "convencido de que um homem só pode ser humano sob condições humanas, e acredito que é um absurdo fantástico julgá-lo por ações que cometer em condições desumanas...".[54]

Herling testemunhou a atitude de um supervisor de prisioneiros que queria fazer sexo com uma detenta e começou a enfraquecer sua vontade, privando-a de comida. O supervisor apostou com Herling que a mulher iria sucumbir. "Cerca de um mês depois de fazermos a aposta", escreveu Herling, "uma noite ele veio ao meu barracão e jogou uma calcinha rasgada na minha cama sem dizer uma palavra". Depois disso, Herling viu que a mulher começou a fazer sexo com "quem quisesse [fazer sexo com ela]" até afinal encontrá-la "em uma pilha de batatas com o supervisor do 56º, o mestiço e corcunda Levkovich".[55] À luz de sua experiência, Herling proferiu uma advertência: "Se Deus existe, que ele castigue impiedosamente os que alquebram outros pela fome".[56]

É um sentimento com o qual Wiesława Saternus concordaria. Ela foi deportada da Polônia para a Sibéria com a família e obrigada a trabalhar em um campo de extração de madeira. Como muitos deportados, ela não era tecnicamente uma prisioneira no sistema *gulag*, mas mesmo assim passou por períodos de fome. "A fome era horrível, e é uma experiência estranha, a fome", lembrou. "Não pode ser entendida por ninguém que não tenha passado por isso. A fome extrema deforma o ser humano – um homem se torna um animal."[57]

Mas talvez Pavel Stenkin seja a pessoa mais qualificada para falar sobre como Hitler e Stálin presidiram culturas que causaram a morte de milhões de pessoas de fome, pois depois de escapar de Auschwitz-Birkenau ele foi preso pelas autoridades soviéticas em um *gulag*. Por ter sido capturado pelos alemães, e sem base em nenhuma evidência, Stenkin foi acusado de "espionagem". Era uma acusação comum que o NKVD fazia contra prisioneiros de guerra do Exército Vermelho. Não importava que Stenkin estivesse inconsciente quando os alemães o prenderam no primeiro dia da guerra. Mesmo assim ele ainda havia traído a pátria mãe ao se permitir ser capturado.[58] Depois de passar fome em um campo de prisioneiros alemão, ele agora se sentia permanentemente com fome numa prisão soviética. Só depois de ser libertado, em 1953, após a morte de Stálin, Stenkin pôde começar a "comer até me fartar". Tendo sofrido sob os dois sistemas, Pavel Stenkin formou sua visão de que "fascismo e comunismo eram a mesma coisa. Pode-se concordar ou discordar disso, mas esta é minha opinião. E eu sei disso melhor que qualquer um".[59]

10

OS AMBICIOSOS PLANOS DE STÁLIN

Nos primeiros meses de 1942, Stálin conviveu com as consequências de duas decisões. Uma delas poderia ter custado a derrota dos soviéticos, enquanto a outra os ajudou a vencer a guerra. No entanto, ironicamente, ambas foram possibilitadas pela mesma característica inerente ao Estado soviético — a centralização do poder.

A primeira decisão relacionava-se a um dos fatores mais importantes de todos os tempos de guerra — recursos. Em teoria, a União Soviética deveria estar desesperada e em dificuldades no início de 1942, quando os alemães ocuparam o coração da produção industrial e agrícola soviética. Os alemães controlavam tudo, das minas de carvão de Kharkov às plantações de trigo da Ucrânia Ocidental. E não apenas terras foram perdidas, mas também recursos humanos valiosos. Em 1940, a União Soviética dispunha de 8,3 milhões de trabalhadores industriais, mas em 1942 esse número havia sido reduzido para 5,5 milhões.[1] No entanto, apesar de todas essas perdas, aconteceu um aparente milagre na União Soviética. Em 1942, os soviéticos superaram massivamente os alemães em equipamento militar. Eles fabricaram 10 mil aeronaves, 15 mil tanques e 115 mil peças de artilharia a mais que os alemães.[2]

Essa conquista só foi possível graças à criação de um Conselho de Evacuação sob a orientação do implacável Lazar Kaganovich, poucos dias após a invasão alemã. O plano era transportar o máximo de infraestrutura industrial possível para o leste, distante do avanço alemão. As fábricas foram desmanteladas e os trabalhadores e suas famílias evacuados. No final de 1941, mais de 2.500 unidades industriais haviam sido transportadas para áreas seguras. Não é de admirar que Zhukov acreditasse que "o feito heroico da evacuação e restauração da capacidade industrial durante a guerra [...] foi tão importante para o destino do país quanto as maiores batalhas da guerra".[3]

Os anos de rápida industrialização pré-guerra deram aos trabalhadores uma experiência valiosa no rápido cumprimento de um planejamento elaborado. Como consequência, toda a sociedade soviética estava acostumada a obedecer às instruções centralizadas. Nesse empreendimento – ao contrário do campo de batalha –, a capacidade de iniciativa não era essencial, e a centralização da tomada de decisões foi uma vantagem positiva. Ademais, as tarefas exigidas dos trabalhadores eram diretas. Depois de remontadas para longe da linha de frente, as fábricas foram obrigadas a produzir em massa um número imenso de armas relativamente pouco sofisticadas.

Stálin entendeu que, em uma guerra moderna, as batalhas eram travadas tanto nas fábricas quanto no campo de batalha. Em novembro de 1941, ele previu que o lado "que tiver a esmagadora superioridade na produção de motores vencerá a guerra".[4]

Stálin era o líder perfeito para supervisionar a operação. Acreditava no planejamento central e no gerenciamento por meio de servidores de confiança, que não se desviariam de suas instruções. E nenhum servidor estava mais disposto a seguir os ditames de seu mestre que Lazar Kaganovich, o homem que ajudara a organizar a coletivização da agricultura na Ucrânia, que resultou na morte de milhões. Conhecido como Lazar de Ferro, nos anos 1930 ele inflamou a atmosfera de paranoia com seus discursos durante o Grande Terror, sempre se esforçando para agradar Stálin. Apesar de logo ter considerado necessário entregar a presidência do Conselho de Evacuação a um representante, Kaganovich continuou a desempenhar um papel importante na realocação das fábricas, como comissário do sistema ferroviário soviético.[5]

Nas fábricas soviéticas realocadas, trabalhadores eram conclamados a trabalhar muitas horas e também a produzir um grande número de armas e tanques idênticos. A economia controlada do Estado soviético significava que os administradores centrais podiam determinar livremente o equilíbrio entre a fabricação de equipamentos militares e a fabricação de bens de consumo.

E, num momento de desespero, a produção desses últimos quase desapareceu como prioridade. Não havia nada equivalente a essa estrutura centralizada de armamentos na Alemanha. Vários ministérios competiam para selecionar quais armas desenvolver. Presidindo toda essa rivalidade, estava Adolf Hitler, um homem tremendamente desconfiado de qualquer estrutura integrada. Seu faz-tudo encarregado do Plano Econômico de Quatro Anos foi Hermann Göring, um diletante que anunciava aos especialistas em economia que se juntavam a ele o seguinte: "Claro que eu não sei nada de economia, mas tenho uma vontade desenfreada!".[6]

Mas havia um paradoxo. O mesmo desejo de Stálin de centralizar o poder, que tornou possível o sucesso da transferência da indústria para a segurança mais a leste, também atrapalhava os soldados do Exército Vermelho quando se tratava de lutar contra os alemães. Já vimos como a tomada de decisões baseada na iniciativa das unidades alemãs na linha de frente – a chamada *Auftragstaktik* – contrastava radicalmente com a incapacidade de os comandantes do Exército Vermelho decidirem por si mesmos a melhor maneira de atingir seus objetivos. Essa fraqueza na estratégia soviética continuou em 1942, e, quando combinada às demandas impulsivas de um líder amador em assuntos militares, seria mais uma vez desastrosa para as forças soviéticas.

Em janeiro de 1942, Stálin ordenou ao Exército Vermelho que atacasse os alemães em vários lugares do *front*. Estimulado pelo contra-ataque soviético bem-sucedido diante de Moscou, acreditou que os alemães estavam à beira do colapso. Mas assim como Hitler havia subestimado grotescamente a resiliência do Exército Vermelho antes da invasão da União Soviética, Stálin cometeria o mesmo erro em relação à Wehrmacht.

Stálin estava tão confiante que decidiu se concentrar não em uma única operação, mas em uma ampla ofensiva. "O dia não está longe", disse em um discurso em fevereiro, "em que o Exército Vermelho, com golpes poderosos, rechaçará os inimigos brutais de Leningrado, expulsando-os de cidades e vilas da Bielorrússia e da Ucrânia, da Lituânia e da Letônia, da Estônia e da Carélia, libertará a Crimeia soviética e, em todo o território soviético, bandeiras vermelhas voltarão a tremular vitoriosas".[7]

Foi uma promessa ridiculamente ambiciosa, quase tão temerária quanto a promessa de Hitler, no outono anterior, de que o Exército Vermelho "nunca mais se levantará". O erro de Stálin logo se manifestou no destino do Segundo Exército de Choque – uma história tão calamitosa que foi apagada da história soviética por muitos anos. No início de janeiro, Stálin exigiu que o marechal Meretskov lançasse um ataque ao Grupo do Exército Norte no *front* de Leningrado. Meretskov pediu um adiamento para poder organizar suas forças, mas Stálin recusou.[8] As unidades do Exército Vermelho avançaram, só para se verem quase totalmente cercadas – com não mais que um corredor de terra estreito e perigoso ligando-as de volta às próprias linhas. As tropas acuadas no bolsão logo se desesperaram. "Estávamos completamente desamparados", disse um dos soldados,

> pois não tínhamos munição, nem gasolina, nem pão, nem tabaco, nem mesmo sal. O pior de tudo era não ter auxílio médico. [...] O principal problema, porém, era a fome. Fome opressiva e sem-fim. Aonde quer que você fosse, o que estivesse fazendo, a ideia de comida nunca o deixava. [...] Uma vez alguém encontrou uma batata velha, enterrada entre as cinzas de uma cabana. Nós a cortamos e cada um pegou um pedacinho. Que festa! Alguns homens lamberam seu pedaço, outros cheiravam. O cheiro me lembrou da minha casa e da família.[9]

Em cenas que lembram a guerra com a Finlândia, unidades do Exército Vermelho ficaram isoladas e deixadas para morrer de fome ou pelos bombardeios alemães. Os soldados do Segundo Exército de Choque morreram em condições que uma testemunha ocular alemã disse serem

> quase indescritíveis. [...] Não há mais floresta [...]. Tudo foi bombardeado e despedaçado. Uma cratera ao lado da outra, e incontáveis bolcheviques mortos cobrem o campo de batalha. Centenas, não, milhares de inimigos mortos, na lama e na terra, lado a lado e uns em cima dos outros.[10]

Do ponto de vista soviético, a operação foi um desastre. Dos 326 mil soldados engajados em várias ações, pouco mais de 300 mil foram perdidos – mortos, feridos ou capturados.[11]

Para os alemães foi uma vitória bem recebida depois do revés diante de Moscou. "Os relatos das batalhas de inverno do caldeirão de Volkhov [cerco] neste momento, depois de apenas alguns meses, se tornou uma canção heroica que ressoa para nós desde tempos passados", disse uma descrição lírica alemã publicada mais tarde, em 1942.

Passo a passo, o caldeirão foi aniquilado. O espaço em que o outrora orgulhoso exército de choque soviético, a esperança de Stálin, o exército de libertação de Leningrado se reuniu tornou-se cada vez mais apertado. As forças inimigas foram cercadas uma após a outra, encurraladas e aniquiladas, até a última resistência ser quebrada, até o último bolchevique ser morto em combate ou capturado.[12]

"Vocês podem se orgulhar de ter conquistado esta vitória!", disse o general Lindemann aos soldados do 18º Exército Alemão. "Vocês não só provaram sua superioridade em relação às hordas soviéticas, mas também enfrentaram o frio glacial do inverno e a lama impenetrável da primavera. A pátria será eternamente grata por sua disposição para fazer sacrifícios, e seus feitos nunca serão esquecidos na história da Grande Alemanha!"[13]

No centro do *front*, a ofensiva soviética na região de Rzhev-Vyazma conseguiu rechaçar os alemães para que Moscou não fosse imediatamente ameaçada, mas a força subjacente do Grupo do Exército Central permaneceu e as perdas para os soviéticos foram severas. Na esteira dessa catástrofe, o marechal Rokossovsky fez duras críticas às decisões tomadas por Stálin e pelo Stavka naquele janeiro – tão duras que o trecho de suas memórias em que falou sobre essas ações só foi publicado depois da queda do comunismo. Rokossovsky definiu a ação militar realizada pelos soviéticos no início de 1942 como "inútil", pois era óbvio que os alemães ainda eram um adversário poderoso e o Exército Vermelho não estava à altura da tarefa de derrotá-los num ataque frontal. Seria necessário fazer uma pausa para dar às forças soviéticas tempo para se reagrupar e esperar por reforços. Em vez disso, os ataques contra os alemães, que se encontravam então bem instalados e protegendo uma linha defensiva, só exauriram as forças soviéticas. A conclusão arrasadora de Rokossovsky foi que Stálin e Stavka haviam cometido "o erro mais crasso".[14]

Até mesmo Stálin, na época, reconheceu que houvera "falhas" no uso de tanques do Exército Vermelho na ofensiva. "Até agora a cooperação entre a infantaria e as formações e unidades de tanques está mal organizada", escreveu em uma ordem enviada no final de janeiro. Os problemas incluíam comandantes de infantaria "falhando em estabelecer objetivos concretos" e "em se retirarem sem alertar os comandantes das unidades de tanques sobre a mudança da situação". Além disso, "os comandantes de campo são extremamente apressados na mobilização de unidades de tanques" e não estavam fazendo "nem mesmo o reconhecimento mais elementar da área e das posições inimigas".[15] Mais uma vez, a culpa era de todos, menos de Stálin. No entanto, seu excesso de confiança e ignorância militar foram em grande parte responsáveis pelo fracasso dos soldados soviéticos no campo de batalha.

Mas nenhuma dessas questões, nem os problemas que as unidades do Exército Vermelho tinham de maneira mais geral ao enfrentar os alemães nos primeiros meses de 1942, fez com que Stálin quisesse uma pausa para se reagrupar. Em vez disso, depois de consultar o marechal Timoshenko e Nikita Khrushchev, ele concordou com uma grande ofensiva ao sul, próximo a Kharkov, na Ucrânia. Mentes militares mais frias – inclusive Zhukov – acharam a ideia desnecessariamente arriscada e foram contrários a ela. Mas Stálin descartou suas preocupações e ordenou ao Estado-Maior "não interferir em qualquer questão relativa" ao ataque a Kharkov. Ao que tudo indicava, Stálin estava cometendo outro terrível erro.[16]

Boris Vitman, oficial de inteligência do Exército Vermelho que participou da campanha de Kharkov, lembrou-se do clima de otimismo quando o ataque foi planejado. "Muitos equipamentos [norte-]americanos e britânicos estavam chegando", disse. "Lembro-me de um grande número de sapatos e botas ingleses sendo trazidos. E as unidades que chegavam estavam recebendo aquelas botas inglesas e também muitos equipamentos militares que chegavam." Houve até rumores entre os soldados de que os soviéticos logo ganhariam a guerra.

No começo da manhã de 12 de maio de 1942, enquanto Vitman e os demais soldados do Exército Vermelho esperavam o início do ataque, eles ouviram uma intensa barragem da artilharia soviética. Isso também deu às tropas um sentimento de confiança. Quem poderia sobreviver a tal ataque? Imediatamente após o fim do bombardeio de uma hora, seis exércitos soviéticos avançaram em direção às linhas alemãs. Mas quando chegou às primeiras estruturas de defesa alemãs, Vitman ficou surpreso ao ver que estavam abandonadas. Já prevendo um ataque, os alemães haviam recuado. Vitman e seus camaradas continuaram marchando, ainda encontrando pouca resistência. "Ocasionalmente, éramos recebidos por salvas de morteiros", lembrou, mas "não vimos alemães, somente civis mortos".[17]

Em alguns lugares, o Exército Vermelho conseguiu avançar 48 quilômetros, e esse sucesso fez Stálin afirmar que tinha "motivos para enviar uma forte repreensão ao Estado-Maior", pois por causa de sua falta de entusiasmo ele "quase tinha cancelado a operação que estava se desenvolvendo tão bem".[18] O rápido avanço soviético apoiou sua avaliação, feita na Ordem Número 55, em fevereiro, afirmando: "O elemento surpresa obtido pelas forças nazifascistas alemãs foi completamente exaurido, eliminando as condições desiguais da guerra sob as quais temos lutado. Agora o destino da guerra será decidido não pelo elemento surpresa, mas por fatores constantemente em vigor: estabilidade da retaguarda, o moral do exército, a quantidade e a qualidade das divisões, armamentos e as capacidades organizacionais da liderança do exército".[19] Mas Stálin não poderia estar mais equivocado em sua convicção de que o "elemento surpresa" havia sido eliminado, como várias centenas de milhares de seus soldados do Exército Vermelho estavam prestes a descobrir.

"Os alemães estavam nos atraindo para uma armadilha", explicou Boris Vitman.

> Nos arredores de Kharkov, de repente nosso ataque encontrou uma resistência muito forte dos alemães. Os alemães tinham preparado com antecedência uma linha de defesa muito forte. [...] Havia muitos armazéns ao redor com porões muito fortes que eram pontos de disparo muito vantajosos. Alguns de nossos tanques foram explodidos. Nos arredores de Kharkov os tanques começaram a perder a capacidade de manobra e pararam de funcionar. Tudo isso sufocou a nossa ofensiva.[20]

A rapidez do avanço soviético seria sua ruína, pois os alemães fecharam a retaguarda das unidades do Exército Vermelho em uma manobra clássica de envolvimento. Joachim Stempel, um oficial da 14ª Divisão Panzer, lembrou que "estávamos num estado de espírito bastante eufórico e nosso objetivo era cercar aqueles soldados, os melhores das tropas russas, e destruí-los".

Stempel também testemunhou a incapacidade dos comandantes soviéticos de reagir rapidamente àquela nova situação: "Se as coisas tivessem sido tratadas de forma diferente, eles logo mudariam de direção e, usando suas tropas que ainda estavam intactas, tentariam forçar um avanço, tornando consideravelmente mais difícil manter o cerco".

Foi um triunfo ainda maior para os alemães por estarem em menor número que os soviéticos. Stempel argumentou que a

> falta de homens e equipamentos da minha unidade, em face de ser superada em número pelos russos, foi compensada pela liderança alemã flexível [na tática] de correr de um ponto focal para o seguinte, sem estar forte em todos os lugares, mas só nos pontos decisivos.[21]

Essa forte reação alemã foi possível não apenas por causa da "liderança alemã flexível", mas porque as forças soviéticas atacaram diretamente numa área onde um grande número de unidades alemãs se reuniu em preparação para uma ofensiva no sudeste. Em uma falha catastrófica do serviço de inteligência, os soviéticos não sabiam de sua presença. Essa ignorância foi, em parte, resultado da Operação Kreml, uma manobra de despistamento montada pelos alemães para fazer os soviéticos pensarem que seu principal ataque naquele verão seria mais uma vez dirigido contra Moscou. Mas Stálin também foi culpado. Como o plano de dissimulação alemão coincidia com sua própria avaliação, ele estava muito disposto a aceitá-lo.[22]

Nove dias após o início da ofensiva, Boris Vitman visitou o quartel-general do 6º Exército Soviético. Era um caos. Oficiais empacotando documentos e andando de um lado para o outro, esperando serem cercados. Pouco depois, os alemães atacaram. "A pior coisa foi quando não conseguíamos mais oferecer resistência, quando ficamos totalmente sem munição", disse Vitman.

> O fogo vinha de todos os lados, de metralhadoras e de morteiros. Eles nem precisaram mirar com precisão. Havia tanta gente [...] você sabe que com tanta gente sempre se pode acertar alguém sem fazer pontaria. Depois de os aviões lançarem as bombas, começava o fogo da artilharia. Quando a artilharia parava, os aviões voltavam e começavam a lançar bombas [de novo] e tudo se transformou numa carnificina geral.[23]

Vitman foi capturado quando os alemães fecharam o cerco. Ele foi um dos mais de 250 mil soldados do Exército Vermelho perdidos como resultado da ofensiva de Kharkov. Na prisão, sobreviveu principalmente por ter aprendido alemão na escola, e assim pôde servir como intérprete. Falar alemão significava ser mais bem tratado que os outros prisioneiros, pois os alemães não o consideravam "inferior", como os seus camaradas que só falavam russo.

A Batalha de Kharkov foi de grande significado para ambos os lados. Para os alemães, foi uma garantia muito necessária de que a vitória ainda era possível. "O exército recuperou sua segurança interna depois do pesado fardo das batalhas defensivas", escreveu o coronel Selle, do 6º Exército Alemão. "Seu senso de superioridade em relação ao inimigo foi novamente fortalecido."[24]

A escala da destruição deixou recordações inesquecíveis para muitos dos alemães que participaram da luta. "O sol nascente lança seus raios em um campo de batalha medonho", escreveu o tenente-coronel Soldan em artigo publicado no *Völkischer Beobachter* em junho de 1942.

> Oficiais que viram o conflito de 1914-18 afirmam que a crueldade aqui excede tudo o que foi visto até agora. [...] Massas de inimigos que queriam se render foram rechaçadas sob o fogo de pistola de seus oficiais e comissários como um rebanho de ovelhas. [...] Soldados de infantaria que hesitaram em seguir os tanques – eles não tinham mais munição! – eram golpeados para seguir em frente. [...] Em comparação, há relatos de iniciativas determinadas dos nossos oficiais, da maravilhosa bravura de nossas tropas, de brilhantes realizações de indivíduos e de regimentos inteiros.[25]

Herbert Rauchhaupt, correspondente de guerra alemão, escreveu não somente sobre o rescaldo da batalha – "Onde quer que se vá no cerco ao sul de Kharkov há tanques soviéticos, desativados, cobertos de chamas, abandonados" –, mas também se gabou de como uma força alemã "ridiculamente pequena" obteve uma vitória épica sobre "uma avassaladora força inimiga".[26] Consequentemente, armados com o conhecimento de que poderiam derrotar o Exército Vermelho mesmo quando em menor número, muitos soldados alemães – como Joachim Stempel – deixaram o campo de Batalha de Kharkov muito animados e confiantes em sua capacidade de lidar com o que estivesse por vir.

Para os soviéticos, foi fácil entender por que a batalha havia sido perdida. O difícil, mais uma vez, foi os culpados assumirem a responsabilidade pelos seus erros – principalmente um dos culpados. Stálin era o mais culpado de todos. Mais uma vez, havia se mostrado um amador em assuntos militares. Além de toda a ofensiva ter sido supervisionada de forma incompetente, ele se recusou a ouvir os especialistas, como Zhukov, que havia alertado contra o plano desde o começo. Mas houve outros responsáveis pelo desastre. Os agentes da inteligência soviética falharam espetacularmente, deixando o Exército Vermelho avançar sem saber em uma área onde algumas das melhores unidades alemãs haviam se agrupado. Timoshenko e Khrushchev também cometeram erros calamitosos – principalmente Timoshenko, que reagiu muito lentamente aos eventos e permitiu que a ofensiva continuasse mesmo depois que o perigo do cerco se tornou aparente.

A atribuição da responsabilidade pelo desastre de Kharkov tornou-se uma grande controvérsia após a morte de Stálin. Quando se tornou líder da União Soviética, Khrushchev afirmou que ele e Timoshenko queriam abandonar a operação antes, mas Stálin se recusou[27] – uma afirmação contestada por Zhukov. Outros pesos-pesados da guerra, como o marechal Vasilevsky, também contribuíram com suas versões dos acontecimentos.[28] Mas todas essas disputas pessoais escondiam um problema maior. Foi Stálin quem criou a cultura que tornou possível o desastre de Kharkov. Quem, por exemplo, gostaria de ser um general soviético pedindo permissão a Stálin para se retirar? Hitler normalmente permitia que generais em quem perdia a fé se aposentassem com uma pensão; Stálin era capaz de mandar fuzilá-los.

Stálin nem sequer conseguia melhorar com a experiência em suas decisões militares. Kharkov mostrou que era um comandante tão inepto na primavera de 1942 quanto no verão de 1941. "Todo mundo sempre soube que é preciso aprender com o inimigo", disse Makhmut Gareev, um oficial de infantaria durante a guerra, que mais tarde ascenderia a um alto cargo militar na União Soviética do pós-guerra.

> No Exército Vermelho nós seguíamos o slogan de Lênin, e Stálin apoiava, de que um exército que não quiser dominar todas as estratégias e táticas do inimigo é um exército criminoso. Todos perceberam que era sempre necessário prestar atenção a todos os pontos fortes do inimigo e aprender com eles, mas nem todos estavam muito atentos a essas coisas.[29]

E um dos que com certeza não estavam "atentos" era Joseph Stálin. Previsivelmente, ele não aceitou nenhuma culpa por Kharkov. Preferiu responsabilizar Timoshenko e Khrushchev. "As batalhas não devem ser vencidas com números, mas com habilidade", afirmou. "Se vocês não aprenderem a dirigir melhor suas tropas, todos os armamentos que o país pode produzir não serão suficientes."³⁰ Fez uma advertência a Khrushchev e afastou Timoshenko. Khrushchev temia por sua vida quando foi chamado para falar com Stálin, sabendo que seu líder

> era uma pessoa traiçoeira. Era capaz de qualquer coisa, exceto admitir que havia cometido um erro. [...] Tudo o que Stálin dizia deveria ser produto de um gênio. Tudo que contrariasse o que Stálin dizia era inútil e insignificante, e as pessoas que insistiam em algo a que Stálin se opunha eram desonestas e talvez até inimigas do povo.³¹

Mas Stálin não entregou Khrushchev a Béria e seus torturadores do NKVD. Talvez alguma coisa na franqueza de Khrushchev o divertisse. Por alguma razão, Stálin se contentava em humilhá-lo, quase brincar com ele, de forma que, sempre que saía do gabinete de Stálin, Khrushchev nunca sabia ao certo o que o destino lhe reservava.³²

Não foi só Stálin que passou os primeiros meses de 1942 se recusando a aceitar a responsabilidade por seus atos. Hitler se comportou exatamente da mesma forma. Depois do revés alemão às portas de Moscou, ele mais uma vez culpou o conhecido bode expiatório pelos problemas enfrentados pela Alemanha: os judeus. Proclamou que eles eram a razão pela qual a Alemanha estava agora em guerra com os Estados Unidos e por Churchill não ter concordado com a paz. Além disso, declarou que os judeus continuavam por trás de Stálin, dirigindo todas as suas ações.

A diferença agora era que a retórica de Hitler sobre o assunto era consistentemente exterminadora. Em sua mensagem de Ano-Novo, Hitler prometeu: "O judeu não exterminará os povos europeus, mas será vítima de sua própria conspiração".³³ E em 30 de janeiro, em discurso no nono aniversário de sua nomeação como chanceler, declarou explicitamente:

Estamos bem cientes de que esta guerra só pode terminar com o extermínio dos povos arianos ou com o desaparecimento dos judeus da Europa. [...] E chegará a hora em que o pior inimigo mundial de todos os tempos será eliminado por pelo menos um milênio.³⁴

"É preciso agir radicalmente", disse Hitler em uma reunião privada onde Himmler estava presente, uma semana antes de seu discurso no final de janeiro. "Quando alguém arranca um dente, faz isso com um único puxão e a dor passa logo. O judeu precisa desaparecer da Europa." Mas também demonstrou que "desaparecer" poderia implicar algo sinistro, comparando os judeus aos prisioneiros de guerra soviéticos nos campos alemães, onde "muitos estão morrendo". Nada disso, acrescentou, era sua "culpa", já que os judeus haviam provocado a guerra.³⁵

Um dos muitos aspectos intrigantes do comportamento de Hitler durante esse período é ele também estar começando a ter dúvidas sobre a lealdade dos alemães como um todo. Quatro dias depois de comparar judeus a prisioneiros de guerra soviéticos, ele advertiu em particular que toda a população da Alemanha poderia não corresponder às suas expectativas – caso em que também não mereceriam viver: "Se o povo alemão não estivesse mais disposto a se entregar de corpo e alma para sobreviver, era porque o povo alemão não teria mais nada a fazer senão desaparecer!".³⁶

Como vimos, a partir do momento em que anunciou, em 1920, que os líderes do Partido Nazista estariam dispostos a se matar se seu programa partidário não fosse adotado, as decisões mais importantes de Hitler foram ou/ou – ou triunfamos ou perecemos. Portanto, a esse respeito, pode parecer característico que estivesse pensando dessa maneira no início de 1942. No entanto, trata-se de um momento significativo. Embora Hitler tenha alertado antes que o povo alemão enfrentaria uma catástrofe se não seguisse o curso prescrito por ele, essa declaração é uma das primeiras em que implicava que os alemães mereciam "desaparecer" se perdessem a "fé". Apesar de ter escrito no começo dos anos 1920 em *Mein Kampf* que "o mundo não é para pessoas covardes" e que "a raça que não puder resistir ao teste simplesmente morrerá, dando lugar a raças mais saudáveis ou mais fortes e mais resistentes", isso era tudo conversa teórica.³⁷ E mesmo aplicando-se a lógica de que os próprios alemães morreriam se não fossem suficientemente fortes enquanto "raça", esse destino não seria evitado para quem seguisse Adolf Hitler? Na verdade, não era apoiando Hitler que sua liderança garantiria a vitória? No entanto, lá estava ele afirmando – ao menos em particular – que, apesar de sua liderança, talvez os alemães merecessem "desaparecer".

Essa foi uma das consequências indesejadas de seguir Adolf Hitler. Não havia como escapar de sua declaração de que o fracasso coletivo de uma "raça" implicaria sua destruição. O problema para muitos dos apoiadores de Hitler era que, embora pudessem ter engolido a propaganda dizendo que os alemães eram melhores que todos os outros, eles não pensaram no que aconteceria se outra "raça" se mostrasse superior. Em tais circunstâncias, pela mesma lógica que sustentavam, eles próprios não mereceriam viver. Em comparação, apesar de as convicções marxistas essenciais serem um ponto de referência tão indiscutível para Stálin quanto a teoria racial para Hitler, é quase impossível imaginar Stálin – mesmo em particular – transmitindo a sensação de que todo o povo soviético merecia "desaparecer".

Ademais, Hitler parece não ter aventado a possibilidade de suas tropas na linha de frente de Moscou se entregarem "de corpo e alma" à causa e mesmo assim fracassarem. Em uma guerra moderna, o que a "fé" do soldado individual poderia fazer se a metralhadora de seu oponente funcionava no frio e a dele não?

Assim como culpar os judeus, e potencialmente todo o povo alemão, Hitler tinha dois outros alvos na mira no início de 1942. O primeiro era o "mal", que dizia estar "corroendo nossas vísceras". Esse "mal" eram os "nossos padres".[38] A relação de Hitler com o cristianismo foi problemática desde que entrou para a política. Em alguns de seus primeiros discursos, nos anos 1920, ele se sentiu compelido a elogiar "nosso salvador" da boca para fora, a fim de manter ao seu lado os nazistas cristãos. Mas, posteriormente, ele preferia falar não sobre Jesus, mas sobre uma vaga ideia mística que chamou de "Providência". Na verdade, como deixou explícito, particularmente nos primeiros meses de 1942, Hitler desprezava o cristianismo.

Em abril de 1942, comentou que desaprovava a Igreja Católica por ser uma "escola de pessimismo", que mantinha os seres humanos na linha apenas pela ameaça do inferno. Falou sobre como era difícil "libertar a alma humana" do "terror assustador do inferno que a Igreja Católica incute" nas crianças em seus "anos mais tenros". Criticou a ilogicidade de toda a ideia de inferno, perguntando como era possível que alguém fosse "assado e torturado" depois de seu corpo não mais existir.[39]

Hitler também não gostava da noção de que "guerreiros" deveriam ser "importunados com preceitos religiosos que ordenam a abstinência da carne". Se estavam preparados para dar suas vidas pelo país, os guerreiros deveriam poder desfrutar de relações sexuais – "a maior alegria que a vida tem para oferecer" – sem a crítica dos padres.[40]

Hitler estava ciente, ao expressar essas queixas, de que no ano anterior tivera problemas por causa da Igreja. Na Baviera, uma tentativa das autoridades nazistas de retirar os crucifixos das escolas resultou em ondas de protesto. "Vocês usam camisas marrons por cima, mas por dentro são bolcheviques e judeus", dizia uma típica carta criticando os nazistas locais.[41] Após uma enxurrada de protestos, essa política foi revertida.

Pior ainda, da perspectiva de Hitler, foi um sermão do bispo de Münster, em agosto de 1941, atacando a política nazista de matar deficientes físicos seletivamente. Essas "pessoas improdutivas" realmente "perderam o direito de viver?", perguntou o bispo Clemens August von Galen.[42] Mais uma vez, os nazistas foram forçados a alterar sua política em face dos protestos da opinião pública.

Embora tudo isso fosse frustrante para Hitler, esses acontecimentos não eram exatamente o que pareciam. Ele se evadiu de grande parte da culpa pela debacle do crucifixo, já que o alvo das críticas eram os subalternos nazistas, e a intervenção de Galen só interrompeu o transporte de deficientes para centros de extermínio específicos, não a morte de pacientes deficientes selecionados em hospitais específicos. Tampouco Galen tentou solapar o regime de outras maneiras fundamentais. Em setembro de 1941, chegou a escrever uma carta apoiando a guerra no Leste, repetindo a linha nazista de que "por décadas os governantes judaico-bolcheviques de Moscou têm tentado incendiar não somente a Alemanha, mas toda a Europa".[43]

De qualquer forma, Hitler estava com raiva da Igreja nos primeiros meses de 1942. A questão era: o que ele poderia fazer a respeito? A resposta não foi grande coisa. Assim como Stálin, ele reconheceu que seria um erro tático começar uma briga com a instituição da Igreja naquele momento crítico da guerra. "No momento, não posso dar a resposta que eles estão pedindo, mas não custa nada esperar", declarou em fevereiro de 1942. "Está tudo escrito no meu grande livro. Chegará o momento em que acertarei minhas contas com eles e irei direto ao ponto."[44]

Hitler não estava apenas irado com o "pessimismo" da Igreja e o impacto de protestos como o que Galen fez do púlpito no moral alemão; ele estava preocupado com uma questão mais fundamental. A seu ver, os padres sempre tentavam fazer aquilo que mais contrariava a lei da natureza. Eles queriam proteger os fracos. Essa foi a razão pela qual ficou furioso com a intervenção do bispo Von Galen. Considerava inescrupuloso que os fracos vivessem enquanto os fortes morriam protegendo a Alemanha. Como disse o dr. Hermann Pfannmüller, um defensor entusiasta da "ação da eutanásia": "É insuportável para mim a ideia de que o melhor, a flor da nossa juventude, deva perder a vida no *front* para que elementos insociais, débeis mentais e irresponsáveis possam ter uma existência segura no hospício".[45]

Foi essa convicção de que havia forças em ação que tentavam proteger os "inimigos" no "*front* interno" – fossem judeus ou qualquer um dos muitos outros grupos visados pelos nazistas – que enfureceu Hitler. "Se for permitido que os porcos imundos em casa sejam tratados com leniência e assim preservados", disse em particular em 22 de maio de 1942, "enquanto um grande número de idealistas morre no *front*, será aberto um caminho para uma seleção negativa, demonstrando que ninguém entendeu as lições dos anos de guerra de 1917-18". Hitler sentia-se "pessoalmente responsável por evitar a criação de uma frente doméstica de vilões como em 1918, enquanto os heróis morrem na guerra".[46]

Daí decorre que qualquer coisa que promovesse o tratamento "leniente" dos infratores, e assim pudesse causar uma "seleção negativa", era um perigo para o Estado nazista – especialmente naquele momento de maior provação. Contudo, apesar de Hitler achar que pouco seria capaz de fazer a respeito da interferência da Igreja, ele poderia atacar outra instituição que considerava igualmente perigosa – a profissão jurídica. Ele protestou contra a maneira como "nosso sistema Judiciário se inclina amorosamente sobre casos individuais, se diverte pesando os prós e os contras e descobrindo circunstâncias atenuantes...".[47] O resultado, argumentou, era o de "porcos imundos" serem tratados com muito mais tolerância do que mereciam.

Hitler, como costumava fazer,[48] chegou a fixar seu argumento em um único caso. Em março de 1942, o trabalhador de um estaleiro alemão chamado Ewald Schlitt foi condenado por agredir sua esposa, que acabou morrendo. Ele foi condenado a cinco anos de prisão, o que foi considerado apropriado, visto que Schlitt agiu de forma impulsiva num momento de raiva, e não com premeditação. Hitler achou a leniência ultrajante. Assim que soube da sentença, ligou para o ministro da Justiça em exercício, Franz Schlegelberger e, furioso, disse que as coisas deveriam mudar. Na opinião de Hitler, era exatamente o tipo de caso que ilustrava como o "sistema Judiciário se curva amorosamente" para ajudar "porcos imundos", enquanto bravos alemães perdiam a vida no *front*.

Schlegelberger imediatamente fez tudo o que pôde para apaziguar Hitler. Escreveu ao líder alemão dizendo: "Compartilho seu desejo pela punição mais severa de elementos criminosos...". E garantiu que o caso Schlitt seria reavaliado.[49] Em novo julgamento, juízes decretaram que Schlitt fosse executado, e em 2 de abril de 1942 ele foi guilhotinado. Não há dúvidas de que Schlitt perdeu a cabeça por causa de Hitler. Não poderia haver maior exemplo de até que ponto ele poderia interferir no sistema jurídico alemão. Mas, para Hitler, ainda não era o suficiente.

Pouco mais de três semanas após a morte de Schlitt, Hitler fez um discurso no Reichstag pedindo aos deputados reunidos para confirmar seu

> direito legal de exigir que qualquer um cumprisse seus deveres ou, se for o caso, condenar a uma destituição desonrosa quem, a meu ver, deixar de cumprir suas funções com consciência, ou exonerar qualquer pessoa de cargo e função, independentemente de quem seja ou dos direitos que tenha adquirido.

Afirmou explicitamente que, se no futuro não gostasse de qualquer decisão tomada em tribunal, ele demitiria a pessoa que a tomou. "De agora em diante", prosseguiu, "exonerarei do cargo os juízes que obviamente não reconhecem as ordens do momento".[50] Depois do discurso de Hitler, Göring pediu aos membros do Reichstag que designassem seu Führer como "Senhor Supremo da Lei".

O Reichstag atendeu ao pedido, aprovando a lei com unanimidade. Goebbels escreveu que houve "aplausos apaixonados" dos deputados reunidos em apoio a Hitler e que o líder alemão ficou "muito feliz por ter tirado isso do peito". Porém, apesar de Goebbels ter dito logo depois que "foi um dos seus melhores" discursos,[51] dois dias depois ele já não tinha tanta certeza. Países inimigos, escreveu, tinham visto o discurso como "o grito de um homem se afogando" e que "a reprimenda recebida [pelo poder Judiciário] está sendo exagerada como uma grande rebelião interna". Quanto ao público interno do Reich, houve um problema. As pessoas ponderaram "por que afinal o Führer ainda precisava de novos poderes".[52]

Goebbels foi astuto o suficiente para perceber que a conclamação para Hitler ser nomeado "Senhor Supremo da Lei" tinha saído pela culatra. Entre outras funções, Hitler já era chanceler, Führer do Povo Alemão e chefe do Exército. Isso não tornava esse novo título desnecessário? Portanto, por que ele exigira o trabalho – especialmente quando o próprio fato de ser capaz de se presentear com o papel já demonstrava que não precisava dele?

Um dos motivos era o medo de Hitler de que a agitação pudesse se desenvolver no *front* doméstico. As rações haviam sido recentemente cortadas e todos os alemães sabiam que a guerra no Leste não estava indo como planejado. Toda a população sabia então que não podia esperar clemência do Senhor Supremo da Lei, Adolf Hitler. Mas havia mais na jogada de Hitler do que simplesmente ameaçar seu povo até a submissão. Suas ações refletiam uma parte central de sua convicção ideológica. Como disse em seu discurso no Reichstag em 26 de abril: "Ninguém pode, neste momento, insistir em direitos adquiridos; é preciso saber que hoje só existem deveres". Mais um sinal de que para ele o indivíduo nada significava, exceto como parte do coletivo. Ninguém tinha direito absoluto a nada. Todos os direitos liberais – liberdade de expressão, de religião, o Estado de direito, a livre expressão – eram incabíveis em face das demandas do Estado. E quem articulava as demandas do Estado? Um indivíduo chamado Adolf Hitler. Assim, embora o catalisador para o desejo dele de se confirmar como Senhor Supremo da Lei possa muito bem ter sido a maneira como a guerra se desenrolava na primavera de 1942, a causa subjacente era seu compromisso contínuo com a Alemanha que ele queria construir – um Estado racial em que o povo precisava se conformar à sua vontade.

Um mês depois de Hitler ser nomeado Senhor Supremo da Lei, um bombardeiro soviético modificado aterrissou no aeroporto de Dundee, na Escócia, com uma missão secreta. Vyacheslav Molotov – o homem que dezoito meses antes havia negociado com Adolf Hitler em Berlim – chegou para negociar com os Aliados ocidentais. Embora Churchill quisesse tornar pública a sua presença, Stálin exigiu que ninguém soubesse que Molotov estava em visita ao Ocidente até seu retorno, em segurança, a Moscou.

Molotov e sua comitiva foram escoltados para o sul, até a residência de campo do primeiro-ministro, em Chequers, onde Molotov teve um estranho encontro com uma empregada doméstica de Churchill. Quando ela bateu à porta de Molotov, nas primeiras horas da manhã, para pedir que fechasse as cortinas por causa do blecaute, Molotov abriu a porta com uma pistola na mão. Embora o problema com as cortinas tenha sido resolvido rapidamente, foi, como Churchill disse mais tarde, um encontro que "revela um aspecto do abismo entre o modo de vida soviético e o das potências ocidentais".[53]

Churchill também percebeu, como Hitler e Ribbentrop antes dele, que Molotov era um homem impermeável à simpatia. Quando, por exemplo, o primeiro-ministro britânico se solidarizou com Molotov por alguns militares soviéticos mortos em um acidente envolvendo um avião britânico, Molotov respondeu que "era um fato muito triste, mas acidentes na aviação são sempre possíveis", e em seguida foi direto ao assunto.[54] Sir Alexander Cadogan, do Ministério das Relações Exteriores, chegou à conclusão de que "Molotov tinha toda a graça e a conciliação de um totem".[55]

Molotov foi à Grã-Bretanha não para um bate-papo exploratório agradável, mas com duas demandas já conhecidas. Primeiro, queria que os britânicos concordassem que, no final da guerra, os soviéticos pudessem manter o território conquistado graças ao pacto com os nazistas e, segundo, um acordo para uma rápida invasão dos Aliados à Europa Ocidental – o chamado segundo *front*. Ambos os pedidos eram problemáticos para os britânicos. Como eles poderiam permitir que os soviéticos mantivessem metade da Polônia pré-guerra, especialmente quando, como Churchill dissera a Eden algumas semanas antes, Stálin havia conquistado esse território "em vergonhoso conluio com Hitler"?[56] Quanto ao segundo *front*, os britânicos ainda acreditavam ser impraticável organizar uma invasão através do Canal [da Mancha] em 1942. Os Aliados não tinham as tropas necessárias para o ataque, nem meios para transportá-las com segurança pelo canal.

Compreensivelmente, dadas as circunstâncias, as negociações se arrastaram sem acordo. Quando os britânicos sugeriram um projeto de tratado que era vago sobre a questão das fronteiras do pós-guerra, em 24 de maio Molotov o encaminhou a Stálin com o seguinte comentário: "Consideramos esse tratado inaceitável, pois é uma declaração vazia de que a URSS não precisa". Em resposta, Stálin disse algo extraordinário: "Não a consideramos uma declaração vazia, mas a consideramos um documento importante". A falta de detalhes sobre as fronteiras "talvez não seja ruim", pois "nos deixa as mãos livres". Em qualquer caso, as futuras fronteiras "serão decididas pela força". Molotov respondeu logo em seguida: "Acredito que o novo projeto de tratado também pode ter um valor positivo. Não consegui avaliar isso de imediato".[57]

Foi um lembrete de como podia ser perigoso trabalhar para Joseph Stálin. Molotov dissera ao chefe o que achava que ele queria ouvir, mas ele o contradisse. O pânico subjacente na resposta de Molotov reverbera ao longo dos anos. Mas há uma questão maior. Por que Stálin suavizou sua atitude para com os Aliados ocidentais? Um dos motivos certamente deve ter sido o momento da negociação. Enquanto Stálin considerava sua resposta a Molotov, o Exército Vermelho estava perdendo centenas de milhares de homens na Batalha de Kharkov.

Em dezembro de 1941, quando Stálin se reuniu com o ministro das Relações Exteriores britânico, Anthony Eden, e insistiu que os soviéticos mantivessem depois da guerra o território conquistado com o pacto com os nazistas, a situação militar era muito diferente. Embora os alemães estivessem perto de Moscou, o Exército Vermelho acabara de lançar uma ofensiva bem-sucedida. Mas cinco meses depois o fracasso em Kharkov demonstrou a dimensão da vulnerabilidade soviética. Portanto, não era hora de discutir os detalhes das fronteiras do pós-guerra. Era o momento de se concentrar no segundo *front*. Acima de tudo, Stálin queria que os Aliados ocidentais lançassem a ofensiva do Dia D em questão de meses, para aliviar a pressão sobre o Exército Vermelho.

Mas há ainda outra razão provável pela qual Stálin não insistiu na questão da fronteira. Hoje sabemos que a aliança entre os chamados Três Grandes – União Soviética, Estados Unidos e Grã-Bretanha – manteve-se firme até o fim da guerra. Mas em 1942 ninguém sabia ao certo se seria sustentável. A natureza extremamente desconfiada de Stálin pode muito bem tê-lo feito pensar que, se o Exército Vermelho fosse duramente derrotado no sul da União Soviética, talvez os Aliados ocidentais pudessem buscar uma acomodação com Hitler. Seria algo contra todas as evidências diplomáticas e militares disponíveis, mas – como visto – Stálin era capaz de interpretar um evento como o reverso da realidade. O mesmo raciocínio aplicava-se às ações dos outros membros dos Três Grandes, só que mais logicamente. Nem os britânicos nem os norte-americanos poderiam ter certeza de que Stálin honraria a aliança. Talvez de repente ele quisesse sair da guerra e fazer uma paz com Hitler. Afinal, Stálin havia assinado um acordo pragmático com os nazistas antes, então por que não o faria de novo?[58]

Como orientado por Stálin, Molotov assinou um tratado anódino com os britânicos e viajou da Grã-Bretanha para os Estados Unidos, onde Roosevelt aguardava sua chegada a Washington com uma enorme confiança em sua capacidade de manipular seu convidado soviético. "Sei que não se importará que eu seja brutalmente franco", escreveu Roosevelt a Churchill em março, "quando digo que posso lidar pessoalmente com Stálin melhor que o seu Ministério das Relações Exteriores ou o meu Departamento de Estado. Stálin odeia a coragem de todas as pessoas importantes. Ele acha que gosta mais de mim, e espero que continue gostando".[59] E, para Roosevelt, o primeiro passo para "lidar" com Stálin seria "lidar" com Molotov, seu representante.

O processo pelo qual Roosevelt esperava manipular Molotov começou poucas horas após a sua chegada, em 29 de maio.[60] Assim que se instalou na Casa Branca, o ministro das Relações Exteriores e o presidente norte-americano conversaram em termos gerais sobre a guerra, inclusive sobre a perspectiva de um segundo *front*. Mais tarde, Roosevelt levantou sua ideia de uma "força policial" mundial formada por Grã-Bretanha, União Soviética, China e Estados Unidos. Era uma ideia que tocava o coração de Roosevelt e que acabaria se realizando anos depois com a criação da Organização das Nações Unidas (ONU). Molotov não se comprometeu com o plano, mas concordou que era uma "questão importante",[61] e foi aí que as discussões terminaram naquele dia. Roosevelt não comentou sobre nenhum dos pedidos soviéticos em detalhes, dizendo que esperava a presença de seus especialistas militares na manhã seguinte. O adiamento não fora acidental, pois Roosevelt não havia encerrado sua tentativa de "lidar" com Molotov naquela noite.

Segundo documentos dos arquivos do antigo Soviete, pouco depois das onze horas daquela noite, Molotov ouviu alguém bater à porta do seu quarto na ala oeste. Era o assessor especial do presidente, Harry Hopkins, que perguntou se poderia entrar para uma conversa em particular. "Eu posso dizer que o presidente Roosevelt é um defensor muito forte de um segundo *front* em 1942", disse Hopkins. "Mas os generais [norte-]americanos não veem a real necessidade do segundo *front*. Por isso eu recomendo que o senhor pinte um retrato angustiante da situação na União Soviética para que os generais [norte-]americanos percebam a gravidade da situação."[62] Hopkins acrescentou que Molotov deveria dizer a Roosevelt que pretendia seguir essa estratégia na manhã seguinte, antes de a reunião começar. Molotov concordou.

Os detalhes desse encontro só foram divulgados pelo Soviete depois da queda do comunismo. Não há referências às conversas nas fontes norte-americanas contemporâneas, somente a confirmação de que Hopkins "entrou por um momento" para falar com Molotov.[63] Não é difícil entender por que Roosevelt e seus confidentes teriam desejado que a abordagem de Hopkins se mantivesse secreta. O presidente norte-americano estava tentando demonstrar que era "amigo" de Molotov – tanto que estava disposto a falar contra seus próprios generais. Mais do que isso, usar Hopkins como intermediário implicava a estratégia de uma saída fácil para Roosevelt se o plano não desse em nada. Ele poderia dizer que houve um mal-entendido sobre o conteúdo da mensagem, ou que Hopkins havia se excedido em seu comunicado ou até agido sem o conhecimento do presidente. Foi uma tática ardilosa, porém potencialmente eficaz.

No dia seguinte, na presença do general George Marshall, chefe do Estado-Maior do Exército dos Estados Unidos, e do almirante Ernest King, chefe da Marinha, Molotov seguiu o conselho de Hopkins e não escondeu nada. Enfatizou que, apesar de o curso de ação mais sensato pudesse parecer o adiamento do segundo *front* até 1943, para melhores preparativos para uma invasão da França, essa estratégia poderia ser imprudente. Os Aliados ocidentais, explicou, "não podem contar" com o Exército Vermelho segurando os alemães. Em 1943, Hitler poderia ter o controle das "áreas de produção de petróleo" da União Soviética. "Portanto", concluiu, "adiar o segundo *front* até 1943 é muito arriscado para a URSS e um grande perigo para os Estados Unidos e a Grã-Bretanha". Foi uma admissão surpreendente da potencial fraqueza soviética.

Roosevelt então confrontou diretamente seus especialistas militares. Disse que queria abrir um segundo *front* em 1942. Eles poderiam fazer isso acontecer? O general Marshall respondeu como um político, dizendo que as discussões sobre os aspectos práticos dessa operação estavam em curso, e que "se o trabalho preparatório for concluído com sucesso este ano, será possível o estabelecimento do segundo *front* em 1942".[64]

Após a reunião, o general Marshall disse a Roosevelt que queria evitar qualquer compromisso definitivo com os soviéticos e "pediu que não houvesse referência a 1942" na declaração pós-cúpula.[65] Mas sem sucesso. Roosevelt insistiu, e as palavras usadas no comunicado final das negociações pareciam à primeira vista oferecer exatamente essa promessa. Contudo, em um exame mais detalhado, manteve um elemento de ambiguidade. "No decorrer das conversas", lê-se no comunicado, "foi estabelecido um entendimento total no que diz respeito às tarefas urgentes de criar um segundo *front* na Europa em 1942".[66]

Roosevelt explicou seu raciocínio em uma nota enviada a Churchill em 31 de maio. O presidente norte-americano afirmou que estava "mais do que nunca ansioso" para realizar uma operação através do Canal [da Mancha] em 1942. "Tenho uma sensação muito forte de que a posição russa é precária e pode piorar continuamente nas próximas semanas", escreveu. Além disso, estava "especialmente ansioso" que Molotov "voltasse com alguns resultados reais de sua missão e que prestasse contas a Stálin de maneira favorável. Estou inclinado a pensar que, no momento, todos os russos estão um pouco desanimados".[67]

Roosevelt queria fazer todo o possível para cativar Molotov, e parece ter ponderado nervosamente sobre como eram suas tentativas em comparação às de Churchill. Molotov relatou em um telegrama a Stálin que, depois do primeiro jantar que tiveram juntos, Roosevelt conversou com ele em um "ambiente mais íntimo", em um sofá na sala de estar da Casa Branca. "Roosevelt me perguntou se Churchill tinha me recebido assim, sugerindo o estilo sincero e não afetado de sua recepção", escreveu. Molotov foi diplomático, respondendo que se sentiu "muito satisfeito" com a hospitalidade de Roosevelt e de Churchill.[68]

Era mais um sinal de como Roosevelt parecia se sentir competindo com Churchill pelos favores soviéticos. Ele já havia afirmado, apesar de ainda não conhecer o líder soviético, que Stálin "gostava" dele mais do que dos britânicos, e agora estava pescando elogios de Molotov. Mas Roosevelt sabia que o exercício de seu charme lendário só o levaria até certo ponto com os homens durões da União Soviética. Também precisaria concordar com o que eles queriam. E Stálin não queria nada dos norte-americanos naquele momento perigoso além de um compromisso definitivo de lançar uma invasão à Europa Ocidental em 1942. Assim, Roosevelt resolveu dar a impressão de que proporcionaria o alívio esperado.

Embora fosse verdade que o compromisso assumido pelos norte-americanos após as negociações com Molotov fosse ligeiramente vago – o que significava exatamente um "entendimento total" sobre o segundo *front* em 1942? –, a evidência é que, apesar de Molotov permanecer cético quanto à garantia do presidente, Stálin achou que Roosevelt estava prometendo que se empenharia em lançar uma invasão à França naquele ano. Mas o presidente tinha quase certeza que a operação não aconteceria em 1942[69] – até porque seu principal conselheiro militar, o general Marshall, havia lhe falado sobre as dificuldades envolvidas.[70]

Stálin acreditou na palavra de um dos homens mais poderosos do mundo. Mas cometeu um erro. Roosevelt o havia iludido intencionalmente, e assim que Stálin percebesse, as consequências para os Aliados ocidentais seriam consideráveis.

11

ATRAVÉS DAS ESTEPES

Junho de 1942 foi um mês de grande otimismo para os alemães. No Norte da África, Rommel e o Afrika Korps estavam rechaçando as forças aliadas, culminando com a captura de Tobruk no dia 21. No Ártico, os submarinos da Kriegsmarine e os aviões da Luftwaffe lançavam ataques devastadores contra os comboios dos Aliados. E no sul da União Soviética os alemães continuavam se deleitando com a glória da grande derrota do Exército Vermelho em Kharkov.

Para Joseph Klein, um paraquedista alemão cuja unidade havia chegado recentemente ao *front* oriental, era óbvio que a vitória estava à vista:

> Devo dizer que estávamos todos muito seguros de vencer, e todos acreditavam que isso continuaria da mesma forma que nas primeiras batalhas na Rússia. Ninguém achava que isso teria um final ruim, não naqueles momento. [...] Nunca duvidei da Alemanha por um momento sequer naqueles dias. Também acreditava que nós estávamos do lado certo porque uma coisa é inegável. Se os russos tivessem conseguido romper as linhas alemãs, hoje a Europa seria comunista.[1]

Helmut Walz, um jovem soldado lutando com o Grupo do Exército Sul, concordava que todas essas "notícias animadoras" significavam que a fé no poder do Führer era "inquebrantável". Ele e seus camaradas se sentiam "superiores" ao inimigo porque "os russos ficaram para trás no que diz respeito a todo o seu desenvolvimento. No geral, você tinha a sensação de que o nacional-socialismo era muito superior ao bolchevismo".[2]

Desconfiado e preocupado com as intenções de Hitler depois da humilhante derrota em Kharkov, Stálin estava convencido de que os alemães planejavam um novo ataque a Moscou. Mas em 19 de junho, teve surpresa quando um avião alemão Fieseler Storch caiu atrás das linhas soviéticas. O Storch não caiu apenas com um oficial alemão chamado major Joachim Reichel, mas também com um conjunto completo de planos de batalha alemães. Os documentos revelaram que a próxima ofensiva não aconteceria em torno de Moscou, como Stálin previa, mas no sul, em direção ao rio Don e ao Cáucaso. A notícia foi mal recebida, na medida em que contradizia o julgamento do líder soviético. Por essa razão, Stálin simplesmente a ignorou. Mais uma vez, avaliou uma informação precisa como desinformação. Mas a ofensiva alemã – com o codinome Operação Azul – seria de fato no sul e foi lançada em 28 de junho, nove dias depois de os soviéticos terem capturado os planos de batalha do major Reichel. E apesar de não podermos culpar Stálin por suspeitar dos documentos de Reichel – que poderiam realmente fazer parte de um plano de desinformação –, podemos culpá-lo por sua insistência em estar certo. Nenhum plano de contingência adequado foi traçado para lidar com a possibilidade de que os planos de batalha de Reichel fossem genuínos.

Hitler, que desde a fase de planejamento da invasão sempre quis arrebatar recursos soviéticos, apostou tudo nessa ofensiva. "Se eu não obtiver o petróleo de Maikop e Grosny, é melhor acabar com essa guerra", disse aos comandantes do Grupo do Exército Sul pouco antes do ataque.[3] O major Hubert Menzel, que ajudara a planejar o ataque inicial à União Soviética no ano anterior, também estava ciente de que a Operação Azul era uma aposta definitiva. "Nós sabíamos que precisávamos tomar uma decisão sobre a guerra no Leste até o final de 42", afirmou. "Em Moscou, as coisas deram errado e não estavam mais dando certo. Então a decisão foi tomada, onde podemos enfrentar os russos ainda em 42? De forma que eles realmente tivessem que nos confrontar [...] pois sabíamos que a partir de 43 teríamos de levar em conta o envolvimento do Ocidente."[4]

A Operação Azul começou exatamente como previa o plano de Reichel, com as unidades alemãs avançando no sul da União Soviética. Os relatórios iniciais foram encorajadores para o Alto-Comando alemão. Embora as forças envolvidas estivessem esgotadas por causa de um ano de luta no *front* oriental – a maioria dos veículos perdidos, por exemplo, não havia sido substituída[5] –, parecia uma repetição dos dias de glória do verão de 1941. Joachim Stempel, do 14º Grupo Panzer, lembrou que "nossa impressão inicial era de que os russos estavam fugindo".[6]

"Foi uma experiência que nos deixou orgulhosos, termos conseguido avançar tão a fundo no Leste, cada vez mais fundo", disse Gerhard Münch, da 71ª Divisão de Infantaria. "Sentíamos que nosso equipamento era superior e que também éramos mais bem treinados que os russos. A liderança sênior russa ainda não tinha chegado ao nível de ser capaz de lidar com unidades mecanizadas. [...] Os russos jogavam com pessoas, enquanto nosso treinamento [era focado] em poupar pessoas."[7]

O que impressionou particularmente os alemães enquanto avançavam mais para o leste foi a imensidão do espaço. "As estepes eram áridas, desoladas, expandindo-se infinitamente até o horizonte", observou Joachim Stempel. "Não como a Alemanha, onde você pode ver a próxima cidade depois de cada curva da estrada, mas lá não havia nada. Você podia olhar de binóculos, mas nada – só poeira, areia e calor escaldante. Dissemos a nós mesmos: tomara que não tenhamos de passar por isso no inverno. Mas estávamos tão otimistas e eufóricos que esses pensamentos duraram apenas alguns segundos."[8]

Helmut Walz lembrou que "a grama de absinto devia ter uns trinta, quarenta centímetros de altura, e encontrávamos incontáveis mosquitos a cada passo. Incrível! Isso por si só foi uma grande tensão e podia se tornar um obstáculo considerável. Além disso, o sol estava forte. A terra era plana como uma panqueca, salpicada por pequenos recôncavos com umas lagoas verdes".[9]

Franz Halder, chefe do Estado-Maior do Exército, ficou confuso sobre o significado exato da rapidez do avanço. "O quadro real da situação do inimigo ainda não está claro para mim", escreveu em seu diário em 6 de julho. "Há duas possibilidades: ou superestimamos a força do inimigo e a ofensiva o afugentou totalmente, ou o inimigo está organizando uma retirada planejada, ou pelo menos tentando fazer isso, para evitar ser irremediavelmente derrotado em 1942."[10] Na verdade, era um pouco das duas coisas. Embora Stálin se mostrasse então mais disposto a permitir que as unidades recuassem quando taticamente necessário, também houve casos de pânico.

"Sentimos desespero e raiva", disse Anatoly Mereshko, que comandou um grupo de oficiais cadetes durante o avanço dos alemães.

> Por causa do nosso desamparo, e também por nos perguntarmos: por que eles não nos deixam lutar apropriadamente contra o inimigo? Por que precisamos continuar nos retirando [...]. Quanto às nossas [outras] unidades em retirada, eram formadas por pessoas totalmente desmoralizadas. Não sabiam para onde estavam indo e não sabiam onde encontrar suas unidades. Por exemplo, eles foram instruídos a se reunir em Marinovka, mas onde ficava Marinovka? Apareciam uns cinco ou seis soldados e perguntavam: "Onde fica Marinovka?". E continuavam andando e andando, levando suas armas, porque sem armas eles seriam interrogados.[11]

Apesar dos novos armamentos fornecidos a alguns defensores do Exército Vermelho, o quadro geral para Mereshko e seus homens permanecia desolador. "Se houvesse 120 soldados na companhia, só uns 40 ou 45 tinham armas adequadas, e eram fuzis que datavam de 1890. [...] Também tínhamos os chamados fuzis autocarregáveis, mas eram tão inúteis que tivemos de desistir depois do primeiro combate. Eles deixavam de funcionar com as primeiras partículas de poeira."[12]

Em 19 de julho, enquanto os alemães avançavam em direção a Rostov com a estrada para o Cáucaso aberta, Ivan Maisky, o embaixador soviético em Londres, escreveu em seu diário que os soviéticos enfrentavam um momento "extremamente grave" de sua história e um "perigo mortal [...] para a revolução, e para todo o futuro da humanidade".[13] Na semana anterior, Maisky havia discutido com Churchill sobre a razão de os britânicos terem sofrido tamanha derrota no Norte da África. Churchill respondeu que o exército alemão estava lutando a guerra "melhor" que os britânicos. Além disso, "faltava aos soldados britânicos o 'espírito russo'", que era o de "morrer mas não se render".[14]

No entanto, a realidade não era tão simples quanto Maisky ou Churchill a percebiam. Sim, os alemães fizeram um grande progresso no sul da União Soviética e, de fato, "lutaram a guerra" na África melhor que os britânicos, mas nos bastidores nem tudo estava tão bem assim. Havia anos pairava uma tensão subjacente entre Hitler e muitos de seus generais, não somente por causa de suas diferentes atitudes em relação ao risco – com Hitler quase sempre mais jogador – como também em questões mais abrangentes a respeito de como um guerreiro deveria ser, e na maneira como esses homens (e, para Hitler, os guerreiros eram sempre homens) deveriam se comportar. Reinhard Spitzy, um nazista convicto que serviu no Ministério das Relações Exteriores, lembrou a opinião de Hitler: "Meus generais devem ser como bull terriers acorrentados, e querer guerra, guerra, guerra. E eu deveria ter de pôr freios em tudo isso. Mas o que acontece agora? Eu quero seguir em frente com minha política forte e os generais tentam me impedir. Isso é uma incongruência".[15]

No verão de 1942, Hitler definitivamente não achava que seus generais eram como "bull terriers acorrentados". Pelo contrário. Em 13 de julho, ele demitiu o marechal de campo Von Bock, comandante do Grupo do Exército Sul, por não estar progredindo com rapidez suficiente. Foi a segunda vez que Bock fora exonerado por Hitler. Em dezembro de 1941, Bock já havia perdido seu cargo de comandante do Grupo do Exército Central. Ele afirmou que essa última destituição fora puramente resultado da "impaciência" de Hitler.[16] Bock não seria o último comandante talentoso a ser exonerado no decorrer dessa operação.

Dez dias depois, no novo quartel-general avançado de Hitler na Ucrânia, o líder alemão emitiu a exorbitantemente otimista Diretiva Número 45. A frase de abertura estabelece o tom: "Em uma campanha de pouco mais de três semanas, os objetivos gerais que estabeleci na ala sul do *front* oriental foram essencialmente atingidos". Em seguida relacionou uma série de novos objetivos. Em vez de o Grupo do Exército Sul cumprir suas tarefas sequencialmente, uma parte – o Grupo do Exército A – deveria seguir diretamente para o Cáucaso, e a outra – o Grupo do Exército B – deveria ir para leste em direção a Stalingrado e "ocupar a cidade".[17] Até aquele momento, tomar Stalingrado nunca fizera parte do objetivo da operação.

Como consequência da decisão de Hitler, era como se o Grupo do Exército A e o Grupo do Exército B estivessem lutando em campanhas totalmente diferentes – uma seguindo em direção ao Cáucaso, a outra atravessando as estepes rumo a Stalingrado. As distâncias envolvidas eram tão imensas que as unidades alemãs mais pareciam navios no oceano do que exércitos em terra. O contraste com o rápido avanço pela França em 1940 era gritante. Aqui, nas vastas estepes e nas altas montanhas, os problemas de abastecimento das tropas em combate seriam exponencialmente maiores.

No mesmo dia em que Hitler emitiu a diretiva, o general Halder escreveu em seu diário que, durante uma conferência militar, o líder alemão havia sido acometido de um "acesso de raiva insana" e lançou as "mais graves reprovações ao Estado-Maior". O estopim dessa explosão fora uma discussão sobre a disposição das forças em torno de Rostov, mas a razão mais abrangente era a sensação de Hitler de que seus generais estavam mais uma vez demonstrando timidez. Não é de surpreender que Halder tivesse uma perspectiva diferente.

> Essa tendência crônica de subestimar a capacidade do inimigo está gradualmente assumindo proporções grotescas e se transformando em um perigo real. A situação está ficando cada vez mais insuportável. Aqui não há espaço para nenhum trabalho sério. Essa chamada liderança é caracterizada por uma reação patológica às impressões do momento e uma total falta de compreensão do maquinário de comando e suas possibilidades.[18]

Mas Hitler tinha pressa, e não estava nem aí com o "maquinário de comando".

Pouco depois de Hitler ter emitido a Diretiva Número 45, Rostov caiu nas mãos dos alemães, com as unidades do Exército Vermelho recuando em debandada. E quando o Grupo do Exército A começou a marchar para o sul, em direção aos campos de petróleo do Cáucaso, pouco do descontentamento do quartel-general era sentido pelas tropas em terra. "É claro que ficamos alegres", disse Alfred Rubbel, comandante do Grupo Panzer.

> Fomos rodando e rodando e de repente chegamos a um milharal e lá ficamos de guarda. Então nos abastecemos e continuamos. Foi quase frívolo, como os setecentos quilômetros [de avanço] no outono de 41. As estradas eram boas. Tínhamos o suficiente para comer. Conversamos sobre o carnaval em Aachen. Não vimos o inimigo. Pensamos no sol brilhando. Eu estava pensando em [na lenda de] Prometeu, que roubou

o fogo [...]. [Era como se] Prometeu estivesse livre. Então começou a fazer calor, e aquele cenário incrível do Cáucaso, frutas maravilhosas, tomates, tangerinas.

Rubbel lembrou que o verão avançou como "maravilhoso, não era uma guerra [...]. Nossas esposas sempre nos perguntam, por que vocês parecem tão alegres [nas fotos dessa época], era tão divertido lutar numa guerra? É difícil explicar para elas. Então eu arranjei uma explicação. Bons amigos juntos, isso é algo especial".[19]

Foi nessa atmosfera animada que em 21 de agosto os soldados da divisão montanhista da Wehrmacht escalaram o monte Elbrus, o pico mais alto do Cáucaso, e fincaram uma bandeira com a suástica no cume. Eles não poderiam ter imaginado a reação de Hitler. O Führer não estava só descontente, ficou fora de si de fúria. Tal indulgência era quase criminosa, pensou, em um momento em que cada minuto era importante.[20] De fato, é difícil imaginar soldados do Exército Vermelho tirando uma folga com objetivos semelhantes sem a aprovação do líder soviético. A insatisfação de Stálin poderia ter sido extremamente perigosa para eles.

O desejo de Hitler de obter os recursos do Cáucaso o mais rápido possível era compreensível, dada uma reunião realizada por ele dez dias antes, em 11 de agosto. Em conversa com Albert Speer, Paul Pleiger – da Associação de Carvão do Reich e outros industriais –, discutiu os problemas de suprimento de carvão e da produção de ferro e aço. No início da reunião, Hitler atacou Pleiger, alegando que os trabalhadores norte-americanos produziam três vezes mais carvão que os alemães. Se era esse o caso, por que Pleiger não conseguiu produzir mais carvão? Mas Pleiger recusou-se "persistentemente" a atender à demanda de Hitler para aumentar a produção. Simplesmente não era possível. "Então", segundo um dos presentes,

> Hitler disse com muita calma e determinação: "Herr Pleiger, se devido à falta de carvão coque a produção da indústria siderúrgica não puder ser aumentada como pretendido, a guerra estará perdida". Todos nós ficamos estupefatos. Houve um silêncio profundo. Por fim, Pleiger falou: "Meu Führer, farei tudo o que for humanamente possível para atingir o objetivo".[21]

Operação Azul, 1942

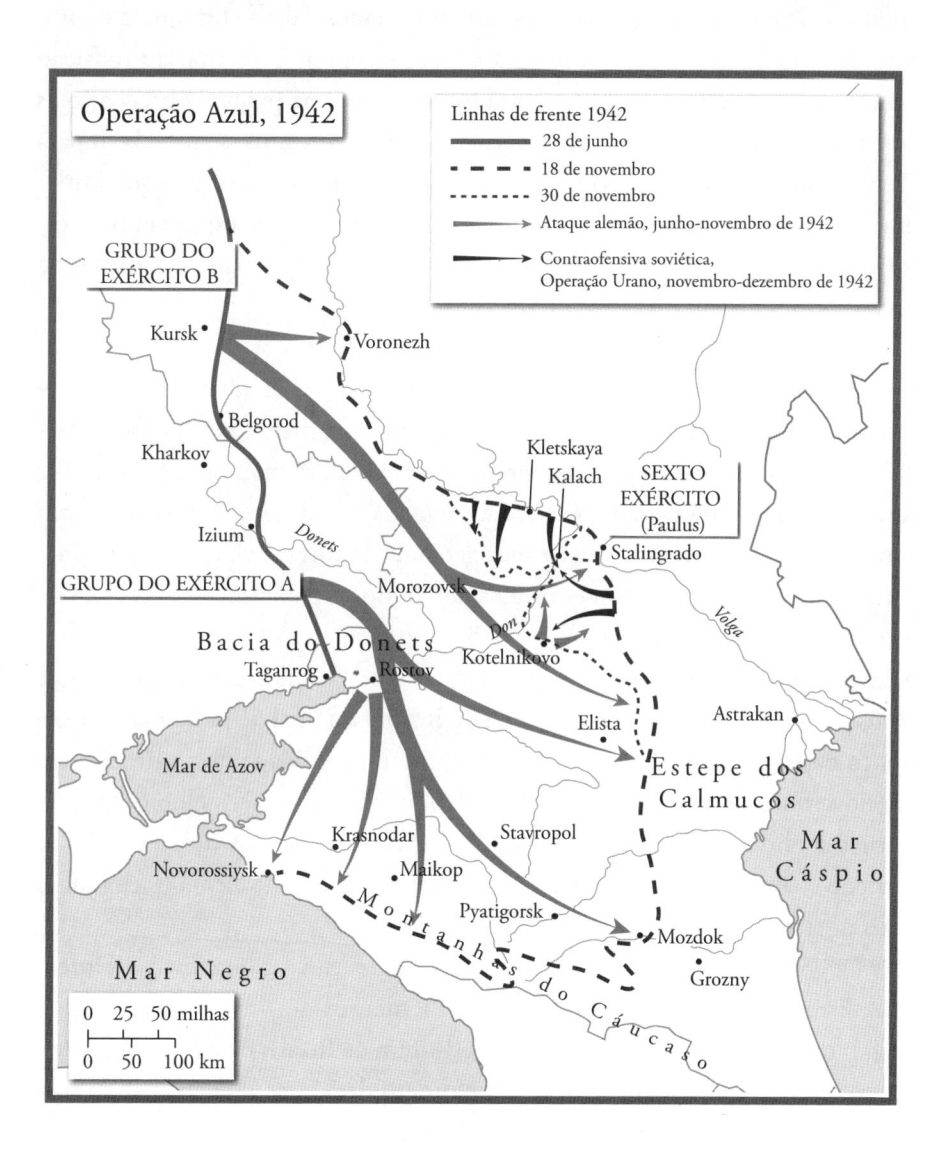

Linhas de frente 1942
— 28 de junho
--- 18 de novembro
······· 30 de novembro
→ Ataque alemão, junho-novembro de 1942
→ Contraofensiva soviética, Operação Urano, novembro-dezembro de 1942

GRUPO DO EXÉRCITO B
Kursk
Voronezh
Belgorod
Kharkov
Kletskaya
Kalach
SEXTO EXÉRCITO (Paulus)
Izium
Donets
Stalingrado
GRUPO DO EXÉRCITO A
Morozovsk
Bacia do Donets
Taganrog
Rostov
Kotelnikovo
Don
Volga
Astrakan
Mar de Azov
Elista
Estepe dos Calmucos
Krasnodar
Stavropol
Mar Cáspio
Novorossiysk
Maikop
Pyatigorsk
Mozdok
Mar Negro
Montanhas do Cáucaso
Grozny

0 25 50 milhas
0 50 100 km

ATRAVÉS DAS ESTEPES 283

Trata-se de um momento significativo. Quando foi informado que seria impossível para ele ter mais recursos, Hitler admitiu que a Alemanha perderia a guerra. Era uma novidade chocante vinda de um líder que quase sempre tentava enfatizar o lado positivo dos acontecimentos quando falava com qualquer um fora de seu círculo mais próximo. Ademais, ao tentar aumentar a produção vigente apenas com um ato de vontade, abriu-se uma pequena brecha, mas ainda assim notável, entre Hitler e a realidade. Embora estivesse tudo bem para Pleiger concordar em fazer o melhor possível para prover o carvão que Hitler queria, realizar os desejos de seu Führer era, na prática, uma questão bem diferente. Segundo o que se sabe, apesar da emoção do encontro, as entregas de carvão nunca atingiram o nível requerido por Hitler.

A reunião também demonstrou que Hitler tinha consciência de que os acontecimentos estavam escapando de seu controle. Ele sabia que os norte-americanos estavam de fato à espreita, ainda não contribuindo de forma decisiva para a guerra, mas já se preparando para isso. Era mais uma razão para a campanha no sul da União Soviética ser vencida o mais rápido possível – com certeza mais rapidamente do que seus generais diziam ser viável. Assim como Pleiger, eles precisavam receber ordens de fazer o impossível.

Mas nenhuma dessas questões chegou a afetar o humor de Stálin na época – que estava zangado e preocupado. A queda de Rostov no final de julho marcou um ponto baixo específico. Os alemães conquistaram a cidade pela primeira vez em novembro de 1941 e, quando logo depois o Exército Vermelho conseguiu retomá-la, houve grandes comemorações. Para os soviéticos, Rostov havia se tornado o símbolo do refluxo da maré. No entanto, a onda alemã os engolfava mais uma vez.

Depois da perda de Rostov, Stálin emitiu um novo comando – a Ordem 227. E não tentou esconder sua fúria: "Elementos do *front* sul, seguindo o exemplo dos fomentadores do pânico, desistiram de Rostov e de Novocherkassk sem oferecer uma séria resistência e sem ordens de Moscou, encharcando suas bandeiras de vergonha". Enfatizou que a ideia de o Exército Vermelho precisar se retirar para se reagrupar era fatalmente errônea: "Todo comandante, todo soldado do Exército Vermelho e todo operador político devem entender que nossos recursos não são ilimitados. [...] Recuar ainda mais significa se arruinar junto com nossa Pátria Mãe".

A conclusão que Stálin tirou desse preocupante estado de coisas foi dramática.

Nem um passo atrás! Esse deve ser nosso principal apelo. Precisamos defender obstinadamente cada posição, cada metro de território soviético até a última gota de sangue, agarrar-nos a cada fragmento de solo soviético e manter nossa posição até que todas as outras possibilidades estejam exauridas.[22]

Fyodor Bubenchikov, um oficial júnior e comunista convicto, opinou:

A coisa boa da Ordem 227 era que dizia a verdade. Foi lida por inteiro a cada companhia, a cada batalhão, todos os soldados souberam. Nós éramos crianças da nossa época. Cada vez que uma ordem assinada por Stálin dizia a verdade comovia o coração de cada homem, desde o comandante até todos os soldados. Unidades foram trazidas da linha de frente e todos os soldados tiveram de fazer um juramento, fazerem um novo voto de fé. Acho que é uma mudança na atitude de todos em relação à guerra. A questão em 1942 era "Ser ou não ser?", se a União Soviética seria ou não seria.[23]

A Ordem 227 ficou famosa. As palavras "Nem um passo para trás!" passaram a simbolizar a resistência soviética. Mas era um documento curioso, pois é difícil compreender em termos práticos o que havia de novo. Como visto, a Ordem 270 de Stálin, emitida em agosto de 1941, já classificava como "traidores da pátria" os soldados que se rendessem aos alemães ou se retirassem sem autorização.[24] Nesse mesmo sentido, a formação dos chamados destacamentos de bloqueio para atirar em quaisquer soldados que tentassem fugir do campo de batalha já fora tentada antes. Mais estranho ainda era o fato de a ordem ter sido emitida mais ou menos na mesma época em que Stálin permitira que os comandantes retirassem suas tropas para evitar cercos. Poucas semanas antes, por exemplo, ele havia autorizado tropas a recuarem 250 quilômetros a sudeste, de Millerovo até o rio Don.[25]

Soldados alemães, avançando para o leste em direção ao Don, notaram que algumas unidades do Exército Vermelho estavam recuando não por medo, mas por razões estratégicas. "Os russos recuavam de forma organizada e resistindo a nós", explicou Gerhard Hindenlang, um oficial de infantaria. "Eles fizeram isso muito bem. Tivemos poucos contatos com eles até chegarmos ao Don. Na ocasião, eles usaram muito habilmente a vastidão do terreno e fomos cada vez mais afastados dos nossos depósitos de suprimentos."[26]

Portanto, a Ordem 227 não era tudo o que parecia. Na verdade, é possível que Stálin quisesse fazer essa declaração draconiana precisamente no momento em que se tornava mais flexível quanto a permitir a retirada de unidades do Exército Vermelho. Ele deve ter sentido que o perigo real era então o de alguns comandantes usarem esse novo procedimento para recuar sem autorização. Percebeu que uma retirada controlada poderia facilmente ser transformada em derrota. A Ordem 227 fora projetada para evitar que isso acontecesse.

Também é irônico que uma ordem destinada a debelar o pânico tivesse cheiro de pânico. A Ordem 227 transparece os sentimentos de um homem desesperadamente preocupado – tão preocupado que, na época em que emitiu a ordem, Stálin demonstrava estar disposto a reverter uma série de convicções solidamente assentadas. No final de julho, pouco depois de expedir a Ordem 227, criou novas medalhas exclusivas para oficiais. As Ordens de Nevsky, Kutuzov e Suvorov foram concedidas a comandantes que mostraram habilidade ou bravura especiais. Surpreendentemente, as ordens receberam o nome de guerreiros que antecederam a revolução. Foi um apelo flagrante a um patriotismo que transcendia qualquer estrutura da doutrina marxista. Mais tarde, naquele ano, em um novo recuo da prática bolchevique, o papel dos oficiais políticos, os comissários, foi rebaixado e os oficiais regulares ganharam o direito exclusivo de comando.[27]

O rebaixamento do status dos comissários foi uma decisão particularmente bem recebida, pois ninguém simpatizava com eles.[28] Vasily Borisov, por exemplo, disse que ele e seus camaradas de uma divisão siberiana

> gostavam de seus comandantes, mas odiavam os comissários porque eles abusavam do poder. Por exemplo, um comandante vinha falar com soldados que estavam cavando trincheiras para verificar se estavam todos bem – alimentados e coisas assim. Já quando os comissários vinham, eles eram muito grosseiros.

No começo da guerra,

durante um contra-ataque, um soldado muito jovem e inexperiente ficou com muito medo de sair da trincheira. E eu vi com meus próprios olhos um oficial político atirar na cabeça desse soldado como um desertor. Eu vi com meus próprios olhos [...]. Sim, ele [o jovem soldado] estava com medo, mas não era um traidor, era apenas um covarde. Poderia ter sido encaminhado para um batalhão penal, mas o comissário queria dar o exemplo, mostrar para os outros. Eu fiquei enojado. Percebi que odiava o comissário. Isso me marcou muito.[29]

Há um último sinal de que Stálin estava disposto a mudar em face do perigo crescente. No final de agosto, promoveu Zhukov a primeiro vice-comissário de Defesa. Isso o tornou o representante efetivo de Stálin em assuntos militares. Vindo de alguém que já se preocupara com o surgimento de um novo Napoleão dentro das forças armadas para desafiar sua autoridade, foi uma nomeação corajosa. Stálin percebeu que não era o momento de se concentrar em rivais em potencial. Com os alemães avançando contra o coração da União Soviética, era momento de promover o talento.

No entanto, alguns aspectos da técnica de liderança de Stálin não mudaram, como Nikolai Baibakov, vice-ministro da Produção de Petróleo, descobriu ao se encontrar com o líder soviético em agosto de 1942. Stálin ordenou a Baibakov "que fosse de avião para o norte do Cáucaso" e, se considerasse que os alemães estavam prestes a capturar o petróleo, destruísse a infraestrutura de perfuração. Até aí, tudo normal. Mas então Stálin acrescentou sua própria versão ao pedido, dizendo que, se destruísse os campos de petróleo e os alemães não chegassem até lá, Baibakov seria morto. Da mesma forma, se não destruísse as instalações e os alemães conseguissem chegar lá, Baibakov também morreria. Baibakov, que já havia se encontrado diversas vezes com Stálin, não considerou essa ameaça ostensiva fora do comum. "Foi bastante natural", relatou,

porque o petróleo estava alimentando [isto é, era necessário] todo o país. O que ele fez foi totalmente justificado [...]. O que posso dizer? Foi uma situação tranquila. Ele estava em sua cadeira, eu estava na minha cadeira e nós tivemos aquela conversa. Eu não senti medo algum.

Baibakov acreditava que Stálin era "um grande homem. Nem todo mundo vai concordar comigo. Mesmo as pessoas da minha geração não dirão o mesmo, mas só tenho sentimentos positivos em relação a ele. Claro que ele cometeu erros, mas as pessoas o criticam em demasia agora".[30]

Em agosto de 1942, Hitler e Stálin enfrentavam momentos de crise. No entanto, a abordagem de cada um para motivar seus subordinados dificilmente poderia estar em maior desacordo. Hitler pediu a Paul Pleiger – quase implorou – para que realizasse o impossível. Aumentou a pressão emocional até que Pleiger, parecendo impotente para fazer qualquer outra coisa, concordasse em tentar fazer o que seu Führer pedia. Stálin, ao contrário, não se interessava por jogos emocionais. Ele acreditava no poder da ameaça. Embora tivesse se mostrado capaz de apelar ao patriotismo soviético, por trás de suas palavras sempre havia a realidade nua e crua de sua visão de mundo – um mundo primitivo, em que os seres humanos respondiam melhor à intimidação violenta. Talvez o aspecto mais extraordinário dessa técnica de liderança seja que um homem como Baibakov, criado nessa cultura, considerasse tudo perfeitamente normal.

Foi uma época excepcionalmente difícil para Stálin, não só pela ansiedade quanto ao destino dos campos de petróleo do Cáucaso, mas também por causa de problemas no relacionamento com Churchill, que datavam do início do verão. No começo de julho, os britânicos sofreram uma das maiores catástrofes navais de sua história. O comboio ártico PQ17, a caminho da União Soviética, foi atacado pelos alemães, resultando na destruição de 24 dos 39 navios.

Os chefes do Estado-Maior Britânico já haviam recomendado, em maio, que a viagem do PQ16, o comboio anterior ao PQ17, fosse suspensa devido ao perigo de ataques, mas Churchill insistiu para que prosseguisse. "Não somente o premiê Stálin, mas o presidente Roosevelt serão veementemente contrários à nossa desistência de mandar os comboios agora", escreveu Churchill em nota ao seu principal conselheiro militar, general Ismay, que revela até que ponto considerações políticas, e não apenas militares, influenciaram sua decisão. "Os russos estão sob pesado ataque e esperam que corramos o risco e paguemos o preço inerente à nossa contribuição." Tinha de ser assim, admitiu, embora o "preço" pudesse ser considerável.

1. Joseph Stálin em 1919, dois anos antes da vitória bolchevique na Revolução Russa. Um companheiro de prisão, encarcerado com ele na Geórgia antes da Primeira Guerra Mundial, observou que Stálin tinha um "caráter glacial".

2. Adolf Hitler como soldado alemão na Primeira Guerra Mundial. Nas palavras de um de seus companheiros do tempo da guerra, havia "alguma coisa peculiar" nele.

3. Stálin com Vladimir Lênin, o pai da Revolução Russa, em 1922. Mesmo após a morte de Lênin, dois anos depois, Stálin nunca conseguiria se livrar totalmente da sua sombra.

4. Stálin, no extremo esquerdo da foto, relaxando com seus camaradas nos anos 1930. Ao seu lado, está sua esposa, Nadezhda Alliluyeva, que se suicidaria em Moscou em 1932.

5. Esta é a imagem que Hitler tentava projetar como líder do Partido Nazista – um homem casado com seu destino e abstinente dos prazeres mundanos.

6. Sem que o povo alemão soubesse, Hitler tinha uma namorada, Eva Braun. Aqui ela observa o namorado cochilando em Berchtesgaden, nas montanhas da Baviera.

7. Cadáveres estirados nas ruas durante a fome na Ucrânia no início dos anos 1930. A política de Stálin de coletivização forçada foi o principal fator na causa da morte de quase 4 milhões de pessoas no país.

8. Prisioneiros soviéticos constroem o canal entre o mar Branco e o mar Báltico no início dos anos 1930. Quando foi concluído, constatou-se que o canal era raso demais para o tráfego marítimo de larga escala.

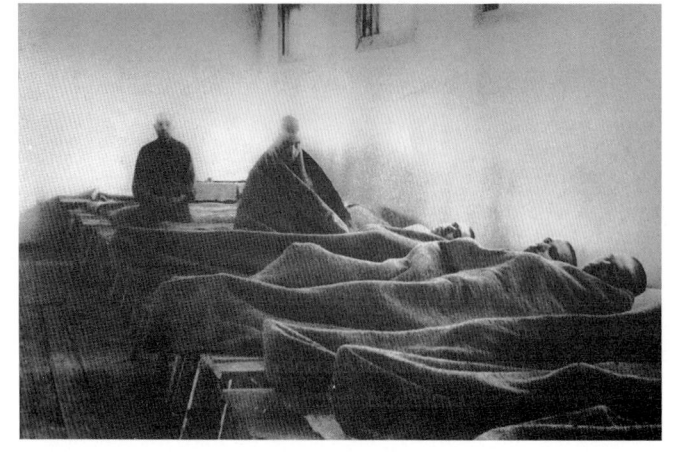

9. Uma rara foto do interior de um hospital para prisioneiros que trabalhavam no canal entre o mar Branco e o mar Báltico. Milhares de trabalhadores do *gulag* morreram durante esse grande projeto de construção no noroeste do país.

o. Prisioneiros do campo de concentração de Dachau aplainam uma estrada puxando um pesado rolo compressor. Modelo para subsequentes campos de concentração nazistas, Dachau foi aberto pouco depois de Hitler chegar ao poder.

1. Guardas em Dachau em 1933. Muitas das tropas SS que cometeram atrocidades terríveis na guerra foram treinadas em Dachau – notoriamente Rudolf Höss, comandante de Auschwitz.

12. (*Esquerda*) Joachim von Ribbentrop, o ministro de Relações Exteriores da Alemanha, assina o pacto nazi-soviético em Moscou nas primeiras horas de 24 de agosto de 1939. Stálin, em pé atrás dele, está claramente muito feliz.

13. (*Centro*) Três comandantes militares em 1939. À esquerda, Grigori Shtern, do Exército Vermelho, fuzilado como traidor dois anos depois; no meio, Khorloogiin Choibalsan, marechal do Exército Popular da Mongólia e dedicado seguidor de Stálin; à direita, Georgy Zhukov, que se tornaria o mais famoso marechal soviético da guerra.

14. Stálin e o pouco competente marechal Kliment Voroshilov. Apesar dos muitos fracassos de Voroshilov como comandante militar, Stálin permaneceu ao seu lado.

15. Hitler observa soldados alemães participando da invasão da Polônia, em 1939. Em colaboração com os soviéticos, os alemães derrotariam os poloneses rapidamente.

16. Soldados alemães e soviéticos colaboram na divisão da Polônia. Em 10 de setembro de 1939, os alemães invadiram a Polônia pelo oeste, e em 17 de setembro o Exército Vermelho invadiu pelo leste.

17. Soldados finlandeses de esqui durante a Guerra de Inverno contra a União Soviética de 1939-40. Apesar de estarem em número muito menor em relação ao Exército Vermelho, os finlandeses frustraram o desejo de Stálin de obter uma vitória rápida.

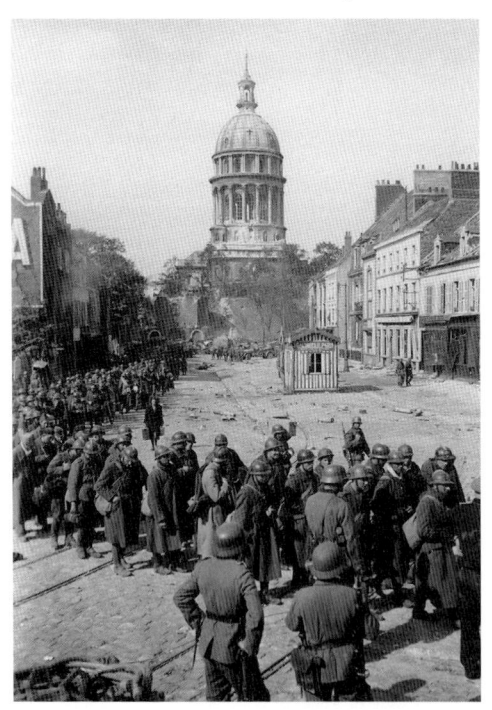

18. Uma longa coluna de prisioneiros franceses, capturados pelos alemães em sua ofensiva à Europa Ocidental, em maio-junho de 1940. O triunfo alemão deixou Stálin chocado e apreensivo.

19. Hitler em Paris em junho de 1940. Tendo lutado contra os franceses na Primeira Guerra Mundial – e perdido –, este foi um momento de grande triunfo para ele.

20. Heinz Guderian, um dos mais famosos comandantes alemães da guerra. O avanço de suas unidades Panzer em direção a Moscou nos primeiros dias da Operação Barbarossa foi um dos mais velozes da história.

21. Soldados alemães perto de Minsk em julho de 1941 exibem orgulhosamente um retrato capturado de Stálin. A velocidade com que os alemães chegaram a Minsk, capital da Bielorrússia, surpreendeu e chocou Stálin.

22. Soldado alemão usa um lança-chamas durante a Operação Barbarossa. Desde o início os alemães lutaram uma "guerra de extermínio" contra os soviéticos.

23. Hitler visita suas tropas vitoriosas na frente oriental no verão de 1941. Nessas primeiras semanas da invasão, parecia que sua jogada de invadir a União Soviética poderia ser bem-sucedida.

24. Hitler e seus principais líderes militares no decisivo mês de outubro de 1941. Da esquerda para a direita, Hitler, Wilhelm Keitel, Franz Halder e Walther von Brauchitsch.

25. Os alemães fizeram prisioneiros mais de 3 milhões de soldados do Exército Vermelho nos primeiros meses da guerra. Mais de 2 milhões deles estavam mortos em dezembro de 1941.

26. Soldados do Grupo do Exército Central alemão avançam contra Moscou em dezembro de 1941. O fracasso alemão em vencer a batalha por Moscou se provaria um momento decisivo na guerra.

Em 27 de novembro de 1941, soldados do Exército Vermelho desfilam na Praça Vermelha no aniversário da Revolução. Apesar de alemães estarem perto de Moscou, a parada militar foi realizada.

28. Depois de considerar sair de Moscou poucas semanas antes, Stálin fez um discurso aos seus soldados na Praça Vermelha em 7 de novembro e assegurou que os invasores alemães estavam diante de um desastre.

29. Garoto implorando por comida durante a ocupação alemã de Kharkov, no leste da Ucrânia. Os alemães tinham como plano matar de fome milhões de cidadãos soviéticos.

30. Uma das imagens mais infames do Holocausto, conhecida como a morte do "último judeu de Vinnitsa". Membro do esquadrão da morte alemão prestes a executar um civil ucraniano em 1941.

. Na primavera de 1943, os alemães descobriram evidências de um crime de guerra
 viético – o massacre de milhares de oficiais poloneses na floresta de Katyn, perto de
 nolensk.

32. Winston Churchill sentado entre Stálin e Roosevelt durante uma refeição na conferência de Teerã, no final de 1943 – o primeiro encontro dos chamados Três Grandes.

33. Presidente Franklin Roosevelt de bom humor – como era frequente. Roosevelt se orgulha de sua habilidade para "lidar" com pessoas. Achou que poderia "lidar" com Stálin, mas estava enganado.

34. Soldados alemães durante a batalha de Kharkov, em maio de 1942. A decisiva vitória em Kharkov fez muitos pensarem que ainda era possível derrotar a União Soviética.

35. Um grupo de *partisans* soviéticos operando atrás da linha de frente alemã. Conforme a guerra progredia, o mesmo acontecia com a eficácia dos *partisans*, e Hitler não hesitava em tratá-los com a maior brutalidade possível.

36. Mulheres serviram no Exército Vermelho em uma variedade de papéis nos combates, como tripulantes de tanques, pilotas de caça e – como aqui – franco--atiradoras.

37. Hitler pensativo ao lado de seus comandantes militares. O da esquerda, olhando para câmera, é o general Jodl; ao seu lado, com o casaco de gola de pele, é o general Guderian; parcialmente oculto atrás de Hitler está o marechal de campo Keitel.

8. Soldados do Exército Vermelho na batalha de Stalingrado. Nesse combate a curta distância, a vantagem dos alemães em termos de mobilidade na guerra pouco contava.

39. Vasily Chuikov, comandante do 62º Exército Soviético em Stalingrado. Seu estilo de liderança enérgico e, às vezes, brutal servia bem às exigências dessa batalha selvagem.

40. Friedrich Paulus, que comandou o Sexto Exército Alemão em Stalingrado, tinha uma estilo totalmente diferente do de Chuikov. Paulus tinha uma personalidade cautelosa, quase acadêmica, e prestava-se mal à tarefa a que fora atribuído.

41. No momento em que esta fotografia de Stálin foi tirada, no final de 1943, os soviéticos tinham virado os ventos da guerra contra os alemães. Depois de recapturar Stalingrado e impedir o avanço alemão em Kursk, o líder soviético tinha todas as razões para estar confiante no sucesso futuro.

42. No momento em que esta fotografia foi tirada, no final de 1942 ou início de 1943, Hitler sabia que as chances de uma vitória final alemã estavam diminuindo. Também estava ciente, enquanto viajava em seu avião particular, que tinha prometido tirar a própria vida se a Alemanha perdesse a guerra.

43. Combatentes da resistência do Exército da Pátria polonês durante o levante de Varsóvia, no verão de 1944. A omissão de Stálin em apoiar suas ações custaria muitas vidas em suas fileiras.

44. Um feliz Joseph Stálin, resplandecente em seu uniforme de marechal, ao lado de Churchill na conferência de Yalta, em fevereiro de 1945.

45. Unidades do vitorioso Exército Vermelho durante a Operação Bagration, no verão de 1944. O Grupo do Exército Central alemão nunca se recuperou do poder e da força deste ataque soviético.

46. Hitler conversa com oficiais da Luftwaffe perto do fim da guerra. A essa altura sua autoridade carismática estava em declínio, mas só foi totalmente extinta com sua morte.

47. Soldados alemães observam vítimas civis do ataque do Exército Vermelho a Nemmersdorf, na Prússia Oriental, em outubro de 1944. A propaganda nazista fez um grande alvoroço com essa atrocidade, afirmando que todos os alemães poderiam esperar tratamento semelhante se a Alemanha caísse ante os soviéticos.

48. Uma das últimas fotografias tiradas de Adolf Hitler, dias antes de ter se matado, em 20 de abril de 1945.

49. Cena dentro do bunker de Hitler em Berlim depois de o Exército Vermelho ter capturado a cidade. Hitler sonhava em organizar um "último bastião", mas tirou a própria vida embaixo da terra, escondendo-se do inimigo.

50. Winston Churchill, presidente Harry Truman e Joseph Stálin na conferência de Potsdam, na Alemanha, no verão de 1945. Por trás dos sorrisos havia muitos desacordos sobre a maneira como o mundo pós-guerra seria estruturado.

51. O campo de concentração nazista de Bergen-Belsen logo após ser capturado pelos Aliados. O crime do Holocausto definiria o regime de Hitler para sempre.

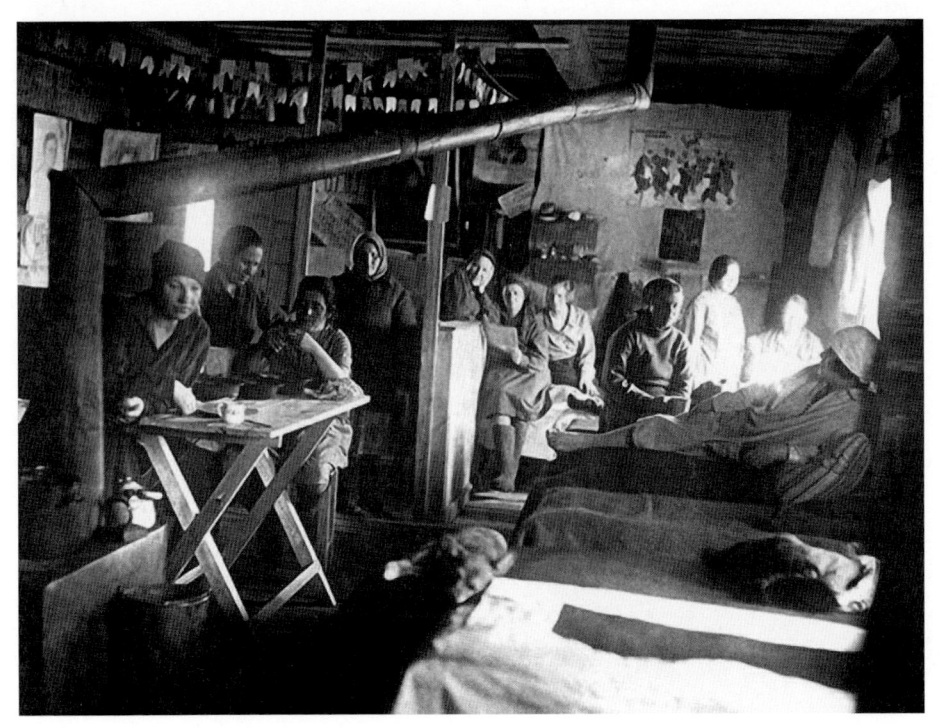

52. Dentro de um barraco em um campo de trabalhos forçados soviético em 1945. A vitória na Segunda Guerra Mundial não levou Stálin a relaxar em seu papel como opressor.

53. Stálin morreu em 5 de março de 1953 aos 72 anos de idade. A Rússia atual ainda se debate com o seu legado.

Meu sentimento, misturado a muita ansiedade, é que o comboio deve partir no dia 18 [de maio]. A operação se justifica se metade passar. A falha de nossa parte em fazer a tentativa enfraqueceria nossa influência sobre nossos dois principais aliados. Sempre há as incertezas do clima e da sorte que podem nos ajudar. Compartilho suas dúvidas, mas sinto como uma questão de dever.[31]

Seis dos 36 navios do PQ16 foram afundados a caminho da União Soviética. Para Churchill, esse nível de perda era politicamente aceitável – daí sua permissão para a partida do PQ17. Mas a perda de tantos navios do PQ17 o fez repensar a futura política britânica, e Churchill decidiu cancelar todos os comboios programados. Contar a Stálin sobre esse cancelamento não seria fácil, especialmente porque, além de dar essa má notícia ao líder soviético, ele também teria de confirmar que os britânicos só consideravam possível haver um segundo *front* em 1943. Era uma dose dupla de decepção no exato momento em que a Wehrmacht avançava rapidamente pelas estepes do sul da Rússia.

Em sua mensagem a Stálin, enviada em 17 de julho, Churchill fez o possível para explicar o contexto de sua decisão sobre os comboios. Entrou em detalhes sobre o perigo representado pelas "pesadas forças de superfície [alemãs]" e afirmou que "meus conselheiros navais me dizem que se tivessem o domínio da superfície, os submarinos e as forças aéreas alemãs nas circunstâncias atuais, eles garantiriam a destruição de qualquer comboio para o norte da Rússia". Consequentemente, continuou, "chegamos à conclusão de que a tentativa de enviar o próximo comboio, PQ18, não traria nenhum benefício para você e envolveria somente perdas e mortes para a causa comum".[32]

Quanto à delicada questão do segundo *front*, Churchill mencionou-a quase como um adendo, e mesmo assim tentou dar um verniz positivo à notícia de que a invasão da França não aconteceria em 1942. Disse que o cancelamento dos comboios para a União Soviética significava que os navios de guerra britânicos ficariam livres para proteger os comboios do Atlântico, o que por sua vez permitiria que mais soldados norte-americanos fossem mandados à Grã-Bretanha para constituir um "segundo *front* realmente forte em 1943".

A resposta de Stálin, em 23 de julho, foi gélida. "Recebi sua mensagem de 17 de julho", começou. "Duas conclusões podem ser tiradas disso. Primeiro, o governo britânico se recusa a continuar o envio de materiais de guerra para a União Soviética via rota do norte. Em segundo lugar, apesar do comunicado acordado sobre as tarefas urgentes de criar um segundo *front* em 1942, o governo britânico adia essa questão até 1943."[33]

Foi uma resposta arquetípica de Stálin – sem nenhuma amabilidade diplomática, nenhuma tentativa de entender a posição britânica. Apenas um grande descontentamento. Ele queria os comboios britânicos e um segundo *front* em 1942. Churchill havia negado ambas as coisas. E a maneira como questionou as decisões de Churchill beirou a ofensa. Stálin disse que os seus "especialistas" acharam "difícil entender" por que os navios mercantes do PQ17 haviam sido afundados em tão grande número, e passou um sermão em Churchill sobre as realidades da batalha, dizendo que "na guerra nenhum empreendimento importante poderia ser realizado sem riscos ou perdas". Também lembrou Churchill incisivamente que "é claro que a União Soviética está sofrendo perdas muito maiores". Em relação ao segundo *front*, achava que essa questão não estava "sendo tratada com a seriedade que merecia".

Quando Maisky, o embaixador soviético, entregou a nota de Stálin, Churchill ficou "deprimido e ofendido ao mesmo tempo". Maisky chegou a pensar que Churchill poderia ter acreditado que se tratava de um indício da saída da União Soviética da guerra, e por isso logo garantiu que não era o caso. No dia seguinte, Maisky escreveu em seu diário que Churchill era um "personagem de temperamento quente".[34] O contraste com o coração frio de Stálin era evidente. No entanto, assim como Roosevelt, Churchill parece ter acreditado que o problema não era Stálin não querer estabelecer um relacionamento próximo com ele, mas simplesmente o de ainda não ter tido a oportunidade de sentir o poder de sua personalidade. Para Stálin, no entanto, tratava-se de uma disputa sobre questões práticas – ele não se preocupava em ter ou não um "relacionamento" com Churchill.

O embaixador britânico em Moscou, sir Archibald Clark Kerr, alertou seus colegas em Londres que Stálin e seu entorno não achavam que "estávamos levando a guerra a sério". Em um telegrama que enviou dois dias após a nota contundente de Stálin a Churchill, Clark Kerr escreveu que "eles contrapuseram suas perdas enormes com as nossas insignificantes perdas (em comparação) em homens e material desde o final de 1939".[35] No telegrama, Clark Kerr sugeriu que Churchill fosse a Moscou e se encontrasse com Stálin para discutir o assunto pessoalmente. Churchill concordou de imediato, e, assim, um dos encontros mais intrigantes da guerra foi arranjado às pressas.

Depois de uma árdua viagem de avião via Egito, em 12 de agosto de 1942, Churchill e o primeiro grupo da delegação britânica pousaram no aeroporto de Moscou. As negociações começaram naquela mesma noite, nos arredores sombrios do gabinete de Stálin no Kremlin – um lugar que lembrou os visitantes britânicos de "uma sala de espera de uma ferrovia".[36] Stálin foi logo dizendo a Churchill que havia más notícias do *front*, afirmando que praticamente todas as forças alemãs na Europa estavam concentradas contra o Exército Vermelho. Essa afirmação foi seguida por uma piada não muito sutil a respeito da contribuição "insignificante" que os britânicos haviam feito até então para a guerra. Churchill respondeu explicando por que o segundo *front* seria impossível em 1942, mas garantiu a Stálin que "os governos britânico e [norte-]americano estavam se preparando para uma grande operação em 1943".[37]

Até esse ponto, a reunião vinha seguindo linhas previsíveis. Mas quando Churchill disse a Stálin que havia 25 divisões alemãs na França prontas para se opor a qualquer desembarque, Stálin retrucou: "Um homem que não estiver preparado para correr riscos não pode ganhar uma guerra". Era o equivalente a acusar os britânicos de covardia. Mas Churchill continuou firme e fez uma descrição entusiástica da campanha de bombardeios da RAF contra a Alemanha. Enfatizou a disposição dos britânicos de alvejar civis e prometeu que, "se necessário, conforme a guerra prosseguisse, esperamos destruir quase todas as moradias em quase todas as cidades alemãs".

A essa altura, Churchill não estava usando apenas seus dons retóricos, mas também os artísticos, desenhando um crocodilo para demonstrar que a África era o ventre vulnerável do réptil alemão. Por isso, argumentou, a campanha na África deve ser vista como um segundo *front*. Com Stálin então bem menos taciturno que no início do encontro, a discussão terminou.

Churchill achou que a reunião havia corrido bem para um primeiro encontro. Na nota oficial que enviou a Londres depois de deixar Stálin, escreveu: "Espero estabelecer uma relação sólida e sincera com esse homem".[38] Porém, em particular, o primeiro-ministro britânico estava preparado para ser menos diplomático. "Infelizmente", escreveu o marechal Tedder, preocupado com os aparelhos de escuta que quase certamente teriam sido instalados em sua dacha, Churchill "preferiu se deixar levar" em sua descrição do líder soviético, "falando de Stálin como de um simples camponês, com quem ele, Winston, sabia exatamente como lidar".[39]

O dia seguinte provaria que Churchill havia superestimado sua capacidade de "lidar" com o líder soviético. Primeiro, Stálin mandou aos britânicos uma nota na qual mais uma vez sugeria que a Inglaterra havia renegado a promessa de um segundo *front*. Depois, em uma reunião naquela noite, foi ainda mais franco em sua sugestão de que os britânicos se recusavam a organizar o segundo *front* por covardia. Depois de se lançar numa defesa vigorosa da posição britânica, Churchill voltou mais uma vez à sua dacha.[40]

O dia seguinte começou um pouco melhor, mas culminou em um jantar de gala no Kremlin ao qual Churchill compareceu de mau humor e saiu relativamente cedo, dizendo ao seu amigo e médico, sir Charles Wilson, que Stálin "não quer falar comigo" e que "a comida era asquerosa".[41] Na manhã seguinte, Churchill só queria sair de Moscou, certo de que Stálin estava contra ele. Foi necessário o esforço conjunto de Wilson e Clark Kerr para convencê-lo a comparecer ao último encontro com o líder soviético. De início, o encontro girou em torno de temas conhecidos e improdutivos, mas então alguma coisa diferente – e, para Churchill, significativa – aconteceu. Stálin convidou Churchill para uma ceia de porco de leite em seu apartamento particular em Moscou. Os dois, juntamente a Molotov, ficaram bebendo até altas horas. E quando voltou a sua dacha, às três da manhã, Churchill estava eufórico, afirmando que "tinha cimentado uma amizade com Stálin".[42] Ele partiu de Moscou mais tarde naquele dia entusiasmado com as possibilidades de trabalhar com o líder soviético.

Foi uma reviravolta extraordinária em 24 horas. Churchill deixou de querer encurtar a visita por ser extremamente improdutiva e passou a acreditar que muito havia sido realizado – ainda que nada de substancial tivesse sido concluído. Stálin, por exemplo, não se preocupou em esconder a natureza sanguinária de seu regime, admitindo abertamente a Churchill, naquela noite movida a álcool, que todos os *kulaks* haviam sido "mortos" e ironizando que Molotov era um "gângster". Mesmo assim, Churchill continuou extasiado.

Stálin era uma figura exótica para os estadistas ocidentais. Era um dos homens mais poderosos do mundo, mas alguém que nenhum líder ocidental conhecia muito em termos pessoais. E agora Churchill estava se embebedando com ele. Isso deveria ter algum significado importante. Mas não era bem isso. Foi um erro que outros já haviam cometido. Sir Archibald Clark Kerr, por exemplo, em abril de 1942 escreveu em uma carta a Stafford Cripps que, "com

Stálin, gosto de pensar que estamos em sintonia. Nos confraternizamos fumando cachimbo e nos divertimos com as piadas um do outro. Na verdade, achei que ele era bem da minha turma".[43] Porém, como Clark Kerr descobriu depois, apesar de ter pensado estar "em sintonia" com Stálin, há poucas evidências de que Stálin estivesse em sintonia com ele.

O marechal do ar Tedder testemunhou dois incidentes naquele agosto que demonstraram como Churchill tentou estabelecer uma relação afetiva com Stálin, e como fracassou nas duas ocasiões. A primeira foi durante um dos difíceis encontros no Kremlin, quando Churchill disse ter viajado a Moscou "em meio aos meus problemas [...] na esperança, na esperança, afirmei, de encontrar a mão de uma camaradagem [...] e estou amargamente desapontado. Não encontrei essa mão".[44] Stálin ignorou a insinuação. A segunda foi no banquete no Kremlin, quando Churchill perguntou se Stálin o havia "perdoado" por seu apoio aos monarquistas da Rússia durante a revolução. "Não sou eu quem deve perdoar", respondeu Stálin. "É Deus quem deve perdoar."[45] Uma resposta com um subtexto específico, dado que Stálin era ateu.

Como já vimos, no contexto de Hitler, esse "carisma" só existe em um relacionamento entre as pessoas. A mesma verdade claramente se aplica a Stálin. E a tendência de projetar uma série de qualidades na pessoa que se está conhecendo, juntamente a um senso exagerado do próprio poder de atração, pode levar a mal-entendidos grotescos. Isso certamente explica parte do que aconteceu nesse caso. Tanto Churchill quanto Clark Kerr tinham egos monumentais. Ambos se achavam pessoas tremendamente impressionantes. Ademais, essa predisposição para se considerarem quase irresistíveis deve ter sido intensificada por um relativo desprezo por Stálin, um homem de origens humildes. Para Churchill, Stálin era "apenas um camponês"; para Clark Kerr, era uma "fuinha de quem você iria gostar muito (contra sua vontade), mas teria de ficar de olho para ela não beliscar suas nádegas por pura maldade".[46]

Antes do jantar regado a álcool, quando ficou claro que Stálin não estava sucumbindo ao poder da personalidade de Churchill, Clark Kerr disse ao primeiro-ministro que, enquanto ele era "um aristocrata e homem do mundo", Stálin e a liderança soviética "vieram direto do arado ou do torno. Eles eram rudes e inexperientes. Não discutiam as coisas como nós as discutimos". Por isso Churchill não deveria se sentir "ofendido por um camponês que não sabia de nada".[47]

Mas o prêmio pela avaliação mais desdenhosa de Stálin vai para o coronel Ian Jacob, secretário-assistente militar do Gabinete de Guerra, que observou o líder soviético no jantar de gala no Kremlin e escreveu em seu diário: "Foi extraordinário ver aquele pequeno camponês, que não pareceria absolutamente deslocado numa estrada rural com uma picareta no ombro, sentado calmamente para um banquete naqueles salões magníficos".[48]

Parece ter havido pouca aceitação do lado britânico de que Stálin tinha um ponto de vista razoável. Mas qualquer observador objetivo teria reconhecido que sim. A União Soviética estava numa situação desesperadora no verão de 1942, e justamente nesse momento de crise os britânicos haviam cancelado os comboios do Ártico. Além do mais, depois de ter sido levado a acreditar – ao menos por Roosevelt – que provavelmente haveria um segundo *front* em 1942, Stálin acabara de ser informado de que essa ofensiva não aconteceria. Em tais circunstâncias, quem não ficaria com raiva?

No entanto, pelo menos um membro da delegação britânica deu o devido crédito ao líder soviético. Sir Alan Brooke, chefe do Estado-Maior Geral Imperial, ficou imediatamente "muito impressionado com sua astúcia e inteligência ardilosa. Ele é um realista, com pouca bajulação ao redor e também não querendo muita bajulação". Brooke também percebeu a grande diferença de caráter entre Churchill e Stálin:

> Os dois líderes, Churchill e Stálin, são polos opostos como seres humanos. [...] Stálin é um realista, até onde se pode ser realista, para ele só valem os fatos [...], mas também está pronto para enfrentar os fatos, mesmo quando desagradáveis. Winston, por outro lado, nunca parece disposto a enfrentar uma situação desagradável até ser obrigado a fazê-lo. Ele apelou para sentimentos em Stálin que, acredito, não existem lá.[49]

Essa última frase é uma das observações mais perspicazes já escritas sobre a relação entre Stálin e outros líderes ocidentais. Tanto Churchill quanto Roosevelt de fato persistiriam, nos anos seguintes, tentando apelar para sentimentos que simplesmente não existiam em Stálin.

Brooke foi muito perspicaz ao resumir Stálin dizendo que, embora ele fosse um "homem notável" com um "cérebro rápido e uma compreensão real dos fundamentos da guerra", ao mesmo tempo tinha a capacidade de "decretar a ruína de uma pessoa sem pestanejar".[50] Era uma avaliação muito mais precisa do que aquela com a qual Churchill deixou Moscou, que o líder soviético não era um rudimentar camponês, mas um "grande homem" ao lado do qual era um "prazer" trabalhar.[51]

Três semanas após a visita de Churchill a Moscou, uma nova crise ocorreu no quartel-general avançado de Hitler em Vinnitsa, na Ucrânia, causada pela insistente obsessão do líder alemão em relação ao progresso da ofensiva de verão – ou a inexistência de uma ofensiva. Ele já havia perdido a paciência uma vez antes, no final de agosto, acusando os comandantes militares de "presunção intelectual, falta de adaptabilidade mental e total incapacidade de compreender o essencial".[52] Agora haveria um grande entrevero com Jodl, chefe da Equipe de Operações da Wehrmacht. Foi algo digno de nota, pois Jodl era o mais sicofanta dos comandantes de Hitler.

Em 7 de setembro, Jodl viajou a Stalino para ver o marechal de campo List, comandante do Grupo do Exército A. List disse a Jodl que o avanço alemão no Cáucaso fora prejudicado por uma combinação de linhas de abastecimento não confiáveis, terreno montanhoso e aumento da resistência soviética. Começava a ficar óbvio que a captura dos campos petrolíferos de Baku estava além da capacidade das tropas alemãs sob seu comando. E List, deve ser lembrado, era um dos comandantes militares mais talentosos de Hitler. Apesar de não ter uma personalidade tão chamativa como Manstein ou Guderian, desempenhou um papel importante tanto na conquista da França quanto no surpreendente sucesso alemão na Iugoslávia e na Grécia, pouco antes do início da Operação Barbarossa.

Jodl ouviu as queixas de List, voltou a Vinnitsa e relatou a Hitler o que havia ouvido. O resultado foi uma explosão sem precedentes do líder alemão. Entre outros insultos, criticou seus generais por "falta de iniciativa". Jodl fez então o impensável e discordou de Hitler. Explicou que List estava apenas obedecendo às ordens que recebera. Isso só exacerbou as coisas, pois Hitler começou a dizer que suas declarações anteriores estavam sendo distorcidas. Sentindo-se traído, deu as costas para Jodl e saiu da sala.[53]

Nicolaus von Below, adjunto de Hitler na Luftwaffe, estava fora do quartel-general quando a discussão ocorreu, mas voltou logo depois e encontrou o lugar "mergulhado na escuridão". Ficou sabendo que "as conferências sobre a situação não estavam mais sendo realizadas na sede do Estado-Maior do Comando da Wehrmacht, mas no grande escritório nos aposentos de Hitler". Além disso, Hitler não apertou a mão dos seus militares do Estado-Maior quando entraram, como era de costume, e "jantou sozinho em seu bunker". Também insistiu para que tudo o que dissesse em suas conferências militares ficasse a partir de então registrado por "duas estenógrafas do Reichstag" para garantir que suas palavras não pudessem ser distorcidas.[54]

Hitler queixou-se com Below que "a maioria dos generais mais velhos já deu o que podia e deve ser substituída por oficiais mais jovens". O primeiro a ser vítima desse novo pensamento foi o homem cujo linguajar franco fora o catalisador da explosão do Führer – o marechal de campo List –, demitido no dia seguinte à contenda com Jodl. O general Halder, chefe do Estado-Maior do Exército, foi o próximo. Hitler disse a Below que Halder era "seco e passivo", que, apesar de ser capaz de detectar problemas em desenvolvimento, não conseguia resolvê-los.[55] Halder foi exonerado em 24 de setembro e anotou em seu diário que Hitler havia dito ser necessário educar o comando sênior na "fé fanática na Ideia".[56]

O novo chefe do Estado-Maior do Exército – e alguém que parecia ter uma "fé fanática na Ideia" – passou a ser o general Kurt Zeitzler. Embora lhe faltasse a experiência estratégica de Halder, ele podia ter a garantia de ser mais respeitoso com Hitler. Ainda mais reveladora foi a escolha de Hitler de um comandante substituto para o Grupo do Exército A. De todas as mentes militares talentosas disponíveis, escolheu o indivíduo que considerou ser o melhor candidato possível – ele mesmo. Era como se Hitler acreditasse não apenas ser a única pessoa competente, como também ser capaz de fazer o trabalho de todos melhor que eles. Era uma pena que houvesse apenas um Hitler.

Por mais incrível que parecesse, Hitler estava agora no comando diário de um grupo do exército a mais de novecentos quilômetros de distância, lutando na costa leste do mar Negro. Assim, ele se inseria em quatro níveis diferentes da hierarquia militar – como comandante de um grupo de exército, como chefe supremo do exército, como chefe supremo de todas as Forças Armadas e como chefe de Estado. Ainda mais bizarra foi sua avaliação de que uma estrutura tão confusa e fraturada pudesse funcionar.

Embora comum entre os megalomaníacos a convicção de que a melhor solução possível para qualquer problema seja a de poderem fazer todas as tarefas importantes sozinhos, poucos realmente agem de acordo com essa ideia. Hitler era uma exceção. Foi um desenvolvimento muito surpreendente, dado que sucessos anteriores – como a conquista da França – ocorreram quando ele definiu a visão, mas permitiu aos seus comandantes o máximo de flexibilidade na ação. A iniciativa de generais como Guderian e Rommel fora fundamental para vencer aquela campanha. Como Hitler conseguiu acreditar que tal criatividade militar poderia frutificar no Grupo do Exército A com um novo líder a centenas de quilômetros de distância das tropas que comandava?

Toda essa agitação foi parte da reação de Hitler à percepção de que o petróleo do Cáucaso não seria capturado pelos alemães como planejado – algo que dissera ser necessário, caso contrário "a guerra estará perdida". Houve mais uma confirmação da situação precária do esforço de guerra alemão quando o general Friedrich Fromm, chefe do Suprimento de Armamentos do Exército, apresentou a Hitler um memorando devastador no final de setembro. Fromm expôs, com a ajuda de "documentos anexos", as razões detalhadas pelas quais uma guerra em "dois a três fronts" não seria "sustentável" no longo prazo, inclusive devido à provável "intervenção dos [norte-]americanos e do início da guerra aérea [o bombardeio de cidades alemãs]". Mas Fromm fez mais do que apontar a inevitabilidade de os alemães perderem a guerra se continuassem lutando, ele sugeriu que se buscasse imediatamente uma saída do conflito. Hitler deveria "se desligar" da liderança da Wehrmacht para "tratar" dos "problemas de política externa".[57] A tarefa das forças armadas deveria agora "simplesmente consistir em evitar quaisquer retrocessos graves até as negociações terem chegado a uma conclusão satisfatória". O objetivo não era obter uma "vitória", mas "evitar um desastre".[58]

A reação de Hitler a esse desalentador relatório foi a previsível: criticar o mensageiro. Mas Fromm não foi afastado do cargo. Hitler deve ter percebido, depois da recente onda de demissões, que seu suprimento de administradores militares experientes não era inesgotável.[59]

Quando leu o memorando de Fromm, Hitler estava preocupado não apenas com o Grupo do Exército A e seu avanço estagnado em direção ao Cáucaso, mas com o progresso do Grupo do Exército B e do 6º Exército sob o comando do general Paulus. Apesar de o trajeto pela estepe plana entre os rios Don e o Volga ter sido relativamente fácil para os alemães, ao se aproximarem de Stalingrado, a resistência do Exército Vermelho se intensificou. "As fortificações de campo russas escalonadas a oeste de Stalingrado foram preparadas e ampliadas de tal forma que realmente representam um grande obstáculo", disse Joachim Stempel da 14ª Divisão Panzer. Em particular, Stempel e seus homens temiam os poderosos "lança-chamas russos", por infligirem "os mais horríveis ferimentos e queimaduras para o nosso lado".[60]

Anatoly Mereshko, comandante de uma unidade de oficiais cadetes russos, confirmou: "Mais perto de Stalingrado havia trincheiras mais bem equipadas, várias posições de fogo, pontos de observação e uma defesa devidamente organizada de acordo com as leis da arte militar". Mas a proporção de baixas de sua unidade ainda era alta.

> O pior era ver os tanques [alemães] passando pelas trincheiras defendidas por nossos cadetes. E depois os mesmos tanques fazendo meia-volta e voltando, esmagando tudo, enterrando nossos soldados vivos. [...] Quem diz que nunca sentiu medo na guerra está mentindo. Todos sentem medo. Ninguém quer morrer, mas nesse aspecto o comandante está numa posição mais vantajosa. Ele precisa dar o exemplo aos seus subordinados. Nós, russos, temos um ditado que diz: "Em público, a morte é bela". Em outras palavras, se os seus cem homens estiverem olhando, você se comporta de maneira diferente. É assustador, mas você reprime o medo. Mas sabe que pode ser morto.[61]

Apesar da resistência soviética, o 6º Exército chegou aos arredores de Stalingrado no final de agosto de 1942. A cidade, vista pelos alemães como uma questão secundária comparada à principal ofensiva em direção ao Cáucaso, se tornaria palco de uma das batalhas definitivas da guerra. Não seria apenas uma batalha entre a Alemanha nazista e a União Soviética, mas entre dois protagonistas – Adolf Hitler e Joseph Stálin.

12

A BATALHA NO VOLGA

Na tarde de domingo, 23 de agosto de 1942, Valentina Krutova, de 11 anos de idade, estava colhendo frutas silvestres não muito longe de sua casa em Stalingrado, quando ouviu um estrondo. Olhou para cima e havia ondas sem fim de aviões de guerra, pretos contra o céu. Momentos depois, uma série de explosões irrompeu na cidade. As chamas subiram das grandes plantas industriais e dos tanques de petróleo perto do rio Volga e mais perto de mulheres e crianças, que fugiram em pânico de suas casas de madeira em chamas.

Foi o início de vários dias de bombardeios da Luftwaffe, que resultaram na morte de até 25 mil pessoas.[1] As baixas foram altas porque mais de meio milhão de civis ainda viviam na cidade. "Foi ordem de Stálin, que disse que não renderíamos Stalingrado", disse Valentina. "As pessoas não tiveram permissão de sair. [...] Havia muita fé em Stálin, e é por isso que todos tinham esperança de que a cidade não se rendesse."[2]

Albert Burkovski, de 14 anos, também presenciou o ataque. Ele estava no Volga pegando água. "Não achávamos que os alemães viriam", contou. "Mas quando o bombardeio começou foi realmente horrível. Ainda me lembro dos aviões, do barulho que faziam, e tudo se tornou um verdadeiro inferno. Não sei como as pessoas conseguiram aguentar." Quando voltou para casa, descobriu que a casa tinha sido destruída:

Não sobrou nada. Eu só conseguia ouvir gemidos, gritos. Joguei a água fora e comecei a chorar. Não podia fazer nada. Gritei na esperança de que alguém viesse em socorro. Mas o que se poderia fazer, mesmo que tivesse pás? Voltamos dois dias depois e ouvíamos alguns ruídos. As crianças ainda não tinham sufocado. Eu fiquei totalmente sozinho. Casa queimada, gente morta, tudo confuso...[3]

A avó de Albert Burkovski, e todos os outros na casa, foram mortos no maior ataque aéreo já realizado no *front* oriental.

Poucos dias depois, em 3 de setembro, Joachim Stempel foi a um terreno elevado perto do Volga e olhou para Stalingrado em chamas lá embaixo. "Foi uma coisa muito impressionante estar na fronteira com a Ásia e ser capaz de dizer: estamos no Volga! [...] Foi um sentimento inspirador. [...] Achamos que agora não poderia demorar muito mais – nós estamos aqui."[4]

Não é difícil imaginar por que Stempel achou que ele e seus camaradas alemães haviam atingido seu objetivo final. Embora o objetivo geográfico final da Operação Barbarossa nunca tivesse sido explicado, eles acreditavam que Stalingrado, no rio Volga, a 2.250 quilômetros de Berlim, era o extremo leste a que precisavam chegar. Foi um sentimento confirmado por aquilo que Stempel viu à sua frente. Além do vasto Volga, não havia nada "além de florestas, mais florestas, planícies e o horizonte sem fim". Em resumo, a leste de onde estavam, não havia nada que valesse a pena conquistar.

Nenhum deles percebeu que não apenas não haviam chegado ao fim, como estavam só no começo. À frente deles os esperava uma luta brutal pelo controle daquela cidade em chamas. Nos meses seguintes, Stalingrado se tornaria famosa como um símbolo da resistência soviética. A ironia é que, como vimos, a captura de Stalingrado nunca fez parte do plano original alemão da Operação Azul. Só depois que a ofensiva começou, Hitler exigiu que o 6º Exército tomasse a cidade, em vez de simplesmente destruir sua infraestrutura industrial.

Alguns oficiais do 6º Exército, como Günther von Below, acharam que, para Hitler, a cidade passou a ter "um significado simbólico, pela associação com seu inimigo Stálin, e por isso tomar Stalingrado, para ele, era uma espécie de vitória ideológica sobre o bolchevismo. Tenho certeza que de alguma forma isso contribuiu para sua decisão".[5] Originalmente chamada de Tsaritsyn, a cidade foi rebatizada como Stalingrado em 1925, em homenagem à presença de Stálin ali durante a revolução.

A geografia parecia favorecer o atacante. Stalingrado se estendia numa faixa estreita ao longo da margem oeste do Volga por mais de trinta quilômetros, mas raramente tinha mais do que poucos quilômetros de largura. Era um formato incomum para um centro urbano – um plano determinado pela presença do enorme rio. E com os alemães cercando a cidade por três lados, a única rota de suprimentos era através do Volga a partir da margem leste, uma perigosa travessia sob o fogo da artilharia alemã.

O oficial encarregado de tomar a cidade era Friedrich Paulus, comandante do 6º Exército, um homem alto, de aparência acadêmica, na casa dos 50 anos. "Ele parecia ser muito tranquilo e superior", disse Gerhard Hindenlang, comandante de batalhão em Stalingrado. "Era um excelente oficial do Estado-Maior, mas não um comandante de tropas. Não tinha coração para isso. Era um indeciso."[6] O marechal de campo Von Bock concordava com essa opinião. Alguns meses antes, achou que Paulus tinha demorado a explorar a fraqueza soviética na Batalha de Kharkov.[7]

Paulus teve um encontro com Hitler em Vinnitsa, seu quartel-general na Ucrânia, em 12 de setembro, para discutir a operação de Stalingrado. Chegou em um momento particularmente tenso. O marechal de campo List, comandante do Grupo do Exército A, acabara de ser demitido, e o general Halder, chefe do Estado-Maior do Exército, seria exonerado em alguns dias. Hitler também havia perdido recentemente a paciência com Jodl, acusando-o de reportar erroneamente suas opiniões. O general Warlimont, que chegou a Vinnitsa logo depois de todo esse trauma, deu uma ideia da atmosfera:

> Em vez de me cumprimentar quando entrei na cabana de toras, Hitler me fitou com um longo olhar malévolo e de repente pensei: a autoconfiança do homem se foi; ele percebeu que seu jogo mortal está chegando ao fim previsível, que a Rússia Soviética não será derrotada na segunda tentativa e que agora a guerra em dois fronts, que ele desencadeou por suas desenfreadas ações arbitrárias, vai reduzir o Reich a pó. Meus pensamentos continuaram: é por isso que ele não aguenta mais ter à sua volta os generais que tantas vezes foram testemunhas de suas falhas, seus erros, de suas ilusões e seus devaneios; é por isso

que ele quer se afastar deles, por querer ver ao seu redor pessoas que acredita terem uma confiança ilimitada e inabalável nele.[8]

Paulus era exatamente o tipo de general que se encaixava no novo mundo de Hitler. A combinação de sua formação militar como planejador meticuloso com seu caráter indeciso indicava sua falta de coragem ou inclinação para confrontar o líder alemão. Mas, apesar de Paulus atender a um propósito de Hitler no curto prazo imediato, o fato de ser a antítese de generais destemidos como Rommel, Manstein e Guderian logo se revelaria contraproducente.

Inicialmente, porém, nada disso parecia um problema. Capturar Stalingrado não deveria ser uma tarefa particularmente desafiadora. Quando lançaram uma grande ofensiva contra a cidade, em 14 de setembro, os alemães fizeram um bom progresso. Avançaram em direção a Mamayev Kurgan, uma colina estrategicamente indispensável, com vista para o centro da cidade, para a estação ferroviária e para os pontos de desembarque do rio. Porém quanto mais os alemães entravam na cidade, mais difícil se tornava sua tarefa. Todas as vantagens táticas de que desfrutavam na estepe aberta desapareceram na atmosfera claustrofóbica do combate rua a rua. Não só por causa da dificuldade de limpar os escombros e edifícios queimados do inimigo, mas porque naquele ambiente a coragem em seu estado mais puro contava mais que a sofisticação tática. No mais famoso exemplo soviético desse fator, em 14 de setembro, a 13ª Divisão da Guarda de Fuzileiros atravessou o Volga sob fogo pesado e fez um ataque frontal aos alemães. No dia seguinte, 30% da divisão estava morta ou ferida, e ao final da batalha pouco mais de trezentos, de sua força original de 10 mil homens, continuavam vivos.[9] Mas seu sacrifício impediu que os alemães chegassem às margens do rio.

A determinação dos defensores era personificada pelo comandante do 62º Exército, Vasily Chuikov. O que lhe faltava em grandes conhecimentos estratégicos, ele compensava com sua extrema tenacidade. Chegado a bebidas alcoólicas – de início Stálin teve dúvidas sobre lhe passar o comando do 62º Exército por achar que Chuikov iria "criar confusão nesse exército por beber demais"[10] –, Chuikov tinha uma maneira enérgica de mostrar seu descontentamento com os subordinados. "Ele chegava a bater na gente a socos ou com um bastão, o que fez Stálin repreendê-lo", contou Anatoly Mereshko, que serviu com Chuikov.[11]

Mas Chuikov não era o único comandante que espancava os que serviam em sua unidade. Vasily Grossman, o correspondente de guerra soviético, escreveu sobre dois oficiais do Exército Vermelho que exerciam

> suas cadeias de comando a socos. Os dois são homens enormes, enormes, com punhos grandes e carnudos. Foram movidas ações contra ambos pela Comissão do Partido do Exército, mas não foram dissuadidos. Eles fazem promessas, mas não conseguem cumpri-las, como bêbados. Estão sempre perdendo a cabeça.[12]

Mereshko se lembrava de Chuikov como

> um homem de grande força de vontade. Muito corajoso. Eu diria até mesmo imprudente. Comandantes do exército não precisam ser tão temerários. Por exemplo, ele sempre gostou de estar na linha de frente [e] sempre exigia que ficássemos na linha de frente. Sempre pegava a mentira se alguém não estivesse na linha de frente, mas dissesse que estava. [...] Ele perguntava sobre todos os detalhes [...]. Era muito rígido no controle.

De acordo com Mereshko, Chuikov não era um "grande estrategista", mas ainda assim era "bom em táticas", alguém que

> conseguia sentir bem o curso da batalha, e tomar decisões oportunas e cumprir sua decisão apesar de todos os obstáculos. Essa era sua principal qualidade – perseverança. [...] Posso entender por que Paulus não conseguia entender as táticas de Chuikov, porque Paulus estava acostumado com o pensamento estratégico, e lá você não precisava de nenhum pensamento estratégico. Você tinha de conhecer as táticas de combate de rua.[13]

A personalidade de Chuikov, apesar de seu suposto alcoolismo, teria sem dúvida agradado a Stálin. A exemplo de Zhukov, ele se interessava muito mais pelos fins do que pelos meios. E se os meios implicassem usar implacavelmente os recursos humanos à sua disposição, que assim fosse.

Mas seria um equívoco supor que todos os soldados do Exército Vermelho estivessem dispostos a se sacrificar pela causa maior. Muitos deles se esquivaram de suas responsabilidades, e consequentemente eram tratados sem piedade. Mais de 13 mil pessoas morreram nas mãos das autoridades soviéticas durante a batalha. Esse tipo de disciplina draconiana era inconcebível nos exércitos dos Aliados ocidentais.

Paradoxalmente, a geografia da cidade, que de início pareceu favorável aos alemães, beneficiou o Exército Vermelho em um aspecto fundamental. Não havia para onde recuar. Com os alemães à frente e o rio atrás, as tropas soviéticas só tinham a opção de resistir e lutar. A declaração de Chuikov de que "não há terras além do Volga" tornou-se o lema dos defensores.

Muitos soldados do 6º Exército simplesmente não conseguiam entender a determinação dos soviéticos de continuar a luta. Ecoando a incompreensão de Hitler no verão de 1940, quando os britânicos não desistiram de lutar, um soldado em Stalingrado escreveu para seus entes queridos em casa: "Muitas vezes pensamos que a Rússia deveria capitular, mas essas pessoas incultas são burras demais para perceber".[14]

Quando a ofensiva alemã empacou, seguiu-se uma luta acirrada pelas edificações da cidade – uma luta para a qual os soldados da Wehrmacht estavam mal preparados. "Nós estávamos lutando pela escada", lembrou Gerhard Münch, da 71ª Divisão de Infantaria.

> Estávamos no primeiro andar e os russos no porão. Só lançamos granadas de mão, fora isso não aconteceu mais nada – nada mais era possível, já que os russos estavam no porão da mesma casa, e nós acima deles [...] o exército não tinha sido treinado para esse estilo de luta casa a casa, isso nunca havia sido praticado.[15]

"As lutas de casa em casa eram horríveis", confirmou Joachim Stempel.

Os soldados ficaram diante de uma [situação] muito diferente naquele momento. Quando estávamos em frente às fábricas – a fábrica de tratores, a fábrica de armamentos, a fábrica metalúrgica e, por último, mas não menos importante, a fábrica de pão – não dava mais para saber o que era o que, pois inimigos que não tínhamos visto [soldados] surgiam de repente atirando de todos os lados e [nós éramos] atacados por trás. [...] Nunca tínhamos passado por uma luta desse tipo.[16]

Aqueles dias de setembro não foram tensos só para os soldados em Stalingrado, mas também para seus respectivos líderes, Hitler e Stálin. Hitler se sentia cada vez mais desesperado. Em 11 de Setembro, diante de um relatório que não apenas mostrava que Stálin ainda contava com 2 milhões de soldados disponíveis para lutar no sul, como também que os soviéticos estavam produzindo mais de mil tanques por mês, Hitler virou-se para o interlocutor "espumando pelos cantos da boca e de punhos fechados" e disse não "tolerar esse disparate idiota".[17] O líder alemão simplesmente não aguentava ouvir esse tipo de má notícia – principalmente depois de ter chegado tão perto de seu objetivo. O 6º Exército quase tinha conseguido expulsar o Exército Vermelho de Stalingrado, assim como os soldados do Grupo do Exército A quase tinham conseguido chegar aos poços de petróleo do Cáucaso. Mas quase não era o bastante.

Hitler viajou a Berlim no final de setembro e fez um discurso para milhares de cadetes. "Foi a única vez em que o vi de perto durante a guerra, no discurso para os oficiais cadetes no Sportpalast", disse Carlheinz Behnke, da Waffen SS. "Na época ainda ficamos impressionados, ele estava usando um uniforme de campo cinza, a Cruz de Ferro de primeira classe como única decoração." A exemplo de Behnke, todos na plateia de Hitler tinham crescido no Estado nazista e sido educados desde cedo para acreditar no poder quase místico de seu Führer. Acima de tudo, foram ensinados a ter "fé" em Adolf Hitler. Portanto, não surpreende que Behnke e muitos de seus companheiros ainda continuassem "incondicionalmente dispostos a nos comprometer com o Führer".

O momento também contribuía para que continuassem confiantes. Muitos ignoravam o problema fundamental da falta de recursos, e, portanto, da perspectiva deles a vitória ainda parecia estar à vista. E Hitler não prometia uma vitória qualquer, mas uma gigantesca colonização do Leste – um símbolo de todas as glórias. "Ele desenvolveu uma visão inconcebível", explicou Behnke.

> Era uma visão utópica. Nós ficamos fascinados. [...] O fato de o *Lebensraum* estar avançando para o Leste em uma Grande Europa em comum. Na época eu achava isso certo. Sem pensar em todas as coisas associadas, a matar pessoas e coisas assim. [...] E hoje em dia às vezes

nós dizemos em tom de brincadeira, podemos nos alegrar por termos perdido a guerra, caso contrário eu seria um comandante regional, um Gauleiter, em algum lugar, desempenhando minhas funções em algum lugar longe de casa. [...] Acho que simplesmente nos sentíamos superiores de alguma forma, entende? Superiores aos povos eslavos. Parece ingênuo hoje quando a gente pensa sobre isso. Sobre aquele enorme império![18]

O segundo discurso proferido por Hitler em Berlim foi mais problemático. Foi uma fala para marcar o início da campanha beneficente anual de "Auxílio de Inverno". Não somente lembrava ao povo alemão da chegada de outro inverno com a Wehrmacht ainda lutando no Leste, como também que no inverno anterior Hitler havia falado como se a guerra contra Stálin estivesse quase vencida, e que os jornais quase chegaram a proclamar a vitória alemã. Claramente, isso não tinha acontecido. E a subsequente entrada dos Estados Unidos na guerra levantava a questão: como seria possível os alemães saírem vitoriosos?

Nesse aspecto, a batalha por Stalingrado foi emblemática. A cidade, que no início da ofensiva tinha sido de pouca importância, simbolizava então a vitória alemã na guerra no Leste. E, apesar de negar que Stalingrado fosse de interesse "porque esse lugar leva o nome de Stálin", Hitler admitiu ser uma "localização estrategicamente importante". Também fez o seguinte voto: "Podem ter certeza que ninguém pode nos tirar desse lugar". Era uma promessa ainda mais definitiva que a descumprida em outubro do ano anterior, quando garantiu aos alemães que o Exército Vermelho "nunca mais se levantará". Dessa vez, ele apostou sua reputação em uma cidade específica. Seus soldados não sairiam de Stalingrado. Foi sua afirmação deliberada e inequívoca.

Hitler não precisava fazer essa promessa. Poderia ter omitido essa frase de seu discurso sem nenhum problema. Então, por que ele decidiu dizer aquilo? Muito provavelmente teria sido para encorajar os soldados alemães que lutavam pela cidade e assegurar a seus familiares em casa que o sacrifício valia a pena. Mas também é provável que estivesse repetindo um truque já utilizado muitas vezes antes. Ao fazer essa promessa com toda convicção, Hitler estava tentando convencer a si mesmo e aos outros que o fato se concretizaria. Era outra forma de queimar suas pontes – uma variante da definição ou/ou dos eventos, que vinha sendo seu método preferido de discurso retórico havia anos.

Acima de tudo, Hitler estava ansioso para mostrar que havia um progresso, que a luta não estava estagnada como na Primeira Guerra Mundial. Significativamente, ele disse durante o discurso que, "em um momento em que aparentemente nada está acontecendo, grandes coisas ainda estão sendo criadas".[19] Uma das razões para essa afirmação era óbvia – o sofrimento cada vez maior do povo alemão por causa dos ataques de bombardeios dos Aliados. Hitler admitiu que Churchill, "o homem que inventou a guerra de bombas contra uma população civil inocente", prometera recentemente que a campanha de bombardeios seria "muito aumentada". Mas imediatamente viu essa ameaça como trabalho dos judeus, que ele afirmou estarem "por trás" tanto de Churchill como do "grande belicista Roosevelt". Em uma arrepiante referência ao extermínio dos judeus em andamento na época, Hitler prometeu que os judeus em breve não "terão mais vontade de rir".

No entanto, para a grande proporção da população alemã comum que vivia sob a ameaça dos ataques de bombardeios dos Aliados, o que mais importava era se suas casas seriam ou não destruídas. Assim, as palavras de Hitler demonstraram suas prioridades. Ele não conseguia parar os bombardeios, mas podia matar os judeus.

Vale a pena mencionar outra referência que fez em seu longo e muitas vezes tedioso discurso. Ao contrário de Stálin, que havia recentemente criado honrarias como a Ordem de Suvorov especificamente para oficiais superiores, Hitler vangloriou-se do fato de a Cruz do Cavaleiro poder ser outorgada a um soldado de qualquer patente – com o único critério de o destinatário ser um "homem corajoso apto a ser um líder do seu povo". Que a mais alta honraria da Alemanha pudesse ser recebida por qualquer integrante do exército demonstrava, segundo Hitler, "o colapso de um velho mundo".

Para muitos alemães, a ênfase de Hitler na eliminação da estrutura de classes era uma das principais razões do seu apelo. "Algumas coisas continuarão para sempre", disse um oficial alemão capturado, secretamente gravado pelos britânicos.

> Elas vão durar centenas de anos. Não as estradas [construídas pelos nazistas] – elas não são importantes. Mas o que vai durar é a maneira como o Estado foi organizado, particularmente a inclusão do trabalhador como parte do Estado. Ele [Hitler] realmente abriu lugar para

os trabalhadores no Estado e ninguém havia feito isso antes. [...] Esse princípio de todos trabalhando para a causa comum, a ideia de o industrialista ser, na verdade, o administrador do capital representado pelo trabalho alemão e de outro capital, tudo parece muito fácil, mas ninguém fizera antes.[20]

Mas nessa utopia nazista sem classes não haveria igualdade dos sexos. A principal função da mulher era cuidar do marido e dos filhos, com a imagem da mãe alemã quase deificada na propaganda nazista. Embora muitas centenas de milhares de mulheres participassem como auxiliares da Wehrmacht, elas trabalhavam como secretárias ou enfermeiras ou em outros cargos que não fossem de combate. A ideia de mulheres lutarem na linha de frente era um anátema para Hitler. No entanto, Stálin tinha uma visão muito diferente. Muitas das mais de 1 milhão de mulheres no Exército Vermelho serviram em combate, como comandantes de tanque, franco-atiradoras ou pilotas de caça.

Wilhelm Roes, membro da Leibstandarte SS, lutou contra tanques T34 tripulados por mulheres soviéticas. Ao vê-las depois como prisioneiras de guerra, concluiu:

> Elas eram tão duras, tão fanáticas, aquelas mulheres. Quero dizer, todas deviam ser voluntárias. Quando se olhava para os olhos delas, se o olhar pudesse matar elas teriam nos matado no ato. Elas foram postas num caminhão e levadas para a retaguarda – não sei o que aconteceu com elas. Falamos muito tempo sobre isso [depois] no nosso tanque. Primeira coisa que [me] disseram foi: "Se você deixar [de fazer parte da nossa tripulação] nós vamos pôr uma garota aqui no seu lugar e vai ser muito mais divertido". Foi assim que começamos a falar sobre isso.

Roes e seus companheiros "não conseguiam entender" como os soviéticos deixavam mulheres entrar em combate enquanto "no Terceiro Reich nossas mulheres são colocadas num pedestal. A mãe é a que cuida dos filhos e eu sempre tive grande respeito pelas mulheres. Minha mãe era uma pessoa maravilhosa".[21]

Roes e seus companheiros consideraram mulheres servindo como combatentes uma coisa "típica de um regime comunista. Elas fazem tudo para expulsar o inimigo de sua terra". De certa forma, ele estava certo. O extenso uso de mulheres nas forças soviéticas foi resultado, em parte, da situação perigosa em que o país se encontrava. Como declarou Tamara Kalmykova, que lutou em Stalingrado como oficial de comunicação:

> Uma mulher em combate é um fenômeno raro. Mas aqui a luta era tão difícil que eu não consegui ficar de lado. Como não ser vingativa quando 28 pessoas com meu sobrenome [seus parentes] morreram e sete voltaram [para casa] aleijados, ou quando alguns da minha gente morreram em campos de concentração ou foram queimados vivos? Qualquer mulher, de qualquer nacionalidade, se colocada no meu lugar, se comportaria do mesmo jeito.[22]

Mas a participação generalizada de mulheres no esforço de guerra soviética também refletia uma diferença filosófica entre os dois regimes. Hitler não permitiu que mulheres portassem armas e atuassem na linha de frente nem no final da guerra, quando o Exército Vermelho invadiu a Alemanha, enquanto as mulheres desempenharam um papel ativo na criação do Estado soviético industrializado e moderno nos anos 1930. O conceito nazista de que as mulheres deviam se concentrar nos "três Ks – *Kinder* (crianças), *Küche* (cozinha) e *Kirche* (igreja)" era um absurdo para o Partido Comunista Soviético, o que não significa que as mulheres soviéticas não sofressem discriminação. Por exemplo, o uso de "esposas de campanha" – a prática de um comandante selecionar uma mulher soviética para ser sua companheira sexual – era tolerado pelos escalões mais altos do Exército Vermelho. Tanto que o correspondente de guerra Vasily Grossman definiu o uso de esposas de campanha como "nosso grande pecado".[23] Essas mulheres costumavam ser de patentes mais baixas que o homem que as desejava, e por isso havia pressão para que obedecessem.

As mulheres enfrentavam outras dificuldades no Exército Vermelho. "Devo dizer que as condições estavam realmente muito difíceis", disse Ekatarina Petluk, motorista do 3º Exército de Tanques.

> Para mim, como mulher, o pior momento era minha menstruação. Raramente havia algodão ou ataduras suficientes. Eu tinha que improvisar e usar tudo o que pudesse encontrar. Você deve entender,

eu era jovem e muito tímida. Tive de manter a minha dignidade e feminilidade entre muitos homens.[24]

Todos os soldados do Exército Vermelho – fossem homens ou mulheres – precisaram aguentar condições extremas. Em Stalingrado, por exemplo, Albert Burkovski lembrou-se das equipes de comunicação que viviam nos esgotos: "Era muito úmido, muito úmido e o cheiro também era desagradável. Eles tinham falta de oxigênio lá [...]. Mas estavam em segurança. Porque nenhuma mina, nenhuma granada poderia romper paredes tão grossas. Eles ficaram no esgoto até o fim". Para se distrair nos esgotos, quando não estavam trabalhando, os soldados faziam "corridas de piolhos". E "quem estivesse com piolho e chegasse em primeiro lugar era o vencedor".[25]

A capacidade dos soldados do Exército Vermelho de aguentar esse tipo de privação foi uma vantagem crucial na luta contra os alemães. Vasily Grossman escreveu que, enquanto os russos eram "submetidos a dificuldades [...] os alemães, por outro lado, estavam acostumados a vitórias fáceis, baseadas na superioridade tecnológica, e cediam às adversidades causadas pela natureza".[26]

Chuikov exigia que seus comandados ficassem o mais próximo possível dos alemães no *front*. Isso não só impossibilitava a capacidade dos alemães de usar a artilharia contra o Exército Vermelho como também os forçava a lutar contra os soviéticos em seus próprios termos – muitas vezes corpo a corpo. Helmut Walz, um soldado da 305ª Divisão de Infantaria, lembrou-se de como ele e seus companheiros tentaram se adaptar a esse método de combate pouco conhecido.

> Em um momento ou em outro, todos tivemos que fazer uso da pá. Na ocasião nós tínhamos umas novas pás – que eram [modelos] dobráveis e era preciso aparafusá-las –, mas também podiam ser uma arma terrível [...] levava só um segundo e você podia bater na cabeça de alguém ou no estômago ou em qualquer outro lugar quando não havia mais nada a ser feito.[27]

Em 14 de outubro, os alemães montaram outra ofensiva contra o Exército Vermelho em Stalingrado. Mais uma vez, os defensores sentiram a pressão, mas não cederam. Chegou a haver rumores de que Stálin tinha ido à cidade para apoiá-los pessoalmente – falsos, claro, mas ainda assim emblemáticos da figura poderosa, quase mística em que o líder soviético havia se transformado para os que lutavam pela pátria.²⁸

Longe de exortar as tropas na linha de frente, Stálin estava seguro em seu escritório no Kremlin, deixando que sua mente desconfiada corresse solta. "Todos nós em Moscou temos a impressão de que Churchill tem a intenção de derrotar a URSS para depois chegar a um acordo com [...] Hitler [...] às nossas custas", escreveu em um despacho para Maisky, seu embaixador em Londres, em 19 de outubro. Stálin acreditava que "sem essa suposição" era "difícil explicar" por que Churchill tinha se recusado a lançar o segundo *front*, havia "reduzido progressivamente" os embarques de armas para a União Soviética e recentemente decidira julgar Rudolf Hess apenas depois da guerra. As suspeitas de Stálin sobre o destino de Hess, o vice de Hitler que caíra em mãos britânicas desde maio de 1941, beiravam o patológico. Stálin também falou "sobre a questão do bombardeio sistemático de Berlim" que "Churchill anunciou [...] em Moscou" que faria em setembro, mas não havia cumprido nem "um pingo, apesar de que poderia, sem dúvida, ter feito".²⁹

É claro que Churchill não pensava em tirar a Grã-Bretanha da guerra, e as palavras de Stálin são reveladoras de seu profundo sentimento de ansiedade. Mas havia uma verdade subjacente por trás de sua mensagem. A realidade era que os Aliados ocidentais não estavam se esforçando para ajudar o Exército Vermelho a resistir ao ataque alemão no *front* oriental.

Além disso, o telegrama de Stálin para Maisky demonstra também que Stálin acreditava que o destino da União Soviética ainda estava em jogo. Trata-se de um lembrete útil para não presumir que a vitória a ser obtida vários meses depois em Stalingrado deixaria os soldados do Exército Vermelho destinados ao sucesso.

A ofensiva alemã de outubro, bem como seus esforços anteriores para tomar a cidade, foi detida. "Olhando para trás, a coisa toda parece bem insensata, pois não havia mais sentido naquilo, entende", disse Gerhard Münch, um oficial da infantaria alemã que lutou em Stalingrado.

> Não havia mais intenção de mudar [a situação] por causa da falta de recursos que pudessem causar essa mudança. Estávamos ficando sem gente e, de qualquer forma, não se pode encontrar um líder de tropa de assalto, assim de repente. Seria inútil receber soldados que foram

treinados por dez semanas em casa e jogá-los nos escombros de Stalingrado; nem valeria a pena tentar, seria melhor mandar todos de volta para casa. [...] Na manhã seguinte eles estariam todos mortos, simplesmente por não ter experiência, não ter os instintos certos, entende?[30]

As perdas diárias eram tantas que os oficiais alemães podiam calcular quanto tempo levaria para não haver mais soldados da Wehrmacht na cidade.[31] E Hitler poderia muito bem estar fazendo cálculos semelhantes em seu quartel-general. Seu adjunto da Luftwaffe notou que ele "muitas vezes parecia muito pensativo e distante. [...] Será que ainda acreditava realmente que a guerra poderia terminar com uma vitória alemã? A pergunta estava surgindo pela primeira vez. A resposta não podia ser vislumbrada".[32]

Hitler não estava preocupado apenas com Stalingrado, mas com um possível desembarque de tropas aliadas no Norte da África. Uma possibilidade que se tornou realidade em 8 de novembro, quando 100 mil soldados Aliados, incluindo pela primeira vez os norte-americanos, invadiram a Argélia e o Marrocos francês. O momento não poderia ter sido pior para o líder alemão. Era o aniversário do Putsch da Cervejaria, e Hitler tinha ido a Munique para fazer seu tradicional discurso comemorativo naquela noite. Mas o que ele poderia dizer sobre a invasão aliada? Qualquer alemão sabia que a chegada dos norte-americanos à França na Primeira Guerra Mundial marcara um ponto baixo no destino de seu país. Agora lá estavam eles mais uma vez, lutando contra os alemães no campo de batalha. Como Goebbels registrou em seu diário: "Estamos em um ponto de virada da guerra".[33]

Quando estava entre os seus, Hitler não "subestimava a iniciativa [norte-]americana",[34] mas em público fingia não valer a pena discutir o assunto. Em seu longo discurso na Löwenbräukeller em Munique, Hitler fez apenas uma breve referência à invasão, dizendo que, se Roosevelt – "aquele velho gângster" – estava alegando que o ataque era para "proteger" o Norte da África dos alemães, "não é necessário dizer uma palavra sobre essa falsa afirmação". De resto, foi um discurso repetitivo. Mais uma vez Hitler lembrou ao público que haviam rido dele quando profetizara que os judeus seriam "exterminados" se causassem outra guerra mundial, mas era incontável o número daqueles que "não riem mais". E garantiu à plateia que os alemães estavam preparando uma resposta devastadora à campanha de bombardeio dos Aliados.

No entanto, apesar dessa fanfarronice, Hitler não conseguiu esconder sua incapacidade de cumprir as promessas feitas anteriormente. Stalingrado, teve de admitir, ainda não havia sido tomada, embora tenha afirmado que "restam apenas alguns pequenos pontos [de resistência]". Acabou afirmando que não importava que a cidade não tivesse caído, porque os navios não navegavam mais no Volga.

Hitler deve ter percebido sua própria falta de convicção, já que mais para o final do discurso disse que o melhor era deixar as forças armadas alemãs falarem por ele no campo de batalha. No futuro, ele iria falar "somente em raras ocasiões". Concluiu sua preleção com uma nota previsível, dizendo que sua plateia deveria sempre lembrar que "esta guerra decidirá a existência ou não existência do nosso Volk".[35]

Todo o discurso recendia fraqueza e desculpas. Hitler simplesmente não conseguia esconder que a Alemanha parecia estar perdendo a guerra. Na verdade, a situação era tão grave que algumas pessoas mais próximas chegaram a aventar uma paz com a União Soviética. Quando Hitler viajou a Munique, dois dias antes de seu discurso, o trem em que estava fez uma breve parada em Bamberg, na Baviera, para um encontro com Ribbentrop. O ministro das Relações Exteriores propôs que fosse feita uma abordagem a Stálin por meio de diplomatas soviéticos na neutra Suécia, com o objetivo de encerrar a guerra no Leste. Hitler rejeitou o plano, dizendo: "Um momento de fraqueza não é a ocasião apropriada para negociar com um inimigo".[36]

A pressão sobre Hitler estava aumentando – e não só como resultado do andamento da guerra, mas porque ele não estava acostumado com horários regulares de trabalho. Antes da guerra, ele vivia como um diletante, normalmente só saindo da cama no meio da manhã. Segundo Fritz Wiedemann, seu secretário particular nos anos 1930, Hitler inclusive "não gostava de ler documentos". Wiedemann disse que algumas vezes "tomava decisões" por ele, "mesmo sobre assuntos importantes, sem que ele jamais pedisse para ver os arquivos relevantes. Ele achava que muitas coisas se resolveriam por si mesmas se não interferisse".[37] Mas esses dias de *laissez-faire* haviam ficado para trás, substituídos pela tensão de comparecer regularmente a conferências militares, em geral se sentindo isolado sob as investidas de seus interlocutores.

Nesse período, Hitler retirou-se para Berghof, seu refúgio nas montanhas próximo de Berchtesgaden, para uma espécie de férias. Berghof simbolizava os bons e velhos tempos de passeios pelo campo e chás com creme. Mas foi um dos piores lugares que poderia ter escolhido naquele exato momento, visto que continuava insistindo em controlar detalhadamente a estratégia de suas tropas a cerca de 2.400 quilômetros de distância. Pois em 19 de novembro, enquanto Hitler descansava em Obersalzberg, o Exército Vermelho lançou um dos ataques mais formidáveis da guerra.

A ofensiva, de codinome Operação Urano, teve sua origem em um encontro entre Stálin, Zhukov e Aleksandr Vasilevsky, chefe do Estado-Maior, em setembro. Enquanto examinava um mapa, Stálin ouviu Zhukov e Vasilevsky falarem sobre "outra solução" para o problema de Stalingrado. Em vez de repreendê-los por não se concentrarem em seus pontos de vista, pediu aos dois que passassem algum tempo elaborando aquela ideia. Quando voltaram, Zhukov e Vasilevsky apresentaram a Stálin um plano radical – uma tentativa de cercar os alemães e seus aliados cortando suas distantes linhas de suprimento a oeste da cidade. De início, Stálin ficou apreensivo que o ataque fosse ocorrer muito distante da luta em Stalingrado – uma investida a mais de 160 quilômetros a noroeste da cidade –, mas acabou sendo persuadido e aceitou a ideia.[38]

Esse é um momento-chave da história. Não que o plano fosse tão arriscado assim. O mais intrigante foi a nova atitude de Stálin de encorajar seus generais a apresentarem soluções criativas numa escala tão abrangente. A crescente confiança de Stálin em Zhukov parece ter sido a principal razão para essa nova postura. Um estudo das mensagens trocadas entre os dois no outono de 1942 revela uma mudança de tom em relação ao líder soviético. Ele então escrevia "O que você está planejando?" e "Você acha mesmo?", e não apenas ditando o que deveria ser feito e já se preparando para fazer críticas. Não que tivesse de uma hora para outra se tornado uma pessoa atenciosa. Stálin ainda podia ser tão mordaz com outros generais como fora no passado. Mas Zhukov passou a ser tratado de maneira diferenciada. Stálin, o homem que construiu sua carreira baseada em não confiar em ninguém, parecia confiar naquele filho de sapateiro da província de Kaluga.[39]

Embora haja alguma controvérsia sobre a data exata da reunião entre Stálin, Zhukov e Vasilevsky, não há dúvida quanto à questão substantiva – Stálin ouviu seus generais e depositou uma confiança especial em Zhukov. O contraste com as atitudes de Hitler no mesmo período não poderia ser maior. Pois no exato momento em que Stálin começava a mostrar certo respeito a decisões colegiadas,

Hitler não só estava interferindo em decisões detalhadas de seus comandantes militares, como também havia nomeado Paulus, um homem comprovadamente de pouca iniciativa. E, embora ninguém possa dizer que essas foram as únicas razões para o que estava prestes a acontecer, com certeza foram precondições essenciais para o desastre que em breve se abateria sobre o 6º Exército Alemão.

A tentativa de cercar o 6º Exército em Stalingrado teria como primeiro alvo as forças romenas protegendo áreas da retaguarda a oeste da cidade. As unidades romenas não eram tão motivadas, nem tão bem comandadas e equipadas como seus aliados alemães. Mas esse não era o único componente astuto da ideia. Apesar de a ofensiva utilizar mais da metade de todos os tanques de que os soviéticos dispunham, a escala da operação foi disfarçada por um grande plano de despistamento. Foram construídas falsas pontes bem longe da verdadeira direção da ofensiva, para desorientar os trabalhos da inteligência alemã. Unidades militares eram camufladas durante o dia e posicionadas sob a cobertura da escuridão. As pontes que seriam usadas no ataque foram construídas a uns trinta centímetros abaixo da superfície da água para dificultar sua detecção por aviões.

Mas talvez a maior inovação isolada tenha sido a maneira como os blindados soviéticos seriam coordenados com a infantaria. "Até então, as unidades de tanques eram usadas principalmente como suporte para a infantaria", explicou Ivan Golokolenko, oficial de uma unidade de tanques que participou da Operação Urano.

> Mas essa nova ideia era muito diferente. A defesa seria rompida em algum trecho estreito do *front*, e por essa pequena brecha seriam introduzidos dois corpos de tanques. O objetivo dos corpos de tanques era contornar as zonas fortificadas e focos de resistência do inimigo e ir cada vez mais fundo para capturar os pontos realmente importantes, como pontes ou torres da cidade. A infantaria deveria seguir o progresso dos tanques e limpar o que restava – essa era a novidade.[40]

Fyodor Bubenchikov, um comandante de batalhão, também aprendeu novas táticas:

> Nas instruções a gente aprendeu novas táticas [...]. Fomos ensinados a ser flexíveis, não enfrentar diretamente o inimigo, mas a estabelecer um cerco, atacar pelos flancos, usar a artilharia. Disseram para ensinar

os soldados a não ter medo dos tanques e aviões inimigos. O principal era não fugir, não ter medo.[41]

Zhukov e Vasilevsky apresentaram seus planos finais a Stálin em meados de novembro. Zhukov disse que o líder soviético estava de "bom humor" e "nos ouviu atentamente. Como ele não se apressou em fumar seu cachimbo, [mas em vez disso] ficou cofiando o bigode sem interromper o nosso relatório nenhuma vez, era óbvio que estava satisfeito".[42]

No início da manhã de 19 de novembro, pouco antes do começo da ofensiva, uma mensagem de Stálin foi lida para as tropas. Ivan Golokolenko achou que as palavras foram "paternais [...] protetoras" e o levaram "à beira das lágrimas [...]. Foi um sentimento forte, um sentimento espiritual". E apesar de não podermos ter certeza do quanto esse tipo de reação foi comum, a evidência é de que muitos outros soldados foram afetados da mesma forma.[43] Mais uma vez, Stálin fez um apelo patriótico às suas tropas. Nesse aspecto, seu trabalho era mais direto que o de Hitler. Era fácil para os cidadãos soviéticos entenderem por que deveriam resistir. Os alemães tinham invadido suas terras e estavam tentando matá-los.

Desde o primeiro dia da ofensiva, ficou claro que a Operação Urano seria bem-sucedida. "Não se pode dizer que não enfrentamos resistência do inimigo, mas foi mais fácil que o habitual", disse Ivan Golokolenko. "Os inimigos não estavam tão ativos. Pareciam mais perdidos. Pareciam não ter preparado nenhuma área fortificada, não prepararam suas posições."

A unidade de Golokolenko tomou rapidamente o quartel-general de um destacamento romeno, bem como seu depósito:

> Capturamos muitos depósitos de munição e suprimentos de comida. Nós nos servimos com a comida que encontramos nos armazéns. Havia coisas que os soldados soviéticos nunca tinham visto na vida: alcaçuz e chocolates, linguiças e queijos, vinhos e picles – coisas incríveis. Era natural que fizéssemos uma farra. Um amigo meu, comandante de uma companhia de tanques, mal conseguiu acordar seu motorista, pois o motorista estava muito bêbado.[44]

Hitler, que ainda estava no sul da Baviera, soube do início da Operação Urano quando o general Zeitzler entrou em contato com o quartel-general na

Prússia Oriental. Hitler ordenou que o 48º Panzer, sob o comando do general Heim, rechaçasse o Exército Vermelho. Mas as forças de Heim eram inadequadas e fracassaram. Como consequência, Hitler condenou Heim à morte. Essa tentativa absurda de atribuir culpa a um general por uma catástrofe repleta de outras causas foi posteriormente retificada e a sentença comutada, mas demonstrou o estado de espírito do líder alemão na época. Ele estava reagindo como Stálin nos primeiros dias de pânico do verão de 1941, com o general Heim sendo tratado como o infeliz general Pavlov.

Apesar de os soviéticos terem rompido as forças romenas que protegiam os flancos das posições alemãs, Hitler continuou se recusando a acreditar que o 6º Exército em Stalingrado estivesse em perigo. Segundo Below, seu adjunto na Luftwaffe, mesmo reconhecendo que o 6º Exército poderia ser temporariamente cercado, Hitler acreditava que os alemães logo conseguiriam organizar uma missão de resgate eficaz.[45]

Já no terceiro dia da Operação Urano, unidades do Exército Vermelho vindas do norte se encontraram com as que vinham do sul e o 6º Exército se viu cercado. Ivan Golokolenko e seus camaradas entenderam isso como um ponto de virada na guerra. O cerco demonstrou que "éramos capazes de vencer o inimigo e essa operação continua na minha lembrança como o acontecimento mais brilhante e mais memorável da minha carreira militar". Para Golokolenko, não só o fato de os alemães e seus aliados terem sido obrigados a recuar era motivo de satisfação, mas também o Exército Vermelho ter humilhado o inimigo com um movimento tático superior.

> Nós tínhamos sido treinados para avançar à noite. [...] Era na escuridão noturna, talvez umas duas ou três horas da madrugada. Entrávamos nas casas [da aldeia] e acordávamos os alemães. Entrei numa casa e vi um oficial alemão na cama com uma mulher russa. Ele levantou e começou a se vestir diante de nós.[46]

A essa altura, Hitler fazia o trajeto de volta para o seu quartel-general na Prússia Oriental. A viagem demorou muito mais que o normal, pois ele parou o trem para falar com seus comandantes militares. E a cada parada sua mensagem não poderia ter sido mais clara – o 6º Exército estava proibido de tentar uma retirada. "O exército está temporariamente cercado por forças russas", declarou

Hitler, sem dúvida com ênfase na palavra "temporariamente", e "o 6º Exército deve saber que estou fazendo tudo para ajudá-lo e aliviá-lo".[47]

Apesar do cerco repentino, o humor no 6º Exército era relativamente positivo. Como Gerhard Münch, ainda lutando em Stalingrado, explicou: "A perspectiva de um exército ser cercado por qualquer período de tempo ou de um exército inteiro receber ordens de ficar parado era inconcebível. Essa possibilidade nunca nos ocorreu".[48]

Hubert Menzel, outro oficial alemão acuado em Stalingrado, tinha chegado à cidade poucos dias antes da ofensiva soviética, ao ser nomeado chefe de operações da 16ª Divisão Panzer. Como muitos soldados alemães, ele sabia que outras unidades da Wehrmacht já haviam sido resgatadas de cercos, principalmente no início do ano em Demyansk. Porém, de certa forma, esse conhecimento – e sua confiança na promessa de Hitler de vir em seu auxílio – criou uma atmosfera de passividade prejudicial aos soldados do 6º Exército. Assim como vários especialistas militares do pós-guerra, Menzel chegou à conclusão de que a única maneira pela qual eles poderiam ter sido salvos seria agindo rapidamente: "Se àquela altura o comando supremo tivesse conseguido enviar algo para ajudar o exército de Stalingrado a abrir caminho lutando, isso poderia ter acontecido".[49] É impossível ter certeza se teria funcionado, mas é difícil imaginar como os soldados desnutridos em Stalingrado poderiam ter aberto caminho lutando sem uma coluna de apoio próxima a eles. Mas essas discussões são puramente teóricas: Hitler nunca teria permitido uma tentativa de fuga tão precoce, pois parecia convencido de que a situação poderia ser resolvida sem as tropas alemãs saírem de Stalingrado. Quando Paulus perguntou a Hitler, alguns dias depois, se poderia tentar escapar do cerco soviético, suas ordens foram para que ficasse onde estava.

Apesar das objeções de outras pessoas, Hitler foi convencido por Göring de que seria possível abastecer o 6º Exército por via aérea. Era uma ideia ridiculamente otimista. A combinação do clima invernal com as baterias antiaéreas soviéticas significava que a meta diária de quinhentas toneladas de suprimentos jamais poderia ser cumprida por um período sustentável.

Enquanto continuavam imóveis, esperando que a crise fosse resolvida, Menzel admirava-se com a capacidade de seus homens de lidar com a situação:

> Foi um comportamento incrível, deitados numa cratera, na neve, sem conseguir dormir, com muito pouca comida e [ainda] dizendo não vou

desistir [...]. Noite após noite eles ficavam num buraco de gelo, muito mal alimentados, diminuindo [em número] o tempo todo, e ainda resistiam, atirando assim que os russos se aproximavam. Eles resistiram por um mês e meio, quase sempre superados numericamente. Quando um buraco no gelo era perdido, eles logo organizavam um contra-ataque e recuperavam o buraco na neve. Então foi uma façanha incrível.[50]

As condições para os civis soviéticos dentro da área de Stalingrado ocupada pelos alemães também pioraram depois do cerco, e, ao contrário dos soldados ao redor, eles não tinham nem mesmo rações escassas para comer. "O inverno foi muito rigoroso", disse Valentina Krutova, com 11 anos na época e tentando sobreviver ao lado do irmão mais velho e da irmã mais nova.

Nós três dormíamos na mesma cama. Não tínhamos como aquecer a casa. Não tínhamos nada para vestir. Um dia meu irmão saiu para procurar comida, mas não encontrou nada. Um dia ele subiu no sótão de uma das casas e achou um couro de vaca ou de cavalo. Ele não sabia o que fazer com aquilo. Era muito difícil de se cortar com uma faca, e ele precisou usar uma serra [...] e nós assamos a pele no fogo. Não dava para mastigar, mas conseguimos chupar. O sal que estava na pele de alguma forma saciou nossa fome. Foi assim que sobrevivemos. No final, quando a comida acabou, nós achamos que era o fim. Ficamos deitados na cama, sem levantar.[51]

Finalmente, em 12 de dezembro, foi lançada uma tentativa de resgate – a Operação Tempestade de Inverno –, sob o comando do marechal de campo Von Manstein. Apesar de um bom progresso inicial, as unidades alemãs logo começaram a atolar. O problema não era apenas o mau tempo, mas que as tropas ficassem presas numa armadilha. Os soviéticos tinham forças poderosas na área ao redor, prontas para tomar parte em outra ofensiva, a Operação Saturno, que visava isolar o Grupo do Exército A alemão ao sul. A destruição potencial do 6º Exército já era ruim o bastante, mas essa nova ameaça – tanto para o Grupo do Exército A quanto para os soldados de Manstein – era ainda pior.

À luz de tudo isso, Manstein percebeu que não poderia progredir muito mais, e convocou o 6º Exército para sair de Stalingrado lutando com o objetivo de tentar chegar até suas tropas de reforço, mas Hitler rejeitou a ideia. A deterioração da disposição para a luta do 6º Exército desde o cerco, em parte como resultado do fracasso da Luftwaffe de Göring em abastecer propriamente as tropas por via aérea, significava que qualquer tentativa de sair de Stalingrado seria praticamente suicida. Em 23 de dezembro, a tentativa de socorro de Manstein foi abandonada.

Os soviéticos sabiam que estavam prestes a obter uma grande vitória, mas subestimaram a escala de seu triunfo. Eles pensaram que havia menos de 90 mil soldados presos dentro do cerco.[52] Na verdade, mais de 250 mil alemães e seus aliados aguardavam seu inevitável destino em Stalingrado.[53]

A atmosfera entre os soldados presos era previsivelmente sombria. Por exemplo, ao saber que oficiais em seu regimento de artilharia tinham se suicidado, Gerhard Münch discutiu com seus "comandantes de companhia" se eles deveriam também "se matar". Só rejeitaram essa ideia porque, "enquanto os soldados estivessem sob nosso comando, não tínhamos nenhum direito moral de cometer suicídio".[54]

Em 12 de janeiro de 1943, numa tentativa de garantir que Hitler conhecesse a verdadeira situação do 6º Exército, Paulus ordenou que o capitão Winrich Behr, um oficial de Grupo Panzer condecorado da equipe de inteligência, fugisse do cerco e se reportasse pessoalmente ao líder alemão. Uma vez na presença de Hitler, Behr insistiu em relatar a brutal verdade. Diante do Führer e de duas dúzias de outros oficiais superiores, ele contou como os soldados do 6º Exército não estavam apenas morrendo de fome e doenças, mas também resistindo com um fornecimento cada vez menor de munições. Hitler insistiu na iminência de uma grande operação de socorro – algo que Behr, que conhecera Manstein antes de seu encontro com o Führer, sabia não ser verdade. Mesmo assim, Hitler tentou criar uma miragem de redenção iminente com sua retórica.[55] Quanto a Behr, ele considerou que o líder alemão "havia perdido o contato com a realidade. Está vivendo em um mundo de fantasia de mapas e bandeiras. [...] Foi o fim de todas as minhas ilusões sobre Hitler. Eu estava convencido de que agora nós perderíamos a guerra".[56]

Mais uma vez só podemos nos admirar com a capacidade de Hitler de se iludir. Assim como Stálin às vésperas do lançamento da Operação Barbarossa, Hitler parecia estar vivendo em uma realidade própria – uma realidade que não se conformava com os fatos. Será que ele realmente achava que o 6º Exército ainda poderia ser resgatado? É difícil de acreditar. O essencial, ele deve ter considerado, era garantir que os soldados em Stalingrado não perdessem as esperanças. Uma rendição em massa seria humilhante. Muito melhor, para fins de propaganda, que todos os soldados do 6º Exército morressem lutando.

Nessa ocasião, Below – adjunto de Hitler na Luftwaffe – ficou surpreso com a capacidade de controle do líder alemão para nunca demonstrar "um sinal de fraqueza" nem "que via qualquer situação como desesperadora [...] ele conseguia atribuir um valor positivo aos contratempos e até conseguir convencer os que trabalharam mais próximos a ele". Como consequência, até mesmo Below – que se considerava como mais realista que os outros – ainda "não acreditava que realmente perderíamos a guerra".[57]

Enquanto Behr participava de sua reunião infrutífera com Hitler, o Exército Vermelho estava havia vários dias na Operação Anel – a tentativa de libertar a cidade de Stalingrado. Os alemães e seus aliados montaram uma resistência feroz, inclusive por não haver mais sentido em economizar combustível e munição. Todos sabiam que aquele era o último bastião de resistência.

Enquanto a batalha trovejava ao redor, o comandante do batalhão Gerhard Münch recebeu ordens de sair da cidade de avião para levar despachos ao quartel-general, a mais de 160 quilômetros a oeste. "Foi uma ideia tão inconcebível", lembrou Münch, que não queria deixar sua unidade naquele momento terrível. "Minha reação inicial foi que era impossível." Mas a ordem era muito real e ele não podia questioná-la.

Münch foi levado para o único campo de pouso operacional dentro do cerco. Lá, sob o fogo da artilharia soviética, viu dois aviões pousando "depois de alguns vaivéns". Assim que os aviões tocaram o solo, ele presenciou "uma cena horrível, porque da neve, de buracos por toda parte, surgiu um número enorme de soldados. Soldados feridos e não feridos, soldados em fuga, e todos tomaram de assalto os aviões". Um dos pilotos conseguiu "estabelecer alguma ordem na multidão, para evitar que o avião ficasse sobrecarregado, e falou: 'Vamos lá, entrem na cabine comigo'".

O avião de Münch taxiou pela pista coberta de neve com vários soldados agarrados à parte externa da fuselagem, "na esperança de escapar daquela maneira". Mas a presença deles punha em risco todos a bordo do avião. Assim que decolou, o piloto adernou a aeronave de um lado para o outro e os soldados caíram na neve.

Poucas horas depois, Münch estava em relativa segurança no quartel--general. Ele nunca se livrou do "trauma" de deixar suas tropas para trás: "Isso fica com você. Os soldados acreditavam em mim, e havia aquela relação de confiança entre os soldados e o comandante que está no cerne de qualquer operação militar, e naquele momento eu tive que partir".[58]

No mesmo dia em que Münch escapou de Stalingrado, Paulus perguntou a Hitler se poderia render o 6º Exército. Era óbvio que seria inútil continuar resistindo. Mas Hitler rejeitou o pedido. Isso ia contra a narrativa de martírio que estava construindo. E, como parte desse mito, oito dias depois, ele promoveu Paulus a marechal de campo. Foi um sinal para que Paulus cometesse o suicídio, já que nenhum marechal de campo alemão jamais havia sido capturado antes. Mas Paulus se recusou, e foi levado vivo pelos soviéticos que entraram na cidade.

Hitler ficou fora de si quando soube das notícias sobre Paulus. E a transcrição da conferência sobre a situação em que desabafou sua fúria apresenta um vislumbre revelador de sua mentalidade. "Isso me dói muito", falou,

> porque o heroísmo de tantos soldados é destruído por um único fracote covarde. [...] O que isso significa "Vida"? [...] o indivíduo realmente tem que morrer. O que permanece vivo além do indivíduo é o povo. Mas como alguém pode temer esse momento – pelo qual ele [pode se libertar] do sofrimento [...]!

Mas Paulus trocou a ideia de ganhar "imortalidade nacional" por ser comido por "ratos" em uma prisão soviética.[59]

O problema fundamental, disse Hitler, era que entre os alemães "o intelecto é cultivado demais e a força de caráter não o suficiente". Era vital que essa situação fosse revertida e fosse ensinada "força de caráter" em detrimento do intelecto. Se isso não acontecesse, "nunca chegaremos a uma espécie que possa, sozinha, resistir aos pesados golpes do destino. Isso é decisivo".[60] Para Hitler era fácil ver o curso das ações que os soldados alemães deveriam tomar se fossem cercados: "Você se reúne, constrói uma defesa ao redor, e se mata com o último cartucho".[61]

Na cabeça dele estava evidente a necessidade do autossacrifício se a vitória não pudesse ser obtida. Mas quantos de seus seguidores concordavam com ele?

13

A LUTA CONTINUA

São muitos os benefícios desfrutados por um líder carismático e bem-sucedido de uma grande potência: o público o adora a ponto de quase venerá-lo, é possível tomar decisões importantes inteiramente por conta própria e – acima de tudo – você tem conhecimento de que é uma figura épica que será lembrada pela história. Mas há uma gigantesca desvantagem potencial. Se as coisas derem errado, é difícil se evadir da culpa. E esse foi o problema enfrentado por Adolf Hitler no rescaldo da derrota alemã em Stalingrado.

A solução de Hitler foi simples – desaparecer. E embora Stálin também tenha sumido durante os desastrosos primeiros dias da Operação Barbarossa, a motivação de Hitler em face de calamidade semelhante não foi exatamente a mesma. No início de 1943, é quase certo que Hitler se sentia em maior segurança no poder do que Stálin no verão de 1941, mesmo diante da perda do 6º Exército. Por uma variedade de razões institucionais e pessoais que ainda exploraremos, era difícil destituir Hitler. Porém, como líder, especialmente um líder que dependia de sua autoridade carismática, ele entendia ser imensamente prejudicial para o seu prestígio estar associado ao fracasso.

Portanto, coube a Hermann Göring a ingrata tarefa de fazer o discurso em 30 de janeiro de 1943, para marcar o décimo aniversário da nomeação de Hitler como chanceler. Göring tentou retratar a aniquilação do 6º Exército como um sacrifício heroico, semelhante a Leônidas e os espartanos que lutaram em menor número contra os persas nas Termópilas. Mas o paralelo histórico não era eficaz. Os espartanos não foram cercados nas Termópilas pelas táticas superiores do inimigo. Nem os espartanos se renderam em massa como o 6º Exército, embora os nazistas tenham feito o possível para manter esse fato escondido do povo alemão, alegando que todos haviam lutado até o fim.

Göring argumentou que, como a "Providência" permitiu que um "simples lutador" como Adolf Hitler atingisse a grandeza, isso era uma garantia de "vitória". Como seria possível, perguntou, que "tudo isso não tenha sentido"? Quanto aos vencedores em Stalingrado, afirmou que os soviéticos estavam então com suas "últimas reservas", e que o Exército Vermelho era formado por "velhos cansados e meninos de 16 anos".[1] Era uma afirmação totalmente em desacordo com a realidade, já que aquele grupo heterogêneo acabara de esmagar o poderoso 6º Exército.

Não foi o melhor momento de Göring. Na verdade, seus melhores momentos já haviam ficado para trás. Sua impotência atual foi simbolizada pelo surgimento de bombardeiros dos Aliados sobre Berlim naquele mesmo dia – o que fez com que seu discurso fosse adiado em uma hora. Foi uma demonstração humilhante de seu próprio fracasso como chefe da Luftwaffe, pois Göring havia prometido que a capital alemã nunca seria atacada.[2]

No mesmo dia em que Göring tentou abrilhantar a derrota alemã em Stalingrado, Joseph Goebbels leu uma proclamação de Hitler. A declaração fez apenas alusão indireta a Stalingrado – referindo-se a uma "luta heroica" no Volga. Goebbels preferiu se concentrar na "onda bolchevique-asiática central" que agora ameaçava "se abater" sobre a Europa.[3] Esta, afirmou, era a principal razão pela qual os alemães precisavam continuar lutando. A partir desse momento até o fim da guerra, Hitler tentaria aterrorizar o povo alemão, alertando sobre o que os esperava no caso de rendição. Não dito, mas compreendido – uma vez que todos conheciam a natureza brutal da guerra travada em solo soviético pelos alemães – que o Exército Vermelho estaria em busca de vingança. Portanto, não havia alternativa a não ser resistir até o fim.

Goebbels incrementou essa mensagem duas semanas depois, em seu mais famoso discurso, o da Guerra Total. "O objetivo do bolchevismo é a revolução mundial judaica", declarou. "Eles querem disseminar o caos no Reich e na Europa [...]. Uma bolchevização do Reich significaria a liquidação de toda a nossa intelectualidade e liderança, e a queda de nossos trabalhadores na escravidão judaico-bolchevique."

Como os alemães deveriam então enfrentar esse perigo? – perguntou Goebbels. Adotando "métodos equivalentes, embora não idênticos" aos dos bolcheviques, foi sua resposta. O que significava seguir uma política de "Guerra Total". Boates, bares, lojas de artigos de luxo iriam fechar e o povo alemão teria de trabalhar mais horas. Goebbels encerrou seu discurso fazendo uma série de perguntas retóricas, como "Você concorda que os que prejudicam o esforço de guerra devem perder a cabeça?" e "Sua confiança no Führer é maior, mais fiel e inabalável do que nunca?".[4] Apesar de a plateia extasiada de Goebbels ser formada por apoiadores do regime, ainda assim foi uma demonstração de bravura.

Fora dos holofotes, Goebbels não estava tão confiante assim. Segundo Albert Speer, ministro de Armamentos, ele não estava apenas falando de uma "crise de liderança", mas de uma "crise do Líder".[5] Parte do problema, argumentou Goebbels, era a influência que Martin Bormann, chefe da Chancelaria do Partido, exercia sobre Hitler. Cada vez mais ele se tornava o guardião do líder alemão – uma situação que causava ressentimentos em muitos da velha-guarda.

Goebbels e Speer queriam colocar Bormann de lado e ganhar mais influência sobre Hitler ao criar um novo comitê consultivo. O plano era que Hermann Göring presidisse esse novo grupo, tendo Speer e Goebbels como membros proeminentes. Em retrospecto, Göring parece uma escolha estranha para o papel, mas seu legado no Reich continuava firme, tanto como chefe do Plano de Quatro Anos como também no papel de um dos defensores originais da causa nazista.

No entanto, houve um problema na tentativa de obter o apoio de Göring. Ele estava furioso com Goebbels, em parte porque seu restaurante favorito em Berlim, o Horcher, fora fechado em consequência da campanha de austeridade da Guerra Total. Por essa razão, Speer viajou para fazer uma visita a Göring em sua casa em Obersalzberg, nas montanhas do sul da Baviera, numa tentativa de fazer as pazes. Quando se encontrou com Göring, Speer "ficou surpreso" com sua aparência. O Reichsmarschall estava com as "unhas esmaltadas" e "obviamente com ruge nas faces, ainda que eu já conhecesse o enorme broche de rubi no roupão de veludo verde". Enquanto ouvia Speer, Göring "de vez em quando tirava um punhado de pedras preciosas do bolso e brincava com elas entre os dedos".[6]

A reunião correu bem. Göring concordou que Bormann tinha acumulado muito poder e que algo deveria ser feito a respeito. Também pareceu disposto a perdoar Goebbels. Assim, o ministro da Propaganda imediatamente voltou ao seu quarto no Obersalzberg e escreveu em seu diário que Göring "me recebeu com muito afeto e foi muito sincero. Sua maneira de se vestir é um tanto barroca e, para alguém que não o conhecesse, pareceria quase risível. Mas é assim que ele é, e precisamos aceitar suas idiossincrasias...".[7]

Goebbels explicou sua intenção de que Göring liderasse um novo Conselho Ministerial para a Defesa do Reich. Mais uma vez, Göring foi receptivo à ideia.[8] Mas apesar de ter dito mais tarde a Speer que "isso vai funcionar" e que Göring "realmente voltou à vida",[9] Goebbels era suficientemente perspicaz para ver que Göring tendia a ver os fatos "um pouco ingenuamente". Por exemplo, Göring não conseguia "entender como a plutocracia britânica" poderia fazer uma "aliança tão forte com o bolchevismo" – algo que para Goebbels demonstrava a incapacidade de Göring de "diferenciar conveniência e convicção real". Göring também perguntou "em desespero onde o bolchevismo ainda consegue suas armas e soldados" – uma questão que Goebbels descartou como "sem importância". O que importava era que o Exército Vermelho "sempre consegue mais".[10]

Assim que conquistaram a adesão de Göring ao plano, Speer e Goebbels viajaram à Ucrânia para vender a ideia ao Führer. Os dois encontraram um Hitler volátil, em seu quartel-general avançado em Vinnitsa. Ele estava "muito irritado com os italianos", porque

> na verdade eles não estão fazendo nada. Eles não são bons para o *front* oriental; não são bons para o Norte da África; não são bons para a guerra submarina; não são bons nem nas defesas antiaéreas domésticas. O Führer está certo ao perguntar por que afinal eles estão na guerra!

Hitler também estava irritado com seus generais: "O julgamento do Führer sobre as qualidades morais dos generais – e isso se aplica a todas as forças armadas – é arrasador. [...] Todos eles o enganam, são bajuladores, apresentam estatísticas que qualquer criança pode contradizer, e portanto insultam a inteligência do Führer".[11]

Goebbels achou que não era o momento mais adequado para convencer Hitler a adotar seu plano, e por isso resolveu esperar até um pouco mais tarde. Mas as coisas também não melhoraram no jantar, com a notícia de que Nuremberg, a cidade que sediava os comícios do Partido Nazista desde os anos 1920, fora submetida a um grande ataque de bombardeiros dos Aliados. Furioso, Hitler ordenou que Karl Bodenschatz, o representante da Luftwaffe de Göring, fosse tirado da cama e trazido até ele. Hitler arengou com Bodenschatz sobre as deficiências da defesa antiaérea alemã em geral e a liderança de Hermann Göring em particular.[12] Com tudo isso, Speer e Goebbels decidiram não mencionar seu plano durante a visita a Vinnitsa.

Posteriormente, Speer pensou melhor sobre a capacidade de Göring de exercer uma nova posição de liderança. Poucas semanas depois do encontro com Hitler, em uma conferência sobre a indústria de aço em Obersalzberg, ele viu Göring chegar "num estado de espírito eufórico, com as pupilas visivelmente contraídas", primeiro reclamando com os especialistas industriais sobre "altos-fornos e metalurgia", antes de despejar "uma sucessão de lugares-comuns" como a necessidade de "produzir mais" e não "se intimidar com inovações". Depois de "duas horas" disso, "o discurso de Göring perdeu o ímpeto e sua expressão foi ficando cada vez mais ausente. Por fim, de repente, deitou a cabeça na mesa e adormeceu com a maior tranquilidade".[13]

A comédia de humor negro dessa tentativa fracassada de influenciar Hitler é importante, pois nos diz muito sobre como o Terceiro Reich funcionava nas semanas imediatamente após Stalingrado. Embora os líderes nazistas sempre tivessem tentado, desde a formação do partido, se colocar em posições de influência, o que acontecia então era de outro nível de urgência.

Surpreendentemente – apesar de toda a conversa de Goebbels sobre uma "crise do Líder" –, não houve nenhuma tentativa de enfrentar o problema central: Adolf Hitler. Ele era a principal razão pela qual as coisas estavam funcionando tão mal. A única esperança de mudança radical era o afastamento de Hitler. Ainda assim, Goebbels e Speer não fizeram nenhuma tentativa de destituí-lo e parece que nunca se perguntaram de que forma a redução da influência de Bormann sobre Hitler, substituindo-o pela figura claramente inadequada de Hermann Göring, poderia resolver as coisas.

No entanto, foi Göring, em sua discussão original com Goebbels, que ofereceu um dos esclarecimentos mais valiosos da razão por que os líderes nazistas relutavam tanto em agir contra Hitler. "Göring entende perfeitamente o que o futuro reserva para todos nós se mostrarmos qualquer fraqueza nesta guerra", escreveu Goebbels.

Ele não tem ilusões sobre isso. Sobre a questão judaica, especialmente, assumimos uma posição da qual não há como escapar. Isso é muito bom. A experiência mostra que uma decisão e um povo que queimaram suas pontes lutam com muito mais determinação do que os que ainda podem recuar.[14]

Goebbels sabia muito bem o que estava acontecendo no Leste. Como escreveu em seu diário, em março de 1942, um

> procedimento bastante bárbaro, que não deve ser explicitado, está sendo aplicado aqui, e não resta muito dos judeus. Ao todo, podemos dizer que 60% deles têm de ser liquidados, enquanto apenas 40% ainda podem ser usados para o trabalho [...]. Não devemos deixar o sentimentalismo determinar essas questões. Se não apartássemos os judeus, eles nos destruiriam. É uma luta de vida ou morte entre a raça ariana e o bacilo judeu.[15]

Contra o pano de fundo de seu apoio a esse crime hediondo, Goebbels e Göring devem ter considerado terem poucas alternativas – exceto continuar e torcer por uma vitória.

Mas o que estava acontecendo era mais que uma mera resignação diante dos acontecimentos. Em Vinnitsa, Goebbels conversou com Hitler até as três da manhã. Foi uma "longa e íntima troca de pontos de vista" que lhe rendeu "muitas esperanças quanto ao futuro".[16] A conversa com seu Führer o fez "ganhar uma grande medida de força". Speer, que acompanhou essa transformação em Goebbels, escreveu que "depois disso ele não falou mais de 'uma crise do Líder'. Pelo contrário, parecia até ter recuperado sua antiga confiança em Hitler".[17]

Goebbels – provavelmente o mais inteligente da elite nazista e certamente o mais radicalmente sarcástico – não era de se deixar levar pela emoção. Mesmo assim, foi como se Hitler o tivesse encantado com um truque de mágica. E não era a primeira vez que isso ocorria. Em 1926, durante uma conferência nazista em Bamberg, no norte da Baviera, Goebbels ficou tão desapontado com as opiniões de Hitler sobre política que escreveu em seu diário que se sentia "desanimado" e "não conseguia mais acreditar totalmente em Hitler".[18] Ainda assim, dois meses depois, quando Hitler o convidou para ir a Berlim passar algum tempo com ele, o ministro da Propaganda recuperou toda a confiança em seu Führer. Ele escreveu: "Adolf Hitler, eu o amo porque você é grandioso e simples ao mesmo tempo. Isso é o que se pode chamar de gênio". Diferenças políticas pareciam então insignificantes, o que importava era ter fé no líder.[19]

Goebbels não era absolutamente a única pessoa que Hitler afetava dessa forma. "Eu presenciei exemplos disso, de homens que vinham dizer que não aguentavam mais – e até diziam isso para ele", relatou Ulrich de Maizière, um oficial do Estado-Maior que compareceu a reuniões com Hitler na fase final da guerra.

> Então ele falava durante uma hora e eles saíam dizendo: "Eu quero tentar de novo". [...] Bem, ele tinha uma tremenda força de vontade, você sabe, e poderes de persuasão capazes de escamotear quaisquer argumentos racionais [...] se ele ordenasse o ataque ao Cáucaso e o especialista em logística dissesse que não havia combustível suficiente, ele dizia: "Basta confiscar a gasolina. Não me interessa, isso será feito".[20]

Mas, apesar de não haver dúvidas de que Hitler tivesse fortes "poderes de persuasão", como afirmou Maizière, também temos de entender que esses "poderes" só funcionavam com aqueles predispostos a serem persuadidos – os que precisavam desesperadamente acreditar que havia uma saída para a difícil situação da Alemanha. Eles se lembrariam de que no passado Hitler provou estar certo quando outros duvidaram dele. Quem poderia se esquecer, por exemplo, da vitória na França que muitos consideravam impossível? Agora eles esperavam por uma transformação semelhante. Como declarou Hitler em 1927:

> Tenham certeza, nós também colocamos a *Glauben* [fé] em primeiro lugar, e não a cognição. É preciso ser capaz de acreditar em uma causa. Só a *Glauben* pode criar um Estado. O que motiva as pessoas a lutar e morrer por ideias religiosas? Não a cognição, mas a fé cega...[21]

Stálin, por outro lado, nunca teria pedido aos seus companheiros soviéticos para morrerem por uma "fé cega". Ele era racionalista demais para isso.

Portanto, não chega a surpreender que Hitler tivesse problemas para lidar com pessoas que não o apoiavam essencialmente por "fé" – como o marechal de campo Von Manstein, um dos melhores estrategistas da Wehrmacht. Heinz Guderian escreveu mais tarde que tentou fazer com que Hitler nomeasse Manstein como chefe da Wehrmacht no final da guerra, mas como Manstein "formava suas próprias opiniões e as pronunciava em voz alta", Hitler preferiu ficar com Keitel, que tentava "realizar todos os desejos de Hitler antes mesmo de terem sido enunciados".[22] Isso não quer dizer que Manstein não estivesse totalmente comprometido com a vitória alemã, mas sim que ele não demonstrava "fé cega" no suposto gênio de Adolf Hitler.

Quanto a Guderian, ele viu pessoalmente a tentativa de Hitler de influenciar as emoções das pessoas ao seu redor quando visitou o quartel-general do Führer no final de fevereiro de 1943. Guderian fora demitido como comandante militar pouco mais de um ano antes, quando se queixou da decisão de não se retirar de Moscou, e desde então não tinha mais visto o líder alemão. Agora percebia que Hitler havia "envelhecido muito" durante aquele período. Hitler disse que queria Guderian de volta como inspetor-geral da Divisão de Blindados e que lamentava os "inúmeros mal-entendidos" ocorridos entre eles. É importante ressaltar que em seguida acrescentou as seguintes palavras: "Eu preciso de você".[23] Esse tipo de apelo pessoal era típico de Hitler. Peter von der Groeben, chefe de operações do Grupo do Exército Central, lembrou-se de como,

> no final de cada reunião, ele [Hitler] sempre se dirigia pessoalmente ao marechal de campo responsável e dizia: "Mas você não vai me abandonar", apertando a mão dele com as duas mãos. [...] Ele tinha uma capacidade imensa de manipular e influenciar pessoas.[24]

Guderian disse que aceitaria o cargo, mas com a condição de se reportar diretamente a Hitler. Isso foi acordado, mas ele logo percebeu ser impossível realizar seu trabalho, pois seus esforços eram frustrados por nazistas mais poderosos. Quando conheceu Himmler, por exemplo, Guderian descobriu que o líder da SS estava seguindo uma agenda própria para a Waffen SS, apoiado por Hitler. Quanto a Göring, ele simplesmente recusava-se a se encontrar com Guderian. "Aquele senhor", escreveu Guderian, "estava muito preocupado com suas atividades não militares para me ceder o tempo necessário".[25]

Longe dessas maquinações políticas, cidadãos comuns alemães tentavam chegar a bons termos com a catástrofe de Stalingrado. Foi uma tarefa dificultada pela decisão de Hitler e Goebbels de mentir sobre o que havia acontecido com os soldados do 6º Exército. Apesar de o Exército Vermelho ter feito mais de 90 mil prisioneiros, os nazistas afirmavam que todos os alemães haviam morrido em Stalingrado – todos mortos em um imenso *Götterdämmerung* [Crepúsculo dos deuses]. Essa impostura acabou sendo um monumental erro de propaganda, pela previsível razão de ser impossível manter em segredo o verdadeiro destino dos soldados capturados. "Nem todos vão conseguir resistir à tentação de tentar ouvir as notícias pelas transmissões do inimigo", alertou um oficial da assessoria de imprensa e unidade de informação do Ministério do Exterior. "Aos olhos das massas comuns, 'feito prisioneiro' é muito diferente de 'morto', por mais que tenham sido informados de que os russos assassinavam todos os seus prisioneiros."[26]

Os soviéticos reconheceram imediatamente esse tipo de propaganda e espalharam folhetos pelas linhas alemãs com os nomes dos prisioneiros levados com vida. Um desses folhetos chegou a uma mulher alemã, que tentou entrar em contato com parentes das pessoas citadas. Quando interrogada pela Gestapo, disse que "queria ajudar as pessoas afetadas" por "sentir pena [...] dos que não tinham notícias dos parentes".

A Gestapo ficou diante de um dilema. A mulher não era uma subversiva – não só havia perdido parentes próximos na Primeira Guerra Mundial como também um de seus filhos na guerra atual. Sua motivação parecia ser meramente compaixão por seus compatriotas alemães. No entanto, ela estava disseminando as "mentiras" do inimigo. No fim, a Gestapo decidiu libertá-la com um alerta. Era exatamente o tipo de confusão que enfraquecia o moral, que poderia facilmente ter sido evitada se o regime não tivesse contado uma mentira tão óbvia.[27]

Enquanto suas famílias eram informadas de que estavam mortos, os alemães capturados em Stalingrado definhavam no cativeiro soviético. Muitos deles, compreensivelmente, se sentiam completamente desiludidos. Durante o tempo em que esteve preso, Gerhard Hindenlang, comandante de batalhão do 6º Exército, lembrou-se das palavras de Hitler nos últimos dias de Stalingrado: "Ele nos mandou uma mensagem pelo rádio, fiquem firmes porque nós vamos substituí-los. [...] E nós acreditamos nisso. Acreditamos totalmente nisso. [...]

É claro que fiquei amargamente desapontado". Quando caiu em mãos soviéticas, Hindenlang foi torturado. Lembrou do seguinte: "Eles me bateram com pedaços de pau usados para acender o fogão", e em outras ocasiões, "eles cobriam minha cabeça com uma toalha e jogavam água em cima, e isso é terrível porque você não consegue respirar [...]". Hindenlang chegou à conclusão de que stalinismo e nazismo "eram exatamente a mesma coisa. Ambos eram sistemas cruéis. Achei que nunca mais ia voltar para casa".[28]

Hubert Menzel, chefe de operações da 16ª Divisão Panzer em Stalingrado, descreveu de que forma seus captores os

> atacaram e saquearam, saquearam, saquearam [...] eles tiravam tudo de nós, qualquer coisa de valor. O que conseguissem encontrar. Incompreensível para nós. Fosse um lenço, uma cueca, um cachecol, para os russos tudo isso eram tesouros. Fomos revistados e saqueados, várias vezes.

Menzel fez um grande esforço para tentar esconder sua aliança de noivado, até mesmo rastejando "sob uma pilha de cadáveres" para se esconder. "Puxei os cadáveres para cima de mim, os mortos já tinham sido totalmente saqueados, e assim não fui roubado." À medida que eram levados para trás das linhas,

> o saque diminuiu, pois agora estávamos fora da zona de batalha. Mas fomos ficando cada vez mais fracos, já que quase não havia comida, o frio era muito, muito intenso. E assim que alguém desmaiava, era simplesmente abatido. Ouvia-se um estampido, um tiro na base do crânio ou nas costas e ele ficava estirado no chão. Assim, o número dos que continuavam marchando ia diminuindo.

A situação de Menzel piorou quando ele foi obrigado a puxar um

> trenó carregado com artigos roubados dos soldados mortos, pois os russos tinham utilidade para qualquer coisa. [...] Eles simplesmente carregaram tudo [no trenó] – uma coisa enorme, era incrivelmente pesado. Eu mesmo puxei o trenó por muito, muito tempo, fui muito espancado [e] perdi alguns dentes. [...] Eu estava quase acabado.[29]

Por fim, Menzel foi preso em um campo perto dos montes Urais, onde uma epidemia de tifo eclodiu entre os prisioneiros de guerra:

Todas as manhãs nós separávamos três, quatro ou cinco mortos, e tentávamos posicioná-los bem [nas suas camas] por mais dois ou três dias para recebermos suas rações, que eram distribuídas igualmente. Era assim que arrumávamos os mortos perto de nós. É um tanto macabro, mas é a verdade. Morrer e, tudo isso, fazia parte da rotina diária. [...] Era como os mortos nos ajudavam...

Menzel enfrentou outro desafio. Assim como muitos prisioneiros alemães, ele foi convidado a ingressar no chamado Comitê Nacional e declarar publicamente que era um "antifascista". Em troca, disseram que receberia um tratamento melhor: "Os que assinaram eram designados para trabalhinhos leves. Os outros iam para os trabalhos forçados. Eles disseram, se vocês não assinarem, vão direto para o trabalho". Mas Menzel se recusou a assinar: "Era óbvio qual o propósito daquilo – era para ter um efeito nas nossas linhas, influenciar [os soldados] que ainda estavam lutando". Ele considerou como seu dever não "ser forçado a minar" seu *front*. Por causa disso, foi "consignado ao chamado isolamento político, [e] levado para o notório Bloco Seis, onde ficamos completamente isolados até o verão de 45. Essa era a resposta aos que não se submetiam a esse Comitê Nacional". Menzel só foi afinal libertado de um campo soviético em 1955, doze anos após sua captura em Stalingrado. Olhando para trás, ele acredita que conseguiu sobreviver porque "sou uma mobília velha relativamente sólida" e "capaz de resistir a muitas coisas".[30]

Mas não era só a capacidade dos prisioneiros de guerra alemães de "resistir a muitos" maus-tratos que afetava suas chances de sobrevivência. Outro fator era a patente. Como regra geral, os soviéticos – contrariando quaisquer princípios igualitários – tratavam os oficiais melhor que os soldados rasos. Incríveis 90% dos soldados comuns do 6º Exército morreram depois de caírem nas mãos dos soviéticos, em comparação a apenas 5% dos oficiais de alta patente. Os soviéticos viram claramente o valor da propaganda de manter os generais alemães vivos e "convertê-los" à sua causa.[31] Foi isso que deixou os oficiais alemães de baixa patente, como Joachim Stempel, tão furiosos. Ele contou que "minutos" depois da captura "o general não estava mais com as tropas – já estava num trem rápido e aquecido, com lençóis brancos na cama e toalha na mesa, a caminho da prisão para generais em Moscou".[32]

Walter Mauth, um soldado raso de vinte e poucos anos da 30ª Divisão de Infantaria da Wehrmacht, passou pelo tipo de tratamento que os prisioneiros alemães menos graduados poderiam esperar. Capturado em 1944, ele foi "roubado" pela primeira vez quando um soldado do Exército Vermelho disse que "ele precisava marchar até Berlim, e por isso precisava de bons sapatos. Então ele reparou nas minhas meias, os russos não tinham meias, só panos enrolados nos pés. 'Tire isso!' [disse o soldado]. E eu fiquei lá descalço". Pouco depois, Mauth descobriu que

> atrás das linhas, os russos empregavam mulheres, e o atendimento médico era basicamente deixado para elas. As mulheres vieram, armadas, e queriam me matar de pancadas, aí chegou um tenente que me defendeu daquelas mulheres, e aí eu disse: "Eu nunca vou me casar!". Foi o que eu disse na época: "Se as mulheres são tão violentas assim, eu não vou me casar!". Elas estavam furiosas com a gente, furiosas [...] [Os alemães] tinham destruído tudo, podem ter matado seus maridos, seus irmãos, sei lá.

Quando já estava preso em um campo soviético, Mauth definiu sua vida como "horrível demais, brutal e nós sentíamos fome, fome, fome e mais fome". Alguns prisioneiros ficaram tão desesperados que "mataram o cachorro do guarda-florestal" e o "destrincharam no campo". Uma vez que não havia como cozinhar,

> eles devem ter comido a carne crua. [...] Claro que é difícil imaginar, mas [...] o que nós conhecemos aqui [hoje] não é fome de verdade, nós simplesmente comemos porque temos apetite ou algo assim. Fome é você estar deitado e se levantar e cair de novo porque tudo fica escuro, isso é fome. Era o que acontecia com a gente. Aconteceu comigo pessoalmente.[33]

Walter Mauth foi um dos prisioneiros de guerra alemães mais afortunados. Ele foi capturado depois que a taxa de mortalidade atingiu o auge nos campos – um pico de quase 60% no início de 1943.[34] Porém, no contexto desse número de mortos, precisamos lembrar o destino dos soldados soviéticos capturados pelos alemães. Dos 5,7 milhões feitos prisioneiros durante a guerra, aproximadamente 3,3 milhões morreram. A maior proporção de mortos soviéticos se deu em dezembro de 1941, quando dos 3,35 milhões de soldados capturados nos primeiros seis meses da guerra, incríveis 2,25 milhões perderam a vida nas mãos dos alemães.[35] Em comparação, dos 3 milhões de alemães feitos prisioneiros pelo Exército Vermelho, mais de 2 milhões sobreviveram à experiência.[36]

Enquanto as autoridades soviéticas processavam o grande número de prisioneiros de guerra feitos em Stalingrado, Stálin e seus comandantes militares decidiram montar outra ampla série de ataques na linha de frente, em uma ação não muito diferente da fracassada ofensiva contra os alemães um ano antes, que culminou no desastre de Kharkov.

A decisão de tentar um gigantesco cerco ao 2º Exército Panzer, o coração das forças alemãs no centro do *front*, pode parecer estranha tendo em vista a experiência passada, mas é um lembrete valioso de que a história raramente oferece explicações simples. Seria fácil – e equivocado – pensar que, ao permitir que Zhukov e Vasilevsky planejassem a Operação Urano, Stálin havia mudado fundamentalmente seu comportamento, e que o líder soviético seguiria um colegiado e perceberia suas limitações como comandante. Apesar de ter identificado em qual de seus subordinados estava disposto a confiar – Zhukov em particular –, ele não adotaria uma abordagem mais passiva na formulação e na execução da estratégia soviética. Na esteira do grande sucesso da Operação Urano, Stálin recuperou a autoconfiança e voltou a dominar a tomada de decisões militares. A mentalidade que causou o desastre de Kharkov continuava vigente.

Essa nova ofensiva no centro do *front* foi um fracasso. O marechal Rokossovsky definiu-a depois como um "erro crasso". Considerou que os "apetites" tinham "prevalecido às possibilidades".[37] Uma vez no sul, apesar das vitórias iniciais – inclusive a captura de Kharkov –, o Exército Vermelho logo começou a sofrer reveses. Reforçadas por três unidades de elite da SS, inclusive a guarda pessoal de Hitler, a Leibstandarte, as tropas alemãs sob o comando do marechal Von Manstein rechaçaram o Exército Vermelho e recapturaram Kharkov um mês depois. Mais uma vez, a liderança de Stálin havia fracassado. Mais uma vez, ele fora derrotado pela capacidade tática superior do inimigo.

Esses reveses só serviam para alimentar a irritação de Stálin com a aparente falta de ajuda dos Aliados ocidentais. Apesar de eles não estarem inativos – forneciam ajuda à União Soviética na forma de empréstimos, combatiam as forças do Eixo no Norte da África e bombardeavam a Alemanha –, para Stálin a questão central permanecia: quando eles começariam a libertação da Europa Ocidental e abririam um segundo *front*? Para ele, todo o resto era um espetáculo à parte. Assim, a sensação de que os britânicos e os norte-americanos o estavam enganando sobre quando esse segundo *front* seria lançado só o deixava ainda mais furioso.

Em dezembro de 1942, Stálin escreveu aos Aliados:

> Estou confiante em que nenhum tempo está sendo perdido, que a promessa de abrir um segundo *front* na Europa, que o sr. Presidente e o sr. Churchill previram para 1942 ou no mais tardar para a primavera de 1943, será mantida, e que um segundo *front* na Europa seja realmente aberto em conjunto pela Grã-Bretanha e os Estados Unidos na próxima primavera.[38]

Depois dessa carta, Stálin continuou a pressionar os britânicos e norte-americanos por uma data definitiva para o segundo *front*, escrevendo em 30 de janeiro de 1943 a Churchill e Roosevelt que era seu "entendimento" que os Aliados haviam se atribuído "a tarefa de esmagar a Alemanha com a abertura de um segundo *front* na Europa", e que ficaria "muito grato por obter informações sobre a operação planejada para esse propósito".[39]

Stálin finalmente recebeu uma resposta de Churchill, em 12 de fevereiro de 1943. "Nós também estamos empenhados nos preparativos no limite de nossos recursos para uma operação de travessia do canal em agosto, com a participação de unidades britânicas e dos Estados Unidos", escreveu.

> Mais uma vez aqui, navios e lanchas de desembarque serão fatores limitadores. Se a operação for atrasada pelo clima ou outras razões, será preparada com tropas mais reforçadas para setembro. A sincronia desse ataque, claro, dependerá das condições das possibilidades defensivas dos alemães do outro lado do canal na ocasião.[40]

Para Stálin, era óbvio que Churchill e Roosevelt ainda não estavam demonstrando um compromisso absoluto em abrir um segundo *front* em 1943, e que tinham visivelmente deixado de manter a data prévia da invasão da França "o mais tardar na primavera de 1943". Stálin ficou ainda mais impaciente quando reforços alemães chegaram ao *front* oriental, nos primeiros meses de 1943. Argumentou que aquelas eram as mesmas unidades que deveriam nesse momento estar lutando contra os britânicos e norte-americanos na França depois do lançamento do prometido segundo *front*.

O embaixador soviético em Londres, Ivan Maisky, anotou em seu diário a razão pela qual pensava que os Aliados ocidentais estavam se comportando daquela maneira, uma opinião compartilhada por muitos cidadãos soviéticos. Em 5 de fevereiro, escreveu que "por um lado" a "classe dominante" da Grã-Bretanha gostaria de esperar o Exército Vermelho enfraquecer enormemente os alemães antes de invadir a França, mas não queria demorar muito para que os soviéticos não conseguissem chegar a Berlim antes deles. Consequentemente, britânicos e norte-americanos queriam que o segundo *front* fosse lançado "nem muito cedo nem muito tarde", mas "*bem a tempo*".[41] Era uma visão que definia todas as desculpas de Londres e Washington sobre a falta de lanchas de desembarque e outros problemas práticos como mera camuflagem, por trás da qual estava uma Realpolitik implacável e uma total desconsideração pelo número cada vez maior de soviéticos mortos. Embora fosse uma visão cética dos acontecimentos, muitas evidências circunstanciais poderiam comprová-la. Por exemplo, o senador – depois presidente – Harry Truman disse publicamente, logo após a invasão da União Soviética no verão de 1941, que "se virmos que a Alemanha está vencendo, devemos ajudar a Rússia e, se a Rússia estiver vencendo, devemos ajudar a Alemanha, e assim deixá-los se matar o máximo possível", ainda que "eu não queira ver Hitler vitorioso sob quaisquer circunstâncias".[42] O *Wall Street Journal* foi ainda mais longe, afirmando mais ou menos na mesma época que "o povo [norte-]americano sabe que a principal diferença entre o sr. Hitler e o sr. Stálin é o tamanho de seus respectivos bigodes".[43]

Desde então os tempos haviam mudado. Não só os norte-americanos entraram na guerra como os soviéticos reagiram aos alemães com mais sucesso do que muitos acreditavam ser possível. De todo modo, na primavera de 1943 e no contexto da demora do segundo *front*, não era preciso ser tão desconfiado quanto Stálin para achar que Churchill e Roosevelt estavam secretamente felizes em deixar o Exército Vermelho aguentar o maior impacto da luta, e que o sentimento antissoviético do verão de 1941 continuava existindo em certas facções.

Não havia dúvidas de que britânicos e norte-americanos não estavam tratando a União Soviética como uma aliada integral. Os britânicos se recusavam a revelar aos soviéticos detalhes sobre a quantidade total de equipamentos militares. Por exemplo, eles sonegaram inovações para confundir radares e bombas com miras de precisão. Os norte-americanos eram ainda mais reticentes. Eles não permitiram que os britânicos falassem com os soviéticos sobre muitas outras novas tecnologias, como os últimos desenvolvimentos em motores a jato.[44]

Oliver Harvey, do Ministério das Relações Exteriores britânico, resumiu em seu diário o dilema vivido por muitos dos Aliados ocidentais. "Os russos são aliados muito cansativos, importunos, deselegantes, ingratos, reservados, desconfiados, sempre pedindo mais, mas estão cumprindo sua tarefa. [...] Eles estão ganhando a guerra para nós."[45]

Depois de ler atentamente o despacho de Churchill e tomar conhecimento das desculpas britânicas sobre o segundo *front*, Stálin expressou seu descontentamento em uma nota de 15 de março de 1943. "Considero meu dever alertá-lo", escreveu, "da maneira mais enfática possível o quanto seria perigoso, do ponto de vista de nossa causa comum, atrasar ainda mais a abertura do segundo *front* na França". Chegou até a expressar sua "grave aflição" com a "incerteza" que emanava de Londres e de Washington sobre a questão.[46]

Porém, ao mesmo tempo, Stálin fez algo curioso. No mesmo dia em que enviou esse telegrama sobre sua "grave aflição", enviou outra nota a Churchill, parabenizando os britânicos pelo recente bombardeio de várias cidades importantes da Alemanha. Em seguida, duas semanas depois, escreveu outro despacho efusivo logo após assistir ao documentário *Desert Victory* [Vitória no deserto], sobre a campanha dos Aliados no Norte da África. Maisky entregou essa carta a Churchill em 31 de março, e percebeu que o primeiro-ministro ficou "profundamente comovido"; Maisky chegou até a ver "lágrimas" em seus olhos. "Você nunca me trouxe uma mensagem tão maravilhosa antes", disse um emocionado Churchill. Distante do público, Churchill valorizou o comentário de Stálin sobre *Desert Victory* fazer muito para corrigir a impressão – mantida por alguns "patifes" na União Soviética – de que os britânicos estavam "ficando de lado" e deixando de lutar na guerra.[47]

Foi uma reviravolta extraordinária, não menos porque Stálin, ao acusar no passado os britânicos de não lutar o bastante, fora o principal "patife". E apesar de não ter realmente gostado do filme sobre a campanha na África, Stálin já sabia sobre o sucesso do esforço britânico contra o Afrika Corps alemão, assim como o fato de que, em termos de escala, aquelas batalhas não se comparavam à luta no *front* oriental. Os comentários de Stálin foram tão surpreendentes que um funcionário do Ministério das Relações Exteriores britânico ponderou se não seria uma "gozação".[48] Não seria talvez apenas uma piada interna? Afinal de contas, Stálin já havia mostrado no passado seu senso de humor mórbido. Como vimos, ele insinuou maliciosamente à liderança polonesa que seus oficiais desaparecidos, que ele havia mandado matar, haviam fugido "para a Manchúria". Também cinicamente se definira como um "anti-Comintern" por ocasião do pacto com os nazistas. Assim, a explicação mais direta do tom contraditório de suas mensagens a Churchill era que Stálin tinha um prazer perverso em confundir as emoções alheias.

É também outro exemplo do poder que Stálin detinha, pois ele parecia não se importar em estabelecer ou não um relacionamento pessoal com Roosevelt e Churchill. Como visto, essa foi a razão fundamental de Stálin se manter um mistério para um personagem profundamente emotivo como Churchill. No esforço para explicar a conduta de Stálin, o primeiro-ministro se perguntava se poderia haver "dois Stálins". Em meados de março, quando o russo mandou duas mensagens no mesmo dia – uma calorosa, outra gélida –, Churchill racionalizou supondo que a primeira fora enviada pelo Stálin "ansioso para preservar boas relações comigo", enquanto a segunda seria a consequência de "Stálin em conselho", onde o líder soviético precisava lidar com "uma coisa sombria por trás dele", representada por poderosos conselheiros "que ele e nós temos de levar em consideração".[49]

Foi um erro de avaliação de proporções gigantescas. Mas também é fácil entender como esse erro pôde ser cometido. Churchill nunca instigou um expurgo sangrento, nem provocou fome em massa de milhões de pessoas e tampouco cometeu nenhum dos muitos outros crimes pelos quais Stálin já havia sido responsável. Acima de tudo, diferentemente de Churchill, o controle do poder de Stálin não dependia de as pessoas "gostarem" dele e votarem nele nas urnas, mas de seus subordinados o temerem com uma intensidade difícil de transmitir. Não havia uma "coisa sombria" por trás de Stálin. Ele próprio era a "coisa sombria".

Mas, apesar das dificuldades de Churchill em compreender Stálin e das fustigações do líder soviético em relação ao segundo *front*, a aliança não corria o risco de ser rompida. Todos queriam ver Hitler derrotado, e parecia que a guerra finalmente se voltava a favor dos Aliados, mesmo com os recentes reveses sofridos pelo Exército Vermelho. Stálin também dava sinais, mais uma vez, de estar seguindo os conselhos de Zhukov, o comandante em quem mais confiava. Em 8 de abril, Zhukov escreveu ao líder soviético dizendo: "Seria melhor para nós desgastar o inimigo na defensiva, destruir seus tanques, trazer novas reservas e liquidar o grupo principal com uma ofensiva geral".[50] Em outras palavras, não atacar mais até estarmos devidamente preparados.

Contudo, essa relativa calma entre os Aliados estava prestes a ser rompida de uma forma que testaria o relacionamento como nunca antes.

Foi a questão da Polônia, que tantas vezes se mostrou um problema entre Stálin e os Aliados ocidentais, que mais uma vez gerou adversidade. "Valas comuns com poloneses foram encontradas perto de Smolensk", escreveu Goebbels em seu diário em 9 de abril de 1943.

> Os bolcheviques simplesmente executaram e enterraram em valas comuns rasas cerca de 10 mil prisioneiros poloneses, entre eles civis, bispos, intelectuais, artistas e assim por diante. Em cima dessas valas comuns eles construíram instalações de vários tipos para fazer desaparecer qualquer possível vestígio de seus atos ultrajantes. O segredo desses fuzilamentos vazou por meio de indicações dos moradores locais...[51]

Os alemães encontraram os restos mortais de algumas das 22 mil figuras importantes da Polônia oriental ocupada que foram assassinadas pelo NKVD na primavera de 1940, em três centros de extermínio diferentes na União Soviética. Embora Stálin fosse um dos vários membros do Politburo que autorizou o crime, os assassinatos aconteceram porque ele quis. O sangue estava em suas mãos.

Não é difícil imaginar a magnitude da crise causada por essa descoberta. A Polônia era aliada não só da Grã-Bretanha e dos Estados Unidos, mas também da União Soviética. De repente foi descoberto que um aliado poderia ter assassinado milhares de cidadãos de elite de outro parceiro aliado. O episódio chamou a atenção para uma questão que Churchill e Roosevelt queriam evitar a todo custo – britânicos e norte-americanos não teriam feito uma aliança com um assassino em massa para derrotar outro assassino em massa? Nesse caso, por que a propaganda aliada apregoava o contrário e elogiava Stálin?

Goebbels reconheceu imediatamente os problemas que a descoberta dos corpos causava aos Aliados. "Estamos explorando com todos os truques do ofício", escreveu.[52] Essa "exploração" incluía revelar os corpos a "intelectuais poloneses" para mostrar "o que os espera se o acalentado desejo de os alemães serem derrotados pelos bolcheviques se tornar realidade". Era uma atitude profundamente hipócrita, claro, pois os próprios nazistas já tinham atacado a elite polonesa.[53]

Um dos aldeões que morava perto da floresta de Katyn, Dmitry Khudykh, lembrou-se de como os alemães permitiam que os moradores vissem os pertences dos poloneses assassinados. "Eles queriam que atuássemos como testemunhas da história", explicou. Mas Dmitry e seus amigos não estavam "particularmente interessados", pois já tinham visto "as mortes causadas pelos alemães".[54] Mais eficiente, da parte dos propagandistas nazistas, foi seu apelo a um exame independente dos corpos e a produção de um filme sobre o massacre. Muitos dos oficiais poloneses estavam com fotos de esposas e filhos, e a apresentação dessas imagens no filme foi profundamente comovente.

Não surpreende que os líderes do governo polonês no exílio, sediados em Londres, tenham demonstrado especial interesse pela descoberta. Eles perguntavam sobre o destino de seus oficiais havia três anos. Ao que parecia, tinham finalmente descoberto o que acontecera. Foram mortos pelos soviéticos.

A resposta de Stálin a essa crise revelou muito sobre seu caráter e seus dons políticos. Que ele negasse qualquer conhecimento do crime era previsível. O mais audacioso foi ter combinado essa negação com um ataque aos membros do governo polonês no exílio. Em 19 de abril de 1943, o *Pravda* os chamou de "colaboracionistas poloneses de Hitler" e acusou o ministro da Defesa polonês de oferecer "ajuda direta e óbvia aos agentes provocadores hitleristas".[55] Foi uma afronta política de tirar o fôlego. Os soviéticos não estavam apenas mentindo sobre suas responsabilidades pelos crimes, como a dita "ajuda" oferecida pelos poloneses aos nazistas consistia meramente de sua sugestão de que poderia haver uma investigação independente sobre a atrocidade.

Foi mais um exemplo de como Stálin acreditava que o poder era tudo na política. Ele sabia que os britânicos e os norte-americanos precisavam dele. Portanto, a possibilidade de eles suspeitarem – ou até acreditarem de fato – que seu regime havia assassinado aqueles poloneses não tinha importância. Assim, ele preferiu usar o incidente para punir o governo polonês no exílio, um grupo do qual nunca gostou. Como nos anos 1930, quando fez seus antigos camaradas, sob tortura, negarem o que sabiam ser a verdade e jurar qualquer mentira ultrajante que os torturadores propusessem, agora ele aumentava o tormento dos poloneses acusando-os de colaborar com os nazistas só por quererem saber o que realmente acontecera com seus conterrâneos.

Vergonhosamente, podemos pensar hoje, tanto os britânicos como os norte-americanos aceitaram esse pretexto sinistro. Em 28 de abril, Churchill demonstrou sua falta de preocupação com quem cometera o crime quando, numa nota confidencial a Anthony Eden, afirmou: "É inútil perambular morbidamente em torno das covas de três anos de Smolensk".[56] Poucos dias antes, escrevera a Stálin dizendo que estava "examinando a possibilidade de silenciar os jornais poloneses neste país, que atacam o governo soviético ao mesmo tempo que atacam Sikorski [primeiro-ministro polonês] por tentar trabalhar com o governo soviético".[57]

Mas Stálin já havia percebido o quanto poderia lucrar do massacre de Katyn e respondeu rapidamente a Churchill, dizendo que "a interrupção das relações com o governo polonês já estava decidida" por causa da "ingratidão e da traição" dos poloneses.[58] Consequentemente, como todos sabiam, isso abriu a possibilidade de Stálin criar um governo dócil às suas vontades na Polônia. Foi a mesma tática utilizada no momento da invasão da Finlândia. Não funcionou naquela ocasião porque o Exército Vermelho não teve o desempenho esperado no campo de batalha. Mas a situação era outra. Com o tempo, estava quase certo que as forças soviéticas libertariam a Polônia, e como Stálin acabara de se recusar a falar com o governo polonês legítimo no exílio, os Aliados ocidentais enfrentariam uma série de novos problemas. Enquanto britânicos e norte-americanos se preocupassem com o que deveriam fazer, Stálin poderia brincar com eles. Ele não afirmou explicitamente que formaria um governo fantoche polonês – Maisky disse aos britânicos que não havia nenhuma intenção no momento –, mas a opção continuou em aberto, independentemente do que os soviéticos pudessem dizer oficialmente.[59]

Os alemães continuaram a pressionar com as vantagens de sua propaganda. A comissão que designaram para investigar o massacre pode ter contado com a participação de um só cientista forense de alguma zona fora do controle nazista, mas ainda assim o relatório resultante foi contundente. As evidências de que os soviéticos cometeram o crime ficaram claras para qualquer leitor imparcial. Oficiais poloneses desapareceram na primavera de 1940, na mesma época em que foram plantadas as árvores em cima das valas comuns. Além disso, testemunhas ouviram tiros vindos da floresta no mesmo período e afirmaram que toda a área estava sob o controle do NKVD.

Sir Owen O'Malley, embaixador da Grã-Bretanha no governo polonês no exílio, examinou as evidências e chegou à mesma conclusão que a comissão investigativa organizada pelos alemães. Diplomaticamente, ele escreveu que o "efeito cumulativo" das evidências lançava "sérias dúvidas sobre as negações russas de responsabilidade pelo massacre". Também destacou uma verdade que poucos nos governos britânico e norte-americano queriam ouvir:

> Ficamos constrangidos pela necessidade urgente de relações cordiais com o governo soviético, que nos leva a avaliar as evidências com mais hesitação e leniência do que deveríamos em um julgamento de bom senso sobre eventos que ocorressem em tempos normais ou no curso normal de nossas vidas privadas...[60]

Eram verdades profundamente inconvenientes. Churchill, que se sentiu obrigado a encaminhar o relatório a Roosevelt, definiu-o em sua nota de apresentação como "uma história funesta e bem escrita, mas talvez um pouco bem escrita demais".[61] Enquanto isso, o decano do eufemismo mordaz, sir Alexander Cadogan, confessou: "Eu preferia desviar o olhar da cena em Katyn – por medo do que poderia ver", mas, tendo sido forçado a considerar a questão, decidiu que, "com base nas evidências que temos, é difícil escapar de uma presunção de culpa dos russos". Mas questionou se "no plano puramente moral" o relatório de O'Malley revelava algo novo, perguntando: "Quantos milhares de seus próprios cidadãos o regime soviético trucidou?". Sua conclusão foi de que não havia nada a ser feito a respeito desse novo crime soviético.[62]

Muitos outros diplomatas britânicos também se mostraram ansiosos para encerrar de vez o assunto. Da perspectiva deles, fora um fenômeno inconveniente. Um dos mais francos em seu desejo de não descobrir o que realmente aconteceu em Katyn foi o embaixador britânico em Moscou, sir Archibald Clark Kerr. Em nota a Anthony Eden, alertou contra a realização de qualquer inquérito sobre os assassinatos, pois "a irritação e os termos pouco convincentes das negações soviéticas sugerem um sentimento de culpa", e um inquérito independente "pode mostrar que havia culpa lá".[63]

Quanto a Roosevelt, é fácil de deduzir sua atitude. Ele simplesmente ignorou o relatório O'Malley. Era como sempre lidava com informações desagradáveis que desejava nunca ter recebido. Era exatamente a mesma tática empregada normalmente pelas autoridades soviéticas. Por exemplo, Hugh Lunghi, um oficial britânico servindo na embaixada em Moscou, lembrou que a resposta "usual" dos funcionários soviéticos a qualquer pedido era dizer "estamos tratando disso", e depois nunca mais tocar no assunto. "Nós chamamos isso de 'o tratamento com algodão'", definiu Lunghi.[64]

O desconforto com que os Aliados ocidentais lidaram com Katyn contrastava com a abordagem bombástica da propaganda nazista. Mas, entre quatro paredes, havia certa compreensão por parte dos nazistas sobre o porquê de os soviéticos terem cometido o crime.

Goebbels, por exemplo, não pôde deixar de criticar em seu diário os poloneses mortos, dizendo que "provavelmente foi culpa deles" terem sido assassinados, pois "foram os verdadeiros incitadores da guerra".[65] Quanto a Hitler, ele invejava Stálin pela maneira como havia "se livrado de toda a oposição no Exército Vermelho [matando pessoas como o marechal Tukhachevsky], e assim garantido que não houvesse tendências derrotistas no exército". Também elogiou Stálin por introduzir comissários políticos nas forças armadas, pois essa atitude "beneficiou a capacidade de combate do Exército Vermelho".[66] Tudo isso serviu para mostrar como Hitler entendia – e até admirava – Stálin, de uma forma que os Aliados democráticos jamais poderiam entender.

É interessante notar que muitos alemães comuns também pareciam compreender por que os soviéticos consideraram necessário matar os poloneses. A SD, seção de inteligência da SS, informou que

> um grande segmento da população [alemã] vê a eliminação [por parte dos soviéticos] dos oficiais poloneses [...] a extinção radical de um opositor perigoso, inevitável na guerra. Poderia ser situado no mesmo plano dos ataques de bombardeiros britânicos e [norte-]americanos a cidades alemãs e, em última análise, também da nossa própria batalha de aniquilação dos judeus.[67]

Para muitos alemães, tratava-se claramente de uma guerra de horrores em todos os lados.

Churchill e Roosevelt não enfrentaram dificuldades somente por causa de Katyn, mas também por ainda não terem resolvido o problema do segundo *front*. Os dois nem sequer haviam combinado uma data para o lançamento. Em parte, porque Churchill continuava não gostando da ideia. Quando conheceu Roosevelt em Washington, em maio de 1943, ressaltou as dificuldades práticas de uma invasão através do Canal da Mancha, particularmente no contexto do esgotamento dos recursos dos Aliados causado pela campanha no Norte da África e pela necessidade de lanchas de desembarque na guerra contra os japoneses no Pacífico. Depois de dias de discussões, britânicos e norte-americanos concordaram em adiar o segundo *front* mais uma vez, até a primavera de 1944, o que significava dar uma má notícia a Stálin mais uma vez.

O mais curioso, no entanto, é que, no exato momento em que Roosevelt e Churchill discutiam essas questões, um emissário especial do presidente estava se reunindo com Stálin no Kremlin – e o primeiro-ministro britânico nada sabia sobre esse encontro. Trata-se de um episódio que ilustra a duplicidade que podia ocorrer por trás da ensaiada atitude cordial de Roosevelt. O presidente norte-americano havia decidido duas coisas sozinho. Ele precisava conhecer Stálin pessoalmente e queria que Churchill fosse mantido no escuro.

Roosevelt acreditava que, em um encontro face a face com Stálin, ele poderia usar seu famoso charme para estabelecer uma relação mais proveitosa com o líder soviético – uma relação já nitidamente prejudicada pela discordância em relação ao segundo *front*. E o primeiro passo para que isso acontecesse foi despachar um enviado chamado Joseph Davies a Moscou com uma mensagem pessoal para Stálin.

Davies fora embaixador dos Estados Unidos na União Soviética nos anos 1930 e simpatizava com o regime. Escreveu um livro chamado *Missão em Moscou*, que propagava a mentira de que muitos dos julgamentos espetaculares durante o Grande Terror haviam sido legítimos. Um filme produzido em Hollywood enaltecendo Stálin, baseado no livro, estava prestes a ser lançado. Continha vários momentos excruciantes – nenhum superava a reconstrução do encontro de Davies com o líder soviético. "Sr. Stálin", dizia o ator que fazia o papel de Davies, "acredito que a história o registrará como um grande construtor para o benefício da humanidade".[68]

O então embaixador norte-americano em Moscou, William Standley, não foi informado sobre o propósito da missão de Davies. Tampouco teve permissão para entrar na reunião entre o enviado e Stálin, e nem mesmo foi autorizado a saber o conteúdo da carta de Roosevelt levada por Davies. "Eu me senti como se tivesse tomado um chute no estômago", falou. "Um belo estado de coisas!"[69]

Com Standley fora da sala, Davies conversou com Stálin sobre as muitas deficiências de seu aliado em comum – os britânicos. Não só a Grã-Bretanha estaria financeiramente "arruinada" pelos muitos anos de guerra, como Churchill e seu ministro do Exterior, Anthony Eden, eram "adeptos de uma política imperial" ultrapassada. Embora Davies também tenha expressado "admiração e respeito" por Churchill e Eden, era óbvio que queria deixar os britânicos de lado.[70] Foi uma impressão confirmada assim que Davies entregou a carta de Roosevelt. O presidente escreveu que queria se encontrar com Stálin sem a presença de Churchill, e sugeriu que a cúpula fosse realizada em um dos "lados do estreito de Bering".[71] Stálin perguntou por que Churchill não seria convidado, e foi informado que Roosevelt e o primeiro-ministro britânico "nem sempre estavam de acordo".

Era uma tremenda afronta a Churchill. Uma reunião entre Roosevelt e Stálin com a exclusão intencional do britânico implicaria que norte-americanos e soviéticos planejavam um futuro pós-guerra no qual os britânicos seriam marginalizados.

Stálin deve ter se deleitado com a situação. Certamente entendeu o poder diplomático de que agora dispunha em face do pedido de Roosevelt. Foi evasivo sobre a questão da data de qualquer cúpula em potencial, sugerindo a Davies que, como a União Soviética estava resistindo ao maior impacto da luta, ele andava bem mais ocupado que Roosevelt.

Ao voltar a Washington, e alheio aos acontecimentos em Moscou, Churchill discutiu com Roosevelt a melhor maneira de contar a Stálin sobre o atraso no segundo *front*. A solução encontrada foi bizarra. Decidiram só mencionar o assunto no último parágrafo de uma longa mensagem explicando a estratégia militar aliada.

É difícil saber o que os dois esperavam obter se comportando dessa maneira. George Elsey, um oficial da inteligência naval presente na sala de mapas da Casa Branca quando Churchill, Roosevelt e sua equipe redigiam a nota, lembrou que "Roosevelt estava muito calado naquela noite", deixando o general Marshall, chefe do Estado-Maior do Exército, discutir o conteúdo exato com Churchill e a delegação britânica.⁷² Mas, seja qual tenha sido a proveniência do texto final, a anódina mensagem enviada a Stálin em 2 de junho beirava o insulto.⁷³

A resposta de Stálin foi previsível, dizendo que "a abertura do segundo *front* na Europa Ocidental, que foi adiada uma vez de 1942 para 1943, está sendo adiada novamente, desta vez até a primavera de 1944". Isso criava "dificuldades excepcionais" e deixava a União Soviética combatendo "quase sozinha [um] inimigo ainda muito forte e perigoso".⁷⁴

Apesar de irritado com "essas repreensões repetitivas, considerando que nunca foram motivadas por nada além de egoísmo frio e total desdém por nossas vidas e fortunas",⁷⁵ Churchill teve o cuidado de não comunicar seus verdadeiros sentimentos diretamente a Stálin. Em vez disso, em 20 de junho enviou uma nota apaziguadora se oferecendo a "ir a sob qualquer risco a qualquer lugar que você e o presidente concordem" para um encontro face a face.⁷⁶ Sem que Churchill pudesse saber, havia sido uma proposta que confirmava a Stálin o quanto o primeiro-ministro britânico fora excluído do conhecimento da missão de Davies.

Roosevelt percebeu que suas negociações secretas com Stálin começavam a se desfazer. Stálin não estava disposto a se encontrar com ele depois do adiamento do segundo *front*, e havia sempre o risco de Churchill ficar sabendo da reunião com Davies. Assim, coube ao emoliente Averell Harriman, outro dos enviados especiais de Roosevelt, contar a Churchill a respeito da duplicidade do presidente norte-americano. Sua explicação foi que simplesmente não seria possível para Roosevelt chegar a um "entendimento íntimo" com Stálin se Churchill estivesse na sala.⁷⁷

Churchill deixou suas objeções claras em uma nota enviada a Roosevelt.

> Averell me contou ontem à noite sobre o seu desejo de uma reunião *a deux* com U. J. ["Uncle Joe" – o apelido de Stálin] no Alasca. O mundo inteiro espera e todo o nosso lado deseja um encontro das três grandes potências no qual não só os chefes políticos, mas também os comandantes militares estejam presentes para planejar os futuros movimentos bélicos...

Consequentemente, prosseguiu Churchill, qualquer reunião que o excluísse seria um presente para a propaganda inimiga e, portanto, "grave e vexatório, e muitos ficariam perplexos e alarmados com isso".⁷⁸

Em sua resposta, Roosevelt mentiu. Disse que nunca havia sugerido se encontrar sozinho com Stálin, que o líder soviético havia "suposto" esse encontro. E acrescentou, falsamente, que considerava haver "certas vantagens em tal reunião preliminar", principalmente porque Stálin seria mais "franco" do que se participasse de uma conferência em grande escala.[79]

A atitude de Churchill mudou quando ele recebeu outra comunicação furiosa de Stálin sobre o segundo *front*. "Nem é preciso dizer", escreveu Stálin, "que o governo soviético não pode tolerar tanta desconsideração pelos mais vitais interesses soviéticos na guerra contra o inimigo em comum".[80] A situação realmente se agravou. Talvez Stálin estivesse então com tanta raiva que poderia estar disposto a fazer uma paz em separado com os alemães. O fato parecia mais preocupante porque em 16 de junho, poucos dias antes de Stálin enviar essa nota a Churchill, um jornal sueco noticiou que diplomatas soviéticos e alemães haviam se encontrado perto de Estocolmo.[81] É provável que esses contatos de baixo escalão não tivessem nenhum significado real, inclusive porque Hitler já dissera que só consideraria um acordo com Stálin a partir de uma posição de força. Mas os Aliados não sabiam disso.

À luz dessas preocupações, Churchill retirou sua objeção ao encontro proposto entre Roosevelt e Stálin.[82] O importante naquele momento era aplacar o líder russo. Mas, previsivelmente, dada a atmosfera prevalecente, o encontro "*a deux*" nunca aconteceu.

Esses detalhados intercâmbios entre os três líderes são reveladores, não só porque mostram a realidade por trás do mito da propaganda da relação mimosa entre Churchill e Roosevelt, mas também porque comprovam mais uma vez a habilidade política de Stálin. Ao contrário de Churchill, que se emocionava ao ouvir uma palavra gentil de Stálin, o líder soviético continuou calmo e ponderado. Como observou Joseph Davies, Stálin "nem piscou" quando soube do conteúdo da carta de Roosevelt.[83]

Raramente o líder soviético se dispunha a revelar o que pensava. Preferia dar respostas meticulosamente buriladas. Prova disso foram os vários níveis de descontentamento expressos em suas diversas mensagens a Churchill sobre o segundo *front*. Stálin sabia quando intensificar as pressões e quando insinuar um elogio. Também sabia que às vezes a afirmação mais eloquente era ficar em silêncio. Depois da rusga do final de junho, Stálin permaneceu até 8 de agosto sem responder quaisquer mensagens enviadas por Roosevelt ou Churchill.

Preferiu deixar os dois inquietos por mais de um mês, tentando adivinhar seu verdadeiro estado de espírito.

Enquanto Stálin brincava com os Aliados, Hitler era obrigado a reduzir suas aspirações militares e lidar com a realidade de que seus inimigos estavam mais fortes a cada dia. Nos últimos três anos, os alemães haviam lançado ofensivas devastadoras no final da primavera e no início do verão. A invasão da Europa Ocidental em 1940, a Operação Barbarossa em 1941 e a Operação Azul em 1942. Todas essas campanhas foram de início um tremendo sucesso. E agora, o que os alemães poderiam oferecer na temporada de campanha de 1943? A resposta demonstrou a escassez de suas opções e não teve a característica épica dos anos anteriores. Em vez de uma grande ofensiva num *front* enorme, foi um ataque às forças soviéticas ao redor da cidade de Kursk, pouco menos de 480 quilômetros a sudoeste de Moscou.

Kursk era um alvo óbvio para os alemães. Havia um imenso bolsão nesse *front*, com o território ocupado pelos soviéticos se projetando em direção à linha de frente alemã. Qualquer um que analisasse o mapa teria pensado que a Wehrmacht atacaria pelo norte e pelo sul, numa tentativa de cercar um grande número de soldados soviéticos. E esse era o problema dos alemães. Ao contrário das três operações de verão anteriores, esta era previsível. Não haveria surpresas em Kursk.

Os generais de Hitler se dividiram quanto à eficácia do ataque – mas não o líder alemão, que insistiu em seu plano contra a oposição unida. E Hitler ainda agravou os problemas inerentes ao lançamento de uma operação previsível atrasando várias vezes a data de início. Ele queria esperar a entrega de novos tanques, como o Tiger e o Panther – o general Model, por exemplo, estava ansioso para adicionar sua força ao poder de fogo do 9º Exército.[84] Mas isso também foi um erro, pois o Panther, em particular, tinha problemas nos dentes de engrenagem. Guderian, o inspetor-geral das Tropas Blindadas, apontou isso para Hitler no início de maio e questionou o lançamento da ofensiva, definindo-a como "inútil". Não seria mais sensato, argumentou, economizar recursos para lidar com a inevitável invasão da França pelos Aliados?[85]

Guderian podia falar com Hitler com franqueza, pois normalmente se apresentava, nas palavras de Goebbels, como um "seguidor apaixonado e inquestionável do Führer".[86] Eis um fato que Guderian optou por não esmiuçar em seus escritos do pós-guerra. De acordo com suas memórias, ele até se atreveu a perguntar a Hitler, quase jocosamente: "Quantas pessoas você acha que sabem onde fica Kursk?" e "Afinal, por que nós queremos atacar o Leste este ano?" Segundo Guderian, Hitler respondeu: "Você tem razão. Sempre que penso nesse ataque meu estômago revira".[87]

Mesmo que tenha dito exatamente isso a Guderian, Hitler estava provavelmente expressando apenas uma dúvida momentânea. Essas palavras não representavam o verdadeiro Hitler. Ao longo de sua vida política, ele sempre se esforçou em ser proativo. Estratégias defensivas eram para líderes covardes. A opinião preferida de Hitler sobre a iminente ofensiva ficou manifesta em uma ordem de 15 de abril de 1943, quando declarou: "A vitória em Kursk deve brilhar como um farol para o mundo".[88] Em uma conversa com Goebbels no final de junho, afirmou que desde 1941 a Wehrmacht nunca estivera tão forte no Leste. Reiterou a Goebbels que a guerra contra Stálin era o "*front* decisivo" e que, apesar de reconhecer que os alemães não poderiam avançar para o Cáucaso no momento, a União Soviética "mais cedo ou mais tarde" entraria em colapso como resultado de uma "crise alimentícia".[89]

Era um delírio. A União Soviética não deu sinais de colapso por desnutrição nem por qualquer outro motivo. Pelo contrário, estava ficando cada vez mais forte. Ademais, como a vitória em Kursk poderia ser "um farol para o mundo" se, como afirmou Guderian, a maioria das pessoas nem sequer sabia onde ficava Kursk? Mas pelo menos a ofensiva era uma forma de Hitler tomar uma iniciativa. Era uma ocorrência cada vez mais rara, pois os alemães vinham lutando em batalhas defensivas em quase todos os fronts.

Mas a demora no lançamento da ofensiva, aliada à obviedade do alvo, permitiram a Stálin e o restante do comando militar soviético terem muito tempo para se preparar para o ataque alemão. As evidências obtidas sobre as intenções alemãs eram extensas. Além de os britânicos estarem repassando informações aos soviéticos, John Cairncross, um espião soviético que trabalhava no centro de deciframento de códigos em Bletchley Park, transmitia ao NKVD muitas informações detalhadas que as autoridades britânicas prefeririam reter. Assim, os soviéticos puderam construir uma série gigantesca de linhas defensivas no bolsão de Kursk, exatamente nas áreas onde sabiam que os alemães iriam atacar. Em alguns lugares, esses aparatos defensivos se estendiam por quase 320 quilômetros pelas linhas soviéticas.[90]

Do lado alemão, o comandante de esquadrão Panzer Alfred Rubbel lembrou-se que "houve muito tempo para a preparação [...] nós não levamos aquilo muito a sério. Íamos ao teatro. Íamos ao cinema em Kharkov. Eu levava meu cachorro para passear". Mas, com o tempo, a grande demora no lançamento do ataque começou a preocupá-lo. Rubbel "não dormia muito bem" e seus "pensamentos ficavam cada vez mais sombrios".[91] Em uma ação emblemática da forma como a iniciativa passou para o Exército Vermelho, a batalha não começou com um avanço dos alemães, mas quando os soviéticos dispararam uma barragem gigantesca a fim de desorganizar os preparativos finais da Wehrmacht. Graças à coleta de informações, os soviéticos sabiam de antemão o momento em que os alemães planejavam atacar. Além disso, a gigantesca força soviética de 1,8 milhão de soldados e 5 mil tanques mobilizados para a batalha tinha quase o dobro do tamanho das unidades alemãs oponentes.[92]

Rubbel e seu esquadrão Panzer avançaram na primeira onda, em 5 de julho de 1943, e quase de imediato entraram em um campo minado pelos soviéticos. Rubbel ficou irritado, pois o "reconhecimento aéreo" deveria ter detectado "que não era possível os tanques passarem" por aquele setor, e logo começou a achar que o ataque como um todo era "irresponsável" – um desperdício de recursos alemães. No campo de batalha, viu "tanques por todo o *front*, de Leningrado a Rostov", tudo para "mostrar ao mundo" o que os alemães podiam fazer. "Poderia ter funcionado", considerou, mas só se a operação "não tivesse sido adiada quatro vezes".[93]

Wilhelm Roes, membro de uma tripulação de tanques da SS Leibstandarte, também ficou decepcionado com a falta de informações sobre o inimigo à frente. "É algo que até hoje condeno na nossa Luftwaffe alemã, [pois] seu reconhecimento não foi muito bom. Você pode esconder dez tanques [inimigos], mas esconder quase oitocentos..."

Roes e seu esquadrão logo estavam abrindo caminho através das unidades concentradas do Exército Vermelho à frente. No processo, viu imagens horríveis, que nunca vira antes:

> Vi um soldado russo vinte metros atrás de nós, nosso tanque tinha passado por cima do estômago dele. [...] Ainda estava com o rosto muito rosado, olhando para nós, o capacete caído para trás. Nós [fomos] informados que nunca se deve dar água a alguém [nessa

situação], nunca deve dar água. [Então] o que fazer com ele? A cintura estava reduzida a uns cinco centímetros de espessura. Enquanto ficamos olhando, de repente a cabeça caiu para o lado e ele morreu naquele minuto. [...] Bem, nós voltamos. Sentamos no tanque. Tenho que admitir que estava tremendo. Meu corpo inteiro tremia. Foi a minha reação à batalha. Aquele pobre garoto poderia ter sido eu. De repente percebi o quanto estava perto da morte, e eu tinha acabado de conhecê-lo. Mas durante todo o dia nós destruíamos tanques, mirando em máquinas, não atirando em [pessoas] [...] sempre mirando nas máquinas.[94]

Rubbel e Roes combateram nos Tiger, tanques blindados por dez centímetros de aço e armados com canhões de 88 mm. "Sabíamos que os alemães costumavam dizer nos jornais e no rádio que os Tiger destruiriam a defesa russa como uma faca cortando manteiga", disse Mikhail Borisov, que lutou do lado soviético em Kursk. "Quando vimos aqueles tanques pela primeira vez, percebi que as mãos dos soldados tremiam e dava para adivinhar o que eles sentiam por dentro."[95]

"Tive um encontro com esse tipo de tanque", relatou Ivan Sagun, comandante de um tanque do 2º Exército de Tanques Soviético em Kursk.

Ele atirou em nós a literalmente um quilômetro de distância. O primeiro tiro abriu um buraco na lateral do meu tanque, o segundo acertou o meu eixo. A um alcance de meio quilômetro eu disparei um projétil de calibre especial, que ricocheteou no tanque como uma vela. [...] Quer dizer, não penetrou na couraça. A literalmente trezentos metros eu disparei meu segundo projétil. Mesmo resultado. Então ele começou a me procurar, girando a torre para ver onde eu estava. Eu disse ao meu motorista para voltar rápido e nos escondemos atrás de umas árvores.[96]

Mas os soldados do Exército Vermelho estavam bem preparados para a batalha e foram perseverantes. O nível de comprometimento pode ser simbolizado por Ekatarina Petluk, uma das mulheres da tripulação do 3º Exército de Tanques:

A cada minuto havia bombas e projéteis explodindo, estilhaços espalhados por toda parte. A qualquer momento o tanque podia ser destruído e toda a tripulação morta. Fui ferida duas vezes durante a Batalha de Kursk – uma vez no rosto, quando uma bomba explodiu atrás do meu tanque. Eu tinha ouvido uma bomba assobiando na nossa direção, depois vi uma fumaça preta e pensei que meu tanque estava pegando fogo. Se o tanque pega fogo você tem que sair depressa, porque ele pode explodir. Olhei para ver se estava pegando fogo e alguns estilhaços me atingiram no rosto, mas felizmente não acertaram nos meus olhos. Aí eu botei uma atadura e voltei à batalha.[97]

Ambos os lados travaram uma das maiores batalhas de tanques já registradas. Apesar de o Exército Vermelho não ter tanques tão tecnologicamente avançados quanto os alemães, eles compensaram essa desvantagem em números absolutos. "Foi um espetáculo como eu nunca tinha visto antes", lembrou Gerd Schmückle, comandante de batalhão da 7ª Divisão Panzer. "A mais ou menos uma milha à nossa frente vimos centenas de tanques russos, eles deviam estar camuflados antes, agora estavam alinhados como num desfile, lado a lado e numa formação muito densa. Foi uma visão terrível para nós, porque nosso regimento de tanques agora era muito pequeno. Já tínhamos perdido muitos tanques, e de repente vimos aquele esquadrão diante de nós."[98]

Em um dos combates, seiscentos tanques soviéticos enfrentaram 250 tanques alemães. Os soviéticos sofreram enormes baixas, perdendo cerca de quatrocentos tanques, em comparação com as perdas alemãs de setenta Panzers.[99] Mas os alemães estavam menos preparados para suportar tamanho sacrifício. Consequentemente, havia pouca esperança de as duas investidas alemãs se encontrarem para cercar os soviéticos como planejado, e em meados de julho Hitler cancelou a operação.

Não foi uma grande vitória para os soviéticos – suas perdas em Kursk foram maiores que as dos alemães. Mas o efeito psicológico da batalha foi profundo. Pela primeira vez os soviéticos haviam rechaçado uma ofensiva de verão alemã. Depois de dois anos cruéis, a iniciativa passou a ser de Stálin e do Exército Vermelho.

14

FICÇÃO E REALIDADE

Não é fácil identificar o mês mais difícil vivido por Hitler durante a guerra. Há muitas opções: dezembro de 1941 e a reversão do *front* de Moscou, fevereiro de 1943 e o colapso em Stalingrado, junho de 1944 e o lançamento do Dia D são alguns dos candidatos óbvios. Mas por pura pressão repentina – e em grande parte inesperada –, julho de 1943 pode ter sido o mais extenuante de todos. A maneira como Hitler superou esse mês, ainda no poder e capaz de convencer aqueles ao seu redor a lutar, é uma das histórias mais notáveis de todo o conflito.[1]

Em 10 de julho, as tropas dos Aliados desembarcaram na Sicília, e repentinamente Hitler teve uma nova série de problemas. Embora o segundo *front* que Stálin vinha reivindicando – a invasão da França – ainda não tivesse sido lançado, este era certamente, como afirmou Churchill, uma espécie de segundo *front*. Era a primeira vez que os norte-americanos lutavam na Europa, e logo ficou claro que eles e seus aliados estavam vencendo. Começaram a chegar relatórios de tropas italianas depondo as armas e se rendendo. Será que outros logo seguiriam o exemplo? Todos os italianos iriam simplesmente desistir?

Hitler já havia feito comentários depreciativos sobre a falta de espírito de luta dos italianos. Em particular, dizia que tiveram um mau desempenho no *front* oriental. Então, na tentativa de injetar alguma determinação em seu parceiro vacilante, Hitler imediatamente partiu para o sul para se encontrar com Mussolini.

Hitler e Mussolini se encontraram em Feltre, no norte da Itália, em 19 de julho. Lá, no calor escaldante do verão, Hitler discursou ao líder italiano por mais de duas horas sem parar. O líder alemão sempre foi o parceiro dominante no relacionamento, e não se incomodou em esconder esse fato durante o encontro.

Hitler disse que tanto a Itália quanto a Alemanha estavam envolvidas em uma luta que definiria uma época e que não poderia ser evitada. Era impossível deixar a luta para a "próxima geração", pois "ninguém pode dizer se a próxima geração será uma geração de gigantes". Ressaltou que Roma "nunca mais se levantou" após seu período de grandeza nos tempos antigos. Chegara o momento de continuar a luta, de não questionar o caminho à frente. Porém, significativamente, ele não forneceu aos italianos mais armamentos. Em vez disso, só se dispôs a enviar novas unidades alemãs para a Itália. A implicação era clara. Hitler não confiava em seu aliado.[2]

A relação entre os dois ditadores estava se desfazendo. Hitler garantiu a Mussolini, durante o almoço, que os alemães estavam desenvolvendo armas milagrosas que reverteriam a guerra, mas o líder italiano estava mais preocupado em sobreviver aos próximos dias e semanas do que com a futura produção de armamentos. Vagas promessas de um futuro indeterminado pouco o ajudavam.

Mussolini não sabia muito bem o que fazer. A certa altura da conferência, o embaixador italiano em Berlim, ao lado do chefe do Alto-Comando das Forças Armadas, perguntou reservadamente por que Mussolini não falava com Hitler sobre como encontrar uma saída para o conflito. Em resposta, Mussolini perguntou se eles estavam dispostos a "destruir de uma só vez vinte anos de fascismo" e "cancelar as conquistas pelas quais trabalhamos tanto tempo e tão arduamente para realizar". De qualquer forma, acrescentou, "é fácil falar sobre uma paz em separado. Mas o que Hitler faria? Vocês realmente acham que ele nos daria qualquer liberdade de ação?".[3]

Mussolini estava certo – nenhuma de suas opções era atraente. Ele estava preso entre o poder dos Aliados e o poder da Alemanha. Mesmo assim ele não foi capaz de perceber a rapidez com que os eventos se voltariam contra si. Na noite de 24 de julho, cinco dias depois de seu encontro com Hitler, Mussolini participou de uma reunião do Grande Conselho Fascista em Roma. Não era um evento costumeiro – o conselho não se reunia havia quatro anos. Mas, apesar de a reunião ter sido longa e turbulenta, Mussolini saiu do evento ainda pensando que corria pouco perigo.

No dia seguinte, 25 de julho, Mussolini teve uma audiência com o monarca italiano, o rei Vítor Emanuel III. Foi durante esse encontro que ficou sabendo que havia sido destituído, sendo preso ao deixar o palácio. Mesmo com seu substituto, o marechal Badoglio, prometendo manter a Itália na guerra como aliada da Alemanha, havia uma sensação de que o fim da luta estava próximo.

Poucas horas depois da prisão de Mussolini, houve manifestações nas ruas das cidades italianas, com as multidões expressando seu ódio pelo homem que liderou a Itália por mais de vinte anos. "Todo mundo gritava: 'O fascismo acabou'", escreveu a jovem jornalista Milena Milani.

> As calçadas [de Roma] estavam forradas de pedaços de papel. As pessoas pareciam ter enlouquecido. Você andava sobre emblemas do partido: todos os arrancavam dos casacos e jogavam no chão. Algumas pessoas queimavam retratos de Mussolini, outras rasgavam símbolos fascistas. Onde estavam os fascistas? Fui empurrando minha bicicleta pelas ruas. A Via del Tritone fervilhava com grandes multidões aos gritos. Todos na cidade tinham saído de casa. As janelas estavam acesas. Homens e mulheres se abraçavam: achavam que a guerra também havia acabado. Ninguém deu atenção às palavras de Badoglio no rádio: "A Itália honrará sua palavra [com a Alemanha]".[4]

Acompanhando os acontecimentos de Berlim, Goebbels ficou chocado. "Foi incrivelmente aflitivo pensar que um movimento revolucionário que esteve no poder por 21 anos podia se desintegrar daquela maneira."[5] Igualmente indignado, Hitler começou a discutir com seus generais sobre as opções militares abertas aos alemães para lidar com a situação na Itália. Porém, de repente, pouco mais de dois dias após a destituição de Mussolini, os alemães tiveram de enfrentar uma nova calamidade.

Na noite entre 27 e 28 de julho, a cidade de Hamburgo foi engolfada por uma grande tempestade de fogo. Foi a noite mais destrutiva de uma série de bombardeios dos Aliados, que começaram em 24 de julho e só terminaram em 3 de agosto. Toda a campanha foi meticulosamente planejada para ter um efeito cumulativo devastador. Uma incursão seguida da outra, de modo que as forças de defesa civil alemãs no solo não tivessem tempo de extinguir a conflagração.

Os bombeiros também foram prejudicados por bombas com cargas de explosivos de ação retardada, projetadas para detonar enquanto eles estivessem trabalhando.

Especialistas do Ministério da Aeronáutica britânico já haviam examinado dados sobre a inflamabilidade e proximidade das casas nas cidades alemãs, para determinar as seções mais sensíveis a serem alvejadas. Esperava-se que incendiar os "terraços de edifícios em forma de caixa, que datam da Idade Média" no centro de cidades como Hamburgo "rendesse bons dividendos".[6]

Havia ainda outra razão tecnológica para a incursão ser tão devastadora. "A eficácia do primeiro ataque a Hamburgo deveu-se a finalmente termos conseguido permissão para usar algo que tínhamos na bolsa havia muito tempo", disse o marechal do ar sir Arthur Harris, chefe do Comando de Bombardeiros, "que era conhecido como 'janela' – a queda de nuvens de tiras de papel de alumínio, que perturbava completamente não só o aparato de localização alemão, mas também os aparatos de mira de seus canhões".[7]

O resultado foram as perdas mais pesadas sofridas por uma cidade europeia durante a guerra, com aproximadamente 37 mil mortos. Nos dias 27 e 28 de julho, a combinação do clima quente e seco com a inflamabilidade da área atingida e o fato de os prédios continuarem em chamas por causa de incursões anteriores criou uma gigantesca tempestade de fogo. O chefe de polícia de Hamburgo descreveu-a como "um furacão de chamas [...] contra o qual qualquer resistência humana parecia vã".[8] O Gauleiter de Hamburgo, Karl Kaufmann, definiu os efeitos dos bombardeios britânicos como "uma catástrofe de dimensões inconcebíveis".[9]

Ben Witter, um morador da cidade, lembrou que durante os ataques as pessoas "queimavam como tochas". Elas mergulhavam nos canais, mas a água também estava em chamas:

> Estava em chamas porque muitos barcos pequenos explodiram e vazaram óleo na água, e as pessoas também em chamas pulavam na água. Devia haver algum tipo de produto químico, porque elas queimavam, nadavam, queimavam e afundavam.[10]

Gretl Büttner, outro morador da cidade, via

> ruínas em todos os lugares, até onde a vista alcançava. Escombros nas ruas, fachadas de casas destruídas, pedras espalhadas pelo meio-fio,

árvores carbonizadas e jardins arrasados. [...] E sempre se ouvia o som de outros prédios desabando e o crepitar das chamas vorazes ainda queimando. Pobre, linda, amada cidade estuprada! Era de ficar sem palavras.[11]

Inevitavelmente, a destruição de Hamburgo – combinada com a queda de Mussolini – afetou o moral dos civis na Alemanha. Um relatório de inteligência confidencial compilado pelo SD afirmou: "A ideia de que a forma de governo no Reich, que era considerada imutável, poderia também mudar de repente [...] está muito difundida". Além disso, o SD reportou que "há também alguns relatos de velhas piadas maldosas, como aquela sobre o Führer ter se recolhido para escrever um livro com o título 'Meu erro'".[12]

Para alguns membros do regime, tudo isso havia sido demais. O chefe do Estado-Maior da Luftwaffe, Hans Jeschonnek, um fervoroso defensor dos nazistas, cometeu suicídio em 18 de agosto. O catalisador de sua decisão parece ter sido o ataque da RAF a Peenemünde, o local secreto onde os alemães desenvolviam foguetes, mas ele já havia definido antes Stalingrado como "insignificante" em comparação a Hamburgo.[13]

Goebbels se mostrou profundamente preocupado com o efeito dos bombardeios, observando em 25 de julho que as cartas que recebia de parcelas da população "contêm uma quantidade extraordinária de críticas". Os alemães comuns continuavam

> perguntando por que o Führer não visita as áreas particularmente atingidas pelos ataques aéreos, por que Göring não aparece e, principalmente, por que o Führer não fala com o povo alemão para dar informações sobre a situação atual. Sinto ser necessário que o Führer faça isso, apesar de seus pesados fardos militares,

observou Goebbels. "Não se pode ignorar o povo por muito tempo; em última análise, eles estão no centro de nosso esforço de guerra. Se o povo algum dia perdesse sua força interior e sua fé na liderança alemã, isso criaria a mais séria crise de liderança que já enfrentamos."[14] Mas Hitler não acatou o conselho de Goebbels. Ele ainda não estava preparado para aparecer quando as coisas iam mal.

No entanto, apesar de todos os contratempos que enfrentou em julho de 1943 e de sua recusa em usar seus dons de oratória para levantar o moral, Hitler continuou firme no poder no final desse mês desastroso. Mas por que ele não sofreu o mesmo destino de Mussolini? Uma das razões, como visto, era que os alemães viam a ameaça do Leste como existencial. Ninguém poderia esperar que a ocupação de uma Alemanha conquistada pelo Exército Vermelho fosse semelhante à ocupação da Itália pelos Aliados ocidentais. Não havia saída fácil para a guerra contra Stálin. Com certeza seus soldados iriam querer se vingar pelo sofrimento infligido a seu país pelos alemães.

Mas essa não foi a única razão pela qual Hitler se manteve no poder. Ele também foi ajudado pela forma como o Estado nazista tinha sido estruturado. Ao contrário de Mussolini, Hitler era um chefe de Estado. Não havia um monarca acima dele para criticá-lo ou destituí-lo; tampouco um equivalente ao Grande Conselho Fascista para chamá-lo a prestar contas. Além disso, Hitler sabia que podia contar com a lealdade dos membros da SS. Na verdade, seu próprio lema, *"Meine Ehre heisst Treue"* ("Minha honra se chama lealdade"), proclamava apoio eterno. Portanto, nesse momento de crise, não foi por acaso que Hitler pediu ajuda a Heinrich Himmler, o líder da SS. Em agosto de 1943, Himmler foi nomeado ministro do Interior e passou então a desempenhar um papel cada vez mais proeminente na repressão da dissidência.

Outra dificuldade enfrentada por qualquer um que desejasse depor Hitler era sua inacessibilidade. Durante a maior parte do tempo, ele vivia na segurança de um complexo militar em uma remota floresta na Prússia Oriental. As únicas pessoas com quem tinha contato eram funcionários nazistas ou oficiais militares. Consequentemente, eles eram os únicos com alguma possibilidade real de destituí-lo. Ademais, como não havia possibilidade de Hitler concordar em sair, como fez o Kaiser na Primeira Guerra Mundial, a única maneira de detê-lo seria matá-lo. Isso levantava dois outros problemas: um emocional e outro prático. O prático era bem objetivo. Supondo-se que alguém estivesse disposto a planejar uma tentativa de assassinato, estaria disposto a agir como um homem-bomba e se matar com Hitler, ou insistiria em sobreviver à morte do Führer tentando matá-lo remotamente, provavelmente por meio de uma explosão temporizada?

O problema emocional era mais intratável. Todos os soldados haviam feito um juramento a Adolf Hitler, e para muitos oficiais alemães quebrar esse juramento era impossível. Além disso, todos sabiam da lenda da "punhalada pelas costas" criada depois da Primeira Guerra – a fantasia de que as forças alemãs na linha de frente teriam sido solapadas por políticos e industriais judeus na Alemanha. Se Hitler fosse morto agora, não seria criado um mito semelhante? Quem gostaria de ser responsável por isso?[15]

Apesar de todas essas dificuldades, alguns oficiais alemães se apresentaram e se ofereceram para a tarefa. Ao contrário dos comandantes militares de Stálin, os oficiais de Hitler estavam prontos para se voltar contra o seu líder. Na verdade, no verão de 1943, várias tentativas já haviam sido feitas contra a vida de Hitler. Oficiais do Grupo do Exército Central planejaram assassiná-lo Hitler durante sua visita a Smolensk, em março de 1943. Colocaram uma bomba, disfarçada como um pacote de garrafas de licor, no avião que levou Hitler de volta ao seu quartel-general, mas ela não explodiu.

Pouco mais de uma semana depois, em 21 de março, outro oficial, Rudolf Christoph Freiherr von Gersdorff, tentou se explodir ao lado de Hitler numa exposição, em Berlim, de armamentos soviéticos capturados. Gersdorff disparou cronômetros nas pequenas bombas que levava nos bolsos e acompanhou Hitler pela exposição. Mas Hitler ficou menos tempo que o esperado, e Gersdorff teve de desarmar as bombas num toalete.

Independentemente desses atentados fracassados contra a vida do Führer, havia outro fator àquela altura da guerra que influenciava a opinião de muitos alemães quanto ao regime de Hitler – a perseguição aos judeus. Um relatório do SD, compilado após os ataques a Hamburgo, afirmava que alguns alemães estavam dizendo "que agora os aviadores também viriam a Würzburg, já que os últimos judeus haviam deixado recentemente a cidade".[16] Outro relatório do SD, de dezembro de 1942, dizia que "notícias da Rússia" sobre a matança de judeus tinham chegado à Francônia, no sul da Alemanha, e por isso as pessoas acreditavam que, "se os judeus voltassem à Alemanha, eles perpetrarão vinganças terríveis conosco".[17] O vínculo perceptivo era claro: a perseguição dos judeus causaria mais sofrimento aos alemães não judeus. E apesar de ter sido Hitler quem ordenara a remoção e matança dos judeus, um grande número de alemães comuns havia se beneficiado com a expulsão, ou ao menos não fizera nada para salvá-los. A inquietante culpa de muitos alemães era algo de que os italianos foram poupados quando se voltaram contra Mussolini. Nenhum judeu havia sido deportado da Itália.

Mesmo sabendo que a guerra caminhava contra ele durante o verão de 1943, Hitler continuou irredutível em relação à prioridade do assassinato dos judeus. Portanto, é instrutivo ver o que acontecia quando – em raríssimas ocasiões – alguém o contestava sobre o assunto. No final de junho de 1943, Hitler retornou a Berghof, no sul da Baviera, para uma pausa na claustrofobia da vida em seu quartel-general militar. Dois de seus convidados em Berghof eram Baldur von Schirach, ex-chefe da Juventude Hitlerista e agora Gauleiter de Viena, e sua esposa Henrietta. Filha de Heinrich Hoffmann, fotógrafo pessoal de Hitler, Henrietta conhecia o líder alemão desde criança. Essa relação pessoal sem dúvida a encorajou a agir como agiu.

Uma noite, enquanto todos estavam no grande salão de Berghof, ela disse a Hitler, em voz baixa, que vira mulheres judias chorando nas ruas ao serem deportadas de Amsterdã. Hitler ficou furioso. Exigiu saber por que isso era da conta dela e a culpou de "sentimentalismo". Ressaltou que milhares de soldados alemães estavam morrendo na guerra, enquanto espécimes inferiores da humanidade continuavam vivos. Pouco depois desse discurso, os Schirach partiram de Berghof. Embora o encontro tenha sido breve, demonstrou o compromisso ideológico inabalável de Hitler com uma política de assassinato em massa. Para ele, não havia como voltar atrás.[18]

Fosse falando com Henrietta von Schirach sobre os judeus ou com seus generais sobre assuntos militares, Hitler sempre tinha a certeza de estar com a razão. Acreditava que todo sofrimento e morte que criava não eram apenas para o benefício de seu Reich, mas também correspondiam às prescrições raciais da lei natural. Hitler era tão comprometido quanto qualquer fanático religioso.

A imagem propagandística criada por Goebbels em torno de Hitler ajudava no suporte da ideia de que o Führer alemão era um ser humano quase messiânico. Mostrava-o como um homem que vivera como um asceta. Um homem "casado" com a nação, alguém que evitava todo o conforto humano normal para se concentrar na causa. Mas isso – ao menos na medida em que refletia sua vida pessoal – era uma ilusão. Durante a guerra, e sem o conhecimento dos alemães comuns, ele tivera uma namorada.

Hitler conheceu Eva Braun em Munique, em 1929, quando ela começou a trabalhar para o seu fotógrafo Heinrich Hofmann, aos 17 anos. Hitler gostou daquela bela loira – 23 anos mais nova que ele – e, quando se tornou chanceler, em janeiro de 1933, os dois tinham um relacionamento nada convencional. Apenas no relativo isolamento de Berghof, Hitler reconhecia Eva como sua namorada, e mesmo assim ela tinha de ser mantida escondida de todos, exceto de seus companheiros mais próximos. Herbert Döring, o gerente de Berghof, lembrou que Eva precisava se ausentar sempre que Hitler se reunia com estranhos. Uma vez, quando uma conferência durou mais que o esperado, ele concordou em deixá-la voltar para o prédio pela "entrada da cozinha".[19]

Contudo, esse subterfúgio não conseguia esconder o fato de que Eva Braun e Hitler tinham quartos contíguos em Berghof, e por isso a natureza do relacionamento entre os dois era evidente para os frequentadores habituais. "Eu só conseguia imaginar como Hitler e Eva Braun evitavam qualquer coisa que pudesse sugerir um relacionamento íntimo, só subindo juntos para os quartos tarde da noite", escreveu Albert Speer, o ministro de Armamentos nazista.[20]

Apesar de Hitler nunca se mostrar abertamente afetuoso com Eva, havia certa graça e gracejos no relacionamento. Hitler "brincava com ela sobre seus cachorros [pequenos], que ele dizia não passarem de um par de espanadores", escreveu Traudl Junge, uma das secretárias de Hitler, "ao que ela respondia que Blondi [o alsaciano de Hitler] não era um cachorro, mas um bezerro".[21]

Mas o que quer que Eva Braun representasse para Hitler, ela não era uma igual. "No geral, Hitler mostrava pouca consideração pelos sentimentos dela", explicou Speer. "Ele declarava sua atitude em relação às mulheres como se ela não estivesse presente: 'Um homem muito inteligente deve ter uma mulher burra e primitiva'."[22] Consequentemente, "mesmo com Eva Braun, ele nunca se mostrava totalmente relaxado e humano. O abismo entre o líder da nação e a garota simplória sempre foi mantido".[23]

O "abismo" entre os dois era tal que, para conseguir o que queria – sem incorrer na ira de Hitler –, ela às vezes precisava pedir ajuda aos funcionários de Berghof. "Ela sempre gostou de beliscar", contou Döring.

> Ela gostava de chocolate. Durante a guerra não havia chocolate, ou só muito raramente. Então ela vinha pedir para mim e minha mulher [que também trabalhava em Berghof]. Nós também não tínhamos nada, o estoque já havia acabado. Então eu tive uma ideia. Peguei um papel timbrado, Berghof, Obersalzberg [...]. Hitler não foi mencionado na carta, gostaria de enfatizar, mas tampouco eu, não no texto. E escrevi

uma carta, uma carta muito simpática, e mandei para uma grande fábrica de chocolate. [...] Hitler não teria permitido, nem Bormann. Aliás, Bormann não gostava mesmo dela, pois aos seus olhos ela era uma parasita. Uma preguiçosa e coisas assim. Então escrevi a carta e depois de cinco ou seis dias a encomenda chegou, e que encomenda! Não sei, devia ter umas dez, quinze ou vinte libras [aproximadamente cinco, sete e dez quilos] de chocolate!

Döring pagou a conta com dinheiro do caixa de Berghof, torcendo para que ninguém prestasse muita atenção no assunto: "Hitler não poderia descobrir, ele teria humilhado Eva e a mim também".[24]

Ao mesmo tempo que Hitler mantinha um relacionamento com Eva Braun, corriam boatos de que Stálin estava envolvido com uma mulher de forma ainda mais discreta. Ninguém pode afirmar com certeza, mas parece provável que, durante a guerra, ele teve uma relação sexual com uma de suas criadas – Valentina Istomina. Ela era quase quarenta anos mais nova que Stálin e governanta de sua dacha nos arredores de Moscou. Rechonchuda, alegre e caseira, era a antítese da ex-mulher de Stálin, Nadezhda Alliluyeva. Enquanto esta fora intensa e pronta para discutir, Valentina era alegre e submissa.

Stálin nunca reconheceu publicamente qualquer relação com Valentina Istomina. "Se Istomina era ou não esposa de Stálin, não é da conta de ninguém", disse Molotov anos depois. "Engels vivia com a sua governanta."[25]

Portanto, parece que, durante a guerra, tanto Hitler como Stálin escolheram parceiras sexuais subservientes. O contraste com as mulheres de alguns de seus camaradas mais próximos era marcante. A esposa de Molotov, por exemplo, era ativista do partido e fora ministra da Pesca antes da guerra, e a mulher de Goebbels, Magda, se equiparava facilmente ao marido em astúcia e ambição. Fica evidente que Molotov e Goebbels queriam muito mais de suas mulheres que seus chefes esperavam de suas namoradas.

Não é muito difícil imaginar o porquê dessas escolhas. Tanto Hitler como Stálin mantinham distância daqueles que os rodeavam. Isso era óbvio no caso de Hitler – ninguém podia afirmar ter relações íntimas com ele –, porém menos com Stálin, dadas as noites barulhentas e embriagadas que passava em sua dacha com seu *entourage*. Essa bonomia, no entanto, era apenas fachada. Na verdade, até mesmo os mais próximos de Stálin sabiam pouco sobre o que ele realmente pensava. A única certeza é que poderiam ser presos e torturados a qualquer momento. Como disse Khrushchev:

> Todos nós em torno de Stálin éramos pessoas temporárias. Enquanto ele confiasse em nós até certo ponto, tínhamos permissão para continuar vivendo e trabalhando. Mas no momento em que deixasse de confiar em você, Stálin começaria a analisá-lo até o copo de sua desconfiança transbordar. Aí seria a sua vez de seguir os que já não estavam mais entre os vivos.[26]

Curiosamente, Hitler e Stálin já haviam se sentido atraídos por mulheres muito mais intelectuais e exigentes no passado. A segunda mulher de Stálin, Nadezhda Alliluyeva, era determinada e independente, tendo estudado por um tempo na Academia Industrial de Moscou.[27] E Hitler se sentira atraído pela sofisticada Magda Goebbels, antes de seu casamento com o ministro da Propaganda.[28] Porém, exceto esses casos, àquela altura de suas vidas Hitler e Stálin optaram por companheiras mais deferentes.

Stálin, ao contrário de Hitler, teve filhos. Yakov, seu filho com a primeira esposa, era oficial do Exército Vermelho e foi capturado pelos alemães com menos de um mês de guerra. Morreu no campo de concentração de Sachsenhausen, em abril de 1943. O relacionamento de Stálin com Yakov sempre foi turbulento, o pai o "intimidava" e "implicava" com ele.[29]

O filho mais novo de Stálin, Vasily, se tornou alcoólatra e passou a maior parte do tempo correndo atrás de mulheres. Morreria aos 40 anos, em 1962. A filha de Stálin, Svetlana, de início tinha um relacionamento mais positivo com o pai, mas isso mudou quando ele começou a querer controlar a vida privada dela.[30]

Hitler teria considerado esses problemas inevitáveis. Estava convencido de que ser filho de um "grande" homem era um destino terrível. "O ponto de vista de Hitler era: não se casar", afirmou Herbert Döring. "Se ele se casasse e tivesse filhos, eles iriam sofrer. Ele era um gênio, e seus filhos não chegariam a nada e seriam ridicularizados."[31]

Tanto Hitler como Stálin tiveram problemas de saúde durante a guerra. Os problemas estomacais de Hitler – que o acometiam havia anos – pioraram, e ele também desenvolveu um tremor na mão esquerda. Perto do final da guerra, pode ter apresentado os primeiros sintomas da doença de Parkinson.[32] Seu prognóstico não foi ajudado pelos muitos comprimidos e injeções ministrados por seu médico incompetente, Theodor Morell. Quanto a Stálin, sua doença envolvia arteriosclerose e problemas de circulação. Seu hábito de fumar teria exacerbado esses distúrbios, e o quanto bebia também não deve ter melhorado as coisas.

Contra esse pano de fundo, em julho de 1943, Stálin capitalizou o sucesso do Exército Vermelho ao deter os alemães em Kursk ordenando uma série de ofensivas. A primeira, a Operação Kutuzov, teve como alvo as posições alemãs a sudoeste de Moscou, e no começo de agosto a cidade de Orel – palco de uma humilhante derrota soviética em outubro de 1941 – foi libertada.

Os problemas para os alemães se multiplicavam. Cada vez mais, as unidades da Wehrmacht tinham de enfrentar não somente os soldados do Exército Vermelho à sua frente, mas também *partisans* soviéticos operando atrás de suas linhas. E isso não era obra do acaso. Havia uma relação direta entre o sucesso do Exército Vermelho no campo de batalha – e a consequente convicção de que os alemães logo seriam expulsos do território soviético – e a eficácia geral do movimento de resistência. O quartel-general da resistência em Leningrado, por exemplo, informou que unidades de *partisans* destruíram 870 vagões ferroviários em 1941, mas esse número chegou a 5.374 em 1943.[33] Nos arredores de Orel, durante os dez últimos dias de julho de 1943, eles destruíram linhas ferroviárias em quase 7.500 pontos. Pouco depois, cerca de 100 mil *partisans* se envolveram na abrangente Operação Guerra Ferroviária, em uma grande zona atrás das linhas alemãs.[34]

A maneira como Hitler e Stálin reagiram à guerra de resistência foi um microcosmo da filosofia brutal no âmago de seus modos de pensar. Hitler já havia se animado com o "convite" de Stálin, em 3 de julho de 1941, por uma resistência atrás das linhas alemãs, pois isso "nos dá a oportunidade de erradicar tudo o que estiver contra nós" e "matar qualquer um que nos olhe de soslaio".[35] No ano seguinte, em 8 de agosto de 1942, Hitler comparou a guerra contra os *partisans* soviéticos à "luta na América do Norte contra os peles-vermelhas", declarando que "a vitória irá para os fortes, e a força está do nosso lado".[36]

Quando oficiais como o coronel Reinhard Gehlen, da Agência de Inteligência do Exército para o Leste, sugeriram no final de 1942 que a população local deveria se alistar na luta contra os *partisans*, Hitler simplesmente reiterou sua linha dura, argumentando: "Somente onde a luta contra o incômodo dos *partisans* foi iniciada e executada com brutalidade implacável houve bons resultados".[37] Para aplicar essa política de "brutalidade implacável", as forças alemãs executaram reféns inocentes em represálias, queimaram casas e até usaram aldeões como detectores de minas humanos para limpar estradas de dispositivos explosivos suspeitos.

Muitas vezes cidadãos soviéticos que viviam sob ocupação alemã foram colocados numa posição impossível. Se concordassem com o domínio alemão, poderiam ser acusados de colaboracionismo pelos *partisans*. Se ajudassem os *partisans*, poderiam ser executados pelos alemães. Também corriam o risco de uma denúncia injusta por parte de seus vizinhos em ambos os lados. Qualquer um que tivesse contas a acertar poderia mandar eliminá-los.

A situação tornou-se ainda mais perigosa por causa dos problemas práticos que os *partisans* enfrentavam para sobreviver atrás das linhas alemãs. Embora ocasionalmente recebessem alimentos por aviões, na maioria das vezes pegavam comida dos moradores – à força, se necessário. "Às vezes, quando passávamos fome, pegávamos uma vaca de uma fazenda coletiva", admitiu Mikhail Timoshenko, que liderava um grupo de *partisans* no norte da União Soviética. "Nós a estrincávamos e cozinhávamos numa fogueira." Além de roubar comida dos moradores, os guerrilheiros também podiam tirar suas vidas. "Nós matávamos qualquer um da população que ajudasse os alemães", reconheceu Timoshenko.

Vamos imaginar que você traiu um grupo e que eu sei tudo sobre isso. Você está em casa, tá? Não está se escondendo de ninguém. Você mora com a família. [...] O traidor não imaginava que alguém soubesse e tivesse me contado. Eu mandaria dois homens até lá à noite. Eles abriam a porta e o prenderiam. Depois o traziam até nós e começávamos a interrogá-lo. [...] Muitos não iam admitir, é claro. É uma coisa muito difícil de admitir que você traiu o seu povo.

Mas esse interrogatório por um "tribunal" improvisado de três homens era uma mera formalidade, pois Timoshenko afirmou que sempre tinha de antemão "informações confiáveis" de que o "traidor" havia colaborado. Assim, todos os que eram levados por sua unidade para interrogatório foram depois baleados na nuca:

> Eu não tinha o direito de deixar um traidor solto. Nossas leis soviéticas para a retaguarda estipulavam que ele deveria ser julgado e mandado à prisão por ter ajudado os alemães e colaborado com eles. Mas para onde poderíamos mandá-lo? Onde alguém poderia encontrar uma prisão lá? Estava claro que, quisesse ou não, você não tinha escolha a não ser tomar o tipo de decisão que nosso tribunal tomava. Com certeza.

Timoshenko seguia os mesmos padrões estabelecidos ao lidar com os alemães:

> Nossa tarefa era a seguinte: destruir seus homens e equipamentos, explodir as pontes, as linhas férreas, destruir as comunicações – em outras palavras, destruir tudo o que pudesse ser útil ao inimigo. Destruir tudo. Arrasar [...] eu sou uma pessoa de temperamento muito bom. Não consigo matar um animal, entende? Nem bater no seu focinho. Mas achava que precisava matar os alemães, entende? Não só por causa da propaganda, mas também por um sentimento interno de que os alemães tinham vindo para estuprar minha irmã, matar minha mãe, minha filha. Que tinham vindo para fazer de mim um escravo.[38]

Stálin teria aprovado a frieza de Mikhail Timoshenko – particularmente a maneira como ele lidava com os "traidores". Na verdade, as autoridades soviéticas foram ainda mais longe. Em junho de 1942, um decreto do Comitê de Defesa do Estado declarou que as famílias dos condenados à morte por colaboração com os alemães deveriam ser punidas com cinco anos de exílio.[39] Não importava que as esposas, maridos, pais, mães ou outros parentes próximos dos condenados não tivessem feito nada de errado.

A abordagem impiedosa de Stálin com seu próprio povo se estendeu ao campo de batalha. Embora as perdas diárias, com uma ou duas exceções como a Batalha de Berlim, houvessem diminuído nos últimos anos de guerra, à medida que o Exército Vermelho se tornava mais proficiente taticamente, sua convicção básica de que os indivíduos eram dispensáveis nunca mudou. É uma atitude que foi sintetizada pelo uso de batalhões penais. Essas unidades eram compostas por soldados condenados por crimes disciplinares, complementados por prisioneiros do *gulag*, e encarregados de tarefas especialmente perigosas, muitas vezes quase suicidas.

Quase 1 milhão de soldados soviéticos foram considerados culpados por tribunais militares no decorrer da guerra. Desses, mais de 400 mil foram lotados em unidades penais e o restante foi condenado à prisão ou simplesmente fuzilado. Cerca de 160 mil soldados do Exército Vermelho foram executados durante o conflito, mais de dez vezes o número de soldados alemães que sofreram o mesmo destino.[40] Da mesma forma, embora os alemães também usassem batalhões penais, os soviéticos adotaram o conceito em um grau muito maior.

Vladimir Kantovski fez parte da pequena minoria que sobreviveu ao serviço militar em um batalhão penal soviético. Ele foi preso em 1941, com 18 anos, por protestar contra a prisão de seu professor. Enquanto estava no *gulag*, respondeu a um chamado de "voluntários", e no início de 1943 se tornou um soldado da 54ª Companhia Penal. Mesmo sabendo dos riscos, sendo um "patriota", acolheu a chance de lutar contra os alemães. "Para mim, a pouca liberdade que tive no batalhão penal significava muito", explicou. "Você pode imaginar, entender, o que é liberdade? Para isso você tem que passar meio ano na prisão de Omsk, totalmente imóvel na cela, só podendo ver o céu por uma fenda na janela."

Como muitos nos batalhões penais, Kantovski só participou de uma batalha. Perto de Demyansk, ao sul de Leningrado, sua unidade foi ordenada a marchar em direção às posições alemãs em um "reconhecimento por meio de combate". Os comandantes soviéticos usavam tropas mal armadas e totalmente dispensáveis para obter informações sobre as forças armadas que enfrentavam. Enquanto os alemães disparavam e matavam os integrantes do batalhão penal, os comandantes soviéticos descobriam a localização de suas armas.

Kantovski se sentiu "fatalista" enquanto avançava.

> Acho que não se pode sentir qualquer patriotismo ao participar de um ataque como esse. Acho que o sentimento predominante é o de franqueza – seus sentimentos ficam embotados. [...] Você sabe que o

que está acontecendo é inevitável, fatal, é como um jogo de roleta-russa. Assim, qual será o seu destino?

Kantovski logo descobriu o dele. Foi atingido por uma rajada de metralhadora e caiu no chão. Enquanto sangrava, temia que seus comandantes pudessem pensar que de alguma forma ele havia provocado o ferimento. Fosse esse o caso, seria executado por covardia. Mas percebendo que sua única escolha era morrer no campo de batalha ou arriscar a morte nas mãos de seus compatriotas, resolveu rastejar de volta para as linhas soviéticas. No contexto de um batalhão penal, Kantovski teve "sorte". Apesar de a maioria dos integrantes de sua unidade ter morrido naquele dia, sua vida foi poupada. Mas enquanto vários soldados feridos nos batalhões penais foram considerados "perdoados pelo sangue" por seus pecados e transferidos para unidades comuns do Exército Vermelho, as autoridades soviéticas decidiram mandar Kantovski de volta ao *gulag*. Ele só foi libertado em 1951. Ao longo dessa experiência, estabeleceu uma distinção entre o amor pelo seu país, sua fé no comunismo e seu ódio por Stálin: "Nós sabíamos que o poder de Stálin não era a ditadura do proletariado, mas que ele era o ditador do proletariado [...] e foi uma ditadura cruel".[41]

Fyodor Bubenchikov, que comandou uma unidade penal em 1943, tinha uma perspectiva muito diferente sobre o uso de batalhões penais. Ele fora enviado para a unidade não como punição, mas para controlar os recalcitrantes. "Parte do seu trabalho era mantê-los juntos e mandá-los para a batalha", explicou. "Eles só recebiam armas um pouco antes da batalha. Eram treinados com bonecos. [...] Em tais condições, eles não eram soldados comuns." Por essa razão, argumenta, era mais sensato liderar esses homens não pela frente, mas a várias centenas de metros atrás:

> Você tem quatrocentos homens chegados recentemente de uma colônia [isto é, o *gulag*], que eram reincidentes, ladrões ou criminosos. Eram treinados em cinco ou seis dias. Você não consegue conhecer bem as pessoas em tão pouco tempo. E aí eles vão receber armas e avançar atrás de você, liderando-os para a batalha? Onde está a lógica [nisso]? Nós tínhamos o direito de ficar atrás dos soldados, mas garantíamos que eles recebessem comida em tempo hábil e suas rações de vodca...[42]

Como vimos, tanto Hitler como Stálin se empenhavam em se manter distantes, não somente dos soldados morrendo na linha de frente como também das dificuldades que os cidadãos comuns enfrentavam em casa. Por isso que é tão intrigante que Stálin de repente tenha resolvido fazer uma visita ao *front* no início de agosto de 1943. Ele viajou de trem e de carro até o *front* de Rzhev, a oeste de Moscou. Mas passou somente quatro dias fora de seu gabinete e a alguma distância da verdadeira batalha. Nada disso importava, no entanto, pois a viagem era só um pretexto.[43] Uma forma de Stálin ser retratado na mídia soviética como um comandante corajoso que estava perto de suas tropas, diferentemente de Churchill e Roosevelt. Nenhum deles teve de rechaçar os alemães de seus próprios países, nenhum deles precisou tomar decisões tão importantes no campo de batalha. "Só agora, tendo voltado do *front*, posso responder à sua mensagem de 16 de julho", gabou-se a Roosevelt em 8 de agosto.[44] Deve ter se deleitado com a chance de dar a impressão de estar praticamente lutando nas trincheiras. Não admira que não tivesse tempo para conversar com os líderes aliados. Não admira que estivesse irritado com a ausência de um segundo *front*. Poucas vezes uma viagem tão superficial rendeu tanta milhagem política.

A visita de Stálin ao "*front*" também propiciou influência imediata sobre a questão da localização de qualquer reunião de cúpula futura. Em seu telegrama de 8 de agosto, vinculou diretamente seus deveres como lutador – propagando a mentira de que "frequentemente" precisava "ir para as diferentes partes do *front*" – com um desejo recém-descoberto de se encontrar com Roosevelt e Churchill. Mas, devido à necessidade de "submeter" tudo "aos interesses do *front*", sugeriu que essa reunião fosse realizada na União Soviética, "em Astracã ou em Arcanjo".

Stálin havia decidido que, embora pudesse ser útil se encontrar cara a cara com Roosevelt e Churchill, a reunião deveria ser realizada sob supervisão soviética. O encontro, se fosse acontecer, seria nos seus próprios termos. Foi uma demonstração de força bruta. Nos meses seguintes, os Aliados ocidentais tentaram de todas as formas persuadir Stálin a mudar de ideia. Roosevelt, em especial, desejava que a conferência fosse realizada em algum lugar mais perto dele. Não era apenas uma questão geográfica. Estadistas compreendem a importância das aparências. Na maioria das vezes, são os mais fracos que se deslocam para se encontrar com os mais fortes.

Stálin acabou sugerindo Teerã como o local do encontro. A cidade era relativamente perto da União Soviética, e os soviéticos já marcavam presença no Irã por causa de sua invasão ao país em conjunto com os britânicos em 1941. Mas Roosevelt opôs-se veementemente à ideia. Reclamou que não poderia viajar a Teerã "por razões constitucionais". Ele teria de assinar ou vetar leis do Congresso em Washington num curto intervalo de tempo, e os aviões poderiam não conseguir partir de Teerã por causa do mau tempo. Sugeriu todo um leque de alternativas – Cairo, Asmara, na Eritreia ou "algum porto no Mediterrâneo oriental", para onde cada líder poderia ir em seu próprio navio.[45]

Mas Stálin se manteve firme. Se o encontro não pudesse se realizar em Teerã, ele mandaria Molotov em seu lugar. Isso foi demais para Roosevelt. Ele já havia se encontrado com Molotov. O que desejava era um encontro com Stálin. Assim, em um telegrama em 8 de novembro de 1943, Roosevelt cedeu. Milagrosamente, ele havia então "elaborado um método" para cumprir seus deveres presidenciais mesmo estando em Teerã.[46] Assim, antes do início do encontro, Stálin já havia garantido o papel de líder.

No momento em que a conferência foi realizada, no final de novembro, as forças soviéticas estavam se aproximando de Kiev, tendo rechaçado a Wehrmacht para o leste da Ucrânia. Era em contraste direto com o relativo fracasso dos Aliados na Itália. A rendição dos italianos foi tão confusa – com Mussolini preso em 25 de julho e a capitulação italiana só anunciada em 8 de setembro –, que os alemães conseguiram desarmar o exército italiano e preparar defesas mais sólidas. A forte resistência alemã, agravada pelo terreno acidentado, tornava difícil o avanço dos Aliados.

Ademais, pouco antes de Teerã, a relação entre os líderes britânicos e norte-americanos não ia bem. Estes ficaram preocupados com a atitude de Churchill em relação ao segundo *front* durante uma reunião no Cairo, pouco antes de as delegações partirem para o Irã. Em 25 de novembro, lorde Moran[47] reuniu-se com o conselheiro de confiança de Roosevelt, Harry Hopkins, e "o considerou cheio de ironias e provocações". Hopkins estava irritado com Churchill por achar que o primeiro-ministro britânico estava concentrado na guerra na Itália, em vez de planejar o ataque à França. Em consequência, disse Hopkins, "alguns de nós estão começando a se perguntar se a invasão [através do Canal] se realizará algum dia".[48]

"Claro que estamos nos preparando para uma batalha em Teheran [sic]", disse Hopkins na conclusão. "Você vai nos ver alinhados com os russos." Moran ficou perplexo: "O que considerei tão chocante é que, para os americanos, o PM [primeiro-ministro] é o vilão da história; eles estão muito mais céticos com ele do que com Stálin". Moran lamentou o fato, uma vez que, por causa dessa discórdia, os Aliados estavam para se encontrar com Stálin "sem um plano em comum".[49]

Contudo, certamente havia um plano de Roosevelt – e era simples: estabelecer um relacionamento com Stálin. Mas a arrogância do presidente norte-americano, ao achar que ninguém era imune ao seu charme, combinada com o virtuosismo das táticas de negociação de Stálin, levou o líder soviético a sair de Teerã com quase tudo o que desejava. Diferentemente do mito popular – que situa a conferência de Yalta, em fevereiro de 1945, como o momento em que os Aliados ocidentais se curvaram ao poder soviético –, a política já estava desenhada em Teerã.

Roosevelt demonstrou seu desejo de cair nas graças de Stálin desde o início da conferência. O presidente aceitou a oferta de Stálin para que ele e sua delegação se mudassem para o complexo da embaixada soviética em Teerã. Aparentemente porque as acomodações planejadas para os norte-americanos ficavam longe do local da conferência, e portanto o transporte poderia não ser seguro. Mas Roosevelt certamente se sentiu satisfeito por estar tão perto fisicamente de Stálin – apesar de uma outra consequência dessa mudança: os norte-americanos se encontravam então sob vigilância dos soviéticos. Eles ficariam sabendo de tudo o que Roosevelt dissesse em particular.

O presidente insistiu em se encontrar com Stálin sem a presença de Churchill, antes da primeira sessão plenária da conferência. Roosevelt gostava de falar e, como visto, ao contrário da maioria dos líderes, Stálin gostava de ouvir. Então, ao menos nesse quesito, os dois se complementavam. Quando se encontraram, na tarde de 28 de novembro, Roosevelt discorreu longamente sobre vários tópicos. Mas havia um tema constante, que eram suas tentativas de se distanciar do primeiro-ministro britânico.[50]

Roosevelt retratou Churchill quase como uma relíquia colonial. Hopkins disse depois a lorde Moran que o presidente norte-americano dissera a Stálin que "esperava que a Malásia, a Birmânia e outras colônias britânicas fossem 'educadas nas artes do autogoverno'". Roosevelt também alertou Stálin "a não discutir a Índia com o primeiro-ministro", aludindo às opiniões reacionárias de Churchill. E, como escreveu Moran, "as expressões dos olhos de Stálin foram claras; ele deve ter entendido tudo".[51]

No primeiro encontro entre os três líderes, que se seguiu ao primeiro bate-papo íntimo com Roosevelt, Churchill se juntou às tentativas de impressionar Stálin. Tanto ele quanto Roosevelt falaram em termos floreados sobre a natureza da ocasião. Roosevelt foi lírico a respeito do simbolismo dos líderes se reunindo como "membros da mesma família", enquanto Churchill "rezava para que eles pudessem merecer essa maravilhosa oportunidade oferecida por Deus de prestar serviços aos próximos". Em resposta, Stálin disse simplesmente que gostaria de "fazer bom uso da oportunidade".[52]

O líder soviético foi igualmente direto em seus comentários durante a parte substantiva da reunião. Primeiro fez uma concessão. Concordou que a União Soviética se juntasse à guerra contra o Japão, como Roosevelt desejava, mas só depois que a Alemanha fosse derrotada. Em seguida reiterou sua demanda por um segundo *front*. Essencialmente, era tudo o que ele tinha a dizer. Ofereceu com uma das mãos e retirou com a outra. Uma mensagem simples e coerente.

Sir Alan Brooke, chefe do Estado-Maior Geral Imperial, observou os três líderes durante a reunião e, embora tenha rejeitado como "muito blá-blá-blá" a tentativa de Churchill e Roosevelt de "bajular os russos",[53] ele "logo reconheceu o fato de que ele [Stálin] tinha um cérebro militar do mais alto calibre. [...] A esse respeito, ele se destacava quando comparado aos seus dois colegas [Roosevelt e Churchill]".[54]

Dificilmente se poderia dizer que Stálin havia demonstrado um "cérebro militar do mais alto calibre" com suas ações até então na guerra, por isso os comentários de Brooke são intrigantes. Talvez ele visse em Stálin um personagem não muito diferente do seu – não em termos de crueldade criminosa (esse traço pertencia inteiramente a Stálin), mas na capacidade de reconhecer o que era o ponto central em qualquer argumento e declará-lo claramente. Os dois também compartilhavam uma antipatia intensa pelo tipo "blá-blá-blá" de Roosevelt e Churchill.

Charles Bohlen, o tradutor de Roosevelt, notou que Stálin tinha o hábito de "rabiscar cabeças de lobo em um bloco com um lápis vermelho" e "nunca demonstrava qualquer agitação e raramente gesticulava", mas "se mantinha em silêncio, cigarro na mão, concentrando-se na discussão".[55] Quando falava, era para levar a reunião de volta ao ponto que importava para ele – a necessidade imediata de um segundo *front*.

Stálin manteve essa postura ponderada e vigilante em seu encontro com Churchill naquela noite, e até hoje a Europa vive as consequências do que aconteceu entre eles. Pois foi durante essa reunião que Churchill disse a Stálin que concordava que os soviéticos mantivessem a Polônia oriental depois da guerra – o mesmo território que dissera no ano anterior não poder ser abandonado sem romper a Carta do Atlântico.

Stálin conduziu a discussão com habilidade consumada. Churchill fez o possível para o líder soviético revelar seus pontos de vista antes de esboçar seu próprio plano, mas sem sucesso. Stálin apenas disse que não sentia "necessidade" de falar. Churchill pressionou e disse que imaginava toda a Polônia se deslocando para o oeste, com os poloneses ocupando território alemão para compensar a perda de terras no leste, que agora seriam entregues a Stálin.[56] Churchill fez essa oferta – uma das mais importantes alterações de fronteiras dos últimos tempos – sem discutir o assunto de antemão com o governo polonês no exílio. Os poloneses, aliados tanto dos britânicos quanto dos soviéticos, não foram consultados sobre o desmembramento do próprio país.

Como vimos, Stálin vinha pedindo que o leste da Polônia fosse entregue aos soviéticos desde seu encontro com o ministro das Relações Exteriores britânico, em dezembro de 1941. E então, surpreendentemente, ele nem precisou pedir o território. Churchill o entregou espontaneamente. O primeiro-ministro britânico tentou defender suas ações em carta a Anthony Eden algumas semanas depois, em janeiro de 1944. Falou das "tremendas vitórias" do Exército Vermelho e das "mudanças profundas que ocorreram nas características do Estado e do governo russos", além de uma "nova confiança que cresceu em nossos corações em relação a Stálin".[57] Mas permanece uma forte suspeita de que isso foi apenas mais "blá-blá-blá". Talvez Churchill tenha conseguido se convencer de que as "mudanças" para melhor que afirmava ter visto na política soviética eram realmente substanciais. Sem dúvida, houve pequenos sinais de transformação. Era verdade, por exemplo, que Stálin abolira o Comintern em maio de 1943 – embora sempre tenha se mostrado ambivalente sobre essa organização, projetada para implantar o comunismo no exterior. Mas foi uma pequena "mudança", se comparada aos crimes do regime soviético que Churchill conhecia e optou por não mencionar – como Katyn, por exemplo.

Portanto, é provável que a sugestão de Churchill de que as fronteiras polonesas fossem radicalmente alteradas tenha sido apenas um caso de Realpolitik implacável. Ele sabia que o Exército Vermelho tomaria esse território à medida que avançasse, e os Aliados não estavam dispostos a lutar para recuperá-lo para os poloneses. Churchill admitiu isso em outra nota que enviou a Eden em janeiro de 1944, quando disse que os poloneses "devem ser muito tolos se imaginam que vamos começar uma nova guerra com a Rússia por causa da fronteira oriental polonesa".[58]

Sem dúvida, Stálin tinha boas cartas na mão na questão da Polônia, mas ainda assim jogou muito bem. Apesar de suas pressões contínuas em relação ao segundo *front*, ele preferiu esperar e deixar os Aliados virem até ele. Stálin sabia que seus soldados tomariam a Polônia antes dos Aliados ocidentais, por isso detinha o controle. E, como visto, a forma como havia manipulado as revelações sobre Katyn anteriormente naquele ano fornecia um pretexto plausível, ainda que desonesto, para lidar com o governo polonês no exílio. Um jogador político menos sofisticado poderia ter proclamado seu domínio em Teerã e exigido que seus aliados aceitassem suas demandas. Mas Stálin se manteve em silêncio e esperou. Ele sabia que o tempo estava ao seu lado.

Roosevelt não estava presente durante a conversa de Churchill com Stálin sobre a Polônia, porém, mais tarde na conferência, revelou sua posição. Significativamente, ele preferiu fazer isso em segredo, longe das discussões formais. Disse a Stálin que estava considerando a possibilidade de concorrer à presidência novamente em 1944, e por isso precisava tomar conhecimento das opiniões dos eleitores poloneses-norte-americanos. Ele queria o apoio deles, e anunciar publicamente, antes da eleição, uma reorganização massiva da nação polonesa era obviamente problemático. Porém, confidencialmente, ele podia dizer a Stálin que concordava com Churchill sobre os soviéticos manterem a Polônia oriental depois da guerra.[59]

Como Stálin deve ter gostado desse encontro. O presidente norte-americano não apenas concordou com suas exigências como também, ao falar em particular com Stálin, colocou-se numa posição de fraqueza. Se Roosevelt não mantivesse a palavra, Stálin poderia vazar o que ele havia dito. Era o tipo de acordo de bastidores do qual Stálin gostava. Já havia tentado fazer Eden concordar com um protocolo secreto sobre esse mesmo assunto em dezembro de 1941, mas sua sugestão foi sumariamente rejeitada.[60] Como as coisas tinham mudado.

Charles Bohlen, presente nas conversações "secretas" de Roosevelt com Stálin sobre a Polônia, reconheceu que "foi um grande erro".[61] Em poucos minutos a razão se tornou aparente. Na sessão plenária seguinte – realizada imediatamente depois da conversação "secreta" –, o presidente norte-americano sugeriu que Stálin poderia discutir o futuro da Polônia com o governo polonês no exílio. Esse comentário soaria bem para os poloneses-norte-americanos nos Estados Unidos. Porém, já sabendo que Roosevelt havia cedido na questão-chave das novas fronteiras, Stálin pôde rejeitar a ideia. Mentiu ao dizer que membros do governo polonês no exílio estavam "em contato" com os alemães – praticamente insinuando que eram traidores. Nem os britânicos nem os norte-americanos se manifestaram contra essa calúnia.[62]

As coisas pioraram quando Churchill disse depois que esperava que o governo polonês do pós-guerra fosse "amigável" aos soviéticos. A ambiguidade sobre o que a palavra "amigável" realmente significava no contexto de um relacionamento com Stálin viria a assombrar não só as negociações sobre a Polônia, mas também o governo de muitos países da Europa Oriental após sua libertação.

Pode-se argumentar que, mais uma vez, Churchill e Roosevelt estavam apenas sendo pragmáticos. Não iriam para a guerra com Stálin sobre a forma escolhida para governar os países ocupados pelo Exército Vermelho depois da guerra. Mas essa verdade brutal não foi um grande consolo para os milhões que trocariam o governo de um tirano – Adolf Hitler – pelo de outro – Joseph Stálin. Qualquer um que ainda considere a Segunda Guerra Mundial um conflito totalmente moral, uma batalha indiscutível do bem contra o mal, precisa encarar essa incômoda realidade.

Nas semanas após o final da conferência, sir Alexander Cadogan expressou seu descontentamento com os soviéticos em seu diário. Não apenas reclamou da atitude "sanguinária" com os poloneses, como se sentiu absolutamente indignado com a falsa alegação, publicada no *Pravda*, de que os britânicos estavam negociando uma paz em separado com a Alemanha. Cadogan ficou tão furioso que escreveu em seu diário, em 17 de janeiro de 1944, que os "russos" eram "o grupo de judeus mais sinistro e fedorento que já conheci".[63]

É importante observar o apelo de Cadogan a uma injúria antissemita durante seu acesso de raiva. Isso nos lembra que o antissemitismo era comum em muitos lugares durante esse período – mesmo entre os que lutavam contra os nazistas. Não era o caso, como Cadogan devia saber, que a liderança soviética fosse predominantemente judia. As duas figuras principais – Stálin e Molotov – certamente não eram, e Stálin demonstraria seu próprio antissemitismo de forma brutal depois da guerra.

Enquanto Cadogan vituperava contra os soviéticos, Churchill ficou deprimido com a conferência e, tarde da noite, teve visões sombrias da devastação. "Acredito que o homem poderá destruir o homem e destruir a civilização", disse a lorde Moran, seu médico. "A Europa ficaria desolada e eu posso ser responsabilizado." Moran achou que sabia por que Churchill se sentia assim.

> Até vir aqui, o P.M. [primeiro-ministro] não conseguia acreditar que, face a face com Stálin, as democracias tomariam rumos diferentes. Agora ele vê que não pode contar com o apoio do presidente. O que é mais importante, ele percebe que os russos veem isso também. Seria inútil tentar estabelecer uma linha firme com Stálin. Ele será capaz de fazer o que quiser. Poderá se tornar uma ameaça para o mundo livre, outro Hitler? O P.M. está horrorizado com sua própria impotência.[64]

Por ocasião da conferência em Teerã, Stálin já havia demonstrado sua disposição para cometer crimes – flagrantemente tendo ordenado as matanças de Katyn em 1940. Também percebeu que britânicos e norte-americanos estavam dispostos a ignorar suas ações. Mas ainda não tinha parado de cometer atrocidades. Pelo contrário, pois logo após a conferência ele presidiria a morte de muitos milhares de homens, mulheres e crianças inocentes. E, mais uma vez, os Aliados ocidentais não fariam nada a respeito.

15

MATANÇA EM MASSA

Hitler, como o mundo sabe, presidiu o crime mais horrível da história – o Holocausto. Mas a sombra lançada por esse terrível evento fez com que muito menos atenção tenha sido dada ao enorme número de mortes de civis de responsabilidade de Stálin. Essa falta de atenção aos crimes de guerra de Stálin, combinada com a percepção de que como aliado do Ocidente ele estava no campo da retidão durante o conflito, significou que o líder soviético escapou em grande parte do nível de censura que merecia.

Quantas pessoas sabem, por exemplo, os detalhes dos horrendos atos de limpeza étnica de Stálin ocorridos durante a guerra? Sua ação contra a população da Calmúquia foi típica, lançada logo após seu retorno da conferência de Teerã. Os calmucos, um grupo étnico de descendência mongol, viviam na estepe árida ao sul de Stalingrado, a oeste do mar Cáspio. Esse território ficava o mais a leste que os alemães chegaram na guerra contra os soviéticos, e eles se encontravam muito longe de casa – Elista, a capital da Calmúquia, fica a quase 2.300 quilômetros de Berlim.

Quando o Exército Vermelho recapturou a Calmúquia, no final de 1942, Stálin teve que decidir como tratar os habitantes dessa região obscura da União Soviética. Em outubro de 1943, deixou claras suas intenções.[1] Ele queria que toda a nação fosse punida com a deportação, resultando na morte de muitos milhares de pessoas. O decreto formal autorizando a ação, emitido pelo Presidium do Soviete Supremo em dezembro, afirmava que "muitos" calmucos haviam colaborado com os alemães. Mas embora fosse verdade que os alemães recrutaram cerca de 5 mil para o Corpo de Cavalaria da Calmúquia, um número muito maior de calmucos – mais de 23 mil – estava servindo no Exército Vermelho.[2] E como o Corpo de Cavalaria da Calmúquia recuou com a Wehrmacht, os colaboracionistas não estavam nem por perto para serem punidos.

Nada disso fez diferença para Stálin – em parte por causa da etnia dos calmucos. Stálin queria criar um Estado centralizado, e a presença de diversas populações étnicas na União Soviética era difícil de ser reconciliada com essa ambição. Apesar de grupos específicos como os calmucos e os tártaros da Crimeia serem autorizados a proclamar seu legado étnico e permanecer em seus territórios tradicionais, eles eram cautelosamente vigiados para garantir que esse senso de identidade jamais se transformasse em desejo de autonomia. Nada poderia ser mais contrário aos princípios do Estado soviético do que um movimento pela independência.

Foi uma questão exacerbada pelo foco de Stálin na história imperial da Rússia nos tempos de guerra. Essa nova ênfase nas glórias passadas pode ser compreendida de diversas maneiras. Por exemplo, como visto, em 1942 Stálin criou novas condecorações com nomes em homenagem a heróis militares russos como Alexander Nevsky, Mikhail Kutuzov e Alexander Suvorov. Os jornais soviéticos também vincularam ostensivamente a luta contra os nazistas ao passado imperial. "Agora, em tempo de guerra", escreveu um jornalista, "sentimos ainda mais calorosamente e de perto nosso laço de sangue com os fundadores e criadores da cultura da Grande Rússia".[3] A Rússia sempre foi retratada como o membro dominante da família soviética, o irmão mais velho que todas as repúblicas menores deveriam seguir.[4]

Havia um precedente para o que Stálin estava prestes a fazer com os calmucos. Os alemães étnicos da região do Volga, por exemplo, foram deportados em 1941 para regiões remotas da União Soviética e, antes da guerra, os coreanos que viviam na fronteira oriental soviética também foram mandados a um exílio interno. Ao todo, durante seu tempo no poder, Stálin ordenaria a deportação de vários milhões de pessoas pertencentes a uma variedade de diferentes grupos nacionais e étnicos, e cerca de 1 milhão deles morreriam. Os calmucos foram um dos primeiros a serem visados quando seu território foi libertado da ocupação alemã, e a maneira como foram tratados foi um sinal do que estava por vir.

A deportação dos calmucos seria um ato de limpeza étnica assassina: assassina porque não foram tomados os cuidados necessários para alimentar ou abrigar os deportados e, portanto, era inevitável que milhares morressem, e havia discriminação étnica porque qualquer russo que vivesse na Calmúquia era isentado da ação planejada. Não haveria nenhuma tentativa de avaliar culpa ou inocência individuais. O simples fato de ter nascido calmuco era o bastante para torná-lo passível de punição.

Em 28 de dezembro de 1943, o NKVD se voltou contra os calmucos numa gigantesca ação coordenada. Vera Tachieva, na época com 19 anos, estava em uma escola de treinamento de professores quando "de repente, às seis horas da manhã, soldados armados entraram e anunciaram que estávamos todos despejados". Ela entrou em choque, e muitas de suas amigas desmaiaram:

> Nossos professores vieram falar conosco para tentar nos acalmar. Naquele momento, um caminhão estacionou. Só tínhamos nossos pertences pessoais para guardar nas malas. Eles nos levaram à estação ferroviária, nos puseram num vagão de carga e cada vez chegava mais gente até o vagão lotar. Ficamos naquele trem, chorando. Minha amiga estava deixando a mãe para trás e gritava, onde está minha mãe, como eu vou encontrar minha mãe? Tínhamos a sensação de termos perdido tudo.

A súbita destruição de seu mundo familiar foi ainda mais aflitiva para Vera, pois ela era uma comunista fervorosa e nem sequer morava na região da Calmúquia que estivera sob ocupação alemã. "Não sabíamos de nenhuma razão [para a ação]. Fomos criadas no espírito do comunismo. Acreditávamos no comunismo. E éramos jovens. Quando o trem partiu começou o pânico. Gritos e barulhos. Choros."

Vera viajou durante cinco dias naquele trem apinhado de calmucos. A bordo, enquanto se dirigiam a um destino desconhecido, logo estavam cobertos de piolhos.

> Um aluno adoeceu e morreu. Tinha tantos piolhos que dava para ver os piolhos rastejando no corpo dele. Todo mundo estava pegando piolhos.

[...] Tivemos que esperar até a próxima estação para eles retirarem os mortos. No fim, nós nos acostumamos. Quando estávamos chegando perto de Novosibirsk [na Sibéria], eles começaram a recolher todos os cadáveres do vagão do trem e esses cadáveres foram empilhados e retirados na próxima parada, pois o trem tinha de seguir em frente. [...] A maioria das pessoas tentava se acalmar. Elas diziam: "Não, não chore". Ou "Eles vão resolver isso, vão encontrar os culpados, não podem nos matar". Algumas pessoas tinham esperança.[5]

Os calmucos eram caçados onde quer que estivessem. Aleksey Badmaev foi retirado de um hospital militar onde se recuperava de um ferimento sofrido em batalha. Ele tinha lutado na frente de Stalingrado e ganhara uma medalha por bravura. Mas de nada adiantou. Só importava que ele era um calmuco. Assim como Vera Tachieva, Badmaev era um dedicado apoiador do regime:

Os comandantes gritavam [enquanto atacavam]: "Pela pátria mãe, por Stálin!" Gritávamos porque era uma espécie de proteção. Não sentíamos medo quando estávamos gritando [...] a pátria tem de ser defendida. Foi o que nos ensinaram desde o primeiro ano na escola. Não tínhamos nada além da nossa pátria. Fomos ensinados a ser patrióticos. Claro que sabíamos que havia traidores e inimigos do povo, mas acreditávamos que eles eram de fato inimigos. Um homem, por exemplo, foi preso e nós nos perguntamos por que, e nos disseram que ele estava falando mal de Stálin. Achamos que essa era a coisa certa a ser feita. Ele não deveria ter falado coisas ruins sobre Stálin.

Mas Aleksey Badmaev – então culpado apenas pelo crime de ter nascido calmuco – seria deportado:

Quando soube da deportação de calmucos, foi um choque para mim, do qual não me recuperei até hoje. Pelo que eu estava lutando, pelo que estava derramando meu sangue, por que meu povo tinha que ser realocado? Meu coração doía por causa disso. Vou dizer, já é um crime punir um homem inocente, mas só um homem doente, mentalmente anormal pode dar uma ordem para realocar um povo inteiro.[6]

Do ponto de vista do NKVD, a operação fora um sucesso. Em 4 de janeiro de 1944, Béria relatou diretamente a Stálin que "ao todo, 26.359 famílias ou 93.139 pessoas foram embarcadas em 46 trens especiais" e deportadas para a Sibéria.[7] Lá eles tiveram que trabalhar – muitas vezes trabalhos manuais nas circunstâncias mais terríveis – ou morrer de fome.

"Os que não tinham nada para trocar por comida e não sabiam russo foram mendigar", contou Evdokiya Kuvakova, que foi deportada quando criança.

Alguns [dos habitantes] davam pão para eles, mas mesmo assim muitas pessoas morreram de fome. [...] Essa deportação fez de mim uma pessoa doente. Minha irmã morreu jovem porque sofreu muito, passou por muitas dificuldades. [...] Até hoje não consigo aceitar.[8]

Aleksey Badmaev foi mandado a um campo de trabalho com outros soldados calmucos. "O campo era horrível", lembrou. "Havia alguns prisioneiros de guerra alemães [...] outros eram criminosos." Em vez de lutar na linha de frente, ele e seus companheiros calmucos foram postos para trabalhar na floresta: "No começo nós arrastávamos troncos de árvores, eles tinham de ser derrubados e arrastados. Se você não conseguisse cumprir a cota do dia, não recebia a ração de pão e as pessoas morriam de fome muito rapidamente. De duzentas pessoas, um mês depois, só 72 sobreviveram; e 128 morreram".[9]

A atitude de Stálin em relação a essas deportações foi, em muitos aspectos, semelhante à dos nazistas em relação aos judeus durante a fase do gueto. Assim como os nazistas, Stálin também queria se livrar de um grupo odiado. Assim como os nazistas viam os judeus passarem fome nos guetos, Stálin, com suas ações, demonstrou que não se preocupava se os que eram deportados morriam de fome. "A morte rápida dos judeus é para nós uma questão de total indiferença, para não dizer desejável...", declarou um nazista que supervisionava o gueto de Lódz em novembro de 1940.[10] E, de acordo com sobreviventes da Calmúquia, havia funcionários do partido na Sibéria que sentiam o mesmo em relação a eles.

Se os judeus tivessem sido deixados nos guetos e os calmucos na Sibéria, é quase certo que ambos os grupos teriam sido exterminados com o tempo. Nos guetos de Varsóvia e de Lódz, os dois maiores da Polônia, a taxa de mortalidade excedeu a de natalidade pouco depois que os guetos foram selados, ao mesmo tempo que os calmucos morriam em sua nova casa. Dos pouco mais de 90 mil calmucos deportados em dezembro de 1943, cerca de 74 mil continuavam vivos em 1949, mas menos de 65 mil em 1959.[11] As autoridades soviéticas sabiam que os calmucos estavam em vias de extinção já em julho de 1946. "A taxa de mortalidade entre os calmucos é realmente alta", escreveu um funcionário soviético em Novosibirsk. "Excede a taxa de natalidade em 3,5 vezes."[12] Os calmucos como povo só foram salvos da aniquilação por uma mudança na política soviética, vários anos após a morte de Stálin.

Stálin nunca disse abertamente que pretendia exterminar os calmucos. Porém, em termos práticos, não estaria cometendo lentamente esse crime? Ordenou que fossem deportados de sua terra natal para um ambiente onde a taxa de mortalidade excedia enormemente a de natalidade. O que era isso senão uma política de extermínio gradual?

Olhando em retrospecto, Aleksey Badmaev não tinha dúvidas sobre a semelhança entre os crimes:

> Como Hitler, que queria matar todos os judeus, era semelhante. O que meu povo fez de errado para Stálin e Béria? Não sei. [...] Um homem, um velho que conheci numa estação de trem, perdeu três filhos no *front*, mas [mesmo assim] teve de ser deportado, ou minha mãe foi deportada, cujo único filho estava lutando no *front*. Essa foi a essência do crime. Acho que não há nada no mundo igual a esse crime, exceto o que Hitler cometeu.[13]

No entanto, houve uma série de diferenças entre as ações de Stálin e as de Hitler. Uma delas é a responsabilidade de cada um perante os que sofreram na época com esses crimes. Para os judeus, era óbvio que Hitler era o culpado. Havia anos que ele vinha bradando uma retórica antissemita. Mas para pessoas punidas como os calmucos, a culpa era menos clara. Muitos deles achavam que Stálin – o líder que haviam aprendido ser sábio e solidário – não poderia saber o que estava acontecendo. Alguns até escreveram a ele, implorando para que interviesse. "Ao líder e professor dos povos da URSS, camarada Stálin: caro e profundamente estimado Joseph Vissarionovich", começou uma carta de três funcionários do Partido Calmuco, enviada em abril de 1946:

> [...] na imensa e desolada Sibéria, os calmucos estão morrendo fisicamente, sofrendo degradação moral e nacional. Isso se tornou possível apenas porque entre nós, os calmucos, foi encontrada uma pequena gangue insignificante de traidores, amaldiçoados por seu povo.

Mas, em comparação,

> milhares de filhos de calmucos lutaram em todos os fronts de maneira honrada e viril, muitos deles dando suas vidas pelo poder soviético – por você, camarada Stálin – e pela felicidade do seu povo. [...] Os calmucos aguardam uma decisão sobre seu destino por parte do seu governo, querido Joseph Vissarionovich. Eles deveriam ser devolvidos à sua terra natal, nacionalmente unidos, politicamente reabilitados e economicamente renascidos...

A carta, assinada "com saudações comunistas", não obteve resposta. Apesar de o destino exato dos três indivíduos que escreveram esse documento não ser conhecido, a maioria dos que enviaram cartas de reclamação a Stálin foi transferida para campos de prisioneiros para pagar pelo "crime" de incomodá-lo com seus apelos.[14]

Outra diferença, mais importante, entre as políticas de Hitler e de Stálin é que, após a criação dos guetos, Hitler presidiu não somente o fuzilamento em massa de judeus na União Soviética ocupada em 1941, mas também o extermínio mecanizado de judeus em campos como Auschwitz e Treblinka, mais tarde na guerra. Mas embora essa distinção seja sem dúvida vital, também é útil entender o contexto anterior. Uma pista das intenções de Hitler em relação aos judeus em 1940 – se a guerra tivesse terminado no verão, como os nazistas previram – é indicada pelo plano aparentemente bizarro de Madagascar. Como visto, em um memorando que enviou a Hitler em maio de 1940, Himmler escreveu que esperava "apagar completamente o conceito de judeus por meio da possibilidade de uma grande emigração de todos eles para uma colônia na África ou em outro lugar". Ao receber o memorando, Hitler considerou-o "muito bom e correto".[15] E logo após a derrota dos franceses naquele verão, o chefe de assuntos judaicos do Ministério das Relações Exteriores da Alemanha escreveu que "a França deve disponibilizar a ilha de Madagascar para a solução da questão judaica".[16]

Assim, os nazistas consideraram seriamente mandar os judeus para um país africano. Mas não seria uma pátria para os judeus semelhante a Israel. Não, seria um local de extermínio gradual. A ilha era incapaz de sustentar a sobrevivência de milhões de judeus, e sua vida lá, "sob a administração do Reichsführer SS",[17] provavelmente teria sido ainda mais terrível que nos guetos da Polônia. Mesmo assim, os judeus teriam morrido, só que lentamente e por um período mais longo do que nas câmaras de gás. É significativo, dado o que estava para acontecer, notar que Himmler em seu memorando de 1940 também tenha escrito que ações como a deportação forçada eram "as mais suaves e melhores, se alguém rejeitar o método bolchevique de extermínio físico por convicção interna por ser impossível para um alemão".[18] No entanto, em dois anos Himmler estaria organizando um "extermínio físico" sem paralelo na história do mundo.

Hitler e Himmler imaginaram a "solução" de Madagascar para seu "problema judeu" apenas enquanto acreditavam que a guerra terminaria em 1940. Ambos reconheceram que não havia possibilidade de transferir os judeus para a África, distante milhares de quilômetros, enquanto o conflito continuasse. Mas embora tenha sido engavetado quando ficou claro que os britânicos não fariam a paz, o plano de Madagascar nos oferece uma visão das mentalidades comparativas de Hitler e Stálin. Isto porque a proposta nazista de mandar os judeus para a África não era muito diferente do plano de Stálin de enviar povos punidos, como os calmucos, para a Sibéria. Em ambos os casos, propriedades e pertences do povo deportado seriam doados a outras pessoas e todos os vestígios de suas vidas em sua terra natal seriam erradicados. Mas mesmo tendo a certeza, no caso dos nazistas, de que o plano de Madagascar era quase genocida, é mais difícil ser tão definitivo sobre as intenções finais de Stálin para os grupos étnicos deportados por suas ordens. Parte do problema é que, ao contrário de Hitler, Stálin nunca confidenciou seus desejos futuros com ninguém. Hitler bradava em seus discursos que queria exterminar os judeus. Stálin nunca disse nada comparável, provavelmente para manter suas opções em aberto. Como já havia mostrado por ocasião do Grande Terror, no final dos anos 1930, Stálin foi capaz de encorajar sua polícia secreta a torturar e matar, e depois acusá-la de ter ido longe demais.

Existe também um aparente paradoxo no envolvimento dos tiranos nas matanças. Enquanto Stálin não falava muito sobre suas intenções em relação aos grupos visados, e Hitler falava em demasia, o líder soviético era o que deixava uma trilha de culpa registrada em papel pelo caminho. É fácil provar que ele foi um criminoso de guerra. Sabemos que ele se encontrou com Béria e autorizou a deportação como punição a diversos grupos étnicos. Mas é muito mais difícil – embora não impossível – provar a responsabilidade de Hitler pelo Holocausto.

No entanto, se entendermos as diferentes naturezas dos regimes e as personalidades contrastantes dos dois líderes, esse aparente paradoxo desaparece. Hitler não precisou criar uma trilha de papéis com ordens escritas para o Holocausto, precisamente por falar tanto sobre seu desejo de ver os judeus exterminados. Fazia total sentido aos seus subalternos que a matança de judeus realizava a visão de seu Führer. Eles não precisavam conferir uma série de documentos legais assinados por seu chefe de Estado autorizando os assassinatos. Mas como Stálin não falava tanto em público sobre seus planos e "visões", os que o apoiavam nunca podiam ter certeza de estarem seguindo seus exatos desejos sem ver suas ordens por escrito.

Podemos compreender como os diferentes sistemas funcionaram na prática comparando a experiência de dois de seus integrantes – Oskar Groening e Nikonor Perevalov. Groening, um homem da SS que serviu em Auschwitz, e Nikonor Perevalov, tenente do NKVD, tinham muito em comum. Ambos, por exemplo, se apresentaram com entusiasmo para servir em suas respectivas unidades, tendo sido criados desde crianças para apoiar os regimes. Aos 11 anos, Groening, nascido em uma família nacionalista, ficou entusiasmado quando Hitler se tornou chanceler, em 1933, acreditando que os nazistas mudariam a Alemanha para melhor.

Quanto a Nikonor Perevalov, nascido três meses antes da Revolução de Outubro de 1917, tornou-se membro do Partido Comunista assim que pôde:

> Ser comunista significava, como para todos os jovens soviéticos que ingressavam no partido, que você queria estar na linha de frente do nosso povo e dar o exemplo em tudo, em todas as situações, e educar pessoas que não fossem do partido, para levá-las adiante. Eu sempre quis fazer isso. Era necessário para conseguir destruir o inimigo.[19]

Tanto Groening quanto Perevalov sonhavam em servir em uma organização de "elite". No caso de Groening, significou se alistar na SS; no de Perevalov, no NKVD. Cada um deles também entendia os objetivos gerais do regime. Perevalov queria combater os "inimigos do povo" que se opunham a uma União Soviética comunista, e Groening, derrotar os inimigos externos e internos do novo Reich, principalmente os judeus. "Os judeus foram, na verdade, a causa da desgraça da Alemanha", disse Groening, "e fomos convencidos pela nossa visão de mundo de que havia uma grande conspiração de judeus contra nós".[20]

Nem Groening nem Perevalov foram de alguma forma hipnotizados pelas personalidades de Hitler ou de Stálin para chegar a essas convicções. Os dois seguiram seus respectivos líderes não tanto como indivíduos, mas como representantes de um sistema de valores e práticas políticas que levaria a uma utopia. E entendiam que, como membros de uma "elite", tinham um papel crucial a desempenhar na criação desse futuro ideal.

Cada um deles também foi informado de que o trabalho que estavam prestes a realizar era ultrassecreto. Groening não podia mencionar a existência de Auschwitz a "amigos ou irmãos ou camaradas ou pessoas que não estavam na unidade [...] tivemos de marchar individualmente e assinar uma declaração nesse sentido". Quando Perevalov e sua unidade foram mandados para a Calmúquia, no final de 1943, de início eles só sabiam que "tínhamos sido trazidos aqui para cumprir uma missão secreta".

Quando Perevalov ficou sabendo que sua missão era expulsar os calmucos de sua terra natal, considerou a ação justificada: "Claro, eu acreditava que [o] colaboracionismo deles poderia ter sido verdadeiro. [...] Eu tinha que deportá-los". Ele e o restante de sua unidade ouviram a leitura da ordem do Presidium do Soviete Supremo autorizando as deportações. Assim, certo de que a ação fora sancionada no mais alto nível do Estado, Perevalov se preparou para retirar os calmucos de suas casas.[21]

A experiência de Groening foi muito diferente. Mesmo tendo prometido manter seu futuro trabalho em Auschwitz em segredo, ele ainda acreditava estar sendo mandado a um campo de concentração convencional. Só depois de ter se instalado em suas funções no departamento econômico do campo, um colega da SS mencionou casualmente que se tratava de uma instalação especial – uma instalação da qual os judeus nunca mais sairiam.

Quando soube que Auschwitz era um lugar de matança em massa, suas convicções ideológicas permitiram que Groening compreendesse por que aquela atrocidade estava acontecendo:

> A necessidade de aniquilar os judeus era clara para nós e justificada aos nossos olhos, pois acreditávamos que o inimigo não estava só no ar ou na linha de frente ou na Inglaterra e assim por diante, mas que o inimigo que instigara a guerra havia sido o povo judeu: essa foi a nossa educação política. Ora, quando dizem que estamos em guerra, temos de fazer tudo o que pudermos contra os que querem nos derrotar, e são principalmente os judeus do mundo e o capital judaico que estão tentando ganhar a supremacia mundial para os judeus e para o comunismo – às vezes essas coisas eram equiparadas – e então [...] isso foi apenas uma parte da guerra que estávamos travando.[22]

Groening não achou que precisava de uma autorização legal para desempenhar seu novo papel. Confiava nos valores que lhe foram ensinados ainda criança. Os judeus eram um "problema" que precisava ser resolvido de um jeito ou de outro. Na luta de vida e morte da guerra, um método extremo – e ultrassecreto – de resolver esse problema havia sido divisado.

Porém, tanto Groening quanto Perevalov descobriram que, embora uma coisa fosse entender, em princípio, por que essas ações tinham de ser tomadas, outra bem diferente era fazê-las acontecer em termos práticos. E assim que o trabalho começou, ambos tiveram dúvidas. Para Groening, o primeiro momento de preocupação surgiu ao ver a chegada de um transporte de judeus. Não fazia parte do seu trabalho habitual. Normalmente, ele passava o tempo num escritório, contando o dinheiro tirado dos judeus assassinados. Apenas ocasionalmente precisava observar quando chegavam e verificar se seus pertences estavam seguros.

Quando a seleção dos judeus foi concluída e a maioria foi levada – para ser admitida no campo ou para execução imediata numa câmara de gás –, Groening ficou chocado com o que aconteceu com as pessoas deixadas para trás. Viu os que estavam doentes demais para andar, ou crianças que haviam perdido a mãe, sendo tratados com uma brutalidade chocante. Viu um homem da SS esmagar a cabeça de uma criança na lateral de um caminhão, enquanto outros SS atiravam em judeus idosos e os jogavam "num caminhão como um saco de trigo".[23]

Groening ficou tão indignado com aquela cena que reclamou com o comandante de sua unidade. Foi informado de que, embora a morte dos judeus na câmara de gás "não pudesse ser evitada", aqueles "excessos" e atos "sádicos" na área de chegada não deveriam estar acontecendo. Tranquilizado pela informação de que, "se havia a necessidade de exterminar os judeus, pelo menos isso deveria ser feito dentro de uma determinada estrutura", Groening continuou a trabalhar em Auschwitz.[24]

Quanto a Perevalov, ele começou a ter dúvidas sobre a sensatez da ação contra os calmucos quando viu que a maioria dos deportados era formada por mulheres, idosos ou crianças:

> Pensei, bem, como é que todo um povo pode ser mandado embora? Fiquei imaginando o que nosso governo central faria com os calmucos comunistas, com os ativistas do partido. [...] Isso é o que eu não conseguia entender. Foi o que me fez sentir pena de todas aquelas pessoas, pena daquele grupo de pessoas que eu vi.[25]

Contudo, ao contrário de Groening, Perevalov não falou sobre suas dúvidas com um superior:

> Uma ordem é uma ordem, mas também, o que era mais importante, o decreto foi baixado pelo Soviete Supremo. Mas acho que tanto o Soviete Supremo, nossa principal legislatura, quanto o governo e o Partido Comunista, os líderes cometeram esse erro.

Ainda assim,

> era meu dever cumprir a ordem. Eram as determinações do serviço militar. Não importa o quanto eu me sentia contrariado, não importa qual era o meu entendimento da situação, não me cabia pensar e especular sobre aquilo. Uma ordem é uma ordem, e tem de ser cumprida. [...] Desobedecer a uma ordem numa situação de batalha resultaria numa corte marcial e punição de acordo com as regras militares.[26]

Uma diferença entre as duas situações era que Perevalov – apesar de estar causando sofrimentos terríveis – não fazia parte de um processo de matança centrado em um local. Não poderia saber ao certo o que aconteceria com os calmucos deportados. Apesar de ser óbvio que os alimentos e a água seriam insuficientes nos trens que os levavam à Sibéria, Perevalov poderia racionalizar dizendo que aquilo não era decisão dele e que, em última análise, o destino dos deportados dependia de outras instâncias. Groening, por outro lado, trabalhava em uma instalação projetada para assassinar, e admitia que era "uma engrenagem na maquinaria, uma engrenagem necessária".[27]

Mas apesar de trabalhar em Auschwitz, o local da maior matança em massa da história do mundo, Groening estava isolado de grande parte do horror do processo de extermínio e se habituou com sua vida no trabalho:

> Ao longo dos anos, se você não estiver na rampa [de chegada] todos os dias, que era o meu caso – eu só fazia isso a cada três ou quatro semanas para supervisionar o que acontecia com a bagagem –, de alguma forma você se acostuma com a tarefa. Você está ciente de outras tarefas que seus colegas fazem e se eles fazem de uma maneira minimamente humana – mesmo sabendo que aquele caminhão com pessoas que não conseguem mais andar e crianças pequenas, que na próxima meia hora vão estar todos mortos – isso é aceito porque essas coisas se tornam uma rotina cotidiana.[28]

A ideia de que judeus ou outros prisioneiros eram tratados com "humanidade" em Auschwitz é uma calúnia que não pode passar em branco. Não havia nada de "humano" em Auschwitz, e o depoimento de muitas testemunhas que viram – e em muitos casos viveram – os horrorosos sofrimentos no campo confirma esse fato.[29]

Ao contrário de Groening, Perevalov tinha contatos regulares com civis aflitos. Estava próximo deles e lia em voz alta o decreto autorizando as deportações. Encontrava-se a poucos metros de distância de seus gritos e choros. Sabia, em termos viscerais, da infelicidade que estava causando na vida das pessoas e por isso não tinha um distanciamento emocional do sofrimento.

Outra razão para Perevalov não sentir esse distanciamento de sua tarefa se devia ao fato de que, em comparação com os procedimentos em Auschwitz, o NKVD era sincero quanto à atrocidade que estava cometendo. Perevalov dizia às suas vítimas o que estava prestes a acontecer com elas. Auschwitz, em comparação, funcionava na base de mentiras. Como admitiu Groening, os *kapos* – prisioneiros que supervisionavam o desembarque dos transportes – "conseguiam fazer as pessoas acreditar que só estavam sendo registradas". Essa duplicidade continuava até o momento em que os judeus iam para a câmara de gás convencidos de que eram "salas de banho". Groening sabia muito bem dos benefícios do plano de enganação dos SS que trabalhavam no campo. "Era mais fácil", explicou, "jogar uma granada atrás de um muro do que matar um homem que estivesse na frente do muro".[30]

Groening e Perevalov, entretanto, compartilhavam uma diferença conceitual em comparação com os líderes dos regimes aos quais serviam. Embora Hitler e Stálin tenham sido rotulados como criminosos durante os anos de sua luta pelo poder, Groening e Perevalov acreditavam que eles eram representantes da ordem estabelecida – que estavam do lado da lei e puniam os culpados. A ideia de que eles próprios poderiam ser criminosos teria sido incompreensível para eles. Essa é uma das razões pelas quais os dois tiveram problemas em lidar com o subsequente colapso dos regimes aos quais serviram. Groening, em particular, desenvolveu uma maneira complexa e muitas vezes contraditória de chegar a um acordo com seu passado. Ele acreditava apaixonadamente que "o vitorioso está sempre certo", e que os Aliados operavam com dois pesos e duas medidas. "Nós vimos como bombas foram lançadas sobre a Alemanha, com mulheres e crianças morrendo em tempestades de fogo", disse. "Vimos isso e dissemos: 'Isso era uma guerra que estava sendo conduzida dessa maneira pelos dois lados'."[31]

Muitos nazistas, inclusive o comandante de Auschwitz, Rudolf Höss, também tentaram equiparar o Holocausto ao bombardeio de cidades alemãs. Mas trata-se de um falso paralelo. Ainda que compreensivelmente controverso, o bombardeio aliado da Alemanha e do Japão foi motivado pelo desejo de vencer a guerra, não visou a um grupo específico da população e foi interrompido no momento em que a guerra acabou. Em comparação, o extermínio dos judeus foi motivado pelo ódio racial, teve como alvo um grupo, exclusivamente por causa de suas origens e quase certamente teria continuado mesmo se os alemães tivessem vencido a guerra.

Groening, contudo, reconhece que o que aconteceu em Auschwitz foi "terrível [...] e o fato de ter estado lá foi repugnante". Mas não se sentiu "culpado". Também sabia, no início dos anos 2000, na época em que proferiu essas palavras em uma entrevista, que as autoridades alemãs não tinham tentado processá-lo por crime algum.[32] Mas tudo isso mudou alguns anos depois, quando foi acusado de ser "cúmplice" de assassinato. Em 2013, Groening foi condenado a quatro anos de prisão, mas morreu em 2018, antes de começar a cumprir a sentença, aos 96 anos de idade.

Muitos calmucos acreditam que Nikonor Perevalov e seus camaradas do NKVD deveriam ter sido responsabilizados da mesma forma. "Eles ficaram impunes e viveram suas vidas", disse Evdokiya Kuvakova. "É uma grande injustiça para com todo o povo calmuco."[33] Em vez de punição, Perevalov recebeu uma pensão. Mas também teve de lidar, como Groening, com o colapso do mundo político ao qual serviu com enorme boa vontade. Depois da queda da União Soviética, em 1991, ele desenvolveu, como Groening, uma forma complexa de chegar a um acordo com seu passado:

> Vou dizer assim: a deportação do povo foi ilegal, mas não foi culpa das tropas do NKVD. Nosso pelotão – os meus homens – não fez nada ilegal, mas foi ilegal em nome do poder supremo. [...] É assim que eu colocaria. [...] Eu desaprovo [os crimes de Stálin]. Mas nós vivíamos numa época em que todo o povo acreditava que era assim que tinha de ser.[34]

Depois de participar da deportação dos calmucos, Nikonor Perevalov passou a desempenhar um papel na deportação de um grupo étnico ainda maior, os tártaros da Crimeia. A operação foi, mais uma vez, sancionada pessoalmente por Stálin, após a leitura de um relatório de Béria. As autoridades soviéticas afirmaram que 20 mil tártaros, de uma população de cerca de 190 mil, tinham colaborado com os alemães durante a ocupação da Crimeia. No entanto, assim como os calmucos, a maioria inocente dos tártaros seria punida com os culpados.

Em 18 de maio de 1944, Perevalov foi um dos mais de 20 mil soldados do NKVD que organizaram a deportação de todo o povo tártaro. E assim como no caso dos calmucos, ele teve dúvidas sobre o que estava acontecendo, principalmente quando viu uma senhora idosa ser carregada para fora de sua casa de maca e jogada em um caminhão. "Ela estava tão fraca que não disse uma única palavra", relatou. "Ela nem se mexia. Era muito velha [...] aquela senhora não era culpada de nada. [...] A maioria das pessoas não era culpada de nada. Tenho que ser franco a esse respeito."[35]

A maioria dos tártaros da Crimeia foi mandada para o Uzbequistão, onde muitos morreram – mais de um terço dos deportados.[36] Assim como os calmucos, os tártaros não conseguiram entender por que pessoas inocentes estavam sofrendo. Com certeza acharam que, assim que Stálin soubesse do que estava acontecendo, o "equívoco" seria corrigido. Musfera Muslimova, que tinha 11 anos na época das deportações, lembrou-se de que os "rumores" persistiram até bem depois do exílio, de que

> alguns dos trens já tinham voltado, que Stálin os tinha levado de volta para casa. [...] As pessoas quase sempre o inocentavam. "Não é Stálin, é alguém mais, não é ele." Depois se tornou óbvio que tinha sido Stálin o tempo todo. Sem ele nada disso poderia ter sido feito, nada disso poderia ter acontecido. [...] Você não consegue entender quando é pequena, mas com os anos a raiva aumenta.[37]

No entanto, apesar de todas as semelhanças entre os dois tiranos, e entre os crimes de assassinato de Hitler e os de Stálin, uma diferença crucial permanece. Hitler pode ter inicialmente empregado métodos de matar parecidos com os de Stálin, como fome e deportações, mas na sequência implantou algo inteiramente novo: o extermínio mecanizado de todo um povo. As indústrias de matar de Auschwitz, Treblinka e outros campos de extermínio não têm paralelo na União Soviética de Stálin. O Holocausto continua sendo um crime particularmente hediondo. Hitler presidiu a criação de fábricas de morte, projetadas para eliminar todo um grupo de pessoas em um período de tempo definido, enquanto Stálin não fez isso. Por mais que ele tenha pretendido fazer o mesmo com povos como os calmucos e os tártaros, o fato é que suas nações sobreviveram, e a maioria dos deportados – depois da morte de Stálin – voltou para casa.

Em 16 de maio de 1944, dois dias antes de Nikonor Perevalov e o NKVD começarem os procedimentos contra os tártaros da Crimeia, o primeiro transporte de judeus da Hungria chegou a Auschwitz – um país que até então havia se recusado a mandar judeus para os campos de extermínio nazistas.[38] Preparativos especiais tiveram de ser feitos em Auschwitz para o enorme número de judeus que deveria chegar – mais de 400 mil. Deve-se notar que um novo ramal ferroviário teve de ser construído para que os transportes pudessem prosseguir diretamente para Auschwitz-Birkenau. Até então, os judeus precisavam ser levados para o campo por um desvio a cerca de um quilômetro de distância. Mas, apesar de os judeus húngaros já serem esperados, as instalações criminosas tiveram problemas para lidar com isso. A maioria dos judeus foi selecionada para execução imediata. Como a capacidade dos fornos crematórios não era suficiente para queimar tantos corpos, foram cavados fossos gigantes e os corpos queimados ao ar livre. Alguns judeus foram até mesmo jogados vivos em fossos em chamas.[39]

Durante esse período de grande matança, Oskar Groening ficou a maior parte do tempo em seu escritório contando o dinheiro roubado dos judeus que desembarcavam ali. A chegada dos húngaros foi uma espécie de corrida do ouro para a SS em Auschwitz. Como as deportações haviam sido organizadas muito rapidamente, inúmeros judeus chegaram com seus objetos de valor ainda escondidos no corpo ou nas roupas ou bagagem. Roubar era uma prática desenfreada entre os SS em Auschwitz, e aquilo era uma chance de eles ficarem ricos.

Havia uma atitude de *laissez-faire* na disciplina de muitos SS. Groening lembrou que eles costumavam roubar e beber qualquer bebida alcoólica trazida pelos judeus: "Não sentimos nenhuma simpatia ou empatia em relação a um ou outro grupo de judeus de qualquer país específico, a menos que você estivesse interessado em tomar um tipo específico de vodca ou schnapps". Sua lembrança mais duradoura da chegada dos húngaros era a de "os húngaros, por exemplo, terem um delicioso conhaque de ameixa".[40]

Hitler queria eliminar havia muito tempo os judeus da Hungria, mas não foi fácil para ele organizar sua destruição. Não podia ordenar a deportação com um aceno de cabeça, como fez Stálin na remoção dos calmucos e dos tártaros. O líder soviético nunca teve de se preocupar em obter ajuda de instituições não soviéticas para transformar sua visão em realidade. Hitler, por outro lado, muitas vezes tinha de usar uma mistura de persuasão e ameaça para conseguir o desejado.

Em 18 de março de 1944, o almirante Horthy, regente da Hungria, chegou ao palácio Klessheim, na Áustria, para conversas com Hitler. Os húngaros eram membros do Eixo desde novembro de 1940, mas sempre favoreceram seus próprios interesses no lugar dos objetivos ideológicos dos nazistas. Sua participação na guerra contra a União Soviética, por exemplo, jamais chegou a ser muito entusiástica, e Horthy queria então que os soldados húngaros fossem retirados do *front* oriental. Hitler, no entanto, tinha em mente outros planos. Ele disse estar ciente de que os húngaros estavam tentando chegar a um acordo com os Aliados para sair da guerra. Além disso, ao se recusar a tomar medidas radicais contra os judeus, o líder alemão alegou que Horthy estava permitindo que uma facção perigosa e desleal subvertesse a guerra por trás das linhas. Hitler afirmou não estar mais disposto a aceitar tal situação. As tropas alemãs ocupariam a Hungria imediatamente, e o líder húngaro teria de concordar.

Quando o já idoso almirante se recusou a deixar os soldados alemães atravessarem as fronteiras da Hungria, Hitler ameaçou a segurança da família de Horthy. O almirante ficou indignado e disse que queria sair de lá imediatamente. De repente, ouviu-se uma sirene de ataque aéreo e o castelo foi invadido pela fumaça. Horthy foi informado de que, naquela crise, todas as linhas telefônicas com Budapeste haviam caído. Em tais circunstâncias, ele não poderia ir embora.

Mas era tudo uma farsa. Não havia um ataque aéreo e tampouco nada de errado com os telefones. A fumaça foi provocada pelos próprios nazistas. Tudo fora planejado para manter Horthy em Klessheim. E o engodo funcionou. Preso no castelo, Horthy concordou em deixar as tropas alemãs entrarem na Hungria e instalar um governo subserviente aos nazistas. A Wehrmacht invadiu a Hungria no dia seguinte, 19 de março.[41]

A ocupação da Hungria ajudou os nazistas de várias maneiras significativas: estrategicamente, pois a Alemanha poderia posicionar suas tropas nas fronteiras orientais da Hungria, para o caso de um ataque soviético, e materialmente, porque também seria possível confiscar os bens que quisessem do país. Mas o grande prêmio, do ponto de vista de Hitler, era o acesso direto a um grande número de judeus.

Adolf Eichmann chegou a Budapeste logo depois de as tropas alemãs terem ocupado a cidade e – sabendo que não seria possível deportar centenas de milhares de judeus sem a cooperação das autoridades locais – começou a procurar húngaros que pudessem ajudar na organização da deportação em massa. Logo conseguiu ajuda de antissemitas confirmados dentro do governo húngaro, como o secretário de Estado László Endre e um oficial de alta patente da polícia húngara, László Ferenczy.

Com a ajuda da guarda policial e de outras autoridades húngaras, a ação contra os judeus foi realizada com uma rapidez extraordinária. O NKVD precisou de semanas de planejamento detalhado para organizar a deportação de grupos étnicos como os calmucos. E estavam operando dentro das fronteiras do próprio país. Mas Eichmann supervisionou a detenção forçada de mais de 200 mil judeus na Hungria oriental em menos de duas semanas. É inconcebível que essa seleção e movimentação em massa de pessoas pudessem ter sido realizadas sem a colaboração voluntária de autoridades húngaras.

Muitos húngaros não foram somente motivados pelo antissemitismo, mas também pela cobiça. Como tantos dos que perseguiram os judeus, eles viram uma oportunidade de ficar ricos. Uma judia húngara lembrou que sua família foi obrigada a vender tudo o que tinha por uma ninharia. E o homem que "comprou" sua casa e o seu negócio ficou observando "não com compaixão, mas com regozijo" quando eles foram levados para aguardar pelos trens para a deportação.[42]

Israel Abelesz foi um dos judeus húngaros enviados para Auschwitz. Ele lembrou que a SS tentou assegurar aos recém-chegados que não tinham nada com que se preocupar. Por essa razão, não houve "cenas" na rampa de chegada. Era como "em uma fábrica. Era como uma correia transportadora, e não podia haver nenhum empecilho no sistema da correia transportadora".

O pai, a mãe e o irmão mais novo de Israel foram selecionados para serem mortos imediatamente, enquanto Israel foi mandado a uma parte de Auschwitz-Birkenau, que ele chamou de "centro de recrutamento", onde os prisioneiros passavam periodicamente por novas seleções – e escolhidos para trabalho escravo no complexo de campos de Auschwitz ou em outros locais. Se depois de várias semanas não fossem selecionados para algum trabalho, iam para as câmaras de gás. "Todos os dias a comida era racionada", explicou.

> Não era suficiente, uma dieta de fome. A sensação mais opressiva, além do medo da morte, é a sensação de fome. A sensação de fome é tão forte que encobre qualquer outro sentimento, qualquer outro sentimento humano. [...] [Você fica] como um cachorro procurando comida.

Muito tempo depois da guerra e de ser libertado, Israel Abelesz continuou atormentado por sua experiência em Auschwitz:

> Eu não sei lidar com isso [...] dificilmente passa um dia em que estou deitado na cama e não consigo dormir por uma razão ou outra, [eu]

sempre vejo os rostos daquelas crianças [selecionadas para morrer] e fico imaginando: o que aconteceu no último minuto? Quando elas estavam nas câmaras de gás e o Zyklon B começou e não conseguiram mais respirar? E perceberam que seríamos sufocadas com o gás. O que se passou na cabeça delas?[43]

Em 26 de maio, enquanto judeus húngaros morriam nas câmaras de gás de Auschwitz, Hitler explicava a seus generais por que a luta contra os judeus era tão vital. "Ao remover os judeus, eliminei as possibilidades da formação de qualquer núcleo revolucionário", explicou.

Claro, vocês podem me dizer: 'Mas você não poderia ter resolvido isso de maneira mais simples – ou menos simples, pois tudo o mais teria sido mais complicado, porém mais humanitário?'. Senhores, oficiais, nós estamos em uma luta de vida ou morte.[44]

É uma declaração de grande importância. Não só explica por que Hitler considerava essencial que recursos fossem aplicados na matança de judeus num momento em que poderiam ser valiosos em outros quesitos, como também ressalta a semelhança de abordagem entre ele e Stálin. Hitler afirmou que ao visar os judeus ele tinha eliminado "as possibilidades da formação de qualquer núcleo revolucionário". Eram palavras que poderiam ter sido facilmente proferidas por Stálin para tentar justificar a deportação de grupos étnicos como os calmucos, os tártaros e os alemães do Volga.

A exemplo de Hitler, Stálin tinha uma preocupação constante – quem poderia liderar uma revolução contra ele? Ele estava no mínimo concentrado tanto nos inimigos domésticos quanto nos inimigos da linha de frente. Não havia esquecido que fizera parte de uma revolução bem-sucedida nas ruas de Petrogrado (São Petersburgo)[45] 25 anos atrás. Sabia, por experiência própria, a rapidez com que a ordem estabelecida poderia entrar em colapso. Por isso, durante toda a sua carreira – e muito particularmente nos tempos de guerra –, Stálin era hipersensitivo a qualquer ameaça em potencial dentro do Estado soviético.

Há uma última similaridade entre os dois nesse contexto. Tanto Hitler como Stálin preocupavam-se particularmente com a lealdade dos povos que viviam perto da fronteira com outros países, temerosos de que fomentassem dissenções próximas a qualquer potencial linha de frente. Em parte isso explica por que a população dos Estados Bálticos foi perseguida tão duramente por Stálin, com dezenas de milhares de deportados pouco antes do lançamento da Operação Barbarossa. Também explica por que Hitler estava especialmente determinado a atacar os judeus da Hungria em março de 1944.

Mas apesar de Stálin ter mais facilidade que Hitler na implantação de sua política de perseguições durante a guerra, era mais difícil para ele julgar quando uma ação tão drástica era necessária. Para Hitler a motivação era mais direta. Era uma questão de raça, sangue e ideologia. Eram valores absolutos. Ele acreditava que a ameaça dos judeus precisava ser eliminada. Mas Stálin, como visto, sopesava inúmeros objetivos conflitantes. Apesar de sempre suspeitar de grupos étnicos dentro da União Soviética, ele não tinha um imperativo ideológico para destruí-los. Eram apenas outro "problema" com o qual era preciso lidar. Era necessário pesar uma variedade de fatores, sendo um deles a facilidade, em termos práticos, de punir toda uma região da União Soviética. Stálin sabia, por exemplo, da dimensão do colaboracionismo com os alemães na Ucrânia. Não só muitos dos guardas dos campos de extermínio eram de origem ucraniana, como os *partisans* nacionalistas ucranianos estavam lutando tanto contra os alemães como contra os *partisans* do Exército Vermelho. Se Stálin acreditava que os calmucos mereciam ser castigados em massa por causa de uma minoria de colaboracionistas, de acordo com essa lógica, todos os ucranianos deveriam também ter sido deportados para os confins da União Soviética.

Mas isso não aconteceu. Como política, seria simplesmente impraticável.[46] Afinal, esse fato destaca uma última diferença essencial entre os dois tiranos. Apesar de ser um assassino em massa culpado por crimes dos mais hediondos, Stálin nunca perdeu de vista uma conexão com a realidade. Mas Hitler sonhava com uma matança em uma escala imensa – não apenas com a morte dos judeus, mas também de dezenas de milhões de outras pessoas, principalmente na União Soviética. Foi só a derrota da Alemanha que impediu Hitler e seus apoiadores de implementar mais ainda esse vasto esquema de destruição planejado.

Na primavera de 1944, com a iminência do Dia D, a derrota se tornou cada vez mais inevitável. Mas Hitler continuou confiante. Em março de 1944, o Führer disse a Goebbels que, quando os Aliados desembarcassem tropas na França, ele tinha "certeza absoluta" de que as forças alemãs as rechaçariam de volta ao mar. Goebbels expressou "esperança" de que Hitler estivesse certo, mas confessou em seu diário que "ultimamente fomos desapontados com tanta frequência que se sente algum ceticismo surgindo dentro de você".[47]

Os acontecimentos estavam prestes a provar que o crescente "ceticismo" de Goebbels estava certo, e que a "absoluta certeza" de Hitler, errada.

16

O COLAPSO DO CENTRO

Em junho de 1944, o Terceiro Reich sofreu duas ofensivas devastadoras. Uma delas é famosa – o Dia D, o tão esperado segundo *front*. A outra – a Operação Bagration – mal é comemorada no Ocidente. É um sinal, muitos russos ainda acreditam, de que a escala da contribuição da União Soviética para a derrota de Hitler continua pouco reconhecida. E eles têm um argumento válido.

A Operação Bagration não só teve uma dimensão bem maior que a do Dia D, como também foi muito mais bem-sucedida que o avanço inicial dos Aliados na França. Enquanto estes lutavam para avançar pela Normandia, as forças soviéticas infligiam aos alemães a maior derrota de sua história no campo de batalha.

Pelo planejamento e execução dessa grande ofensiva soviética, podemos ver o quanto Hitler e Stálin se distanciaram como comandantes em tempos de guerra. Hitler era rígido e sem imaginação, enquanto Stálin foi criativo e flexível. Era como se, três anos depois do lançamento da Operação Barbarossa, os dois tivessem mudado de personalidade.

Stálin deu a essa nova ofensiva o nome de "Bagration", em homenagem a um príncipe georgiano que morreu lutando contra Napoleão. Foi outro sinal de como ele buscava ligar o conflito atual à glória imperial passada. O incomum foi Stálin ter escolhido um aristocrata georgiano para essa homenagem, e não um russo.[1] Mas o próprio Stálin era georgiano, então talvez tenha considerado a conexão irresistível.

O plano soviético era abrir uma brecha gigantesca diretamente no Grupo do Exército Central – o orgulho da Wehrmacht – e avançar para o oeste. Para realizar tamanha ambição, Stálin arregimentou quase 2,5 milhões de combatentes para a ofensiva. O pior, do ponto de vista alemão, foi que a Wehrmacht não previu o lançamento de um ataque desse porte. A inteligência alemã acreditava que os soviéticos ainda mantinham o grosso de suas forças no sul. Foi uma imagem espelhada do erro que Stálin e seus generais cometeram no início da Barbarossa, quando pensaram que o principal ataque alemão viria pela Ucrânia, e não de mais ao norte.

Toda a Operação Bagration estava repleta de simbolismo. O primeiro ataque foi planejado para 22 de junho – exatamente três anos após o início da invasão alemã – e teve um rápido sucesso. Dois dias depois, em 24 de junho de 1944, repentinamente os tanques do marechal Rokossovsky surgiram dos presumíveis intransitáveis pântanos de Pripet para enfrentar os alemães. Foi uma reminiscência do brilhante avanço alemão pelas Ardenas, quatro anos antes. Só que dessa feita foi a vez de os alemães ficarem surpresos. Os soviéticos conseguiram construir passarelas de madeira por todo o pântano, e a inteligência alemã não percebeu nada.[2]

A maneira como as investidas soviéticas não pararam para se reagrupar, mas continuaram avançando cada vez mais em território controlado pelo inimigo, remeteu à bravura dos primeiros dias do avanço alemão com a Barbarossa, e Minsk foi recapturada pouco mais de uma semana após o início da ofensiva de Bagration. Esse foi um momento de grande significado, pois foi a queda de Minsk, capital da Bielorrússia, que causou tanto pânico no Alto-Comando Soviético em junho de 1941.

Da mesma forma, assim como Stálin, por sua incompetência, desempenhara um papel vital em ajudar os alemães a terem sucesso em 1941, Hitler fez o mesmo no verão de 1944. O erro mais gritante que cometeu foi insistir na criação dos chamados Feste Plätze, ou "locais fortificados". Hitler ordenou a construção dessas defesas estáticas para "cumprirem a função das fortalezas em tempos históricos do passado. [...] Eles se deixarão ser cercados, mantendo assim o maior número possível de forças inimigas e estabelecendo condições favoráveis para contra-ataques bem-sucedidos".[3] Era uma ideia tão desatualizada que parecia – literalmente – medieval. Em vez de formarem uma linha de fortificações, os Feste Plätze ficaram isolados e poderiam ser atacados pela artilharia moderna por todos os lados.[4] Em junho de 1944, o general Jordan, comandante do 9º Exército, foi fulminante quanto ao plano, definindo a ordem de Hitler para a criação das Feste Plätze como "particularmente perigosa".[5]

Heinz Fiedler, um soldado do 9º Exército Alemão, vivenciou pessoalmente a ineficácia da ideia. Ele e seus companheiros receberam ordens de defender Bobruisk, mesmo depois de o Exército Vermelho ter passado e os cercado. Em pouco tempo os alemães ficaram com pouca munição, e sua destruição parecia inevitável. Fiedler lembrou que um de seus companheiros, dirigindo uma barragem de artilharia, "pediu para abrirem fogo contra sua própria posição quando a situação se tornou desesperadora. Assim, em vez de cair nas mãos dos russos, preferiu ser morto pela artilharia alemã. Aqueles são os verdadeiros heróis".[6]

Finalmente veio a ordem para evacuar, e Fiedler e os poucos sobreviventes de Bobruisk precisavam chegar às linhas alemãs através do território então mantido pelo Exército Vermelho. Eles tentaram não entrar em pânico, pois "assim que uma multidão começa a fugir [...] é como se estivesse infectada", mas os gritos "primais" dos feridos "ressoam nos meus ouvidos até hoje". Ele viu um jovem oficial erguer os braços quando foi baleado e, apesar de "ser casado", ele não gritou o nome da mulher: "seu último grito foi 'Mãe!'". Fiedler presenciou tantos horrores em Bobruisk que "até hoje, às vezes sonho [pesadelos] com isso". Assim como o general Jordan, ele culpou Hitler e seus conselheiros no quartel-general por todo aquele sofrimento.

Fyodor Bubenchikov, oficial do vitorioso Exército Vermelho, ficou particularmente satisfeito com a "ordem de Hitler de manter os alemães nas áreas fortificadas", pois "condenou os alemães à morte". Também ficou surpreso com a velocidade do avanço soviético:

> Capturamos Mogilev tão rapidamente que os alemães não conseguiram explodir a ponte e um corpo de tanques [soviético] inteiro atravessou o rio. Perto de Minsk, nós cercamos uma força alemã de 100 mil homens. Levamos dois meses para destruir o exército de Paulus [em Stalingrado], mas perto de Minsk, em 3 de julho, os alemães estavam cercados.[7]

Bubenchikov e seus camaradas ficaram em êxtase. "Sentimos que estávamos voando nas asas da vitória", falou. "A vitória sempre faz todos se sentirem

Operação Bagration e o ataque a Berlim, 1944-45

Linhas de frente 1944
— 13 de junho
– – 18 de julho
- - - 29 de agosto
→ Avanço soviético
······ Linha de frente soviética, 19 de abril de 1945
— Linha de armistício, maio de 1945

O COLAPSO DO CENTRO

assim, do soldado raso ao comandante, e todas as nossas unidades estavam vivendo essa sensação."⁸

O pensamento em Stálin nunca estava longe dos soldados do Exército Vermelho. Veniamin Fyodorov, um soldado do 77º Regimento de Guardas, lembrou-se de como todo ataque começava com o grito "Pela mãe pátria, por Stálin, avante!". Mas, apesar de se lembrar vividamente do sucesso da ofensiva, ao mesmo tempo não conseguiu esquecer os perigos do campo de batalha. Ele acreditava que

> na primeira vez na batalha está tudo bem, mas na seguinte, na segunda batalha, você sente como se não tivesse uma cabeça no pescoço e é como se seu cérebro estivesse nu. Você ouve seu coração batendo, batendo, batendo, e acha que a bala vai te atingir. Vai atingir, vai atingir! Você se pergunta se vai continuar vivo. E o mesmo batimento nas têmporas. É uma coisa horrível, porque qualquer homem quer viver. [...] Mas uma bala é uma loucura, pode atingir qualquer um.

Mesmo correndo esses riscos, Fyodorov achava preferível ser o primeiro em qualquer avanço. "Quando você está no primeiro esquadrão, não vê nada, mas, quando está no segundo ou terceiro esquadrão, você anda sobre os feridos e os mortos. É muito assustador."⁹

Veniamin Fyodorov era um ex-combatente incomum. Não só falava francamente sobre seus sentimentos de medo no campo de batalha, como também se dispunha a falar abertamente sobre como alguns soldados do Exército Vermelho tentavam se ferir para escapar da luta:

> Houve casos de automutilação [...] [um soldado] atirava e a bala atravessava [a mão]. Para os médicos era difícil saber se era um ferimento real ou autoinfligido. [...] Houve casos assim. Também tinha os que começavam a chorar, como se estivessem inalando vapores venenosos.

Fyodorov fez parte de uma minoria de soldados que conseguiu retornar à sua aldeia no final da guerra: "Na aldeia havia 32 casas. Nessas 32 casas, 57 pessoas foram convocadas. Apenas cerca de cinco, incluindo eu, voltaram. Todas as outras foram mortas". E Fyodorov descobriu que a vida durante a guerra tinha sido quase tão difícil para os que ficaram em casa quanto para os que lutaram no *front*:

> Havia uma nova lei – uma nova ordem de Stálin. "Tudo pela vitória, tudo pelo *front*." Tudo era requisitado. [...] As pessoas tiveram que matar o próprio gado e comer todo o estoque de batatas que tinham. [...] Muita gente morreu na nossa aldeia. Homens e mulheres.

O pai de Fyodorov "morreu de fome. Ele trabalhou como um escravo a vida toda na fazenda coletiva e depois morreu, morreu de fome. O lema 'Tudo para o *front*' estava errado. As pessoas deveriam poder manter parte da colheita".[10]

Embora Veniamin Fyodorov seja apenas um soldado, sua voz é importante. É um corretivo à ideia de que, no verão de 1944, a guerra representou uma súbita reviravolta para a população da União Soviética. A vida continuou difícil – tanto na linha de frente quanto nas aldeias. A morte ainda pairava sobre todos.

Quanto a Hitler, sua ordem de se manter firme nas Feste Plätze resumia a escassez de suas ideias. Tudo o que ele tinha a oferecer eram palavras para que os alemães resistissem hoje e esperassem um amanhã melhor. "Nossa liderança de guerra, em todos os fronts, concentra-se agora em ganhar tempo", declarou o general Jodl em uma palestra para a própria equipe em 3 de julho de 1944, expressando as opiniões de Hitler.

> Alguns meses podem se provar simplesmente decisivos para salvar a mãe pátria. [...] Nossos armamentos justificam grandes expectativas. [...] Tudo está sendo preparado com resultados no futuro previsível. Portanto, a ordem é lutar, defender, se manter, fortalecer psicologicamente as tropas e as lideranças. Firmar o *front* onde se encontra agora.[11]

Mas os soldados daquilo que restou do Grupo do Exército Central – em número inferior a dois para um – não puderam fazer o que Jodl e Hitler pediram. O Exército Vermelho rompeu suas fileiras, chegando a Vilnius, capital da Lituânia, em 13 de julho. Os Estados Bálticos, que eram países independentes antes de 1940, foram então engolidos pela União Soviética. Em janeiro de 1942, Churchill escreveu: "A transferência dos povos dos Estados Bálticos para a Rússia Soviética contra sua própria vontade seria contrária a todos os princípios pelos quais estamos lutando esta guerra e desonraria nossa causa".[12] As armas de Stálin foram mais eficazes do que os "princípios" de Churchill.

Durante a Operação Bagration, os alemães perderam mais de 300 mil soldados em duas semanas – um número incrível, nunca visto antes na história militar alemã num período tão curto.[13] Em 28 de junho, em uma tentativa vã de conter o avanço soviético, Hitler mudou o comandante do Grupo do Exército Central. Mas a simples troca do marechal de campo Busch, que havia cumprido lealmente a ordem de prontidão de Hitler, pelo marechal de campo Model não alterou a realidade. O Exército Vermelho superava a Wehrmacht tanto em efetivos de combate quanto em equipamentos.

As coisas estavam prestes a ficar ainda piores para Hitler. Em 20 de julho, um oficial aristocrata do exército, o coronel Claus von Stauffenberg, levou uma bomba a uma reunião com Hitler na Toca do Lobo, seu quartel-general na Prússia Oriental. Foi o ponto culminante de uma série de tentativas fracassadas de assassinato. Já vimos como Hitler teve sorte em diversas ocasiões – uma vez quando uma bomba colocada em seu avião não detonou e outra quando ele encurtou sua programação inesperadamente em uma exposição. Henning von Tresckow, chefe do Estado-Maior do 2º Exército e um dos principais artífices da conspiração, deduziu que a única maneira certa de matar o Führer era obtendo acesso à Toca do Lobo. A promoção de Stauffenberg a coronel em 1º de julho, com suas novas responsabilidades, significava que agora ele tinha exatamente essa oportunidade.

A ideia era que, com a morte de Hitler, os conspiradores fariam o chefe do exército da reserva, general Friedrich Fromm, ativar um plano de codinome Valquíria. Originalmente projetado pelo regime para ser implementado em caso de tumulto ou revolução, o plano poderia ser subvertido e usado para tornar inoperantes as estruturas do Estado nazista. Como consequência, o poder cairia nas mãos do exército. Pelo menos, essa era a teoria.

Havia várias maneiras óbvias de o plano dar errado. Uma delas era a figura do general Fromm – um homem que agia mais por interesse próprio do que por princípios. Ele não era confiável para fazer o que lhe fosse pedido. Outra era o método de matar Hitler. Como era o chefe de gabinete de Fromm e seria útil para os conspiradores em Berlim após a morte de Hitler, Stauffenberg teria de sobreviver ao ataque. Portanto, a maneira mais confiável de matar Hitler – com um ataque suicida – não era viável.

Na manhã de 20 de julho, Stauffenberg e o tenente Werner von Haeften, seu ajudante de ordens, chegaram à Toca do Lobo. Haeften e Stauffenberg levavam duas bombas com eles, mas só conseguiram armar uma a tempo para o encontro com Hitler. Stauffenberg colocou a bomba armada sob a mesa da sala de reuniões, deu uma desculpa e saiu. A bomba explodiu pouco depois, mas Hitler sobreviveu com ferimentos leves. Mais uma vez, ele teve sorte – muita sorte, na verdade. Se Stauffenberg tivesse deixado a segunda bomba, mesmo sem ser acionada, na maleta com a primeira, a explosão combinada quase certamente teria matado todos os presentes na sala.[14]

Houve uma confusão inicial entre os conspiradores sobre se Hitler havia morrido. Mas assim que ficou claro que sobrevivera, o apoio ao golpe começou a vacilar. A atitude do marechal de campo Von Kluge, em Paris, foi típica. Ele se afastou da conspiração assim que soube que Hitler havia escapado com vida. "Se ao menos o porco tivesse morrido", falou. Um mês depois, pouco antes de se suicidar, Kluge confessou que "não era um grande homem".[15]

Diante de todos esses vacilos, o levante estava condenado ao fracasso. A situação foi resumida por uma breve troca de palavras entre o general Ludwig Beck, o novo chefe de Estado, e o general Olbricht, um apoiador do golpe, no quartel-general do Alto-Comando em Berlim. Olbricht havia posicionado seus soldados ao redor do prédio para protegê-lo, e Beck queria saber se eles estavam dispostos a morrer por ele. Olbricht não sabia se eles fariam isso. Mas, sem dúvida, muitos soldados ainda estavam dispostos a morrer por Adolf Hitler. Todos os soldados alemães haviam jurado obediência ao Führer, e muitos foram doutrinados desde crianças para reverenciá-lo. Como Olbricht poderia competir com isso?

Em poucas horas, a conspiração fracassou e os principais conspiradores – inclusive Stauffenberg, Olbricht, Tresckow e Beck – pagaram com suas vidas. Mas, apesar de terem sido saudados como heróis depois da guerra, não devemos romantizar demais suas motivações. Stauffenberg, por exemplo, embora se opusesse ao antissemitismo dos nazistas, estava satisfeito com o fato de a Alemanha ter conquistado a Polônia e muito contente com a vitória sobre os franceses. Sua conversão final à causa da resistência só ocorreu em 1942, ao saber que as SS estavam assassinando judeus na Ucrânia. Mas a essa altura ele também sabia que os alemães haviam sido contidos pelo Exército Vermelho em Moscou e que os Estados Unidos estavam na guerra.[16] Talvez não seja indevidamente cínico imaginar que, assim como o almirante Horthy não teria desejado tirar a Hungria da guerra se os alemães ainda estivessem vencendo no campo de batalha, também teria havido menos apoio entre os oficiais alemães para destituir Hitler se a Wehrmacht estivesse ganhando a guerra contra a União Soviética.

Muitos alemães comuns ficaram horrorizados com o atentado contra a vida de Hitler. Segundo relatórios do SD, a resposta mais comum foi "Graças a Deus, o Führer está vivo". E embora seja difícil conhecer ao certo a opinião pública em um Estado totalitário, onde falar contra o regime era um convite à retaliação, outras evidências apoiam a afirmação do SD. Uma análise de 45 mil cartas de soldados servindo nas forças armadas alemãs, conduzida pelo censor em agosto de 1944, revelou que "A traição da camarilha conspiratória é rejeitada por todos como o maior crime contra o povo alemão". Ainda que os soldados pudessem ser punidos por escrever ideias negativas sobre o regime, não havia necessidade de se manifestarem contra o atentado. O silêncio sempre foi uma opção – e, nesse caso, poucos o usaram.[17]

Depois de ouvir a respeito do ataque a Hitler, alguns membros do Partido Nazista até mesmo expressaram aprovação às medidas brutais tomadas por Stálin contra oficiais do Exército Vermelho durante o Grande Terror. O SD ouviu comentários como "Stálin é o único clarividente entre todos os líderes, que tornou a traição antecipadamente impossível ao exterminar os elementos predominantes, mas não confiáveis".[18]

Hitler passou a exigir um aumento na "nazificação" das forças armadas. Nomeou Heinz Guderian como chefe do Estado-Maior do Exército – um homem que líderes nazistas como Joseph Goebbels consideravam comprometido com a causa. Guderian insistiu para que todos os membros do Estado-Maior Geral tivessem "uma postura exemplar em questões políticas". Diretrizes emitidas em 22 de julho exigiam que os soldados ouvissem um sermão sobre o "ataque covarde e assassino contra o Führer", e que "sintomas de comportamento não militar e desonroso" fossem imediatamente identificados e denunciados.[19] Dois meses depois, em 24 de setembro, Hitler baixou uma lei que confirmava o papel crucial da ideologia nazista nas forças armadas:

> Os membros da Wehrmacht têm o dever de agir no espírito da ideologia nacional-socialista, tanto em serviço como fora de serviço, e defendê-la em todos os momentos. É uma das tarefas essenciais de

todos os oficiais, suboficiais e funcionários da Wehrmacht ensinar e liderar seus subordinados à maneira nacional-socialista.[20]

No início de 1945, havia cerca de 47 mil "oficiais da Liderança Nacional-Socialista". Nos últimos meses da guerra, Walter Fernau, um tenente que lutou no *front* oriental, era um deles. Mas, embora tivesse a tarefa de elevar o moral de seus homens, não considerou "adequado" o material que recebeu de oficiais nazistas para usar como base de suas palestras:

> Por exemplo, dizia que eu deveria falar com as tropas [sobre] a batalha de Frederico, o Grande, em Küstrin [em 1758]. Bem, eu pensei comigo mesmo, qual é o sentido disso? O que Küstrin tem a ver com o exército alemão agora? Então eu pensei, bem, você pode deixar isso de lado.

Em vez de fazer uma palestra sobre história, Fernau primeiro criou uma "atmosfera maravilhosa" ao fazer um soldado tocar acordeão e ao convocar as tropas a cantar "choupanas de marinheiro". Quando seu público estava de bom humor, ele foi sincero sobre a situação militar, dizendo, "em linguagem simples de soldados", que "tudo isso está uma merda!".

"Eu não falei de vitória, ora, isso era tudo uma bobagem para mim, sabe, eu teria que estar no manicômio." Em vez disso, pediu aos soldados que confiassem em Hitler e em sua capacidade para chegar a "um bom final" para a guerra. Qual era o sentido, perguntou, de depor as armas agora quando seu Führer – que sabia muito mais sobre a verdadeira situação de guerra que eles – pode estar prestes a encontrar uma maneira de terminá-la?[21]

Porém, um "bom final" para a guerra dificilmente parecia provável para os alemães. Na verdade, já não parecia provável havia algum tempo.

Em 20 de julho de 1944, enquanto Stauffenberg preparava sua bomba, os soldados do Exército Vermelho viviam um momento de grande importância – que resultaria mais uma vez na demonstração do desrespeito implacável de Stálin pela humanidade. Soldados do primeiro *front* bielorrusso cruzaram o rio Bug e entraram em território que os soviéticos reconheciam como a Polônia. A questão de quem eram os governantes legítimos desse país era então de importância prática imediata. No dia seguinte, 21 de julho, Stálin deu sua resposta – seus fantoches estavam no comando. O "Comitê Polonês de Libertação Nacional" foi formado em Moscou e logo em seguida assinou uma série de acordos com o governo soviético que efetivamente dava carta branca ao Exército Vermelho no território polonês. Stálin tinha, então, o governo polonês domesticado da forma que desejava. Foi uma tentativa descarada de contornar o governo polonês no exílio em Londres.[22]

Como parte do esquema, Stálin também criou suas próprias forças armadas polonesas. O 1º Exército Polonês foi formado em julho de 1944 a partir de unidades polonesas que já operavam sob os auspícios do Exército Vermelho. Muitos dos soldados eram poloneses que haviam sido prisioneiros de guerra na União Soviética, mas muitos soviéticos também serviam nessas forças "polonesas". Nikolai Brandt, por exemplo, era um oficial do 1º Exército Polonês. Usava um uniforme polonês e dizia ser de uma cidade da Polônia. Mas era totalmente russo. Em 1943, como parte de um plano de embuste, ele aprendeu polonês e foi informado sobre sua "nova" história pessoal. Deveria afirmar ser de uma pequena cidade no sudeste da Polônia, e quando perguntou como poderia manter essa farsa, já que nunca estivera no local, sua resposta foi: "Não se preocupe, essa cidade não existe mais. Foi totalmente destruída pelos bombardeios alemães".

Brandt treinou com soldados poloneses no começo de 1944, antes da formação do 1º Exército Polonês. "Eu estava comandando meu batalhão", relatou. "Éramos muito bem equipados. E eles nos pouparam [da luta], porque devíamos nos tornar o grosso do futuro exército polonês, então não havia muito sentido em sermos mortos." Depois de julho de 1944, e já consolidado como o 1º Exército Polonês, a situação mudou, e Brandt e seus homens participaram de muitos combates. "Eu corria e gritava em polonês 'avante', e os rapazes corriam atrás de mim", lembrou. "Eram bons meninos. Eles me adoravam e avançaram e nós conquistamos as primeiras trincheiras."[23]

Brandt logo concluiu que na guerra não existe humanidade individual, existe apenas "humanidade global" – com o que quis dizer que os indivíduos podem ser chamados a sacrificar suas próprias vidas pelo bem dos outros. Por exemplo, como oficial, ele tinha de selecionar homens para participar de operações de "reconhecimento em combate", uma forma perigosa de ataque também realizada por batalhões penais.[24] Esses soldados precisavam atacar em grupos pequenos para "nos ajudar a identificar" os pontos de "fogo inimigo", e, consequentemente, "a maioria desses soldados está condenada". A ideia de um russo disfarçado de polonês selecionar poloneses genuínos para morrer é certamente emblemática da natureza corrupta do plano de engodo de Stálin.

A atitude dele em relação às legítimas unidades militares polonesas logo se tornou clara. De início, o Exército Vermelho aceitou a ajuda do Exército da Pátria – combatentes da resistência polonesa leais ao governo no exílio – na libertação de cidades polonesas. Mas essa atitude mudou quando os alemães foram derrotados. Em Lublin, por exemplo, em 26 de julho, o Exército Vermelho desarmou os soldados da 9ª Divisão de Infantaria Polonesa, e pouco depois prendeu seu comandante, o general Ludwik Bittner, e o levou para a União Soviética. No mês seguinte, as forças soviéticas prenderam cerca de 3 mil oficiais e soldados do Exército da Pátria no antigo campo nazista de Majdanek, nos subúrbios de Lublin.[25]

No leste da Polônia, a parte do país que Stálin reivindicava como território soviético, a atitude das forças soviéticas foi igualmente inflexível. Sob o comando do coronel Filipkowski, em julho, o Exército da Pátria desempenhou um papel vital na libertação de Lwów. Os soldados de Filipkowski conseguiram impedir as tentativas alemãs de defender a cidade e facilitaram a entrada de unidades da Primeira Frente Ucraniana. Mas no final de julho, assim que a cidade foi tomada, Filipkowski foi instruído a dissolver sua unidade do Exército da Pátria polonês e que seus soldados poderiam se juntar às unidades polonesas de Stálin. Menos de uma semana mais tarde, depois de serem enganados para participar de uma "conferência militar", cerca de trinta oficiais do Exército da Pátria de Lwów foram presos e classificados como "criminosos e fascistas poloneses".[26]

Um dos alvos de maior prioridade para os soviéticos ao entrarem em Lwów era o quartel-general da Gestapo na cidade. Tanto que as unidades do NKVD chegaram a visar o prédio com os alemães já em processo de retirada, pois estavam desesperados para capturar os arquivos da Gestapo intactos. Depois de obter o material e questionar informantes locais, o NKVD prendeu não apenas colaboradores, mas qualquer pessoa que aparentemente pudesse se opor a eles. "Eles [os informantes] nos diziam que alguém odiava o poder soviético e era uma ameaça e nós o prendíamos", disse Vyacheslav Yablonsky, um oficial do NKVD que participou da operação Lwów. "Eles podiam estar falando mal de nós ou apenas achando que éramos ruins."

A sentença "normal" para "falar mal" era de "cerca de quinze anos de trabalhos forçados...", explicou Yablonsky.

Agora eu acho que foi cruel, mas naquela época, quando era jovem, com 22 ou 23 anos, eu não sabia. [...] Agora entendo que foi cruel porque sou mais velho. Não acho que foi uma época muito democrática. Agora você pode dizer qualquer coisa, mas naquela época não podia.[27]

Anna Levitska foi uma das visadas pelo NKVD em Lwów. Ela já havia vivido a ocupação soviética de sua amada cidade no início da guerra e temia o retorno do Exército Vermelho. Agora, enquanto os soviéticos consolidavam seu domínio sobre a Polônia oriental, ela foi detida na rua por dois homens do NKVD e levada para a prisão. Como já fora denunciada por outros que já haviam sido presos, foi o suficiente para ser condenada. Os interrogadores "me mostraram algumas fotos de homens diferentes [...] e perguntaram: 'Você não os conhece?'. Claro que eu não os conhecia. Eu neguei".[28]

Como muitos que caíram nas mãos do NKVD, Anna foi torturada:

> Eles geralmente me levavam para interrogatório à noite, e não me deixavam dormir durante o dia. Sempre havia um guarda que batia na janela e gritava "Sem dormir!". Quando me levavam para interrogatório à noite, em geral havia só um investigador. Em algumas ocasiões, algumas [outras] pessoas entravam e começavam a me bater. Eles me sentavam num banquinho, um banquinho preso no chão. Eu sentava no banquinho, eles se aproximavam de mim e me batiam em toda parte: na cabeça, no rosto, nas costas. Eu caía no chão. Às vezes perdia a consciência. Eles jogavam água em mim [para reanimá-la] [...] e continuavam [o espancamento]. Em outras ocasiões, eles me levavam lá e me faziam ficar sentada a noite toda.[29]

Depois de nove meses aguentando esse tipo de abuso, e apesar de ser inocente das acusações específicas levantadas pelo NKVD contra ela, Anna decidiu "assinar todas as declarações [...] só para poder ser transferida logo de lá". Sua preocupação era que as autoridades soviéticas descobrissem seu verdadeiro "crime" – o de ter fornecido remédios e feito curativos em membros da resistência. Tendo assinado a "confissão" criada pelo NKVD, Anna foi condenada a quinze anos de trabalhos forçados. E só foi libertada depois da morte de Stálin.

Anna Levitska viveu as ocupações soviética e alemã de sua cidade. Comparando uma à outra, chegou a algumas conclusões surpreendentes. Apesar de reconhecer que o "comportamento dos alemães em relação aos judeus era terrível", pessoalmente ela se sentiu mais segura durante a ocupação alemã que durante a soviética:

> Claro que havia toque de recolher [sob os alemães]. Você não podia andar pela cidade à noite. Não podia sentar no mesmo vagão onde estavam os alemães. [...] Os bondes tinham entradas separadas, uma para os alemães e outra para todos os demais. Podia ter só uma pessoa sentada lá [no vagão reservado para os alemães] ou talvez até mesmo ninguém, enquanto no outro vagão tinha muita gente. Era assim. Mas você não sentia o mesmo perigo [como sob a ocupação soviética].

Para Anna, os alemães "eram mais cultos. [...] Na rua, por exemplo, em relação ao que eu estava dizendo sobre serem mais civilizados, eles não se comportavam como os soldados do Exército Vermelho".

Quando instada a comparar os líderes e seus regimes, Anna respondeu: "Na minha opinião, eles eram iguais. Hitler e Stálin. Você sabe, embora se possa dizer que o regime de Hitler e o regime de Stálin eram de alguma forma diferentes um do outro superficialmente, no comportamento ou nas ações eles não eram".

Anna considerou injusto que muitos ex-nazistas tenham sido responsabilizados após a guerra, enquanto os que cometeram crimes em nome do Estado soviético nunca tivessem sido processados:

> Eles não admitiram que tinham qualquer responsabilidade [...] pelos crimes [cometidos] durante o stalinismo. Isso é perturbador, é claro. Todos os que se envolveram [nesses crimes] continuam prosperando, vivendo bem [...] e têm boas pensões. Eles conseguem aproveitar a vida, por assim dizer. [...] Eu queria ver todos castigados. Isso não aconteceu e nem é provável que aconteça. Talvez quando estivermos mortos.[30]

Enquanto os soviéticos tentavam esmagar qualquer dissidência na "recém-libertada" Polônia, o governo no exílio em Londres só podia ver aquilo com aflição. Tentaram obter o apoio de britânicos e norte-americanos, mas com poucos resultados. Em junho, algumas semanas antes de o Exército Vermelho entrar na Polônia, o primeiro-ministro Stanisław Mikołajczyk finalmente conseguiu uma audiência com o presidente Roosevelt. Foi um encontro que mereceria ser mais conhecido no Ocidente, pois mostrou Roosevelt em seu estado mais desleal. O presidente quase não foi criticado pelas mentiras que contou durante a guerra. Em parte por liderar a nação democrática mais poderosa do mundo, uma nação comprometida em eliminar os nazistas. No entanto, como já vimos nessa história, Roosevelt sabia enganar e dissimular com desenvoltura. E na reunião que teve com o primeiro-ministro Mikołajczyk da Polônia, despejou uma cornucópia de inverdades.

Roosevelt parecia estar de bom humor no dia em que se reuniu com Mikołajczyk. O Dia D acabara de ser lançado com sucesso, e os soviéticos estavam prestes a começar sua ofensiva contra os alemães pelo Leste. Assim, quando entrou na sala, Mikołajczyk encontrou um Roosevelt brincalhão. "Eu estudei dezesseis mapas da Polônia esta manhã", disse o presidente. "Em trezentos anos, partes da Rússia Branca foram polonesas, e partes da Alemanha e da Tchecoslováquia. [...] Por outro lado, partes da Polônia foram às vezes anexadas a esses países. [...] É difícil desvendar o mapa da Polônia."[31] Diante dessa questão, disse a Mikołajczyk, não se poderia esperar que ele soubesse "se esta ou aquela cidade ficariam neste ou naquele lado da fronteira" no futuro. Mesmo assim, faria o possível para garantir que Lwów – um lugar de considerável importância para os poloneses – continuasse sendo uma cidade polonesa.

O presidente afirmou que teve uma impressão positiva de Stálin e achou que o líder soviético "não era nem imperialista nem comunista". De todo modo, o primeiro-ministro polonês não deveria se preocupar com os soviéticos, já que "Stálin não pretende tirar a liberdade da Polônia. Ele não ousaria fazer isso porque sabe que o governo dos Estados Unidos apoia solidamente o país. Vou cuidar para que a Polônia não saia desta guerra prejudicada".[32]

Roosevelt culpou Churchill por trazer à tona a questão do destino da Polônia oriental com Stálin e por sugerir uma nova fronteira baseada na Linha Curzon – uma linha de demarcação proposta entre a Polônia e os bolcheviques traçada em 1919 sob os auspícios de lorde Curzon, que daria a Polônia oriental aos soviéticos. A adoção da Linha Curzon como fronteira seria um resultado desastroso para Mikołajczyk, até porque muitos dos soldados poloneses que lutavam contra os alemães na Itália eram daquela região oriental da Polônia.

Se a Linha Curzon se tornasse a nova fronteira, quando a guerra fosse vencida, suas casas nem estariam mais na Polônia. Portanto, aqueles soldados estavam lutando – e morrendo – por um futuro ilusório. Nem mesmo a vitória devolveria suas terras.

Roosevelt não mencionou que já havia concordado secretamente com Stálin sobre o destino desse território. Cinicamente, preferiu se manter em silêncio sobre o assunto até depois das eleições presidenciais do final do ano, para não pôr em risco o apoio dos poloneses-norte-americanos. Por essa razão, Roosevelt mentiu descaradamente ao primeiro-ministro polonês sobre essa questão de grande importância para a futura integridade da Polônia. Foi uma traição terrível aos ideais da Carta do Atlântico – o acordo que teve o próprio Roosevelt como figura fundamental para a sua criação –, bem como um lembrete de como grandes países, democracias e ditaduras podem, em última instância, fazer o que quiserem com países pequenos e sem aliados.

Roosevelt pelo menos pediu a Stálin para se encontrar com Mikołajczyk e os poloneses. Mas a resposta de Stálin foi magistral em sua exibição de força bruta. Ele disse que concordaria com a reunião, mas somente se os poloneses aceitassem a Linha Curzon como a nova fronteira com a União Soviética, desistindo assim do leste da Polônia. Também exigiu uma mudança na composição do governo polonês no exílio. Não o considerou suficientemente "amigável" para a União Soviética. Portanto, queria que Mikołajczyk demitisse o ministro da Informação, o ministro da Defesa, o comandante em chefe e o presidente. Stálin, ao que parecia, exigia o direito de decidir a composição do governo polonês no exílio. E essas foram suas demandas iniciais, meras precondições antes de concordar em se encontrar com os poloneses. Obviamente Mikołajczyk não pôde aceitá-las.[33]

Esse foi o pano de fundo para um dos episódios mais trágicos da guerra – o levante de Varsóvia, quando o Exército da Pátria polonês se insurgiu contra os alemães que ocupavam a cidade. Havia uma vantagem política óbvia para o governo polonês no exílio se o próprio exército de combatentes da resistência libertasse Varsóvia antes do Exército Vermelho. Isso fortaleceria a posição do Exército da Pátria quando os soviéticos chegassem, especialmente considerando que o NKVD já havia prendido oficiais poloneses em Lublin e Lwów. Se Stálin tentasse fazer a mesma coisa em Varsóvia após a libertação, o mundo saberia que ele estava perseguindo os salvadores da capital polonesa.

A questão do momento exato do levante era de vida ou morte para os combatentes da resistência em Varsóvia, assim como a resposta potencial de Stálin. No final de julho, unidades de reconhecimento do 2º Exército de Tanques Soviético se aproximavam dos subúrbios da cidade, embora isso não significasse necessariamente que o Exército Vermelho estivesse em posição de lançar um ataque imediato à capital polonesa. Apesar das declarações belicosas de que emissoras de propaganda controladas pelos soviéticos no final de julho possam ter propiciado algum incentivo à população de Varsóvia para se rebelar, isso não significava automaticamente que o Exército Vermelho os ajudaria se o fizessem. Se Stálin não ordenasse que suas forças entrassem na cidade logo após o início do levante, o Exército da Pátria não conseguiria resistir aos alemães.

Foi essa incerteza sobre a reação de Stálin que preocupou o comandante em chefe do Exército da Pátria em Londres. Ele considerou que se insurgir sem a cooperação dos soviéticos "seria politicamente injustificado e militarmente nada mais que um ato de desespero". Mikołajczyk não tinha tanta certeza, e deixou a decisão para o comandante local em Varsóvia.[34]

Stálin finalmente concordou em receber a visita de Mikołajczyk em Moscou no final de julho, mesmo sem o governo polonês no exílio ter cumprido todas as suas condições. Suas exigências eram tão ultrajantes que ele devia imaginar que nunca seriam atendidas. Mas o fato de ter permitido que Mikołajczyk e seus colegas entrassem na União Soviética não significava que Stálin necessariamente teria de encontrá-los. Para Mikołajczyk, era importante ver Stálin rapidamente, pois a revolta era iminente. Mas Molotov disse que ele não se encontraria com o líder soviético, mas sim com o dócil governo da Polônia estabelecido pelos soviéticos – agora conhecido como os poloneses de "Lublin", por estarem sediados naquela recém-liberta cidade polonesa.

O levante de Varsóvia finalmente teve início em 1º de agosto, quando militantes poloneses da resistência começaram a lutar contra os alemães nas ruas da capital. No entanto, em Moscou, Mikołajczyk ainda não tinha conseguido se reunir com Stálin. Só dois dias depois, na noite de 3 de agosto, o líder soviético finalmente concordou em se encontrar com o primeiro-ministro polonês e sua delegação. Previsivelmente, o encontro não foi bom para os poloneses. O desprezo de Stálin era palpável. Continuou trazendo o assunto de volta ao seu governo pessoal da Polônia, os poloneses de Lublin. Por que Mikołajczyk não falou com eles? Quanto ao levante de Varsóvia, Stálin questionou a eficácia do

Exército da Pátria no combate aos alemães. "O que é um exército sem artilharia, tanques e uma força aérea?", indagou.

Eles nem têm fuzis suficientes. Na guerra moderna, um exército assim é de pouca utilidade. São pequenas unidades guerrilheiras, não um exército regular. Disseram-me que o governo polonês ordenou que essas unidades expulsassem os alemães de Varsóvia. Eu me pergunto como elas poderiam fazer isso, suas forças não estão à altura dessa tarefa. Na verdade, essas pessoas não lutam contra os alemães, só se escondem na floresta, incapazes de fazer qualquer outra coisa.[35]

A declaração de Stálin exalava escárnio. Seu desprezo pela delegação polonesa era tal que ele chegou a atender a vários telefonemas durante a reunião.

Stálin deve ter ficado muito satisfeito com a humilhação de Mikołajczyk e de seus colegas. Deve ter pensado que lidou com a questão polonesa com muita habilidade. Não disse abertamente que se recusava a ajudar os poloneses em Varsóvia – pois sabia que seria imprudente, devido aos pontos de vista dos Aliados ocidentais; por outro lado, não afirmou exatamente como e quando prestaria essa ajuda. Mais uma vez, de uma posição de poder, Stálin demonstrou o valor da ambiguidade.

Mais tarde, os soviéticos argumentariam que não estavam em condições de tomar a capital polonesa nos primeiros dias de agosto.

"Falando francamente, o momento do levante foi o pior possível", escreveu o marechal Rokossovsky depois da guerra. "Era como se seus líderes tivessem escolhido intencionalmente um momento que garantiria a derrota."[36] As tropas de Rokossovsky já tinham avançado centenas de quilômetros em apenas algumas semanas, e os alemães conseguiram se reagrupar para defender a capital polonesa. "Você acha que não teríamos tomado Varsóvia se tivéssemos capacidade para fazer isso?", declarou Rokossovsky a um jornalista ocidental no final do verão de 1944.[37]

É possível que o Exército Vermelho não tivesse capacidade para lançar uma grande ofensiva contra Varsóvia no início de agosto, mas não significa que não poderia ter feito isso algumas semanas depois. Averell Harriman, embaixador norte-americano na União Soviética, opinou em meados de agosto que "a recusa do governo soviético [em ajudar o levante] não se baseia em dificuldades operacionais, nem numa negação do conflito, mas em implacáveis cálculos políticos".[38]

Zbigniew Wolak, um comandante de 19 anos de uma unidade do Exército da Pátria, foi um dos que lutou nas ruas de Varsóvia naquele verão. Como muitos dos militantes da resistência, foi a sua primeira experiência de combate:

> Você se lembra do seu primeiro amor, [e] você se lembra da primeira pessoa que matou. No *front*, se você é um aviador ou da artilharia, não vê as pessoas que mata, mas se é um soldado de infantaria e luta nas ruas, você vê o rosto dessa pessoa. [...] Eu atirei [num soldado alemão] e ele tombou meio corpo pra fora da janela e tinha a minha idade – o capacete caiu da cabeça – era loiro, tinha a minha idade, um menino. Depois de algum tempo foi puxado para dentro pelas pernas. É difícil esquecer. [...] Você diz a si mesmo que atirar é uma questão de dever, mas não consegue se acostumar a matar, é muito difícil se acostumar com isso, era assim.

Wolak não viu apenas alemães morrendo, mas também seus companheiros próximos do Exército da Pátria.

> Meu amigo diz, quero verificar o que os alemães estão fazendo. Tirou um tijolo [da fortificação] e encostou o rosto ali e levou um tiro na testa. No dia seguinte nós o enterramos. Ele era um dos soldados mais velhos. Tinha quarenta e poucos anos, tinha mulher e dois filhos.

Sem a ajuda do Exército Vermelho, os poloneses estavam perdendo a batalha. No verão de 1944, os alemães arrasaram Varsóvia quando as unidades das SS atiraram em crianças e estupraram e assassinaram mulheres. Zbigniew Wolak achou difícil conciliar as cenas de mutilação e morte presenciadas por ele com a imagem que tinha formado dos alemães antes do levante. Ele costumava ver os alemães como "seres humanos", mas "quando eles começaram a organizar execuções e massacres", passou a vê-los como "criminosos", enquanto eles, por sua vez, tratavam o Exército da Pátria como "bandidos". Esse "estereótipo" mútuo, concluiu, tornava "fácil matar um ao outro". Anos depois, Wolak trabalhou com alemães e sua visão mudou mais uma vez.

"Acontece que eles eram excelentes colegas", falou. "Acabaram sendo grandes homens de família."[39]

Heinrich Himmler viu aspectos positivos para a causa nazista na destruição de Varsóvia. Em 21 de setembro de 1944, falou a um grupo de oficiais sobre sua reação à notícia do início do levante:

> Fui imediatamente ver o Führer. Estou falando sobre isso como um exemplo de como devemos reagir a essas notícias com absoluta calma. Eu disse: "Meu Führer, o momento é lamentável. Mas, de um ponto de vista histórico, é uma bênção que os poloneses estejam fazendo isso. Vamos passar por essas quatro e cinco semanas e então Varsóvia, a capital, o cérebro, a inteligência dessa nação polonesa de 16-17 milhões de pessoas terá sido destruída, essa nação que bloqueia o nosso caminho para o Leste há setecentos anos e, desde a primeira Batalha de Tannenberg, sempre esteve no caminho. Então, o problema histórico não será mais uma grande questão para nossos filhos, para todos os que virão depois de nós e para nós também". Além disso, já dei ordens para Varsóvia ser totalmente destruída. Você pode pensar que sou um bárbaro terrível. Se você achar, eu sou, se tiver que ser.[40]

Varsóvia não foi a única capital europeia histórica a viver uma insurreição no verão de 1944. A 1.350 quilômetros a oeste, os parisienses estavam prestes a se rebelar contra os ocupantes alemães. E o contraste entre o destino dessas duas famosas cidades em 1944 foi notável. Varsóvia ficou prensada entre os exércitos de Hitler e de Stálin, Paris entre Hitler e os Aliados ocidentais – uma diferença importante em uma infinidade de aspectos.

Para começar, da mesma forma que Stálin tinha problemas com o primeiro--ministro Mikołajczyk e o governo polonês no exílio, Roosevelt e Churchill tinham uma relação difícil com o líder da França livre, o general De Gaulle. De Gaulle era famoso – ou mal-afamado, dependendo do seu ponto de vista – por ser uma pessoa difícil. "Nos desígnios, na postura e nas operações mentais de um líder", escreveu De Gaulle, "deve haver sempre um 'algo a mais' que os outros não consigam entender totalmente, que os confunda, os incite e atraia sua atenção".⁴¹ Além disso, "[o líder] deve aceitar a solidão que, segundo Faguet [um acadêmico francês], é a desgraça dos seres superiores".⁴²

Churchill – que não gostava de lidar com pessoas que se consideravam "seres superiores" – chegou à conclusão de que De Gaulle era "um inimigo do povo inglês".⁴³ Outros concordavam com essa visão decididamente negativa. Em uma reunião em julho de 1943, o general sir Alan Brooke ouviu uma "longa sequência de reclamações" de Churchill sobre De Gaulle com a qual "concordava de coração". Brooke considerava De Gaulle "um espécime muito pouco atraente", acrescentando que

> quaisquer boas qualidades que pudesse ter eram prejudicadas por seu comportamento autoritário, sua "megalomania" e falta de espírito cooperativo. [...] Em todas as discussões, ele presumia que o problema da libertação da França era meu, enquanto se concentrava em como a governaria, como um ditador, assim que fosse liberta!⁴⁴

Lorde Moran, o médico de Churchill, escreveu em seu diário que "De Gaulle positivamente fazia questão de ser difícil" e que era uma "criatura improvável, como uma girafa humana, farejando com as narinas os mortais sob seu olhar".⁴⁵

Mas todas essas invectivas não eram nada se comparadas à antipatia de Roosevelt pelo general francês. Pouco antes do Dia D, o presidente disse a Edward Stettinius, subsecretário de Estado norte-americano: "A única coisa que me interessa é que De Gaulle e o Comitê Nacional [um governo francês livre provisório no exílio] não sejam designados como o governo da França".⁴⁶ A intensa antipatia de Roosevelt por De Gaulle era em parte pessoal – o presidente simplesmente não o suportava como ser humano – e em parte política, por temer que De Gaulle adotasse políticas coloniais após a guerra.

Mas apesar da aversão que sentiam por De Gaulle, Roosevelt e Churchill não se opuseram a ele de forma decisiva, embora pudessem facilmente ter feito isso. A reputação do general De Gaulle foi construída por meio de seu acesso ao rádio. Foram suas transmissões pela BBC de Londres durante a guerra que o tornaram famoso. Assim, se não tivesse acesso às ondas de rádio, De Gaulle teria praticamente desaparecido.

Quem pode duvidar do comportamento de Stálin em circunstâncias semelhantes, com sua conversa de garantir que as nações vizinhas fossem "amigáveis" com a União Soviética? Ou como Hitler poderia ter tratado um homem com ares "superiores", mas que mesmo assim dependesse dele? No entanto, por mais difícil que De Gaulle fosse, britânicos e norte-americanos continuaram a tolerá-lo. Churchill chegou até a sentir empatia por ele, apesar de todos os problemas que causava. De acordo com Moran, o primeiro-ministro admirava De Gaulle por não relaxar "sua vigilância em resguardar" a honra da França "por um único instante".[47]

No entanto, mesmo nesse último estágio da guerra, os norte-americanos ainda não reconheciam o movimento da França Livre do general De Gaulle como o governo legítimo do país, e não havia certeza alguma de que ele lideraria o país após a libertação. Mas a visita do general a Bayeux, na Normandia, em 14 de junho – oito dias depois do Dia D – demonstrou o poder exercido por De Gaulle em virtude de sua personalidade e reputação. O povo da Normandia não sentia muito entusiasmo por De Gaulle. Naquele momento, estavam tentando sobreviver em meio aos ferozes combates entre os Aliados e os alemães, e parecia não haver entre eles grande empenho em punir os colaboracionistas do governo de Vichy. Um relatório dos Aliados informou que "mesmo depois da invasão, os camponeses preferiam vender sua manteiga aos alemães em retirada do que aos nossos homens, que eram considerados suspeitos".[48]

Contudo, apesar de tudo isso, quando De Gaulle chegou a Bayeux, a população o recebeu bem, e cerca de 2 mil pessoas compareceram para ouvi-lo falar. Foram essas evidências de apoio espontâneo ao general em meio à população francesa que contribuíram para a decisão de Roosevelt, em 11 de julho, de reconhecer os gaullistas como "a autoridade efetiva para a administração civil das áreas libertadas da França".[49]

Após o avanço dos Aliados em Avranches, no final de julho e início de agosto, e o desastre do fracassado contra-ataque alemão, a captura de Paris parecia possível. Mas a capital tinha pouca importância estratégica para os Aliados, e falava-se em contornar a cidade para seguir em direção à fronteira alemã. Nesse momento, assim como Stálin tinha o destino de Varsóvia em suas mãos, o mesmo se dava com os britânicos e os norte-americanos em relação ao destino de Paris.

Enquanto os Aliados ocidentais debatiam sobre a melhor maneira de avançar, os alemães em Paris, sob o novo comando do general Dietrich von Choltitz, se preparavam para defender a cidade. Mas, ao contrário de Varsóvia, os alemães não pareciam tão comprometidos com a tarefa. "Sem tropas de combate, unidades, sem uma estrutura sólida...", escreveu o comandante das tropas alemãs em Fontainebleau.

> Armamento insuficiente. Destacamentos AA [antiaéreos] não equipados com os meios necessários de observação e equipamento de sinalização para combate no solo. [...] Tendo em vista as dificuldades específicas de lutar em uma grande cidade e a superioridade material do inimigo, não se pode esperar qualquer resistência real por parte do Distrito Mil[itar] de Paris.[50]

O general Von Choltitz, recém-designado governador militar da cidade, tentava conciliar dois objetivos inconciliáveis. Hitler queria que Paris fosse defendida – e totalmente destruída, se necessário –, mas o líder alemão não havia alocado forças militares suficientes para tornar tais ações agressivas possíveis. Mais tarde, Choltitz diria que evitou a destruição de Paris. No entanto, embora seja verdade que as pontes de Paris e alguns dos principais edifícios que foram minados acabaram sendo salvos, a realidade é que os alemães não tinham a capacidade para destruir Paris da mesma forma como estavam naquele exato momento desmontando Varsóvia, tijolo por tijolo. É quase certo que Choltitz fez escolhas pragmáticas, sabendo que suas ações ajudariam a preservar sua reputação. Ao agir dessa forma, ele se juntou a uma longa lista de alemães que – acreditando então na derrota nazista – davam apressadamente o maior lustro possível em seus históricos de guerra.

Em meados de agosto, a situação em Paris estava febril. Entre os diferentes grupos atuando da resistência na capital francesa, os comunistas eram os mais interessados em uma revolta. O representante do general De Gaulle em Paris, Alexandre Parodi, foi instruído a não ordenar um levante sem uma coordenação com as forças aliadas. Porém, em 15 de agosto, quando a polícia entrou em greve, alguns combatentes da resistência foram às ruas. O Departamento de Polícia foi ocupado pela resistência no dia 18, e no dia seguinte os parisienses se insurgiram contra seus invasores, assim como fizera o Exército da Pátria polonês em Varsóvia no início do mês. E assim como os poloneses, os combatentes franceses agiram sem antes consultar os comandantes do exército de libertação que se aproximava.

Embora os lutadores da resistência superassem os defensores alemães em dois para um, os alemães estavam mais bem equipados, e uma luta entre eles provavelmente teria sido sangrenta e prolongada. A trégua proposta entre os dois lados não se manteve, e em 22 de agosto os franceses voltaram a enfrentar os alemães nas ruas. Nos dois dias seguintes, conforme a batalha se intensificou, o Grand Palais pegou fogo – incendiado pelos alemães – e havia o perigo real de mais destruição.[51] No dia 23, Hitler emitiu uma ordem de que "Paris não pode, a não ser como um território em escombros, cair nas mãos do inimigo".[52]

Assim como em Varsóvia, o exército posicionado fora da capital precisava decidir urgentemente o que fazer. Mas, ao contrário da capital polonesa, os resistentes de Paris não foram abandonados para morrer nas ruas enquanto seus potenciais libertadores esperavam fora da cidade. Em 20 de agosto, De Gaulle fez uma visita ao general Eisenhower e exigiu saber por que as tropas aliadas não estavam avançando sobre Paris – em particular os soldados da 2ª Divisão Blindada, comandada pelo general francês Philippe Leclerc.

Eisenhower disse a De Gaulle que a revolta em Paris havia começado prematuramente – era "muito cedo" para enfrentar os alemães abertamente nas ruas. De Gaulle discordou e afirmou que ordenaria pessoalmente que Leclerc avançasse sobre Paris se necessário – apesar de não ter autoridade para tanto. Mesmo assim, três dias depois, os Aliados fizeram o que De Gaulle pedira e Leclerc foi instruído a marchar sobre Paris. Suas unidades avançadas chegaram ao Hôtel de Ville – o coração simbólico da capital francesa – na noite de 24 de agosto. No dia seguinte, a maioria da 2ª Divisão, acompanhada por alguns soldados norte-americanos, chegou para consolidar o controle aliado da cidade, e naquela tarde Choltitz se rendeu em nome das tropas de ocupação alemãs.[53]

Mais tarde naquele mesmo 25 de agosto, De Gaulle se tornou um lendário herói francês quando chegou a Paris e disse suas famosas palavras no Hôtel de Ville: "Paris ultrajada! Paris destruída! Paris martirizada! Mas Paris libertada!". E acrescentou que Paris havia "libertado a si mesma". Não era exatamente a verdade, pois sem o poder dos exércitos Aliados por trás das forças da França Livre, De Gaulle não estaria no Hôtel de Ville fazendo seu discurso.[54]

Enquanto os Aliados avançavam para tomar Paris, o Exército Vermelho se recusava veementemente a lançar uma grande ofensiva em Varsóvia, e sem o apoio das forças soviéticas o fracasso do levante se tornou inevitável. No início de outubro, o comandante do Exército da Pátria em Varsóvia, general

Tadeusz Bór-Komorowski, rendeu-se aos alemães. Mais de 200 mil poloneses morreram em consequência do levante, e muitos dos sobreviventes culparam não só os alemães, mas também Stálin por essa enorme perda. "Ninguém que não seja desonesto ou cego poderia ter a menor ilusão de que tudo o que aconteceu iria acontecer", escreveu o general Anders, comandante das unidades polonesas no exército britânico. "Isto é, não apenas que os soviéticos se recusariam a ajudar nossa amada e heroica Varsóvia, como também que assistiriam com o maior prazer enquanto o sangue da nossa nação fosse drenado até a última gota."[55]

É difícil não concordar com o julgamento de Anders. Pois embora em setembro Stálin quisesse mostrar que estava de alguma forma ajudando os resistentes – principalmente permitindo que soldados de seu 1º Exército Polonês se posicionassem na margem oeste do Vístula – era muito pouco, e muito tarde. A realidade da posição de Stálin foi mais bem expressa em uma mensagem enviada pelos soviéticos ao embaixador norte-americano em Moscou em meados de agosto, afirmando que "o governo soviético não deseja se associar direta ou indiretamente à aventura em Varsóvia".[56]

O Exército Vermelho só marchou para a capital polonesa em janeiro de 1945, como parte de sua ofensiva Vístula-Oder. "Você devia ter visto como estava a Varsóvia liberta", disse Nikolai Brandt, o oficial soviético que fingia ser polonês e servira no exército polonês de Stálin. "Os sapadores alemães explodiram todos os edifícios, que antes disso foram queimados por lança-chamas. [...] Então Varsóvia ficou reduzida a pedras. Não sobrou ninguém naquelas casas."[57]

Enquanto Brandt andava pelas ruínas de Varsóvia, usando seu uniforme polonês, uma mulher se aproximou. "Finalmente estou vendo um oficial polonês de verdade", falou. "Que maravilha!", Brandt começou a conversar com ela, mas viu que "ela parecia meio desapontada". As mulheres perguntavam: "Mas por que seu sotaque é tão ruim? Você deve ser da Cracóvia". Brandt dizia que não, que era de uma pequena cidade no sudeste da Polônia – como sua história fictícia o obrigava a dizer:

> Eu não queria admitir que era russo. Isso ficaria mal. Um oficial russo no exército polonês. Pareceria um exército falso. Como tinha me comprometido a ser um oficial comandante polonês, achei que todos continuassem pensando que eu era polonês.[58]

É um momento que resume tanto o imenso cinismo da atitude de Stálin em relação aos poloneses quanto o contraste entre o que estava acontecendo em Varsóvia e o que acontecia em Paris. Não só pelo fato de Stálin ter contido o Exército Vermelho até o Exército da Pátria polonês em Varsóvia ser destruído, mas também porque, quando seus "libertadores" finalmente chegaram, entre os soldados havia vários "falsos" oficiais poloneses como Nikolai Brandt. Por outro lado, quando a 2ª Divisão Blindada Francesa libertou Paris, não havia nenhum "falso" francês entre os oficiais de Leclerc. A França retornava então à democracia e à liberdade, enquanto a Polônia se encaminhava para uma nova tirania.

Em outubro de 1944, Churchill havia tentado – e fracassado – resolver o conflito entre o governo polonês no exílio e Stálin. Fez uma viagem a Moscou e, em seu primeiro encontro com Stálin no Kremlin, em 9 de outubro, definiu a questão polonesa como "a mais cansativa" que os dois líderes enfrentavam, embora tenha ao menos afirmado que as fronteiras estavam "resolvidas".[59] Stálin ficaria com a Polônia oriental depois da guerra, como havia muito desejava. Mas, como vimos, foi uma hipocrisia dos dois líderes considerarem as fronteiras "resolvidas", uma vez que o legítimo governo do país que estava sendo desmembrado rejeitara várias vezes aquele plano.

Churchill sugeriu que os "poloneses de Londres" deveriam vir rapidamente a Moscou, onde seriam "forçados a fazer um acordo". O problema, disse Churchill, era que embora fossem lutadores corajosos, os poloneses "tinham líderes políticos insensatos. Onde houvesse dois poloneses, haveria uma briga". Stálin concordou, acrescentando que "onde houvesse um polonês, ele começaria a brigar consigo mesmo por puro tédio".[60]

Quatro dias depois, a pedido de Churchill, o primeiro-ministro Mikołajczyk chegou ao Kremlin para discutir o futuro da Polônia. O primeiro-ministro polonês não devia ter guardado boas lembranças de seu último encontro com Stálin, três meses antes, quando o líder soviético ironizou sobre a possibilidade de ajuda soviética no levante de Varsóvia. A lembrança deve ter se tornado ainda mais angustiante pelo fato de o Exército da Pátria ter sido forçado a se render aos alemães em Varsóvia pouco mais de uma semana antes – em grande parte por Stálin não ter dado ordens para o Exército Vermelho tomar a capital polonesa.

Mesmo assim, Mikołajczyk teve de lidar com a realidade. E a realidade era que seu país era pequeno e impotente em comparação com a União Soviética, e que a Grã-Bretanha não podia fazer muito em termos práticos para ajudar os poloneses. Era o Exército Vermelho que estava em solo polonês, não os britânicos. O poder estava com Stálin, e ele sabia disso.

Stálin mais uma vez se escondeu atrás do pretexto de que o outro governo polonês – o que ele controlava – precisava ser consultado. Mas, ainda assim, estava disposto a afirmar que "não poderia haver boas relações" entre a Polônia e a União Soviética se os poloneses não concordassem em renunciar à Polônia oriental. Churchill apoiou Stálin e disse que os britânicos concordavam com o plano de que os soviéticos deveriam ocupar esse território, não "porque a Rússia era forte, mas porque a Rússia estava certa na questão". Até aí, tudo muito previsível. Mikołajczyk já conhecia a posição britânica. Mas nesse ponto a discussão ficou feia – ou, da perspectiva de Mikołajczyk, ainda mais feia. De repente, de uma forma arrasadora, Molotov revelou que o presidente Roosevelt havia concordado em ceder o leste da Polônia aos soviéticos na conferência de Teerã, quase um ano antes, mas "não queria que fosse divulgado naquele momento".[61]

Foi um choque para Mikołajczyk, já que quatro meses antes Roosevelt não havia dito nada a ele. Ao contrário, o presidente havia levado o primeiro-ministro polonês a acreditar que estava ao seu lado.

No dia seguinte, as coisas não melhoraram muito. Churchill passou um sermão em Mikołajczyk, dizendo:

> Nós não vamos destruir a paz da Europa por causa de disputas entre os poloneses [...] você está absolutamente louco. [...] Se você não aceitar a fronteira, estará fora do jogo político para sempre. Os russos vão tomar seu país e seu povo será liquidado. Você está à beira da aniquilação.

Ademais, se os poloneses "quiserem conquistar a Rússia, nós vamos deixar que o façam. Eu me sinto como se estivesse num hospício. Não sei se o governo britânico continuará reconhecendo o seu governo".[62] Não é difícil de imaginar o efeito cumulativo de todo esse vitríolo em Mikołajczyk. Ele não aguentou mais, e renunciou ao cargo em 24 de novembro.

Churchill estava fazendo pouco mais que aceitar a dolorosa verdade. A opinião pública britânica, apoiada pela propaganda que retratava os soviéticos como valiosos aliados, dificilmente teria aceitado uma nova guerra para libertar a Polônia das garras de Stálin. Essa verdade também explica em parte por que Churchill produziu o que chamou de documento "malvado" em uma das reuniões com Stálin. A viagem de outubro a Moscou ficou mais lembrada por esse pedaço de papel. Churchill anotou os percentuais de influência que cada um dos Aliados deveria ter em vários países europeus. Escreveu: "Romênia: Rússia 90%, os outros 10%. Grécia: Grã-Bretanha (de acordo com os Estados Unidos) 90%, Rússia 10%. Iugoslávia [e] Hungria: 50/50%. Bulgária: Rússia 75%, os outros 25%".⁶³

Não devemos ficar muito chocados com a atitude de Churchill. Não era bem o caso de ele estar entregando países como Romênia e Bulgária a Stálin, mas simplesmente reconhecendo que já haviam sido entregues, como resultado de sua localização geográfica e do sucesso do Exército Vermelho. Indiscutivelmente, suas discussões secretas com Stálin sobre esses percentuais salvaram a Grécia da ameaça de dominação comunista depois da guerra.

O surpreendente, entretanto, é a maneira como Churchill continuou a se iludir sobre a natureza de seu relacionamento com Stálin. Em outubro, ele escreveu ao gabinete de guerra dizendo que tinha "conversado com uma liberdade e um *beau gest[e]* nunca antes alcançado entre nossos dois países. Stálin fez várias demonstrações de consideração pessoal que tenho certeza terem sido sinceras".⁶⁴ Para sua esposa, ele disse: "Tive conversas muito agradáveis com o Urso Velho [Stálin]. Eu gosto cada vez mais dele. *Agora* eles nos respeitam e tenho certeza que desejam trabalhar [conosco]".⁶⁵ E como já fizera antes, Churchill tinha a tendência a atribuir quaisquer problemas que encontrasse em suas negociações com Stálin a personagens que operavam nas sombras, uma preocupação visível em seu telegrama ao gabinete da guerra dizendo: "Reitero minha convicção de que ele não está de forma alguma sozinho. 'A negra preocupação monta na garupa atrás do cavaleiro'*".⁶⁶

Contudo, no momento em que Churchill dizia tudo isso, era óbvio como as unidades de segurança de Stálin estavam se comportando no território que tinham acabado de "libertar". No começo de outubro, o NKVD já prendera cerca de 100 mil ex-soldados do Exército da Pátria e várias figuras de destaque polonesas.⁶⁷ No final do mês, poucos dias após a visita de Churchill a Moscou, um comandante do Exército da Pátria escreveu:

---

* Churchill cita o poeta grego Horácio (65 a.C-8 a.C). (N. T.)

Na cidade de Krześlin, Siedlce powiat [condado], o NKVD organizou um campo de punição para membros do AK [Exército da Pátria] e a delegação do governo. Os presos ficam em buracos de cerca de dois metros quadrados com água até os joelhos – na escuridão. O campo é totalmente isolado. Contém cerca de 1.500 pessoas.[68]

A verdade, que Churchill ainda não aceitava, era que Stálin só queria "trabalhar" com os Aliados para conseguir o que desejava. E até então parecia estar tendo sucesso.

Mas tudo isso estava prestes a mudar. Pois 1945 traria tanto a vitória dos Aliados quanto – tardiamente – a compreensão de quem Stálin realmente era.

17

DIAS DE MORTE

Em novembro de 1918, quando a Primeira Guerra Mundial terminou, o exército alemão ainda lutava em solo inimigo. No *front* ocidental, os Aliados ainda nem tinham chegado a Bruxelas, na Bélgica. No *front* oriental, os russos – tendo saído da guerra com o Tratado de Brest-Litovsk – não eram mais uma ameaça. Mas essa nova guerra, travada à sombra da anterior, seria muito diferente. Dessa vez, os invasores lutariam para chegar ao coração da Alemanha. E nada ilustra melhor a mentalidade de Hitler do que sua decisão de lutar até os soldados do Exército Vermelho chegarem a poucos metros de seu bunker em Berlim.

No outono de 1944, tanto os Aliados ocidentais quanto os soviéticos entraram na Alemanha pela primeira vez. No oeste, a cidade de Aachen foi capturada pelos norte-americanos em 21 de outubro, enquanto o Exército Vermelho ocupava a vila de Nemmersdorf, na Prússia Oriental. O que aconteceu em Nemmersdorf se tornaria infame. Quando as forças soviéticas foram rechaçadas, os alemães descobriram que mais de duas dúzias de aldeões haviam sido assassinados – inclusive treze mulheres e cinco crianças. Pelo menos uma mulher fora estuprada. Fotógrafos alemães logo tiraram fotos dos corpos, depois de colocá-los em posições horríveis para sugerir violência sexual extrema.[1] Foi um presente para a propaganda dos nazistas.

Em 26 de outubro, Goebbels escreveu em seu diário que os acontecimentos de Nemmersdorf devem convencer os alemães do que eles "podem esperar se o bolchevismo realmente conseguir controlar o Reich". Jornais alemães relataram mais de sessenta mortos, estupros em massa e até um caso de crucificação. Mas a blitz propagandista alemã não foi tão bem-sucedida quanto Goebbels esperava. Embora muitos alemães tenham ficado traumatizados pelos eventos em Nemmersdorf, outros questionaram não somente a veracidade das histórias alemãs como também sua hipocrisia inerente. Um relatório do SD de Stuttgart, por exemplo, disse que algumas pessoas consideravam a ação soviética uma vingança pelas "atrocidades que perpetramos em solo inimigo e até mesmo na Alemanha. Não massacramos judeus aos milhares? Os soldados não dizem repetidamente que na Polônia os judeus tiveram de cavar suas próprias covas?". A conclusão de tudo isso foi clara: "Agindo dessa forma, mostramos ao inimigo o que eles podem fazer conosco no caso de serem vitoriosos".[2]

A incursão do Exército Vermelho na Alemanha foi apenas um dos problemas com que Hitler teve de lidar naquele outono. Também testemunhava o colapso de seus aliados. Em outubro, as forças soviéticas ocuparam a Romênia e a Bulgária, e os dois países declararam guerra à Alemanha. Hitler impediu o almirante Horthy, regente da Hungria, de mudar de lado, organizando o sequestro do filho de Horthy e chantageando o almirante para que ele cedesse o poder ao líder dos fascistas húngaros, Ferenc Szálasi. Hitler subsequentemente tentaria retratar essas deserções como algo positivo, dizendo que, durante "esta luta das pessoas mais poderosas de todos os tempos, vemos tombando os que são pequenos, covardes e inadequados para a vida".[3] Mas é difícil acreditar que Hitler tenha achado realmente que a destruição de seus outrora aliados era motivo de comemoração. Talvez, mais uma vez, estivesse tentando desesperadamente se convencer de uma realidade alternativa.

Mesmo os correligionários mais comprometidos de Hitler começaram a questionar a sensatez de continuar a luta. Em setembro de 1944, Goebbels escreveu ao Führer sobre boatos de que Stálin poderia estar disposto a considerar uma paz em separado. "Não seria a vitória que sonhávamos em 1941, mas ainda assim seria a maior vitória da história alemã", declarou em 20 de setembro. "Os sacrifícios que o povo alemão fez nessa guerra seriam, portanto, totalmente justificados."[4]

Hitler nem mesmo respondeu à sugestão de Goebbels. Não só por ser difícil acreditar que Stálin aceitaria um acordo com os alemães quando o Exército Vermelho estava ganhando no campo de batalha, mas porque toda a personalidade de Hitler estava empenhada contra a ideia. Vitória ou aniquilação – eis a sua escolha.

Foi nessa atmosfera sombria que o aniversário do Putsch da Cervejaria surgiu pela frente. Talvez previsivelmente, Hitler decidiu não comparecer às comemorações em Munique naquele novembro. Não havia nenhuma boa notícia de qualquer tipo para animar seu discurso. Então, assim como fizera após a derrota de Stalingrado, convocou outra pessoa para falar em seu lugar. Dessa vez, o fantoche foi Heinrich Himmler, possivelmente o pior orador do Partido Nazista. Mas nem mesmo o artista mais talentoso poderia ter aproveitado muito a matéria-prima oferecida. Era muito repetitiva. Os bolcheviques queriam destruir a Alemanha; e as "democracias", por um "absurdo incompreensível", estavam ajudando, mesmo que "fossem imediatamente sepultadas com a vitória do bolchevismo, que esmagaria os Estados democráticos junto com todas as suas ideias contra uma parede". Como de costume, os judeus eram os culpados. "O judeu está sempre por trás da estupidez e da fraqueza humanas. [...] O judeu é o mentor das democracias, bem como o criador e a força motriz da besta mundial bolchevique."[5]

Mais uma vez, Hitler fantasiou abertamente que os judeus eram responsáveis por tudo e qualquer coisa a que ele se opunha e temia. Diferentemente de Stálin, que via diferentes inimigos potenciais aonde quer que olhasse, Hitler via o mesmo inimigo em todo mundo. Recentemente, dissera a seu adjunto na Luftwaffe, Nicolaus von Below, que a razão pela qual não estava preparado para concentrar todas as suas forças contra a ameaça soviética era por "temer o poder dos judeus [norte-]americanos mais que o dos bolcheviques".[6] Trata-se de um aspecto do pensamento de Hitler muitas vezes subestimado. Ele entendia que os judeus controlavam Stálin, controlavam Roosevelt e controlavam Churchill.

Mas, apesar de todas as suas tentativas de culpar os judeus por sua situação atual, Hitler sabia que o sucesso era a única maneira de se redimir aos olhos do povo alemão. Líderes carismáticos – e Hitler, como visto, é um exemplo arquetípico – são imensamente vulneráveis quando começam a fracassar. Dado que seus seguidores os apoiaram principalmente pela fé, não há fundamento de compreensão racional sob essa confiança. Quando os acontecimentos vão contra os líderes carismáticos, é como se eles estivessem em areia movediça. Somente novas vitórias podem sustentá-los. Hitler sabia disso, e então optou por uma nova ofensiva.

Os alemães planejavam lançar um ataque aos Aliados ocidentais na floresta das Ardenas, com o objetivo de rechaçar o inimigo de volta para a costa e tomar o porto de Antuérpia, na Bélgica. O raciocínio de Hitler, quando ele o explicou a seus comandantes, não poderia ter sido mais direto. "As guerras são decididas por um lado ou por outro, por aquele que percebe que a guerra como está não pode mais ser vencida", afirmou. "Assim, nossa tarefa mais importante é fazer com que esse entendimento chegue ao inimigo." Era essencial assumir riscos e atacar, já que "longos períodos de firmeza defensiva os desgastam no longo prazo".[7]

No entanto, os alemães não tinham recursos para fazer com que esse "entendimento chegue ao inimigo", embora Hitler tenha comprometido as melhores forças que podia para a operação. Mas pelo menos, para começar, os alemães tinham a vantagem da surpresa. Quem poderia imaginar que Hitler ordenaria uma grande ofensiva quando o necessário seria um recuo estratégico? Assim, quando foi lançado, em 16 de dezembro, o ataque obteve alguns progressos. O 5º Exército Panzer, por exemplo, conseguiu sitiar Bastogne, na Bélgica – porém ainda distante 160 quilômetros da Antuérpia.

Os alemães também foram ajudados, em seu avanço inicial, pelo tempo nublado, que dificultava os ataques dos Aliados pelo ar. Mas assim que essas duas vantagens iniciais – surpresa e mau tempo – se dissiparam, a ofensiva entrou em colapso. No final de 1944, quando o general Patton rompeu o cerco de Bastogne, os alemães estavam ainda piores do que antes, pois tinham desperdiçado muitas de suas escassas reservas.

Hitler, cuja capacidade de continuar otimista quanto às perspectivas de vitória fora notável nos dois anos anteriores, mostrava então sinais de que sua confiança estava diminuindo. Nicolaus von Below viu os primeiros indícios no final de novembro de 1944, quando – pouco antes de ser obrigado a deixar a Toca do Lobo pela aproximação das forças soviéticas – Hitler disse que "a guerra estava perdida". Mas foi o fracasso da ofensiva das Ardenas que o deixou totalmente desesperado. "Nunca antes ou depois eu o vi em tal estado", escreveu Below. "Eu sei que a guerra está perdida", disse Hitler. "A superioridade do inimigo é muito grande." Mas a conclusão a que Hitler chegou sobre o significado dessa situação catastrófica foi inteiramente característica. "Nós não vamos capitular, nunca", afirmou. "Podemos tombar. Mas vamos derrubar o mundo conosco."[8]

Hitler nunca expressou essas opiniões aos cidadãos alemães comuns. Todos foram alimentados com uma dieta de propaganda de esperança no futuro (logo chegariam "armas maravilhosas" para reverter o curso da guerra), exortações da história (Frederico, o Grande, não teve momentos sombrios na Guerra dos Sete Anos e ainda assim obteve a vitória?) e a perspectiva de desintegração da aliança entre as democracias ocidentais e a União Soviética.

Nazistas comprometidos tinham diversos graus de dificuldade em conciliar tais promessas com a realidade da devastação ao seu redor. Vejamos o caso de Otto Klimmer. Ele tinha 16 anos em 1944 e era um dedicado nacional-socialista, cujo pai também era leal à causa. Mas então, com as perspectivas da Alemanha decaindo durante o ano, seu pai disse: "Rapaz, nós não podemos ganhar esta guerra...". Foi "uma coisa muito surpreendente para mim, e se não fosse o meu pai eu certamente teria ficado indignado", disse Otto Klimmer.

> Essa conversa, em particular, foi um fator decisivo para mim. Comecei a ver certos incidentes acontecendo ao meu redor de forma diferente, sem me opor ou fazer nada a respeito, porque eu continuava totalmente convencido, apesar dessas coisas, de que a vitória [ainda] era um fato.

Em 1944, muitos colegas de escola de Klimmer foram convocados para o exército. Ele mesmo ainda era muito jovem para servir, mas estava desesperado para ajudar o regime:

> Eu mandei várias cartas ao comando do distrito militar pedindo permissão para me tornar um soldado, dizendo que era a maior honra para mim morrer pelo Führer, pela nação e pela mãe pátria. Eu realmente escrevi isso, queria fazer parte de tudo aquilo. Isso pode servir para ilustrar como essa época foi louca.

Doutrinado desde os 3 anos a acreditar de todo o coração no nacional-socialismo, apoiado por uma família que se vangloriava dos primeiros triunfos da política externa de Hitler, Klimmer achou quase impossível repensar sua visão do mundo. "Não foi o caso de ver aquilo como uma ditadura, mas de participar por vontade própria", explicou.

Você pode achar difícil de imaginar, mas é assim que era. [...] E é por isso que me culpei muitas vezes durante a minha vida, em relação a outras coisas também. Fossas antitanques estavam sendo cavadas no centro da cidade exclusivamente por detentos do campo de concentração, e eu tinha que passar por ali todos os dias. Você acha que eu sentia alguma empatia, alguma pena? Eu não. Era assim mesmo, eles eram adversários políticos do nacional-socialismo, o fato de estarem presos era considerado totalmente normal na época, o fato de serem vigiados por membros da SS gritando, de serem empurrados de vez em quando, na época eu achava que isso era normal. Isso só mostra o quanto nós fomos distorcidos, que não éramos uma raça superior, mas estávamos rapidamente nos tornando desumanos.[9]

O discurso de Ano-Novo de Hitler, em 1º de janeiro de 1945, reafirmou sua própria desumanidade. Transmitido pelo rádio, sua voz trêmula irrompeu em meio à estática para ameaçar os alemães de que "se alguém [...] tentar deixar de dar sua contribuição ou se rebaixar para se tornar um instrumento de potências estrangeiras" será eliminado pela "liderança atual". Os alemães precisavam lutar porque "estadistas anglo-americanos", juntamente aos "governantes bolcheviques e os judeus internacionais que estão por trás de tudo", planejavam despedaçar o Reich e transportar "de 15 a 20 milhões de alemães para países estrangeiros". Mas, continuou Hitler, sabendo que milhões de judeus já haviam morrido no Holocausto, o "poder ao qual temos de agradecer por tudo isso – o inimigo internacional judeu do mundo" – acabará com a guerra provocando sua "própria aniquilação".[10]

Hitler se recusava a reconhecer que o problema fundamental enfrentado pela Alemanha era que seus inimigos eram poderosos demais. Ele declarou que não, que, a principal razão para o "colapso" de países como Itália, Finlândia, Romênia e Bulgária fora "a covardia e indecisão de seus líderes". Mas os ouvintes racionais da mensagem teriam percebido que bravura e comprometimento não eram defesas eficazes contra bombas e balas, e que Hitler tinha pouco a oferecer além de ameaças e ódio.

O contraste de humor e comportamento entre Hitler e Stálin em janeiro de 1945 era imenso. Arthur Tedder, oficial da RAF e vice-comandante supremo das Operações

Aliadas, visitou Stálin naquele mês e depois apresentou uma intrigante visão do líder soviético prestes a ser vitorioso. Quando foi levado à presença de Stálin, Tedder deu charutos de presente "com os cumprimentos do general Eisenhower". Stálin apontou os charutos e perguntou: "Quando eles explodem?". Tedder respondeu: "Só explodem quando eu tiver ido embora". Essa ideia – de que o subcomandante supremo das Operações Aliadas estava tentando matar o líder soviético trazendo uma bomba de presente – parece ter caído bem como uma "piadinha".

Tedder notou várias mudanças desde sua última visita a Moscou, em 1942, tanto na decoração do gabinete como no comportamento de Stálin. Quando Tedder esteve naquele gabinete, dois anos antes, "os retratos eram de Karl Marx, Engels e outros". Mas então "eram de quatro marechais de campanha da história militar russa, inclusive Suvarov [sic]". O tema marcial refletia-se na mudança de aparência de Stálin. Em 1942, ele usava um traje camponês: "jaleco cinza, calça e botas de campanha", mas em 1945 "estava a todo vapor como um marechal de campo, devidamente paramentado de estrelas vermelhas e condecorações adequadas".[11]

Embora fossem mudanças superficiais, tinham grande significado. Durante anos, Stálin sempre fez questão de se apresentar como um humilde trabalhador. Recusava-se a viver na ostentação – além da incongruência de um ocasional banquete no Kremlin. Suas roupas comuns eram uma declaração vital. Ele não era como os czares e outros monarcas, com uniformes elegantes e repletos de condecorações. Mas havia sucumbido à tentação e abandonado seu compromisso anterior com a simplicidade.

O uniforme militar de Stálin fora envergado pela primeira vez em Teerã, em novembro de 1943. Sir Alexander Cadogan percebeu a mudança e achou que Stálin parecia "pouco à vontade" em seu novo figurino.[12]

Por que Stálin decidiu de repente usar um uniforme? A maior pista é a data da mudança. Ele só começou a parecer um comandante supremo quando seu exército estava vencendo de forma inequívoca. Em outras palavras, Stálin também queria os créditos e, como veremos, depois de conquistada a vitória, fez questão de não compartilhar essa glória. Segundo escreveu Tedder, Stálin "era mencionado ao lado de Napoleão e Alexandre, o Grande, e parecia não se opor a essas comparações".[13]

Quanto à mudança dos retratos, o embaixador britânico em Moscou, sir Archibald Clark Kerr, notou essas alterações pela primeira vez depois da vitória em Kursk, em 1943. "Achei interessante notar que, sobre a mesa à qual nos sentamos, havia enormes retratos de Suverov [sic] e Kutuzov. Eles tinham afastado as fotos ampliadas de Marx e Engels para um canto."[14] Essas mudanças, como já visto nessa história, eram parte do esquema de Stálin para se identificar com as glórias militares do passado da Rússia Imperial e, uma vez com os retratos pendurados em seu gabinete, talvez também sugerir que no futuro ele mereceria um lugar naquele panteão de grandes militares.

Depois da "piada" sobre os charutos, Tedder e Stálin se concentraram na situação militar. Assim como sir Alan Brooke, Tedder "ficou muito impressionado com o conhecimento de Stálin sobre o assunto". E ainda que o líder soviético estivesse de bom humor durante o encontro, houve um "momento em que deu para ver um lampejo de sua temível ira". Stálin voltou-se para o general Antonov, do Estado-Maior Soviético, e exigiu saber por que uma determinada refinaria de petróleo alemã não havia sido bombardeada: "Antonov empalideceu e se levantou um tanto trêmulo para responder. [...] Esse incidente deu um vislumbre impressionante do medo que dominava o regime".[15]

Algumas semanas antes, em dezembro de 1944, Charles de Gaulle havia presenciado uma demonstração semelhante da técnica de liderança de Stálin. Em um banquete no Kremlin, Stálin ofereceu um brinde ao comandante da Força Aérea do Exército Vermelho, marechal Novikov. "Ele criou uma força aérea maravilhosa", disse Stálin. "Mas se não fizer seu trabalho direito, nós o mataremos." Stálin se virou em seguida para o general Khrulev, diretor de Intendência. "Lá está ele!", declarou Stálin. "Seu trabalho é levar homens e material para o *front*. É bom ele fazer o melhor possível, caso contrário será enforcado por isso. Esse é o costume no nosso país!" Mais tarde naquela noite, ele disse a seu intérprete, Boris Podzerov: "Você sabe demais. Seria melhor eu mandar você para a Sibéria".[16]

Esse tipo de exibição, ao que parece, era um exemplo de como Stálin se divertia. Ele estava com um humor expansivo naquela noite, apesar de o general De Gaulle ter tentado conduzir as discussões para um tratado franco-soviético da maneira como fazia normalmente – obstinado, sem humor e entusiasmado com a ideia da "honra" da França. Stálin se utilizou de todas as suas habilidades como negociador na tentativa de fazer De Gaulle reconhecer seu governo fantoche polonês, os poloneses de Lublin, mas o francês resistiu.

Mesmo assim, Stálin parabenizou De Gaulle. "Muito bem!", falou. "Eu gosto de tratar com quem sabe o que quer, mesmo que não compartilhe de minhas opiniões!"[17] Era uma afirmação totalmente falsa. A lista de pessoas que deixaram seus pontos de vista claros para Stálin e mesmo assim sofreram em suas mãos era enorme – o governo polonês no exílio no início de 1944, e os finlandeses em 1939, para citar apenas dois casos. Talvez a perspectiva iminente de vitória contra os alemães e a atmosfera geral de uma noite em que se divertiu ameaçando abertamente executar seus subordinados o tenham suavizado por pouco tempo. Possivelmente também deveria estar ciente da própria mortalidade naquela ocasião, pois, no final da noite, Stálin comentou com De Gaulle: "No fim, só a morte vence".[18]

Mais tarde, De Gaulle registrou suas impressões sobre Stálin – que revela muito sobre os dois. Considerou Stálin um homem

> possuído pela vontade de poder. Acostumado a uma vida de maquinação para disfarçar as feições e o íntimo da alma, para descartar as ilusões, a piedade, a sinceridade, para ver em cada homem um obstáculo ou uma ameaça, ele foi todo estratégia, suspeita e teimosia. [...] Como um comunista disfarçado de marechal, um ditador que prefere as táticas da astúcia, um conquistador com um sorriso afável, ele foi um mestre do engano no passado. Mas tão forte era sua paixão que muitas vezes brilhava através dessa armadura, não sem uma espécie de encanto sinistro.[19]

Logo depois que De Gaulle conheceu Stálin, os soldados do Exército Vermelho começaram uma dura batalha por Budapeste, capital da Hungria. Hitler declarou a cidade um "local fortificado" – que precisava ser defendido até o fim. Em meados de janeiro de 1945, os alemães destruíram as pontes sobre o Danúbio e se prepararam para uma última resistência com seus aliados húngaros na fortaleza da colina Gellért, no castelo de Buda. Só em meados de fevereiro os soviéticos conseguiram tomar toda a cidade.

Segundo Boris Likhachev, que comandava uma unidade de tanques soviéticos, os soldados estavam "exaustos" após a vitória: "Queríamos um bom banho, recarregar nossas baterias – nos recuperar. Nós éramos muito bons em recuperação".[20] Para alguns soldados do Exército Vermelho, a forma que essa "recuperação" assumiu em Budapeste tornou-se uma infâmia. Uma estimativa indica que 50 mil mulheres foram estupradas na capital e outras mais no resto do país. "O pior sofrimento da população húngara é devido ao estupro de mulheres", informou um relatório contemporâneo compilado pela embaixada da Suíça em Budapeste. "Estupros – afetando todas as faixas etárias de 10 a 70 anos – são tão comuns que pouquíssimas mulheres na Hungria foram poupadas."[21] Até mesmo comunistas húngaros protestaram contra o que estava acontecendo. Um grupo em Kobánya, nos subúrbios ao leste de Peste, relatou que "mães foram estupradas por soldados bêbados na frente dos filhos e maridos. Meninas de 12 anos foram arrancadas de pais e mães para serem violadas por dez-quinze soldados e muitas vezes infectadas com doenças venéreas". Quando os comunistas húngaros protestaram, os soldados do Exército Vermelho reagiram com "acessos de raiva" e "ameaçaram nos fuzilar". Ficou claro para os húngaros que era um ato de vingança. "E o que vocês fizeram na União Soviética?", perguntavam os soldados. "Vocês não só estupraram nossas mulheres diante dos nossos olhos, como também as mataram com seus filhos, incendiaram nossas aldeias e arrasaram nossas cidades."[22]

Não foi fácil encontrar ex-combatentes soviéticos dispostos a admitir os crimes cometidos pelo Exército Vermelho. Os comentários jocosos de Boris Likhachev sobre os acontecimentos em Budapeste logo após a captura da cidade foram típicos: "Pode ter havido casos de maus-tratos, mas eu não os conheço. Mas é lógico, pode ter havido. É lógico, pois historicamente os vencedores sempre querem alguns benefícios como compensação pelas dificuldades".[23]

Portanto, Fiodor Khropatiy, da 2ª Frente Ucraniana, foi um caso incomum, pois admitiu abertamente que os soldados soviéticos cometeram estupros enquanto avançavam para o oeste em direção à Alemanha. Ele estimou que cerca de 30% de seus camaradas cometeram esse crime. E ainda que o estupro fosse oficialmente um crime para os soldados do Exército Vermelho, em sua experiência, todos os culpados escaparam da punição: "Ninguém reclamou, é por isso que ninguém foi levado a julgamento, nunca ouvi falar de ninguém sendo julgado". Khropatiy contou que

> foram mais oficiais do que soldados [que cometeram estupros], pois comiam melhor e usavam roupas melhores, e não estavam tão exaustos. Por isso eles eram os mais entusiasmados, mas quanto aos soldados, havia soldados mais fortes que se sentiam menos cansados [que] eram mais propensos a se envolver com as mulheres. [...] Eu não fiz nada

desse tipo, mas outros fizeram, e fizeram isso o tempo todo. Esses casos eram muito comuns, e houve uma grande disseminação de DV, os oficiais contraíam doenças venéreas. Eles não queriam recorrer a médicos e tomavam injeções disfarçadamente.

Khropatiy viu quando um oficial, um tenente-coronel,

ficou bêbado e queria uma mulher, e mandou seus subordinados encontrarem uma mulher para ele. Eu fui testemunha de como eles perseguiram uma mulher. Eles encontraram uma viúva, mas ela conseguiu fugir, quebrou a janela e pulou, eles atiraram nela, mas erraram e ela fugiu. Acontecia de tudo, era uma guerra, uma guerra cruel. A guerra é um negócio cruel. Tenho certeza que o oficial conseguiu outra, mas fiquei feliz pela que fugiu. Tenho certeza que seus subordinados continuaram procurando outra mulher [...] alguns se comportaram de maneira mais gentil, mas outros de maneira rude e brutal. Por trás de tudo isso havia a necessidade fisiológica, da mesma forma que um homem faminto quer saciar a fome e fica feliz quando consegue.

Khropatiy foi minucioso quanto ao que aconteceu no contexto dessa guerra sangrenta e terrível:

Lembro que em Budapeste eu vi uma família – marido, mulher e filha. Lembro que a coluna de tanques estava passando e um dos tanques atropelando e matando o homem esmagado. Em vinte ou trinta segundos aquele homem era só um pedaço de carne. Foi de uma crueldade terrível. Não sei se foi intencional ou se o motorista não conseguiu ver o homem.

Ao relembrar todo o conflito, ele se sentiu

envergonhado [...] antes de tudo porque no começo da guerra Hitler e Stálin se beijaram, e Hitler lutou em toda a Europa, e Stálin, ao mesmo tempo, estava mandando tudo para ajudar Hitler e deixando seu próprio país sem comida e pobre. Então, Hitler e Stálin se desentenderam porque não conseguiam dividir [os despojos] por igual. Eu me sinto envergonhado por termos permitido que nosso país tivesse líderes assim, que envolveram nosso país nessa guerra terrível em que perdemos tantos milhões de pessoas, para não falar das que que ficaram emocionalmente traumatizadas.[24]

Stálin obviamente tinha uma visão bem diferente da história – tão diferente que se Fiodor Khropatiy tivesse falado abertamente o que pensava, teria sido imediatamente preso sob o governo de Stálin. Ao contrário de Khropatiy, Stálin também parece ter sido negligente com seus soldados estuprando civis. Milovan Djilas, um comunista iugoslavo, protestou contra estupros cometidos por soldados soviéticos na Iugoslávia, mas quando visitou Moscou, no final de 1944, Stálin reclamou por Djilas ter "ofendido" o Exército Vermelho. Será que ele não conseguia "entender", disse, "um soldado que atravessou milhares de quilômetros de sangue e fogo e morte se divertir com uma mulher ou pegar alguma ninharia?".[25]

Os estupros nem mesmo se limitaram a mulheres estrangeiras. Na Polônia, o correspondente soviético Vasily Grossman relatou que "as garotas soviéticas libertadas costumam reclamar por serem estupradas por nossos soldados. Uma menina me disse, chorando: 'Ele era um homem velho, mais velho que o meu pai'".[26]

No final de dezembro de 1944, Guderian, chefe do Estado-Maior do Exército Alemão, estava particularmente preocupado com o impacto do próximo ataque soviético. Ele sabia, por relatórios de inteligência, o quanto o Exército Vermelho se fortalecera. Mas quando viajou para o quartel-general de Hitler para informá-lo sobre o perigo, Hitler rejeitou a ideia de que os soviéticos tivessem tamanha vantagem. Afirmou que era um "blefe do inimigo" e que a ideia de esses recursos estarem disponíveis era a "maior impostura desde Genghis Khan". Afirmou que os soviéticos mentiam regularmente sobre o número de soldados em cada unidade. O que eles chamavam de "formações de tanques" na realidade "não têm tanques". A dimensão da ironia desse argumento não escapou a Guderian, que sabia que era Hitler quem tentava enganar a todos sobre o poder das forças alemãs, fazendo exatamente o mesmo truque. "As Brigadas Panzer eram [agora] dois batalhões", escreveu Guderian, "isso com a força de regimentos".[27]

Apesar de todas as suas deficiências como ser humano, Guderian era pelo menos um comandante militar talentoso. No entanto, foi obrigado a ouvir as opiniões do assassino em massa militarmente incompetente Heinrich Himmler, que se sentou ao lado dele durante o jantar naquela noite. "Sabe de uma coisa, meu caro coronel-general, eu realmente não acredito que os russos irão atacar", disse a Guderian.[28]

Não é difícil entender a razão pela qual Himmler falava daquela maneira. Ele devia toda a sua carreira a Adolf Hitler. E como Hitler já havia liderado os nazistas em outros tempos difíceis, quem sabia o que ele poderia encontrar nesses momentos de desespero? Era um pensamento delirante, mas da perspectiva de Himmler fazia sentido.

Guderian não perdeu as esperanças de que Hitler entendesse seus argumentos fundamentados e dedicasse mais recursos para conter a próxima ofensiva soviética. Então, em 9 de janeiro de 1945, fez outra tentativa para persuadir Hitler. Armado com "mapas e diagramas" preparados pela inteligência do exército, demonstrou o perigo que os alemães enfrentavam. Hitler respondeu que o homem responsável por aquela informação deveria ser trancado em um "hospício". Seguiu-se uma discussão furiosa, com Guderian dizendo que, como também acreditava naquela informação, deveria ser "certificado" como "lunático".[29]

Três dias depois, os soviéticos lançaram a grande ofensiva Vístula-Oder. A resposta de Hitler foi ordenar que vários oficiais superiores fossem "interrogados" e até mesmo presos pelas decisões tomadas enquanto o Exército Vermelho avançava. Ao perceber a gravidade da situação – como qualquer pessoa racional perceberia –, Guderian visitou Ribbentrop na tentativa de convencê-lo a persuadir Hitler a fazer uma paz com o Ocidente, para que todos os esforços pudessem ser direcionados para conter os soviéticos. Ribbentrop se recusou, dizendo que sabia que seu Führer não aprovaria essa ideia. Quando soube da reunião, Hitler acusou Guderian de cometer "alta traição". Mas foi uma ameaça vazia, pois ele nunca mandou prender Guderian por essa razão.[30]

A inteligência militar de Guderian e da Alemanha estava certa. Os soviéticos tiveram uma enorme vantagem material na ofensiva Vístula-Oder: cerca de cinco vezes mais tropas, e ainda mais do que isso em alguns pontos vitais ofensivos. Dada a fraqueza da oposição, o Exército Vermelho progrediu rapidamente, avançando cerca de 480 quilômetros em apenas três semanas.

É notável, mais uma vez, a semelhança entre a conduta de Hitler durante esse período e a maneira como Stálin agiu na primavera e no verão de 1941: o desprezo pela inteligência militar que previu com precisão um ataque, mas ia contra o quadro preferido de eventos na cabeça dos ditadores; o desejo de prender oficiais que não conseguiram fazer o impossível para deter as ondas de tropas inimigas; a sensação de que a traição era iminente e de que os que estavam por perto tramavam contra o seu líder.

Stálin conseguiu se recuperar daquelas vicissitudes, mas não havia esperança realista de que Hitler pudesse fazer o mesmo. O líder alemão só repetiu que, independentemente do que acontecesse, novembro de 1918 não se repetiria. Que preferia morrer a capitular.

No início desta história, foi visto como os jovens nazistas apresentaram seu programa partidário em 1920 na Hofbräuhaus em Munique, declarando na última frase do documento que os líderes do partido estavam dispostos a "sacrificar suas vidas [...] para traduzir este programa em ação".[31] Vinte e cinco anos depois, Hitler estava cada vez mais perto de cumprir essa promessa – pois logo iria "sacrificar" a própria vida.

Em fevereiro de 1945, Stálin se deleitava com o sucesso da ofensiva Vístula-Oder enquanto se dirigia à Crimeia para se encontrar com Roosevelt e Churchill para a conferência de Yalta. Assim como em Teerã, ele se provaria um excelente negociador. Antes mesmo do início das negociações, Stálin já havia vencido mais uma vez a batalha pelo local da conferência. Dessa vez, Roosevelt e Churchill concordaram em percorrer todo o caminho até Yalta, no mar Negro. Stálin, que nunca viajou para a Grã-Bretanha ou aos Estados Unidos durante a guerra, finalmente fez com que seus dois aliados viessem até o solo soviético.

Stálin estava "cheio de energia", segundo uma testemunha ocular – palavras que não poderiam ser usadas para definir a aparência do presidente Roosevelt.[32] Quando o norte-americano saiu de seu avião na pista de pouso de Saki, os espectadores ficaram pasmos. "O rosto dele estava meio amarelado", disse Hugh Lunghi, membro da delegação britânica, "amarelado e muito contraído, muito magro, e ele ficou o tempo todo sentado, sentado com a boca aberta e meio que olhando para a frente. Foi um choque e tanto".[33] Lorde Moran, o médico de Churchill, confirmou: "Todos concordaram que o presidente estava fisicamente caindo aos pedaços".³⁴ A aparência não era enganosa, pois Roosevelt morreria pouco mais de dois meses depois.

Sir Alexander Cadogan, do Ministério das Relações Exteriores, achou que Stálin era

> o mais impressionante dos três homens. Ele é muito calado e contido. No primeiro dia [das conversações], ele ficou cerca de uma hora e meia sem dizer uma palavra – não houve motivo para falar nada. O presidente ficou agitado e o P.M. [primeiro-ministro] berrou, mas Joe ficou em silêncio, assimilando tudo e se divertindo bastante. Quando interferia, nunca usava uma palavra supérflua e ia direto ao ponto. Obviamente ele tem um ótimo senso de humor – e um temperamento explosivo!³⁵

Apesar de já estar numa posição de poder em Yalta, Stálin não só aproveitou sua força como obteve importantes ganhos extras. A chave de seu triunfo foi sua capacidade de distinguir entre as aspirações para o futuro e as conquistas concretas do presente. Nas primeiras ele poderia ceder, mas pelas últimas ele lutaria implacavelmente. Consideremos, por exemplo, como ele encantou os Aliados, particularmente Roosevelt, por suas aparentes concessões sobre a formação da Organização das Nações Unidas (ONU).

Os soviéticos vinham argumentando que cada uma de suas repúblicas deveria ter um voto na nova entidade – que lhes atribuiria dezesseis votos contra um dos Estados Unidos.³⁶ Era uma posição descaradamente radical. Afinal de contas, Roosevelt não estava insistindo em que cada estado de seu país tivesse seu próprio voto. Mas Stálin também sabia que Roosevelt queria que a ONU fosse seu legado e estava desesperado pela adesão dos soviéticos. Então ele decidiu usar essa vantagem no contexto de uma das questões mais espinhosas de Yalta – o problema aparentemente insolúvel da governança da Polônia.

Roosevelt queria que os integrantes dos dois regimes poloneses rivais – os poloneses de Lublin de Stálin e o governo polonês no exílio sediado em Londres – viessem a Yalta para que os Aliados pudessem juntos forçar um acordo. Mas isso não era do interesse de Stálin. Ele já tinha o controle físico não só da Polônia, mas também do governo de fato exercido por seus fantoches, os poloneses de Lublin. Então, ele levantou uma série de problemas com o plano de Roosevelt. Um dos mais hipócritas foi o de não ter contato com seu governo polonês. Quem poderia acreditar nisso? Mas mudando repentinamente de assunto, Stálin sugeriu que os Aliados discutissem a composição da Organização das Nações Unidas.

Nesse ponto, os soviéticos fizeram uma concessão notável. Disseram que ficariam satisfeitos com dois ou três votos na ONU, não dezesseis. Roosevelt imediatamente se animou. Era um "grande passo à frente a ser saudado por todos os povos do mundo". Churchill prestou a Stálin e a Molotov seus "sinceros agradecimentos".[37]

Nesse clima de gratidão a Stálin, Molotov finalmente abordou a questão polonesa. Visto que "o tempo não permitiria cumprir a sugestão do presidente de convocar os poloneses para a Crimeia", ele sugeriu que uma solução seria "acrescentar ao governo provisório polonês alguns líderes democráticos dos círculos de poloneses *émigré*".

Em um instante, o plano dos líderes britânico e norte-americano de terem uma contribuição prática para a formação do novo governo polonês desapareceu. Só restou a ideia de Molotov de "acrescentar" alguns membros do governo no exílio ao atual regime fantoche polonês. Mas, como as discussões posteriores em Yalta deixaram claro, os soviéticos seriam os responsáveis por esse processo.

Quanto às eleições na Polônia, enquanto Stálin concordava que o "governo polonês deve ser eleito democraticamente", os soviéticos foram encarregados de fazer isso acontecer. Os embaixadores aliados só podiam "observar e relatar" os eventos na Polônia. Para observadores perspicazes, o que estava acontecendo era óbvio. Havia meses lorde Moran achava que "Stálin pretendia fazer da Polônia um posto avançado cossaco da Rússia", e concluiu que "ele não alterou sua intenção quanto a isso".[38]

Hugh Lunghi, que serviu na embaixada britânica em Moscou e fazia parte da delegação britânica em Yalta, ficou surpreso com a facilidade com que Stálin conseguiu seus objetivos. Lunghi notou imediatamente que a linguagem dúbia dos funcionários soviéticos lhes permitiria contornar quaisquer condições impostas pelos Aliados. Os soviéticos argumentaram, lembrou, que "eleições livres significavam uma coisa em certos países e outra coisa em outros. Sempre houve a frase de efeito 'Essas são as liberdades burguesas. Elas não são iguais às nossas liberdades. As liberdades socialistas soviéticas são as verdadeiras liberdades'".[39]

Lunghi ficou "impressionado" com a "clareza, memória e concisão de Stálin. Era um pouco pedante ao insistir no significado exato das palavras". Consequentemente, Stálin sabia exatamente como conceitos como "democracia", "liberdade", "fascista" e a noção de que o novo regime polonês deveria ser "amigável" para a União Soviética eram todos passíveis de diferentes interpretações. "A essa altura já sabíamos", disse Lunghi, "que eles [os soviéticos] chamavam qualquer adversário, em particular socialistas, social-democratas, eles os chamavam de fascistas, o que significava que podiam lhes cortar a cabeça, metaforicamente falando".[40]

O almirante Leahy, chefe do Estado-Maior de Roosevelt, também percebeu os problemas causados pelo acordo sobre a Polônia em Yalta, dizendo a Roosevelt que o acordo era "tão elástico que os russos podem estendê-lo de Yalta a Washington sem nem sequer tecnicamente rompê-lo".[41] Em 17 de fevereiro, logo após o término da conferência, o *Pravda* parecia confirmar esse julgamento com um artigo explicando como "democracia" tinha vários significados diferentes e que cada país tinha uma "opção" quanto ao tipo mais adequado.[42]

Em Yalta, Stálin não fez nenhuma concessão concreta sem receber algo tangível em troca. Concordou que os soviéticos declarariam guerra ao Japão, por exemplo, mas só depois de a Alemanha ser derrotada e em troca de territórios no norte do arquipélago japonês. Também continuou explorando o fato de Churchill e Roosevelt gostarem de seus elogios. Normalmente, ele desprezava as palavras doces de bajuladores, mas agora reconhecia o valor desses sentimentos em seu relacionamento com seus colegas democraticamente eleitos. Certamente é a explicação para sua efusiva homenagem a Churchill em um dos jantares em Yalta. "Stálin fez [um] excelente discurso na noite passada ao brindar à saúde de Winston", escreveu o marechal de campo sir Alan Brooke em seu diário em 5 de fevereiro, "declarando que ele havia se levantado sozinho contra o poder da Alemanha no momento crucial e apoiado a Rússia quando foi atacada, uma coisa que jamais esqueceria!!"[43]

Brooke, que não gostava de "blá-blá-blá" tanto quanto Stálin, parece ter levado suas palavras ao pé da letra. Mas como Stálin pode ter sido sincero? Sim, Churchill havia resistido ao "poder da Alemanha" em 1940, mas Brooke parece ter se esquecido de que, enquanto isso, Stálin estava fornecendo valiosas matérias-primas à máquina de guerra de Hitler, e que a própria existência do pacto nazi-soviético propiciou a Hitler a segurança de que precisava para atacar britânicos e franceses. Além disso, como poderia não ser hipócrita da parte de Stálin dizer que Churchill tinha "apoiado a Rússia" depois do lançamento da Barbarossa, quando na época estava furioso com a recusa de Churchill de fazer a única coisa que desejava, que era abrir o segundo *front*?

No entanto, não só Brooke ficou impressionado com Stálin em Yalta; o mesmo se pode dizer do cínico e experiente sir Alexander Cadogan. "Nunca vi os russos tão fáceis e complacentes", escreveu em seu diário em 11 de fevereiro. "Em particular, Joe [Stálin] tem sido extremamente generoso. É um grande homem e se destaca de forma impressionante no contexto dos outros dois idosos estadistas." [44]

Churchill também elogiou muito o líder soviético. Em 19 de fevereiro, quando voltou a Londres, garantiu ao seu gabinete que Stálin "desejava o bem para o mundo e para a Polônia".[45] Quatro dias depois, foi mais longe e afirmou: "O pobre Neville Chamberlain acreditava que podia confiar em Hitler. Ele estava enganado. Mas não acho que esteja enganado sobre Stálin".[46] Quanto a Roosevelt, ele declarou em uma sessão conjunta do Congresso em 1º de março que o acordo de Yalta "deveria representar" o "fim do sistema de ações unilaterais, de alianças exclusivas, das esferas de influência, do equilíbrio de poder e todos os outros expedientes que foram tentados durante séculos – e sempre fracassaram".[47]

Stálin não conseguiu exatamente tudo o que queria em Yalta. Desejava mais clareza sobre a divisão da Alemanha do pós-guerra e um acordo a respeito das enormes reparações exigidas pelos soviéticos dos alemães, mas não foi bem-sucedido em nenhum desses intentos. Mas obteve ganhos consideráveis – o maior sendo o que mais desejava sobre o futuro da Polônia. Essa vitória não era inevitável. Mesmo levando em conta que o Exército Vermelho já ocupava a Polônia, britânicos e norte-americanos ainda poderiam ter dificultado a vida de Stálin não cedendo às suas vontades, se tivessem optado por isso.

Por exemplo, como a União Soviética havia sido devastada pelo conflito, os Aliados ocidentais poderiam ter usado sua alavancagem financeira de forma mais agressiva. Ou, se não quisessem ir tão longe, Churchill e Roosevelt poderiam ao menos ter tornado pública sua desaprovação às ações de Stálin, talvez condenando abertamente a prisão e detenção de figuras importantes do Exército da Pátria polonês. Não só eles não seguiram nenhum desses rumos, como os dois líderes ocidentais preferiram falar em termos positivos sobre a

Movimento das fronteiras da Polônia, 1945

Território ganho pela Polônia em 1943

Território polonês ganho pela União Soviética em 1945

relação com Stálin depois de Yalta. Roosevelt e Churchill, os dois grandes sedutores, deram a impressão de que haviam sido seduzidos. E ambos perceberiam isso muito em breve.

Enquanto os Aliados discutiam o futuro do mundo em Yalta, seus bombardeiros infligiam danos horrendos à Alemanha. Em um dos ataques mais devastadores, em meados de fevereiro, os Aliados bombardearam Dresden por três dias consecutivos, matando pelo menos 25 mil pessoas.[48] Nora Lang, uma jovem moradora da cidade, lembrou que "havia fogo por toda parte. Tínhamos que andar pelo meio da rua, para não sermos atingidos por telhas voando, ou caixilhos de janelas queimados, ou todas as coisas que estavam voando por ali. Foi como um furacão feito de fogo".[49]

Dez dias depois desse inferno, em 24 de fevereiro, Hitler encontrou seus Gauleiters pela última vez. Foi um aniversário importante – 25 anos desde que o programa do partido fora anunciado pela primeira vez em Munique. Hitler os cumprimentou na Chancelaria do Reich em Berlim, mas parecia "curvado e mais velho do que seus visitantes o tinham visto anteriormente", e passou a impressão a um observador de que "os poderes de sugestão que ele empregava no passado para hipnotizar esse círculo haviam sumido".[50] Rudolf Jordan, Gauleiter de Halle-Merseburg, achou que os olhos de Hitler estavam "tristes e cansados", as "costas muito curvadas" e "as feições pálidas e macilentas".[51] Baldur von Schirach viu Hitler como "um homem alquebrado", com um "rosto cinza". Não era "o Hitler com o carisma de antes, era um fantasma parado na nossa frente…".[52] Mesmo assim, os Gauleiters fizeram o possível para não parecer negativos, criando uma atmosfera que fazia parecer, como um deles escreveu mais tarde, que "todos viviam na lua". Depois de um discurso sem brilho, durante o almoço Hitler proferiu um monólogo desafiador que pareceu animar um ou dois dos chefes nazistas reunidos, o que fez Rudolf Jordan mais tarde afirmar: "Nosso estado de espírito deprimido se evapora. […] Vimos o bom e velho Hitler".[53] Mas o que mais ele poderia dizer? De toda a hierarquia nazista, os Gauleiters eram os mais ligados a Hitler. O futuro deles estava inexoravelmente acorrentado ao do Führer.

Mais uma vez, com os acontecimentos indo contra ele, Hitler se recusou a fazer um discurso público. Optou por não ir a Munique para, em vez disso, comemorar a data falando apenas a uma audiência. Preferiu deixar para um dos mais antigos membros do partido, Hermann Esser, realizar a tarefa nada invejável. A proclamação lida por Esser, escrita por Hitler, foi cheia de ideias repetidas – somente os fortes podem sobreviver, os judeus estão por trás de todas as desgraças da Alemanha e Frederico, o Grande, conseguiu reverter uma situação igualmente terrível. Mas havia algo novo. Hitler disse que "quase" desejou que sua casa, a Berghof, tivesse sido bombardeada, pois assim ele poderia mostrar solidariedade para com seus concidadãos alemães.[54] O que não era um grande consolo.

No entanto, mesmo nesse último estágio da guerra, com certo apoio à queda de Hitler, ainda não havia um esforço conjunto para destituí-lo. Em parte, como visto, isso se devia tanto ao medo do avanço do Exército Vermelho quanto à forma como o Estado nazista era estruturado. O uso crescente do terror para oprimir a população do Reich foi também um fator. Mas havia outras razões, principalmente um punhado de partidários que continuaram comprometidos com Hitler até o fim. Goebbels é o exemplo mais flagrante, mas havia outros, como o chefe da marinha, Karl Dönitz. Depois da guerra, Dönitz tentou se apresentar como um simples marinheiro que acabou sendo escolhido por Hitler para se tornar presidente da Alemanha após a morte de seu Führer. Mas a realidade é que ele acreditava fanaticamente na causa nazista. Em um relatório de 4 de março, escreveu:

> Não há necessidade de lhe explicar que, em nossa situação, a capitulação é suicídio e significa morte certa; essa capitulação trará a morte, a destruição rápida ou mais lenta, de milhões de alemães, e que, em comparação com isso, o tributo de sangue, mesmo nas lutas mais duras, é pequeno. Somente se continuarmos lutando teremos alguma chance de reverter nosso destino. Se nos rendermos voluntariamente, toda a possibilidade de isso acontecer chega ao fim. Acima de tudo, nossa honra exige que lutemos até o fim. Nosso orgulho se rebela contra rastejar diante de um povo como os russos ou da hipocrisia, arrogância e falta de cultura dos anglo-saxões.[55]

Dönitz era fascinado por Hitler. Um comandante de submarino, que o viu logo após um encontro com o líder alemão, lembrou que o almirante-mor saiu da reunião "flutuando em um mar de emoção".[56] Em março de 1945, Dönitz perdeu seus dois filhos na guerra, e embora se possa imaginar que essa tragédia o faria duvidar da sensatez de continuar lutando, seu comprometimento não se alterou. Tendo perdido tanto, admitir que estava errado significaria aceitar que seus meninos haviam morrido em vão.

Mas para cada Dönitz havia muitos outros nazistas que vacilavam em suas convicções. O mais notável foi Albert Speer, então ministro de Armamentos e ex-arquiteto favorito de Hitler. No mesmo mês em que Dönitz escreveu sobre seu forte apoio a uma luta "até o fim", Speer ouviu Hitler preconizar a destruição da infraestrutura alemã para deixar uma terra arrasada para os invasores. "Se a guerra estiver perdida, o povo também estará perdido", disse Hitler.

Não é necessário se preocupar com o que o povo alemão precisará para a sobrevivência elementar. Pelo contrário, é melhor destruir até mesmo essas coisas. Pois a nação provou ser a mais fraca, e o futuro pertence apenas à nação oriental mais forte. Em qualquer caso, somente os que são inferiores permanecerão após esta luta, pois os bons já foram mortos.[57]

Depois da guerra, Speer afirmou que discordava veementemente das palavras de Hitler. "Eu presumi muito naturalmente", escreveu, "que queríamos terminar esta guerra com o mínimo de devastação possível, de forma a não impedir a reconstrução futura".[58] Mas por que Speer imaginou isso? Como vimos, Hitler sempre foi consistente em suas ideias. Sua ordem de destruir a infraestrutura alemã era inteiramente compatível com sua visão de mundo tantas vezes declarada – somente os fortes mereciam viver. Assim, com milhões de outros alemães, Speer ficou feliz em colher os benefícios de uma guerra de destruição, e agora todos tinham de encarar as consequências negativas de uma abordagem tão sanguinária. Hitler nunca escondeu sua convicção de que a guerra era uma luta existencial pelo futuro da Alemanha.

No entanto, Speer conseguiu usar suas consideráveis habilidades políticas e pessoais para fazer com que Hitler concordasse que ele, como ministro de Armamentos, era o responsável pela implementação da ordem de destruição. Isso não impediu que os militares explodissem pontes, mas evitou a demolição de usinas de energia e outras instalações. Speer também conseguiu argumentar que uma simples desativação temporária do fornecimento de água e energia "cumpre o objetivo declarado do Führer".[59] Speer, naturalmente, estava ciente de que ações como essas o ajudariam, pois queria sobreviver no mundo pós--guerra.[60] Seu julgamento foi correto: apesar de seu profundo envolvimento com o regime, conseguiu escapar de uma sentença de morte nos julgamentos de Nuremberg.

Enquanto Speer procurava atenuar os efeitos da ordem de Hitler, Stálin e seus comandantes militares planejavam o ataque final a Berlim. Em meados de abril eles estavam prontos, com Zhukov e seus soldados acampados perto do rio Oder, a menos de oitenta quilômetros da capital alemã. Seu primeiro *front* bielorrusso atacaria pelo centro, com o segundo *front* bielorrusso de Rokossovsky ao norte e o primeiro *front* ucraniano de Konev ao sul. Ao todo, era uma força bem superior a 2 milhões de soldados.

No ano anterior, Stálin dissera que Zhukov teria a honra de tomar Berlim. Mas com o fim à vista, ele mudou de ideia. Apagou a linha divisória entre o primeiro *front* bielorrusso e o primeiro *front* ucraniano, a menos de 65 quilômetros de Berlim.[61] Stálin intencionalmente deixou a questão em aberto – Zhukov poderia tomar Berlim, mas o marechal Konev também. É provável que Stálin estivesse pensando em mais do que somente criar competição entre os dois marechais ao lançar esse desafio. Deveria também estar preocupado com a popularidade de Zhukov. Stálin já estava focado no mundo pós-guerra. Como vimos, ele conhecia sua história e estaria se perguntando se Zhukov – impetuoso e confiante – não poderia se tornar outro Napoleão.

O plano de Stálin não era a melhor maneira de organizar uma das maiores e mais coordenadas operações militares da história. Embora a criação dessa competição tenha certamente injetado urgência ao ataque, não fez nada para melhorar a capacidade de cooperação entre os dois marechais. Como confirmou Anatoly Mereshko, que participou da ofensiva de Berlim e mais tarde foi vice-comandante de todas as forças do Pacto de Varsóvia: "Havia muita competição sobre quem faria isso primeiro [isto é, tomar a capital alemã], quem iria [ganhar] o primeiro lugar, e a relação entre Konev e Zhukov foi tensa".[62]

A tensão existia não só entre os dois marechais, mas também entre Stálin e os Aliados ocidentais. Uma das questões polêmicas era – mais uma vez – a Polônia. Os líderes dos Aliados ocidentais descobriram tardiamente que a "interpretação" soviética de certas palavras do acordo de Yalta era diferente da deles. Os soviéticos queriam vetar qualquer interferência em potencial ao seu governo fantoche, e como sua definição de "fascista" poderia ser aplicada a qualquer um de quem não gostassem, o processo foi tenso. Em 31 de março, Roosevelt escreveu a Stálin expressando "preocupação" sobre a forma como os soviéticos estavam interpretando o acordo de Yalta.[63] Churchill juntou-se a ele no dia seguinte, registrando sua "surpresa e pesar" por Molotov não estar permitindo a entrada de "observadores" na Polônia.[64]

A resposta de Stálin foi típica. Ele imediatamente culpou os que o acusavam. O motivo das dificuldades com a Polônia, disse, era a incapacidade dos Aliados de cumprir o acordo de Yalta. Os Aliados pareciam querer um governo totalmente novo na Polônia, enquanto o acordo exigia apenas o aumento do grupo existente. Em sua nota de 7 de abril, ele jogou seu trunfo. Uma precondição necessária para qualquer polonês ingressar no novo governo era de "estar realmente se esforçando para estabelecer relações de amizade entre a Polônia e a União Soviética".[65] E quem decidiria sobre os que estavam cumprindo essa "amizade"? Ora, os próprios soviéticos, é claro. Churchill e Roosevelt ficaram tolhidos por terem aceitado a fórmula vaga de Stálin.

A essa altura, a incapacidade – e, possivelmente, a relutância – da Grã-Bretanha e dos Estados Unidos em impedir que Stálin agisse como desejava nos países recém-"libertados" da Europa Oriental ficou evidente. A repressão soviética na Romênia levou um funcionário do Ministério das Relações Exteriores britânico a escrever que

> por um simples processo de chamar a democracia preto no branco de "fascismo" e o "fascismo" (de esquerda) de "democracia", uma lenda está sendo criada, que se não for logo contestada será aceita como [o] epitáfio de uma Romênia independente.[66]

Algumas semanas antes, um diplomata britânico na Bulgária enviara uma nota a Londres declarando: "Receio que devemos nos reconciliar com o fato de não podermos evitar que os russos vitimizem quaisquer búlgaros que escolherem".[67]

O próprio Churchill contribuiu para o problema com seu acordo sobre os "percentuais". Reconheceu que sua disposição anterior de discutir com Stálin a extensão da influência estrangeira a ser permitida em vários países europeus tornava difícil reclamar das ações soviéticas.[68] Em nota enviada a Roosevelt em 8 de março, Churchill disse que, apesar de estar "angustiado" com recentes acontecimentos na Romênia, onde

> os russos conseguiram estabelecer o domínio de uma minoria comunista pela força e com pouca representação, mesmo assim sentia-se muito preocupado em pressionar sua opinião a ponto de Stálin dizer: "Eu não interferi em sua ação na Grécia [quando os britânicos ajudaram a reprimir os comunistas gregos em dezembro de 1944], por que você não me dá a mesma latitude na Romênia?".[69]

Esse era o cerne do problema. Foi muito bom para Churchill falar, na mesma mensagem, sobre como a Polônia era o "teste entre nós e os russos sobre o significado a ser atribuído a termos como Democracia, Soberania, Independência, Governo Representativo e eleições livres e sem restrições", e falar em termos apaixonados sobre como Molotov

> quer fazer uma farsa de consultas com os poloneses "não de Lublin" – o que significa que o novo governo da Polônia seria apenas o atual fantasiado para parecer mais respeitável para os ignorantes e também nos impedir de ver as liquidações e deportações que estão acontecendo.

Mas o problema era que Churchill já havia demonstrado com seu "acordo de percentuais" que estava disposto a fazer tratativas de bastidores com Stálin sobre o futuro dos países do Leste Europeu. Moralidade é um conceito difícil de aplicar seletivamente. Mesmo assim, Churchill queria argumentar que, embora a Romênia e a Bulgária pudessem – de fato – ser entregues a Stálin, a Polônia era diferente. Não era uma posição fácil de defender.

Roosevelt parecia mais tranquilo que Churchill em relação à Polônia. Ele nunca deu muita importância à questão – além de sua preocupação temporária com os eleitores poloneses-norte-americanos, pouco antes da eleição presidencial de 1944. Mas tinha outras preocupações quanto ao comportamento de Stálin. Não só com o fato de Stálin ter recusado acesso fácil aos prisioneiros de guerra norte-americanos em território ocupado pelos soviéticos, como também por estar renegando um comprometimento total com a ONU. O líder soviético não permitiu que Molotov comparecesse à conferência de San Francisco, na qual a estrutura da Organização das Nações Unidas seria discutida. Ainda mais difícil para Roosevelt, e talvez a questão em suas negociações com os soviéticos que mais o perturbava, era a alegação de Stálin de que os Aliados ocidentais estavam negociando secretamente com os alemães.

No início de março de 1945, um general da SS contatou agentes norte-americanos na Suíça para tratar de uma possível rendição do exército alemão na Itália. Apesar de os Aliados ocidentais terem contado aos soviéticos sobre as conversas – que acabaram não dando em nada –, surgiu uma disputa sobre até que ponto os representantes soviéticos poderiam participar de qualquer discussão com os alemães. A disputa culminou com uma mensagem rude de Stálin a Roosevelt em 3 de abril, em que quase o acusou de duplicidade. "Você insiste em que ainda não houve negociações", escreveu. "Pode-se presumir que não foi totalmente informado. Quanto aos meus colegas militares, com base nos dados de que dispõem, eles não têm dúvidas..."[70] Roosevelt respondeu às alegações com "perplexidade". Negou a acusação e encerrou a nota assim: "Francamente, não consigo evitar um sentimento de ressentimento e amargura em relação aos seus informantes, sejam eles quem forem, por essas deturpações vis de minhas ações ou de meus subordinados de confiança".[71] Mesmo que os telegramas de Roosevelt fossem normalmente redigidos por sua equipe, a ferida aberta dessa mensagem era palpável.

Stálin respondeu, como quase sempre fazia em tais circunstâncias, com considerável frieza. Apesar de não duvidar da "honestidade e confiabilidade" de Roosevelt ou Churchill, acreditava que essa disputa colocava em relevo uma diferença de opinião entre os Aliados sobre como deveriam negociar com os alemães. Sua posição original não mudara. Ele queria que os soviéticos fossem incluídos em "qualquer" reunião com os alemães, não importava o quanto fosse preliminar.[72]

Stálin incluiu uma nota adicional na cópia da mensagem enviada a Churchill. "Minhas mensagens são pessoais e estritamente confidenciais", escreveu ao primeiro-ministro britânico.

> Isso torna possível falar o que penso de forma clara e franca. Essa é a vantagem das comunicações confidenciais. Se, no entanto, você vai considerar cada declaração franca minha como ofensiva, isso tornará esse tipo de comunicação muito difícil.[73]

O tom de Stálin era o de um pai conversando com um filho excessivamente emotivo. O subtexto era "acalme-se e cresça". É, portanto, uma mensagem notável de um estadista para outro, e destaca mais uma vez a diferença entre Stálin e os líderes britânico e norte-americano. Roosevelt e Churchill haviam se deixado enredar num padrão perigoso com ele. Ambos acreditaram que suas negociações seriam mais fáceis se Stálin gostasse deles, mas ele não se importava com nada disso. Foi esse desequilíbrio que resultou na ousadia de Stálin em repreender Churchill. A dignidade de Stálin nunca foi ferida. Ele raramente usava qualquer tom emotivo em suas comunicações. Poderia expressar desagrado, mas isso era feito de forma calculada. Stálin raramente – ou nunca – parece ter revelado um lado vulnerável. Nunca teria manifestado o tipo de sentimento pessoal de contrariedade que Roosevelt expressou em sua nota no início de abril. Isso deu ao líder soviético muita força para lidar com seus aliados.

Além dessa frieza emocional, Stálin tinha muita facilidade para enganar os outros. Em 1º de abril, por exemplo, após a reunião em que engendrou a rivalidade entre Konev e Zhukov pela tomada de Berlim, Stálin enviou um telegrama a Eisenhower dizendo que "Berlim perdeu sua antiga importância estratégica", e que os soviéticos agora estavam concentrados não em tomar a cidade, mas em se juntar aos Aliados ocidentais no sul. Foi uma mentira descarada, para permitir que suas forças tivessem acesso irrestrito à capital alemã.[74]

Foi também um sinal de como, em última análise, Stálin não se considerava aliado de ninguém.

Enquanto Stálin tramava o fim de jogo soviético, o regime nazista – ou o que restava dele – estava sob mais pressão do que nunca. Em 21 de março, Goebbels notou "certo desespero" em Hitler, apesar de continuar afirmando que a aliança entre Stálin e as potências ocidentais "inevitavelmente se romperia, portanto é tudo uma questão de se romper antes de estarmos caídos no chão ou depois de já termos sido derrubados".[75] Uma semana depois, Goebbels admitiu que havia uma desconexão fundamental entre as decisões tomadas no Führerbunker em Berlim e o que acontecia do lado de fora. "Damos ordens em Berlim que, na prática, não chegam aos destinatários, e que muito menos podem ser cumpridas", escreveu. "Vejo nisso o risco de uma extraordinária perda de autoridade."[76]

Mas para os que lidavam com Hitler pessoalmente, ainda era ocasionalmente possível detectar uma atitude positiva. Em 12 de abril, ele se encontrou com o marechal de campo Kesselring, que mais tarde escreveu que o Führer

> ainda estava otimista. Até que ponto estava interpretando é difícil decidir. Olhando para trás, tendo a pensar que ele estava literalmente obcecado com a ideia de alguma salvação milagrosa, que se agarrava a ela como um homem se afogando [se agarra] a um graveto.[77]

Segundo Goebbels, parte dessa salvação surgiu mais tarde naquele mesmo dia, quando ele trouxe a Hitler a notícia de que Roosevelt havia sofrido uma hemorragia cerebral e morrido. Mas a morte do norte-americano não levaria ao tão desejado rompimento da aliança e ao triunfo de Hitler. Harry Truman assumiu a presidência e logo se mostrou tão comprometido com a destruição do nazismo e com a vitória sobre o Japão quanto Roosevelt. Contudo, sob um aspecto, a ascensão de Truman marcaria um momento importante de mudança. O novo presidente, diferentemente de seu antecessor, estava disposto a falar francamente com os soviéticos.

Além de se agarrar à esperança de um rompimento entre os Aliados, Hitler continuou dando sua resposta-padrão aos contratempos – culpando outras pessoas por seus próprios erros. Mas a essa altura já estava fazendo mais do que apenas culpar os judeus, e passou também a considerar alguns de seus seguidores mais leais como responsáveis pela catástrofe que assolava a Alemanha. Göring tornou-se o foco de seu opróbrio por algum tempo, culpado pela incapacidade da Luftwaffe de impedir os ataques aéreos dos Aliados. Agora era a vez de Himmler se tornar o alvo da fúria de Hitler, criticado pela incapacidade das unidades sob seu comando de conter o Exército Vermelho na Pomerânia, no norte da Alemanha. O general da SS, Sepp Dietrich, ex-guarda-costas de Hitler, foi outro velho companheiro que sofreu a ira de seu Führer. Dietrich fora o organizador dos esquadrões de execução na Noite das Facas Longas, em 1934, e agora era um SS-Oberst-Gruppenführer encarregado do 6º Exército Panzer, que incluía a própria guarda pessoal de Hitler, a elite da SS Leibstandarte.

Hitler estava furioso com Dietrich pelo fracasso de uma ofensiva liderada por ele na campanha da Hungria no início de março. Como consequência, ordenou a retirada das braçadeiras das unidades da SS que haviam participado.

"Esta será, é claro, a humilhação mais severa para Sepp Dietrich", escreveu Goebbels. "Os generais do exército sentem um prazer maldoso com esse golpe em seus rivais." Mas, de qualquer forma, "a Leibstandarte certamente não é a Leibstandarte de antes, uma vez que seu material de liderança e seus homens foram mortos".[78]

Embora estivesse impondo uma cultura da culpa, Hitler ainda não conhecia a imensa capacidade de retribuição pessoal de Stálin. Enquanto muitos alemães comuns – soldados e civis – estavam sendo então executados por "covardia", o Führer ainda não havia decretado a morte de seus companheiros mais próximos. Mesmo quando se tratava de oficiais do exército, seu método mais comum de exoneração ainda era forçar uma aposentadoria ou uma licença médica. Guderian, por exemplo, recebeu ordens de deixar o cargo de chefe do Estado-Maior do Exército no final de março, dizendo que precisava tirar "seis semanas" de licença para convalescença. Isso foi depois de uma briga assustadora entre os dois no início do mês anterior, durante a qual, escreveu Guderian,

> depois de cada explosão de raiva, Hitler ia e voltava pela borda do tapete, e de repente parava diante de mim e lançava sua acusação seguinte na minha cara. Ele estava quase gritando, seus olhos pareciam prestes a pular fora da cabeça e as veias latejavam em suas têmporas.[79]

Imagine o que teria acontecido a um comandante do Exército Vermelho que irritasse Stálin dessa maneira. Certamente a resposta do líder soviético não teria sido um período de licença para convalescência.

O início do ataque do Exército Vermelho a Berlim, em 16 de abril, foi marcado por uma gigantesca barragem da artilharia soviética. As forças de Konev avançaram rapidamente, mas Zhukov ficou detido nas colinas Seelow, uma cordilheira perto de um terreno pantanoso a leste da cidade. Demorou três dias para as forças massivas à disposição de Zhukov eliminarem a resistência alemã. Mas em 26 de abril – dez dias depois do lançamento da ofensiva –, soldados do Exército Vermelho já estavam lutando no centro de Berlim.

Vladlen Anchishkin, comandante de uma bateria de morteiros na batalha pela capital alemã, lembrou-se vividamente de seus sentimentos na época. "Finalmente foi o fim da guerra", falou.

Foi o triunfo, e foi como uma corrida de longa distância, o fim da corrida. Eu me senti realmente radical – bem, essas palavras não existiam na época –, mas me senti sob pressão psicológica e emocional. [...] Atrás de mim eu tinha quatro anos de guerra. [...] Uma guerra não é fazer mapas no quartel-general, mas uma questão de vida ou morte. É uma questão de quem faz isso primeiro, não importa se é um avião, um tanque ou artilharia. Se o outro homem tentar me matar, o que devo fazer? Dar um beijo nele? Eu sempre vou tentar matá-lo, mas matar não é muito fácil. [...] Você não pode considerar um soldado um intelectual. Mesmo quando um intelectual se torna um soldado e vê o sangue, os intestinos e os cérebros, o instinto de autopreservação começa a funcionar. [...] Ele perde todas as características humanitárias que tem em si. Um soldado se transforma em uma fera. [...] Todas as categorias morais que os soldados tinham foram destruídas por sua experiência. A guerra deprava um ser humano.[80]

Gerda Steinke, uma jovem secretária que morava em um prédio de apartamentos em Berlim com a mãe, estava prestes a testemunhar em primeira mão essa depravação. Ela tinha visto os noticiários de propaganda nazista sobre as atrocidades soviéticas e estava com "medo", mas sua mãe disse: "Ah, isso é impossível em uma cidade grande como Berlim, coisas assim não podem acontecer". Mas então, disse Gerda,

> o primeiro russo chegou. E ocupou a pequena entrada – era uma portinha de proteção contra ataques aéreos –, ele ocupou a entrada completamente. Eu nunca vou esquecer isso, essa primeira visão. Era um mongol com uma submetralhadora de prontidão. Ele entrou, e todos nós tivemos que estender as mãos para a frente. Então ele tirou nossos anéis ou relógios de pulso e saiu.[81]

Mais tarde naquele dia, mais soldados soviéticos entraram na sala, mas Gerda e a mãe conseguiram se esconder embaixo de uma mesa, protegidas por uma toalha que "chegava quase até o chão". Ela viu um soldado

> em pé, com as pernas bem na minha frente, foi uma sensação engraçada. Tudo o que eu pensei foi: "Oh, Deus, espero que ele não

perceba que nós estamos aqui". Foi quando as primeiras duas ou três mulheres foram convidadas a acompanhá-los. E eles levaram as mulheres com eles.[82]

Gerda e sua mãe buscaram refúgio em um apartamento no último andar do prédio. Elas tiveram sorte. Um homem idoso no andar de baixo disse aos soldados soviéticos que havia uma bomba não detonada no telhado, e por isso Gerda e a mãe não foram perturbadas naquela noite. Mas uma das amigas de Gerda, que havia ficado num apartamento no térreo do prédio, não teve a mesma sorte. Ela foi encontrada por soldados do Exército Vermelho, e Gerda pôde ouvir o que aconteceu com ela:

> Então eu tive que ouvir tudo, como ela foi estuprada, e isso foi para mim muito, muito terrível. [...] Senti aquilo pessoalmente, como se estivesse acontecendo comigo. Foi muito horrível. No começo eram apenas os gritos, e depois gemidos. Nunca vou esquecer isso na vida. Foi, para mim, como se fosse eu mesma [sendo atacada] [...]. Não estudávamos na mesma escola, mas éramos boas amigas. Comemorávamos nossos aniversários juntas, ela tinha exatamente a mesma idade que eu. Aí, depois, ela nem me cumprimentou mais, disse um olá e nos separamos, a amizade acabou. Não foi minha culpa estar lá em cima, no quarto andar, e não lá embaixo com ela.

Depois de ouvir o sofrimento da amiga, Gerda saiu na varanda do apartamento do último andar

> e sentei num canto, e meio que terminaria minha vida. Se alguém tivesse entrado lá, se um russo tivesse entrado, eu teria pulado. Eu estava convencida que tudo tinha acabado, ninguém vai me tocar e eu vou pular daqui. Eu estava disposta a pular a qualquer momento. Lá estava eu agachada naquela posição o tempo todo, esperando, mas ninguém subiu.

Na manhã seguinte, ela e a mãe voltaram brevemente ao apartamento onde moravam:

Eu estava no meu quarto. Em frente à janela, e na rua tinha uma comissária russa. Ela estava meio que estalando um chicote, e os russos estavam andando por lá nas primeiras bicicletas que roubaram. Olhei para baixo e pensei, está tudo acabado, o que mais pode acontecer comigo agora? Como as coisas podem continuar? Eu não tinha nenhuma noção de como aquilo poderia continuar. [...] Do outro lado da rua havia uma mulher que tinha se jogado da varanda com o filho. O menino morreu, mas ela não, só quebrou as duas pernas e ficou paralisada. Todas essas coisas têm um papel nisso. Você acaba dizendo que não vai aguentar. Prefiro acabar com tudo, pular do quarto andar, sabia que aquilo ia acontecer comigo. Não sobraria muito de mim. Nunca pensei, naquele momento, que as coisas mudariam e que eu seria capaz de rir de novo, não conseguia imaginar isso.

Mais tarde naquele dia, Gerda se mudou com a mãe para a casa de amigos. Por lá as "portas ainda estavam de pé", e elas conseguiram sobreviver sem serem molestadas. Ela tinha consciência, explicou, de que os estupros "acontecem em todos os exércitos", mas não "dessa forma concentrada, não dessa forma massiva, dessa forma direcionada e concentrada. Acho que era para ser uma espécie de humilhação para nós, e foi. Nós precisávamos ser humilhados e foi isso o que aconteceu".[83]

Ninguém pode saber exatamente quantas mulheres foram estupradas pelos conquistadores soviéticos. É possível, no entanto, que só na Alemanha quase 2 milhões de mulheres e meninas tenham suportado esse horror durante a guerra e como sua consequência imediata.[84] A situação era tão ruim em Berlim que as mulheres não perguntavam umas às outras se elas tinham sido estupradas, simplesmente perguntavam "quantos?".

Vladlen Anchishkin, do primeiro *front* bielorrusso, não se comoveu: "Quando você vê uma beldade alemã chorando porque os russos selvagens a estavam machucando, por que ela não chorava quando recebia pacotes do *front* oriental?".[85] Anchishkin provavelmente teria aprovado os sentimentos do propagandista soviético Ilya Ehrenburg, que escreveu: "Soldados do Exército Vermelho. Mulheres alemãs são suas!".[86]

Inegavelmente, muitos soldados do Exército Vermelho tinham um desejo de vingança aliado ao desejo de cometer atos de violência sexual, mas alguns também ficaram perplexos, fazendo a si mesmos perguntas abrangentes sobre a guerra. "Milhões de nossos homens viram agora as ricas fazendas na Prússia Oriental", escreveu o correspondente de guerra soviético Vasily Grossman,

> a agricultura altamente organizada, os galpões de concreto para o gado, quartos espaçosos, tapetes, guarda-roupas cheios de roupas [...]. E milhares de soldados repetem estas perguntas raivosas quando olham ao seu redor na Alemanha: "Mas por que eles vieram até nós? O que eles queriam?".[87]

Os soldados teriam considerado a resposta ultrajante, e ela iria provavelmente ter provocado uma fúria ainda maior. O que os nazistas queriam na União Soviética não eram as pessoas, nem os prédios, nem a cultura, mas seu território e os seus recursos. Em busca da utopia de Hitler, dezenas de milhões de cidadãos soviéticos deveriam desaparecer – com suas vidas sendo apagadas.

Mas quase quatro anos após a invasão alemã na União Soviética, o arquiteto dessa visão utópica estava prestes a encontrar seu próprio fim.

18

VITÓRIA E DERROTA

O aniversário de Hitler, em 20 de abril, era um dia de comemoração em toda a Alemanha. Em 20 de abril de 1939, quando ele completou 50 anos, Berlim em particular foi palco de grandes festividades. Goebbels escreveu que Hitler havia sido "aclamado pelo povo como nenhum homem mortal jamais foi aclamado antes. O público está louco de entusiasmo. Nunca vi nosso povo assim".[1] Hitler assistiu ao "maior desfile do mundo" quando o exército alemão desfilou em sua homenagem – infantaria, tanques, engenheiros, todos os componentes da força. No céu, aviões da Luftwaffe sobrevoavam em perfeita formação. Escrevendo no jornal nazista *Völkischer Beobachter*, Hermann Göring prometera que ele e seus companheiros nazistas "se dedicaram" a Hitler "até a morte, porque devemos tudo a ele".[2]

O contraste entre aquele dia, seis anos antes, e 20 de abril de 1945 foi gritante. Hitler fora do esplendor ao desespero. Em vez de assistir a um desfile militar de quatro horas, saiu de seu bunker para o jardim da Chancelaria do Reich para se encontrar com um punhado de soldados, que incluía vinte meninos da Juventude Hitlerista que haviam mostrado bravura na luta contra o Exército Vermelho.[3]

Em 1939, quando se levantou para observar o grande desfile à sua frente, ele parecia bem e em forma. Agora era uma ruína trêmula e alquebrada. Quanto a seus companheiros, em abril de 1945, muitos deles mal podiam esperar para fugir. Göring, que em 1939 havia se "dedicado" a Hitler "até a morte", disse ao seu Führer que sua presença era necessária com urgência no sul da Alemanha – uma área a salvo do avanço soviético. Nicolaus von Below, adjunto de Hitler na Luftwaffe, teve a "impressão de que, por dentro, Hitler o rejeitava. Foi um momento desagradável".⁴ Himmler e outros também tinham pressa. Enquanto Göring viajava para o sul, Himmler repentinamente descobriu que tinha negócios urgentes no noroeste da Alemanha – também nesse caso, longe da chegada do Exército Vermelho.

Significativamente, Hitler demitiu o dr. Morell, seu médico particular. Ele não precisava mais de seus serviços e tinha medo de ser drogado. "Na manhã seguinte nossas fileiras diminuíram", escreveu Traudl Junge, um dos secretários de Hitler. "As pessoas proeminentes que vieram desejar feliz aniversário abandonavam o navio naufragando..."⁵

Dois dias depois de seu aniversário, em 22 de abril, Hitler quase desabou emocionalmente durante uma famigerada reunião com seus comandantes militares no Führerbunker. Ao saber que um ataque que ordenara aos soviéticos não havia ocorrido, ele se enfureceu com quatro de seus assessores militares mais graduados, inclusive Keitel e Jodl. Gritou que tinha sido traído e manteve o discurso por meia hora. Nenhum daqueles homens, que trabalharam tão intimamente com ele, jamais haviam visto nada semelhante. Quando a explosão começou a se dissipar, eles tentaram convencê-lo a partir para Berchtesgaden, para a relativa segurança das montanhas da Baviera, mas Hitler se recusou. Disse que morreria ali, em Berlim. Hitler passaria os últimos oito dias de sua vida na capital alemã, com sua convicção de que seus paladinos, outrora leais, o haviam traído – aumentando quase aos níveis de Stálin.

No dia seguinte, 23 de abril, Hitler recebeu uma mensagem de Göring dizendo que, ao menos que tivesse notícias em contrário, presumiria que Hitler não estava mais vivo e que ele próprio assumiria o papel de chefe de Estado. Não que Göring fizesse parte de alguma conspiração para usurpar o poder de Hitler. Quase certamente ele trabalhava com base no fato de que, àquela altura, o líder alemão provavelmente já teria se matado. Mas não foi assim que Hitler interpretou. Ele acusou Göring de traí-lo e ordenou sua prisão.

Pouco depois, Hitler vivenciou o que acreditava ser outra traição ao receber a notícia de que Himmler estava tentando negociar uma rendição com os Aliados ocidentais por meio do conde Bernadotte, um oficial sueco. "A notícia atingiu o bunker como uma bomba", lembrou um oficial que estava com Hitler naquele dia.[6] Hitler imediatamente expulsou Himmler do Partido Nazista e privou-o de todos os seus títulos.

Hitler acreditava que Himmler e Göring haviam "causado danos incalculáveis ao país e a toda a nação, além de sua traição para comigo pessoalmente".[7] Mas foi um momento difícil. Hitler lhes dera permissão para sair de Berlim, e tudo o que fizeram depois foi presumir que ele estava morto – ou que morreria em breve – e planejar o melhor que podiam para um mundo sem ele.

A razão subjacente pela qual Hitler se sentira enganado revela muito sobre como sua visão de mundo era diferente da de Stálin. Como visto, quando da captura de Paulus em Stalingrado, Hitler disse aos que o cercavam que, no caso de uma derrota iminente, eles deveriam "se reunir, construir uma defesa ao redor e se matar com o último cartucho".[8] Era o final dramático que imaginava. Mas agora Himmler e Göring demonstravam que não queriam tomar parte nisso. Para Hitler, a ideia de ser dispensável, enquanto seus acólitos continuavam com suas vidas, deve ter sido quase impossível de aceitar. Por que todos seus seguidores não queriam morrer com ele, assim como os servos dos antigos monarcas acompanhavam seus governantes na próxima vida?

Goebbels entendia perfeitamente esse aspecto da mentalidade de Hitler. Ele, a mulher e seus seis filhos se mudaram para o bunker para ficar perto de Hitler, em preparação para o suicídio em massa. Havia meses Goebbels se convencera de que, se a Alemanha não conseguisse vencer a guerra, a seguinte melhor alternativa seria morrer heroicamente ao lado de Hitler, e estava disposto a sacrificar sua família para esse fim.

Goebbels havia supervisionado recentemente a produção de um filme caro da Agfacolor intitulado *Kolberg*, que resumia sua convicção de que uma morte "heroica" poderia levar à imortalidade. Como diz um dos personagens alemães nesse épico sobre um cerco durante as guerras napoleônicas: "A morte está entrelaçada com a vitória. As maiores conquistas sempre nascem na dor...". Outro declara: "Das cinzas e dos escombros um novo povo surgirá como uma Fênix, um novo Reich".[9]

O ministro da Propaganda era obcecado por *Kolberg*. Foi ele quem escreveu, sem créditos, muitos dos discursos do filme, e garantiu que nenhuma despesa fosse poupada na produção, com milhares de soldados aparecendo como figurantes. "Goebbels chegou a me dizer", relatou Wilfred von Oven, assessor de

Goebbels, "que era mais importante que os soldados atuassem em seu filme do que lutassem no *front*, que não valia mais a pena, pois estávamos em meio a um colapso total". Goebbels também disse a Norbert Schultze, o compositor da trilha sonora, que "o filme *Kolberg* sobreviverá a nós".[10]

Kolberg estreou em Berlim em 30 de janeiro de 1945 – no 12º aniversário da nomeação de Hitler como chanceler. Numa indicação do quanto valorizava o filme, Goebbels providenciou, via Göring, que uma cópia fosse enviada por avião à cidade sitiada de La Rochelle, para ser exibida aos soldados isolados no mesmo dia da estreia do filme em Berlim. A relação que Goebbels queria que o público compreendesse – entre a resistência apresentada no filme e a resistência exigida dos alemães à medida que os Aliados se aproximavam – não poderia ser mais explícita. Semanas depois, Goebbels se referiu a *Kolberg* como uma inspiração em um discurso para sua equipe no Ministério da Propaganda, em 27 de abril:

> Senhores, dentro de cem anos eles estarão exibindo outro belo filme em cores descrevendo os dias terríveis que vivemos. Vocês não querem fazer um papel neste filme, para ser trazido de volta à vida daqui a cem anos? Todos agora têm uma oportunidade de escolher o papel que interpretarão no filme daqui a cem anos. Posso assegurar-lhes de que será uma bela e edificante imagem. E por essa perspectiva, vale a pena continuar firme. Resistam agora, para que daqui a cem anos a plateia não apupe e assobie quando vocês aparecerem na tela.[11]

Na cabeça de Goebbels, eles estavam criando um mito para conviver com os mais nobres atos de autossacrifício da história. Nas ruínas de Berlim estavam Leônidas e os espartanos da Batalha das Termópilas, ou Davy Crockett e Jim Bowie do forte Álamo. E assim como filmes populares foram feitos retratando essas duas resistências heroicas, um dia suas mortes seriam igualmente exaltadas. "Ele acreditava em si mesmo", disse Hans-Otto Meissner, um diplomata alemão que conhecia Goebbels, "e acreditava que continuaria sua vida na história".[12]

Mas Goebbels e Hitler não eram Leônidas nem Jim Bowie. Não só estavam encolhidos em um bunker de concreto armado sob as ruas de Berlim, em vez de lutando cara a cara com os soldados do Exército Vermelho, como também seriam inevitavelmente lembrados pelo seu legado de crimes e não por um "heroísmo" imaginário.

Tampouco, à medida que o fim se aproximava, o bunker se enchia da atmosfera de coragem e desapego que Goebbels sem dúvida desejaria para seu filme do futuro. Em vez disso, o lugar estava impregnado de uma espécie de indolência. Um oficial que serviu com Hitler no bunker, Bernd Freytag von Loringhoven, lembrou que era "absolutamente macabro. As pessoas não tinham mais nada para fazer lá. Ficavam rondando pelos corredores, esperando notícias. O inimigo estava cada vez mais próximo. Portanto, o tópico principal no bunker era 'Como eu vou me matar?'".[13]

Embora apoiasse fortemente a fantasia de Goebbels de um final heroico em Berlim, Hitler também demonstrou sua incapacidade de sustentar essa ilusão de duas maneiras significativas. A primeira era o seu terror de ser capturado – algo que indicava sua falta de coragem para se arriscar lutar a batalha caso sobrevivesse. "Não quero cair nas mãos do inimigo", escreveu nas últimas horas de sua vida, "que para o divertimento de suas massas incitadas precisa de um novo espetáculo dirigido pelos judeus".[14]

A segunda maneira pela qual Hitler deixou de corresponder à imagem de um grande final foi sua decisão, pouco antes de tirar a própria vida, de se casar com sua amante, Eva Braun. Ao fazer isso, destruiu a fantasia de que era casado "com a nação". Hitler preferiu recompensar Eva por sua lealdade, em vez de preservar a ilusão de um líder que vivia apartado dos reles mortais.

Contudo, Hitler continuou coerente em suas convicções ideológicas até o último suspiro. Em seu testamento político, que assinou pouco antes de se matar, afirmou que a guerra fora causada por "estadistas internacionais que são de origem judaica ou trabalham para interesses judeus". No mesmo documento, fez uma referência indireta – ainda que óbvia – ao orgulho de ter assassinado milhões de judeus. Declarou que

> não havia deixado ninguém no escuro sobre o fato de que, desta vez, milhões de homens adultos não morreriam, e centenas de milhares de mulheres e crianças não seriam queimadas ou bombardeadas até a morte nas cidades, sem o verdadeiro culpado, embora por meios mais humanos, tendo que pagar por sua culpa.[15]

As palavras "verdadeiro culpado" e "meios mais humanos" – termos que perverteriam a verdade – certamente se referem às mortes de judeus nas câmaras de gás.¹⁶ Mesmo em seu último alento, Hitler não resistiu a se gabar de seu crime infame.

Na tarde de segunda-feira, 30 de abril de 1945, Adolf Hitler e sua nova esposa, Eva Hitler, suicidaram-se no Führerbunker. Hitler se matou com um tiro e ela tomou veneno. No dia seguinte, Goebbels e sua esposa supervisionaram o assassinato de seus seis filhos e depois se mataram.

É quase certo que Stálin teria feito uma expressão cínica ao saber da tentativa de Goebbels e Hitler de criar um fim mítico para suas vidas. Não por não estar disposto a usar paralelos históricos em seu próprio benefício. Durante a guerra, Stálin elogiou grandes militares da história para chamar a atenção para o passado vitorioso da Rússia, e sentia um fascínio de longa data por Ivan, o Terrível, tendo um grande interesse pelo filme de Eisenstein sobre o sanguinário czar do século XVI. Mas apesar de ver Ivan, o Terrível, como o primeiro de uma linhagem de líderes que buscaram unificar a Rússia – uma sucessão que passava de Ivan para Lênin e para o próprio Stálin –, sua concepção de Ivan não era tão simplista quanto a de Goebbels ou de Hitler de seu grande herói, Frederico, o Grande.¹⁷ Stálin via as falhas do famigerado czar, além de seus triunfos. Inacreditavelmente, em sua opinião, o problema com Ivan, o Terrível, era o de não ter sido cruel o bastante. Segundo Anastas Mikoyan, um membro do Politburo, "Stálin disse que Ivan Groznyi [conhecido no Ocidente como Ivan, o Terrível] matou muito poucos boiardos [aristocratas], que deveria ter matado todos eles, e assim criado um Estado russo realmente unido e forte bem antes". E para um escritor que elogiou Ivan, o Terrível, Stálin disse que "o czar tinha uma deficiência. Ao executar os boiardos, por alguma razão ele sentia dores de consciência e se arrependia de sua crueldade entre uma execução e outra".¹⁸

Como vimos, Hitler – diferentemente de Stálin – tinha uma visão romântica de sua própria vida, com todas as suas conversas sobre o último bastião e de salvar a última bala para si mesmo. "Em meu último bastião", disse Hitler no início de 1944, "se um dia eu for abandonado como líder supremo, devo ter como última defesa todo o meu corpo de oficiais perfilado com as espadas desembainhadas ao meu redor".¹⁹ Stálin se sentia muito diferente. Olhava para a humanidade com a mais profunda suspeita – desconfiado de cada um que conhecesse. Jamais teria desejado todo o seu "corpo de oficiais" perfilado ao seu redor com "as espadas desembainhadas", pois se sentira preocupado com que eles o apunhalassem.

Em última análise, apesar de todo o desejo de Hitler por um fim mítico, seus momentos finais foram nitidamente esquálidos. Depois de ter se suicidado em um sombrio abrigo subterrâneo, seu corpo foi levado por assessores para o jardim da Chancelaria do Reich para ser consumido pelas chamas, com os projéteis soviéticos explodindo nas proximidades.

A história da relação entre Hitler e Stálin terminou em Berlim na tarde de 30 de abril de 1945. Mas esse momento não marcou o fim do interesse de Stálin por Adolf Hitler.

Apesar de os comandantes soviéticos já saberem que Hitler estava morto no início de maio, Stálin continuou a insistir que ele poderia estar vivo. Uma busca realizada pelos soviéticos revelou um corpo carbonizado nos jardins da Chancelaria do Reich, e um exame forense provou que os restos mortais eram do líder alemão.[20] Investigadores soviéticos também capturaram testemunhas oculares alemãs que relataram as últimas horas de Hitler. Mas nada disso fez diferença para Stálin.

Mesmo assim, em 9 de junho, Zhukov apareceu pessoalmente em uma entrevista coletiva e anunciou: "O paradeiro atual de Adolf Hitler é um mistério. [...] Não identificamos o cadáver de Hitler. Não posso dizer nada definitivo sobre seu destino". Zhukov especulou que Hitler poderia estar na Espanha. O comandante soviético de Berlim, coronel general Berzarin, ficou feliz em ecoar essa afirmação bizarra, dizendo aos jornalistas: "Na minha opinião, Hitler passou para a clandestinidade e está escondido em algum lugar da Europa, possivelmente com o general Franco".[21]

Essa ideia ridícula gerada pelos esforços combinados de Zhukov e Berzarin só pode ter vindo de Stálin. Apesar de saber que os registros dentários provavam que Hitler estava morto, Stálin resolveu buscar algum tipo de vantagem fingindo o contrário. Ao dizer que o líder alemão se encontrava na Espanha, Stálin pressionou seu odiado inimigo, o general Franco. Além do mais, os soviéticos só precisavam alegar que Hitler estava "escondido" em um determinado país para constranger o respectivo regime. Mesmo que os soviéticos não afirmassem saber exatamente sua localização, a ideia de que Hitler ainda estivesse vivo e que não fora preso pelos Aliados ocidentais bastava para causar polêmica.

Apesar de todas as evidências da morte de Hitler, autoridades soviéticas fizeram o possível para fazer com que as testemunhas mentissem e dissessem que Hitler havia fugido da capital alemã. No inverno de 1945-1946 e na primavera seguinte, o piloto de Hitler, Hans Baur, foi interrogado em Moscou e "insistentemente acusado de ter levado Hitler para fora de Berlim. Durante esse [período], fui tratado de forma muito rude. Um oficial [...] me golpeou forte com os punhos várias vezes na cabeça...".[22]

Stálin chegou a levar suas estranhas opiniões sobre a continuação da existência de Hitler para a conferência final dos Três Grandes, realizada em Potsdam, perto de Berlim, no verão de 1945. Ele disse ao secretário de Estado norte-americano, James Byrnes, que "acreditava que Hitler estava vivo e que era possível que ele estivesse na Espanha ou na Argentina".[23]

Essa tentativa deliberada de enganar seus aliados era apenas um sinal de como Stálin pouco havia amadurecido depois da vitória sobre a Alemanha nazista. Continuava tão desconfiado como sempre, talvez até mais. E essa desconfiança de seus ex-aliados do tempo da guerra teria um papel crucial no subsequente advento da Guerra Fria – algo que deveria ser considerado tão parte de seu legado quanto a vitória soviética sobre os nazistas.

Claro que também havia razões políticas para a Guerra Fria. A combinação do desejo de Stálin de arrancar o máximo de reparações das nações derrotadas e sua insistência em que os países que faziam fronteira com a União Soviética fossem "amigáveis" sempre acentuou a probabilidade de um racha com o Ocidente.

Na conferência de Potsdam, Stálin chegou a insistir que uma grande cidade alemã se tornasse parte da União Soviética.[24]

> Consideramos necessário ter às custas da Alemanha um porto descongelado no Báltico. Eu acho que esse porto deve [...] [ser] Königsberg. Não é mais do que justo que os russos que derramaram tanto sangue e viveram tanto terror queiram receber um pedaço de território alemão que nos daria alguma pequena satisfação desta guerra.[25]

Os Aliados ocidentais concordaram. Assim, a antiga cidade prussiana de Königsberg – hoje Kaliningrado – tornou-se parte da União Soviética. Continua sendo uma cidade russa até hoje, situada em um território ilhado a mais de 480 milhas da Rússia continental moderna – uma lembrança estranha e isolada das demandas de Stálin no pós-guerra.

Tanto Truman como Churchill se queixaram em Potsdam por Stálin não estar cumprindo as promessas feitas em Yalta, de que todos os "governos satélites" seriam "reorganizados em linhas democráticas". Churchill disse ao líder soviético que sobre a Romênia e a Bulgária, em particular, "não sabemos nada", pois os representantes britânicos não tiveram permissão para verificar o que estava acontecendo. Disse que uma "cerca de ferro" havia sido erguida ao redor das missões britânicas. No ano seguinte, ele ajustaria esse termo para "cortina de ferro", em seu famoso discurso em Fulton, Missouri. Em resposta à acusação de Churchill em Potsdam, Stálin simplesmente respondeu: "Tudo contos de fadas".[26]

Os Aliados não tinham planos de dividir a Alemanha em Potsdam, com a Alemanha Oriental se tornando um território totalmente separado sob domínio soviético. Mas os argumentos sobre quantas reparações poderiam ser obtidas da Alemanha levaram Stálin a sugerir que

> em relação a ações e investimentos estrangeiros, talvez a linha de demarcação entre as zonas soviética e ocidental de ocupação deva ser considerada a linha divisória [entre os soviéticos e os Aliados ocidentais] e tudo a oeste dessa linha iria para os Aliados [ocidentais] e tudo a leste dessa linha para os russos.[27]

Essa troca resumia a crescente cisão entre Stálin e os Aliados ocidentais. Prenunciou a divisão da Alemanha em dois países distintos – Oriental e Ocidental – um dos primeiros sinais da Guerra Fria que estava por vir.

George Elsey, um oficial norte-americano que participou da conferência de Potsdam, lembrou que

> caminhões soviéticos, a maioria de fabricação [norte-]americana, transportavam qualquer coisa que pudesse ser transportada para ser embarcada para a União Soviética para ajudar a reconstruir sua economia. Até no palácio onde a conferência acontecia, ainda durante os trabalhos, os soviéticos estavam retirando equipamentos hidráulicos, tirando tudo que podiam, exceto na pequena área onde a conferência se realizava.[28]

A impressão de que os soviéticos na Alemanha tinham pressa em tomar tudo o que pudessem, tanto pessoas quanto coisas, foi compartilhada por sir

Alexander Cadogan em Potsdam. "A verdade é que, em todo e qualquer ponto, a Rússia tenta aproveitar tudo o que pode e usa essas reuniões para se apossar do máximo que pode", escreveu em uma minuta para Churchill. "Estou profundamente preocupado com o modelo da política russa, que fica mais claro à medida que eles se tornam a cada dia mais atrevidos."²⁹

Potsdam não foi planejada para ser a última vez que os Aliados se reuniriam para discutir a Alemanha. Eles acreditavam que uma futura conferência seria convocada para que se chegasse a um acordo final de paz. Encarregaram um Conselho de Ministros das Relações Exteriores de apresentar um projeto de acordo, a ser assinado pelos alemães "quando for estabelecido um governo adequado para esse efeito".³⁰ Mas um governo desse tipo só surgiu depois da reunificação da Alemanha, em 1990. Portanto, o tratado de paz imaginado pela conferência de Potsdam nunca aconteceu. Não deveria haver nenhum novo acordo de Versalhes para encerrar a Segunda Guerra Mundial na Europa. Apenas uma separação lenta e ressentida entre os soviéticos e os britânicos e norte-americanos, simbolizada por uma lenta separação da própria Alemanha.

Porém, mesmo nesse estágio não era certo que uma fissura se abriria entre o Leste e o Oeste. Durante dois anos após a guerra, não estava claro de que forma Stálin garantiria que os países da Europa Oriental continuariam "amigáveis" com Moscou. A divisão decisiva com o Ocidente só ocorreu em 1947, na esteira da decisão dos Estados Unidos de lançar um pacote de ajuda a alguns países europeus selecionados. O Plano de Recuperação Europeia – geralmente chamado de "Plano Marshall", em homenagem ao secretário de Estado norte-americano George Marshall – estava condicionado a países que recebiam ajuda abrindo seus mercados para os Estados Unidos.

Por mais que desejasse ajuda econômica para a Europa Oriental, Stálin não podia aceitar essa condição. Ficou particularmente irritado quando soube que o governo da Tchecoslováquia estava interessado em participar de uma reunião em Paris para falar sobre a perspectiva de ajuda dos norte-americanos. "Ficamos perplexos com a decisão de vocês participarem dessa reunião", declarou. "Para nós, essa é uma questão sobre a amizade da União Soviética com a República Tchecoslovaca. Queiram ou não, vocês estão objetivamente ajudando a isolar a União Soviética." Todos os países que tinham "relações amigáveis" com os soviéticos, disse, estavam "se abstendo de participar" do plano norte-americano.³¹

Por fim, Stálin chegou à sua definição final de "amizade" no contexto dos países ocupados que faziam fronteira com a União Soviética. Amizade significava tornar-se um Estado vassalo. A formação, por Stálin, do Conselho de Assistência Econômica Mútua, em janeiro de 1949, vinculou esses países ainda mais à União Soviética.

Na época da morte de Stálin, em 1953, o contraste entre a Alemanha Ocidental e a Alemanha Oriental era notável em termos econômicos e políticos. A Alemanha Ocidental era uma próspera democracia parlamentar, desfrutando do "milagre econômico" iniciado em 1948.[32] A Alemanha Oriental, por outro lado, sofria com dificuldades econômicas e opressão política – um estado de coisas simbolizado pela decisão das autoridades soviéticas de manter o campo de concentração nazista de Buchenwald aberto até 1950.[33] Não somente pessoas associadas ao regime de Hitler eram encarceradas pelos soviéticos atrás das cercas de Buchenwald, mas qualquer um que considerassem se opor a eles – inclusive alguns que sempre se opuseram ao nazismo e até mesmo um punhado de estrangeiros que moravam na Alemanha à época. Ao todo, mais de 7 mil pessoas morreram no campo sob administração soviética.[34]

A decisão de Stálin de romper de forma tão decisiva com o Ocidente levaria diretamente a uma corrida armamentista, o que por sua vez acarretaria uma exigência radical de recursos da economia soviética. Talvez não seja ir longe demais dizer que a incapacidade de chegar a uma acomodação pós-guerra com seus ex-aliados teve um papel relevante no subsequente colapso da União Soviética, por causa de um enorme compromisso com gastos militares em detrimento de bens de consumo. Stálin começou a trilhar o caminho que os líderes soviéticos posteriores seguiram.

No entanto, uma corrida armamentista não teria sido possível sem o sucesso de Stálin na industrialização da União Soviética. A produção de energia elétrica soviética, por exemplo, aumentou quase dez vezes entre 1928 e 1940. Essa gigantesca mudança na estrutura do que fora basicamente uma economia agrícola foi simbolizada pela capacidade dos cientistas soviéticos de desenvolver e testar uma bomba nuclear em 1949. Uma precondição necessária para essa realização foi o compromisso implacável de Stálin com a industrialização.

Já em 1931, Stálin justificou o ritmo acelerado da industrialização citando a necessidade de defender a União Soviética contra a "lei da selva do capitalismo", que ele expressou como

Cortina de Ferro, 1949

- Território ganho pela União Soviética em 1945
- Países sob controle soviético
- Outros países comunistas

você é atrasado, você é fraco – portanto, você está errado; portanto, pode ser espancado e escravizado. Você é poderoso – portanto, você está certo; portanto, devemos ser cautelosos com você. É por isso que não devemos mais ficar para trás. [...] Não há outro caminho. [...] Nós estamos cinquenta ou cem anos atrasados em relação aos países avançados. Precisamos compensar essa distância em dez anos. Ou fazemos isso ou eles nos esmagam.[35]

Na esteira da vitória soviética, Stálin não se concentrou apenas em grandes questões de Estado, como a construção de uma bomba nuclear ou o relacionamento com o Ocidente. Também dedicou tempo a algo especialmente precioso para ele – sua reputação nos tempos de guerra. E nessa busca por crédito pela derrota dos nazistas, Stálin revelou uma arrogância quase infantil e um desejo ostensivo de elogios. Antes, ele se contentava com a propaganda soviética de desenvolver um culto de liderança ao seu redor, mas pareceu nunca perder o senso de cinismo em relação ao processo. Mas agora seu desejo de ser visto como o único salvador da União Soviética parecia sincero. Molotov estava correto quando afirmou: "Stálin lutou contra o seu culto e depois passou a gostar dele".[36]

Antes da invasão de Hitler, Stálin, como visto, nunca usou um uniforme militar. Porém, não contente com o uniforme de marechal que vestiu pela primeira vez em 1943, em 28 de junho de 1945 ele foi promovido a "generalíssimo", um posto inexistente na Rússia desde as guerras napoleônicas. Passara a ser retratado como o único mentor que orquestrou a destruição da Alemanha nazista. No entanto, até mesmo para a máquina de propaganda soviética era difícil vender essa ficção. Um dos problemas era o marechal Zhukov. O marechal ganhou muita publicidade na imprensa soviética durante a guerra, por suas façanhas militares, e isso não era um fato fácil de ser apagado – especialmente por ter sido Zhukov que cavalgou pela Praça Vermelha num cavalo branco para receber a aclamação das tropas reunidas no desfile da vitória, em 24 de junho de 1945. Stálin só assistiu ao desfile de Zhukov. O boato era de que Stálin resolvera não participar das comemorações porque não tinha certeza se conseguiria controlar seu cavalo.

Dado esse pano de fundo, não surpreende que Stálin tenha se voltado contra Zhukov. Primeiro, o colega de Zhukov, Alexander Novikov, comandante da Força Aérea soviética, foi preso no início de 1946 e "confessou" que

Zhukov era "um indivíduo excepcionalmente amante do poder e narcisista; ele adora ser tratado com honra, respeito e servidão e é intolerante com qualquer oposição". A ironia grotesca era que, se havia alguém que poderia ser culpado dessas acusações, esse alguém era Stálin.

Além dessas deficiências, Novikov afirmou que Zhukov havia cometido um pecado imperdoável aos olhos de Stálin, o de tentar ganhar o crédito por derrotar os nazistas: "Zhukov não tem medo de inflar seu papel na guerra como comandante sênior, chegando a declarar que todos os planos fundamentais das operações militares foram desenvolvidos por ele".[37]

Em julho de 1946, as acusações contra Zhukov foram discutidas em uma reunião presidida por Stálin. O problema com Zhukov, disse Béria, era o de não se sentir "grato, como deveria, ao camarada Stálin por tudo o que ele fizera". Béria considerou que Zhukov "deveria ser posto em seu lugar". Molotov e Malenkov concordaram. Mas, então, algo incomum aconteceu. O rival de Zhukov na corrida por Berlim, o marechal Konev, fez uma avaliação muito mais matizada. Embora fosse "difícil", Zhukov era "leal" ao partido e a Stálin. O marechal Rybalko, que comandava um exército soviético de tanques, concordou com as opiniões de Konev, dizendo que Zhukov era um "patriota".[38]

Stálin decidiu não mandar Zhukov às câmaras de tortura de Béria, mas expulsou-o de Moscou. Nomeou Zhukov comandante do distrito militar de Odessa, 1.100 quilômetros ao sul da capital soviética. "Entendi que eles esperavam que eu desistisse", explicou Zhukov mais tarde ao correspondente de guerra e poeta Konstantin Simonov, "e [esperavam] que eu não durasse um dia como comandante distrital. Eu não poderia permitir que isso acontecesse. Claro, fama é fama. Ao mesmo tempo é uma faca de dois gumes e às vezes te corta".[39]

Mas o fato de Stálin não ter agido imediatamente para destruir Zhukov não significava que o marechal estivesse seguro. No passado, Stálin havia mostrado sua disposição de deixar suas vítimas sofrerem a agonia de uma lenta e dolorosa demolição de sua reputação. Por exemplo, o processo de destruição de Nikolai Bukharin, o proeminente revolucionário bolchevique, levou anos até sua última nota de súplica a Stálin implorando pela própria vida – jamais respondida – e sua execução, em março de 1938.

A exemplo de Bukharin, Zhukov foi submetido a uma campanha de assédio durante vários anos. Foi expulso do Comitê Central do partido; iniciou-se uma investigação sobre a quantidade de pilhagem que havia tirado da Alemanha;

e vários oficiais que lutaram ao seu lado na guerra foram presos. Em 1948, Zhukov sofreu nova humilhação ao ser transferido para comandar um remoto distrito militar nos Urais. Ficaria a 1.450 quilômetros de Moscou.[40]

Tendo minado o poder do mais famoso comandante militar soviético da guerra, Stálin voltou sua atenção para seu representante *de facto*, Vyacheslav Molotov, que havia negociado lealmente em seu nome com Hitler, Churchill e Roosevelt. Stálin atacou Molotov por meio de sua amada esposa, Polina Zhemchuzhina. Ela era judia, apoiava várias causas judaicas e tinha parentes no exterior – todos fatores suficientes para fazer Stálin ficar desconfiado, especialmente à luz da formação da pátria judaica de Israel, em maio de 1948. Em dezembro do mesmo ano, Polina foi acusada de ligações com "nacionalistas judeus" e de se comportar de forma "politicamente inadequada".

Quando a resolução pedindo a expulsão de Polina do partido foi apresentada ao Politburo, Molotov fez o que deve ter sido um imenso ato de resistência. Ele se absteve. Mas foi apenas um gesto, pois o restante do Politburo votou pela sua expulsão do partido. Pouco depois, em janeiro de 1949, Polina foi mandada ao exílio.[41]

Molotov refletiu sobre sua decisão de não condenar a própria esposa. Poucas semanas depois da reunião do Politburo, escreveu uma carta bajuladora a Stálin confessando que fizera a escolha errada. Foi um "erro" ter se abstido, e ele agora desejava mudar o voto e apoiar sua expulsão do partido. Stálin quebrou Molotov, como já havia feito com tantos outros.[42]

Ao considerarmos esses eventos, é importante lembrar que não havia nenhuma prova convincente de que Zhukov ou a mulher de Molotov estivessem conspirando contra Stálin. Contudo, para a mente hiperdesconfiada e preconceituosa de Stálin, a mulher judia e de pensamento independente de um colega político próximo era uma ameaça em potencial, assim como um herói militar como Zhukov. O que importava para ele não era tanto o que já haviam feito, mas o que poderiam fazer. E quando alguém começa a pensar em atacar todas as ameaças *possíveis*, o grupo de indivíduos sobre o qual se concentrar torna-se um oceano.

Stálin estava tentando, ao seu modo brutal, resolver o problema de como liderar uma União Soviética que havia mudado radicalmente após a guerra. Não eram apenas as dificuldades óbvias que o preocupavam – como reconstrução da infraestrutura de um país devastado física e demograficamente –, mas também como resolver os efeitos psicológicos da guerra sobre o povo soviético.

Um importante historiador russo formulou o desafio de Stálin da seguinte maneira:

> Vários milhões de camponeses que nunca viram uma ferrovia na vida e nasceram e foram criados no meio do nada de repente estavam no exército. Conheceram grandes cidades, inclusive algumas na Europa. Quando chegou lá, era um camponês obediente comum, mas agora tinha algo na cabeça. Tinha sua própria opinião. Você não podia simplesmente gritar com ele. Stálin estava preocupado que pudesse haver algum "afrouxamento ideológico aqui", como diria. "Uma leitura incorreta da situação." As coisas precisavam ser "apertadas".[43]

O tratamento que Zhukov e a esposa de Molotov receberam foi parte desse processo de "aperto" do pós-guerra. O mesmo aconteceu com o ataque a funcionários do partido em Leningrado no final da década de 1940, culminando em 1950 com a execução de muitas das principais figuras que haviam liderado a cidade durante o cerco. Desde 1941, Stálin se preocupava com a maneira como, isoladas do resto do país, autoridades soviéticas da cidade poderiam desenvolver um pensamento "independente". Entre os que foram mortos em 1950, para evitar tal heresia, estavam Alexey Kuznetsov, representante de Andrei Zhdanov, chefe da administração da cidade durante a guerra. O próprio Zhdanov havia sofrido um colapso cardíaco em circunstâncias misteriosas dois anos antes.[44]

Stálin continuaria procurando inimigos – reais, potenciais e imaginários – até seu último suspiro. Três anos após o ataque aos líderes de Leningrado, pouco antes de morrer de uma hemorragia cerebral em março de 1953, Stálin presidia uma busca por "traidores" em meio a um grupo de ilustres médicos soviéticos. Havia uma forte dimensão antissemita na perseguição, com médicos judeus acusados de participar de uma conspiração imperialista-sionista. Somente sua morte encerrou esse empreendimento.

Stálin morreu da mesma forma que viveu. Sem confiar em ninguém além de si mesmo.

POSFÁCIO

Gostaria de concluir com algumas breves palavras sobre a maneira como Hitler e Stálin são vistos hoje – até porque esses dois indivíduos, quase mais do que quaisquer outras figuras históricas, ainda vivem na consciência do público.

Visto que suas histórias criminais são uma parte vital do legado de ambos, primeiro precisamos contrapor a questão dos números e examinar a escala de sofrimento que cada um deles deixou para trás. Aqui devemos caminhar com extrema sensibilidade. Não pode haver um balanço comparativo do horror. Como os depoimentos deste livro demonstram, a pura estatística não pode transmitir a verdadeira natureza desse sofrimento. No entanto, mesmo mantendo-se atento a esse fato, ainda é razoável fazer uma pergunta simples – por quantas mortes de civis cada um desses tiranos foi responsável?

Não é uma pergunta fácil de responder. Um problema é a dificuldade de obter números precisos. Os registros costumam ser fragmentados e os que existem são deliberadamente falsificados. A mudança de fronteiras, a disputa de nacionalidades e a distorção de cifras para fins políticos agravam o problema de calcular o número de mortos. É possível, contudo, chegar a algumas conclusões gerais.[1] A primeira é que Stálin e Hitler foram responsáveis por mortes em uma escala que desafia a imaginação.

Um dos atos de destruição mais notórios de Stálin foi, sem dúvida, a fome do início dos anos 1930, em que pelo menos 5 milhões de pessoas perderam a vida, pouco menos de 4 milhões só na Ucrânia. Acrescente-se a isso entre 1,6 milhão e 3 milhões que morreram no *gulag* (esse número é um dos mais difíceis de calcular),[2] mais de 1 milhão que morreram em consequência de deportações forçadas, pouco mais de 1 milhão que morreram como "traidores" ou "inimigos do povo" e uma variedade de outras categorias de mortes em outros lugares, e chega-se a um total de mais de 9 milhões de pessoas mortas. Se incluirmos aqueles que foram libertados do *gulag*, mas que depois morreram por problemas de saúde causados por sua prisão, o número sobe para bem mais de 13 milhões.[3]

Como exatamente Hitler se compara? Como é bem sabido, cerca de 6 milhões de judeus morreram no Holocausto, a maioria de nacionalidade polonesa ou soviética. Quase 2 milhões de poloneses não judeus também morreram como consequência da ocupação nazista – um número que nunca teve a publicidade devida.[4] Além disso, os nazistas planejavam matar dezenas de milhões de cidadãos soviéticos – a maioria não judeus – em seus planos de ocupação.[5] Quantos eles realmente mataram é extremamente difícil de avaliar, porém, mais de 7 milhões de não combatentes morreram em território soviético em consequência direta da violência infligida pelas forças alemãs, dos quais mais de 2 milhões eram judeus (um número incluído como parte da estimativa de 6 milhões).[6] A esse número somam-se pelo menos 200 mil de sinti e ciganos, e todos os outros civis de vários outros grupos perseguidos e mortos em todo o império nazista em campos de concentração e outros lugares. Isso nos dá um total de cerca de 14 milhões de não combatentes que morreram sob os nazistas.

Esse número é uma estimativa baixa, uma vez que inclui apenas os civis soviéticos mortos pelos alemães em ações de matança direta e deliberada, o que alguns historiadores chamam de "sangue quente ou frio".[7] Além disso, um grande número de cidadãos soviéticos morreu como trabalhadores forçados dentro do território do Reich, e vários milhões mais morreram de fome, de doenças ou outras causas atribuíveis à guerra na União Soviética ocupada. No total, essas mortes somam – no mínimo – mais 6 milhões. Somadas ao número acima de 14 milhões, resulta num total geral de pelo menos 20 milhões de pessoas.[8]

Os 6 milhões de judeus que morreram no Holocausto se enquadram em uma categoria separada. Como vimos, Hitler decidiu que os judeus como um grupo – homens, mulheres e crianças – seriam "exterminados", muitos em fábricas da morte construídas para esse fim. Ninguém mais na história do mundo jamais implementou plano semelhante. O Holocausto deve ser considerado, com razão, o aspecto mais infame do legado de Hitler.

A diferenciação do Holocausto é especialmente relevante em qualquer comparação entre Hitler e Stálin por causa do legado da *Historikerstreit* (disputa dos historiadores) na Alemanha nos anos 1980. Muitas vezes turbulento, esse debate se concentrou na medida em que a política nazista de extermínio dos judeus era diferente de outras atrocidades, particularmente as cometidas sob Stálin. Minha opinião pessoal – expressa não só neste livro, mas também em minhas histórias do Holocausto e de Auschwitz – não poderia ser mais clara. Acredito que o Holocausto foi singular pelas razões que expressei no parágrafo anterior e no início deste livro.[9]

Houve também outra diferença fundamental entre os assassinatos instigados por Hitler e os assassinatos promovidos por Stálin. A maioria dos que morreram por causa das ações de Stálin eram cidadãos soviéticos, enquanto a maioria dos mortos por Hitler eram não alemães. Essa diferença decorre de suas respectivas ambições. Stálin se concentrou na repressão dentro do território soviético durante a maior parte de seu tempo no poder, enquanto Hitler pretendia criar um vasto novo império, no qual não havia lugar para toda uma variedade de pessoas que ele considerava indesejáveis – principalmente os judeus. Nesse contexto, é um equívoco comum pensar que os judeus alemães constituíram um número substancial dos mortos. Na verdade, menos de 1% dos alemães era judeu. Foram os países que os alemães invadiram – em particular a Polônia, a Hungria e a União Soviética – que tinham grandes populações judaicas.

Essa distribuição geográfica das mortes demonstra mais uma diferença entre os dois tiranos. A visão de Hitler era de que a única chance de sobrevivência da Alemanha a longo prazo seria crescer – ser muito maior. Como resultado de seu desejo de expansão da Alemanha e de sua convicção inabalável na ideologia racista, ele desempenhou o papel de liderança em três das decisões mais importantes já tomadas: a decisão de invadir a Polônia, que levou à Segunda Guerra Mundial; a decisão de invadir a União Soviética e iniciar a parte mais sangrenta desse conflito; e a decisão de assassinar os judeus.[10]

No entanto, por mais incrível que possa parecer, o terrível número de mortes pelas quais Hitler foi responsável representa a realização de apenas uma parte de sua ambição. Se seus gigantescos planos de colonização tivessem sido totalmente realizados, mais dezenas de milhões teriam morrido.[11]

Quanto a Stálin, apesar de não ter abandonado totalmente a ideia de exportar a revolução para outras terras, ele não tinha um grande plano de conquistas. Os países da Europa Oriental que ficaram sob seu controle depois de 1945 só sofreram esse destino após a derrota de Hitler, e o território arrebatado por Stálin no leste da Polônia e em outros lugares em 1939 só se deu por causa de seu acordo com os nazistas.

Dos dois tiranos, portanto, hoje Hitler é mais amplamente visto como um símbolo do mal. Mesmo as pessoas que conheci que já foram nazistas comprometidos e ainda simpatizavam com o regime tiveram problemas para contornar o Holocausto e o papel de Hitler em sua elaboração. Mesmo assim, uma pequena minoria tentou. Uma das táticas era negar que o Holocausto tivesse acontecido ("as fotos são falsas"); outra era dizer que Hitler nada sabia sobre isso ("Himmler manteve todo o conhecimento das matanças para si mesmo"). Mas ambas as desculpas são facilmente contestáveis, assim como a ideia de que haveria algum tipo de equivalência entre o assassinato em massa de judeus e o bombardeio de civis pelos Aliados.[12] A despeito do quanto alguém tentasse distorcer a história, a verdade permanecia a mesma. O legado pessoal de Hitler é o de um criminoso de guerra do tipo mais repugnante.

Infelizmente, isso não significa que muitas das ideias que sustentavam o sistema de convicções de Hitler tenham desaparecido da Terra. O nacionalismo fanático e intolerante, por exemplo, não apenas ainda existe como cresce em muitos países. O discurso político cada vez mais estridente e o uso de bodes expiatórios de diferentes grupos, sejam judeus ou outros, também estão em alta. Tão alarmante quanto, o Estado de direito e a liberdade de imprensa – dois alvos do ataque dos nazistas – estão ameaçados em países que antes se acreditavam comprometidos com ideais democráticos. Esses acontecimentos devem nos causar grande preocupação.

Quanto à imagem de Stálin hoje, sua reputação popular é mais complexa que a de Hitler – especialmente na Rússia. Em 1956, Khrushchev, então governante da União Soviética, finalmente se vingou do homem que o humilhara em várias ocasiões. Três anos depois da morte de Stálin, Khrushchev denunciou o ex-líder soviético em seu famoso "discurso secreto", no 20º Congresso do Partido. Declarou que Stálin instigou o Grande Terror contra muitas pessoas honestas, não se preparou adequadamente para a guerra contra Hitler, deportou injustamente grupos étnicos inteiros e realizou ainda mais expurgos após a guerra.[13]

O discurso causou danos consideráveis à reputação de Stálin dentro do Partido Comunista, e mais genericamente na União Soviética. Tanto que o corpo embalsamado de Stálin, que desde sua morte jazia ao lado do de Lênin no mausoléu da Praça Vermelha, foi removido em 1961 e colocado na necrópole do muro do Kremlin. Ofuscado por Lênin em vida, Stálin era então ofuscado por ele após a morte.

Apesar dessa humilhação póstuma, a reputação de Stálin como o poderoso líder que derrotou Hitler se mostrou resistente. Mesmo em pleno século XXI, a popularidade de Stálin entre os russos comuns continua alta. Uma pesquisa mostrou que 70% dos russos têm uma visão positiva de Stálin,[14] outra pesquisa o elegeu como a "figura pública mais notável" da história mundial.[15] E muitos dos ex-combatentes que conheci que viveram durante os anos de Stálin também se lembraram dessa história com um brilho nostálgico. Eles sentiam falta da liderança "forte" de Stálin, da sensação de segurança e propósito que desfrutavam quando viviam na União Soviética.

Vladimir Putin é parcialmente responsável pela maneira positiva como Stálin é visto na Rússia atualmente. Suas opiniões sobre o ex-líder soviético são claramente ambivalentes. Em uma entrevista em 2015, ele declarou:

> É impossível colocar o nazismo e o stalinismo no mesmo plano porque os nazistas proclamaram direta, aberta e publicamente um de seus objetivos políticos como o extermínio de grupos étnicos inteiros – judeus, ciganos e eslavos. Apesar da natureza desagradável do regime de Stálin, de todas as repressões e todas as deportações de povos inteiros, o regime de Stálin nunca teve como objetivo exterminar povos, então a tentativa de colocar os dois [regimes] em pé de igualdade é absolutamente sem fundamento.[16]

Em parte, Putin está correto. Stálin nunca disse "abertamente e publicamente" que desejava exterminar "grupos étnicos inteiros", e indubitavelmente o crime do Holocausto permanece singular, por todas as razões descritas neste livro. Mas, como visto, Stálin não estava presidindo o lento extermínio de um povo como os calmucos? E eles não eram um "grupo étnico"?[17]

Em dezembro de 2019, em sua coletiva anual de imprensa, Putin disse que "você pode condenar o stalinismo e o totalitarismo como um todo, e de certa forma serão condenações bem merecidas". Contudo, mais adiante, ele argumentou que "Stálin não se maculou tendo contato direto com Hitler, enquanto os líderes franceses e britânicos se reuniram com ele e assinaram alguns documentos". De acordo com os fatos descritos no primeiro capítulo deste livro, trata-se de uma forma totalmente distorcida de interpretar a história. Quando britânicos e franceses assinaram o acordo de Munique com Hitler, em 1938 – e presumivelmente é a essa reunião que Putin se refere –, eles não chegaram a um acordo secreto para estabelecer uma divisão da Europa Oriental, como fizera Stálin. O fato de Stálin nunca ter se encontrado pessoalmente com Hitler para assinar o acordo não significa que ele tenha se "maculado" durante o processo.

Posteriormente, Putin fez a incrível afirmação de que as tropas soviéticas nunca invadiram a Polônia em setembro de 1939. Ele alegou que os poloneses tinham perdido o controle do país, e consequentemente "não havia ninguém com quem falar sobre isso [a incursão soviética] [...] o Exército Vermelho não invadiu esses territórios da Polônia. As tropas alemãs entraram e depois saíram, e só então as tropas soviéticas entraram".[18] Seria uma ideia ridícula se não fosse uma distorção tão vergonhosa da história.

A razão pela qual Putin estava tentando sanitizar a história do pacto de Stálin com Hitler é óbvia. Esse período esdrúxulo incomoda a narrativa heroica da vitória do Exército Vermelho sobre o nazismo. Portanto, a solução de Putin para o problema foi torcer e distorcer a versão real dos acontecimentos. E embora seja perturbador ouvir um líder poderoso tratar a história dessa forma, pelo menos sua visão bizarra dos eventos demonstra a importância de se entender o que realmente aconteceu.

Concluo com uma reflexão final adquirida como resultado de minha experiência com centenas de testemunhas oculares de ambos os lados. O que me impressionou ao longo dos anos foi quantos deles fizeram todo o possível para racionalizar o que acontecia ao seu redor. Portanto, para mim, a história de Hitler e Stálin tornou-se mais que apenas a história de dois indivíduos; com o tempo, tornou-se um estudo da maleabilidade da mente humana.

Várias testemunhas oculares que conheci nos últimos trinta anos ilustraram esse preocupante aspecto do comportamento humano. Mas, nesse contexto, a pessoa que deixou em mim o efeito mais duradouro foi Tatiana Nanieva, uma ex-enfermeira e membro do Partido Comunista que antes da guerra achava que "tudo era maravilhoso" na União Soviética. Quando a conheci, no final dos anos 1990, em seu apartamento frio e dilapidado nos subúrbios de Kiev, ela contou por que foi presa depois da guerra, apesar de sua fé inabalável em Stálin. Seu "crime" foi se deixar ser capturada pelos alemães em outubro de 1942, enquanto cuidava de soldados feridos do Exército Vermelho perto da linha de frente.

"Libertada" do cativeiro alemão pelo avanço das forças soviéticas em janeiro de 1945, Tatiana foi interrogada e sentenciada a seis anos num campo de trabalho soviético, seguidos por um período no exílio:

> Para os guardas [soviéticos], para a força de trabalho civil, nós não éramos gente. Éramos putas. Eles só se referiam a nós dessa forma. Assim que um deles disse isso, todos os outros fizeram o mesmo. Eles só nos chamavam assim. "Se você esteve lá [em um campo de prisioneiros alemão] e sobreviveu, você só pode ser uma puta."[19]

No entanto, apesar de todo esse sofrimento injusto, Tatiana continuou a pensar em Stálin como "nosso Deus":

> Mesmo quando recebi uma longa sentença de prisão e fui considerada uma "Traidora da Pátria" [...] quando Stálin morreu, em 1953, eu chorei. Chorei menos quando meu pai morreu do que quando Stálin morreu. Eu não conseguia imaginar que seríamos capazes de viver sem ele.[20]

Seu desejo de ter fé em um líder redentor era tão intenso que sobreviveu até mesmo ao abuso sistemático que sofreu nas mãos do Estado soviético.

Tanto Hitler quanto Stálin tinham o poder de inspirar esse tipo de fé. Ambos eram figuras paternas severas, que venderam seus sonhos de uma utopia com uma convicção absoluta. Os sonhos que ofereciam eram de um futuro que tinha significado não só para você como um indivíduo, mas para seus filhos e seus filhos ainda por nascer. Acreditar nesses sonhos propiciava esperança e propósito. Significava que você não estava sozinho, que era parte de algo de importância épica. Os seres humanos são animais sociais, e a pressão para que acreditassem nesses sonhos era imensa.

Ademais, como Hitler e Stálin prometeram a seu vasto número de seguidores fiéis que um mundo glorioso os aguardava no futuro, os problemas do agora podiam ser deixados de lado como o preço da utopia do amanhã. Mas esse amanhã nunca chegou.

Em última análise – e apesar de suas muitas diferenças –, o comum entre Hitler e Stálin foi a disposição para matar milhões de pessoas em busca de seus sonhos. Eles estavam até preparados, por razões ideológicas, para perseguir pessoas que eram honestas e complacentes. Não importava se você fosse um calmuco como Aleksey Badmaev, que serviu bravamente no Exército Vermelho. Mesmo assim ele fora mandado para um campo de trabalho, onde passou fome e viu vários de seus camaradas morrerem na sua frente devido a maus-tratos. Tampouco importava ser um judeu alemão bem-comportado. Ainda assim você era enviado para a morte.

Todo esse horror deve servir como um lembrete – para todas as épocas – da destruição que tiranos com visões utópicas podem infligir ao mundo.

AGRADECIMENTOS

Nos últimos trinta anos, um grande número de pessoas me ajudou em meu trabalho sobre o nazismo, o stalinismo e a Segunda Guerra Mundial. O espaço me impede de nomear cada uma delas aqui, mas os membros cruciais das várias equipes de produção incluem: Valeri Azarianc, Martina Balazova, Valentina Galzanova, Marcel Joos, Maria Keder, SallyAnn Kleibel, Wanda Koscia, Tomasz Lasica, Michaela Lichtenstein, Teodor Matveev, Maria Mikushova, Anya Narinskaya, Stanislav Remizov, Elena Smolina, dr. Frank Stucke, Dominic Sutherland, Anna Taborska, Alexandra Umminger e Elena Yakovleva. Em particular, preciso mencionar dois de meus colegas alemães, Tilman Remme e Detlef Siebert, que se mantiveram firmes em sua dedicação ao trabalho. Tenho valorizado enormemente a amizade deles ao longo desses muitos anos.

Para este livro, a dra. Elga Zalite conduziu uma pesquisa na Instituição Hoover da Universidade de Stanford, e Julia Pietsch fez um trabalho valioso nos arquivos da Alemanha. Julia também leu o livro antes da publicação e fez vários comentários extremamente úteis. Também agradeço, é claro, à BBC pela permissão para citar os depoimentos colhidos para as várias séries de televisão que escrevi e produzi.

O professor sir Ian Kershaw, especialista mundial em Adolf Hitler, leu o rascunho e fez muitas sugestões perspicazes. Minha dívida com ele por seus conselhos e sua amizade de mais de 25 anos nunca poderá ser paga. O professor

Robert Service, autor de uma biografia brilhante de Stálin e consultor de minha série *World War Two: Behind Closed Doors* [Segunda Guerra Mundial: Atrás das portas fechadas], de doze anos atrás, também leu o livro antes da publicação e me concedeu o benefício de seu imenso conhecimento sobre Stálin e o Estado soviético.

Julie Aldred, minha amiga há muitos anos, fez uma série de críticas valiosas à obra depois de ler seu esboço. Assim como minha filha Camilla, uma talentosa historiadora formada em Oxford.

A maioria das pessoas que conheci que viveu esses tempos terríveis não está mais entre nós. Mas, onde quer que estejam agora, agradeço a todas em espírito.

Também sou grato a Daniel Crewe, meu editor na Viking, por sua fé neste projeto e por toda a sua ajuda editorial. Devo também mencionar seus colegas talentosos – Connor Brown, Rose Poole, Emma Brown e Olivia Mead. Sem esquecer a equipe de minha editora norte-americana em Nova York, a PublicAffairs, administrada por Clive Priddle. Agradeço a todos. Meu revisor, Peter James, também fez contribuições importantes. Andrew Nurnberg, meu agente literário por quase trinta anos, continua sendo uma parte essencial da minha vida profissional.

Minha maior dívida pessoal é com minha família, minha esposa Helena e meus filhos Oliver, Camilla e Benedict (a quem este livro é dedicado). Como eles conseguem me aturar enquanto passo anos trabalhando em um livro como este, eu simplesmente não sei. Mas sou muito grato por isso.

Laurence Rees
Londres, maio de 2020

NOTAS

Prefácio

1. Encontro em fevereiro de 2006.
2. Depoimento inédito. (Este é o formato usado ao longo deste livro para representar depoimentos nunca publicados, e que foram obtidos para as várias produções *que escrevi e produzi* para a televisão sobre nazismo, stalinismo e a Segunda Guerra Mundial nos últimos trinta anos.)
3. *Goebbels, Master of Propaganda*, escrito e produzido por Laurence Rees, transmitido pela BBC2 em 12 de novembro de 1992.
4. Por exemplo, quando em 1934 Hitler ordenou o assassinato do líder das tropas de choque nazistas, Ernst Röhm, além de outros opositores, Stálin declarou: "Que grande sujeito! Como ele lidou bem com isso!". Ver p. 109. E, em 8 de maio de 1943, Hitler disse que invejava Stálin pela maneira como havia "se livrado de toda a oposição no Exército Vermelho e assim garantido que não houvesse tendências derrotistas no exército". Ver p. 344-345.
5. Alan Bullock, *Hitler and Stalin: Parallel Lives*, HarperCollins, 1991. O livro mais notável desde então foi *The Dictators: Hitler's Germany and Stalin's Russia*, de Richard Overy, publicado por Allen Lane em 2004. Esse estudo acadêmico faz uma abordagem temática, não narrativa, do assunto.

6. Laurence Rees, *Their Darkest Hour*, Ebury Press, 2007, pp. viii-ix.
7. *A British Betrayal*, escrito e produzido por Laurence Rees, transmitido pela BBC2 em 11 de janeiro de 1991.
8. Rees, *Their Darkest Hour*, pp. 225-228. Ver também Nikolai Tolstoy, *The Minister and the Massacres*, Hutchinson, 1986, p. 133.
9. Rees, *Their Darkest Hour*, p. 229.
10. Ibid., p. ix.
11. Ver pp. 89-90.

Introdução

1. August Kubizek, *The Young Hitler I Knew*, Greenhill Books, 2006, p. 34.
2. Ibid., p. 157.
3. Balthasar Brandmayer, *Meldegänger Hitler 1914-18*, Buchverlag Franz Walter, 1933, pp. 71-72.
4. Parece que ele adotou o nome "Stálin" por volta de 1911. Muitos bolcheviques usavam pseudônimos, em parte para não serem identificados pelas autoridades. O nome de nascença de Molotov, por exemplo, era Vyacheslav Mikhailovich Skryabin, mas ele adotou o nome "Molotov", que significa "martelo" em russo. E Vladimir Ilyich Ulyanov é mais conhecido hoje como "Lênin" – uma palavra derivada, em russo, de "grande rio".
5. Ver Max Weber, *Essays in Sociology*, Routledge, 1998, pp. 245-264. Também Laurence Rees, *The Dark Charisma of Adolf Hitler*, Ebury Press, 2012.
6. Hans Frank, *Im Angesicht des Galgens*, Friedrich Alfred Beck, 1953, pp. 39-42. Rees, *Dark Charisma*, p. 33.
7. Rees, *Dark Charisma*, p. 37.
8. Moshe Lewin, "Bureaucracy and the Stalinist State", em Ian Kershaw e Moshe Lewin (orgs.), *Stalinism and Nazism: Dictatorships in Comparison*, Cambridge University Press, 1997, pp. 62-63.
9. Ronald Grigor Suny, "Stalin and His Stalinism: Power and Authority in the Soviet Union, 1930-1953", em Kershaw e Lewin (orgs.), *Stalinism and Nazism*, p. 32.
10. Frank, *Im Angesicht des Galgens*, pp. 335-336.
11. O número de Gauleiters aumentou na medida em que novos territórios foram anexados ao Reich, como a Áustria e os territórios incorporados da Polônia.
12. Bundesarchiv (doravante BArch), NS 19/389, fol. 4.
13. Depoimento inédito.

14. Depoimento inédito.
15. *Diaries of William Lyon Mackenzie King*, anotação de 29 de junho de 1937, disponível em: https://www.bac-lac.gc.ca/eng/discover/politics-government/prime-ministers/william-lyon-mackenzie-king/Pages/item.aspx?IdNumber=18112&. Ver Laurence Rees, *The Holocaust: A New History*, Viking, 2017, pp. 130-132.
16. Anotação do diário de Mackenzie King no dia 29 de março de 1938, disponível em: https://www.bac-lac.gc.ca/eng/discover/politics-government/prime-ministers/william-lyon-mackenzie-king/Pages/item.aspx?IdNumber=18924&. Mas depois do pogrom da "Noite dos Cristais", King escreveu em seu diário em 23 de novembro de 1938 que "simpatizava" com os judeus, disponível em: https://www.bac-lac.gc.ca/eng/discover/politics-government/prime-ministers/william-lyon-mackenzie-king/Pages/item.aspx?IdNumber=19622&.
17. Andrew Roberts, *"The Holy Fox": The Life of Lord Halifax*, Phoenix, 1997, p. 70.
18. John Julius Norwich (org.), *The Duff Cooper Diaries*, Phoenix, 2006, anotação de 17 de setembro de 1938, p. 260.
19. Kubizek, *Young Hitler*, p. 182.
20. Hugh Gibson (org.), *The Ciano Diaries*, Simon Publications, 2001, anotação de 30 de abril de 1942, pp. 478-479.
21. Laurence Rees, *War of the Century*, BBC Books, 1999, pp. 20-21.
22. Depoimento inédito.
23. Robert Service, *Stalin: A Biography*, Macmillan, 2004, p. 53.
24. Depoimento inédito.
25. Konstantin M. Simonov, *Glazami cheloveka moego pokoleniia*, Novosti, 1989, pp. 422-423 (entrevista com o almirante Ivan Isakov feita em 1962), citada em Stephen Kotkin, *Stalin*, vol. 2: *Waiting for Hitler 1929-1941*, Allen Lane, 2017, p. 888.
26. Depoimento inédito.
27. Depoimento inédito.
28. George F. Kennan, *Memoirs 1925-1950*, Atlantic Monthly Press, 1967, p. 279.
29. Robert Gellately, *Lenin, Stalin and Hitler: The Age of Social Catastrophe*, Vintage, 2008, p. 544.
30. Até, perto do fim da Segunda Guerra Mundial, Stálin sucumbir à sedução do uniforme e se vestir como um marechal. Ver pp. 435-436.
31. *Hitler's Table Talk 1941-1944*, Phoenix, 2002, anotação de 31 de março de 1942, p. 386.
32. Ibid., 13 de dezembro de 1941, p. 144.

33. Ver acima pp. 204-205.
34. Arthur de Gobineau, *Essai sur l'inégalité des races humaines* (1855), em inglês em *The Inequality of the Human Races*, William Heinemann, 1915. Rees, *Holocaust*, p. 6.
35. Alfred Ploetz, *Die Tüchtigkeit unsrer Rasse und der Schutz der Schwachen*, citado em Peter Watson, *The German Genius*, Simon & Schuster, 2011, p. 434. Rees, *Holocaust*, p. 8.
36. Karl Binding e Alfred Hoche, *Die Freigabe der Vernichtung lebensunwerten Lebens. Ihr Maß und ihre Form*, Felix Meiner, 1920, pp. 49-50.
37. Rudolf von Sebottendorff, *Bevor Hitler kam. Urkundliches aus der Frühzeit der nationalsozialistischen Bewegung*, Deukula-Verlag Graffinger, 1933, pp. 44, 48.
38. Ibid., pp. 57-60.
39. Houston Stewart Chamberlain, *Foundations of the Nineteenth Century*, vol. I, Elibron Classics, 2005 (publicado pela primeira vez por F. Bruckman, 1911), p. 350.
40. Adolf Hitler, *Mein Kampf*, Houghton Mifflin, 1971, p. 289.
41. Ibid., p. 305.
42. Ibid., p. 65.
43. Ibid., p. 288.
44. Gerhard L. Weinberg (org.), *Hitler's Second Book: The Unpublished Sequel to Mein Kampf*, Enigma Books, 2003, pp. 113, 109.
45. Ibid., p. 113.
46. Ibid., p. 108.
47. Ibid., p. 130.
48. Discurso de Hitler no comício de Nuremberg, em *Völkischer Beobachter*, Bayernausgabe, 7 de agosto de 1929, p. 1.
49. *Das Erbe* (1935), dirigido por Carl Hartmann.
50. BArch, R 9361 III/514455, SS-Führerpersonalakten, Joseph Altrogge, citado parcialmente em Tom Segev, *Soldiers of Evil: The Commandants of the Nazi Concentration Camps*, Diamond Books, 2000, p. 98.
51. Ver Karl Marx e Friedrich Engels, *Economic and Philosophic Manuscripts of 1844*, Wilder Publications, 2011.
52. Mas como destaca o professor Service, Marx depois se equivocou quanto à sequência exata e uniforme dos estágios – uma das razões por que os marxistas ainda podem argumentar até os dias de hoje.
53. *New Statesman*, suplemento especial da revista, 27 de outubro de 1934, entrevista de H. G. Wells com Stálin, disponível em: https://www.newstatesman.com/politics/2014/04/h-g-wells-it-seems-me-i-am-more-left-you-mr-stalin.

54. Service, *Stalin*, p. 98.
55. *New Statesman*, suplemento especial da revista, 27 de outubro de 1934.
56. N. H. Baynes (org.), *Speeches of Adolf Hitler: Early Speeches 1922-1924, and Other Selections*, Howard Fertig, 2006, discurso de 12 de abril de 1922, pp. 15-16.
57. Joseph Stalin, *Selected Writing*, Greenwood Press, 1970, pp. 469-474.
58. Depoimento inédito.
59. Segev, *Soldiers of Evil*, entrevista com Johannes Hassebroek, p. 99.

1. O pacto

1. Depoimento inédito.
2. Hitler, *Mein Kampf*, pp. 660-661.
3. Ibid., p. 661.
4. Idem.
5. Idem.
6. Ibid., pp. 661-662.
7. Ibid., p. 654.
8. Alun Chalfont, *Montgomery of Alamein*, Weidenfeld & Nicolson, 1976, p. 318.
9. Stuart Andrews, *Lenin's Revolution*, Humanities-Ebooks, 2010, p. 67.
10. Dmitri Volkogonov, *Lenin: A New Biography*, Free Press, 1994, p. 230, citando o panfleto de Lênin *"Left-wing" Communism: An Infantile Disorder*.
11. Borislav Chernev, *Twilight of Empire: The Brest-Litovsk Conference and the Remaking of Central Europe 1917-1918*, Universidade de Toronto Press, 2017, p. 27.
12. No Tratado de Rapallo de 1922, soviéticos e alemães chegaram a um acordo estabelecendo suas discordâncias territoriais e financeiras. As duas partes ficaram descontentes. Os alemães perderam território no Leste por causa de tratados pós-guerra impostos pelos Aliados, e os soviéticos perderam território no rescaldo de Brest-Litovsk e de sua fronteira recente da guerra com a Polônia. Assim, alemães e soviéticos se uniram na sensação de terem sido enganados.
13. "Aufzeichnung ohne Unterschrift" (agosto de 1936), em *Akten zur Deutschen Auswärtigen Politik 1918-1945*, Vandenhoeck & Ruprecht, 1977, Serie C: 1933-1936, Das Dritte Reich: Die Ersten Jahre, Band V, 2, 26. Mai bis 31. Oktober 1936, Dokumentnummer 490, pp. 793-801.
14. *International Military Tribunal* (*IMT*), Der November 1945. Oktober 1946, Band XXXVI, Nürnberg, 1948, pp. 489 ff.

15. Max Domarus, *Hitler. Reden und Proklamationen 1932-1945. Kommentiert von einem deutschen Zeitgenossen*, Band I: *Triumph, Zweiter Halbband 1935-1938*, R. Löwit, 1973, discurso de Hitler de 13 de setembro de 1937, pp. 728-729, 731.
16. Service, *Stalin*, p. 384.
17. Kotkin, *Stalin*, vol. 2: *Waiting for Hitler*, p. 682.
18. Harpal Brar, *Trotskyism or Leninism?*, H. Brar, 1993, p. 625, citando um ensaio de Trótsky em *Bulletin of the Opposition* de 1933.
19. Idem.
20. Leon Trótsky, *The Stalin School of Falsification*, ed. Max Shachtman, Muriwai Books, 2018 (publicado pela primeira vez em inglês em 1937), Kindle ed, posição 2140.
21. Stalin, *Selected Writings*, p. 440.
22. Ibid., p. 441.
23. Ibid., p. 444.
24. Gabriel Gorodetsky (org.), *The Maisky Diaries: The Wartime Revelations of Stalin's Ambassador in London*, Yale University Press, 2016, anotação de 15 de março de 1939, p. 163.
25. Entrevista com sir Frank Roberts no terceiro episódio de *Nazis: A Warning from History*, escrito e produzido por Laurence Rees, transmitido pela primeira vez pela BBC2 em 1997.
26. James Mace Ward, *Priest, Politician, Collaborator: Jozef Tiso and the Making of Fascist Slovakia*, Cornell University Press, 2013, pp. 181 e 177.
27. Ibid., p. 183.
28. Depoimento inédito.
29. Ian Kershaw, *Hitler 1936-1945: Nemesis*, Allen Lane, 2000, p. 171.
30. David Dilks (org.), *The Diaries of Sir Alexander Cadogan, O. M., 1938-1945*, Cassell, 1971, anotação de 20 de março de 1939, p. 161.
31. Frank McDonough, *Neville Chamberlain, Appeasement and the British Road to War*, Manchester University Press, 1998, p. 78.
32. Hansard, 31 de março de 1939, vol. 345, cols. 2415-20, disponível em: https://api.parliament.uk/historic-hansard/commons/1939/mar/31/european-situation--1#S5CV0345P0_19390331_HOC_226. Chamberlain ofereceu aos poloneses "garantias" em discurso em Birmingham, em 17 de março.
33. Ibid., em col. 2416.
34. Gorodetsky (org.), *Maisky Diaries*, anotação de 31 de março de 1939, p. 169.
35. Christopher Hill, *Cabinet Decisions on Foreign Policy: The British Experience, October 1938-June 1941*, Cambridge University Press, 1991, p. 49.

36. McDonough, *Chamberlain*, p. 82.
37. Ian Colvin, *The Chamberlain Cabinet*, Victor Gollancz, 1971, p. 200. O documento também é citado em Dilks (org.), *Cadogan Diaries*, p. 175.
38. Richard Overy, *1939: Countdown to War*, Allen Lane, 2009, p. 13.
39. Hill, *Cabinet Decisions*, p. 53.
40. Anita Prazmowska, *Britain, Poland and the Eastern Front, 1939*, Cambridge University Press, 1987, pp. 142, 143.
41. Dilks (org.), *Cadogan Diaries*, anotação de 19 de abril de 1939, p. 175.
42. Hill, *Cabinet Decisions*, p. 59.
43. Gorodetsky (org.), *Maisky Diaries*, anotação de 4 de agosto de 1939, p. 212.
44. *Documents on German Foreign Policy 1918-1945*, Series D: *1937-1945*, vol. VI: *The Last Months of Peace, March-August 1939*, United States Government Printing Office, 1956, Document 758, Ribbentrop para a embaixada alemã em Moscou, 3 de agosto de 1939, p. 1048.
45. Chris Bellamy, *Absolute War: Soviet Russia in the Second World War*, Macmillan, 2007, p. 44.
46. Hitler fez de fato o ocasional comentário em seu longo discurso sobre os perigos do "bolchevismo", referindo-se por exemplo ao "extermínio do bolchevismo da cultura europeia". Max Domarus, *Hitler. Reden und Proklamationen 1932-1945. Kommentiert von einem deutschen Zeitgenossen*, Band II: *Untergang, Erster Halbband 1939-1940*, R. Löwit, 1973, discurso de Hitler ao Reichstag, 28 de abril de 1939, p. 1164.
47. Ibid., pp. 1573, 1158.
48. Ibid., pp. 1574, 1159.
49. Ibid., pp. 1583, 1167.
50. Embora os franceses com certeza estivessem mais ansiosos para fechar um acordo que os britânicos. Ver Louise Grace Shaw (org.), *The British Political Elite and the Soviet Union 1937-1939*, Frank Cass, 2003, p. 139.
51. Ibid., p. 138.
52. Gibson (org.), *Ciano Diaries*, anotação de 11 de agosto de 1939, p. 119.
53. Ibid., anotação de 12 de agosto de 1939, p. 119.
54. Andreas Hillgruber, *Germany and the Two World Wars*, Harvard University Press, 1981, p. 69.
55. *Documents on German Foreign Policy 1918-1945*, Series D, vol. VII: *The Last Days of Peace, August 9-September 3, 1939*, United States Government Printing Office, 1956, pp. 200-204.
56. Ibid., pp. 205-206.

57. V. N. Pavlov (o intérprete soviético), "Avtobiographicheskii Zametki", *Novaya i Noveyshaya Istoria*, 2000, pp. 98-99.
58. Gustav Hilger e Alfred G. Meyer, *The Incompatible Allies*, Macmillan, 1953, p. 304.
59. Entrevista com Andor Hencke e seu memorando da conversação de 23 de agosto em Politisches Archiv, Berlin, ADAP DVII DOK 213.
60. Albert Resis (org.), *Molotov Remembers*, Ivan R. Dee, 1993, p. 12.
61. Sergei Khrushchev (org.), *Memoirs of Nikita Khrushchev*, vol. 1: *Commissar (1918- -1945)*, Pennsylvania State University Press, 2004, p. 225.
62. Nevile Henderson, *Failure of a Mission*, Hodder & Stoughton, 1940, p. 266.

2. A eliminação da Polônia

1. Alexander B. Rossino, *Hitler Strikes Poland: Blitzkrieg, Ideology, and Atrocity*, University Press of Kansas, 2003, pp. 16, 66-67 e 129.
2. Jürgen Matthäus, Jochen Böhler e Klaus-Michael Mallmann, *War, Pacification, and Mass Murder, 1939: The Einsatzgruppen in Poland*, Documenting Life and Destruction: Holocaust Sources in Context, Rowman & Littlefield, 2014, Documento 18, interrogatório pós-guerra de Bruno G, ex-membro da Einsatzkommando 2/IV, em relação a "represálias" em Bydgoszcz, p. 59.
3. Robert Gerwarth, *Hitler's Hangman: The Life of Heydrich*, Yale University Press, 2012, p. 153. Cinco mil desse total eram judeus.
4. Gorodetsky (org.), *Maisky Diaries*, anotação de 17 de setembro de 1939, p. 225.
5. Jan Gross, *Revolution from Abroad*, Princeton University Press, 1988, p. 11.
6. Para facilitar a compreensão, ao longo do livro me refiro a essa cidade como Lwów. Isso porque a versão polonesa do nome da cidade foi como o local era chamado antes da guerra. Hoje a cidade se chama Lviv – o nome pelo qual é conhecida pelos ucranianos – e não fica na Polônia, mas em uma Ucrânia independente. Os alemães que ocuparam a cidade a chamavam de Lemberg e os soviéticos a chamavam de Lvov. Assim, a cidade teve quatro nomes diferentes no século XX. Essa variedade de nomes é emblemática da história turbulenta, e, no geral, trágica dessa linda cidade.
7. Charles Burdick e Hans-Adolf Jacobsen (orgs.), *The Halder War Diary 1939-1942*, Greenhill Books, 1988, anotação de 20 de setembro de 1939, p. 58.
8. Depoimento inédito.
9. Depoimento inédito.
10. Depoimento inédito.

11. Depoimento inédito.
12. Ingeborg Fleischhauer, "Der deutsch-sowjetische Grenz- und Freundschaftsvertrag vom 28. Setembro de 1939. Die deutschen Aufzeichnungen über die Verhandlungen zwischen Stalin, Molotov und Ribbentrop in Moskau", *Vierteljahrshefte für Zeitgeschichte*, vol. 39, n. 3, 1991, pp. 447-470. Anotações de Gustav Hilger, "Aufzeichnung. Betr. Moskauer Besprechungen des Herrn Reichsaußenministers (Ende September 1939)", pp. 453-470, aqui p. 458.
13. Karl Schnurre, *Aus einem bewegten Leben, Heiteres und Ernstes*, 1986, pp. 90-95, memórias inéditas, Politisches Archiv des Auswärtigen Amts Berlin, Nachlass Karl Schnurre.
14. Yosef Govrin, *The Jewish Factor in the Relations between Nazi Germany and the Soviet Union 1933-1941*, Vallentine Mitchell, 2009, p. 34.
15. Ver introdução de Nikolaus Wachsmann para Margarete Buber-Neumann, *Under Two Dictators: Prisoner of Stalin and Hitler*, Vintage, 2013, Kindle ed, posição 176-194.
16. Buber-Neumann, *Under Two Dictators*, Kindle ed., p. 44.
17. Ibid., pp. 336-337.
18. Werner Präg e Wolfgang Jacobmeyer (orgs.), *Das Diensttagebuch des deutschen Generalgouverneurs in Polen 1939-1945*, Deutsche Verlags-Anstalt, 1975, anotações de 26 e 27 de outubro de 1939, p. 46.
19. Sergej Slutsch, "17. September 1939: Der Eintritt der Sowjetunion in den Zweiten Weltkrieg. Eine historische und völkerrechtliche Bewertung", *Vierteljahrshefte für Zeitgeschichte*, vol. 48, n. 2 (2000), pp. 219-254, aqui p. 295-296. Diário da Delegação Soviética da Comissão da Fronteira Rússia-Alemanha, em Arquivos de Política Externa da Federação Russa, Moscou, f. 011, op. 4, p. 27, d. 66, l. 22, anotação de 27 de outubro de 1939.
20. Laurence Rees, *Auschwitz: The Nazis and the "Final Solution"*, BBC Books, 2005, p. 44.
21. Jacob Sloan (org.), *Notes from the Warsaw Ghetto: From the Journal of Emmanuel Ringelblum*, iBooks, 2006, anotação de 12 de fevereiro de 1940, p. 19.
22. Depoimento inédito.
23. Michael Burleigh, *The Third Reich: A New History*, Pan Books, 2001, pp. 176-177.
24. Kotkin, *Stalin*, vol. 2: *Waiting for Hitler*, p. 595.
25. Elke Fröhlich (org.), *Die Tagebücher von Joseph Goebbels*, Teil I: *Aufzeichnungen 1923-1941*, Band 7: *Juli 1939-März 1940*, K. G. Saur, 1998, anotação de 23 de janeiro de 1940, p. 282.
26. *Documents on German Foreign Policy 1918-1945*, Series D, vol. VIII: *The War Years, September 4, 1939-March 18, 1940*, United States Government Printing Office, 1954, Documento 190, pp. 206-207.

27. Depoimento inédito.
28. Depoimento inédito, e Laurence Rees, *Nazis: A Warning from History*, BBC Books 2005, p. 120.
29. O nome em alemão para a cidade era Posen.
30. Peter Longerich, *Heinrich Himmler*, Oxford University Press, 2011, pp. 443-444.
31. Rees, *Nazis*, p. 121.
32. Idem.
33. Depoimento inédito.
34. Jeannette von Hehn, "Als Landfrau im Warthegau 1940-1945", *Jahrbuch des baltischen Deutschtums*, 1960, pp. 90-93.
35. Depoimento inédito.
36. Depoimento inédito, ver Rees, *Nazis*, pp. 122-123.
37. *Concise Statistical Year-Book of Poland, September 1939-June 1941*, Ministério da Informação Polonês, 2.ª ed., junho de 1944 (publicado pela primeira vez em dezembro de 1941), pp. 9-10.
38. Christopher Browning, *The Origins of the Final Solution*, William Heinemann, 2004, p. 57.
39. Jeremy Noakes e Geoffrey Pridham (orgs.), *Nazism 1919-1945: A Documentary Reader*, vol. 3: *Foreign Policy, War and Racial Extermination*, Exeter University Press, 1991, pp. 932-934.
40. Para mais informações sobre o plano de Madagascar, ver pp. 380-385.
41. Joshua D. Zimmerman, *The Polish Underground and the Jews 1939-1945*, Cambridge University Press, 2015, p. 20.
42. Christopher Browning, *Nazi Policy, Jewish Workers, German Killers*, Cambridge University Press, 2000, discurso de Hans Frank, 25 de novembro de 1939, p. 8.
43. Anne Applebaum, *Gulag: A History of the Soviet Camps*, Penguin Books, 2004, p. 64.
44. Depoimento inédito, e Laurence Rees, *World War Two: Behind Closed Doors*, BBC Books, 2008, p. 29.
45. Applebaum, *Gulag*, p. 111.
46. Depoimento inédito.
47. Depoimento inédito.
48. Depoimento inédito. Ver também Katherine Bliss Eaton, *Daily Life in the Soviet Union*, Greenwood Publishing, 2004, p. 69.
49. Um ponto de vista semelhante também é feito por Gustaw Herling, *A World Apart*, Penguin Books, 1996 (publicado pela primeira vez em 1951), p. 150.
50. Applebaum, *Gulag*, pp. 383-384, cálculos de Aleksandr Guryanov.

51. Depoimento inédito, e Rees, *Behind Closed Doors*, p. 52.
52. Arquivo Presidencial, Moscou, f. 17, op. 162, d. 26, l. 119, documento de Béria a Stálin de 2 de dezembro de 1939.
53. Rees, *Behind Closed Doors*, pp. 47-49.
54. Depoimento inédito.
55. Herling, *A World Apart*, p. 11. Ver também Thomas Lane, *Victims of Stalin and Hitler: The Exodus of Poles and Balts to Britain*, Palgrave, 2004, p. 102.
56. Herling, *A World Apart*, p. 22.
57. Ibid., p. 18.
58. Rees, *Auschwitz*, p. 40.
59. Citado em Danuta Czech, "The Auschwitz Prisoner Administration", em Yisrael Gutman e Michael Berenbaum (orgs.), *Anatomy of the Auschwitz Death Camp*, Indiana University Press, 1998, p. 364.
60. Ver p. 71.
61. Herling, *A World Apart*, p. 65.
62. Segev, *Soldiers of Evil*, p. 28.
63. Rudolf Hoess, *Commandant of Auschwitz*, Phoenix, 2000, pp. 70-71.
64. Um pequeno número de poloneses chegou a ser libertado de Auschwitz. Ver, por exemplo, as experiências de Władysław Bartoszewski, libertado na *Páscoa de* 1941, detalhadas em Rees, *Auschwitz*, pp. 46-48.
65. Herling, *A World Apart*, p. 33.
66. Maren Röger, "The Sexual Policies and Sexual Realities of the German Occupiers in Poland in the Second World War", *Contemporary European History*, vol. 23, n. 1, fevereiro de 2014, pp. 1-21.
67. Ministério de Informação Polonês, *The German New Order in Poland*, Hutchinson, 1943, pp. 408-409.
68. Depoimento inédito.
69. Christopher Browning, *The Path to Genocide: Essays on Launching the Final Solution*, Cambridge University Press, 1992, p. 23.
70. *Hitler's Table Talk*, anotação da noite de 1-2 de agosto de 1941, pp. 18-19.
71. Rees, *Nazis*, p. 129.
72. Kotkin, *Stalin*, vol. 2: *Waiting for Hitler*, p. 705.
73. George Sanford, *Katyn and the Soviet Massacre of 1940*, Routledge, 2005, p. 297.
74. Mas Hitler realmente assinou, em 1939, um documento autorizando a matança de pessoas deficientes selecionadas. Talvez, na sequência, ele tenha reconhecido que se

associar tão intrinsecamente com essa política havia sido um equívoco. Muito melhor, do seu ponto de vista, seria presidir as subsequentes matanças da "Solução Final", mas mantendo seu nome fora de quaisquer ordens por escrito. Ver Rees, *Holocaust*, pp. 165-166.

3. Destinos opostos

1. O censo de 1937 estimou uma população soviética de 162 milhões, mas era muito baixa para Stálin e por isso a publicação dos dados foi vetada. Em março de 1939, ele anunciou que a população era de 170 milhões.
2. Overy, *Dictators*, p. 452.
3. Entrevista de H. G. Wells com Stálin, *New Statesman*, suplemento especial, 27 de outubro de 1934.
4. Kotkin, *Stalin*, vol. 2: *Waiting for Hitler*, p. 378.
5. Robert Gellately, *Stalin's Curse: Battling for Communism in War and Cold War*, Oxford University Press, 2013, p. 38.
6. William J. Spahr, *Stalin's Lieutenants: A Study of Command under Duress*, Presidio Press, 1997, p. 172.
7. Depoimento inédito.
8. Depoimento inédito, e "Mark Lazarevich Gallay and the Mind of Josef Stalin", em Rees, *Their Darkest Hour*, pp. 197-203.
9. Dmitry Chernov e Didier Sornette, *Man-Made Catastrophes and Risk Information Concealment: Case Studies of Major Disasters and Human Fallibility*, Springer, 2016, p. 205. Este episódio foi extraído das memórias do marechal Zhukov, e foi ele quem chamou Voroshilov de "diletante".
10. Juho Kusti Paasikivi, *Meine Moskauer Mission 1939-41*, Holsten-Verlag, 1966, pp. 67-68.
11. Milovan Djilas, *Conversations with Stalin*, Penguin Books, 2014, pp. 50-51.
12. Väinö Tanner, *The Winter War: Finland against Russia 1939-1940*, Stanford University Press, 1957, pp. 67-68.
13. William R. Trotter, *The Winter War: The Russo-Finnish War of 1939-40*, Aurum Press, 2003, p. 17.
14. Khrushchev (org.), *Khrushchev Memoirs*, vol. 1: *Commissar*, p. 249.
15. Gorodetsky (org.), *Maisky Diaries*, anotação de 27 de novembro de 1939, p. 240.
16. Kotkin, *Stalin*, vol. 2: *Waiting for Hitler*, p. 741.

17. Dmitri Volkogonov, *Stalin: Triumph and Tragedy*, Weidenfeld & Nicolson, 1991, p. 279. As palavras de Béria foram relatadas a Volkogonov por A. A. Yepishev.
18. Bellamy, *Absolute War*, p. 74. Voronov obteve esta informação de G. Kulik, um comissário da Defesa em encontro em que também estava presente o general Meretskov.
19. Allen F. Chew, *The White Death: The Epic of the Soviet-Finnish Winter War*, KiwE Publishing, 2007, pp. 27-28.
20. Ibid., pp. 71-72.
21. Depoimento inédito.
22. Trotter, *Winter War*, p. 160.
23. Robert D. Lewallen, *The Winter War: The United States and the Impotence of Power*, Alyssiym Publications, 2010, p. 69.
24. Transmissão pelo rádio de Winston Churchill, 20 de janeiro de 1940, disponível em: https://winstonchurchill.org/resources/speeches/1940-the-finest-hour/the-war-situation-house-of-many-mansions/.
25. Por exemplo, a opinião de Chamberlain e de figuras militares de alta patente na Grã-Bretanha sobre as deficiências do Exército Vermelho: ver p. 54.
26. Gorodetsky (org.), *Maisky Diaries*, anotação de 12 de dezembro de 1939, pp. 244-245.
27. Ibid., anotação de 21 de fevereiro de 1940, p. 257.
28. Khrushchev (org.), *Khrushchev Memoirs*, vol. 1: *Commissar*, pp. 251-252.
29. Chew, *White Death*, p. 179.
30. Khrushchev (org.), *Khrushchev Memoirs*, vol. 1: *Commissar*, p. 256.
31. Yuri Glazov, *The Russian Mind since Stalin's Death*, D. Reidel, 1985, p. 182.
32. Fröhlich (org.), *Die Tagebücher von Joseph Goebbels*, Teil I, Band 7: *Juli 1939-März 1940*, anotação de 11 de novembro de 1939, pp. 190-191.
33. Ibid., anotação de 16 de dezembro de 1939, pp. 233-234, aqui p. 233.
34. Ibid., anotação de 6 de dezembro de 1939, pp. 221-223, aqui pp. 221-222.
35. Heinz Boberach (org.), *Meldungen aus dem Reich 1938-1945. Die geheimen Lageberichte des Sicherheitsdienstes der SS*, vol. 3, Pawlak, 1984, p. 524.
36. *Documents on German Foreign Policy*, Series D, vol. VIII: *The War Years, September 4, 1939–March 18, 1940*, Document 663, The Führer and Chancellor to Benito Mussolini, 8 de março de 1940, pp. 871-880, aqui p. 877.
37. *Völkischer Beobachter*, Norddeutsche Ausgabe, 9 de dezembro de 1939, p. 2.
38. *Documents on German Foreign Policy*, Series D, vol. VIII: *The War Years, September 4, 1939-March 18, 1940*, Document 663, pp. 871-880, aqui p. 877.
39. Service, *Stalin*, p. 340.

40. *Völkischer Beobachter*, 3 de julho de 1934.
41. *Deutsche Allgemeine Zeitung*, n. 302, 2 de julho de 1934.
42. Contudo, os nazistas promulgaram legislações como a Lei para a Restauração do Serviço Público Profissional, em abril de 1933, visando a exoneração de judeus e comunistas do funcionalismo público. Sob pressão do presidente Von Hindenburg, foram abertas exceções para os que haviam servido no *front* na Primeira Guerra Mundial ou perdido algum parente na guerra.
43. BArch, N 28/4, citado em alemão em Klaus-Jürgen Müller, *General Ludwig Beck. Studien und Dokumente zur politisch-militärischen Vorstellungswelt und Tätigkeit des Generalstabschefs des deutschen Heeres 1933-1938*, Harald Boldt, 1980, pp. 498-501. Ressalve-se que não é certo a quem Beck destinaria este documento.
44. Hildegard von Kotze (org.), *Heeresadjutant bei Hitler 1938-1943. Aufzeichnungen des Majors Engel*, Deutsche Verlags-Anstalt, 1974, pp. 67f. Há uma cópia do diário no Institut für Zeitgeschichte, Munique (doravante IfZ), ED 53.
45. Burdick e Jacobsen (orgs.), *Halder War Diary*, anotação de 3 de novembro de 1939, p. 76.
46. *Hitler's Table Talk*, anotação da noite de 18 de janeiro de 1942, p. 221.
47. Richard Giziowski, *The Enigma of General Blaskowitz*, Leo Cooper, 1997, p. 172.
48. Kershaw, *Nemesis*, pp. 269-270.
49. Domarus, *Hitler. Reden und Proklamationen*, Band II: *Untergang, Erster Halbband 1939-1940*, Discurso de Hitler de 23 de novembro de 1939, extraído de anotações encontradas posteriormente em posse do Alto-Comando da Wehrmacht, pp. 1422-1426.
50. Generalfeldmarschall Fedor von Bock, *The War Diary 1939-1945*, Schiffer, 1996, anotação de 23 de novembro de 1939, p. 88.
51. Bericht zur innenpolitischen Lage (Nr. 15) 13 de novembro de 1939, em Boberach (org.), *Meldungen aus dem Reich*, vol. 3, pp. 449-456.
52. Bock, *War Diary*, anotação de 24 de outubro de 1939, p. 75.
53. Leonidas E. Hill (org.), *Die Weizsäcker-Papiere 1933-1950*, Propyläen-Verlag, 1974, nota de Ernst von Weizsäcker, 17 de outubro de 1939, p. 180.
54. Adam Tooze, *Wages of Destruction: The Making and Breaking of the Nazi Economy*, Penguin Books, 2007, p. 368.
55. Ernest R. May, *Strange Victory: Hitler's Conquest of France*, I. B. Tauris, 2000, p. 413.
56. Winston S. Churchill, *The Second World War*, vol. II: *Their Finest Hour*, Penguin Books, 2005, p. 38.
57. Gorodetsky (org.), *Maisky Diaries*, anotação de 15 maio de 1940, p. 278.
58. Tooze, *Wages of Destruction*, p. 370.

59. Bock, *War Diary*, anotação de 25 de junho de 1940, p. 181.
60. Elke Fröhlich (org.), *Die Tagebücher von Joseph Goebbels*, Teil I: *Aufzeichnungen 1923-1941*, Band 4: *März-November 1937*, K. G. Saur, 2000, anotação de 10 de julho de 1937, p. 214.
61. Kershaw, *Nemesis*, p. 300; Wolfgang Benz, *Die 101 wichtigsten Fragen. Das Dritte Reich*, C. H. Beck, 2013, Kindle ed, posição 1267.

4. Sonhos e pesadelos

1. Edward Crankshaw, *Khrushchev Remembers*, André Deutsch, 1974, pp. 156-157.
2. Khrushchev (org.), *Khrushchev Memoirs*, vol. 1: *Commissar*, p. 266.
3. Sevket Akyildiz, "'Learn, Learn, Learn!' Soviet Style in Uzbekistan: Implementation and Planning", em Sevket Akyildiz e Richard Carlson (orgs.), *Social and Cultural Change in Central Asia: The Soviet Legacy*, Routledge, 2014, p. 16.
4. Geoffrey Roberts, *Stalin's General: The Life of Georgy Zhukov*, Icon Books, 2013, Kindle ed, posição 1471-1478.
5. Carl Van Dyke, "The Timoshenko Reforms: March–July 1940", *Journal of Slavic Military Studies*, vol. 9, n. 1 (março de 1996), p. 87. Também citado em Richard Overy, *Russia's War*, Allen Lane, 1997, p. 58.
6. Marius Broekmeyer, *Stalin, the Russians, and Their War*, University of Wisconsin Press, 2004, p. 55.
7. Van Dyke, "Timoshenko", pp. 69-96.
8. Depoimento inédito.
9. Alex Danchev e Daniel Todman (orgs.), *War Diaries 1939-1945: Field Marshal Lord Alanbrooke*, Phoenix, 2002, anotação de 23 de maio de 1940, p. 68.
10. Gorodetsky (org.), *Maisky Diaries*, anotações de 20 de maio e 10 de julho de 1940, pp. 279 e 296.
11. Friedrich Kellner, *My Opposition: The Diary of Friedrich Kellner*, Robert Scott Kellner (org.), Cambridge University Press, 2018, p. 79. Kellner era funcionário público no sul da Alemanha, um social-democrata que mantinha um diário secreto.
12. Depoimento inédito.
13. Depoimento inédito.
14. Burdick e Jacobsen (orgs.), *Halder War Diary*, anotação de 13 de julho de 1940, p. 227.
15. General Franz Halder, "Spruchkammeraussage", 20 de setembro de 1948, IfZ, ZS 240/6, pp. 23-24.

16. Burdick e Jacobsen (orgs.), *Halder War Diary*, anotação de 3 de julho de 1940, pp. 220-221.
17. Kershaw, *Nemesis*, p. 307.
18. Burdick e Jacobsen (orgs.), *Halder War Diary*, anotação de 13 de julho de 1940, p. 227.
19. Domarus, *Hitler. Reden und Proklamationen*, Band II: *Untergang, Erster Halbband 1939-1940*, discurso de Hitler ao Reichstag, 19 de julho de 1940, pp. 1553, 1558.
20. Burdick e Jacobsen (orgs.), *Halder War Diary*, anotação de 31 de julho de 1940, pp. 241-246.
21. Ibid., anotação de 6 de agosto de 1940, p. 246.
22. Depoimento inédito.
23. Bock, *War Diary*, anotações de 12 e 13 de agosto de 1940, p. 187.
24. William L. Shirer, *End of a Berlin Diary*, Rosetta Books, 2016, anotação de 2 de novembro de 1946, p. 140.
25. Rees, *Nazis*, p. 85.
26. Ibid.
27. Gibson (org.), *Ciano Diaries*, anotação de 13 de maio de 1941, p. 351.
28. Burdick e Jacobsen (orgs.), *Halder War Diary*, anotação de 1º de novembro de 1940, pp. 272-273.
29. Ibid., anotação de 4 de novembro de 1940, p. 279.
30. Hitler, Directiva n. 18, 12 de novembro de 1940, em Gerhard L. Weinberg, *Germany and the Soviet Union, 1939-1941*, E. J. Brill, 1954, p. 137.
31. Ivo Banac (org.), *The Diary of Georgi Dimitrov 1933-1949*, Yale University Press, 2003, anotação de 7 de novembro de 1940, p. 133.
32. Ibid., p. 134.
33. Valentin M. Berezhkov, *At Stalin's Side: His Interpreter's Memoirs from the October Revolution to the Fall of the Dictator's Empire*, Birch Lane Press, 1994, p. 7.
34. Encontro de Ribbentrop com Molotov, 12 de novembro de 1940, Memorando da conversação, BArch, RM 41/40, disponível em: http://www.worldfuturefund.org/wffmaster/Reading/Germany/Hitler-Molotov%20Meetings.htm.
35. Gabriel Gorodetsky, *Grand Delusion: Stalin and the German Invasion of Russia*, Yale University Press, 1999, p. 58.
36. Berezhkov, *At Stalin's Side*, p. 8.
37. Winston S. Churchill, *The Second World War*, vol. I: *The Gathering Storm*, Penguin Books, 2002, p. 121.

38. Kwok-sing Li, *A Glossary of Political Terms of the People's Republic of China*, The Chinese University of Hong Kong, 1995, p. 325.
39. Pavlov, "Avtobiographicheskii Zametki", pp. 104-105.
40. Major Gerhard Engel, *At the Heart of the Reich: The Secret Diary of Hitler's Army Adjutant*, Frontline Books, 2017, anotação de 15 de novembro de 1940, Kindle ed, posição 1794.
41. Burdick e Jacobsen (orgs.), *Halder War Diary*, anotação de 16 de novembro de 1940, p. 283.
42. Jana Richter (org.), *Die Tagebücher von Joseph Goebbels*, Teil I: *Aufzeichnungen 1923-1941*, Band 8: *April-November 1940*, K. G. Saur, 1998, anotação de 18 de novembro de 1940, p. 425.
43. Ibid., anotação de 14 de novembro de 1940, pp. 417-418.
44. Kotkin, *Stalin*, vol. 2: *Waiting for Hitler*, p. 764.
45. Ian Kershaw, *Fateful Choices: Ten Decisions that Changed the World, 1940-1941*, Allen Lane, 2007, p. 69.
46. *Documents on German Foreign Policy 1918-1945*, Series D, vol. XI: *The War Years, September 1, 1940-January 31, 1941*, United States Government Printing Office, 1960, Documento 532, 18 de dezembro de 1940, p. 899.

5. A guerra de aniquilação de Hitler

1. Tribunal Internacional para Crimes de Guerra, Nuremberg, IMG, para 481 (declaração de Erich von dem Bach-Zelewski, 7 de janeiro de 1946), https://avalon.law.yale.edu/imt/01-07-46.asp. Bach-Zelewski data erroneamente o encontro mais cedo em 1941, mas o diário de Himmler confirma que o encontro foi em junho, antes da invasão. Ver Peter Witte et al. (orgs.), *Der Dienstkalender Heinrich Himmlers 1941/42*, Christians, 1999, pp. 171-172. Este número de "30 milhões" também foi usado por Göring no final de 1941, segundo o conde Ciano. Ver *Les Archives secretes du Comte Ciano 1936-1942*, Librairie Plon, 1948, pp. 478-479. Ver também Peter Longerich, *Holocaust: The Nazi Persecution and Murder of the Jews*, Oxford University Press, 2010, p. 181.
2. Engel, *Diary*, anotação de 18 de dezembro de 1940, Kindle ed, posição 1807.
3. Percy Ernst Schramm e Hans-Adolf Jacobsen (orgs.), *Kriegstagebuch des Oberkommandos der Wehrmacht (Wehrmachtführungsstab)*, Band I: *1. August 1940-31. Dezember 1941*, Bernard & Graefe, 1965, anotação de 9 de janeiro de 1941, pp. 253-259, aqui p. 258.
4. Georg Thomas, *Geschichte der deutschen Wehr- und Rüstungswirtschaft (1918-1943/45)*, Harald Boldt Verlag, 1966, pp. 515-532. Há muita discussão acadêmica sobre esse

memorando. Ver, por exemplo, Rolf-Dieter Müller, "Von der Wirtschaftsallianz zum kolonialen Ausbeutung", em Militärgeschichtliches Forschungsamt (org.), *Das Deutsche Reich und der Zweite Weltkrieg*, vol. 4.1: *Der Angriff auf die Sowjetunion*, Deutsche Verlags- Anstalt, 1983, pp. 98-326, aqui p. 126. Heinrich Uhlig, "Das Einwirken Hitlers auf Planung und Führung des Ostfeldzuges", em *Vollmacht des Gewissens*, vol. 2, Alfred Metzner, 1965, pp. 147-286, aqui pp. 209-210. Christian Gerlach, *Kalkulierte Morde. Die deutsche Wirtschafts- und Vernichtungspolitik in Weißrußland 1941 bis 1944*, Hamburger Edition, 1999, p. 67.
5. Uhlig, "Das Einwirken Hitlers auf Planung und Führung des Ostfeldzuges", pp. 210-211.
6. Kershaw, *Nemesis*, p. 345.
7. Bock, *War Diary*, anotações de 31 de janeiro de 1941 e 1º de fevereiro de 1941, pp. 196-198.
8. Ibid., anotação de 3 de dezembro de 1940, p. 193.
9. Max Domarus, *Hitler. Reden und Proklamationen 1932-1945. Kommentiert von einem deutschen Zeitgenossen*, Band II: *Untergang, Zweiter Halbband 1941-1945*, R. Löwit, 1965, discurso de Hitler em 9 de janeiro de 1941, p. 1653.
10. Gibson (org.), *Ciano Diaries*, anotação de 19 de janeiro de 1941, p. 338.
11. Ibid., anotação de 20 de janeiro de 1941, p. 338.
12. David Stahel, *Operation Barbarossa and Germany's Defeat in the East*, Cambridge University Press, 2012, p. 73.
13. Kershaw, *Nemesis*, p. 146.
14. Bock, *War Diary*, anotação de 14 de dezembro de 1940, p. 195.
15. Winston S. Churchill, *The Second World War*, vol. III: *The Grand Alliance*, Penguin Books, 2005, p. 316.
16. Kotkin, *Stalin*, vol. 2: *Waiting for Hitler*, p. 841.
17. Gorodetsky, *Grand Delusion*, p. 53.
18. Bellamy, *Absolute War*, p. 141.
19. Depoimento inédito.
20. Evan Mawdsley, "Crossing the Rubicon: Soviet Plans for Offensive War in 1940-1941", *International History Review*, vol. 25 (2003), p. 853. Também Kershaw, *Fateful Choices*, p. 280. E Roberts, *Stalin's General*, Kindle ed, posição 1857-1870.
21. Elke Fröhlich (org.), *Die Tagebücher von Joseph Goebbels*, Teil I: *Aufzeichnungen 1923-1941*, Band 9: *Dezember 1940-Juli 1941*, K. G. Saur, 1998, anotação de 7 de maio de 1941, p. 296.

22. Ibid., anotação de 9 de maio de 1941, p. 301.
23. Burdick e Jacobsen (orgs.), *Halder War Diary*, anotação de 30 de março de 1941, p. 346.
24. Note-se que o general Warlimont afirmou depois que a maioria dos presentes aceitou o que disse Hitler. Kershaw, *Nemesis*, p. 356.
25. Depoimento inédito.
26. Gerd R. Ueberschär e Wolfram Wette (orgs.), *Der deutsche Überfall auf die Sowjetunion*. "Unternehmen Barbarossa" *1941*, Fischer Taschenbuch, 2011, p. 251. Original em BArch, RH 24-56/149.
27. Hans-Heinrich Wilhelm, *Rassenpolitik und Kriegführung: Sicherheitspolizei und Wehrmacht in Polen und in der Sowjetunion 1939-1942*, R. Rothe, 1991, pp. 133-140, aqui pp. 133-134, 138-139. Original em BArch, RH 20-18/71, AOK 18/Ia Nr. 406/41, g.Kdos.
28. Bock, *War Diary*, anotação de 7 de junho de 1941, pp. 219-220.
29. Marechal de campo Erich von Manstein, *Lost Victories*, Zenith, 2004 (publicado pela primeira vez por Athenaum-Verlag, 1955), p. 180.
30. Benoît Lemay, *Erich von Manstein: Hitler's Master Strategist*, Casemate, 2010, Kindle ed, pp. 251-253.
31. Manstein, *Lost Victories*, p. 179.
32. Michael Burleigh, *Moral Combat: A History of World War II*, HarperPress, 2010, p. 239.
33. Bock, *War Diary*, anotação de 14 junho de 1941, pp. 220-222.
34. Alex J. Kay, "Germany's Staatssekretäre, Mass Starvation and the Meeting of 2 May 1941", *Journal of Contemporary History*, vol. 41, n. 4 (2006), pp. 685-689. Ver também o trabalho de Gerlach, *Kalkulierte Morde*.
35. Ver p. 138.
36. Relatório estenografado da reunião do marechal do Reich Göring com os comissários do Reich dos territórios ocupados e comandantes militares sobre a situação alimentar; no Ministério da Aviação, quinta-feira, 6 de agosto de 1942, 16h, Léon Poliakov e Joseph Wulf, *Das Dritte Reich und seine Diener*, Ullstein, 1983, pp. 471ff. Também no Documento 170-USSR, em *Der Prozess gegen die Hauptkriegsverbrecher vor dem Internationalen Militärgerichtshof, Nürnberg, 14. November 1945. Oktober 1946*, Band XXIX, Sekretariat des Gerichtshofs, 1949, pp. 385ff. (A tradução aqui é a oficial usada nos julgamentos de Nuremberg.)
37. Götz Aly e Susanne Heim, *Architects of Annihilation: Auschwitz and the Logic of Destruction*, Weidenfeld & Nicolson, 2002, p. 239.
38. Ibid., p. 242.
39. Ibid., p. 237.

40. Fröhlich (org.), *Die Tagebücher von Joseph Goebbels*, Teil I, Band 9: *Dezember 1940-Juli 1941*, anotação de 29 de março de 1941, pp. 209-211.
41. Ver p. 31-32.
42. Rees, *Nazis*, p. 174.
43. Helmut Krausnick, Hans Buchheim, Martin Broszat e Hans-Adolf Jacobsen, *Anatomy of the SS State*, Collins, 1968, pp. 62-63.
44. Khrushchev (org.), *Khrushchev Memoirs*, vol. 1: *Commissar*, p. 272.
45. Gorodetsky, *Grand Delusion*, p. 174.
46. Dilks (org.), *Cadogan Diaries*, anotação de 6 de janeiro de 1941, p. 347.
47. Citado em comentários editoriais em Gorodetsky (org.), *Maisky Diaries*, pp. 361-362.
48. Ibid., anotação de 18 de junho de 1941, p. 363.
49. Arquivo Presidencial, Moscou, f. 3, op. 50, d. 415, l. 1, 50-52. Aqui, Bellamy, *Absolute War*, pp. 146-147.
50. Broekmeyer, *Stalin, the Russians, and Their War*, p. 32.
51. Fröhlich (org.), *Die Tagebücher von Joseph Goebbels*, Teil I, Band 9: *Dezember 1940-Juli 1941*, anotação de 16 de junho de 1941, pp. 376-380.
52. Depoimento inédito.
53. Bullock, *Hitler and Stalin: Parallel Lives*, p. 768.
54. Gibson (org.), *Ciano Diaries*, anotação de 21 de junho de 1941, pp. 368-369.
55. Fröhlich (org.), *Die Tagebücher von Joseph Goebbels*, Teil I, Band 9: *Dezember 1940-Juli 1941*, anotação de 22 de junho de 1941, pp. 395-396.

6. A invasão

1. Depoimento inédito.
2. Hilger e Meyer, *Incompatible Allies*, p. 336.
3. Service, *Stalin*, p. 410.
4. Depoimento inédito, e Rees, *Nazis*, p. 170.
5. Kershaw, *Nemesis*, p. 393. Bellamy, *Absolute War*, pp. 172-177.
6. Bernd Bonwetsch, "Stalin, the Red Army and the 'Great Patriotic War'", em Kershaw e Lewin (orgs.), *Stalinism and Nazism*, pp. 185-186.
7. Simonov, *Glazami cheloveka moego pokoleniia*, pp. 291-306, discutido em ibid., p. 193.
8. Khrushchev (org.), *Khrushchev Memoirs*, vol. 1: *Commissar*, p. 311.
9. Depoimento inédito.
10. Depoimento inédito.

11. Antony Beevor e Luba Vinogradova (orgs.), *A Writer at War: Vasily Grossman with the Red Army 1941-1945*, Harvill Press, 2005, p. 12.
12. Depoimento inédito.
13. Anastas Mikoyan, *Tak Bylo*, Vagrius, 1999, pp. 390-392.
14. Khrushchev (org.), *Khrushchev Memoirs*, vol. 1: *Commissar*, p. 304.
15. Overy, *Russia's War*, p. 78, e Service, *Stalin*, pp. 414-415, são dois exemplos que exploram as possibilidades.
16. Mikoyan, *Tak Bylo*, p. 390.
17. Sergo Beria, *Beria, My Father: Inside Stalin's Kremlin*, ed. Françoise Thom, Duckworth, 2003, p. 71.
18. *Pravda*, 19 de dezembro de 1939; em inglês em Overy, *Dictators*, p. 98.
19. Heinz Guderian, *Panzer Leader*, Penguin Books, 2009, p. 158.
20. Burdick e Jacobsen (orgs.), *Halder War Diary*, anotação de 3 de julho de 1941, p. 446.
21. Friedrich Kellner, *My Opposition: The Diary of Friedrich Kellner*, ed. Robert Scott Kellner, Cambridge University Press, 2018, anotações de 28 de junho de 1941 e 30 de junho de 1941, p. 127.
22. Gorodetsky (org.), *Maisky Diaries*, anotação de 27 de junho de 1941, p. 368.
23. George Orwell, *Diaries*, Peter Davison (org.), Penguin Books, 2010, anotação de 23 de junho de 1941, p. 316.
24. Robert Sherwood, *Roosevelt and Hopkins: An Intimate History*, Enigma Books, 2001, Stimson to Roosevelt, 23 de junho de 1941, pp. 204-205.
25. Disponível em: https://www.jewishvirtuallibrary.org/secretary-of-state-welles-statement-on-germany-s-attack-on-the-soviet-union-june-1941.
26. Disponível em: https://www.jewishvirtuallibrary.org/churchill-broadcast-on-the-soviet-german-war-june-1941.
27. Constantine Pleshakov, *Stalin's Folly: The Tragic First Ten Days of World War II on the Eastern Front*, Houghton Mifflin, 2005, p. 99.
28. Evan Mawdsley, *Thunder in the East: The Nazi-Soviet War 1941-1945*, Bloomsbury, 2ª ed., 2016, p. 61.
29. Oleh Romaniv e Inna Fedushchak, *Zakhidnoukrains'ka trahediia 1941*, Naukove tovarystvo im. Shevchenka, 2002, p. 155.
30. Depoimento inédito, e ver Rees, *Behind Closed Doors*, p. 92.
31. Applebaum, *Gulag*, pp. 377-380.
32. Este número de Bellamy, *Absolute War*, p. 194. Ver também Tomas Balkelis, "Ethnicity and Identity in the Memoirs of Lithuanian Children Deported to the Gulag", em

Violeta Davoliūtè e Tomas Balkelis (orgs.), *Narratives of Exile and Identity: Soviet Deportation Memoirs from the Estados Bálticos*, Central European University Press, 2018, pp. 41-64. Balkelis escreve (p. 45) que cerca de 5.500 crianças foram deportadas da Lituânia pelos soviéticos na primeira leva, em junho de 1941, incluindo mais de novecentas com menos de 4 anos de idade.

33. Gellately, *Lenin, Stalin and Hitler*, p. 395.
34. Disponível em: https://www.jewishvirtuallibrary.org/stalin-speaks-to-the-people-of-the-sovietunion-on-german-invasion-july-1941.
35. Muitos dos entrevistados que encontrei, que viveram a guerra na então União Soviética, com certeza se lembraram.
36. Disponível em: https://www.jewishvirtuallibrary.org/stalin-speaks-to-the-people-of-the-soviet-union-on-german-invasion-july-1941.
37. Sarah Davies, *Popular Opinion in Stalin's Russia: Terror, Propaganda and Dissent 1934-1941*, Cambridge University Press, 1997, p. 81.
38. Steven Merritt Miner, *Stalin's Holy War: Religion, Nationalism, and Alliance Politics 1941-1945*, University of North Carolina Press, 2003, p. 217.
39. *Hitler's Table Talk*, noite de 5-6 de julho de 1941, p. 5.
40. Ibid., tarde de 17 setembro e noite de 17-18 de setembro de 1941, p. 33.
41. Ibid., p. 34.
42. Depoimento inédito.
43. Depoimento inédito, ver também Rees, *Their Darkest Hour*, pp. 35-40.
44. Anne Applebaum, *Red Famine: Stalin's War on Ukraine*, Allen Lane, 2017, pp. 132-134.
45. Ibid., p. 227.
46. O Museu Memorial do Holocausto dos Estados Unidos dá um número de 4 mil. Christopher Browning sugere 5 mil: Browning, *Origins of the Final Solution*, p. 268.
47. Depoimento inédito.
48. Browning, *Origins of the Final Solution*, p. 268.
49. Rees, *Holocaust*, pp. 207-208.
50. Barry A. Leach, *German Strategy against Russia 1939-1941*, Oxford University Press, 1973, pp. 204-205.
51. Burdick e Jacobsen (orgs.), *Halder War Diary*, anotação de 11 de agosto de 1941, p. 506.
52. Schramm e Jacobsen (orgs.), *Kriegstagebuch des Oberkommandos der Wehrmacht*, Band I: *1. August 1940-31 Dezember 1941*, pp. 1063-1068.
53. Elke Fröhlich (org.), *Die Tagebücher von Joseph Goebbels*, Teil II: *Diktate 1941-1945*, Band 1: *Juli–September 1941*, K. G. Saur, 1996, anotação de 19 de agosto de 1941, pp. 261-262.

54. Ibid., p. 262.
55. Ver p. 25.
56. Depoimento inédito.
57. Poul Grooss, *The Naval War in the Baltic 1939-1945*, Seaforth Publishing, 2018, p. 151.
58. Anna Reid, *Leningrad: Tragedy of a City under Siege 1941-44*, Bloomsbury, 2011, p. 70.
59. Korvettenkapitän Wehr, "Die Minenschlacht vor Reval", *Marine Rundschau. Monatsschrift für Seewesen*, vol. 47 (outubro de 1942), pp. 713-723.
60. Grooss, *Naval War*, p. 151.
61. Reid, *Leningrad*, p. 72.
62. Depoimento inédito, e Rees, *Nazis*, p. 185.
63. Roberts, *Zhukov*, Kindle ed, posição 2088.
64. Ibid., posição 2094-102.
65. Alexander Hill, *The Great Patriotic War of the Soviet Union 1941-45: A Documentary Reader*, Routledge, 2010, Documento 33, Ordem do Quartel-General do Alto-Comando Supremo do Exército Vermelho Número 270, 16 de agosto de 1941, pp. 55-56.
66. Geoffrey Roberts, *Stalin's Wars: From World War to Cold War 1939-1953*, Yale University Press, 2006, p. 101.
67. Ibid., pp. 101-102.
68. Mawdsley, *Thunder in the East*, p. 78.
69. Khrushchev (org.), *Khrushchev Memoirs*, vol. 1: *Commissar*, p. 315.
70. Ibid., p. 349.
71. Ibid., pp. 314-315.
72. Gorodetsky (org.), *Maisky Diaries*, anotação de 20 de julho de 1941, p. 374.
73. Patrick J. Maney, *The Roosevelt Presence: The Life and Legacy of FDR*, University of California Press, 1992, p. 82.
74. Rees, *Behind Closed Doors*, pp. 128-129.
75. Ibid., p. 130.
76. Sherwood, *Roosevelt and Hopkins*, pp. 331-332. Essa citação é de um artigo escrito por Hopkins depois de se encontrar com Stálin.
77. Ibid., p. 317.
78. Ibid., p. 327.
79. Bellamy, *Absolute War*, p. 261.
80. Depoimento inédito.
81. Depoimento inédito.

82. Ernst Klee, Willi Dressen e Volker Riess (orgs.), *"The Good Old Days": The Holocaust as Seen by Its Perpetrators and Bystanders*, Konecky & Konecky, 1991, pp. 66-67.
83. Anatoly Podolsky, "The Tragic Fate of Ukrainian Jewish Women under Nazi Occupation, 1941-1944", em Sonja M. Hedgepeth e Rochelle G. Saidel (orgs.), *Sexual Violence against Jewish Women during the Holocaust*, Brandeis University Press e University Press of New England, 2010, pp. 94-107, aqui p. 99. Ver também Rees, *Holocaust*, p. 220.
84. Depoimento inédito.
85. Depoimento inédito.

7. Dias de desespero

1. Fröhlich (org.), *Die Tagebücher von Joseph Goebbels*, Teil II, Band 1: *Juli–September 1941*, anotação de 24 setembro de 1941, pp. 476-487, aqui pp. 481-482.
2. *Hitler's Table Talk*, tarde de 17 de setembro e noite de 17-18 de setembro de 1941, p. 32.
3. Burdick e Jacobsen (orgs.), *Halder War Diary*, anotação de 17 de maio de 1940, p. 149.
4. Ver também Rees, *Dark Charisma*, pp. 271-274.
5. Reid, *Leningrad*, p. 114.
6. Gorodetsky (org.), *Maisky Diaries*, anotação de 4 setembro de 1941, p. 386.
7. Ibid., anotação de 15 de setembro de 1941, p. 391.
8. Warren F. Kimball (org.), *Churchill and Roosevelt: The Complete Correspondence*, 3 vols., Princeton University Press, 1984, vol. I, mensagem de Churchill de 5 de setembro de 1941, C-114x, p. 238.
9. David Stahel, *Operation Typhoon: Hitler's March on Moscow, October 1941*, Cambridge University Press, 2013, pp. 233-234.
10. Beevor e Vinogradova (orgs.), *A Writer at War*, p. 43.
11. Niklas Zetterling e Anders Frankson, *The Drive on Moscow 1941: Operation Taifun and Germany's First Great Crisis of World War II*, Casemate, 2012, Kindle ed, posição 1001-1013.
12. Hans Schäufler (org.), *Knight's Cross Panzers: The German 35th Tank Regiment in World War II*, Stackpole Books, 2010, p. 127.
13. Reid, *Leningrad*, p. 153.
14. Nicolaus von Below, *At Hitler's Side: The Memoirs of Hitler's Luftwaffe Adjutant 1937-1945*, Frontline Books, 2010, p. 114.
15. Domarus, *Hitler. Reden und Proklamationen*, Band II: *Untergang, Zweiter Halbband 1941-1945*, discurso de Hitler de 3 de outubro de 1941, pp. 1762-1763.

16. Elke Fröhlich (org.), *Die Tagebücher von Joseph Goebbels*, Teil II: *Diktate 1941-1945*, Band 2: *Oktober-Dezember 1941*, K. G. Saur, 1996, anotação de 5 de outubro de 1941, pp. 57-63, aqui pp. 58, 60-62.
17. Rees, *Behind Closed Doors*, p. 108.
18. *Preussische Zeitung*, vol. 11, n. 281, 10 de outubro de 1941, p. 1.
19. *Völkischer Beobachter*, issue 283, vol. 54, 10 October 1941, pp. 1–2.
20. Fröhlich (org.), *Die Tagebücher von Joseph Goebbels*, Teil II, Band 2: *Oktober-Dezember 1941*, anotação de 10 de outubro de 1941, pp. 84-90, aqui pp. 87, 89-90.
21. Stahel, *Operation Typhoon*, pp. 77-78.
22. Depoimento inédito, ver também Rees, *Nazis*, pp. 186-187.
23. David M. Glantz, *Operation Barbarossa: Hitler's Invasion of Russia 1941*, The History Press, 2011, p. 145.
24. Depoimento inédito.
25. Beevor e Vinogradova (orgs.), *A Writer at War*, anotação de 4 de outubro de 1941, p. 48.
26. Rees, *War of the Century*, pp. 55-56.
27. Pavel Sudoplatov, *Special Tasks*, Warner Books, 1995, pp. 145-147.
28. Volkogonov, *Stalin: Triumph and Tragedy*, pp. 412-413.
29. Rees, *War of the Century*, Documento 34 do Comitê de Defesa do Estado, 15 de outubro de 1941, pp. 71-72.
30. Depoimento inédito.
31. Andrew Nagorski, *The Greatest Battle: Stalin, Hitler, and the Desperate Struggle for Moscow*, Simon & Schuster, 2007, Kindle ed, posição 3176-3182.
32. Mikhail M. Gorinov, "Muscovites' Moods, 22 June 1941 to May 1942", em Robert W. Thurston e Bernd Bonwetsch (orgs.), *The People's War: Responses to World War II in the Soviet Union*, University of Illinois Press, 2000, p. 124.
33. Depoimento inédito.
34. Banac (org.), *Diary of Georgi Dimitrov*, anotação de 15 de outubro de 1941, p. 197.
35. Depoimento inédito.
36. Beevor e Vinogradova (orgs.), *A Writer at War*, p. 52.
37. Bock, *War Diary*, anotação de 21 de outubro de 1941, pp. 337-338.
38. Ibid., anotação de 31 de outubro de 1941, p. 347.
39. Klaus Schüler, "The Eastern Campaign as a Transportation and Supply Problem", em Bernd Wegner (org.), *From Peace to War: Germany, Soviet Russia, and the World 1939-1941*, Berghahn Books, 1997, p. 216.
40. Tooze, *Wages of Destruction*, pp. 498-499.

41. *Hitler's Table Talk*, tarde de 17 de outubro, pp. 69-70.
42. Ibid., noite de 17-18 de outubro de 1941, p. 71.
43. Ibid., noite de 21-22 de outubro de 1941, p. 83.
44. Ibid., p. 82.
45. Ver pp. 239-240.
46. Richard Overy, "Statistics", in I. C. B. Dear e M. R. D. Foot (orgs.), *The Oxford Companion to the Second World War*, Oxford University Press, 1995, p. 1060.
47. Depoimento inédito.
48. *Voenno-istoricheskii Zhurnal*, n. 10 (1991), pp. 335-341. Ver também Rees, *War of the Century*, p. 73.
49. Ver, por exemplo, a conversa testemunhada por Nikolay Ponomariev entre Stálin e Zhukov, Rees, *War of the Century*, pp. 70-71.
50. Roberts, *Zhukov*, Kindle ed, posição 2494.
51. Lev Lopukhovsky, *The Viazma Catastrophe, 1941: The Red Army's Disastrous Stand against Operation Typhoon*, Helion, 2013, p. 488.
52. Depoimento inédito.
53. Bellamy, *Absolute War*, p. 304.
54. Discurso de Stálin em 7 de novembro de 1941, disponível em: https://www.ibiblio.org/pha/ timeline/411107awp.html.
55. Gorinov, "Muscovites' Moods", p. 126.
56. Bock, *War Diary*, anotação de 5 de novembro de 1941, p. 350.

8. Uma guerra mundial

1. Domarus, *Hitler. Reden und Proklamationen*, Band II: *Untergang, Zweiter Halbband 1941-1945*, discurso de Hitler em Löwenbräukeller na tarde de sábado, 8 de novembro de 1941, p. 1772.
2. Ibid., pp. 1773-1779.
3. Ibid., pp. 1776-1781.
4. Jean Ancel, *The History of the Holocaust in Romania*, University of Nebraska Press e Yad Vashem, 2011, p. 325.
5. Ibid., p. 356.
6. Browning, *Origins of the Final Solution*, p. 293.
7. Radu Ioanid, *The Holocaust in Romania: The Destruction of Jews and Gypsies under the Antonescu Regime 1940-1944*, Ivan R. Dee, 2008, Kindle ed, pp. 120-121.

8. Ancel, *Romania*, p. 361.
9. Ibid., p. 353.
10. Nicholas Stargardt, *The German War: A Nation under Arms 1939-45*, Vintage, 2016, pp. 174-175. Como nos lembra Stargardt, Reichenau foi "um dos generais mais nazistas da Alemanha" (p. 175), mas essa ordem foi reiterada também por Gerd von Rundstedt, comandante do Grupo do Exército Sul, para todos os soldados sob seu comando.
11. Peter Longerich, *Heinrich Himmler*, Oxford University Press, 2012, pp. 552-553.
12. Browning, *Origins of the Final Solution*, pp. 323-324.
13. Overy, *Russia's War*, p. 233.
14. Guderian, *Panzer Leader*, p. 247.
15. Ueberschär e Wette (orgs.), *Der deutsche Überfall auf die Sowjetunion*, pp. 308-309. Original em BArch, Alliierte Prozesse 9/ NOKW-1535.
16. Fröhlich (org.), *Die Tagebücher von Joseph Goebbels*, Teil II, Band 2: *Oktober-Dezember 1941*, anotação de 22 de novembro de 1941, pp. 331-347, aqui pp. 336-338.
17. Ibid., anotação de 30 de novembro de 1941, pp. 392-404, aqui pp. 398, 400, 403.
18. Konrad Heiden, *The Fuehrer*, Robinson, 1999, pp. 90-91.
19. Walter Rohland, *Bewegte Zeiten. Erinnerungen eines Eisenhüttenmannes*, Seewald, 1978, pp. 75-78.
20. Depoimento inédito, e depoimento de Rees, *War of the Century*, pp. 77-78.
21. Bellamy, *Absolute War*, pp. 317-318.
22. Bock, *War Diary*, anotação de 5 dezembro de 1941, p. 381.
23. Depoimento inédito.
24. Rees, *Behind Closed Doors*, p. 114, e depoimento inédito.
25. Depoimento inédito.
26. Bock, *War Diary*, anotação de 7 de dezembro de 1941, p. 383.
27. Kershaw, *Fateful Choices*, p. 396.
28. Kershaw, *Nemesis*, p. 442.
29. General Walter Warlimont, *Inside Hitler's Headquarters, 1939-1945*, Presidio Press, 1991, pp. 207-208.
30. Gibson (org.), *Ciano Diaries*, anotação de 8 de dezembro de 1941, p. 416.
31. Domarus, *Hitler. Reden und Proklamationen*, Band II: *Untergang, Zweiter Halbband 1941-1945*, discurso de Hitler, 11 de dezembro de 1941, pp. 1794-1798.
32. Ibid., pp. 1801-1808.
33. Ibid., pp. 1808-1809.

34. Jeremy Noakes e Geoffrey Pridham (orgs.), *Nazism 1919-1945: A Documentary Reader*, vol. 1: *The Rise to Power 1919-1934*, University of Exeter Press, 1991, p. 16.
35. Kershaw, *Nemesis*, p. 387.
36. Rees, *War of the Century*, citação do diário de Goebbels, anotação de 16 de junho de 1941, no frontispício.
37. Fröhlich (org.), *Die Tagebücher von Joseph Goebbels*, Teil II, Band 2: *Oktober-Dezember 1941*, anotação de 22 de novembro de 1941, pp. 331-347.
38. Below, *At Hitler's Side*, p. 120.
39. Bock, *War Diary*, anotação de 16 dezembro de 1941, p. 396.
40. Guderian, *Panzer Leader*, p. 264.
41. Ibid., pp. 265-266, 268.
42. Depoimento inédito.
43. Fröhlich (org.), *Die Tagebücher von Joseph Goebbels*, Teil II, Band 2: *Oktober-Dezember 1941*, anotação de 13 de dezembro de 1941, pp. 498-499.
44. Präg e Jacobmeyer (orgs.), *Das Diensttagebuch des deutschen Generalgouverneurs in Polen*, pp. 452-459.
45. Georgii Kumanev, *Ryadom So Stalinym: Otkrovennye Svidetelstva*, Bilina, 1999, pp. 272-273.
46. Depoimento inédito.
47. Bernd Bonwetsch, "War as a 'Breathing Space': Soviet Intellectuals and the 'Great Patriotic War'", em Thurston e Bonwetsch (orgs.), *The People's War*, pp. 145-146.
48. *The Crime of Katyn: Facts and Documents*, Fundação Cultural Polonesa, 1989, p. 87.
49. David Reynolds e Vladimir Pechatnov (orgs.), *The Kremlin Letters: Stalin's Wartime Correspondence with Churchill and Roosevelt*, Yale University Press, 2018, Stálin a Churchill, enviada em 8 de novembro de 1941, recebida em 11 de novembro de 1941, pp. 67-68.
50. Gorodetsky (org.), *Maisky Diaries*, anotação de 11 de novembro de 1941, pp. 402-404.
51. Oleg A. Rzheshevsky (org.), *War and Diplomacy: The Making of the Grand Alliance, from Stalin's Archives*, Routledge, 2016, Documento 7, reunião de 17 de dezembro de 1941, pp. 28-35.
52. Dilks (org.), *Cadogan Diaries*, anotação de 20 de dezembro de 1941, p. 423.
53. Anthony Eden (Rt Hon the Earl of Avon, KG, PC, MC), *The Eden Memoirs: The Reckoning*, Cassell, 1965, p. 302.
54. Citado em Ben Pimlott (org.), *The Second World War Diary of Hugh Dalton 1940-45*, Jonathan Cape, 1986, anotação de 13 de janeiro de 1942, p. 348.

55. Dilks (org.), *Cadogan Diaries*, anotação de 17 dezembro de 1941, p. 422.
56. Gellately, *Stalin's Curse*, p. 103.
57. Telegrama de Eden a Churchill, 5 de janeiro de 1942, Public Record Office, Kew (PRO) PREM 3/399/7.
58. Nota de Churchill a Eden, 7 de janeiro de 1942, PRO FO 371/32864.
59. Eden, 17 de dezembro de 1941, telegrama a Churchill via Ministério das Relações Exteriores, PROFO 371/29655.

9. Fome

1. Por exemplo, Reid, *Leningrad*, p. 3, avalia em 750 mil como um único número, e Cynthia Simmons e Nina Perlina, *Writing the Siege of Leningrad: Women's Diaries, Memoirs and Documentary Prose*, University of Pittsburgh Press, 2005, p. ix, avalia entre 1,6 e 2 milhões na "região de Leningrado" e "não menos que 1 milhão de civis" na cidade.
2. *Stalin and the Betrayal of Leningrad*, produzido por Martina Balazova, com Laurence Rees como produtor executivo, transmitido pela BBC TV em 2002.
3. Nadezhda Cherepenina, "Assessing the Scale of Famine and Death in the Besieged City", em John Barber e Andrei Dzeniskevich (orgs.), *Life and Death in Besieged Leningrad 1941-44*, Palgrave Macmillan, 2005, p. 52.
4. Reid, *Leningrad*, p. 106.
5. Antony Beevor, *The Second World War*, Weidenfeld & Nicolson, 2012, p. 203.
6. Militärgeschichtliches Forschungsamt (org.), *Germany and the Second World War*, vol. IV: *The Attack on the Soviet Union*, Clarendon Press, 1998, pp. 644-646.
7. Burdick e Jacobsen (orgs.), *Halder War Diary*, anotação de 18 de setembro de 1941, p. 537.
8. Domarus, *Hitler. Reden und Proklamationen*, Band II: *Untergang, Zweiter Halbband 1941-1945*, carta do Gabinete da Marinha de Guerra para o Grupo do Exército Norte, notificando sobre a decisão de Hitler, 28 de setembro de 1941, p. 1755.
9. *Hitler's Table Talk*, noite de 25-26 de setembro de 1941, p. 44.
10. Bellamy, *Absolute War*, carta às autoridades de Leningrado e Merkulov, 21 de setembro de 1941, pp. 356-357.
11. Ver p. 59-60.
12. Reid, *Leningrad*, discurso de Lênin na Conferência sobre Alimentos para toda a Rússia em 1921, p. 166.

13. Sergey Yarov, *Leningrad 1941-1942: Morality in a City under Siege*, Polity Press, 2017, p. 43.
14. Ibid., p. 68. Ver também Alexis Peri, "Queues, Canteens, and the Politics of Location in Diaries of the Leningrad Blockade, 1941-1942", em Wendy Z. Goldman e Donald Filtzer (orgs.), *Hunger and War: Food Provisioning in the Soviet Union during World War II*, Indiana University Press, 2015, p. 196.
15. Simmons e Perlina, *Writing the Siege of Leningrad*, "Diary of Anna Petrovna Ostroumova-Lebedeva, Artist", anotação de 22 de maio de 1942, p. 32.
16. Yarov, *Leningrad*, p. 231.
17. Elena Mukhina, *The Diary of Lena Mukhina: A Girl's Life in the Siege of Leningrad*, Pan Books, 2016, anotação de 22 de abril de 1942, p. 315.
18. *Stalin and the Betrayal of Leningrad*, BBC TV.
19. Simmons e Perlina, *Writing the Siege*, "Diary of Vera Sergeevna Kostrovitskaia, Ballerina and Dance Teacher", abril de 1942, p. 51.
20. Reid, *Leningrad*, p. 287.
21. Este número é de Reid, *Leningrad*, p. 288, mas Bellamy, *Absolute War*, p. 380, cita um número de 1.500 presos por canibalismo. Deve-se notar também que não havia um delito específico de "canibalismo" na lei soviética, por isso os transgressores foram processados por outros crimes, como "banditismo".
22. Elena Kochina, *Blockade Diary: Under Siege in Leningrad 1941-1942*, Ardis, 2014, anotação de 7 de fevereiro de 1942, p. 86.
23. Dmitry S. Likhachev, *Reflections on the Russian Soul: A Memoir*, Central European Press, 2000, p. 244. Também citado em Reid, *Leningrad*, p. 194. Mas ver também as memórias de Likhachev sobre o cerco, em *Reflections*, pp. 216-262.
24. Kochina, *Blockade Diary*, anotação de 3 outubro de 1941, p. 42.
25. Ibid., anotação de 2 de janeiro de 1942, p. 68.
26. Ibid., anotação de 28 de janeiro de 1942, p. 82.
27. Depoimento inédito.
28. Armee-Befehl des Oberbefehlshabers der 6. Armee, 28 de setembro de 1941, citado em Jeff Rutherford, *Combat and Genocide on the Eastern Front: The German Infantry's War 1941-1944*, Cambridge University Press, 2014, p. 170.
29. Depoimento inédito.
30. Karel C. Berkhoff, *Harvest of Despair: Life and Death in Ukraine under Nazi Rule*, Harvard University Press, 2004, p. 166.
31. Depoimento inédito.
32. Tooze, *Wages of Destruction*, pp. 482-483.

33. Christian Streit, "Soviet Prisoners of War in the Hands of the Wehrmacht", em Hannes Heer e Klaus Naumann (orgs.), *War of Extermination: The German Military in World War II 1941-1944*, Berghahn Books, 2009, p. 82. Também Ueberschär e Wette (orgs.), *Der deutsche Überfall auf die Sowjetunion*, pp. 308-309. Original em BArch, Alliierte Prozesse 9/NOKW-1535.
34. Gibson (org.), *Ciano Diaries*, anotação de 25 de novembro de 1941, p. 411.
35. Depoimento inédito.
36. Depoimento inédito.
37. Omer Bartov, *The Eastern Front 1941-45: German Troops and the Barbarisation of Warfare*, Palgrave, 2001, pp. 116-117.
38. Rees, *War of the Century*, p. 67.
39. Depoimento inédito.
40. Rees, *Auschwitz*, p. 57.
41. Ibid., p. 80.
42. Depoimento inédito.
43. Hoess, *Commandant of Auschwitz*, pp. 121-123.
44. Depoimento inédito.
45. Isaiah Trunk, *Lódz Ghetto: A History*, Indiana University Press, 2008, p. 109.
46. Browning, *Path to Genocide*, pp. 31-42. Já havia fábricas em guetos antes dessa data, mas foi só nesse momento que a capacidade de produção aumentou exponencialmente.
47. Alan Adelson e Robert Lapides (orgs.), *Lódz Ghetto: Inside a Community under Siege*, Penguin Books, 1989, pp. 182-183.
48. Browning, *Origins of the Final Solution*, p. 321.
49. Guderian, *Panzer Leader*, p. 266.
50. Ver p. 168.
51. Applebaum, *Gulag*, p. 118.
52. Golfo Alexopoulos, *Illness and Inhumanity in Stalin's Gulag*, Yale University Press, 2017, Kindle ed, posição 4.
53. Ibid., p. 19.
54. Gustaw Herling, *A World Apart*, pp. 136, 131-132.
55. Ibid., p. 135.
56. Ibid., p. 136.
57. Rees, *Behind Closed Doors*, p. 49.
58. Ver p. 244-245.
59. Depoimento inédito.

10. Os ambiciosos planos de Stálin

1. Overy, *Dictators*, p. 497.
2. Overy, "Statistics", em Dear e Foot (orgs.), *Oxford Companion to the Second World War*, p. 1060.
3. David Stahel, *Kiev 1941: Hitler's Battle for Supremacy in the East*, Cambridge University Press, 2012, pp. 38-39.
4. Gellately, *Stalin's Curse*, p. 65, discurso de Stálin, *6 de novembro de 1941*.
5. E. A. Rees, *Iron Lazar: A Political Biography of Lazar Kaganovich*, Anthem Press, 2012, p. 236.
6. Rees, *Nazis*, p. 207.
7. Mawdsley, *Thunder in the East*, discurso de Stálin, 23 de fevereiro de 1942, p. 137.
8. Reid, *Leningrad*, p. 321.
9. David M. Glantz, *The Battle for Leningrad 1941-1944*, University Press of Kansas, 2002, pp. 204 e 325.
10. Ibid., pp. 180-188.
11. Reid, *Leningrad*, p. 329.
12. *Schlacht am Wolchow. Herausgegeben von der Propaganda-Kompanie einer Armee*, 3. Buchdruckerei Riga, 1942, pp. 14 e 16.
13. Ibid., nota do general da cavalaria Lindemann de 28 de junho de 1942, p. 7.
14. K. K. Rokossovsky, *Soldatskiy dolg*, Olma Press, 2002, pp. 170, 172-174, citado em Bellamy, *Absolute War*, pp. 348-349.
15. Hill, *Great Patriotic War*, Documento 62, Ordem do Quartel-General do Alto-Comando Supremo do Exército Vermelho Número 57 de 22 de janeiro de 1942, assinada por Stálin e Vasilevsky, p. 86.
16. David M. Glantz, *Kharkov: Anatomy of a Military Disaster through Soviet Eyes, 1942*, Ian Allan, 2010, p. 41.
17. Depoimento inédito.
18. Aleksandr Vasilevsky, *Delo vsei zhizni* (Life's Work), Political Literature, 1971, p. 92, citado em Glantz, *Kharkov*, p. 198.
19. Glantz, *Kharkov*, p. 52.
20. Depoimento inédito.
21. Depoimento inédito.
22. Alan P. Donohue, "Operation *KREML*: German Strategic Deception on the Eastern Front in 1942", em Christopher M. Rein (org.), *Weaving the Tangled Web: Military*

Deception in Large-Scale Combat Operations, Army University Press, 2018, pp. 79, 84. Deve-se notar também que, embora a Operação Kreml tenha sido cancelada em 28 de maio, esse plano diversionista estava em operação antes dessa data: ver Glantz, *Kharkov*, p. 48.

23. Depoimento inédito.
24. H. Selle, "Die Frühjahrsschlacht von Charkow: vom 12-27 Mai 1942", *Allgemeine schweizerische Militärzeitschrift*, vol. 121, n. 8 (1955), pp. 581-602, aqui p. 602.
25. George Soldan, "Zwischen zwei Schlachten", *Völkischer Beobachter*, n. 158, 7 de junho de 1942, p. 3.
26. Kriegsberichter Herbert Rauchhaupt, "Vom Abwehrkampf zur Vernichtungsschlacht. Kampfbilder aus der Schlacht um Charkow", *Völkischer Beobachter*, n. 168, 17 de junho de 1942, p. 6; n. 169, 18 de junho de 1942, p. 6; n. 170, 19 de junho de 1942, p. 6.
27. Khrushchev (org.), *Khrushchev Memoirs*, vol. 1: *Commissar*, pp. 372-380.
28. Roberts, *Zhukov*, Kindle ed, posição 2671-2736.
29. Depoimento inédito.
30. Sergei Shtemenko, *The Soviet General Staff at War 1941-1945*, Progress Publishers, 1986, p. 56, citado em Earl F. Ziemke e Magna E. Bauer, *Moscow to Stalingrad: Decision in the East*, Center of Military History, United States Army, 1987, p. 282.
31. Khrushchev (org.), *Khrushchev Memoirs*, vol. 1: *Commissar*, p. 383.
32. Ibid., p. 386.
33. Domarus, *Hitler. Reden und Proklamationen*, Band II: *Untergang, Zweiter Halbband 1941-1945*, Proclamação de Ano-Novo para o Volk Alemão, 1º de janeiro de 1942, p. 1821.
34. Ibid., discurso de Hitler em 30 de janeiro de 1942, no Sportpalast em Berlim, pp. 1828-1829.
35. *Hitler's Table Talk*, meio do dia, 23 de janeiro de 1942, pp. 235-236.
36. Ibid., meio do dia, 27 de janeiro de 1942, p. 257.
37. Hitler, *Mein Kampf*, pp. 96 e 248-249.
38. *Hitler's Table Talk*, meio do dia, 8 de fevereiro de 1942, p. 304.
39. Ibid., no jantar, 9 de abril de 1942, p. 419.
40. Ibid., meio do dia, 23 de abril de 1942, p. 435.
41. Kershaw, *Nemesis*, p. 426.
42. Peter Löffler (org.), *Bischof Clemens August Graf von Galen. Akten, Briefe und Predigten 1933-1946*, vol. 2: *1939-1946*, Matthias-Grünewald-Verlag, 1988, pp. 876-878.
43. Stargardt, *German War*, p. 162.

44. *Hitler's Table Talk*, meio do dia, 8 de fevereiro de 1942, p. 304.
45. Robert Jay Lifton, *The Nazi Doctors*, Basic Books, 1986, p. 63.
46. Nikolaus Wachsmann, *Hitler's Prisons: Legal Terror in Nazi Germany*, Yale University Press, 2004, p. 210.
47. *Hitler's Table Talk*, meio do dia, 8 de fevereiro de 1942, p. 303.
48. Por exemplo, o catalisador do desenvolvimento do esquema de eutanásia para crianças foi o caso de uma criança deficiente, levado à atenção de Hitler. Ver Rees, *Nazis*, pp. 72-74.
49. Wachsmann, *Hitler's Prisons*, p. 213.
50. Domarus, *Hitler. Reden und Proklamationen*, Band II: *Untergang, Zweiter Halbband 1941-1945*, discurso de Hitler no Reichstag, 26 de abril de 1942, pp. 1874-1875, 1877.
51. Elke Fröhlich (org.), *Die Tagebücher von Joseph Goebbels*, Teil II: *Diktate 1941--1945*, Band 4: *April-Juni 1942*, K. G. Saur, 1995, anotação de 27 de abril de 1942, pp. 186-188.
52. Ibid., anotação de 29 de abril de 1942, pp. 198, 201.
53. Reynolds e Pechatnov (orgs.), *Kremlin Letters*, pp. 111-112. Essa história foi apagada por Churchill de suas memórias nos anos 1950.
54. Rzheshevsky (org.), *War and Diplomacy*, Documento 15, registro de conversas com Churchill, 21 de maio de 1942, p. 66.
55. Dilks (org.), *Cadogan Diaries*, anotação de 22 de maio de 1942, p. 454.
56. Nota de Churchill a Eden, 7 de janeiro de 1942, PRO FO 371/32864. Ver p. 230.
57. Reynolds e Pechatnov (orgs.), *Kremlin Letters*, pp. 113-114.
58. Ver, por exemplo, Stephen R. Rock, *Appeasement in International Politics*, University Press of Kentucky, 2000, p. 80.
59. Kimball (org.), *Churchill and Roosevelt*, vol. I, FDR a Churchill, 18 de março de 1942, R-123/1, p. 421.
60. Assim como em Chequers, os hábitos de viagem de Molotov causaram perplexidade na Casa Branca. Quando um valete abriu sua mala, descobriu "um grande pedaço de pão preto, uma fieira de linguiças e uma pistola". A esposa do presidente, Eleanor Roosevelt, escreveu: "O serviço secreto não gostou de visitantes com pistolas, mas nessa ocasião nada foi dito. O sr. Molotov evidentemente achou que poderia precisar se defender, e também poderia estar com fome". (Eleanor Roosevelt, *This I Remember*, Greenwood Press, 1975, p. 251.) Molotov, assim como Stálin, era acima de tudo um revolucionário. Dessa forma, o conteúdo de sua mala refletia sua percepção das necessidades de um revolucionário bolchevique na estrada.
61. Rzheshevsky (org.), *War and Diplomacy*, pp. 170-183.

62. Oleg A. Rzheshevsky, *Voina i Diplomatiia*, Nauka, 1997, p. 170. Esta versão traduzida do russo. Também em Rzheshevsky (org.), *War and Diplomacy*, pp. 179-180.
63. Memorando de Hopkins, 29 de maio de 1942, em Hopkins papers, FDR Presidential Library, Hyde Park, Nova York.
64. Rzheshevsky (org.), *War and Diplomacy*, Documento 72, conversas em 30 de maio de 1942, pp. 183-189.
65. Memorando de Hopkins, 3 de junho de 1942, em Hopkins papers, FDR Presidential Library, Hyde Park, Nova York.
66. Rzheshevsky, *War and Diplomacy*, Documento 95, Molotov a Stálin, 4 de junho de 1942, p. 220.
67. Kimball (org.), *Churchill and Roosevelt*, vol. I, FDR a Churchill, 31 de maio de 1942, R-152, pp. 503-504.
68. Rzheshevsky (org.), *War and Diplomacy*, Documento 99, Molotov a Stálin, recebido em Moscou em 7 de junho de 1942, p. 226.
69. Ibid., p. 221. Ver também anotações do professor S. H. Cross (o intérprete norte-americano), da conferência às 11h no sábado, 30 de maio de 1942, Molotov Visit, Book 5, em FDR Presidential Library, Hyde Park, Nova York. Cross registra que nessa reunião, após ser questionado por Roosevelt, o general Marshall concordou em dizer que os Aliados estavam "preparando" um segundo *front*. Roosevelt então "autorizou o sr. Molotov a informar o sr. Stálin de que esperamos a formação de um segundo *front* este ano".
70. Memorando de Hopkins, 3 de junho de 1942, em Hopkins papers, FDR Presidential Library, Hyde Park, Nova York.

11. Através das estepes

1. Depoimento inédito.
2. Depoimento inédito.
3. Depoimento de Friedrich Paulus, Julgamentos de Guerra de Nuremberg, 11 de fevereiro de 1946, vol. 7, 56º dia, disponível em: https://avalon.law.yale.edu/imt/02-11-46.asp.
4. Depoimento inédito.
5. Stargardt, *German War*, p. 305.
6. Rees, *Nazis*, p. 248.
7. Depoimento inédito.
8. Depoimento inédito.

9. Depoimento inédito.
10. Burdick e Jacobsen (orgs.), *Halder War Diary*, anotação de 6 de julho de 1942, p. 635.
11. Rees, *Nazis*, pp. 246-248.
12. Depoimento inédito.
13. Gorodetsky (org.), *Maisky Diaries*, anotação de 19 de julho de 1942, p. 451.
14. Ibid., anotação de 13 de julho de 1942, p. 442.
15. Rees, *Nazis*, p. 94.
16. Bock, *War Diary*, anotação de 31 de julho de 1942, p. 539.
17. Domarus, *Hitler. Reden und Proklamationen*, Band II: *Untergang, Zweiter Halbband 1941-1945*, Diretiva Número 45, 23 de julho de 1942, pp. 1899-1900.
18. Burdick e Jacobsen (orgs.), *Halder War Diary*, anotação de 23 de julho de 1942, p. 646.
19. Depoimento inédito.
20. Albert Speer, *Inside the Third Reich*, Phoenix, 1995, p. 332.
21. Hans Kehrl, *Krisenmanager im Dritten Reich. 6 Jahre Frieden-6 Jahre Krieg. Erinnerungen. Mit kritischen Anmerkungen und einem Nachwort von Erwin Vießhaus*, Droste, 1973, p. 278. Ver também anotações de Speer sobre o encontro. BArch, R 3/1505, minutas dos encontros com Führer em 10, 11 e 12 de agosto de 1942.
22. Hill, *Great Patriotic War*, Documento 74, Ordem do Comissariado do Povo para a Defesa da URSS *Número* 227, 28 de julho de 1942, Moscou, pp. 100-102.
23. Depoimento inédito.
24. Ver p. 175.
25. Mawdsley, *Thunder in the East*, p. 152.
26. Depoimento inédito.
27. Martin Sixsmith, *Russia: A 1.000-Year Chronicle of the Wild East*, BBC Books, 2011, p. 344.
28. Antony Beevor, *Stalingrad*, Penguin Books, 1999, pp. 201-202.
29. Depoimento inédito.
30. Depoimento inédito. Ver também Rees, *Behind Closed Doors*, pp. 151-152.
31. Minuta do primeiro-ministro ao general Ismay, 17 de maio de 1942, PRO D 100/2. Ver também a minuta da reunião do gabinete de guerra, 18 de maio de 1942, PRO CAB 65/26.
32. Arquivo de Churchill (CHAR) 20/78/ 26-8. Reynolds e Pechatnov (orgs.), *Kremlin Letters*, pp. 124-127.
33. Stálin a Churchill, enviada e recebida em 23 de julho de 1942, em Reynolds e Pechatnov (orgs.), *Kremlin Letters*, p. 129.

34. Gorodetsky (org.), *Maisky Diaries*, anotações de 23 e 24 de julho de 1942, pp. 453, 454.
35. Clark Kerr ao Ministério das Relações Exteriores, 25 de julho de 1942, PRO FO 371/32911.
36. Lord Alanbrooke em entrevista à BBC TV, transmitida em 8 de fevereiro de 1957, disponível em: https://www.bbc.co.uk/archive/the-alanbrooke-diaries/zf2f2sg.
37. PRO CAB 66/28/3, p. 19.
38. Churchill a Attlee, 13 de agosto de 1942, PRO FO 800/300.
39. Lord Tedder, *With Prejudice*, Cassell, 1966, p. 330.
40. PRO CAB 120/65.
41. Lorde Moran, *Winston Churchill: The Struggle for Survival 1940-1965*, Heron Books, 1966, anotação de 14 de agosto de 1942, pp. 60-61.
42. PRO FO 800/300. And Pavlov, "Avtobiographicheskii Zametki", pp.98-99.
43. Clark Kerr a Cripps, 26 de abril de 1942, PRO FO 800/300. Martin Kitchen, *British Policy towards the Soviet Union during the Second World War*, Palgrave Macmillan, 1986, p. 125.
44. Tedder, *With Prejudice*, p. 332.
45. Ibid., p. 337.
46. Kitchen, *British Policy*, p. 126.
47. PRO FO 800/300.
48. Charles Richardson, *From Churchill's Secret Circle to the B B C: The Biography of Lieutenant General Sir Ian Jacob*, Brassey's, 1991, p. 139.
49. Danchev e Todman (orgs.), *Alanbrooke War Diaries*, anotação de 13 de agosto de 1942, pp. 299-300.
50. Ibid., anotação de 14 de agosto de 1942, p. 301.
51. PRO FO 800/300.
52. Burdick e Jacobsen (orgs.), *Halder War Diary*, anotação de 30 de agosto de 1942, p. 664.
53. Kershaw, *Nemesis*, pp. 532-533.
54. Below, *At Hitler's Side*, pp. 151-152.
55. Ibid., p. 152.
56. Burdick e Jacobsen (orgs.), *Halder War Diary*, anotação de 24 de setembro de 1942, p. 670.
57. Bernhard R. Kroener, *"Der starke Mann im Heimatkriegsgebiet": Generaloberst Friedrich Fromm. Eine Biographie*, Ferdinand Schöningh, 2005, pp. 460-461. Supostamente havia apenas quatro cópias do memorando de Fromm, nenhuma delas sobreviveu à guerra. Kroener reconstruiu o conteúdo após depoimentos de três pessoas que o leram na época.

58. IfZ, ZS 1747, Werner Kennes, "Beantwortung der Fragen zur Geschichte des Chef H Rüst und BdE, Munich", 15 de agosto de 1949, pp. 7-8.
59. Fromm foi preso no rescaldo do atentado a bomba de 22 de julho de 1944. Foi executado em março de 1945.
60. Depoimento inédito.
61. Depoimento inédito.

12. A batalha no Volga

1. Richard Overy, *The Bombing War: Europe 1939-1945*, Penguin, 2014, pp. 210-212. O número previamente aceito de 40 mil mortos agora é considerado alto demais. Essa estimativa de mais de 25 mil mortos *é de* Joel S. A. Hayward, *Stopped at Stalingrad: The Luftwaffe and Hitler's Defeat in the East, 1942-1943*, University of Kansas Press, 1998, p. 188. Hayward escreve: "Estimar números de mortos é difícil por causa da escassez de dados estatísticos confiáveis. Mas esse ataque infernal causou pelo menos tantas mortes quanto incursões de mesmas dimensões dos Aliados em cidades alemãs. Por exemplo, com certeza fez tantas vítimas quanto o ataque dos Aliados a Darmstadt na noite entre 11 e 12 de setembro de 1944, quando a Força Aérea Real descarregou quase novecentas toneladas de bombas e matou mais de 12.300 cidadãos. O total de mortos em Stalingrado pode na verdade ter sido o dobro do de Darmstadt, pelo fato de a cidade russa ser mal equipada de abrigos antiaéreos".
2. Depoimento inédito.
3. Depoimento inédito.
4. Rees, *Nazis*, p. 252.
5. Depoimento inédito.
6. Depoimento inédito.
7. Beevor, *Stalingrad*, p. 62.
8. Warlimont, *Inside Hitler's Headquarters*, p. 258.
9. Beevor, *Stalingrad*, p. 135.
10. Khrushchev (org.), *Khrushchev Memoirs*, vol. 1: *Commissar*, p. 402.
11. Rees, *Nazis*, p. 255.
12. Beevor e Vinogradova (orgs.), *A Writer at War*, p. 70.
13. Depoimento inédito.
14. Beevor, *Stalingrad*, p. 207.
15. Depoimento inédito.

16. Depoimento inédito.
17. Domarus, *Hitler. Reden und Proklamationen*, Band II: *Untergang, Zweiter Halbband 1941-1945*, p. 1909.
18. Rees, *Dark Charisma*, pp. 355-356.
19. Domarus, *Hitler. Reden und Proklamationen*, Band II: *Untergang, Zweiter Halbband 1941-1945*, discurso de Hitler, 30 de setembro de 1942, pp. 1916-1917, 1919, 1922.
20. Sönke Neitzel (org.), *Tapping Hitler's Generals: Transcripts of Secret Conversations 1942-45*, Frontline Books, 2013, palavras do general Ludwig Crüwell, p. 67.
21. Depoimento inédito.
22. Depoimento inédito.
23. Beevor e Vinogradova (orgs.), *A Writer at War*, p. 120.
24. Depoimento de *Timewatch: Mother of All Battles*, produzido por Dai Richards, com produção executive de Rees, transmitido pela BBC2 em 1993.
25. Depoimento inédito.
26. Beevor e Vinogradova (orgs.), *A Writer at War*, p. 223.
27. Depoimento inédito.
28. Beevor, *Stalingrad*, p. 197.
29. Roberts, *Stalin's Wars*, telegrama de Stálin a Maisky, 19 de outubro de 1942, pp. 141-142.
30. Depoimento inédito.
31. Rees, *Nazis*, p. 261, depoimento de Joachim Stempel.
32. Below, *At Hitler's Side*, p. 156.
33. Hartmut Mehringer (org.), *Die Tagebücher von Joseph Goebbels*, Teil II: *Diktate 1941-1945*, Band 6: *Oktober-Dezember 1942*, K. G. Saur, 1996, anotação de 9 de novembro de 1942, p. 259.
34. Gibson (org.), *Ciano Diaries*, anotação de 9 de novembro de 1942, p. 541.
35. Domarus, *Hitler. Reden und Proklamationen*, Band II: *Untergang, Zweiter Halbband 1941-1945*, discurso de Hitler, 8 de novembro de 1942, pp. 1937-1938, 1940, 1944.
36. Idem.
37. Fritz Wiedemann, *Der Mann, der Feldherr werden wollte*, blick + bild Verlag für politische Bildung, 1964, p. 69, citado em Jeremy Noakes e Geoffrey Pridham (orgs.), *Nazism 1919-1945: A Documentary Reader*, vol. 2: *State, Economy and Society 1933-39*, Exeter University Press, 1984, pp. 207-208.
38. Bellamy, *Absolute War*, pp. 526-527. Ver também Rees, *Nazis*, p. 269, depoimento de Makhmut Gareev, citado em Beevor, *Stalingrad*, pp. 220-221.

39. Roberts, *Zhukov*, Kindle ed, posição 2929.
40. Rees, *Nazis*, p. 272.
41. Depoimento inédito.
42. Hill, *Great Patriotic War*, Documento 80, Memórias de Georgii Zhukov, p. 106.
43. Rees, *Nazis*, pp. 273-274.
44. Depoimento inédito.
45. Below, *At Hitler's Side*, pp. 158-159.
46. Depoimento inédito.
47. Kershaw, *Nemesis*, p. 543.
48. Depoimento inédito.
49. Depoimento inédito.
50. Depoimento inédito.
51. Depoimento inédito.
52. Beevor, *Stalingrad*, p. 281.
53. O número exato de presos dentro do anel versus o número final dos capturados pelos soviéticos continua sendo tema de debates, analisado por Beevor no Apêndice B de *Stalingrad*, pp. 439-440. Pouco mais de 90 mil alemães e seus aliados foram afinal feitos prisioneiros pelo Exército Vermelho no momento da rendição e, apesar de muitos terem sido evacuados pela Luftwaffe nas semanas finais, o número de mortos nos últimos dias da batalha deve ter sido enorme.
54. Rees, *Nazis*, pp. 278-279.
55. Beevor, *Stalingrad*, pp. 342-345.
56. Ibid., p. 345.
57. Below, *At Hitler's Side*, pp. 162-163.
58. Depoimento inédito, junto com depoimento de Rees, *Nazis*, p. 281.
59. Helmut Heiber e David M. Glantz (orgs.), *Hitler and His Generals: Military Conferences 1942-1945*, Enigma Books, 2004, pp. 61-62, 66.
60. Ibid., pp. 59, 61.
61. Ibid., p. 59.

13. A luta continua

1. Domarus, *Hitler. Reden und Proklamationen*, Band II: *Untergang, Zweiter Halbband 1941--1945*, discurso de Göring, ministro da Aviação, 30 de janeiro de 1943, pp. 1975-1976.
2. Arquivos da UPI, despacho de Robert Dawson de 30 de janeiro de 1943.

3. Domarus, *Hitler. Reden und Proklamationen*, Band II: *Untergang, Zweiter Halbband 1941-1945*, discurso de Goebbels no Sportpalast de Berlim, 30 de janeiro de 1943, pp. 1976-1977.
4. "Nun, Volk steh auf, und Sturm brich los! Rede im Berliner Sportpalast", *Der steile Aufstieg*, Zentralverlag der NSDAP, 1944, pp. 167-204, discurso de Goebbels, 18 de fevereiro de 1943, disponível em: https://research.calvin.edu/german-propaganda-archive/goeb36.htm.
5. Speer, *Inside the Third Reich*, p. 356.
6. Ibid., p. 358.
7. Louis Lochner (org.), *The Goebbels Diaries 1942-1943*, Hamish Hamilton, 1948, anotação de 2 de março de 1943, p. 197.
8. Ibid., p. 201.
9. Speer, *Inside the Third Reich*, p. 239.
10. Lochner (org.), *Goebbels Diaries*, anotação de 2 de março de 1943, pp. 197-198.
11. Ibid., anotação de 9 de março de 1943, p. 214.
12. Ibid., anotação de 9 de março de 1943, pp. 221-222. Ver também Speer, *Inside the Third Reich*, pp. 362-363.
13. Speer, *Inside the Third Reich*, p. 366.
14. Lochner (org.), *Goebbels Diaries*, anotação de 2 de março de 1943, p. 200.
15. Elke Fröhlich (org.), *Die Tagebücher von Joseph Goebbels*, Teil II: *Diktate 1941-1945*, Band 3: *Januar-März 1942*, K. G. Saur, 1994, anotação de 27 de março de 1942, pp. 557-563.
16. Lochner (org.), *Goebbels Diaries*, anotação de 9 de março de 1943, p. 222.
17. Speer, *Inside the Third Reich*, pp. 362-363.
18. Elke Fröhlich (org.), *Die Tagebücher von Joseph Goebbels*, Teil I: *Aufzeichnungen 1923-1941*, Band 1/II: *Dezember 1925-Mai 1928*, K. G. Saur, 2005, anotação de 15 de fevereiro de 1926.
19. Ibid., anotação de 19 de abril de 1926.
20. Rees, *Dark Charisma*, p. 377.
21. Uriel Tal, *"Political Faith" of Nazism Prior to the Holocaust*, Tel Aviv University, 1978, p. 30.
22. Guderian, *Panzer Leader*, p. 302.
23. Ibid., pp. 287-288.
24. Rees, *Dark Charisma*, p. 375.
25. Guderian, *Panzer Leader*, p. 304.

26. Stargardt, *German War*, German Foreign Office Press and Information Unit, 2 de fevereiro de 1943, p. 338.
27. Ibid., p. 339.
28. Documento inédito.
29. Documento inédito.
30. Documento inédito.
31. Geoffrey Roberts, *Victory at Stalingrad: The Battle that Changed History*, Routledge, 2013, p. 135.
32. Rees, *Nazis*, p. 283.
33. Documento inédito.
34. Applebaum, *Gulag*, p. 391.
35. Tooze, *Wages of Destruction*, p. 482. Ver também p. 185.
36. Roberts, *Victory at Stalingrad*, p. 135.
37. Mawdsley, *Thunder in the East*, p. 252.
38. James MacGregor Burns, *Roosevelt: The Soldier of Freedom*, Harvest Books, 2002, telegrama de Stálin *de* 14 de dezembro de 1942, p. 315.
39. Sherwood, *Roosevelt and Hopkins*, Stálin a Roosevelt e Churchill, 30 de janeiro de 1943, p. 669.
40. Reynolds e Pechatnov (orgs.), *Kremlin Letters*, Churchill a Stálin, enviado em 9 de fevereiro de 1943, recebido em 12 de fevereiro de 1943, p. 211.
41. Gorodetsky (org.), *Maisky Diaries*, anotação de 5 de fevereiro de 1943, p. 475.
42. Ronald E. Powaski, *Toward an Entangling Alliance: American Isolationism, Internationalism, and Europe 1901-1950*, Greenwood Press, 1991, p. 100.
43. Thomas G. Paterson, *Meeting the Communist Threat: Truman to Reagan*, Oxford University Press, 1988, p. 7 (Paterson também usa a citação de Truman, p. 8).
44. Kitchen, *British Policy*, p. 147.
45. Ibid., Diário de Oliver Harvey, anotação de 10 de fevereiro de 1943, p. 152.
46. Reynolds e Pechatnov (orgs.), *Kremlin Letters*, Stálin a Churchill, enviada e recebida em 15 de março de 1943, pp. 220-221.
47. Gorodetsky (org.), *Maisky Diaries*, anotação de 31 de março de 1943, p. 502.
48. Reynolds e Pechatnov (orgs.), *Kremlin Letters*, nota de Christopher Warner, chefe do Departamento Norte do Gabinete do Ministério das Relações Exteriores, a sir Archibald Clark Kerr, embaixador britânico na União Soviética, 9 de abril de 1943, p. 224.
49. Ibid., nota de Churchill a Eden, 18 de março de 1943, e reunião do gabinete do mesmo dia, p. 222.

50. Bellamy, *Absolute War*, p. 565.
51. Hartmut Mehringer (org.), *Die Tagebücher von Joseph Goebbels*, Teil II: *Diktate 1941--1945*, Band 8: *April-Juni 1943*, K. G. Saur, 1993, anotação de 9 de abril de 1943, p. 81.
52. Ibid., anotação de 17 de abril de 1943, p. 115.
53. Ibid., anotação de 9 de abril de 1943, p. 81.
54. *War of the Century*, episódio 3, *Crisis of Faith*, escrito e produzido por Laurence Rees, transmitido pela primeira vez pela BBC TV em 1999. Ver também Rees, *War of the Century*, p. 182.
55. *Pravda*, 19 de abril de 1943, primeira página.
56. Churchill a Eden, 28 de abril de 1943, PRO FO 371/34571.
57. Churchill a Stálin, 24 de abril de 1943, PRO CAB 66/36.
58. Stálin a Churchill, 25 de abril de 1943, ibid.
59. Kitchen, *British Policy*, p. 156.
60. Relatório de O'Malley, 24 de maio de 1943, PRO FO 371/34577.
61. Kimball (org.), *Churchill and Roosevelt*, vol. II, Churchill a FDR, 13 de agosto de 1943, C-412/2, p. 389.
62. Alexander Etkind, Rory Finnin, Uilleam Blacker, Julie Fedor, Simon Lewis, Maria Mälksoo e Matilda Mroz, *Remembering Katyn*, Polity Press, 2012, relatório de sir Alexander Cadogan, 18 de junho de 1943, Kindle ed, posição 99.
63. Kitchen, *British Policy*, p. 154. Sir Archibald Clark Kerr, nota para o Ministério das Relações Exteriores, 21 de abril de 1943, PRO PREM 3, 354-8.
64. Rees, *Behind Closed Doors*, p. 394.
65. Mehringer (org.), *Die Tagebücher von Joseph Goebbels*, Teil II, Band 8: *April-Juni 1943*, anotação de 17 de abril de 1943, pp. 115-116.
66. Ibid., anotação de 8 de maio de 1943, p. 233.
67. Stargardt, *German War*, p. 366.
68. *Mission to Moscow*, dirigido por Michael Curtiz, distribuído nos Estados Unidos pela Warner Brothers, 22 de maio de 1943.
69. William H. Standley, *Admiral Ambassador to Russia*, Henry Regnery, 1955, p. 368.
70. Joseph E. Davies papers, Manuscript Division, Library of Congress, Washington D.C., anotação de 20 de maio 1943.
71. *Foreign Relations of the United States* (doravante *FRUS*), *The Conferences at Cairo and Tehran, 1943*, United States Government Printing Office, 1961, pp. 3-4.
72. Depoimento inédito. Ver também Rees, *Behind Closed Doors*, p. 197.

73. Susan Butler (org.), *My Dear Mr Stalin: The Complete Correspondence of Franklin D. Roosevelt and Joseph V. Stalin*, Yale University Press, 2005, despacho de 2 de junho de 1943, pp. 136-138.
74. Ibid., Stálin a Roosevelt, 11 de junho de 1943, pp. 138-139.
75. Kitchen, *British Policy*, p. 161.
76. Kimball (org.), *Churchill and Roosevelt*, vol. II, 20 de junho de 1943, cópia de telegrama de Churchill a Stálin, enviada a Roosevelt, C-322, pp. 266-268.
77. W. Averell Harriman e Elie Abel, *Special Envoy to Churchill and Stalin 1941-1946*, Random House, 1975, pp. 216-217.
78. Kimball (org.), *Churchill and Roosevelt*, vol. II, Churchill a Roosevelt, 25 de junho de 1943, C-328, pp. 278-279.
79. Ibid., Roosevelt a Churchill, 28 de junho de 1943, R-297, pp. 283-284.
80. Ibid., nota de Stálin de 24 de junho, encaminhada por Churchill a Roosevelt em 29 de junho (apesar de Stálin já ter remetido a nota a Roosevelt em 24 de junho), C-335, pp. 285-290.
81. Rees, *Behind Closed Doors*, p. 200, relatório em *Nya Dagligt Allehanda*, 16 de junho de 1943.
82. Kimball (org.), *Churchill and Roosevelt*, vol. II, Churchill a Roosevelt, 28 de junho de 1943, C-334, p. 285.
83. Joseph E. Davies papers, Biblioteca do Congresso, anotação de 20 de maio de 1943.
84. Robert M. Citino, *The Wehrmacht Retreats: Fighting a Lost War, 1943*, University Press of Kansas, 2012, Kindle ed, posição 122-126.
85. Guderian, *Panzer Leader*, p. 307.
86. Manfred Kittel (org.), *Die Tagebücher von Joseph Goebbels*, Teil II: *Diktate 1941-1945*, Band 9: *Juli-September 1943*, K. G. Saur, 1993, anotação de 27 de julho de 1943, p. 179.
87. Guderian, Panzer Leader, p. 309.
88. Kershaw, Nemesis, p. 579.
89. Mehringer (ed.), Die Tagebücher von Joseph Goebbels, Teil II, Band 8: April-Juni 1943, entry for 25 June 1943, pp. 531-2.
90. Bellamy, Absolute War, p. 566.
91. Depoimento inédito.
92. Citino, The Wehrmacht Retreats, Kindle edn, p. 134.
93. Depoimento inédito.
94. Depoimento inédito.

95. Depoimento inédito.
96. Mother of All Battles, BBC2, 1993.
97. Ibid.
98. Ibid.
99. Bellamy, Absolute War, p. 583.

14. Ficção e realidade

1. Robert Citino chama o período entre a manhã de 5 de julho e o lançamento da Batalha de Kursk, até o final em 13 de julho e a decisão de Hitler de encerrar a ofensiva devido à intensa resistência soviética e a nova ameaça de invasão da Sicília pelos Aliados de "nove dias que abalaram o mundo". Citino, *The Wehrmacht Retreats*, Kindle ed, posição 199-202.
2. Domarus, *Hitler. Reden und Proklamationen*, Band II: *Untergang, Zweiter Halbband 1941-1945*, p. 2023.
3. Philip Morgan, *The Fall of Mussolini: Italy, the Italians, and the Second World War*, Oxford University Press, 2007, p. 26.
4. Christopher Duggan, *Fascist Voices*, Bodley Head, 2012, pp. 387-388.
5. Kittel (org.), *Die Tagebücher von Joseph Goebbels*, Teil II, Band 9: *Juli-September 1943*, anotação de 27 de julho de 1943, p. 169.
6. Overy, *Bombing War*, p. 329. Ver também Max Hastings, *Bomber Command*, Pan Books, 1981, pp. 241-248.
7. Richard Holmes, *The World at War: The Landmark Oral History*, Ebury Press, 2008, p. 302.
8. Overy, *Bombing War*, pp. 334-335.
9. Kittel (org.), *Die Tagebücher von Joseph Goebbels*, Teil II, Band 9: *Juli-September 1943*, anotação de 29 de julho de 1943, p. 190.
10. Holmes, *World at War*, p. 303.
11. Keith Lowe, *Inferno: The Devastation of Hamburg, 1943*, Penguin Books, 2012, Kindle ed, posição 295-296.
12. Jeremy Noakes e Geoffrey Pridham (orgs.), *Nazism 1919-1945: A Documentary Reader*, vol. 4: *The German Home Front in World War II*, University of Exeter Press, 2010, Relatório SD de 2 de agosto de 1943, p. 549.
13. Stargardt, *German War*, p. 374. Ver também Walter J. Boyne, *The Influence of Air Power upon History*, Pen and Sword, 2005, p. 219.

14. Kittel (org.), *Die Tagebücher von Joseph Goebbels*, Teil II, Band 9: *Juli-September 1943*, anotação de 25 de julho de 1943, p. 160.
15. Ver, por exemplo, o depoimento de Karl Boehm-Tettelbach em Rees, *Their Darkest Hour*, pp. 236-238.
16. Stargardt, *German War*, pp. 375-376.
17. Ian Kershaw, "The Persecution of the Jews and German Popular Opinion in the Third Reich", *Year Book of the Leo Baeck Institute*, vol. 26, 1981, p. 284.
18. Kershaw, *Nemesis*, p. 590. Ver também Traudl Junge, *Until the Final Hour: Hitler's Last Secretary*, Weidenfeld & Nicolson, 2003, p. 88, e Erich Kempka, *I Was Hitler's Chauffeur*, Frontline Books, 2010, p. 174, Apêndice 3 (extraído de *He Was My Chief*, de Christa Schroeder, Frontline Books, 2009).
19. Depoimento inédito.
20. Speer, *Inside the Third Reich*, p. 85.
21. Junge, *Until the Final Hour*, p. 63.
22. Speer, *Inside the Third Reich*, p. 145.
23. Ibid., p. 156.
24. Depoimento inédito.
25. Simon Sebag Montefiore, *Stalin: The Court of the Red Tsar*, Weidenfeld & Nicolson, 2010, Kindle ed, posição 5559-5584.
26. William J. Tompson, *Khrushchev: A Political Life*, Palgrave Macmillan, 1997, p. 86.
27. Kotkin, *Stalin*, vol. 2: *Waiting for Hitler*, pp. 108-110.
28. Peter Longerich, *Goebbels*, Vintage, 2015, pp. 157-160.
29. Svetlana Alliluyeva, *Twenty Letters to a Friend*, Harper Perennial, 2016, p. 166.
30. Service, *Stalin*, pp. 431-434.
31. Depoimento inédito.
32. Kershaw, *Nemesis*, p. 612.
33. Hill, *Great Patriotic War*, relatório do Quartel-General do Movimento Partisan de Leningrado, 4 de abril de 1944, Tabela 9.3, p. 210.
34. Karl-Heinz Frieser (org.), *Germany and the Second World War*, vol. VIII: *The Eastern Front 1943-1944: The War in the East and on the Neighbouring Fronts*, Clarendon Press, 2017, p. 186.
35. Geoffrey P. Megargee, *War of Annihilation: Combat and Genocide on the Eastern Front, 1941*, Rowman & Littlefield, 2007, p. 65.
36. *Hitler's Table Talk*, tarde de 8 de agosto de 1942, p. 621.
37. Timothy Patrick Mulligan, *The Politics of Illusion and Empire*, Praeger, 1988, p. 139.

38. Depoimento inédito.
39. Hill, *Great Patriotic War*, Documento 134, Decreto do Comitê de Defesa do Estado "Sobre membros das famílias de traidores", n. GOKO-1926 ss, 14 de junho de 1942, p. 215.
40. Mawdsley, *Thunder in the East*, p. 211.
41. Rees, *Their Darkest Hour*, pp. 42-46.
42. Depoimento inédito.
43. Oleg V. Khlevniuk, *Stalin: New Biography of a Dictator*, Yale University Press, 2015, p. 227.
44. Butler (org.), *My Dear Mr Stalin*, Mensagem de Stálin a Roosevelt, 8 de agosto de 1943, pp. 150-151.
45. Ibid., Roosevelt a Stálin, 14 de outubro de 1943, p. 172.
46. Ibid., Roosevelt a Stálin, 8 de novembro de 1943, p. 181.
47. O médico de Churchill, antes sir Charles Wilson, nomeado como lorde Moran em março de 1943.
48. Moran, *Struggle for Survival*, anotação de 25 de novembro de 1943, p. 131.
49. Ibid., p. 132.
50. FRUS, *The Conferences at Cairo and Tehran, 1943*, Minutas de Bohlen, pp. 482-486.
51. Moran, *Struggle for Survival*, anotação de 28 de novembro de 1943, p. 134.
52. PRO CAB 99/25.
53. Opiniões de Brooke, citadas por lorde Moran, *Struggle for Survival*, anotação de 28 de novembro de 1943, p. 135.
54. Danchev e Todman (orgs.), *Alanbrooke War Diaries*, comentários adicionais posteriors de Brooke, a sua anotação de 28 de novembro de 1943, p. 483.
55. Charles E. Bohlen, *Witness to History 1929-1969*, W. W. Norton, 1973, p. 145.
56. PRO PREM 3/136/8, pp. 2-3 (também registrado em FRUS, *The Conferences at Cairo and Tehran, 1943*, Minutas de Bohlen, p. 512).
57. Churchill a Eden, 16 de janeiro de 1944, PRO PREM 3/399/6.
58. Kitchen, *British Policy*, p. 177. Churchill a Eden, 7 de janeiro de 1944, PRO PR EM 3/355/7.
59. FRUS, *The Conferences at Cairo and Tehran, 1943*, pp. 594-596.
60. Ver p. 230.
61. Bohlen, *Witness*, p. 152.
62. PRO PREM 3/136/9, pp. 12-13.
63. Dilks (org.), *Cadogan Diaries*, anotação de 17 de janeiro de 1944, p. 597.
64. Moran, *Struggle for Survival*, anotação de 29 de novembro de 1943, pp. 140-141.

15. Matança em massa

1. Nikolai Bougai, *The Deportation of Peoples in the Soviet Union*, Nova, 1996, p. 58.
2. Rolf-Dieter Müller, *The Unknown Eastern Front: The Wehrmacht and Hitler's Foreign Soldiers*, I. B. Tauris, 2012, p. 248. Ver também J. Otto Pohl, "The Loss, Retention, and Reacquisition of Social Capital by Special Settlers in the USSR, 1941-1960", em Cynthia J. Buckley, Blair A. Ruble e Erin Trouth Hofmann (orgs.), *Migration, Homeland, and Belonging in Eurasia*, Woodrow Wilson Center Press, 2008, p. 209.
3. Norman M. Naimark, *Fires of Hatred: Ethnic Cleansing in Twentieth-Century Europe*, Harvard University Press, 2001, p. 89.
4. Ibid., pp. 91-92.
5. Depoimento inédito.
6. Depoimento inédito.
7. Elza-Bair Guchinova, *The Kalmyks*, Routledge, 2006, Kindle ed, posição 755-762.
8. Depoimento inédito.
9. Depoimento inédito.
10. Browning, *Origins of the Final Solution*, palavras de Alexander Palfinger, administrador do gueto de Lódz, em relatório de 7 de novembro de 1940, p. 120. Palfinger explicou que era "indiferente" ao destino dos judeus enquanto suas mortes não afetassem os alemães. Fez uma distinção entre judeus morrendo de uma epidemia que pudesse se alastrar para os alemães – que deveria ser evitada – e judeus morrendo por doenças "não infecciosas" –, que deveriam ser ignorados: ibid., p. 460 n. 34. E BArch, R 138- II/18, kritischer Bericht, 7 de novembro de 1940, Palfinger.
11. Guchinova, *Kalmyks*, Kindle ed, posição 990-997.
12. Ibid., posição 872.
13. Depoimento inédito.
14. Guchinova, *Kalmyks*, Kindle ed, posição 1041-1066.
15. Browning, *Origins of the Final Solution*, pp. 69-70.
16. Yitzhak Arad, Yisrael Gutman e Abraham Margaliot (orgs.), *Documents on the Holocaust*, University of Nebraska Press, 1999, Memorando de Rademacher, 3 de julho de 1940, pp. 216-218.
17. Idem.
18. Browning, *Origins of the Final Solution*, pp. 69-70.

19. Depoimento inédito.
20. Rees, *Their Darkest Hour*, p. 19.
21. Depoimento inédito.
22. Depoimento inédito. Mas ver também Rees, *Their Darkest Hour*, pp. 19-20.
23. Rees, *Auschwitz*, p. 171.
24. Depoimento inédito, e Rees, *Their Darkest Hour*, p. 19.
25. Depoimento inédito, ver também Rees, *War of the Century*, p. 195.
26. Depoimento inédito, ver também Rees, *War of the Century*, pp. 196-197.
27. Depoimento inédito.
28. Depoimento inédito.
29. Há diversos depoimentos que demonstram isso em Rees, *Auschwitz*, e particularmente em Jadwiga Bezwinska e Danuta Czech (orgs.), *Amidst a Nightmare of Crime: Manuscripts of Prisoners in Crematorium Squads Found at Auschwitz*, Howard Fertig, 2013.
30. Depoimento inédito, e Rees, *Their Darkest Hour*, p. 21.
31. Idem.
32. Depoimento no episódio 6 de *Auschwitz: The Nazis and the "Final Solution"*, escrito e produzido por Laurence Rees, transmitido pela BBC TV em 2005, e Rees, *Their Darkest Hour*, p. 23.
33. Depoimento inédito.
34. Depoimento inédito.
35. Rees, *Behind Closed Doors*, p. 252.
36. Applebaum, *Gulag*, p. 388.
37. Depoimento inédito. Ver também Rees, *Behind Closed Doors*, p. 254.
38. Danuta Czech, *Auschwitz Chronicle, 1939-1945: From the Archives of the Auschwitz Memorial and the German Federal Archives*, I. B. Tauris, 1990, p. 627.
39. Rees, *Holocaust*, p. 393.
40. Rees, *Auschwitz*, p. 206, e depoimento inédito.
41. Kershaw, *Nemesis*, pp. 627-628.
42. Rees, *Holocaust*, pp. 381-382.
43. Ibid., pp. 385-386.
44. Fala de Hitler para generais e oficiais, 26 de maio de 1944, citada em Hans-Heinrich Wilhelm, "Hitlers Ansprache vor Generalen und Offizieren am 26. Mai 1944", *Militärgeschichtliche Mitteilungen*, vol. 20, n. 2 (1976), pp. 141-161, aqui p. 156. Em inglês em Peter Longerich, *The Unwritten Order*, Tempus, 2005, p. 212.

45. São Petersburgo foi renomeada como Petrogrado no começo da Primeira Guerra Mundial, em 1914, para soar menos alemã, e depois como Leningrado após a morte de Lênin em 1924, voltando a ser chamada de São Petersburgo em 1991, com a queda da União Soviética.
46. Em seu "discurso secreto" em fevereiro de 1956, Khrushchev afirmou que Stálin teria deportado os ucranianos se pudesse, e só foi impedido de fazer isso "por haver muitos deles e não tinha lugar para onde deportá-los". Disponível em: https://www.marxists.org/archive/khrushchev/1956/02/24.htm.
47. Dieter Marc Schneider (org.), *Die Tagebücher von Joseph Goebbels*, Teil II: *Diktate 1941-1945*, 11: *Januar-März 1944*, K. G. Saur, 1994, anotação de 4 de março de 1944, pp. 396, 399-400.

16. O colapso do centro

1. Ver p. 379-380.
2. Overy, *Russia's War*, pp. 242-243.
3. Paul Adair, *Hitler's Greatest Defeat*, Arms and Armour, 1994, diretiva de Hitler, 8 de março de 1944, p. 66.
4. Frieser (org.), *Germany and the Second World War*, vol. VIII: *The Eastern Front*. Karl-Heinz Frieser argumenta na p. 520 que a ideia de Hitler de Locais Fortificados era "ainda mais retrógrada" que o pensamento na Primeira Guerra Mundial.
5. Earl Ziemke, *Stalingrad to Berlin: The German Defeat in the East*, US Army Historical Series, Office of the Chief of Military History, 1987, General Hans Jordan, junho de 1944, p. 316.
6. Depoimento inédito.
7. Depoimento inédito.
8. Rees, *War of the Century*, p. 222.
9. Depoimento inédito.
10. Depoimento inédito.
11. Ian Kershaw, *The End: Hitler's Germany, 1944-1945*, Allen Lane, 2011, p. 27. Citação em alemão em Andreas Kunz, *Wehrmacht und Niederlage. Die bewaffnete Macht in der Endphase der nationalsozialistischen Herrschaft 1944 bis 1945*, Oldenbourg, 2007, p. 61.
12. Churchill, *The Second World War*, vol. III: *The Grand Alliance*, p. 615.
13. Stargardt, *German War*, p. 434.

14. Kershaw, *Nemesis*, p. 672.
15. Randall Hansen, *Disobeying Hitler: German Resistance after Valkyrie*, Oxford University Press, 2014, p. 58.
16. Ibid., pp. 53-57.
17. Ian Kershaw, *The "Hitler Myth"*, Oxford University Press, 2001, pp. 215-219.
18. Stargardt, *German War*, p. 453.
19. Kershaw, *The End*, pp. 46-47.
20. Domarus, *Hitler. Reden und Proklamationen*, Band II: *Untergang, Zweiter Halbband 1941-1945*, 24 de setembro de 1944, p. 2150.
21. Depoimento inédito, e Rees, *Nazis*, pp. 348-349. Depois da guerra Fernau foi condenado a seis anos de prisão por sua participação em uma "corte marcial sumária" e o subsequente assassinato de um fazendeiro local. Ver Rees, *Nazis*, pp. 350-353.
22. Keith Sword, *Deportation and Exile: Poles in the Soviet Union 1939-48*, Macmillan Press, 1994, p. 151.
23. Depoimento inédito.
24. Ver p. 367-368.
25. Sword, *Deportation and Exile*, p. 154.
26. Bellamy, *Absolute War*, p. 617.
27. Rees, *Behind Closed Doors*, p. 273.
28. Depoimento inédito.
29. Depoimento inédito.
30. Depoimento inédito.
31. Yohanan Cohen, *Small Nations in Times of Crisis and Confrontation*, State University of New York Press, 1989, pp. 159-161. O encontro aconteceu em 11 de junho de 1944.
32. Jan Karski, *The Great Powers and Poland: From Versailles to Yalta*, Rowman & Littlefield, 2014, p. 409.
33. Cohen, *Small Nations*, p. 161.
34. Jan Ciechanowski, *The Warsaw Rising of 1944*, Cambridge University Press, 1974, p. 285.
35. General Sikorski Historical Institute (org.), *Documents on Polish-Soviet Relations 1939-1945*, William Heinemann, 1967, vol. 2: *1943-1945*, Documento 180, p. 313.
36. Bellamy, *Absolute War*, p. 618.
37. Roberts, *Zhukov*, Kindle ed, posição 3545.
38. Norman Davies, *Rising '44: The Battle for Warsaw*, Pan Books, 2004, p. 321.
39. Depoimento inédito.

40. Jeremy Noakes e Geoffrey Pridham (orgs.), *Nazism 1919-1945: A Documentary Reader*, vol. 3: *Foreign Policy, War and Racial Extermination*, University of Exeter Press, 2006, Documento 715, p. 388.
41. Charles de Gaulle, *The Edge of the Sword*, Faber & Faber, 1960, p. 55.
42. Ibid., p. 62.
43. Moran, *Struggle for Survival*, anotação de 22 de setembro de 1944, p. 185.
44. Danchev e Todman (orgs.), *Alanbrooke War Diaries*, anotações de 8 de julho de 1943, 3 de fevereiro de 1942 e 19 de agosto de 1940, pp. 427, 227, 101.
45. Moran, *Struggle for Survival*, anotação de 22 de janeiro de 1943, p. 80.
46. Robert Dallek, *Franklin D. Roosevelt and American Foreign Policy 1932-1945*, Oxford University Press, 1995, p. 459.
47. Moran, *Struggle for Survival*, anotação de 22 de janeiro de 1943, p. 81.
48. Julian Jackson, *France: The Dark Years 1940-1944*, Oxford University Press, 2003, p. 551.
49. Ibid., p. 552.
50. Matthew Cobb, *Eleven Days in August: The Liberation of Paris in 1944*, Simon & Schuster, 2013, p. 43.
51. Jackson, *Dark Years*, pp. 561-567.
52. Domarus, *Hitler. Reden und Proklamationen*, Band II: *Untergang, ZweiterHalbband 1941-1945*, p. 2143.
53. Cobb, *Eleven Days*, Kindle ed, posição 3201-3222.
54. Jackson, *Dark Years*, p. 565.
55. Davies, *Rising '44*, p. 348.
56. Winston S. Churchill, *The Second World War*, vol. VI: *Triumph and Tragedy*, Penguin Books, 2005, p. 118.
57. Depoimento inédito.
58. *World War Two, Behind Closed Doors*, episódio 5, escrito e produzido por Laurence Rees, transmitido pela primeira vez pela BBC2 em 2008.
59. PRO PREM 3/434/2, pp. 4-5.
60. PRO PREM 3/66/7.
61. Minutas russas do encontro com os poloneses de Londres, 13 de outubro de 1944, publicadas em Oleg A. Rzheshevsky, *Stalin and Churchill*, Navka, 2004, pp. 444-448. E traduzidas da transcrição polonesa, General Sikorski Historical Institute (org.), *Documents on Polish-SovietRelations*, vol. 2: *1943-1945*, pp. 405-415.
62. Traduzido do polonês, General Sikorski Historical Institute (org.), *Documents on Polish–Soviet Relations*, vol. 2: *1943-1945*, p. 423.

63. PRO PREM 3/66/7.
64. PM ao gabinete de guerra, 17 de outubro de 1944, CHAR 20/181 (CAC).
65. Mary Soames, *Clementine Churchill*, Houghton Mifflin, 1979, p. 361.
66. PM ao gabinete de guerra, 17 de outubro de 1944, CHAR 20/181 (CAC).
67. Sword, *Deportation and Exile*, p. 155.
68. Ibid., p. 157.

17. Dias de morte

1. Stargardt, *German War*, pp. 470-472.
2. Kershaw, *The End*, pp. 114-118.
3. Domarus, *Hitler. Reden und Proklamationen*, Band II: *Untergang, Zweiter Halbband 1941-1945*, pronunciamento, 12 de novembro de 1944, p. 2164.
4. Kershaw, *Nemesis*, pp. 728-731.
5. Domarus, *Hitler. Reden und Proklamationen*, Band II: *Untergang, Zweiter Halbband 1941-1945*, pp. 2162-2163.
6. Below, *At Hitler's Side*, p. 214.
7. Domarus, *Hitler. Reden und Proklamationen*, Band II: *Untergang, Zweiter Halbband 1941-1945*, p. 2171.
8. Below, *At Hitler's Side*, pp. 221-223.
9. Depoimento inédito.
10. Domarus, *Hitler. Reden und Proklamationen*, Band II: *Untergang, Zweiter Halbband 1941-1945*, pp. 2181-2184, pronunciamento de Ano Novo de Hitler, 1º de janeiro de 1945.
11. Tedder, *With Prejudice*, pp. 646-647.
12. Dilks (org.), *Cadogan Diaries*, anotação de 29 de novembro de 1943, p. 580.
13. Tedder, *With Prejudice*, p. 650.
14. David Reynolds, *From World War to Cold War*, Oxford University Press, 2006, cabograma de Clark Kerr ao Ministério do Exterior, 13 de agosto de 1943, p. 243.
15. Tedder, *With Prejudice*, p. 649.
16. Jean Laloy (intérprete russo-francês não oficial), "A Moscou: entre Staline et de Gaulle, Décembre 1944", *Revue des Études Slaves*, vol. 54, n. 1-2 (1982), p. 147.
17. Charles de Gaulle, *The Complete War Memoirs*, Carroll & Graf, 1998, pp. 756-757.
18. Ibid., p. 756.
19. Ibid., pp. 736-737.
20. Depoimento inédito.

21. Krisztián Ungváry, *Battle for Budapest*, I. B. Tauris, 2006, p. 286.
22. BFL XXV 4a 002645/1953, Arquivo da Capital Budapeste, e Ungváry, *Budapest*, p. 287.
23. Rees, *Behind Closed Doors*, pp. 326-327.
24. Depoimento inédito.
25. Milovan Djilas, *Conversations with Stalin*, Penguin Books, 1962, p. 76.
26. Beevor e Vinogradova (orgs.), *A Writer at War*, p. 321.
27. Guderian, *Panzer Leader*, p. 383.
28. Idem.
29. Ibid., p. 387.
30. Ibid., pp. 404-405.
31. Noakes e Pridham (orgs.), *Nazism*, vol. 1: *The Rise to Power*, p. 16.
32. Rees, *Behind Closed Doors*, depoimento de Hugh Lunghi, p. 334.
33. Ibid., p. 333.
34. Moran, *Struggle for Survival*, anotação de 4 de fevereiro de 1945, p. 223.
35. Dilks (org.), *Cadogan Diaries*, anotação de 8 de fevereiro de 1945, p. 706.
36. David Reynolds, *Summits: Six Meetings that Shaped the Twentieth Century*, Allen Lane, 2007, p. 116, e Amos Yoder, *The Evolution of the United Nations System*, Taylor & Francis, 1997, p. 27.
37. FRUS, *The Conferences at Malta and Yalta, 1945*, United States Government Printing Office, 1955. As discussões de Yalta estão nas pp. 547-996.
38. Moran, *Struggle for Survival*, anotação de 11 de fevereiro de 1945, p. 232.
39. Depoimento inédito.
40. Depoimento inédito.
41. Burns, *Roosevelt*, p. 572.
42. Fraser Harbutt, *The Iron Curtain: Churchill, America, and the Origins of the Cold War*, Oxford University Press, 1986, p. 93.
43. Danchev e Todman (orgs.), *Alanbrooke War Diaries*, anotação de 5 de fevereiro de 1945, p. 657.
44. Dilks (org.), *Cadogan Diaries*, anotação de 11 de fevereiro de 1945, pp. 708-709.
45. Minutas do gabinete de Guerra britânico, British 19 de fevereiro de 1945, PRO WM (43) 22.1 CA.
46. Pimlott (org.), *Dalton Diaries*, anotação de 23 de fevereiro de 1945, p. 836.
47. George McJimsey (org.), *Documentary History of the Franklin D. Roosevelt Presidency*, vol. 14: *The Yalta Conference, October 1944-March 1945*, University Publications of America, 2003, Documento 144, p. 639.

48. O número de mortes em consequência do bombardeio a Dresden continua uma questão em debate. Para uma discussão sobre o tema, ver Apêndice B em Frederick Taylor, *Dresden, Tuesday 13 February 1945*, Bloomsbury, 2004, pp. 503-509. Após um estudo exaustivo, Taylor estabeleceu um número "entre 25 mil e 40 mil". Sinclair McKay também dá um número de 25 mil em Sinclair McKay, *Dresden: The Fire and the Darkness*, Penguin Books, 2020, Kindle ed, posição xx. Mas deve-se notar que outros historiadores chegaram a estimativas fora desses parâmetros. Por exemplo, Andrew Roberts, citando fontes alemãs, estabelece um número de 20 mil mortos. Ver Andrew Roberts, *The Storm of War: A New History of the Second World War*, Allen Lane, 2009, p. 456.
49. Taylor, *Dresden*, p. 272.
50. Below, *At Hitler's Side*, p. 228.
51. Rudolf Jordan, *Erlebt und Erlitten. Weg eines Gauleiters von München bis Moskau*, Druffel, 1971, pp. 253-254.
52. Baldur von Schirach, *Ich glaubte an Hitler*, Mosaik, 1967, p. 307.
53. Jordan, *Erlebt und Erlitten*, pp. 257-258. Ver também Kershaw, *The End*, p. 245.
54. Domarus, *Hitler. Reden und Proklamationen*, Band II: *Untergang, Zweiter Halbband 1941-1945*, pronunciamento de 24 de fevereiro de 1945, p. 2206.
55. Kershaw, *The End*, p. 264.
56. Rees, *Dark Charisma*, p. 377.
57. Speer, *Inside the Third Reich*, p. 588.
58. Ibid., p. 538.
59. Kershaw, *The End*, mensagem de Speer message de 3 de abril, p. 477, n. 146.
60. Ibid., pp. 288-289, analisa evidências de um segundo memorando escrito por Speer por volta desse período que demandava "medidas mais drásticas" de defesa ao longo do Oder e do Reno. Speer nunca se referiu a esse memorando depois da guerra, por razões compreensíveis.
61. Antony Beevor, *Berlin: The Downfall, 1945*, Viking, 2002, pp. 146-147.
62. Depoimento inédito.
63. Butler (org.), *My Dear Mr Stalin*, 31 de março de 1945, 299, p. 310.
64. Reynolds e Pechatnov (orgs.), *Kremlin Letters*, Churchill a Stalin, 1º de abril de 1945, p. 569.
65. Butler (org.), *My Dear Mr Stalin*, Stálin a Roosevelt, 7 de abril de 1945, 303, p. 319.

66. John Le Rougetel, representante político do Reino Unido na Romênia, ao Ministério das Relações Exteriores, 2 de abril de 1945, PRO FO 371/48552, citado em Kitchen, *British Policy*, p. 255.
67. William E. Houstoun-Boswall, ministro do Reino Unido na Bulgária para o Ministério das Relações Exteriores, 28 de fevereiro de 1945, PRO FO 371/48123, citado em Kitchen, *British Policy*, p. 255.
68. Ver p. 426-427.
69. Kimball (org.), *Churchill and Roosevelt*, vol. III, Churchill a Roosevelt, 8 de março de 1945, C–905, p. 547.
70. Butler (org.), *My Dear Mr Stalin*, Stalin a Roosevelt, 3 de abril de 1945, 300, p. 312.
71. Ibid., Roosevelt a Stálin, 4 de abril de 1945, 301, pp. 313-315.
72. Ibid., Stálin a Roosevelt, 7 de abril de 1945, 302, pp. 315-317.
73. Reynolds e Pechatnov (orgs.), *Kremlin Letters*, Stálin a Churchill, 7 de abril de 1945, p. 580.
74. Beevor, *Berlin*, pp. 146-147.
75. Maximilian Gschaid (org.), *Die Tagebücher von Joseph Goebbels*, Teil II: *Diktate 1941-1945*, Band 15: *Januar-April 1945*, K. G. Saur, 1995, anotação de 21 de março de 1945, pp. 566-567, 572.
76. Ibid., anotação de 28 de março de 1945, pp. 612-613.
77. Kershaw, *Nemesis*, p. 792.
78. Gschaid (org.), *Die Tagebücher von Joseph Goebbels*, Teil II, Band 15: *Januar-April 1945*, anotação de 28 de março de 1945, pp. 613-614.
79. Guderian, *Panzer Leader*, pp. 428, 414.
80. Depoimento inédito, e também depoimento de Rees, *Behind Closed Doors*, pp. 359-360.
81. *War of the Century*, episódio 4, *Vengeance*, escrito e produzido por Laurence Rees, transmitido pela BBC2 em 26 de outubro de 1999.
82. Depoimento inédito.
83. Depoimento inédito.
84. Norman M. Naimark, *The Russians in Germany: A History of the Soviet Zone of Occupation 1945-1949*, Belknap Press, 1995, p. 133. Ver também Beevor, *Berlin*, p. 410. Ele escreve que "estima-se que pelo menos 2 milhões de mulheres alemãs foram estupradas".
85. Rees, *Behind Closed Doors*, p. 361.
86. Gregor Dallas, *Poisoned Peace: 1945-The War that Never Ended*, John Murray, 2005, p. 7.
87. Beevor e Vinogradova (orgs.), *Writer at War*, pp. 341-342.

18. Vitória e derrota

1. Jana Richter (org.), *Die Tagebücher von Joseph Goebbels*, Teil I: *Aufzeichnungen 1923--1941*, Band 6: *August 1938-Juni 1939*, K. G. Saur, 1998, anotação de 21 de abril de 1939, p. 323.
2. *Völkischer Beobachter*, Norddeutsche Ausgabe, 20 de abril de 1939, p. 1.
3. Kershaw, *Nemesis*, p. 798.
4. Below, *At Hitler's Side*, p. 235.
5. Junge, *Until the Final Hour*, p. 161.
6. Depoimento de Bernd Freytag von Loringhoven em *Himmler, Hitler and the End of the Reich*, produzido por Detlef Siebert, com produção executiva de Laurence Rees, transmitido pela BBC2 em 19 de janeiro de 2001.
7. Longerich, *Himmler*, p. 730. A citação é do testamento político de Hitler.
8. Heiber e Glantz (orgs.), *Hitler and His Generals*, p. 59. Ver p. 322.
9. David Welch, *Propaganda and the German Cinema 1933-1945*, Oxford University Press, 1983, pp. 230-233.
10. *Goebbels, Master of Propaganda*, escrito e produzido por Laurence Rees, transmitido pela BBC2 em 12 de novembro de 1992.
11. Welch, *Propaganda*, p. 234.
12. *Goebbels, Master of Propaganda*, BBC2, 1992.
13. *Himmler, Hitler and the End of the Reich*, BBC2, 2001.
14. Max Domarus, *Hitler: Speeches and Proclamations 1932-1945*, vol. IV, Bolchazy--Carducci, 2004, testamento político de Hitler, 29 de abril de 1945, p. 3056.
15. Domarus, *Hitler. Reden und Proklamationen*, Band II: *Untergang, Zweiter Halbband 1941-1945*, pp. 2236-2237, 2239.
16. O depoimento dos que ouviram os gritos de judeus apinhados em câmaras de gás é uma prova indubitável de que a afirmação de Hitler de que tratava-se de um método "humano" era uma mentira. Ver depoimento de Dario Gabbai no episódio 1 de *Auschwitz: The Nazis and the "Final Solution"*, escrito e produzido por Laurence Rees, transmitido pela primeira vez pela BBC2 em janeiro de 2005.
17. James Goodwin, *Eisenstein, Cinema and History*, University of Illinois Press, 1993, p. 184.
18. Maureen Perrie, *The Cult of Ivan the Terrible in Stalin's Russia*, Palgrave, 2001, p. 87.
19. Kershaw, *Nemesis*, pp. 618-619.
20. Foi descoberta uma prótese dentária nos restos carbonizados, que se provou ser da boca de Hitler. Ver ibid., p. 831.

21. Anton Joachimsthaler, *The Last Days of Hitler: The Legends, the Evidence, the Truth*, Arms and Armour, 1996, pp. 249-250.
22. Ibid., p. 242.
23. James Byrnes, *Speaking Frankly*, Harper & Brothers, 1947, p. 68. Ver também Hugh Trevor-Roper, *The Last Days of Hitler*, Palgrave, 1995, p. xlviii, e Joachimsthaler, *Last Days*, p. 250.
24. Stálin já havia feito esta exigência na conferência de Teerã, em 1943. *FRUS, The Conferences at Cairo and Tehran, 1943*, p. 604.
25. Roberts, *Stalin's Wars*, p. 275.
26. *FRUS, The Conference of Berlin, 1945*, United States Government Printing Office, 1960, vol. 2, pp. 359-362. O uso de Churchill do termo "cortina de ferro" não foi original. Goebbels, por exemplo, usou o mesmo termo em *Das Reich* em 25 de fevereiro de 1945.
27. *FRUS, The Conference of Berlin, 1945*, pp. 566-567.
28. Rees, *Behind Closed Doors*, p. 370.
29. Dilks (org.), *Cadogan Diaries*, p. 765, minuta de Cadogan de 17 de julho de 1945 a Churchill.
30. Acordo de Potsdam, 1º de agosto de 1945, cláusula A. 3 (i), disponível em: https://www.nato.int/ebookshop/video/declassified/doc_files/Potsdam%20Agreementpdf.
31. Service, *Stalin*, p. 505.
32. David R. Henderson, *German Economic Miracle*, disponível em: https://www.econlib.org/library/Enc/GermanEconomicMiracle.html.
33. Dos dez *Speziallager* (campos especiais) instituídos pelos soviéticos na Alemanha ocupada, três foram em antigos campos de concentração: Buchenwald, Sachsenhausen e Jamlitz (ex-KZ Lieberose).
34. Rees, *Behind Closed Doors*, p. 385.
35. J. Stalin, *Problems of Leninism*, Foreign Language Publishing House, 1945, pp. 455-456, citado em Martin McCauley, *Stalin and Stalinism*, Routledge, 4th ed., 2019, Kindle ed, posição 139-140.
36. Sarah Davies, "Stalin and the Making of the Leader Cult in the 1930s", in Balázs Apor, Jan C. Behrends, Polly Jones e E. A. Rees (orgs.), *The Leader Cult in Communist Dictatorships: Stalin and the Eastern Bloc*, Palgrave Macmillan, 2004, p. 29.
37. A. N. Yakovlev e V. Naumov (orgs.), *Georgii Zhukov: Stenogramma Oktiabr'skogo (1957 g.) Plenuma TsK KPSS i Drugie Dokumenty*, MFD, 2001.
38. Idem.
39. Roberts, *Zhukov*, p. 247.

40. Ibid., pp. 247-250.
41. Rees, *Behind Closed Doors*, pp. 399-400. Y. Gorlizki e O. Khlevniuk, *Cold Peace: Stalin and the Soviet Ruling Circle, 1945-1953*, Oxford University Press, 2004, p. 198.
42. Rees, *Behind Closed Doors*, p. 400. Carta de Molotov a Stálin, 20 de janeiro de 1949, em Arquivo Nacional de História Política e Social da Rússia, f. 17, op. 163, d. 1518, l. 164. Stálin exonerou Molotov do Ministério do Exterior em março de 1949, mas ele manteve seu cargo como primeiro representante e presidente do conselho de ministros.
43. Entrevista com o professor Vladimir Naumov em *Stalin and the Betrayal of Leningrad*, produzido por Martina Balazova, com produção executiva de Laurence Rees, transmitido pela BBC2 em 9 de agosto de 2002.
44. Ver ibid.

Posfácio

1. Ver Timothy Snyder, "Hitler vs. Stalin: Who Was Worse?", *New York Review of Books*, 27 de janeiro de 2011. Robert Gellately, *Lenin, Stalin and Hitler*, Knopf, 2007, pp. 253-256. Applebaum, *Red Famine*, p. xxiv. Ver também Manfred Hildermeier, *Die Sowjetunion 1917-1991*, 3ª ed. revisada e ampliada, Oldenbourg, 2016, pp. 35-41 e 129--132. Também Dieter Pohl, "Nationalsozialistische und stalinistische Massenverbrechen: Überlegungen zum wissenschaftlichen Vergleich", em Jürgen Zarusky (org.), *Stalin und die Deutschen. Neue Beiträge der Forschung*, Oldenbourg, 2006, pp. 253-263. Gunnar Heinsohn, *Lexikon der Völkermorde*, Rowohlt Taschenbuch, 1998, p. 294. Christian Hartmann, *Unternehmen Barbarossa. Der deutsche Krieg im Osten 1941-1945*, C. H. Beck, 2012, p. 115. Disponível em: https://encyclopedia.ushmm.org/content/en/article/ documenting-numbers-of-victims-of-the-holocaust-and-nazi-persecution.
2. Calcular o número dos que morreram no sistema *gulag* é problemático. Por exemplo, Christian Gerlach e Nicolas Werth, em seu ensaio "State Violence – Violent Societies", em Michael Geyer e Sheila Fitzpatrick (orgs.), *Beyond Totalitarianism: Stalinism and Nazism Compared*, Cambridge University Press, 2009, escrevem na p. 176: "Entre 16 milhões e 17 milhões de cidadãos soviéticos foram sujeitos à prisão ou a trabalhos forçados; 10% deles morreram nos campos de prisioneiros", enquanto Timothy Snyder, em seu artigo "Hitler vs. Stalin: Who Was Worse?", escreve: "O número total durante todo o período stalinista [de mortes no *gulag*] *é de provavelmente entre* 2 milhões e 3 milhões". E Anne Applebaum, em *Gulag*, escreve na p. 520 que o número de mortos "nos campos do *gulag* e nas aldeias de exilados na era stalinista, de 1929 a

1953 [...] está disponível em fontes de arquivo, embora até mesmo os historiadores que o compilaram ressalvem que é incompleto, e não abrangem todas as categorias de prisioneiros em todos os anos. Mais uma vez, relutantemente, vou mencioná-lo: 2.749.163". Mas Applebaum também nos lembra (p. 521) das limitações de meros números para ajudar nosso entendimento.

3. Golfo Alexopoulos, em *Illness and Inhumanity in Stalin's Gulag*, Kindle ed, escreve na p. 16: "Uma estimativa conservadora, na minha opinião, situaria a mortalidade no *gulag* na faixa de um mínimo de 6 milhões. Acredito ser razoável concluir, a partir dos próprios registros de saúde do *gulag*, que não menos que um terço de todos os indivíduos que passaram pelos campos de trabalhos forçados e colônias de Stálin morreu como resultado da detenção".

4. A questão de exatamente quantos poloneses não judeus morreram na Segunda Guerra Mundial também é difícil de calcular. Uma avaliação da questão é fornecida pelo Museu Memorial do Holocausto dos Estados Unidos: "Atualmente, estudiosos da Polônia independente acreditam que entre 1,8 e 1,9 milhão de civis poloneses (não judeus) foram vítimas das políticas de ocupação alemãs e da guerra. Esse total aproximado inclui poloneses mortos em execuções ou que morreram em prisões, trabalhos forçados e campos de concentração. Inclui também uma estimativa de 225 mil civis vítimas do levante de Varsóvia, mais de 50 mil civis mortos durante a invasão de 1939 e o cerco de Varsóvia, e um número relativamente pequeno, porém desconhecido, de civis mortos durante a campanha dos Aliados da libertação da Polônia de 1944-1945". Ver p. 24 em: https://www.ushmm.org/m/pdfs/2000926-Poles.pdf.

5. Ver pp. 138, 148-149.

6. John Barber e Mark Harrison, "Patriotic War, 1941-1945", em Ronald Grigor Suny (org.), *The Cambridge History of Russia*, vol. 3: *The Twentieth Century*, Cambridge University Press, 2006, pp. 217-242, aqui p. 226. Barber e Harrison são mais específicos e afirmam que 7,4 milhões de cidadãos soviéticos morreram "a sangue-frio ou quente" durante a ocupação alemã.

7. A designação usada por Barber e Harrison, ibid., p. 226.

8. Barber e Harrison apresentam uma estimativa específica de "mortes prematuras sob a ocupação [alemã]" na União Soviética de 13,7 milhões, um total que inclui 7,4 milhões de mortos "a sangue-frio ou quente" (ver acima), ibid.

9. Ver p. 393.

10. Rees, *Dark Charisma*, p. 1.

11. Ver p. 148-149.

12. Ver p. 391.
13. Discurso "secreto" de Khrushchev no 20º Congresso do Partido Comunista, em 25 de fevereiro de 1956, disponível em: https://digitalarchive.wilsoncenter.org/document/115995.pdf?v=3c22b71b65bcbbe9fdadead9419c995.
14. Publicado pelo *Daily Telegraph*, 16 de abril de 2019, disponível em: https://www.telegraph.co.uk/news/2019/04/16/record-70-per-cent-russians-approve-stalin/.
15. Publicado pelo *Moscow Times*, 26 de junho de 2017, disponível em: https://www.themoscowtimes.com/2017/06/26/stalin-named-worlds-most-remarkable-public-figure-poll-a58262.
16. Entrevista com Vladimir Putin em "Direct Line", multichannel TV, 16 de abril de 2015, citada em Robert Service, *Kremlin Winter: Russia and the Second Coming of Vladimir Putin*, Picador, 2019, Kindle ed, posição 704.
17. Ver p. 309.
18. Conferência informativa anual do presidente Vladimir Putin, dezembro de 2019, disponível em: http://en.kremlin.ru/events/president/news/62366.
19. Depoimento inédito, mas ver também Rees, *Their Darkest Hour*, pp. 101-106.
20. Rees, *War of the Century*, p. 235.

ÍNDICE REMISSIVO

Aachen 429
Abelesz, Israel 396
Aço 196, 282
Alemanha
    acordo com soviéticos no Tratado de Rapallo 493n12
    alemães do Volga 210, 224, 379
    antissemitismo no fim da Primeira Guerra Mundial 30, 42
    ataque de Hitler à profissão jurídica e ao sistema judicial legal 267-8
    avanço dos Aliados na 429-34
    campanhas de bombardeios dos Aliados na 291, 311, 324, 326-7, 357-8, 448; tentativas de comparar com o Holocausto 391, 482; Berlim 324; Dresden 448, 543n48; Hamburgo 356-7; Nuremberg 326-7; RAF *ver* RAF: campanha de bombardeios contra a Alemanha
    contraste entre o ocidente e o oriente 472
    dúvidas de Hitler quanto à lealdade do povo alemão, e opinião de os
    e Bucovina 133
    e o Japão *ver* Japão: e Alemanha/os nazistas
    e o Tratado de Brest-Litovsk 43-4, 128
    força aérea *ver* Luftwaffe
    forças armadas, unificadas sob os nazistas *ver* Wehrmacht
Historikerstreit (Historian's Dispute) 481
Judeus 210, 211
marinha com os nazistas *ver* Kriegsmarine
nazistas *ver* nazismo/nacional-socialistas

Ocidente 472
 e guerras mundiais *ver* teatros da
  Primeira Guerra Mundial;
 teatros da Segunda Guerra
  Mundial e principais
  acontecimentos
oriente 472
pacto tripartite com Japão e Itália
 135, 136, 2
Partido Comunista 46
população do Reich oprimida pelas
 táticas de terror nazistas 449
Potsdam e a cisão de 469-70
que perdiam a fé mereciam
 "desaparecer" 264-4
racionamento (rações) 269
sem classes 38, 308
 Tratado de Versalhes 42, 46-7, 111
Alexopoulos, golfo 548n3
Alfabetização, União Soviética 121
Alliluyeva, Kira 27
Alliluyeva, Nadezhda 363, 364
Alliluyeva, Svetlana 364
Altrogge, Joseph 34-35
Anchishkin, Vladlen 37457, 460
Anders, Władysław 226, 424
Andreyeva, Nina 67
Anel, Operação 321
Anfilov, Viktor 191
Antissemitismo
Antonescu, Ion 207, 208
Antonov, Aleksei 436
Antuérpia 452
Applebaum, Anne 547n2
Argélia 2312

Artemyev, P. A. 201, 202
Astakhov, Georgii 56
Ataque a Pearl Harbor 215-6, 217
Ateísmo 35
Auschwitz 373, 87, 88, 346-247, 387-88,
 389, 390-91, 393
Áustria, invasão pelos nazistas 48-9
Avranches 421
Azul, Operação
 277, 300, 349
 e o Exército Vermelho *ver* Exército
  Vermelho: *front* oriental e
  conflito com a Alemanha; e
  Operação Azul
 e recursos do Cáucaso 282
 e Stálin 276-7, 278-9, 284-8, 297-8,
  309-310
 e Stalingrado *ver* Stalingrado: e
  Operação Azul
 ofensiva alemã de outubro 311
 planos de batalha de Riechel 276-7
 prisioneiros de guerra alemães
  333-334

Backe, Herbert 149
Badmaev, Aleksey 381, 382, 486
Badoglio, Pietro356
Bagration, Operação 400, 401, 406
Baibakov, Nikolai 287, 288
Baku 139, 193, 295
Balkelis, Tomas 509n32
Bastogne 432
Baur, Hans 3469
Bayeux 421
Beck, Ludwig 110, 407

Behnke, Carlheinz 150, 153, 167, 169,
    181, 305
Behr, Winrich 320, 321
Bélgica 115 *ver também* Países Baixos
Below, Günther von 222, 300
Below, Nicolaus von 188, 219, 295, 431,
    432, 463.
Berezhkov, Valentin 131, 132
Berghof, o refúgio da montanha de Hitler
    140, 313, 361
Béria, Lavrenti 24, 70, 89, 153, 213
    arquivos 238-9
    assassinato de prisioneiros na prisão
        de Brygidki 155-7, 169
    deportações 166; calmucos 379-
        -80, 387, 388-390, 392, 395;
        osadniks 83; poloneses 53-4, 79;
        tártaros e a segurança de Moscou
        201-2
    e o massacre de Katyn 342 *ver
        também* Katyn massacre
    e o QG da Gestapo de Lwów 411
    e os tártaros 392
    e Perevalov 37, 386, 387, 390
    polícia secreta 23, 70, 72, 162, 385
    prisão de soldados do Exército da
        Pátria Polonês e poloneses de
    prisões de oficiais poloneses 415
Berlim
    auxílio de inverno de 1942 305-7
    bombardeios da RAF 324
    conversas de Hitler com Hácha 50-1
    conversas de Hitler com Molotov
        129-35
    discurso de Hitler marcando a
        campanha de
    discursos de Hitler no Sportpalast
        188-9, 263-4, 305
    e a comemorações do aniversário de
        50 anos de Hitler 462
    e o ataque do Exército Vermelho 435,
        450-2, 457-61
    Führerbunker 429, 455, 462-7
    judeus 209-10
    revolução (1919) 42, 145-6
Bernadotte, Folke 463
Berzarin, Nikolai 468
Berzina, Maya 82, 193
Bielecki, Jerzy 72, 86, 246
Bielorrússia 161-162
Blaskowitz, Johannes 110-111
Bletchley Park 350
Blomberg, Werner von 110
Bobruisk 402
Bock, Fedor von 113, 118, 119, 139,
    140, 147-148, 187, 196, 203, 301
    e Hitler 139-40, 149, 195-6, 280
    e Paulus 301
Bodenschatz, Karl 327
Boêmia e Morávia, Protetorado de 66
Bohlen, Charles 373, 376
Bolchevismo/bolcheviques 168-9, 182,
    246-7, 254, 194-5, 202-3
    assassinato do czar Nicolau II e sua
        família 28, 53
    ateísmo 35
    coletivização e reestruturação da
        agricultura

comemoração do aniversário da
revolução de 1917 de 1941, 194-
-5, 202-3
desigualdade 236-7
e centralização do poder 21-2
e nacionalismo 37
e o Tratado de Brest-Litovsk 43-4,
128
e os judeus *ver* judeus: e o marxismo/
bolchevismo
número de membros ativos 23-4
*ódio de Hitler ao*s 37, 41-2, 44-5,
127-8, 146, 167, 183, 324-5,
430-1, 433-4
Operação Barbarossa objetivo de
destruição nazista Nazi *ver*
Barbarossa, Operação, e
Alemanha
ocupação da União Soviética
Exército Vermelho *ver verbetes em*
Exército Vermelho
formação do 36, 176
e descontentamento dos soldados
russos na Primeira Guerra
Mundial
preocupações dos britânicos com
possível tomada do poder por
bolcheviques 123-4
Revolução de Outubro 20
visão antirreligiosa 146
visão de incompetência econômica
de 146
Bomba nuclear 472
bombardeio de Dresden 448, 543n48
Borisov, Mikhail 352

Borisov, Vasily 215, 286
Bór-Komorowski, Tadeusz 424
Bormann, Martin 325-327, 363
Brandt, Nikolai 410, 424
Brauchitsch, Walther von 112-113,
129,141, 154, 171, 184, 220-221
Braun, Eva 29, 361-363
casamento com Hitler 39, 466
Braunau am Inn 19
Bräutigam, Otto 210
Brest 162
Brest-Litovsk, Tratado de 43-44, 128, 429
Briansk 189, 195
Bris, Aleksey 168
Brooke, sir Alan 294, 373, 420, 445
Bubenchikov, Fyodor 285, 315, 369, 402
Buber-Neumann, Margarete 71
Buchenwald, campo de concentração 472
Bucovina 123, 133
Budapeste 395
declarada por Hitler como "local
fortificado" 437
tomada pelo Exército Vermelho
437-438
Bukharin, Nikolai 475
Bulgária 136-7, 426-7, 470-1
declaração de guerra à Alemanha 430
Hitler sobre razão para "colapso" de
434-5
ocupação/repressão soviética
430, 452-3; e exclusão da
Grã-Bretanha
Bullock, Alan: *Hitler and Stalin: Parallel*
Lives 16
Burckhardt, Carl 58

Burkovski, Albert 299, 310
Busch, Ernst 406
Büttner, Gretl 357
Byrnes, James 469

Cadogan, sir Alexander 51,53, 55, 152, 228, 229, 270, 343, 376
Cairncross, John 350
Calmucos
    no Corpo de Cavalaria Calmúquia Alemão 379
    no Exército Vermelho 379, 384, 402
    limpeza étnica de Stálin de 379-84, 378; 380
Campos de concentração *ver campos específicos pelo nome*
Campos de extermínio *ver campos específicos pelo nome*
Campos de trabalhos forçados, soviéticos 71, 381, 484
    gulag ver campos do *gulag*
Campos do *gulag* 83, 85-87, 250-252, 368-369, 480, 547n2, 548n3
Canadá, luta do rei contra admissão de judeus 25
Canal da Mancha 114, 118, 123, 126
Canibalismo 238-239, 250
Capitalismo
    Stálin em guerra com 37-38, 472
    vs socialismo 36, 37, 472
Carélia
    istmo da Carélia 100
    Oriental 95
    República Carelo-Finlandesa 107
Carta do Atlântico 230, 374

Carvão 183-184, 253
Cáucaso 129, 139-40, 142, 153
Cazaquistão 81-83
Chamberlain, Houston Stewart: *Foundations of the Nineteenth Century* 31
Chamberlain, Neville 25, 52, 446
    desconfiança dos soviéticos 53, 55
    e a Polônia 152
    e invasão nazista de territórios tchecos 152
    e o acordo de Munique 52, 54
    e o Exército Vermelho 54
    e tratativas com soviéticos 53, 55, 57-8
Choltitz, Dietrich von 421
Christie, Malcolm 56
Chuikov, Vasily 302-303
Churchill, Winston
    discurso de Fulton 470
    e "princípios democráticos" 230
    e a "cerca de ferro" / "cortina de ferro" 470
    e a descoberta do massacre de Katyn 341-2
    e a ofensiva dos nazistas do Oeste 115
    e a Operação Barbarossa 142, 164-5, 176-7, 186
    e Cripps 151
    e De Gaulle 419, 420-21
    e Hitler 263, 306-7
    e Maisky 49, 176-7, 186, 227, 279, 290, 311, 338
    e Mikołajczyk 425, 426
    e Molotov 270, 274

e os judeus, sob os olhos de Hitler
263, 306-7, 431
e perdas no comboio pelo Ártico
288-91
e Roosevelt 127, 186, 272, 273-4,
435-6; e
Carta do Atlântico *ver* Carta
do Atlântico; criticismo de
Churchill 414; e massacre
de Katyn 343; e repressão
russa na Romênia russa
426; e questão do segundo
front 345-9, 371, 373; e
Stálin e conferência/acordo
de Yalta 442-8, 451-2; e
encontro de Stálin com
Davies 345-8; e conferência
de Teerã de Stálin 371-2
e soviéticos engolindo os
Estados Bálticos 405-6 e
Stálin 153-4, 227, 289-90,
311, 339, 342, 370, 446,
454-5; e comboios pelo
Ártico 288; e autoilusão de
Churchill 426-7, 446-8; e
Cripps 151; e elementos
democráticos do acordo de
Yalta 469-70; e "Poloneses
de Londres" 425; e
documento "malvado" sobre
percentuais de influência
dos Aliados 426, 452-3; e
Operação Barbarossa 141-3,
164-5, 176-7, 186-7; em
Potsdam 469; e Roosevelt, e

conferência/acordo de Yalta
442-3, 451-2; e Roosevelt,
em Teerã 372-7; e questão
do segundo *front* 176-
-7, 289-94, 311, 336-9,
345, 371, 373; e retenção
soviética da Polônia oriental
depois da guerra 374-5, 414-
-5, 424-5, 453-4; e discurso
de *Stálin sobre política
externa* (primavera de 1939)
48; e encontro de Stálin com
Davies 345-8 e conferência/
acordo de Yalta 442-3, 444,
445-7, 452, 469-70
ego 293
mobilização contra a Grã-Bretanha
acompanhar a derrota da França
123
sobre a Finlândia 103-4
Ciano, Galeazzo, conde 25, 58, 130, 140,
154, 216, 243
Cingapura 1217
Clark Kerr, sir Archibald 290, 292, 293,
343, 435
Comboios pelo Ártico, britânicos 288
Comintern 47, 339
Comissariados 122, 142, 145-6, 146-
-89, 175, 1205, 242-3, 286, 344-5,
459-60
judeu 205
rdem do Comissariado 146-7, 242-3
Condições climáticas, União Soviética
195, 202, 211, 213, 238, 241, 318
conferência de Potsdam 469-470

Conferência do Cairo 371
Corrida armamentista 472
Cripps, Sir Stafford 151-152, 292
Cristianismo e a Igreja
   e ódio de Stalin: pelo cristianismo 29-30; e
      Operação Barbarossa 166-67;
      sofrimento sob 166
   Gabinete de Guerra 153

Dachau, campo de concentração 87
Darges, Fritz 24
Davies, Joseph 345-346
De Gaulle, Charles 419-421
Democracia
   Churchill e "princípios" democráticos 230
   e a Carta do Atlântico 230, 374, 415
   e acordo de Yalta 451, 452 *ver também* conferência/acordo Yalta
   ódio de Hitler à 22, 28-9
   oposição de Stálin à 32-8
Desert Victory 338
Dia D 271, 354, 398, 400, 414
Dietrich, Otto 188
Dietrich, Sepp 456
Dimitrov, Georgi 131, 194
   discurso depois da derrota alemã em Stalingrado 323-4
Djilas, Milovan 96, 440
Dlanic 207
Doenças venéreas 438
Domobranci 17
Dönitz, Karl 449
Döring, Herbert 363, 364

Dragunov, Georgy 68, 83
Drax, sir Reginald Aylmer Ranfurly Plunkett-Ernle-Erle- 56
   evacuação 77
Dyukarev, Nikolai 83, 84,88
Dzhugashvili, Vasily (filho de Stálin) 364
Dzhugashvili, Yakov (filho de Stálin) 364
   e Goebbels 326, 328, 357-8
   e Guderian 330
   e União Soviética: proposta soviética de aliança militar com França e Grã-Bretanha; Stálin e inclusão de "Estados não agressivos" 48-9
   e tratado de Versalhes *ver* Versalhes, Tratado de

Eden, Anthony 152, 227, 229, 236, 271, 342, 346
Ehrenburg, Ilya 460
Eigi, família 3174, 75
Eigi, Irma74, 75
Einsatzgruppen 65,151
Eisenhower, Dwight D. 423, 435
Ekart, Antoni 1251
Elbrus, monte 282
Elser, Georg 113
Elsey, George 117, 346, 470
Empréstimos 336
Engel, Gerhard 136, 138
   retrato no gabinete de Stálin 435, 436
Engels, Friedrich xxxiii, 35, 39
Erbe, Das 34
Eslavos 122, 146, 167, 181, 306, 483
Eslováquia 49, 50-51

e a Hungria 50
Espanha 47, 468-469
Esser, Hermann 449-450
Estados Bálticos 43, 70, 73, 94, 95, 123,
   133, 141, 166, 178, 191, 228, 398
   ver também Estônia; Letônia; Lituânia
   146-7
   a luta após a derrota em Stalingrado
   324
   alemães do Báltico 70-5
   Batalha de Kharkov (maio de 1942)
   258-62, 271, 276, 300-1
   Batalha de Smolensk 170-1
   como "*front* decisivo" segundo Hitler
   350
   como uma "guerra de extermínio"
   planejada 59, 145-6, 146-51,
   183, 218-9
   confiança e bravatas de Hitler
   (outono de 1941) 350
   continuação da Operação Azul *ver*
   Azul, Operação
   crise na confiança dos soviéticos
   percebida por
   da União Soviética 159-353
   decisão de Hitler de manter e dar
   prosseguimento
   deportações dos 165-6, 406
   discussões e acontecimentos que
   levaram a 124-5
   e a Grã-Bretanha 152, 153-4, 163-5,
   176-7, 187, 1258
   e a Grã-Bretanha 227-8
   e a Operação Barbarossa 141, 160
   e a visão e os planos de Hitler
   e as estepes russas 184-5, 277-89
   e as opiniões extremistas de Hitler
   218-9
   e fronteiras pós-guerra 1228
   e judeus *ver* judeus: e a Operação
   Barbarossa
   e Leningrado 141, 183, 185, 284;
   cerco 231-240
   e Molotov 156, 157
   e Moscou *ver* Moscou, e Operação
   Barbarossa
   e o nascimento do Holocausto 151,
   179-80, 224, 247-9, 306-7,
   327-8
   e o petróleo de Baku/Cáucaso 1319-
   -40, 141-2, 154, 192, 233, 287-
   -8, 294-5
   e o Tratado de Brest-Litovsk 43,
   e planos para restauração da
   capacidade industrial do
   Conselho Soviético 253-4
   e possíveis discussões secretas sobre
   um acordo de paz com os
   alemães 191-2
   e Stálin 157-7, 178-9; e a Igreja
   166-7;
   e Churchill 142-3, 164-5, 176-
   -7, 186-7; busca por bodes
   expiatórios 165, 174, 185-6,
   204, 262-3; e o desastre de
   Kiev 174-6, 197-8; liderança
   143-4, 157-8, 160-12,
   165, 167-8, 172-3, 254-61
   ver também Stálin, Joseph:
   liderança; estado mental e

decisões que moldaram a reação à invasão alemã 142-3, 151-4, 172; e produção de equipamentos militares 253-4; Ordem 340 para o Exército Vermelho 174-6, 222; pedido de auxílio externo 176-7, 186-7

e Stalingrado 183, 184; e Operação Azul *ver*

Stalingrado: e Operação Azul; e Operação Anel 321; e Operação Saturno disponibilidade de forças 318-9; e Operação Urano *ver* Urano, Operação; e Operação Tempestade de Inverno 319

Exército Vermelho nos 70, 73-4, 94-5
expectativas de mortes nazistas 138, 148-9
Grossman 186-7
Kiev, 1941 batalha de 175, 193
massacre de Babi Yar 181-2
minas nazistas em Tallinn, e desastre naval soviético 173-4
natureza ideológica da 145-6, 154-5, 1167-8, 184-5, 397-8, 481-2
o "plano mestre" de Hitler e a decepção com o progresso (verão de 1941) 171-2
ofensiva e Batalha de Kursk 349-350
ofensiva inicial 156-182
Operação Barbarossa e a ocupação alemã

Operação Bagration e a ascensão soviética 496
opiniões e preocupações de oficiais alemães antes do início
oposição *partisan* 365-6
Ordem dos Comissários 147, 241
queda de Shlisselburg 185-6
resistência e contra-ataques do Exército Vermelho *ver* Exército Vermelho: *front* oriental e conflito com a Alemanha
e fome *ver* fome
e a Ucrânia *ver* Ucrânia: e os nazistas
e os Estados Unidos 164, 176-7, 186-7, 257
e o clima / temperatura 195-6, 202-3, 1212, 214, 238-9, 241-2, 2318-9
comando da missão da Wehrmacht (*Auftragstaktik*) 161, 211
Estados Unidos da América
Esterilização 33, 34
Estônia 70, 73, 74 *ver também* Estados Bálticos
desastre naval de Tallinn 173, 174
Estupro
de soldados alemães 181, 418
de húngaros na União Soviética 438
de soldados do Exército Vermelho 437-8; na Alemanha 429, 458-9; na Hungria 437-8; na Polônia 440-1; opiniões de Stálin 439; na Iugoslávia 439
e doenças venéreas 438
Exército Britânico 123

pedido de Stálin por divisões britânicas para lugar ao lado do Exército Vermelho186
tanques 186-7
Exército Vermelho: as forças de batalha *também* Barbarossa, Operação,
   e ocupação alemã da União Soviética, unidades de respaldo para atirar em soldados que fugiam 178–9, 222
   alemães subestimam o Exército Vermelho 170-1
   assassinatos em massa por exército em retirada 170
   contra-ataques à Barbarossa e ocupação alemã: Batalha de Kharkov (maio de 1942) 261--6, 271,274, 301; tentativa de cerco ao 2º Grupo Panzer 334-5; no *front* de Moscou (dezembro de 1941) 214-5; Operação Bagration 400-5; Operação Kutuzov 365; Operação Anel 321; Operação Saturno 319; Operação Urano *ver* Urano, Operação; ofensiva altamente desastrosa (janeiro de 1942) 255-62
   contraofensiva na direção e na Alemanha429; ataque a Berlim 434, 449-51, 457-8; e fogo amigo 451; respostas de Hitler 432, 440-1; e assassinatos pelos soldados do Exército Vermelho 429; e Nemmersdorf 429; e estupro *ver* estupro: de soldados do Exército; e rivalidade entre marechais 449, 50, 457; e a conduta de Stálin 434; ofensiva do Vístula-Oder 424, 441
   derrota e destruição em Kiev 175, 183, 198
   disciplina draconiana 235-6, 285, 304, 368-9
   e a Operação Tufão 135-7, 142, 158, 159-60
   e Budapeste 437-8, 439
   e esposas de campanha 309
   e produção de equipamentos militares salvaguardados por meio do Conselho de Evacuação 253-4
   e a Operação Azul 277, 283, 300, 349
   execuções de soldados durante a batalha por questões disciplinares
   de Stalingrado 304; e Ordem 227 de não se retirar 285-6
   interferência de "militares analfabetos" 158, 255-9
   ver também Stálin, Joseph: interferência de e na ofensiva de Kursk 351-9
   impropriedades/erros de liderança 161-2, 194, 172, 173-6, 198-200
   255-212, 334-5
   oficiais mortos sob Ordem do Comissariado 146, 243

produção de equipamentos para 253-4

sob o avanço inicial 157-61; pego de surpresa 156

e a Operação Tufão 135-7, 142, 158, 159-60

prisioneiros de guerra 156, 158, 196, 243-9, 252, 260, 308-9, 334

prevenção de rendição (pela Ordem 270) 174-5, 285

papéis das mulheres 308-10

Exército Vermelho: *front* oriental e conflito com a Alemanha *ver*

2º Exército de Tanques 416

4º Exército 122

6º Exército 260

13ª Divisão da Guarda de Fuzileiros 302

32º Exército 189

44ª Divisão 100-3

62º Exército 303

77º Regimento de Guardas 404

163ª Divisão 100-3

acidentes em testes militares 93-4

administração política 160

artilharia 99, 100, 156, 158, 200, 213, 253, 258, 301, 330, 402

batalhões penais 367-8, 410

calmucos no 378-385, 387, 389-90, 392, 483

campanha finlandesa 105, 128

camponeses alistados 477

como esclerótica 160

comparações com a Wehrmacht: avaliação da relação de forças antes do conflito 120, 153, 170-1; tomada de decisão na linha de frente 160-1, 254-5; equipamentos e suprimentos 106,157-9, 176, 198, 213, 214--5, 253-4, 278-9, 297, 351, 352, 353, 406; liderança 105, 109, 160-72, 170-1, 197, 254-7, 259-60, 278, 400; números 353, 406, 441; papéis das mulheres 308-9

desconfiança de transmissões pelo rádio 48, 160

tanques 1, 158, 176, 189, 214, 308, 351-3, 401; T34 214--5, 308

despreparo para grande conflito depois da Guerra de Inverno 120, 145, 156

disciplina draconiana 167, 194, 286, 304

e a Polônia 46, 52, 53-5,58-60, 64--90, 110, 112, 129, 407, 409-16, 484; e o 1º Exército Polonês 410, 424; e o Exército da Pátria 84, 411, 413-6,

423, 424, 425; autorização de Stálin para matança em massa de

oficiais poloneses 18, 89, 226-7, 344

ver também massacre de Katyn

e bonapartistas 91

e Chamberlain 25

e comissários *ver* comissários

e Trótsky 91

expansão durante os anos 1930 91
front ucraniano: primeiro 170, 451;
  segundo 451
jogos de guerra 145
libertação em massa de comandantes
  das prisões 121
medalhas para oficiais criadas por
  Stálin 286
menosprezado pelos nazistas depois
  das campanhas da Finl*ândia*
  106-7
modernização 92, 93
mulheres em 308-9, 352
no *front* bielorrusso: primeiro 409,
  451, 460; segundo 451
nos Estados Bálticos 43, 70, 73
o Grande Terror e a eliminação de
  corpo de oficiais 92, 94, 98, 109,
  111, 119, 236, 254, 345, 385
reação proativa ataque 144

Ferenczy, László 395
Ferenczy, László 395
Fernau, Walter 409
Ferro 282
Feste Plätze (locais fortificados) 401, 402,
  405
Fiedler, Heinz 4
Filipkowski, Władysław 411
Finlândia
  campanha soviética contra *ver* Guerra
    de Inverno
  Dia Nacional da Finlândia nos
    Estados Unidos 103
  e a França 105

e a Grã-Bretanha 103-4, 105, 127
e Liga das Nações 107
e os nazistas 106-7, 133-4, 135, 136
falso governo "democrático" 105,
  106-7
forças armadas 91, 96, 98, 99, 103-
  -4, 105
fornecimento de armas pela
  Alemanha 135-6
Guerra Civil 107
Hitler sobre a razão para o "colapso"
  da 434
preocupação de Hitler com que
  o Exército Vermelho não
  prolongasse a ocupação da 134
República Carelo-Finlandesa 106-7
sob a "esfera de influência" soviética
  108, 133-4, 135,136
Stálin ignorando a opinião dos
  finlandeses (1939) 436-7
tratado de paz com os soviéticos 106
Foresta de Augustów 269
Fome 231-8, 405, 480
  alquebrando um povo 251
  de calmucos deportados 381-2, 392
  de judeus 247-8
  e canibalismo 238-9, 1248
  e crianças 237
  e desigualdade 236-7
  e fome em um campo de prisioneiros
    soviético 334-5
  e o Plano Nazista de Fome 149-50; e
    Leningrado 183, 231, 236-42
  e o poder da fome 231, 251-2
  em guetos 382; Lódz 248-9

em Leningrado 183, 231, 236-40
enquanto a liderança do Partido
    Comunista Soviético comia bem
236-7
entre prisioneiros de guerra soviéticos
    241-6, 251
na Primeira Guerra Mundial 231
na Ucrânia 169, 236, 240, 241-2,
    251, 479
no *gulag* 249, 250
Fome *ver* inanição
Força Aérea Vermelha 49, 93, 436
Forster, Albert 24, 70, 89
Fosdick, Henry Emerson 5103
    fracasso como chefe da Luftwaffe 324
França
    acordo de Munique 50, 52, 59, 484
    avanço e contra-ataque em Avranches
        421
    e a Finlândia 105
    e norte-americanos na Primeira
        Guerra Mundial 312
    e os nazistas: armistício de1940 119;
        queda de Paris 120, 141;
    e a 2ª Divisão Blindada Francesa
        423; avanço inicial dos Aliados
        na
    França 400; derrota de maio de 1940
        115-8, 120-1, 133-4, 141-2;
        planos e
    preparações para a conquista 110-1,
        113-4
    movimento França Livre 421
Franco, Francisco 4747, 468
Frank, Hans 21, 23, 71, 78, 80, 224, 227

Fromm, Friedrich 297, 406, 526n59
Funk, Walther 137
Fyodorov, Veniamin 404-405

Galen, Clemens August von 266
Gallay, Mark 93, 98, 144
Gareev, Makhmut 262
Gauleiters23, 24, 89, 448, 490n11
Gavrilchenko, Inna 241, 242, 243
Gehlen, Reinhard 365
Georges, Alphonse-Joseph 115
Geórgia 19, 20, 26, 37
Gersdorff, Rudolf Christoph Freiherr von
    360
Gestapo 71, 331
    NKVD e QG da Gestapo de Lwów
        411
Gobineau, Arthur de: *Essai sur l'inégalité*
    des races humaines 29
Goebbels, Joseph , 15, 27, 73, 107, 108,
    136, 145, 150, 153, 212, 324, 408
    ceticismo crescente 398-9
    discurso da Guerra Total 324
    e a descoberta de valas comuns
        polonesas 340
    e a Itália 356
    e a Operação Barbarossa 148, 206,
        211, 226, 228, 231, 295, 300,
        323, 349, 398, 400, 401, 446
    e avanço dos Aliados na Alemanha
        em 1944: e assassinatos e
    e bombardeios da RAF 357-8
    e Bormann 325
    e Göring 325-6, 327, 358
    e *Kolberg* 464-5

ÍNDICE REMISSIVO   **563**

e o massacre de Katyn 342
e os judeus alemães 210, 211
estupros de Nemmersdorf 429; e
  possível acordo de paz com
filhos com ele 464, 465
lealdade a Hitler 449; e determinação
  de morrer com a esposa e
  recuperando a confiança em Hitler
  327-8
sobre Hitler em 3 de outubro de
  1941 no discurso no Sportpalast
  Stálin 430
suicídio 467
Goebbels, Magda 363, 364
Golokolenko, Ivan 315, 316, 317
Göring, Hermann 45, 50, 78, 87, 130,
  139, 220, 255, 323, 327, 462
  discurso depois da derrota alemã em
    Stalingrado 323-4
  e Goebbels 326, 328, 357-8
  e Guderian 330
  fracasso como chefe da Luftwaffe 324
  ordem de prisão de Hitler 463
  sensação de Hitler de ser traído por
    463-4
Gorky 211
Grã-Bretanha
  a viagem de Hess à 151
  e a Finlândia 103-4, 105, 127
  e Hitler/os nazistas: e a
    Tchecoslováquia
    desmantelamento 51-2; e
      discurso de Hitler de 28
      de abril de 1939 56-7;
      admiração de Hitler pelo
      Império Britânico 124-5;
      desejo de Hitler de aliança/
      amizade 56, 62, 125;
      expectativa de Hitler de uma
      paz com a Grã-Bretanha
      140; hesitação de Hitler
      em atacar 124, 125-6, 129,
      140; acordo de Munique
      50, 52, 54-5, 59,484-5;
      planos de ataque nazistas
      113-4, 125-6; Ribbentrop
      sobre a "derrota" da Grã-
      -Bretanha 131-2; e Rússia
      como "última esperança
      da Grã-Bretanha" 127; e
      engavetamento do plano
      Madagascar 385
  e os Estados Bálticos 228
  e a Polônia 52, 62, 270, 340-4, 374-
    -6, 414, 425-8, 453-4
  e a União Soviética: e comboios pelo
    Ártico 288-91, 293-4;
    desconfiança de Chamberlain 53,
      55; e documento "malvado"
      de Churchill sobre
      percentuais de influências
      dos Aliados 426-7, 452-3; e
      descoberta de valas comuns
      de poloneses 340-3; desdém
      da elite britânica pela
      liderança soviética 151-2,
      153-4; medo de aliança dos
      soviéticos com Hitler 54, 55,
      347-8; e ataque à Finlândia
      pelo Exército Vermelho

103-4, 105-6, 127;
Primeiro Protocolo 187; e
visão de Hitler da Rússia
como "última esperança
da Grã-Bretanha" 127,
150; negociações e tratado
secretos de Molotov 269-72;
e Operação Barbarossa 154,
155-6, 163-5, 176-77, 187,
258; passando informações
aos soviéticos 350-1; e
Polônia 52-4, 270, 340-4,
374-5, 414, 424-8, 453-4;
e fronteiras do pós-guerra
227-8, 230, 270-2, 374-6,
437; e opinião pública em
1938 50; proposta soviética
de aliança militar com
França e Grã-Bretanha 52-5,
58, 62; Stálin e inclusão de
"Estados não agressivos" 48;
congratulações de Stálin pela
campanha de bombardeios
contra a Alemanha 338;
e desejo de Stálin por um
segundo *front* 176-7, 270,
271, 286-7, 311, 336-9,
345-9, 371, 373; pedido de
Stálin por divisões britânicas
para lugar ao lado do
Exército Vermelho187-8;
e os Estados Unidos 127;
recursos americanos por
trás do esforço de guerra
britânico 197-8, 216-7;

Carta do Atlântico *ver* Carta
do Atlântico; conferência
de Cairo 371; relação entre
Churchill e Roosevelt
ver Churchill, Winston:
e Roosevelt; Primeiro
Protocolo 187; relação tensa
quanto ao momento da
conferência de Teerã 372-2
e os Estados Bálticos 228
e Tratado de Versailles *ver* Versailles,
Tratado de
exército *ver* exército britânico
força aérea *ver* RAF
Gabinete de Guerra 153
preocupações sobre possível tomada
de poder por bolcheviques 123-4
poder naval 124-5, 127
e Tratado de Versailles *ver* Versailles,
Tratado de
Grande Terror 92, 94, 98, 109, 111, 119,
254, 345, 385, 408, 482
Grécia 54, 145, 295, 427, 453
Greenwood, Arthur 52
Greiser, Arthur 88, 89, 249
Groeben, Peter von der 161, 330
Groening, Oskar 386-388, 390-392, 394
Grossman, Vasily 161, 187, 188, 191,
196, 303, 309, 310, 440, 461
Gryniv, Boguslava e família 80, 82
Guderian, Heinz 114, 174, 175, 211,
221, 222, 250, 295, 297, 330, 349,
350, 408, 440-441
e a ofensiva de Kursk 349-50
e Göring 2330

e Hitler 114, 221-2, 222, 250-1, 330, 350, 440-1, 3457
Guerra de Inverno 120, 122, 145
Guerra Ferroviária, Operação 365
Guerra Fria 469, 470
Guerras mundiais *ver* Primeira Guerra Mundial; teatros e principais acontecimentos da Segunda Guerra Mundial
Guetos 80, 151, 211, 242, 249, 382, 384
Guilherme II da Alemanha 28, 111, 119
Gutterer, Leopold 136

Hácha, Emil 50-51
Haeften, Werner von 407
Halder, Franz 67, 111, 125, 126, 128--130, 136, 154,163,170, 185, 211, 234, 278, 281, 296, 301
Halifax, Edward Frederick Lindley Wood, primeiro duque de 25, 27, 52-53, 97, 124
Hamburgo, bombardeio de 356-357
Harriman, Averell 28, 347, 417
Harris, sir Arthur 357
Harvey, Oliver 338
Hassebroek, Johannes 39
Hehn, Jeannette von 76
Heiden, Konrad 212
Heim, Ferdinand 317
Heinrichs, Erik 105
Henderson, sir Nevile 262
Herling, Gustaw 85-87, 251
Hess, Rudolf 151, 311
Heydrich, Reinhard 151

Himmler, Heinrich 24, 70, 73, 75, 78--79, 86, 138, 149, 151, 109, 247, 264, 330, 359, 384, 419
algumas considerações sobre o tratamento da população
discurso de aniversário do Putsch da Cervejaria (1944) 431
e a destruição de Varsóvia 419
e Auschwitz 247
e judeus a serem tratados como *partisans* 208-9
e o "plano Madagascar" 79, 384, 385
e o avanço soviético na Alemanha 440-1, 456
estrangeira no Leste" memorando 79
expulso do Partido Nazista e perda de títulos 463-4
Hindenburg, Paul von xxii, 22, 109,502n42
Hindenlang, Gerhard 286, 301, 331
Historikerstreit (disputa dos historiadores) 481
Hitler, Adolf 463-4 463-4
Hitler, Adolf 79, 249, 395-396
admiração de Stálin pelo assassinato de Röhm 109, 489n4
alternativa 154, 220-1, 320-1;
megalomania 43, 58-59;
excesso de autoconfiança/convicção absoluta 148,196, 222, 398; visto como figura rara e desequilibrada 19
capacidade de persuasão 111, 187-8, 327-8; imagem na propaganda 27, 172,

361,466; crueldade 16, 59, 109-10, 115, 233--4; suspeita de tentativa institucional para restringi-lo 23; intemperança 19, 280-1, 301, 304-5, 326; confiança 26; irredutibilidade 22
antissemitismo 31-3, 41, 57, 110, 127-8, 182, 204-6, 217-8, 222--3, 240-50, 263, 306-7, 361, 384-5, 391, 294-7, 431, 433-4, 466; e medo dos judeus
áreas de semelhanças entre Stálin e Hitler:
aprovação de tortura 22, 72, 385; autorização de ações violentas *ver* Hitler, Adolf: autorização de ações violentas/destrutivas; Stálin, Joseph: autorização de ações violentas/destrutivas; culpar bodes expiatórios/criar uma cultura de culpa 19, 4 '93, 165, 174, 184, 204-5, 262--3, 267, 316-7, 431, 457; escolha de uma parceira sexual subserviente 361-2; em preocupação quanto à lealdade de povos perto das fronteiras com outros Estados 397; desprezo 49--50, 134, 227, 416-7, 441--2; descartando informações precisas 143, 152, 276--7, 440-1; indiferença emocional a sofrimentos causados por suas ações 251, 370; formação familiar xix; problemas de saúde durante a guerra 364; motivados por ideologias 28-35, 41, 46,127, 146, 147, 154, 167, 182, 185, 250, 263-4, 397, 480-1 *ver também* Hitler, Adolf: antissemitismo; táticas intransigentes de negociação 134-5; viver numa realidade alternativa própria 154, 220-1, 320--1; como solitários 28, 213, 363; utilização de deportações em massa, 74, 75-6, 77, 78-80, 166, 210-1, 224, 378-386, 387, 388-390, 392-3, 395--397, 398, 482; idolatria popular dos dois líderes 131, 305, 462, 486; como figuras profundamente pós--Iluminismo 28-9; crueldade 16, 42, 109-10, 115, 145, 148, 223, 234-6, 409-13 *ver também* Grande Terror; atingir grandes números de pessoas 378-399 *ver também* Hitler, Adolf: antissemitismo; Holocausto; na compreensão do poder da fome 231; utopismo36, 37, 305, 307, 460, 486-6; como

criminosos de guerra 90,
  384, 482
aparência 24-25; em 1945 448; olhos
  24
atitude de Stálin nos anos 1930 em
  relação a 46-7
atos autorizando violência/destruição:
  dizimação de Leningrado e dos
    cidadãos 234-5; destruição/
    assassinato em massa de
    judeus 106, 224, 307,
    361, 384-5, 386, 394-7,
    466, 479-80 *ver também*
    Holocausto; com a inva*são*
    da Polônia 64-8, 73, 481;
    eliminação de alemães
    deficientes selecionados
    4n74 *ver também* pessoas
    deficientes, "eutan*ásia*"
    nazista de; assassinato de
    Röhm e "Noite das Facas
    Longas" 109-10, 489n4;
    política de terra arrasada
    450-1; tortura 72
comemorações do aniversário de
  cinquenta anos 462
como chefe supremo do Exército e de
  todas as Forças Armadas 206
como criminoso de guerra 482
como jovem em Viena 19
como pintor 19
como símbolo do mal 482
criação da Eslováquia 49, 50-1
desespero e estado mental em abril de
  1945 462-6

discursos: aniversário do Putsch da
  Cervejaria em 1941,
  Löwenbräukeller 205-7;
  aniversário do Putsch
  da Cervejaria em 1942,
  Löwenbräukeller 312-
  -3; aniversário do Putsch
  da Cervejaria em 1944,
  Löwenbräukeller, lido por
  Himmler 431-2; aniversário
  do lançamento do programa
  do Partido Nazista em 1945,
  Löwenbräukeller, lido por
  Esser 448-9; Berchtesgaden
  (22 de agosto de 1939 para
  comandantes militares) 17-
  -9 discurso em Berlim em
  1942 marcando a campanha
  de "alívio no inverno" 305-
  -7; transmissão pelo rádio
  188-9, 217, 433; sobre a
  Alemanha sem classes (abril
  de 1922) 36; táticas ou isso/
  ou aquilo 46, 218, 263, 313;
  mensagem de Ano-Novo
  de 1942 263; mensagem
  de Ano-Novo de 1945 434;
  Nuremberg (setembro de
  1937) 45; Chancelaria do
  Reich (23 de novembro de
  1939 para comandantes
  militares) 1121-3; ao
  Reichstag 1939 (28 de
  abril) 56-57; ao Reichstag
  1940 (19 de julho) 126;

ao Reichstag 1941 (11 de dezembro) 21708, 268; ao Reichstag 1942 (26 de abril) 268-9; Sportpalast (3 de outubro de 1941) 188-9; Sportpalast (30 de janeiro de 1942)263; triunfante final feliz de 206, 211, 218
dúvidas sobre a lealdade do povo alemão, e convicção de que os que
e a Cruz do Cavaleiro 307
e a Finlândia 107
e a Grã-Bretanha *ver* Grã-Bretanha: e Hitler/a personalidade nazista: culpando bodes expiatórios/ criando uma cultura de culpa 19, 204-5, 263-4, 267-8, 316-7, 431, 457; bombástico 58-9, 61; como "líder carismático" 21-22, 188, 431; desprezo 50, 442; impressões contrastantes em pessoas que o conheciam 20, 23-5, 132; visões extremistas 59, 218-9, 424, 450, 463-4; exsudando confiança e veracidade 24, 187-8, 305, 328-9; *ódio pela* democracia 23, 27-8; incapacidade de ouvir pontos de vista alheios 23; intransigência 23, 221; vivendo em sua realidade
e a Hungria 394-5, 430

e a ofensiva de Kursk 349-50 política de *Lebensraum* 109, 127, 137, 150, 302
e a Polônia *ver* Polônia: e Hitler/os nazistas
e a Primeira Guerra Mundial 19, 20, 205-6, 211, 234
e Bock 113-4, 118, 139-40, 280
e Bormann 325, 327, 363
e Churchill 263, 307
e desenvolvimento de armamentos 254
e Eva Braun 29, 361-3; casamento 29, 466-7
e exigência/mito de autossacrifício 322, 3441-2, 463-4, 465, 466, 467
e Feste Plätze 401, 405
e Gauleiters 23, 89, 448
e Guderian 114, 221-2, 223, 250, 330, 349-50, 440-1, 457
e Hácha 50-1
e Himmler 78, 359, 431-2, 441; e o sentimento de Hitler de ser traído
e Horthy 394-5, 430
e Magda Goebbels, antes de seu casamento 364
e Manstein 319, 329-30; plano 113
e Molotov: e pacto nazi-soviético *ver* pacto nazi-soviético;
e Mussolini 24-25, 107-8, 135, 140, 219, 354-5
conversações em Berlim 129-30

e o avanço soviético na Alemanha 432, 437, 456-7; perda de confiança 432-3; política de terra arrasada 450
e o ataque aéreo a Pearl Harbor 215--7, 219
e o colapso de seus aliados 430, 434
e o cristianismo 28, 264-5
e o desmantelamento da Tchecoslováquia 49-52
e os bombardeios da RAF 291
e os eslavos 128, 146
e os Estados Unidos *ver* Estados Unidos da América: e Hitler/os nazistas
e Paris 422
e petróleo *ver* nazismo/nacional--socialistas: e petróleo
e Roosevelt 57, 217-8, 307, 312
e uma Alemanha sem classes 36, 307
em Vinnitsa 295, 296, 301,326, 327
estresse de horas de trabalho em tempos de guerra depois de uma vida de diletante 313
ideologia racial 28-32, 41, 45, 127-8, 180, 249-50, 263-4, 397
idolatria popular de 131, 305, 462
invas*ão* soviética *ver* Barbarossa, Operação, e ocupação alemã da
juramento dos soldados a 359, 406
norte-americanos 431
lealdade da SS 359
liderança 109-19, 185-6, 195-6, 1223-4; carismática 20-21, 188--9, 431;

em comparação com a de Stálin 91-119, 138, 170--7, 185,196-9, 255, 277, 400; descartanto inteligência acurada 440-1; impropriedades/erros com a Operação Bagration 401-8, 3404; "crise de liderança/ do l*íder"* e tentativas de Goebbels e Göring de influenciá-lo 325-7; múltiplos papéis de liderança nas forças armadas 297; e retirada da visão do público para evitar associação com fracasso 323; tensões com os generais 109, 110-2, 7125--6, 141, 171, 181-2, 262, 279, 280
Mein Kampf 30, 41-2, 43, 46, 150, 264
nascimento e formação 20
nazificação das forças armadas 408-9
na pris*ão* 31
na Toca do Lobo 167, 188, 222, 406, 432
no Partido dos Trabalhadores Alemães de Munique 20-1
nomeado chanceler da Alemanha 22
nomeado chefe de Estado e Führer 22, 359
número total de mortes atribuídas a 479-80
obstáculos à deposição 359
ofensiva da floresta das Ardenas 432

Operação Barbarossa *ver* Barbarossa,
    Operação, ocupação alemã da
sobre Stálin: e seu Grande Terror 92,
    345; e a introdução de
    comissários no Exército
    Vermelho 344; como
    instrumento nas mãos de
    judeus 206; ridicularizando
    suas afirmações sobre as
    perdas alemãs na guerra 206
União Soviética e Operação Azul
    277, 279-80, 282-3, 294-3,
    300, 304-5, 312, 323, 324, 331-2 *ver
    também* Operação Azul
ordem de destruir a infraestrutura
    450-1
pacto com Stálin *ver* pacto
    nazi-soviético
perdiam a fé mereciam desaparecer
    263-4
problemas de saúde 364
profissão jurídica e sistema jurídico
    atacado por 266-7
referências a Frederico, o Grande
    221, 409, 433
retiro na montanha de Berghof 140,
    313, 361-3, 449
roupas 27
Segundo livro 32-3
suicídio 467; e dúvidas de Stálin
    sobre sua morte 468-9
suicídio de pessoas relacionadas 29
táticas de negociação 134
táticas retóricas 59, 263, 320, 325,
    383

tensão com generais 110, 111-2, 126,
    141, 163, 183-4, 262, 279, 280,
    294-6, 326
tentativa de golpe em Munique 31
tentativas de assassinato 27, 110,
    113, 359, 496-9
tortura aprovada/ordenada por 72
ucranianos sujeitos a comentários
    mordazes de 167
últimos dias no bunker de Berlim
    463-7
visão da União Soviética: como "a
    última esperança da
    Grã-Bretanha",126; ódio ao
    bolchevismo 35, 41-2, 44-5,
    127-8, 146, 167, 183, 324,
    430-2, 434; como local para
    novo império alemão 43,
    157, 119, 8127-8, 138, 481;
    como objetivo principal 124
teorias e opiniões antes do pacto
    nazi-soviético 31, 41-2
visão de mundo e pensamentos sobre
    a morte
31-32
visão utópica 39, 234, 305, 461
visões modernas em comparação com
    Stálin, 479-84
Hitler, Eva *ver* Braun, Eva
Hoche, Alfred 30
Hoepner, Erich 146, 214
Hoffmann, Heinrich 361Hoffmann, Max
    44
Holanda 6115

Holocausto 378, 386, 391, 391, 3393,
    394-7, 433-4, 466-7, 480-2, 483
    tentativas de comparar com
        bombardeios dos Aliados a
        cidades
        alemãs 391, 482-3
    e campos de extermínio *ver campos*
        específicos pelo nome
    negacionismo 481
    invasão da União Soviética pela
        Alemanha e nascimento do
        German
        151, 179-81, 223-4, 247-9, 306-7,
        327
    e *Historikerstreit* (Disputa dos
        Historiadores) 481
    falta de documentos comprometendo
        Hitler 385-6
Hong Kong 217
Hopkins, Harry 177-178, 272, 371
    e Molotov 273
Höppner, Rolf-Heinz 249-250
Horn, Wolfgang 2245
Horthy, Miklós 394-395, 408
Höss, Rudolf 87, 248, 250, 391
Huczyńska, Anna 76
Huczyńska, Irena 76
Hungria
    como integrante da aliança do Eixo
        394; e acusações ao Exército
        Vermelho por assassinato e
        estupro 438
    estupros por soldados do
        Exército Vermelho na 437-8

    Exército Vermelho tomando
        Budapeste 437-8, 439
    e Eslováquia 50
    e Hitler 394-6, 430
    Horthy e a retirada de soldados
        húngaros do *front* oriental 394-
        -5, 408
    judeus 394-6, 481; enviados
        Auschwitz 393-4, 396
    ocupação alemã da 395-6

Igreja Ortodoxa 167
Império Britânico 57, 125, 135
Inanição ver fome
Industrialização
    Revolução Industrial 35
    Stálin e soviéticos 253, 472
Ingleses *ver* britânicos
Ismay, Hastings, 1º barão 288,
Istomina, Valentina 363
Itália 354-6
    e desembarque dos Aliados na Sicília
        354
    Grande Conselho Fascista 355
    Hitler sobre a razão do colapso da
        434
    manifestações antifascistas depois da
        queda de
    Mussolini 355-6
    pacto tripartite com Alemanha e
        Japão 135, 136
    Stálin e a inclusão de "Estados
        agressivos" 48
Iugoslávia 145, 427
Ivanova, Viktoria 179, 181-182

Jacob, Ian 294
Japão
  e Alemanha/os nazistas: e Pearl
    Harbor
    bombardeio217, 219; pacto
      tripartite com Alemanha e
      Itália 135, 136, 216-7
  e União Soviética: Stálin a inclusão de
    "Estados agressivos" 48;
    mensagem de Stálin em Teerã a
      respeito 371-3; e
    conferência/acordo de Yalta 445
  queda de Hong Kong para 217
  ataque a Pearl Harbor 216-7, 219
  queda de Cingapura para 219
Jodl, Alfred 126, 141, 295 Jordan, Hans
  401-2
Jordan, Rudolf 448
Judeus
  alemães 209, 210
  antissemitismo *ver* antissemitismo
  comissários 205
  confinamento em guetos 79, 210,
    211, 381-2
  deportados dos Estados Bálticos 166
  e bolchevismo/marxismo 31, 41-2,
    44-5, 57, 146, 147, 153, 167,
    170, 171, 431, 433; e o discurso de
    Goebbels de Guerra Total 324
  e Churchill, aos olhos de Hitler 263,
    306-7, 431
  e Operação Barbarossa
    137, 138, 148, 206, 211, 226 e
    massacre de Babi Yar 181-3; e
    inanição 243; 246, 248, 250
  inquietação de alemães comuns
    ouvindo sobre perseguição
    de judeus 360
  e o Canadá 25
  e Roosevelt, aos olhos de Hitler e dos
    nazistas 217-8, 234, 431
  Estados Unidos, Hitler, e a "questão
    judaica" 57, 209, 223, 328, 385
  húngaros 395-6, 481; mandados para
    Auschwitz 393-4, 396
  identificados como "*partisans*" pelos
    alemães 208
  lituanos 170
  na Alemanha na Primeira Guerra
    Mundial 210
  na Ucrânia 169, 407-8; levados de
    Kiev a Babi Yar 181-3
  norte-americanos 431
  poloneses 53, 64, 68, 72, 226, 248-9,
    479-80, 481
  problema/questão judaico para os
    nazistas 57, 79, 208, 209, 223,
    328, 384
  ver também Holocausto
Junge, Traudl 362, 463
Juventude Hitlerista 361, 462

Kaganovich, Lazar 253, 254
Kalinin, Ekaterina 22
Kalinin, Mikhail 22
Kaliteyev, Vyacheslav 174
Kalmykova, Tamara 309

Kantovski, Vladimir 368-369
kapos 86, 391
Kaufmann, Karl 210, 357
Kaunas 170
Kazakhstan (navio de transporte de tropas) 1174
Keitel, Wilhelm 119, 154, 221, 330
Kellner, Friedrich 124, 163
Kennan, George 28
Kesselring, Albert 456
Kharkov 241-242
    Batalha de 261, 271, 301
    captura pelos soviéticos e recaptura pelos alemães 304
Khropatiy, Fiodor 438
Khrushchev, Nikita 61
    e a campanha de Kharkov 258, 261-3
    e Hess 103
    e Stálin 20, 52, 59, 74, 103, 112, 125, 198, 202-3, 291-2, 398
Khudykh, Dmitry 341
Kiev
    aproximando em novembro de 1943 371
    armadilhas explosivas deixadas pelos soviéticos em 178
    massacre de judeus de Babi Yar 179-80
    Ordem 270 de Stálin e o desastre soviético em 175, 285
    sob ocupação alemã 178-9, 180-1; forças soviéticas de
King, Ernest 273
King, Mackenzie 24, 25
Kirponos, Mikhail 175

Kirshin, Viktor 238
Klein, Joseph 276
Klimmer, Otto 124, 433
Kluge, Günther von 222, 407
Kochina, Elena 239, 240
Kolberg (filme) 464-465
Konev, Ivan Stepanovich 451, 475
Königsberg (atualmente Kaliningrado) 469
Kostrovitskaia, Vera 238
Krankemann, Ernst 86
Krause, Karl Wilhelm 24
Kriegsmarine 173, 217, 278
    e o desastre naval de Tallinn 173-4
    submarinos 216-7, 219, 276
Kroener, Bernhard R525m57
Krüger, Friedrich-Wilhelm 78
Krutova, Valentina 299, 319
Kubizek, August 25
Küchler, Georg von 147
kulaks (camponeses ricos) 35, 80, 168, 292
Kulish, Nikolai 225
Kutuzov, Mikhail 286, 379, 436
Kutuzov, Operação 365
Kuusinen, Otto 97, 98, 105, 106, 107
Kuvakova, Evdokiya 382, 392
Kuznetsov, Alexey 477
Kuznetsov, Nikolay Gerasimovich 173

La Rochelle 3465
Lagarde, Paul de 79
Landsberg, Otto 42
Lang, Nora 448
Leahy, William Daniel 455

Leclerc, Philippe 423
Lemelsen, Joachim 244-245
Lênin, Vladimir Ilyich 20, 22
   e o Tratado de Brest-Litovsk 43, 44, 128, 192
   e Stálin 36, 37, 92
   O que fazer? 36
Leningrado (atualmente São Petersburgo) 94, 95
   cerco de 231-40, 477
   e Operação Barbarossa 141, 183, 185, 231-240, 285; e inanição 183, 231, 235-7
   e Stálin 231-3, 234; ataque a funcionários do partido 477;
   fome em 1183, 231, 235-7
   igrejas 167
   lembrando a revolução nas ruas de Petrogrado 397
   quartel-general dos *partisans* 365
Letônia 60,70, 73, 74, 255 *ver também* Estados Bálticos
Levitska, Anna 67, 412, 413
Liga das Nações 58
Likhachev, Boris 437
Likhachev, Dmitry 239
Lindemann, Georg 257
Linha Curzon 414-415
Linha Mannerheim 103,
List, Wilhelm 295-6, 301
Lituânia 16, 69, 70, 73, 85,166, 170, 255 *ver também* Estados Bálticos
   crianças deportadas da 509n32
   judeus assassinados 169
Lloyd George, David, 1º duque 115

Lódz, gueto de 80, 211, 249, 382
Loringhoven, Bernd Freytag von 466
Lublin 133, 411
Lublin, poloneses de (governo soviético na Polônia) 411, 415, 436, 453
Luftwaffe 137, 188
   aviões 137, 255, 276
   bombardeio de Stalingrado 299
   fracasso em abastecer o 6º Exército em Stalingrado 320
   reconhecimento inadequado na ofensiva de Kursk 351-2
Lukin, tenente-general 190
Lunghi, Hugh 27, 344, 442, 444-445
Luxemburgo 115 *ver também* Países Baixos
Lwów (atualmente Lviv) 67, 72, 166, 170, 411
   e Roosevelt 414
   experiências de Levitska em comparação à ocupação soviética e
   libertação 411
   ocupação alemã 412-3
   oficiais do Exército da Pátria 411, 415
   pogroms de ucranianos 169
   prisão de Brygidki 166, 169
   QG da Gestapo 411-2

Maisky, Ivan 49, 52, 65-6, 97, 104, 123, 152, 279, 337
   e a Operação Azul 279
   e a Operação Barbarossa 152, 163, 186

e Churchill 49, 176-7, 187, 227, 279, 290, 311, 338
Maiziere, Ulrich de 329
Malenkov, Georgi 162, 186, 199, 457
Mannerheim, Carl Gustaf 96, 100, 105
Manstein, 114, 148
Mao Tsé-tung 135
Marinha Real 124-5, 128
    comboios pelo Ártico 288-90, 291;
    perdas de PQ17 288, 289, 290
Marrocos, francês 312
Marshall, George 273, 471
Marshall, Plano 471
Marx, Karl 35, 37
    Manifesto Comunista (com Engels) 35
    O capital 35
    retrato no gabinete de Stálin 435, 436
Marxismo 36–37
    e Stálin 28, 33–35
    impropriedades para a União Soviética 35
    judeus e *ver* judeus: e bolchevismo/marxismo
Massacre de Babi Yar 181
Massacre de Katyn 90, 342-6, 342
    e a propaganda alemã 342, 344-6
    e ataque de Stálin ao governo polonês no exílio 341, 373
    relatório O'Malley 344
Mauth, Maria 124
Mauth, Walter 334
Meissner, Hans-Otto 465
Mekhlis, Lev 158
Mensheviks 34

Menzel, Hubert 128, 277, 318, 332
    como prisioneiro de guerra 334-5
Mercader, Ramón 48
Mereshko, Anatoly 279, 298, 302-303, 451
Meretskov, Kirill 122, 145, 256
Merkulov, Vsevolod (Boris) 152
Mikołajczyk, Stanisław 414-417, 425-426
Mikoyan, Anastas 162, 467
Mikoyan, Stepan 26, 93
Milani, Milena 356
Minsk 158-159, 161-163, 401
Model, Walter 349
Mogilev 402
Mold*á*via 192
Molotov, Polina 2476
Molotov, Vyacheslav 43, 60, 61, 65, 67, 70, 89, 95, 129, 133, 269-270, 476, 496n60
    ataque pós-guerra de Stálin através de sua esposa, Polina 475-6, 477
    conversas com Hitler em Berlim 129-8
    e a defesa de Moscou 199
    e a Operação Barbarossa 156, 157
    e Churchill 270, 274
    e Hopkins 272-3
    e Mikołajczyk 416
    e Roosevelt 272-3, 371, 426
    e Zhukov 475
    em Yalta 444
    negociações com os Aliados: nos Estados Unidos 272-3, 425; na Grã-Bretanha 269-72, 274

possíveis discussões secretas sobre um acordo de paz com os alemães 191-2
recusando a entrada de "observadores" na Polônia 452
sobre Stálin e seu culto 474
Molotov-Ribbentrop, pacto *ver* pacto nazi-sovietico
Montgomery, Bernard Law, 1º visconde 43
Moran, Charles Wilson, 1º barão 372--373, 377, 420-421, 444
Morell, Theodor 51, 365, 463
Moscou, e a Operação Barbarossa 137, 139, 148, 206, 226
cerco e medidas de segurança 201-2
e a Operação Tufão 187-8, 211-14
Exército Vermelho contra-ataca perto de Moscou 213-4
Stálin e a defesa de Moscou 198-9, 224
Moskalenko, Kirill 192
Mukhina, Elena 236, 238
Müller, Karl-Hermann 1
Münch, Gerhard 278, 304, 311, 318, 320-322
Münchener Beobachter x31
Munique
acordo 50, 52, 52, 59, 484
aniversários e discursos de Hitler sobre o Putsch da Cervejaria, *ver em* Hitler, Adolf: discursos
Hitler como jovem pintor em 19
Partido dos Trabalhadores Alemães 21
programa do Partido Nazista revelado na cervejaria de Hofbräuhaus (1920) 218, 442
revolução (1919) 42
Sociedade Thule 30-1
tentativa de golpe de Hitler 3
Muslimova, Musfera 393
Mussolini, Benito 284
e Hitler 24–25, 107-8, 136, 140, 219-20, 354-5
e o bombardeio de Pearl Harbor 217
queda de 358
sobre Ribbentrop 130

Nacionalismo
e a *Rú*ssia Imperial 35
e bolchevismo 35
e Stálin 35
nacionalismo fanático e intolerante de hoje 482
Nacional-Socialism ver Nazismo/ Nacional socialistas
Nanieva, Tatiana 484
Nazismo/nacional-socialistas
adesão 23
alemã da União Soviética
aniversários do Putsch da Cervejaria: 18*º* 204; 19*º 312*; 21*º* 431
antissemitismo *ver* antissemitismo: nazista
Áustria invadida pelos nazistas 49
campanha de bombardeios dos Aliados contra a Alemanha nazista

campos de concentração/extermínio
  ver campos específicos pelo
  como um novo nome do Partido dos
    Trabalhadores Alemães 20
  criação da Eslováquia por 49, 50-1
  desigualdade de gênero no papel da
    mulher sob 299, 308
  desmantelamento da Tchecoslováquia
    pelo 49-52
  e a arrogância, o orgulho e a fé nos
    armamentos dos alemães 123-4
  e a campanha soviética na Finlândia
    106-8
  e a Finlândia 107-8, 133-4, 135,
    8136
  e a França ver França: e os nazistas
  e a Grã-Bretanha ver Grã-Bretanha: e
    Hitler/os nazistas
  e a Igreja 265-6
  e a Polônia ver Polônia: e Hitler/os
    nazistas
  e a pureza "ariana" 31-34 ; 328
  e a Ucrânia ver Ucrânia: e os nazistas
  e maternidade/a mãe alemã 308
  e o Japão ver Japão: e Alemanha/os
    nazistas
  e os EUA ver Estados Unidos da
    América: e Hitler/os nazistas
  e os Países Baixos 113, 114 115, 145
  e os recursos do Cáucaso 277, 282-3;
    petróleo 129, 139-9, 242, 154,
    192, 277, 287-89, 294
  e petróleo 123, 129, 139, 142, 154,
    193, 277, 286-7, 294
  e suprimentos de carvão 282-3

e uma Alemanha "sem classes"36,
  307
esfera de influência 136
eutanásia de deficientes 83, 266, 267,
  480, 499n74, 522n47
força aérea ver Luftwaffe
forças armadas, unificadas sob ver
  Wehrmacht
Gauleiters 23, 88,89, 211, 408,
  490n11
Gestapo ver Gestapo
Hitler e a descartabilidade 23
Hofbräuhaus 218, 442
Holocausto ver Holocausto
invasão da União Soviética ver
  Barbarossa, Operação, e
  ocupação
kapos 86
Kesselschlachten ("batalhas de
  caldeirão") 118
Lei para a Restauração do Serviço
  Público Profissional 502n42
  e declarações de líderes de
    disposição para se sacrificar
    218, 442
marinha ver Kriegsmarine
Noite das Facas Longas 109-10, 456
Noite dos Cristais 34
ocupação da Hungria 394-396
pacto soviético ver pacto
  nazi-soviético
Plano Econômico de Quatro Anos
  255
plano Manstein 114

política *Lebensraum* 110, 127, 137,
150, 305
programa de 25 pontos revelado em
1920 na cervejaria de
propaganda *ver* propaganda: nazista
queda da Grécia para 145
queda de Iugoslávia 145
regime de esterilização 32
relações comerciais com os soviéticos
136-7
Segunda Guerra Mundial *ver* teatros
e principais acontecimentos da
SS *ver* SS (Schutzstaffel)
Stálin e *ver* Stálin, Joseph: e os
nazistas
tropas de choque 108-9
uso do terror para oprimir a
população do Reich 449
ver Alemanha: campanha de
bombardeios dos Aliados na
Wehrmacht *ver* ofensiva da
Wehrmacht no Oeste 112-3
Nemmersdorf 429, 430
Neumann, Franz 46
Neurath, Konstantin Hermann von 25
Nevsky, Alexander 379
Nicolau II da Russia
abdicação 20
assassinado com a família pelos
bolcheviques 28, 53
NKVD 23, 39, 72, 81, 122, 191-2, 193,
201, 238-9, 263, 3430; 350 *ver*
também
Noite dos Cristais 34
Norte da África

campanha dos Aliados na 336, 345;
e derrota dos britânicos 276, 29;
e *Desert Victory* 338; invasão da
Argélia e do Marrocos francês
312
Rommel e o Afrika Korps na 276,
338-9
Notícias do Exército Vermelho 200
Novikov, Alexander 474
Novocherkassk 2284
Novosibirsk 3781, 381
Nuremberg
bombardeio 326-7
julgamentos 450-451

O'Malley, Sir Owen 343
Obozny, Grigory 194
Odessa, antissemitismo e massacre de
judeus 207-208
Ofensiva e Batalha de Kursk 349-350,
353
Ofensiva na floresta das Ardenas 432
Ogryzko, Vladimir 201-202
Öhquist, Harald 97, 106
Olbricht, Friedrich 407
Operações, com nomes de militares *ver*
Bagration, Operação; Barbarossa,
Operação, e ocupação alemã da União
Soviética; Azul, Operação; Kutuzov,
Operação; Guerra Ferroviária,
Operação; Anel, Operação; Saturno,
Operação; Tufão, Operação; Urano,
Operação; Tempestade de Inverno,
Operação
Orel 187-188, 365

Oreshin, Politruk 100
Organização das Nações Unidas 272, 443,
    444, 454
Orgburo 22
Orwell, George 164
Osadniks 83-84
Osipovna, Anastasia 237
Ostroumova-Lebedeva, Anna Petrovna
    1237
Oven, Wilfred von 464

Pacto nazi-soviético 41-62, 64, 134, 445
    assinatura 62
    contribuição à derrota da França
        pelos alemães 134
    e Putin 483-4
    entusiasmo dos nazistas pelo 58
    histórico 41-59
    ilogicidade perceptível do 41
    mudanças do acordo da Polônia e
        "esfera de interesses" 68-9
    negociações 58, 61-2
Países Baixos 111, 113, 145 ver também
    B*élgica*; Luxemburgo; Holanda
Palfinger, Alexander 536n10
Papen, Franz von 109
Paris
    e União Soviética: proposta soviética
        de aliança militar com França e
        Grã-Bretanha; Stálin e inclusão
        de "Estados não agressivos" 48-
        -9 e tratado de Versalhes ver
        Versalhes, Tratado de
    levante e libertação 422
    queda de 141

Parodi, Alexandre 422
Partido Comunista Soviético
    atitude de Stálin 22–23
    Congresso: 11º Congresso 22; 18º
        39, 48; 20º 482
    nomeação de Stálin como líder 21
Partido Operário Social-Democrata Russo
    34
Partisans, soviéticos 12, 209, 245, 365-
    -366, 398
    levante e libertação 422
    queda de 141
Patton, George Smith Jr. 432
Paulus, Friedrich 297, 301-303, 315,
    318, 320, 322, 402, 464
Pavlov, Dmitry 165, 317
Peenemünde, incursão da RAF 358
Perevalov, Nikonor xxxvii, 39, 386-388,
    392-393
Pessoas deficientes, "eutanásia" nazista 83,
    265-6, 267, 480-1, 499n74, 522n48
Petluk, Ekatarina 39, 386
Petrogrado 3397, 538n45 ver também
    Leningrado
Petróleo 123, 129, 139, 142, 154, 193,
    219, 273, 277, 281, 287, 297, 305,
    436
Pfannmüller, Hermann 267
Plano de Recuperação Europeia (Plano
    Marshall) 3471
Pleiger, Paul 282, 288
Ploetz, Alfred 30, 33
Politburo 22, 89, 162
Polônia 64-91

campos de concentração (nazistas) na 72, 85, 87 *ver também* Auschwitz
deportações da 73, 74, 75-6, 77, 78-83
e *a Grã-Bretanha ver* Grã-Bretanha: e Polônia
e a União Soviética 52-3, 226, 270, 374-5, 409-416; e 1o Exército Polonês 410, 424; e descoberta de valas comuns pelos Aliados 341-5 cooperação entre, e comparações das invasões nazista e soviética 64-90, 270; e a Linha Curzon 414-5; deportações 80--1, 87; massacre de Katyn *ver* massacre de Katyn; e poloneses de Lublin 416, 436, 443-4, 453; Molotov recusando entrada de "observadores" na Polônia 451; assassinato de prisioneiros poloneses of 165-6, 169, 341; NKVD prende oficiais poloneses 415; NKVD e aprisionamento de soldados do Exército da Pátria e poloneses de destaque 426; NKVD assassinato de figuras de destaque polonesas 231; e o "Comitê Polonês de Libertação Nacional" 409--10; e Putin 483-4; estupro de soldados do Exército Vermelho 439-40; Exército Vermelho avalia a questão 54, 62; Exército Vermelho inva*são e eliminação da* Polônia 63-8, 71-3, 79,

129, 226, 341-5, 409-16, 82 como barreira soviética-alemã 6; retenção soviética da Polônia Oriental depois da guerra 374-5, 414-5, 424-7, 453, 481; e Stálin *ver* Stálin, Joseph: e a Polônia; e preocupações dos Aliados sobre a interpretação de Stálin do acordo de Yalta 3451; e conferência/ acordo de Yalta 372-4, 446,451
forças armadas 67; Exército da Pátria 84, 411, 415, 416-7, 419, 419, 420, 446; Stálin 410, 423, 424
governo no exílio: e encontro de Roosevelt com Mikołajczyk 413-15
ataque de Stálin a 341, 374; exigência de Stálin de mudanças na 315; Stálin ignorando os pontos de vista da 437; e conferência/acordo de Yalta 443-4
guetos 80, 211, 242, 249, 382
e Hitler/os nazistas 47, 51, 54, 58-9, 62, 112, 4512-3; tratamento brutal dos poloneses 111; e campos de concentração nazistas 72, 85, 88 *ver também* Auschwitz; cooperação entre e comparação entre as invasões nazista e soviética, 64, 269; e Einsatzgruppen 65; e Governo Geral 73, 76--7, 77, 378; e discurso de Hitler de Berchtesgaden

58-70; invasão e eliminação da
Polônia of 64-66, 71-9, 480;
na Universidade de Jaguelônica
84; e os judeus 66, 72, 77, 78-
-9, 151, 248-9, 479-80, 381;
total de mortes de não judeus
sob ocupação nazista 480
548n4; e os osadniks 83-4; e
racismo 66, 73, 87, 88; e o
levante de Varsóvia 415, 416,
425, 548n4; e Warthegau 75,
87, 88, 249
judeus 66, 72, 78, 79-80, 151, 2248-
-9, 479-80, 481
osadniks 83-84 (*)
Poloneses de Londres 425
Ponomarenko (ferroviário de Kiev) 87
Ponomariev, Nikolay 172-174, 194
Popadyn, Olga 72, 166
Popov, Markian 232
Porunca Vremii 208
Posen *ver* Poznań
Poznań 75, 76, 78, 249
Praga 50
Pravda 98, 163, 200, 341, 376, 445
Preussische Zeitung 189
Primeira Guerra Mundial 19-20, 118,
429
antissemitismo e derrota da
Alemanha na 42, 205-6
colapso no fornecimento de
alimentos 148-9
descontentamento de soldados
russos possibilitando a revolução
bolchevique 176

e Hitler 19, 20, 205-6, 211, 235
e o Tratado de Brest-Litovsk 43-44,
128, 429
e o Tratado de Versalhes 42, 46, 111
e Stálin 19-20
fome 231
judeus alemães na 210
Pripet, pântanos de 401
prisão de Brygidki, Lwów 166, 169
Prisão de Kutaisi 26
Pronicheva, Dina 180
Pronin, V. S. 199
Propaganda
aliada 340-1, 3347, 301, 426-7
filmes 27, 32
nazista 35, 59, 96, 172, 240, 242
1250, 264, 307, 321, 331, 342,
343, 361, 430, 433, 458;
imagem de Hitler na
propaganda26, 172, 361,
466
soviética 15, 67, 144, 163, 333,
414, 474; imagem de Stálin na
propaganda 26
Putin, Vladimir 483-484

Racismo
antissemita *ver* antissemita
e a Operação Barbarossa 137, 139,
148, 206
ideologia de Hitler 28-33, 30, 40, 68,
119, 182, 250-1, 398,
408, 481 *ver também* Hitler, Adolf:
antissemitismo Holocausto
e a pureza "ariana" 32-33, 328

de nazistas na Polônia 110
Holocausto motivado por ódio racial 391 *ver também*
limpeza étnica de Stálin dos calmucos 378-9, 380, 381
matando crianças "racialmente indesejáveis" 29, 31-32
Raeder, Erich 126, 129, 217
RAF 123, 136
    campanha de bombardeios contra a Alemanha 291, 324; 357; ataque dos Aliados a Nuremberg 326; Berlim 324; promessas de Churchill sobre Berlim 311; e Goebbels 356--7; Hamburgo 356-7; e Hitler 357-8; incursão de Peenemünde 358; congratulações de Stálin 268
Rapallo, tratado de 493n12
Raubal, Geli 29
Rauchhaupt, Herbert 261
Ravensbrück, campo de concentração 71
Razumovsky, Lev 231
Reichel, Joachim 277
Reichenau, Walther von 209, 220, 241, 515n10
Reichert, Rüdiger von 146
Reino Unido *ver* Grã-Bretanha
Reiter, Maria 29
Reva, Anatoly 243
Reynaud, Paul 115
Ribbentrop, Joachim von 56, 58, 60, 63, 69-70, 78-9, 129-30, 230, 441
    e a Operação Barbarossa 140-1

    e as conversas de Molotov em Berlim 129, 130-6, 134-8
    e o bombardeio de Pearl Harbor 216
    pacto Molotov-Ribbentrop *ver* pacto nazi-soviético
Richter, Herbert 21
Ringelblum, Emmanuel 72
Roberts, sir Frank 49
Roes, Wilhelm 308, 351
Rohland, Walter 212-213
Röhm, Ernst 109, 489n4
Rokossovsky, Konstantin 121, 189, 257, 335, 401, 417
Roma 355-6
Romênia 54, 207, 208, 430
    antissemitismo, e assassinato de judeus pelo ex*ército romeno* 207-8
    campos de petróleo 122
    como um amortecedor antieslávico para a Alemanha 206
    e a União Soviética: e a exclusão britânica 442;
    ocupação/repressão pelos soviéticos 430, 452, 453;
    invasão da Romênia pela União Soviética 206-7
    declaração de guerra à Alemanha 430
    Hitler sobre a razão do "colapso" da 434
Rommel, Erwin 297, 302
Roosevelt, Eleanor 522n60
Roosevelt, Franklin D. 217
    arrogância 372

e a Organização das Nações Unidas
272, 443, 453
e a conferência de Yalta 442-3, 344,
446-7, 451-2
e Churchill *ver* Churchill, Winston: e
Roosevelt
e De Gaulle 419, 420
e Hitler 57, 217-8, 307, 312
e Hopkins 177-8
e Mikołajczyk 413-4, 425-6
e Molotov 272-3, 371, 426
e os judeus, aos olhos de Hitler e dos
nazistas 217-8, 234, 307, 430-1
ideia nazista de cuidar dos cidadãos
de Leningrado 234
e o relatório de O'Malley sobre o
massacre de Katyn 343-4
e Stálin 177-8, 186, 272, 251,
294, 295, 336-7, 345-6,
453-4; e prisioneiros de
guerra norte-americanos
453; e Churchill em
Teerã 370; e retenção soviética da
Polônia oriental depois da
guerra 373-4, 414-5, 425-
-6, 453; e alegações de Stálin
sobre negociações secretas dos
Aliados com os alemães 453-4;
e a Organização das Nações
Unidas (ONU) 443, 444,
453; e conferência/acordo de
Yalta 442, 444-6, 448, 451-2
morte 456
Rosenberg, Alfred 149, 210-211
Rosenfeld, Oskar 249

Rostov 212, 220, 279, 281, 284
Rubbel, Alfred 214, 281
Ruman, Tadeusz 84-85
Rundstedt, Gerd von 220, 515n10
Rússia
bolchevismo *ver* bolchevismo/
bolcheviques
e o documento "malvado" de
Churchill sobre percentual de
mencheviques 36
assassinato da família imperial russa
28, 53
nacionalismo e a Rússia Imperial 37
imagem como membro dominante
da família soviética 3379
soviéticos *ver* União Soviética
estepes 184, 276-8, 280, 289; e
Operação Azul *ver* Operação azul
Stálin e a glória/história imperial da
285-6, 379, 400, 3434, 435
influências dos Aliados 427, 452-3
Tratado de Brest-Litovsk 43-4, 128,
429
Revolução de Outubro 20
Rybalko, Pavel 475
Rzhev 19370

Sachsenhausen, campo de concentração
86, 246, 364
Sagun, Ivan 352
São Petersburgo *ver* Leningrado
Saternus, Wiesława 251
Saturno, Operação 319
Schaefer-Kehnert, Walter 189-190, 213
Schirach, Baldur von 361, 448

Schirach, Henrietta von 361
Schlegelberger, Franz 268
Schleicher, Kurt von 110
Schlitt, Ewald 267
Schmückle, Gerd 353
Schneider, Albert 156, 240
Schröder, Manfred von 51
Schulenburg, Friedrich-Werner Count von der 69, 156
Schultze, Norbert 465
SD (braço da inteligência da SS) 107, 113, 344
relatórios 113, 358, 360, 408, 429-30
Sebottendorff, Rudolf von 30-31
Segunda Guerra Mundial, teatros e principais acontecimentos
    avanço dos Aliados na Alemanha 429-34; e a ofensiva de Hitler na floresta das Ardenas 432;
    Exército Vermelho na Alemanha *ver* Exército Vermelho: *front* oriental e conflito com a Alemanha: contraofensiva em direção e dentro da Alemanha
    Aliados abalados pela descoberta de valas comuns na Polônia 340-4
    ataque japonês a Pearl Harbor 215-6
    ataque nazista ao Oeste em maio de 1940 115-8
    Berlim *ver* Berlim
    Calmúquia *ver* calmucos
    campanha de bombardeio dos Aliados contra a Alemanha *ver* Alemanha: campanha de bombardeio dos Aliados
    declaração de guerra da Bulgária à Alemanha 430
    conferência de Teerã 370-8
    declaração de guerra da Romênia à Alemanha 432-3
    declaração de guerra de Hitler aos Estados Unidos 216, 217
    derrota britânica no Norte da África 279
    desembarque dos Aliados na Sicília 354
    Dia D 271, 400, 414
    e desejo de Stálin por um segundo *front* 176-7, 270, 271, 272-4, 289-90, 311, 335-8, 345-9, 371, 373
    e nível de sofrimento devido à crueldade dos líderes 235-40
    e Paris *ver* Paris
    evacuação de Duquerque 124
    front oriental: Estados Bálticos *ver* Estados Bálticos; como "*front* decisivo" segundo Hitler 350; efeitos da guerra nos cidad*ãos soviéticos* 226; Horthy e a retirada dos soldados húngaros 394-5, 408; cerco de Leningrado 231-98; invasão nazista e ocupação da União Soviética *ver* Barbarossa, Operação, e ocupação alemã da União

Soviética; Azul, Operação; ofensiva e Batalha de Kursk; Guerra Ferroviária Operação; Tufão, Operação; Tempestade de Inverno, Operação; Polônia *ver* Polônia; defesa da União Soviética pelo Exército Vermelho e contra-ataque aos alemães *ver* Exército Vermelho: *front* oriental e conflito com a Alemanha; Stalingrado *ver* Stalingrado; Ucrânia *ver* Ucrânia; Ucrânia *ver* Varsóvia
e fome *ver* fome
Holocausto *ver* Holocausto
início, com ataque da Alemanha à Polônia 64, 481
invasão da Argélia e do Marrocos francês pelos Aliados 312
invasão da Finlândia pelos soviéticos 98-109
invasão dos Estados Unidos com Aliados da Argélia e do Marrocos francês 312
Norte da África *ver* Norte da África
ocupação da Hungria pelos alemães 395-6
perda britânica do comboio PQ17 no Ártico 288, 289, 290
Potsdam e a divisão da Alemanha 470-1
queda e ocupação da França 115-18, 120, 134, 141
racionamento na Alemanha 269
invasão dos Estados Unidos com Aliados da Argélia e do Marrocos francês 312
Segundo Exército de Choque 256
Selle, Herbert 261
Semenyak, Georgy 157, 244
sensação de Hitler de ser traído por 463-4
Sergius, Patriarca 167
Service, Robert 491, 23
Sexo
  e as "esposas de campanha" do Exército Vermelho 308
  e doenças venéreas 438
  entre soldados alemães e mulheres ucranianas 181
  estupro *ver* estupro
Shaposhnikov, Boris Mikhaylovich 175
Shevenok, capitão 99
Shirer, William 130
Shlisselburg 186
Shostakovich, Dmitri 256
Sibéria 80, 94, 168-9
  deportações de calmucos para 379--81, 306, 307-9
  exílio de Stálin na 20, 80
Sicília 354
Sikorski, Władysław 226 Simonov, Konstantin 158, 475
Smoleń, Kazimierz 247
Smolensk 171, 340
  valas comuns de poloneses nas proximidades 340-4
Snyder, Timothy 462n2
Socialismo

vs. capitalismo 36, 37, 472
  e uma Alemanha "sem classes" 37, 308
  nacional alemão *ver* nazismo/nacional-socialistas
  revoltas em Berlim e na Baviera 146
Sociedade Thule 31
Soldan, tenente-coronel 261
Speer, Albert 282, 325, 326, 327, 362, 450-451, 543n60
Spitzy, Reinhard 130, 280
SS (Schutzstaffel) 24, 34, 39, 249, 335, 344, 388
  ver também Himmler, Heinrich
  assassinando judeus na Ucrânia 373-4
  braço da inteligência *ver* SD
  e os *kapos* 86
  em Auschwitz 2429, 393-4
  lealdade a Hitler 359
  no levante de Varsóvia 417
  tratamento brutal de poloneses 111

Stálin, Joseph
  ver também Himmler, Heinrich
  assassinando judeus na Ucrânia 373-4
  braço da inteligência *ver* SD
  e os *kapos* 86
  em Auschwitz 242-9, 393-4
  lealdade a Hitler 359
  no levante de Varsóvia 417
  tratamento brutal de poloneses 111
Stalingrado 183, 184
Standley, William 346
Stargardt, Nicholas 515n10
Stauffenberg, Claus von 27, 406-407, 409

Stavka (Comitê Soviético de Defesa do Estado) 165, 193, 194, 257
Steinke, Gerda 458
Stempel, Joachim 259-261, 278, 298, 300, 304, 333
Stenkin, Pavel 246-248, 252
Stepanov, comissário do exército 224
Strazdovski, Viktor 190
Submarinos 217, 219, 289
Sudetos 49, 51
Sudoplatov, Pavel 191, 192
Suécia 95, 97
Suomussalmi, batalha de 103
Suvorov, Alexander 286, 307, 379
Sverdlov, Fyodor 160, 225
Szálasi, Ferenc 430

Tachieva, Vera 380-381
Tallinn, desastre naval de 173-174
Talvela, Paavo Juho 106
Tártaros 379, 392-394, 397
Tártaros da Crimeia 379, 392-393
Tchecoslováquia
  desmantelada por Hitler 49-52
  Stálin e seu interesse pelo Plano Marshall 471
  Sudetos 49-50
Tedder, Arthur 291, 293, 434-436
Teerã, conferência de 377-378
Tempestade de Inverno, Operação 319
Thomas, Georg 9139
Tiflis (atualmente Tbilisi) 20, 37
Timoshenko, Mikhail 69, 100, 103, 123, 160, 366, 367
Timoshenko, Semyon 105

e a campanha de Kharkov 258, 261-2
Tiso, Jozef 50
Todt, Fritz 1212
tortura 72, 110, 342, 475
Tosno 232
Treblinka, campo de extermínio 384, 393
Tresckow, Henning von 406,
Trótsky, Leon 42
    assassinato 48
    e o Exército Vermelho 491
    e Stálin 46-7, 91
    no exílio 47
    The Stalin School of Falsification
    (Escola de falsificação de Stálin)
    47
Truman, Harry 337, 456, 469
Tsessarsky, Tatyana 193
Tsymbaliuk, Olha 169
Tufão, Operação 187, 211
    contra-ataque do Exército Vermelho
    214-5
Tukhachevsky, Mikhail 92, 93
Tupikov, Vasily Ivanovich 175
Turquia/turcos 132, 146
    "Turcos diante de Viena" 146

Ucrânia
    antissemitismo 170, 179-181
    e o Tratado de Brest-Litovsk 43, 128
    Partido Comunista 61
    fome e inanição 169, 236, 240, 241-
    -2, 50, 479
    judeus 170, 179-81, 406-7
    Kharkov *ver* Kharkov
    Kiev *ver* Kiev
    antissemitismo 170, 179-181
    deportação de camponeses 78, 168
    e o Tratado de Brest-Litovsk 43, 128
    e os nazistas: massacre de Babi Yar
    179-81;
    colaboração com os alemães
    167-9, 179, 181, 397-
    -8; Hitler sobre Ucrânia/
    ucranianos 58, 167; quartel-
    -general de campo de Hitler
    ver Vinnitsa; e Operação
    Barbarossa 167-9, 174-6;
    sexo entre soldados alemães
    e mulheres ucranianas 181
    vista como "um bom cesto
    de pães" 150
    e possíveis discussões secretas sobre
    um acordo de paz com os
    alemães 191-2
    e Stálin 168, 241, 251
    fome e inanição 169, 236, 240, 241-
    -2, 50, 479
    judeus 170, 179-81, 406-7
    Kharkov *ver* Kharkov
    Partido Comunista 61
    partisans ucranianos lutando no
    Exército Vermelho 397
    sofrendo sob domínio soviético 168
Udet, Ernst 220
União Soviética
    acordo com alemães no Tratado de
    Rapallo 493n12
    alfabetização 121
    bolchevismo *ver* bolchevismo/
    bolcheviques

bomba nuclear 472
campanha finlandesa *ver* Guerra de Inverno
camponeses alistados 476-7
campos de prisioneiros de guerra 318-20
campos de trabalhos forçados *ver* campos de trabalhos forçados,
Cáucaso *ver* Cáucaso
centralização do poder 253-4
cisão com o Ocidente 469-70
colapso da 472
coleta de informações sob Stálin 142-3
coletivização e reestrutura*ção* da agricultura 169, 182, 246, 195
Comintern 47, 374
comissários *ver* comissários
Comitê de Defesa do Estado *ver* Stavka
como um país fechado 68
condições climáticas 196, 203, 211, 213, 238, 241, 319
Conselho para Evacuação 254-5
corrida armamentista 472
desastre naval de Tallinn 173-4
e a França *ver* França: e União Soviética
e a Grã-Bretanha *ver* Grã-Bretanha: e União Soviética
e a Polônia *ver* Polônia: e União Soviética; Exército Vermelho: as
e a República Carelo-Finlandesa 107
e a Segunda Guerra Mundial *ver* Exército Vermelho: *front* oriental
e conflito com Alemanha; Segunda Guerra Mundial, teatros e principais acontecimentos da
e Bucovina 123, 133
e Conselho de Assistência Econômica Mútua 472
e empréstimos dos Aliados 366
e Königsberg 469
e o Japão *ver* Japão: e União Soviética
e o pacto tripartite 216, 217
e os alemães do Volga 210, 224-5, 379
e os EUA *ver* Estados Unidos da América: e a União Soviética
educação 122
efeitos da guerra nos cidadãos 226
esfera de influência 60, 107, 132, 136-7
Exército Vermelho *ver verbetes em* Exército Vermelho
e a Romênia *ver* Romênia: e União Soviética
externos 47, 48–9
fome *ver* fome
força aérea 49, 93, 103, 425; aviões 253
forças de combate: e a Polônia; Stálin, Joseph: e a Polônia
Grande Terror 92, 94, 98, 109, 111, 119, 236, 254, 345, 385, 408
guerra 476-7
Guerra de Inverno contra a Finlândia *ver* Guerra de Inverno
Guerra Fria 469, 470
industrialização 254, 472

invasão nazista da *ver* Barbarossa, Operação, e ocupação alemã da
kulaks 35, 80, 168, 292
liderança pós-guerra de um povo psicologicamente arrasado pela limpeza étnica dos calmucos 378-9, 306, 307-9, 483
NKVD *ver* NKVD
ocupação/repressão da Bulgária 430, 452
Orgburo 22
pacto com os nazistas *ver* pacto nazi-soviético
Partido Comunista *ver* Partido Comunista Soviético
partisans ver partisans, soviéticos
patriotismo 121, 286, 288, 368
polícia secreta 23, 70, 71-2, 162, 385 *ver também* Béria, Lavrenti;
Politburo 22, 162, 199
política de não transparência administrativa 82-3
ponto de vista de Stálin sobre envolvimento soviético em conflitos
população no final dos anos 1930 92, 500n1
propaganda *ver* propaganda: soviética
relações comerciais com os nazistas 136
sistema penal 37, 43 *ver também* campos do *gulag*; campos de trabalhos forçados, soviéticos
sofrimento da Ucrânia sob domínio soviético 169
Stálin sobre inconveniências da doutrina marxista para a União Soviética 38
tomada dos Estados Bálticos pela 406
Urkas 85
visão de Hitler da *ver* Hitler, Adolf: visão da União Soviética
Universidade de Jaguelônica, Cracóvia 84
Urano, Operação 314-317, 335
prisioneiros de guerra alemães 335-336
Uratadze, Grigol 26
Urkas 85-86
utopismo 39, 305, 386-7, 460-1, 485
utopia nazista sem classes 38, 308
Uzbequistão 121, 393

Varsóvia
alemães atormentando poloneses em 30
destruição ordenada por Himmler 419
gueto 383-4
levante 375, 376-8, 423-4, 425, 548n4
mortes de civis no cerco e invasão de 1939 548n4
ruínas libertadas 425
Varsóvia *ver* Varsóvia
e a conferência de Yalta 372, 442
Vasilevsky, Aleksandr 262, 314, 316, 335
Versalhes, Tratado de 42, 46, 108, 111

Verzhbitskii, N. K. 194
Viena 19
Vilnius 405
Vinnitsa 295, 301, 326, 328
Vinogradov, Alexei 103
Vitman, Boris 258-260
Vítor Emanuel III da Itália 356
Volga, alemães do 210, 224, 397
Volga, rio 16, 193, 299, 300
Völkischer Beobachter 108, 189, 261, 462
Volkogonov, Dmitri 192
Voronov, Nikolai 99
Voroshilov, Kliment 94, 106, 119, 122, 229
Vyazma 189, 190, 195, 245

Wagner, Eduard 243
Wall Street Journal 337
Walz, Helmut 276, 278, 310
Warlimont, Walter 216, 301
Weber, Max 21
Wehr, tenente-comandante 173
Wehrmacht 54, 65, 67, 107, 112
    18º Exército 147, 256
    6º Exército 261, 300-1, 300-2, 303, 304, 317, 322, 331; prisioneiros de guerra 331, 333; e a Operação Urano do Exército Vermelho 313-4, 323-4
    9º Exército 349
    Afrika Korps 276, 339
    Alto-Comando 147, 221, 233
    auxiliares mulheres 308
    caminhões 158

comando de missão (*Auftragstaktik*) 161, 255
comparações com o Exército Vermelho *ver* Exército Vermelho: a conflitos do Exército Vermelho *ver* Exército Vermelho: *front* da União Soviética Operação Azul *ver* Azul, Operação
divisões de infantaria: 30th 334; 71st 278, 304; 305th 310
divisões Panzer: 1ª 193; 4ª, 6ª Companhia 188; 7ª 353; 11ª 185-6; 14ª 259, 277-8, 297-8; 16ª 317; 48ª 316-7; Leibstandarte 308; divisões SS 308
e a Cruz do Cavaleiro 307
e a Polônia 65, 112 *ver também* Polônia: e Hitler/ os nazistas
e as Einsatzgruppen 65, 151, 169
e desenvolvimento de armamentos 254
e o Exército Britânico 123
e tropas de choque 109
estupros por soldados 180, 418
exércitos/grupos Panzer: 2º 174, 185, 221-2, 335;
3º 215; 4º 146, 214; 5º 432; 6º 456
força aérea *ver* Luftwaffe
força de combate: comparações com a Wehrmacht
Grupo do Exército Central 141, 147, 160-1, 163, 165, 171, 174, 187, 195-6, 211, 213, 220, 257, 280, 330, 360, 401

Grupo do Exército Norte 231, 256
Grupo do Exército Sul 142, 220,
  276, 277, 280;
  Grupo A 280, 295-6, 301, 305,
    319; Grupo B 280, 295
  invasão da Hungria 395-6
  juramentos de soldados a Hitler 359,
    407
  liderança flexível 113, 260
  Luftwaffe *ver* Luftwaffe
  marinha *ver* Kriegsmarine
  múltiplos papéis de Hitler na
    liderança 297
  nazificação exigida por Hitler 408
  ofensiva da floresta das Ardenas
    431-2
  Operação Barbarossa *ver* Barbarossa,
    Operação, e ocupação alemã
  Operação Tufão *ver* Tufão, Operação
  oriental e conflito com alemães
  prisioneiros de guerra 331-2
  problemas de recursos e suprimento
    195-6, 198, 212
  sexo entre soldados e mulheres
    ucranianas 180
  tanques 91, 160, 169-70, 175, 184,
    187, 193, 197, 202, 308, 310;
    Panther 349; Tiger 349, 352
Welles, Sumner 164
Wells, H. G. 36
Werner, Kurt 180
Wiedemann, Fritz 313
Wilson, sir Charles 292
Witter, Ben 357

Wolak, Zbigniew 418
Wollschlaeger, Arthur 188

Yablonsky, Vyacheslav 198, 411
Yalta conferência/acordo 372, 442, 443
Yefimov, Boris 15
Yerofeyev, Vladimir 26
Yevtushenko, Yevgeny 226

Zeitzler, Kurt 296, 316
Zelenskaia, Irina 237
Zhdanov, Andrei 232, 477
Zhemchuzhina, Polina 476
Zhukov, Georgy 121, 122, 144, 174-176,
  191, 192, 200-201, 254, 262, 303,
  314, 316, 335, 340, 451, 455, 457-
  -458, 474-477
  e a campanha de Kharkov 258
  e a defesa de Moscou 200, 201
  e a Operação Urano 314-5, 316, 335
  e dúvidas de Stálin sobre a morte de
    Hitler 468-9
  e o ataque a Berlim 450-51, 457
  nomeação como primeiro comissário
    interino da Defesa 227
  publicidade dada por Stálin a 200,
    201
  tratamento de Stálin depois da guerra
    474-5, 477